FINANÇAS SUSTENTÁVEIS
E A RESPONSABILIDADE SOCIOAMBIENTAL
DAS INSTITUIÇÕES FINANCEIRAS

CONSUELO Y. MOROMIZATO YOSHIDA
SANDRA AKEMI SHIMADA KISHI
RENATA SOARES PIAZZON
MARCELO DRÜGG BARRETO VIANNA

Coordenadores

Prefácio
Paulo Affonso Leme Machado

Prólogo
Fábio Coletti Barbosa

Epílogo
Édis Milaré

FINANÇAS SUSTENTÁVEIS E A RESPONSABILIDADE SOCIOAMBIENTAL DAS INSTITUIÇÕES FINANCEIRAS

1ª reimpressão

Belo Horizonte

2018

© 2017 Editora Fórum Ltda.
2018 1ª Reimpressão

É proibida a reprodução total ou parcial desta obra, por qualquer meio eletrônico, inclusive por processos xerográficos, sem autorização expressa do Editor.

Conselho Editorial

Adilson Abreu Dallari
Alécia Paolucci Nogueira Bicalho
Alexandre Coutinho Pagliarini
André Ramos Tavares
Carlos Ayres Britto
Carlos Mário da Silva Velloso
Cármen Lúcia Antunes Rocha
Cesar Augusto Guimarães Pereira
Clovis Beznos
Cristiana Fortini
Dinorá Adelaide Musetti Grotti
Diogo de Figueiredo Moreira Neto
Egon Bockmann Moreira
Emerson Gabardo
Fabrício Motta
Fernando Rossi
Flávio Henrique Unes Pereira

Floriano de Azevedo Marques Neto
Gustavo Justino de Oliveira
Inês Virgínia Prado Soares
Jorge Ulisses Jacoby Fernandes
Juarez Freitas
Luciano Ferraz
Lúcio Delfino
Marcia Carla Pereira Ribeiro
Márcio Cammarosano
Marcos Ehrhardt Jr.
Maria Sylvia Zanella Di Pietro
Ney José de Freitas
Oswaldo Othon de Pontes Saraiva Filho
Paulo Modesto
Romeu Felipe Bacellar Filho
Sérgio Guerra
Walber de Moura Agra

Luís Cláudio Rodrigues Ferreira
Presidente e Editor

Coordenação editorial: Leonardo Eustáquio Siqueira Araújo

Av. Afonso Pena, 2770 – 15º andar – Savassi – CEP 30130-012
Belo Horizonte – Minas Gerais – Tel.: (31) 2121.4900 / 2121.4949
www.editoraforum.com.br – editoraforum@editoraforum.com.br

F491   Finanças sustentáveis e a responsabilidade socioambiental das instituições financeiras/ Consuelo Y. Moromizato Yoshida...[et al.] (Coord.). 1. Reimpressão – Belo Horizonte : Fórum, 2017.

417 p.
ISBN: 978-85-450-0234-5

1. Direito Ambiental. 2. Direito Financeiro. 3. Governança corporativa. I. Yoshida, Consuelo Y. Moromizato II. Kishi, Sandra Akemi Shimada. III. Piazzon, Renata Soares. IV. Vianna, Marcelo Drügg Barreto. V. Título.

CDD 341.347
CDU 349.6

Informação bibliográfica deste livro, conforme a NBR 6023:2002 da Associação Brasileira de Normas Técnicas (ABNT):

YOSHIDA, Consuelo Y. Moromizato et al. (Coord.). *Finanças sustentáveis e a responsabilidade socioambiental das instituições financeiras*. 1. reimpr. Belo Horizonte: Fórum, 2017. 417 p. ISBN 978-85-450-0234-5.

SUMÁRIO

PREFÁCIO
Paulo Affonso Leme Machado 17

PRÓLOGO
Fábio Colletti Barbosa 19

APRESENTAÇÃO 21

PARTE 1
DANO AMBIENTAL E O CONTEXTO DA RESPONSABILIDADE SOCIOAMBIENTAL DAS INSTITUIÇÕES FINANCEIRAS

CAPÍTULO 01
INSTITUIÇÕES FINANCEIRAS E DANOS AMBIENTAIS CAUSADOS POR ATIVIDADES FINANCIADAS
ANA MARIA DE OLIVEIRA NUSDEO 27
1.1 Introdução 27
1.2 A responsabilidade por danos ambientais no Direito brasileiro. Elementos centrais 28
1.3 Responsabilidade civil e teorias sobre o nexo de causalidade 30
1.4 Poluidor indireto e nexo de causalidade 31
1.5 Deveres constitucionais das instituições financeiras na prevenção de danos ambientais 35
1.6 Deveres legais das instituições financeiras na prevenção de danos ambientais 35
1.7 A responsabilidade civil das instituições financeiras por danos ambientais causados pelas atividades financiadas 40
1.8 Conclusões 43
      Referências 44

CAPÍTULO 02
ESTADO DA ARTE DA RESPONSABILIDADE SOCIOAMBIENTAL DO FINANCIADOR
ALEXANDRE LIMA RASLAN 45
        Introdução 45
2.1   Iniciativas implicantes: crédito e meio ambiente 46
2.2   Plano legislativo 48
2.3   Plano regulamentar 50
2.4   Estímulos do mercado 54
        Conclusão 55
        Referências 55

CAPÍTULO 03
BREVES REFLEXÕES SOBRE AS NORMAS AMBIENTAIS NACIONAIS IMPOSTAS ÀS INSTITUIÇÕES FINANCEIRAS
DANIELA BACCAS 57
3.1   Introdução 57
3.2   Principais normativos 58
3.3   Conclusão 70
        Referências 72

CAPÍTULO 04
A TRANSDISCIPLINARIDADE DA RESPONSABILIDADE SOCIOAMBIENTAL DAS INSTITUIÇÕES FINANCEIRAS
EDUARDO DE CAMPOS FERREIRA
ANA CECÍLIA VIEGAS MADASI 73
        Introdução 73
4.1   A transdisciplinaridade e sua relação com o Direito Ambiental 74
4.2   A responsabilidade civil ambiental 75
4.2.1   A responsabilidade civil em geral 75
4.2.2   A responsabilidade civil ambiental 76
4.3   A responsabilidade das instituições financeiras 79
4.3.1   Âmbito internacional 79
4.3.2   Âmbito nacional 80
4.4   A transdisciplinaridade da responsabilidade social e ambiental das instituições financeiras 81
4.4.1   A responsabilidade ambiental das instituições financeiras 81
4.4.2   A responsabilidade das instituições financeiras no âmbito social 83
4.4.2.1 A responsabilidade social sob a ótica penal 83
4.4.2.2 A responsabilidade social sob a ótica trabalhista 84
4.5   Considerações finais 85
        Referências 86

CAPÍTULO 05
MULTA ADMINISTRATIVA AMBIENTAL
FÁBIO MENEGUELO SAKAMOTO 87
        Introdução 87
5.1   Tríplice responsabilidade pelo dano ambiental 89
5.2   Corresponsabilidade entre os atores estatais e particulares 89
5.3   O poluidor 90
5.4   A responsabilidade civil ambiental 91
5.5   A responsabilidade administrativa ambiental 93
5.5.1   Responsabilidade administrativa ambiental e o princípio da legalidade 94
5.5.2   Natureza jurídica da multa administrativa em geral e a desnecessidade, como regra, de comprovação de dolo ou culpa 94
5.5.3   Natureza jurídica mista da multa ambiental 95
5.6   O tratamento da multa ambiental na Lei nº 9.605/98 – a inclusão dos elementos subjetivos: negligência e dolo 97
5.7   O contrassenso da exigência de dolo ou culpa pelo art. 72, §3º, da Lei nº 9.605/98 ... 97
5.8   Princípio da intranscendência da pena 99
5.9   A multa aplicada ao Banco Santander 100
5.10   Conclusão 101
        Referências 103

CAPÍTULO 06
RESPONSABILIDADE OBJETIVA, FINANCIAMENTOS E MEIO AMBIENTE NA LEI ANTICORRUPÇÃO
ETHEL MARTINEZ DE AZEVEDO CAMARGO
IVAN CARNEIRO CASTANHEIRO
SANDRA AKEMI SHIMADA KISHI
GUILHERME GORGA MELLO 105
6.1   Introdução 105
6.2   Responsabilidade civil ambiental do agente financiador. Ordem econômica na Constituição Federal e Lei de Política Nacional do Meio Ambiente 106
6.3   Responsabilidade objetiva por ato de corrupção (Lei nº 12.846/2013) 108
6.3.1   Dos bens juridicamente tutelados pela Lei Anticorrupção (artigo 5º Lei nº 12.846/2014) 110
6.3.2   Dos atos de corrupção na Lei nº 12.846/2013 e a empresa financeira 111
6.3.3   Caráter preventivo dos programas de integridade, o chamado "compliance" 115
6.3.4   Vulnerabilidades das empresas brasileiras no controle dos riscos 117
6.4   Compatibilização entre sustentabilidade socioambiental e equilíbrio econômico-financeiro dos contratos nas concessões e nas Parcerias Público-Privadas (PPPs) – possível configuração como ato de corrupção pela Lei nº 12.846/2013 118
6.5   Conclusões 121
        Referências 123

PARTE II
A VARIÁVEL SOCIOAMBIENTAL NA ANÁLISE DE CRÉDITO E OS NOVOS RUMOS DO DIREITO AMBIENTAL BRASILEIRO

CAPÍTULO 07
O PROCESSO DE INSERÇÃO DA VARIÁVEL SOCIOAMBIENTAL NA ANÁLISE DE CRÉDITO
LAURINE D. MARTINS LOPES 127
7.1	Introdução	127
7.2	A aproximação do setor financeiro com as questões socioambientais	128
7.2.1	O Judiciário	129
7.2.2	O Ministério Público	131
7.2.3	A sociedade civil	132
7.2.4	O Banco Central do Brasil	133
7.3	O processo de desenvolvimento da estrutura de governança e da gestão do risco socioambiental	135
7.3.1	Fase do conhecimento	136
7.3.2	Fase da estruturação	137
7.3.3	Fase do acompanhamento	137
7.4	Considerações finais	138
	Referências	140

CAPÍTULO 08
A RESPONSABILIDADE CIVIL AMBIENTAL DAS INSTITUIÇÕES FINANCEIRAS E A RESOLUÇÃO CMN Nº 4.327/2014
ANNETTE MARTINELLI DE MATTOS PEREIRA 141
8.1	Introdução	141
8.2	Responsabilidade civil ambiental	142
8.3	Responsabilidade civil ambiental das instituições financeiras	142
8.3.1	As teorias do risco criado e da equivalência das condições vis a vis as teorias do risco integral e da condição adequada	143
8.3.2	Efeitos da adoção das teorias do risco e de causalidade no caso de instituições financeiras	144
8.3.3	As diligências socioambientais legalmente exigidas das instituições financeiras	147
8.3.4	Jurisprudência	149
8.4	A Resolução CMN nº 4.327/2014	152
8.4.1	Contexto geral da regulamentação	152
8.4.2	Pontos mais relevantes da Resolução CMN nº 4.327/2014	152
8.5	Conclusão	154
	Referências	154

CAPÍTULO 09
A ANÁLISE ECONÔMICA DO DIREITO E A NECESSIDADE DE DEFINIÇÃO DE CRITÉRIOS OBJETIVOS PARA IMPUTAÇÃO DA RESPONSABILIDADE AMBIENTAL DAS INSTITUIÇÕES FINANCEIRAS
ALINE PACHECO PELUCIO 157
9.1 Introdução 157
9.2 A responsabilidade ambiental das instituições financeiras no Brasil – tendências e perspectivas 160
9.3 Impactos da regra de responsabilidade ambiental das instituições financeiras sob a ótica da análise econômica do Direito 164
9.3.1 A necessidade de mensuração dos impactos econômico-financeiros de uma decisão de regulação 166
9.4 Conclusões: a necessária definição de critérios objetivos para imputação da responsabilidade ambiental das instituições financeiras 168
Referências 170

CAPÍTULO 10
O SEGURO AMBIENTAL E A SUA IMPORTÂNCIA PARA O FINANCIAMENTO SUSTENTÁVEL
ROBERTA DANELON LEONHARDT
EDUARDO AVILA DE CASTRO
GUILHERME D'ALMEIDA MOTA 173
10.1 Introdução 173
10.2 Conceito e breve histórico 174
10.3 Perspectivas e oportunidades 180
10.4 Conclusão 185
Referências 186

CAPÍTULO 11
NOVOS RUMOS DO DIREITO AMBIENTAL BRASILEIRO
JULIANA RAUS MAIORAL 187
11.1 Introdução 187
11.2 Redescobrindo mecanismos de precaução e prevenção 189
11.3 Política Nacional de Resíduos Sólidos (Lei nº 12.305/2010) 190
11.4 Lei Complementar nº 140/2011 192
11.5 Novo Código Florestal (Lei nº 12.651/2012) 196
11.6 Resolução CMN 4327/2014 197
11.7 Considerações finais 199
Referências 200

CAPÍTULO 12
RESPONSABILIDADE DAS INSTITUIÇÕES FINANCEIRAS: DA ATUAÇÃO REATIVA À ATUAÇÃO PROATIVA
CONSUELO YATSUDA MOROMIZATO YOSHIDA 203

12.1 Considerações introdutórias 203

12.2 Os referenciais teóricos da lógica do descumprimento e da lógica do cumprimento das normas jurídicas 204

12.2.1 O papel do ilícito e da sanção para Kelsen. A valorização da prestação (dever ser) e das consequências positivas do cumprimento das normas (Cóssio e Montoro) 205

12.2.2 O perfil do ordenamento jurídico no Estado contemporâneo (protetivo-repressivo e promocional). Superioridade do controle social ativo em relação ao controle passivo (Bobbio) 205

12.3 A gestão compartilhada do meio ambiente como exigência constitucional: a corresponsabilidade dos poderes estatais e dos atores econômicos e sociais. A responsabilidade compartilhada dos elos da cadeia (atores públicos e privados) 206

12.4 O pedagógico sistema da responsabilidade ambiental (civil, administrativa e penal) de cunho reparatório-repressivo no Direito brasileiro 208

12.5 Transição do predomínio do sistema de comando e controle estatal e de cunho corretivo-repressivo. A PNRS como marco legal 209

12.6 A responsabilidade civil ambiental das instituições financeiras 210

12.6.1 A responsabilidade civil ambiental das instituições financeiras sob a ótica corretivo-repressiva 210

12.6.2 Riscos da utilização indiscriminada da solidariedade passiva e da indevida atuação substitutiva da Administração Ambiental no licenciamento e na fiscalização ambientais 213

12.6.3 O protagonismo, a proatividade e a contribuição das instituições financeiras na disseminação em cadeia da responsabilidade socioambiental corporativa. A incorporação da variável socioambiental na análise e concessão do crédito. Os Princípios do Equador e documentos similares. Apresentação do *case* Itaú Unibanco 214

Referências 216

PARTE III
ECONOMIA, SUSTENTABILIDADE E GOVERNANÇA CORPORATIVA

CAPÍTULO 13
RESPONSABILIDADE SOCIOAMBIENTAL DAS INSTITUIÇÕES FINANCEIRAS E GOVERNANÇA CORPORATIVA
APARECIDA TEIXEIRA DE MORAIS
BEATRIZ DE OLIVEIRA MARCONDES
GILBERTO SOUZA
MARCELO DRÜGG BARRETO VIANNA
MARTA VIEGAS
ROBERTA DANELON LEONHARDT 221
13.1 Introdução 221
13.2 O arcabouço legal da responsabilidade ambiental das instituições financeiras 222
13.3 Governança corporativa 226
13.4 Deveres fiduciários dos administradores 228
13.4.1 Auditoria 229
13.5 Caso prático do Banco Triângulo S.A. – Tribanco 231
Agradecimentos 233

CAPÍTULO 14
THE ETHICAL FOUNDATIONS OF WORLD BANK SAFEGUARDS
BRUCE RICH 235
Introduction 235
14.1 The Ethical Impetus Behind the Evolution of World Bank Safeguards 236
14.2 Ethics, Economics, and Philosophy 238
14.3 Market Fundamentalism and the forgotten legacy of Adam Smith 244
14.4 The Double Movement 247
14.5 Other Historical Sources of Environmental Safeguards Rooted in a Global Ethic 250
14.6 Safeguards, a Global Ethic, Deontologically and Consequentially Based 254

CAPÍTULO 15
ANTROPOCENO, ECONOMIA E SUSTENTABILIDADE
CARLOS A. H. BOCUHY 257
15.1 O Antropoceno 257
15.2 O rearranjo das nações 258
15.3 Observando lobos 259
15.4 O coração do dragão 260
15.5 Economia e o darwinismo de mercado 261
15.6 Dentro do laboratório darwiniano 262
15.7 A síndrome da Hidra 263

15.8	A falta de planejamento e o sacrifício da ciência	263
15.9	O mito da infalibilidade do estudo de impacto ambiental e a figuração na gestão participativa	265
15.10	A suprema mão invisível do mercado	268
15.11	Malthus, Marx e a curva de Kuznets ampliada por Piketty	269
15.12	Indicadores: barbárie e tecnologia	270
15.12.1	PIB	271
15.13	A era das metrópoles e a insustentável concentração humana	273
15.14	Planejamento: a crise de percepção na tomada de decisões	274
15.15	Diálogos com o charuto	275
15.16	Diferentes níveis de reponsabilidade socioambiental do agente financiador	276
15.17	Da miopia burocrática à responsabilidade socioambiental	277
15.18	O ritmo de Midas e o compasso natural	279
15.19	Dança das moedas e modernismo antropofágico na Rio + 20	280
15.20	Uma bússola para a volatilidade de Mercúrio	280
15.21	Conclusão: novo marco civilizatório: prosperar em paz e sustentabilidade	281
	Referências	282

CAPÍTULO 16
RESPONSABILIDADE SOCIOAMBIENTAL DAS INSTITUIÇÕES FINANCEIRAS SOB A ÓTICA ECONÔMICA DAS REGRAS DE GOVERNANÇA SOCIOAMBIENTAL

HUMBERTO TAVARES DE MENESES		285
	Introdução	285
16.1	Análise econômica da questão socioambiental	287
16.1.1	O que e quanto produzir? Como e para quem produzir?	287
16.2	Aspectos legais e regulatórios	290
16.2.1	A questão socioambiental sob a perspectiva do Direito Econômico	290
16.2.2	A variável socioambiental no ambiente regulatório brasileiro	291
	Conclusão	295
	Referências	296

PARTE IV
EXPERIÊNCIA INTERNACIONAL: O COMBATE ÀS MUDANÇAS CLIMÁTICAS

CAPÍTULO 17
ATUAÇÃO DA DEFENSORIA PÚBLICA NA PROMOÇÃO DO ACESSO DE POPULAÇÕES VULNERÁVEIS AO MECANISMO INDEPENDENTE DE CONSULTA E INVESTIGAÇÃO EM PROJETOS FINANCIADOS PELO BANCO INTERAMERICANO DE DESENVOLVIMENTO
JAIRO SALVADOR DE SOUZA
DAVI QUINTANILHA FAILDE DE AZEVEDO 299

17.1	Introdução	299
17.2	O Banco Interamericano de Desenvolvimento	300
17.2.1	As políticas operacionais do Banco Interamericano de Desenvolvimento	302
17.2.1.1	Política operacional 703 – meio ambiente e observância de salvaguardas	304
17.2.1.2	Política operacional 710 – reassentamento involuntário	305
17.2.1.3	Política operacional 761 – igualdade de gênero no desenvolvimento	308
17.3	O Mecanismo Independente de Consulta e Investigação	309
17.3.1	Procedimento do MICI	310
17.4	O caso da "Via Banhado"	311
17.5	Considerações finais	316
	Referências	316

CAPÍTULO 18
MANAGING LENDER LIABILITY: LESSONS FROM THE U.S. PERSPECTIVE
JEFFREY GRACER
VICTORIA SHIAH TREANOR 319

18.1	Uncertainty and Fears of Liability	320
18.2	Pursuit of a Safe Harbor	322
18.3	Application of the Safe Harbor	325
18.4	Practical Lessons	327
	References	328

CAPÍTULO 19
DA ATUAÇÃO DA ONU, DO BANCO MUNDIAL E DO FMI NO DIREITO INTERNACIONAL DO MEIO AMBIENTE
JOSÉ CRETELLA NETO 331

19.1	Introdução	331
19.2	A Organização das Nações Unidas	332
19.2.1	Estrutura institucional da ONU	332
19.2.2	O Conselho de Segurança	333
19.2.3	A Assembleia Geral	334
19.2.4	A Corte Internacional de Justiça	335

19.2.5	O Conselho Econômico e Social – ECOSOC	335
19.2.5.1	Estrutura e funções	335
19.2.5.2	O ECOSOC e as questões ambientais	336
19.2.5.2.1	O Comitê para o Desenvolvimento Sustentável – CDS	336
19.2.5.2.2	O Fórum das Nações Unidas sobre Florestas – FNUF	337
19.3	O Banco Mundial	340
19.3.1	Criação do Banco Mundial e sua missão	340
19.3.2	As instituições do Banco Mundial	341
19.3.3	O Banco Mundial e o meio ambiente	342
19.4	O Fundo Monetário Internacional	344
19.4.1	Criação do FMI e sua missão	344
19.4.2	O Fundo Monetário Internacional e o meio ambiente	347
	Conclusões	349
	Referências	349

CAPÍTULO 20
NEGÓCIOS E SUSTENTABILIDADE – A ATUAÇÃO DAS INSTITUIÇÕES FINANCEIRAS
MÁRIO SÉRGIO FERNANDES DE VASCONCELOS 351
  Introdução 351
  As metas do Acordo de Paris 352
  Medindo recursos intermediados pelos bancos para a Economia Verde 353
  Uso da terra e o CAR 354
  Uso da terra e o desmatamento 355
  Energia 356
  Títulos Verdes 358
  Considerações finais 358

CAPÍTULO 21
O PAPEL DAS INSTITUIÇÕES FINANCEIRAS NO FOMENTO AOS NEGÓCIOS DE IMPACTO E NO COMBATE ÀS MUDANÇAS CLIMÁTICAS
RENATA SOARES PIAZZON 361

	Introdução	361
21.1	Do risco – responsabilidade socioambiental das instituições financeiras	362
21.1.1	Breve contexto	362
21.1.2	O papel do Banco Central do Brasil	363
21.1.3	A Autorregulação da FEBRABAN	364
21.1.4	Avaliação ambiental prévia para mitigação de risco	365
21.1.5	Case de sucesso: como ir além?	367
21.2	Do impacto – O papel das instituições financeiras no fomento aos negócios de impacto	370
21.2.1	Finanças sociais e a era dos negócios de impacto	370

21.2.2	*Rankings* e certificações	372
21.2.2.1	Índices de Sustentabilidade Dow Jones (DJSI)	373
21.2.2.2	Carbon Disclosure Project (CDP)	373
21.2.2.3	Global Reporting Initiative (GRI)	373
21.2.2.4	Índice de Sustentabilidade Empresarial (ISE)	373
21.2.2.5	Princípios para o Investimento Responsável (PRI)	374
21.2.2.6	Impact Reporting & Investment Standards (IRIS)	374
21.2.2.7	Global Impact Investing Rating System (GIIRS)	374
21.3	O papel das instituições financeiras no combate às mudanças climáticas	375
21.3.1	Iniciativas da UNEP	379
21.4	Considerações finais	380
	Referências	381

CAPÍTULO 22
GOVERNANÇA E GESTÃO DE SUSTENTABILIDADE E DE RESPONSABILIDADE SOCIAL NO SETOR EMPRESARIAL E NAS INSTITUIÇÕES FINANCEIRAS: BUSCA DO ATENDIMENTO DOS COMPROMISSOS DAS RECENTES CONFERÊNCIAS DAS NAÇÕES UNIDAS
MARCELO DRÜGG BARRETO VIANNA 385

22.1	Introdução	386
	Conferência das Nações Unidas sobre o Desenvolvimento Sustentável – Rio + 20	386
	Cúpula Pós-2015	387
	Conferência do Clima – COP 21	389
22.2	Busca do atendimento dos compromissos das recentes conferências das Nações Unidas pelo setor empresarial	391
22.3	Conceito de "Economia Verde"	392
22.4	Dez condições para uma transição rumo a uma economia verde estabelecidas pela CCI – Câmara de Comércio Internacional	393
22.5	Modelo de governança e gestão de sustentabilidade e responsabilidade social para o setor empresarial e instituições financeiras	400
22.6	Conclusões	404
	Referências	405

EPÍLOGO
Édis Milaré 407

SOBRE OS AUTORES 409

ANEXO I
MAPEAMENTO DE LEIS E REGULAMENTOS QUE POSSAM DIRECIONAR OS PRÓXIMOS PASSOS E FOMENTAR O ECOSSISTEMA DE FINANÇAS SOCIAIS E NEGÓCIOS DE IMPACTO NO PAÍS 415

PREFÁCIO

Trata-se a obra de uma iniciativa atual e pioneira, visto que traz artigos de renomados especialistas, de diferentes setores, sobre o desafiante tema das "Finanças sustentáveis e a responsabilidade socioambiental das instituições financeiras".

As valorosas contribuições vêm da comunidade acadêmica, do Ministério Público, do Poder Judiciário, de órgãos ambientais, advogados, gestores e especialistas das áreas de risco socioambiental do setor financeiro em nível nacional e internacional. Mecanismos eficientes de mercado e de políticas públicas efetivas para o financiamento sustentável são estimulados pelo conjunto dos trabalhos consolidados na obra. O novo livro é coordenado por Consuelo Yatsuda Moromizato Yoshida, Marcelo Drügg Barreto Vianna, Renata Soares Piazzon e Sandra Akemi Shimada Kishi.

O Brasil avançou, na matéria objeto do livro, ao tratar da Política de Responsabilidade Socioambiental (PRSA), a ser implementada pelas instituições financeiras e demais instituições autorizadas a funcionar pelo Banco Central do Brasil. Já salientei, em meu livro *Direito Ambiental Brasileiro*, que, ao estabelecer normas para a gestão do credito bancário e dos financiamentos das instituições financeiras, o Conselho Monetário Nacional levou em conta que os contratos têm uma função social (art. 421 do Código Civil Brasileiro) e que a propriedade, inclusive, do dinheiro ou do capital, tem que cumprir sua função social (art. 5º, XXIII, e art. 170, III e VI, da Constituição da República).

Além do risco socioambiental, a Resolução nº 4.327/2014, dentre os riscos financeiros de uma instituição, prevê o risco de reputação (art. 6º, III). Tanto os riscos socioambientais quanto os riscos de publicidade podem superar consideravelmente os custos imediatos do projeto e acumulam potencial de perdas bastante alto. Demais de estarem relacionados a gastos não previstos, representam ameaças de cassação de licenças.

Nessa seara, a governança está para a gestão do risco socioambiental, numa escala do global para a hipótese ou caso específico, na estruturação da capacidade de efetivo suporte de implementação de ações, monitoramento, avaliação das ações implementadas, adequação do gerenciamento do risco socioambiental e constatação de eventuais deficiências na implementação das ações, à luz dos princípios e diretrizes da Política de Responsabilidade Socioambiental.

O livro consolida, por suas valorosas contribuições científicas de gabaritados autores, o propósito para que não figure a PRSA como uma moldura ou sigla decorativa na instituição financeira, mas se torne realidade. Para tanto, a própria Resolução do BACEN nº 4.327/2014 sugeriu um Comitê de Responsabilidade Socioambiental, vinculado ao Conselho de Administração ou à diretoria executiva da instituição financeira.

Os cultos artigos reunidos nesta obra coletiva bem demonstram, de forma harmoniosa, que o juízo de razoabilidade e de proporcionalidade opera apenas se não houver inércia ou omissão frente aos riscos socioambientais, uma vez que a avaliação de risco passou a ser um dever indispensável sempre que houver potencialidade de danos socioambientais.

Os excelentes trabalhos aqui consolidados enfocam desde a responsabilidade civil ambiental do agente financiador ao tema de reponsabilidade objetiva por ato anticorrupção envolvendo questão ambiental, passando por bem elaborados estudos sobre a necessidade de programas adequados de integridade tanto no setor privado quanto no público e de avaliação de riscos de mercado, de crédito, risco operacional, de fator humano e risco legal. Analisaram com acuidade os desafios na matéria, os precedentes dos Tribunais e o Direito Internacional aplicável.

Este robusto aporte de contribuições, de diversos setores e olhares, vem para despontar, na atual sociedade de risco, como um norte em matéria de responsabilidade socioambiental do agente financiador. Ressalte-se ainda o dever de avaliar o risco e o impacto socioambiental de projetos, priorizando aqueles que envolvem eficiência, razoabilidade e equidade no uso sustentável de recursos naturais, redução de emissões diretas e indiretas, avaliação da cadeia de valor e investimentos em produtos e serviços sustentáveis, redução de geração e descarte de resíduos sólidos, fomento às energias renováveis, saneamento básico e agricultura, que atendam às demandas de sustentabilidade. Oportuno apontar que entre os nove itens do juramento dos formandos no MBA – Mestrado em Administração de Empresas da Universidade de Ottawa, Canadá, em 2015, consta: "Guardarei, nas minhas decisões, a preocupação com o desenvolvimento sustentável para proteger o direito das gerações futuras e do meio ambiente sadio".

O novo livro apresenta novos conceitos e concepções dos diferentes setores, bem como um norte para o desenvolvimento de tecnologias e a ampliação de fontes de financiamento voltadas a projetos de impacto socioambiental positivo, à estruturação de modelos de negócio de impacto socioambiental positivo e à busca por políticas públicas que promovam inovação socioambiental e sejam voltadas à sustentabilidade. Acredito que os leitores saberão aproveitar as reflexões inseridas nesta publicação, empenhando-se na implementação de medidas de controle dos serviços bancários que renovem e melhorem o meio ambiente do Brasil e do planeta Terra.

Piracicaba, 26 de março de 2017.

Paulo Affonso Leme Machado
Professor de Direito Ambiental na Universidade Metodista de Piracicaba (UNIMEP). Mestre em Direito Ambiental pela Universidade de Strasbourg. Doutor pela PUC-SP. Doutor *Honoris Causa* pela UNESP (Brasil), pela Vermont Law School (Estados Unidos) e pela Universidade de Buenos Aires (Argentina). Professor Convidado na Universidade de Limoges (1986-2003). *Chevalier de la Légion d'Honneur*. Promotor de Justiça, SP (aposentado).

PRÓLOGO

O tema Sustentabilidade entrou de vez na pauta global em 1987 quando Gro Brundtland, ex-primeira-ministra da Noruega, liderou a publicação do documento chamado Relatório Brundtland. Ainda nessa época, e por alguns anos, o tema circulava quase que exclusivamente entre ecologistas e grupos mais engajados em causas ambientais.

Como estratégia para chamar a atenção, todos precisavam ser muito barulhentos para que pudessem ser ouvidos, e por isso nem sempre eram levados a sério. Os ambientalistas puxaram a discussão, mas vale destacar que sustentabilidade tinha a visão mais ampla de buscar a integração e equilíbrio entre as questões ambientais, sociais e financeiras, com um forte componente ético.

Nas décadas seguintes o tema foi ganhando forma e substância e os exageros de narrativa foram sendo aparados. Assim, naturalmente conquistou espaço na agenda de governo, na atividade das empresas, na estratégia de expansão do agronegócio e no gerenciamento de risco das instituições financeiras.

No início, a sustentabilidade era encarada como algo muito negativo, pois se acreditava que vinha para restringir o espaço para se fazer negócios. Com o passar do tempo, a percepção foi mudando e a prática passou a ser vista como algo inevitável. Agora, já é vista cada vez mais como um vetor de inovação e de criação de novos negócios ou mesmo de novos modelos de negócios.

As pessoas foram aos poucos entendendo a importância de se preocupar com os impactos sociais e ambientais na atividade humana e aderindo cada vez mais a esta agenda. Especialmente entre os jovens, mas não somente entre eles. Termos mais recentes, como negócios sustentáveis, capitalismo consciente, impacto positivo, dentre outros, deixam claro esta evolução de entendimento e prática.

Costumo dizer que aqueles que foram se aproximando do tema o fizeram por três diferentes caminhos: por convicção, por conveniência ou por constrangimento. Seja qual for a motivação, o fato é que hoje já é voz comum que as empresas e organizações não podem deixar de ter um olhar sobre esse assunto.

Conheci um pouco desse processo de evolução, pois fui um dos primeiros a trazer o tema para o ambiente empresarial, especificamente numa instituição financeira. Começamos a agir e a falar mais intensamente a partir do ano 2000, no então Banco Real/ABN Amro. Sabendo da oposição que teria no mundo empresarial, sempre procuramos destacar que não se tratava de olhar a "Sustentabilidade ou o Resultado", mas sim de buscar "Sustentabilidade e o Resultado". Essa é a crença, esse é o caminho.

No mundo empresarial, o mantra de Milton Friedman, indicando que "o negócio dos negócios são negócios", estava fortemente enraizado, e se tornava uma trincheira para aqueles que não queriam se abrir para uma visão que incorporasse um ângulo ambiental ou social. Começamos então a usar exatamente esse mantra como base para incluir a mensagem da sustentabilidade.

A lógica do raciocínio que buscávamos era que:
1. o valor de mercado de um negócio está diretamente ligado à perspectiva de lucro que terá no futuro (essa é a regra no mercado financeiro);
2. a barra está subindo, e os consumidores estão cada vez mais alertas quanto aos vários aspectos da atuação das empresas, cobrando mais, querendo saber mais sobre os produtos, origem, atitudes, crenças, etc.;
3. então, há de se construir um modelo de negócios que esteja pronto para conviver com essas novas demandas, que cada vez mais fazem parte das regras do jogo.

Assim, ousamos ajustar o mantra do Friedman, sem alterar a essência. Sem autorização do autor, trouxemos a visão de que "o negócio dos negócios são negócios sustentáveis".

Sustentabilidade hoje pauta muitas organizações, produtos e serviços. Neste movimento, as instituições financeiras entenderam o papel que lhes cabe e desenvolveram técnicas de análise de risco socioambiental, que são utilizadas antes de se comprometerem com operações de financiamento de projetos.

A intenção é buscar garantir que as questões ambiental e social estejam bem equacionadas. Dentro desse mesmo contexto, também dão mais atenção a linhas de financiamento de projetos de reciclagem, energia limpa, saneamento, inovações tecnológicas, etc. Assim, ajudam na construção de um mundo mais sustentável.

São inúmeras e amplas as frentes que se abriram, comprovando a tese de que sustentabilidade é um vetor de inovação. Finanças sustentáveis são uma dessas frentes, que busca direcionar recursos para projetos que sejam rentáveis e que ajudem a resolver algum problema social, ambiental ou de ética/transparência.

Os administradores de fundos de investimentos e empreendedores em geral estão começando a incorporar esse novo olhar e alocando recursos para projetos que impactem positivamente a vida de uma comunidade ou de uma região. Muitos investidores valorizam e demandam esse posicionamento.

Em suma, há razão para otimismo. O caminho da responsabilidade empresarial mais ampla e consciente está na direção certa. A questão agora é de pavimentar, consolidar e acelerar. Vejo cada vez mais gente remando nessa direção. Vai dar certo. O livro discute muitos aspectos dessa evolução e desses dilemas. Com certeza, novos adeptos e novas ideias surgirão da sua leitura. Ganhamos todos.

São Paulo, 13 de março de 2017.

Fábio Colletti Barbosa
Membro do Conselho da Fundação das Nações Unidas. Presidente do Conselho da Orquestra Sinfônica do Estado de São Paulo. Sócio-Conselheiro da Gávea Investimentos. Membro do Conselho de Administração do Itaú Unibanco. Membro do Conselho da Endeavor Brasil e do Insper. Foi CEO do Grupo Abril. Foi Presidente da FEBRABAN. Foi CEO dos Bancos Real e Santander.

APRESENTAÇÃO

Muito se tem discutido acerca da responsabilidade socioambiental das instituições financeiras e das relações entre a sustentabilidade e a estabilidade financeira global. Estados têm colocado as finanças sustentáveis no topo da agenda, com mais veemência, desde a Convenção da Basiléia (I, II, III), dos *standards* do *International Finance Corporation* (IFC) e das sucessivas revisões dos Princípios do Equador.

No âmbito nacional, o tema vem sendo debatido em especial após a publicação da Resolução do Banco Central do Brasil nº 4.327/2014. A preocupação com o tema também se deve em razão da previsão expressa de responsabilidade das instituições financeiras na Política Nacional do Meio Ambiente (Lei nº 6.938/1981) e na Lei Anticorrupção (Lei nº 12.846/2013).

A Lei da Política Nacional do Meio Ambiente prevê que as instituições financeiras governamentais devem condicionar a aprovação de seus projetos ao licenciamento, bem como ao cumprimento das normas, critérios e padrões do Conselho Nacional do Meio Ambiente (CONAMA). O entendimento é pacífico de que a mesma obrigação se aplica também às instituições financeiras privadas. A par disso, a Lei Anticorrupção traz novos tipos como atos ilícitos de corrupção, civis e administrativos, as condutas de financiamento, custeio, patrocínio ou qualquer modo de subvenção que atentem contra o patrimônio público nacional ou estrangeiro, contra os princípios da Administração Pública ou contra os compromissos internacionais assumidos pelo Brasil.

Considerando que há pouca doutrina e julgados no Brasil relacionados a este desafiante tema e muitas discussões e controvérsias que emergem da legislação e da regulação atualmente existente, vem a presente obra coletiva reunir diferentes visões e abordagens de diferentes disciplinas e setores a respeito, propiciadas por cultas contribuições de representantes da comunidade acadêmica, do Ministério Público, do Poder Judiciário, de órgãos ambientais, advogados, gestores e especialistas das áreas de risco socioambiental/sustentabilidade das instituições financeiras em nível nacional e internacional.

A Parte I traz o contexto da responsabilidade socioambiental das instituições financeiras, analisando-se a aplicabilidade da responsabilidade objetiva e solidária e a extensão da responsabilização, a amplitude do conceito de poluidor e o nexo de causalidade. Ao longo dos capítulos procura-se responder às seguintes perguntas: em que circunstâncias a instituição financeira pode ser responsabilizada por danos causados por atividade por ela financiada? Como se caracteriza essa responsabilidade e com base em que fundamentos? Para tanto, inicia-se com uma breve digressão sobre os elementos básicos da responsabilidade por danos ao meio ambiente, com ênfase à questão do nexo de causalidade. Em seguida, analisa-se a figura do poluidor indireto no âmbito dessa responsabilidade e dos deveres constitucionais e legais que recaem sobre as instituições financeiras no tocante à concessão de crédito de forma social e ambientalmente responsável.

A Parte II apresenta a regulação nacional e traz a necessidade de definição de critérios objetivos para a imputação de responsabilidade socioambiental às instituições financeiras, de modo a evitar que haja uma presunção de solidariedade como regra (avalia-se, em especial, o dever de diligência mínima para a análise de eventual responsabilidade civil ambiental de instituição financeira). Discutem-se ainda os limites do controle das instituições financeiras sobre os riscos socioambientais dos projetos que financiam e a obrigatoriedade, trazida pela Resolução nº 4.327/2014 e pelo Normativo SARB da FEBRABAN nº 14/2014, de elaboração de uma política de responsabilidade socioambiental pelos bancos. Por meio dessa política, as instituições financeiras passam a ter a obrigatoriedade de mapear suas ações e se conscientizar em mitigar os riscos socioambientais que podem gerar e aos quais podem estar expostas.

Esta parte retrata a mudança de paradigma do Direito Ambiental brasileiro para um viés preventivo, em oposição aos instrumentos repressivos. Como exemplo, discute-se a Política Nacional de Resíduos Sólidos, que institui a responsabilidade compartilhada pelo ciclo de vida dos produtos, a Lei Complementar nº 140/2011, na tentativa de diminuir conflitos judiciais e custos decorrentes da competência para o licenciamento ambiental de empreendimentos e das supervenientes fiscalizações ambientais, o novo Código Florestal, a Resolução nº 4.327/2014 do BACEN e a Autorregulação da FEBRABAN, com o intuito de esclarecer o papel e o alcance das instituições financeiras no que diz respeito a temas sociais e ambientais.

É certo que os bancos não devem esperar para elaborar e implementar estratégias de análise de risco socioambiental eficazes. A conformidade socioambiental configura ponto de partida para qualquer processo de gestão socioambiental. Ações para mitigação do risco socioambiental incluem a avaliação pela comunidade financeira do que constitui produzir de maneira sustentável e do que torna um projeto de baixo carbono, a implementação da PRSA e a adesão aos compromissos voluntários e a prevenção e controle de risco no dia a dia das instituições financeiras.

Por sua vez, a Parte III destaca o necessário sistema de governança corporativa das instituições financeiras, incluindo os deveres fiduciários dos administradores, a fim de que sejam adequadamente dirigidas e monitoradas. São apresentados, ainda, trabalhos desenvolvidos pelo Banco Triângulo S.A. ("Tribanco"), como um dos exemplos de uma das instituições financeiras brasileiras comprometidas com as questões socioambientais e de sustentabilidade e de seu modelo de atuação em parceria com o *International Finance Corporation* ("IFC"), braço do Banco Mundial. Os capítulos aqui relacionados trazem ainda reflexões sobre a imprescindibilidade da implementação de diretrizes de sustentabilidade socioambiental para a economia, assegurando critérios adequados para a avaliação da qualidade socioambiental dos projetos a serem financiados pelas agências multilaterais e agentes financeiros, considerando o estado de arte da civilização, da economia, da legislação e o estágio de institucionalização dos mecanismos de licenciamento e participação social no Brasil. O objetivo deste trabalho é explorar questões como: por que as instituições financeiras mudaram de atitude em relação à inserção da variável socioambiental na análise de crédito? Como ocorre – ou pode ocorrer – o desenvolvimento de uma estrutura de governança e de gestão de risco socioambiental dentro da instituição financeira?

Por fim, a Parte IV trata do Mecanismo Independente de Consulta e Investigação em Projetos Financiados pelo Banco Interamericano de Desenvolvimento e discorre sobre o papel da ONU, do Banco Mundial e do FMI no Direito Internacional do Meio Ambiente. Justamente pela importância dessas organizações e sua dedicação às questões referentes ao meio ambiente, percebe-se claramente que a iniciativa para proteção ambiental desbordou as fronteiras nacionais, e instituições interestatais passaram a desempenhar papel cada vez mais relevante no combate a todas as formas de poluição e contaminação. Esta seção também apresenta uma visão geral da responsabilidade ambiental dos bancos nos EUA, especialmente após a decisão *United States* v. *Fleet Factors Corp* e a *Superfund law* (também conhecida como CERCLA), que forneceu um "porto seguro" para os credores, excluindo os bancos de responsabilidade caso não tivessem participado da gestão de determinado projeto ou não possuíssem indícios de propriedade para proteger os seus interesses. As medidas adotadas pelos bancos norte-americanos para tratar desses riscos imediatamente após o famoso caso *Fleet Factors* podem servir de guia para tratar de questões semelhantes no Brasil. O livro se encerra com uma discussão quanto ao papel das instituições financeiras no fomento aos negócios de impacto e no combate às mudanças climáticas e traz a importância de uma interpretação comum do papel do sistema financeiro para a promoção de uma economia de baixo carbono. O artigo conta ainda com um mapeamento de leis e regulamentos que servem de instrumento às instituições financeiras para o combate às mudanças climáticas e o fomento ao ecossistema de finanças sociais e negócios de impacto no país.

Desta feita, é indispensável que se estabeleça um sistema que permita exigir o cumprimento das metas, bem como a criação e o fortalecimento de mecanismos de mercado e de políticas públicas de financiamento sustentável. Será necessário, ainda, que os diversos setores da sociedade criem as condições para que as políticas públicas sejam colocadas em prática. Somente um trabalho bem orquestrado entre instituições financeiras, entidades governamentais, empreendedores e demais setores da sociedade será capaz de conduzir de maneira apropriada a transição para uma economia de baixo carbono, por meio do estímulo à inovação dos meios de produção e consumo, investimento em energia renovável e agricultura sustentável, dentre outros.

PARTE I

DANO AMBIENTAL E O CONTEXTO DA RESPONSABILIDADE SOCIOAMBIENTAL DAS INSTITUIÇÕES FINANCEIRAS

INSTITUIÇÕES FINANCEIRAS E DANOS AMBIENTAIS CAUSADOS POR ATIVIDADES FINANCIADAS

ANA MARIA DE OLIVEIRA NUSDEO

1.1 Introdução

Desde a edição da Lei nº 6.938/1981, que estabeleceu os contornos da Política Nacional do Meio Ambiente – e uma de suas pedras de toque: a responsabilidade objetiva por danos ambientais –, houve um desenvolvimento notável de teses doutrinárias e de posições jurisprudenciais relativas ao tema da responsabilidade civil ambiental. Questões como a flexibilização do nexo de causalidade; teorias do risco; extensão do dano ambiental a terceiros e a configuração de um dano moral ambiental têm sido enfrentadas com frequência e interessante argumentação. Outra questão que vem despertando crescente interesse é a do causador indireto de danos ambientais.

A referida lei define o poluidor como a "pessoa física ou jurídica, de direito público ou privado, responsável direta ou *indiretamente*, por atividade causadora de dano ambiental".[1] A interpretação dessa definição leva então à pergunta: o que é causar "indiretamente" um dano ambiental? E, consequentemente: como deve se dar a responsabilidade de causadores indiretos? Além da inclusão de diferentes causadores que concorrem para um dano final mais complexo que suas ações poluidoras individuais, o conceito de poluidor indireto vem permitindo a discussão da extensão da responsabilidade civil a outros agentes cuja conduta possa representar alguma espécie de incentivo para o dano ambiental. Passou-se a discutir, nesse sentido, a responsabilização do Poder Público em razão da sua omissão no dever de fiscalização e, mais recentemente, a de outros entes numa cadeia de produção e comércio e, ainda, a dos financiadores.

---

[1] Artigo 3º, III e IV, da Lei nº 6.938/81.

A preocupação com essa última categoria advém da importância do financiamento para a expansão da atividade econômica. Num espectro de preocupações com uma economia sustentável coloca-se o questionamento sobre qual papel as instituições financeiras, e os bancos em especial, devem desempenhar para fomentar atividades sustentáveis.

Essa indagação comporta respostas em dois sentidos. De um lado, as instituições financeiras poderiam ter uma agenda positiva de financiar atividades sustentáveis: projetos de saneamento; de coleta e destinação adequada de resíduos, de restauração florestal. Ou mesmo de investimentos em tecnologias e gestão ambiental na atividade de tomadores de crédito. Essa abordagem tem sido discutida sob o termo, de língua inglesa *green finance*. Haveria aí um aprofundamento da atuação das instituições no âmbito de sua responsabilidade socioambiental. No sentido oposto, discute-se se há viabilidade jurídica ou mesmo conveniência em termos de política ambiental de responsabilização das instituições financeiras por danos decorrentes de obras e atividades por elas financiadas. Num meio de caminho entre essas abordagens, há uma preocupação em fomentar uma uniformização de práticas socioambientais por parte das instituições financeiras, ainda embrionária por parte do Conselho Monetário Nacional, consistente na Resolução nº 4.327/2014.

Este artigo abordará os contornos da discussão quanto à responsabilização das instituições financeiras, mais exatamente os aspectos jurídico-dogmáticos relacionados à figura do causador indireto de danos ambientais. Ao longo do texto procura-se responder às seguintes perguntas: em que circunstâncias a instituição financeira pode ser responsabilizada por danos causados por atividade por ela financiada? Como se caracteriza essa responsabilidade e com base em que fundamentos? Para tanto, inicia-se com uma breve digressão sobre os elementos básicos da responsabilidade por danos ao meio ambiente, com ênfase à questão do nexo de causalidade. Em seguida, analisa-se a figura do poluidor indireto no âmbito dessa responsabilidade; passa-se então a uma análise dos deveres constitucionais e legais que recaem sobre as instituições financeiras no tocante às obras financiadas. Finalmente, discutem-se as possibilidades de enquadramento do financiador como um poluidor indireto.

1.2 A responsabilidade por danos ambientais no Direito brasileiro. Elementos centrais

A responsabilidade por danos ambientais, conforme já referido, é objetiva, por força do parágrafo 1º do artigo 14 da Lei nº 6.938/81, de acordo com o qual o poluidor é obrigado, independentemente de culpa, a reparar os danos causados ao meio ambiente e a terceiros, afetados por sua atividade.

Essa regra expressa e efetiva o conhecido princípio do poluidor-pagador, segundo o qual a reparação dos danos ambientais deve recair sobre aquele que o produziu, e não a outros segmentos da sociedade. O princípio tem também uma dimensão preventiva, relacionada com a alocação das medidas de prevenção do dano àquele que explora atividade potencialmente danosa.

O fundamento apontado para a responsabilização objetiva é a teoria do risco, de acordo com a qual aquele que introduz na sociedade um elemento que virtualmente produza danos e expõe a coletividade a uma atividade de risco deve responder pelos danos que venham a ser causados no exercício dessa atividade, sem necessidade de se perquirir se atuou com dolo ou culpa.[2]

Tratando-se de responsabilidade objetiva, diferentes teorias do risco podem ser aplicadas, sendo majoritária a posição da doutrina quanto à aplicação da teoria do risco integral, em detrimento da do risco criado.

Na teoria do risco integral qualquer risco relacionado ao empreendimento deve ser internalizado pelo poluidor, sem qualquer margem de subjetividade e, por essa razão, são inaplicáveis as excludentes de culpabilidade, uma vez que a própria existência da atividade já seria reputada como suficiente para o estabelecimento do nexo.[3] Assim, mesmo um dano ambiental acidental, cuja causalidade possa ser atribuída a uma falha técnica ou a fatos da natureza superiores à capacidade humana de suportá-los – a exemplo da pane no equipamento, do raio que provocou o incêndio ou da inundação causadora do rompimento do dique de produtos químicos –, acarretará a responsabilidade do empreendedor. Dada a fundamentação da responsabilidade no risco da atividade, basta a sua existência para caracterizar o nexo de causalidade com o dano.

Seguindo-se essa teoria, mesmo atividades lícitas, a exemplo daquelas que detêm uma licença ambiental, podem ensejar a responsabilização do empreendedor quando vierem a causar dano.

Contrapõe-se à teoria do risco integral a teoria do risco criado. Essa recai predominantemente sobre atividades perigosas e tem como ligação do nexo causal o perigo da atividade e prevenção de seus riscos.[4] Nesse caso, a ocorrência de eventos caracterizados como força maior, caso fortuito e ato de terceiro caracteriza um nexo de causalidade específico para a ocorrência do dano, que não mais decorre da atividade do empreendedor. Daí concluir-se a aplicação das excludentes de culpabilidade.

Mesmo com o predomínio da adesão à teoria do risco integral, alguns autores abrem espaço para as excludentes do fato de terceiro e da força maior, quando configurem fatos externos, necessários, imprevisíveis e irresistíveis. Destaca-se, nesse sentido, a posição de Annelise Monteiro Steigleder, que aponta não terem os eventos relacionados a essas duas excludentes nada a ver com os riscos intrínsecos ao estabelecimento ou à atividade,[5] por exemplo, diante de um abalo sísmico, que se apresente como a causa do dano, sem a concorrência do empreendedor. O caso fortuito, no entanto, integra os riscos do empreendimento, devendo o empreendedor internalizá-los.

Outros autores defensores da teoria do risco integral vislumbram também uma aplicação excepcional da força maior. Assim, por exemplo, Paulo Affonso Leme Machado aponta que o fato da natureza não acarreta necessária e imediatamente a exclusão da responsabilidade do agente, estando essa exclusão sujeita à demonstração, no caso concreto, de que o fenômeno natural não poderia realmente ser evitado ou impedido. O autor posiciona-se então para uma análise quanto à previsão e tomada de medidas

---

[2] ALTERINI, Atilio A. *Responsabilidad civil*: límites de la reparación civil. Buenos Aires: Abeledo-Perrot, 1992, p. 106.
[3] STEIGLEDER, Annelise. Considerações sobre o nexo de causalidade na responsabilidade civil por dano ao meio ambiente. *Revista de Direito Ambiental*, v. 32, p. 86-87, out./dez. 2003.
[4] *Idem*, p. 88.
[5] *Op. cit.*, (Considerações sobre o nexo de causalidade na responsabilidade civil por dano ao meio ambiente) p. 98-100.

para evitar os efeitos do fato necessário, sem levar-se em conta a diligência do agente, pois isso resultaria na subjetivação da culpa.[6]

Finalmente, além de ser objetiva, vêm entendendo a doutrina e a jurisprudência ser a responsabilidade por danos ao meio ambiente, no Direito brasileiro, solidária e ilimitada.

A solidariedade tem por fundamento o artigo 942 do Código Civil, que responsabiliza solidariamente todos os causadores do dano, combinado com a definição de poluidor constante do artigo 3º, IV, da Lei nº 6.938/81, já referida. Evidentemente há casos em que se pode apontar com facilidade o causador do dano, a exemplo do desmatamento feito fora das condições legais pelo proprietário de um imóvel. Mas em diversas situações, os danos são decorrentes da ação de vários causadores, sendo extremamente difícil apurar a parcela de contribuição de cada qual. Tem-se como exemplo a degradação de áreas industriais, cuja poluição decorre da atividade desenvolvida, ao longo de certo lapso de tempo, por diversas unidades de produção lá instaladas em algum momento. Ou, ainda, o caso de danos preexistentes aos quais se soma um dano mais recente.[7]

A solidariedade aplica-se também quando se estiver diante de algum causador indireto de danos ambientais, figura que será analisada adiante.

Justifica-se a solidariedade pela indivisibilidade do dano ambiental. Com efeito, o objeto da proteção legal é o direito ao meio ambiente, que se caracteriza como *res ominium*, pertencente a toda a sociedade.[8] Um macrobem – diferente do conjunto de microbens que o constitui, como os espaços florestais, rios, atmosfera numa dada região, entre outros. Por isso, o dano ambiental e a obrigação de sua reparação podem ser considerados indivisíveis, pois seu fracionamento depreciaria as características essenciais do todo.[9]

1.3 Responsabilidade civil e teorias sobre o nexo de causalidade

Outra questão importante no desenvolvimento e adensamento da aplicação da teoria do risco integral é a análise do elemento do nexo de causalidade. Isso se deve ao fato de serem os danos ambientais difíceis de serem provados em circunstâncias nas quais há complexidade na averiguação técnica para definição da probabilidade do dano ter sido causado por determinado agente; do fato de algumas consequências danosas só se manifestarem depois de um determinado tempo, ou em locais distantes do local em que foram causados.[10]

Para lidar com essas dificuldades, autores envolvidos no estudo da responsabilidade civil por danos ambientais propugnam a aplicação de teorias sobre o nexo causal alternativas às tradicionalmente propostas nas áreas do Direito Penal e do Direito Civil: a teoria da equivalência das condições e a teoria da causalidade adequada. Foge ao escopo

---

[6] *Direito Ambiental brasileiro*. 22. ed. São Paulo: Malheiros, 2015. p. 420-421.
[7] Cf. MILARÉ, Édis. *Direito do Ambiente*. 6. ed. São Paulo: Revista dos Tribunais, 2009. p. 965.
[8] NERY JUNIOR, Nelson; ANDRADE, Rosa Maria. Responsabilidade civil, meio ambiente e ação coletiva ambiental. In: BENJAMIN, Antonio Herman. *Dano ambiental, prevenção, reparação e repressão*. São Paulo: Revista dos Tribunais, 1993. p. 279.
[9] Cf. MACHADO, Jeanne S. *A solidariedade na responsabilidade ambiental*. Rio de Janeiro: Lumen Juris, 2006. p 106.
[10] LEITE, José Rubens M.; AYALA, Patrick A. *Dano ambiental*: do individual ao coletivo extrapatrimonial – teoria e Prática. 6. ed. São Paulo: Revista dos Tribunais, 2014. p. 185 e LEMOS, Patrícia Iglesias. *Meio ambiente e responsabilidade civil do proprietário*: análise do nexo causal. São Paulo: RT, 2008. p.153-154.

deste trabalho aprofundar a análise e limitação dessas teorias, cabendo apontar que o motivo principal apontado para sua inadequação ao dano ambiental é o fato de terem sido concebidas para as disciplinas do Direito Civil e Penal, respectivamente, e abordarem o nexo causal de forma naturalística, vale dizer, a partir da análise fática e lógica das condições e sua aptidão para o dano. A responsabilização no campo ambiental demanda uma abordagem menos naturalística e mais jurídica para o estabelecimento do nexo.[11]

Dentro de novas propostas de análise do nexo causal, mais adequada aos danos ambientais destaca-se a teoria do escopo da norma violada. Essa, ao invés de se prender apenas aos elementos fáticos que estão implicados na teoria da causalidade adequada e em outras teorias do campo civil, busca averiguar se o evento danoso está dentro do âmbito de proteção de determinada norma. Constatando-se que o dano frustra os seus objetivos de dar proteção, o estabelecimento do nexo de causalidade é mais uma relação do fim da norma e a conduta do agente causador do que a averiguação fática desse dano. Isso possibilita uma maior abrangência, podendo os autores responsabilizar concausadores, bem como a atenuação da dificuldade probatória dos danos ambientais.

Aplicando-se a teoria do escopo da norma violada, deve-se considerar a norma jurídica cuja violação ensejou a ocorrência do dano. O método de aplicação dessa teoria consiste em, numa dada hipótese de dano, identificar como sua causa aquela sem a qual o dano não teria se verificado (causa *sine qua non*), numa análise naturalística e material de causalidade. Identificadas as potenciais causas do dano, deverão ser analisadas as condutas agora do ponto de vista jurídico. Isto é, encontrar a resposta para a pergunta: alguma das condutas, no rol de causas *sine qua non*, é proibida por determinada norma? Ou, em outras palavras, a conduta que levou potencialmente ao dano ingressa no âmbito do escopo da norma violada? Se a resposta for afirmativa, aí se encontra a causa do dano, naturalística e juridicamente determinada.[12] A análise dessas teorias será importante para a compreensão do nexo que possa se estabelecer entre a conduta da instituição financeira e os danos causados pela atividade financiada.

1.4 Poluidor indireto e nexo de causalidade

Dada a definição de poluidor na Lei nº 6.938/81 referir-se ao responsável "direta ou indiretamente por atividade causadora de degradação ambiental", cabe discutir a figura do poluidor indireto.

Os danos ambientais podem resultar de condutas concorrentes levadas a efeito por diferentes agentes, sem que haja possibilidade de aferir a exata contribuição de cada qual ao dano. Essa situação ensejou até mesmo a necessidade de construção doutrinária apta a flexibilizar o nexo de causalidade tal como tradicionalmente concebido na doutrina do Direito Civil.

A referência ao poluidor indireto na definição legal certamente contribui para essa construção, pois nas situações em que há essa concorrência de condutas permite-se identificar o nexo de causalidade mesmo daqueles que tenham poluído menos, ou cujos lançamentos só tenham se tornado poluidores a partir de combinações com a poluição

---

[11] Para um aprofundamento quanto a essa questão, Cf. LEMOS, *op. cit.*
[12] MULLHOLAND, Caitlin S. *A responsabilidade civil por presunção de causalidade*. Rio de Janeiro: GZ, 2009. p.174.

dos demais na geração do dano. Esse exemplo pode ser encontrado no Recurso Especial 647.493 – SC, que assim afirmou:

> Permanece a responsabilidade solidária entre as mineradoras que houverem poluído, *ainda que de forma indireta*, uma mesma extensão de terra, independentemente de qual foi sua contribuição para a degradação dessa área. Não importa que uma empresa tenha poluído mais que outra, pois, se de alguma forma contribuiu para o dano numa mesma localidade, serão ambas solidariamente responsáveis pela reparação[13] (grifos adicionados).

Com efeito, todos os poluidores no caso anterior exercem atividade geradora de danos ambientais, havendo nexo de causalidade entre sua conduta e o dano em decorrência desse risco.

A extensão do nexo de causalidade a todos os danos gerados por certos produtos, a partir do seu risco, embasa também a chamada responsabilidade "do berço ao túmulo" dos geradores de resíduos perigosos ou de resíduos sólidos de modo geral, mesmo que tenham como causadores diretos outros agentes. Assim, serão considerados responsáveis pelos danos causados na sua disposição final, solidariamente ao administrador do aterro onde for realizada, ou no seu transporte, solidariamente ao transportador.[14]

Em todos esses exemplos o poluidor indireto está vinculado ao nexo de causalidade do dano, presumido a partir da sua atividade e dos riscos nela implicados. Atividades essas, no teor do artigo 3º da Lei nº 6.938/81, "causadoras de degradação ambiental". A ele se estendem todos os efeitos da responsabilidade objetiva, tal como irrelevância da licitude da conduta, ainda quando possa haver possível regresso do poluidor indireto contra o causador direto.[15]

No entanto, vêm sendo identificados casos de poluidores indiretos não ligados à atividade e ao seu risco, mas cuja conduta ilícita concorre de forma decisiva para a ocorrência do dano. Vale dizer, quando é possível estabelecer um nexo de causalidade entre a violação de certos deveres legais e o dano ambiental.

É nessa categoria de poluidor indireto que se encaixa o Poder Público quando se omite no exercício do seu poder-dever relacionado ao poder de polícia. Ao abster-se de fiscalizar, autuar, embargar, fazer desocupar certas áreas, e tendo o monopólio do exercício de tal poder-dever, aponta-se sua grande influência na ocorrência do dano. A aceitação da responsabilização do Poder Público tem sido crescente na doutrina[16] e na jurisprudência. Alguns julgados nesse sentido serão analisados a seguir.

A primeira questão que se coloca quanto à figura desses poluidores indiretos é definir qual é a base legal e, consequentemente, a extensão da sua responsabilidade.

Uma primeira resposta, decorrente da interpretação literal da definição do artigo 3º, IV, é a de que esses agentes, não se encaixando na definição, posto que sua atividade não é "causadora de degradação ambiental", estão fora da incidência da regra

---

[13] P. 22.
[14] Cf. artigo 27, 1º da Lei nº 12.305/2010.
[15] Observe-se que nessas circunstâncias, se o regresso basear-se na culpa do causador direto, pode vir a se caracterizar o conceito de responsabilidade objetiva impura, que tem por substrato culpa de terceiro. Cf. AZEVEDO, Alvaro V. *Teoria geral das obrigações*. 9. ed. São Paulo: Revista dos Tribunais, 2001. p. 281-283.
[16] Cf. Por exemplo, JUCOVSKY, Vera Lúcia. *Responsabilidade civil do Estado por danos ambientais*. São Paulo: Juarez de Oliveira, 2000. p. 52-55 e MILARÉ, *op. cit.* (*Direito do meio ambiente*) p. 966-967.

da responsabilidade objetiva por danos ambientais. Se tiverem dado causa a algum dano ambiental, submeter-se-ão às regras gerais da responsabilidade civil, de natureza subjetiva.

Posição nesse sentido, ainda que sem interpretação do conceito estabelecido no artigo 3º, IV, da Lei nº 6.938/81 foi expressa pela Segunda Turma do Superior Tribunal de Justiça no julgamento do já referido Recurso Especial 647.493 – SC.

Tratava-se da análise da responsabilidade da União Federal por omissão no seu dever de fiscalizar a atividade de extração mineral no Estado de Santa Catarina. O julgado entendeu que:

> a responsabilidade civil do Estado por omissão é subjetiva, mesmo em se tratando de responsabilidade por dano ao meio ambiente, uma vez que a ilicitude no comportamento omissivo é aferida sob a perspectiva de que deveria o Estado ter agido conforme estabelece a lei.[17]

Inexistia prova de embargos e autuações dos poluidores na área em questão, não obstante ter sido considerada a 14ª área crítica nacional pelo Decreto nº 85.206, de 25.09.80. Uma vez constatada a responsabilidade da União Federal, estabeleceu-se sua solidariedade à responsabilidade dos empreendedores.

Esse posicionamento quanto à subjetividade da responsabilidade foi alterado, porém, em acórdão posterior, cuja análise é importante na medida em que menciona a figura do financiador.

Trata-se do Recurso Especial 1.071.741-SP, julgado também pela 2ª Turma do E. Superior Tribunal de Justiça.[18]

O caso envolvia a invasão e ocupação irregular de área pública no interior do Parque Estadual de Jacupiranga, com a demanda de responsabilização pelos danos tanto da ocupante quanto da Fazenda do Estado. O debate no Tribunal referiu-se à existência ou não de responsabilidade solidária da Fazenda Pública pelo dano.

Decidiu-se, afinal, ser ela responsável solidária pela omissão do seu poder-dever de fiscalização, decorrente esse da Constituição nos seus artigos 225 (dever de preservar o meio ambiente) e 23, VI (proteger o meio ambiente e combater a poluição em qualquer de suas formas) e VII (preservar as florestas, a fauna e a flora), e da legislação, no tocante ao parágrafo 1º do artigo 70 da Lei nº 9.605/98 (são titulares do dever-poder de implementação "os funcionários de órgãos ambientais integrantes do Sistema Nacional de Meio Ambiente – SISNAMA") e ao artigo 2º, incisos I e V, da Lei nº 6.938/81 (princípios da ação governamental na manutenção do equilíbrio ecológico e o controle e zoneamento das atividades potencial e efetivamente poluidoras). A determinação legal mais direta, violada pelo Poder Público Estadual, seria o parágrafo 3º do artigo 70, da Lei nº 9.605/1998, segundo o qual quando a autoridade ambiental "tiver conhecimento de infração ambiental é obrigada a promover a sua apuração imediata, mediante processo administrativo próprio, sob pena de corresponsabilidade".

Diferentemente da decisão emitida no Recurso Especial 647.493 – SC, referido anteriormente, entendeu a 2ª turma nesta ocasião ser a responsabilidade do Poder

---

[17] P. 7.
[18] (2008/0146043-5), julgado em 24.03.2009. Ministro Herman Benjamin relator.

Público objetiva, pois, "a responsabilidade civil pelo dano ambiental, qualquer que seja a qualificação jurídica do degradador, público ou privado, é de natureza objetiva, solidária e ilimitada".[19]

O trecho a seguir deixa claro o entendimento do acórdão no sentido de que não há espaço na responsabilização por danos ambientais para a análise da culpa, desde que haja nexo causal entre a omissão do poder público no exercício do seu poder-dever, definido em normas legais:

> Nesse contexto, forçoso reconhecer a responsabilidade solidária do Estado quando, *devendo agir para evitar o dano ambiental*, mantém-se inerte ou age de forma deficiente ou tardia. Ocorre aí *inexecução de uma obrigação de agir* por quem tinha o dever de atuar. ... A responsabilização estatal decorre de omissão que desrespeita estipulação *ex vi legis*, expressa ou implícita, fazendo tábula rasa do dever legal de controle e fiscalização da degradação ambiental, prerrogativa essa em que o Estado detém quase um monopólio. Ao omitir-se contribui, mesmo que indiretamente, para a ocorrência, consolidação ou agravamento do dano. Importa ressaltar, mais uma vez, que não há porque investigar culpa ou dolo do Estado (exceto para fins de responsabilização pessoal do agente público), pois não se sai do domínio da responsabilidade civil objetiva, prevista no art. 14, §1º, da Lei 6.938/81, que afasta o regime comum, baseado no elemento subjetivo, de responsabilização da Administração por comportamento omissivo.

Analisando-se essa fundamentação, percebe-se que houve um afastamento da culpa e de qualquer elemento subjetivo na responsabilização do Poder Público, o elemento central da responsabilização é o nexo de causalidade. O nexo, no caso, foi construído na omissão de deveres jurídicos, identificados nos seus fundamentos legais na decisão. O poder público estadual permitiu atividade ilegal em área protegida de domínio público, deixando de tomar medidas para reaver sua posse, violando vários dispositivos específicos da legislação, tanto aqueles já referidos quanto outros, relativos ao regime de proteção dos parques na Lei nº 9.985/2000, que estrutura o Sistema Nacional de Unidades de Conservação. Um desses dispositivos estabelece até mesmo a corresponsabilidade (art. 70, parágrafo 3º da Lei nº 9.605/98).

Note-se que, no caso, a violação é especialmente grave porque a omissão do Estado não se deu apenas na ausência de fiscalização oportuna, mas consistiu na tolerância de ocupação irregular de área pública, em desvirtuamento do regime de preservação definido em lei. Em casos semelhantes, também um proprietário privado seria responsável por dano realizado na sua propriedade se omisso das diligências para evitá-lo.

Mas deve-se atentar para a importância da existência do nexo de causalidade entre a violação de um dever legal – claramente caracterizada – e o dano. Sem essa atenção, poder-se-ia entender que o Poder Público é sempre responsável por danos ao meio ambiente, pois falhou na fiscalização da conduta de particulares. Como se esse poder-dever implicasse onipresença e onisciência, quase retirando do degradador o peso de seu dever de cumprir a lei.

---

[19] P. 2.

1.5 Deveres constitucionais das instituições financeiras na prevenção de danos ambientais

A regra do *caput* do artigo 225 da Constituição tem, além da importância de reconhecer o direito ao meio ambiente, a de vislumbrar deveres nesse sentido à sociedade. Dispõe que:

> Todos têm direito ao meio ambiente ecologicamente equilibrado, bem de uso comum do povo e essencial à sadia qualidade de vida, impondo-se ao Poder Público e à coletividade o dever de defendê-lo e preservá-lo para as presentes e futuras gerações.

Assim, enquanto o parágrafo primeiro do mesmo artigo, em seguida, estabelece incumbências determinadas especificamente ao Poder Público, no *caput*, determina-se a imposição também à coletividade de deveres no tocante à sua defesa e preservação.

Nas palavras de Antônio Herman Benjamin:

> não basta dirigir a norma constitucional apenas contra o Estado, como fazem certos países, pois a defesa do meio ambiente há de ser dever de todos, como bem disposto no art. 225, tônica acertada, pois se afasta ao modelo político do liberalismo, fundado na cisão Estado-sociedade civil.[20]

Haveria aí um dever constitucional de que cada um, indivíduos, associações e empresas, adotasse as práticas ao seu alcance para a consecução do objetivo da preservação ambiental.

Dada a amplitude de sentido da regra constitucional, porém, faz-se necessária a definição de deveres específicos. Essa definição decorre de previsões legislativas, que criam obrigações legais. Por outro lado, a partir do reconhecimento do dever constitucional de preservação do meio ambiente, qualquer agente pode participar da definição de práticas e compromissos voluntários que os habilitem a aprofundar ações e comportamentos voltados à efetivação do dever em questão. Ressalte-se, por fim, que esse amplo mandamento constitucional que impõe envidar esforços para a preservação do meio ambiente não é apto, por si só, a gerar responsabilidade civil por danos ao meio ambiente aos agentes da coletividade.

1.6 Deveres legais das instituições financeiras na prevenção de danos ambientais

Numa análise cronológica, pode-se apontar a importância da referência ao papel preventivo de danos ambientais incumbido aos estabelecimentos de crédito oficiais pela Lei da Política Nacional do Meio Ambiente (Lei nº 6.938/1981). Com efeito, seu artigo 12 dispõe que:

---

[20] Direito constitucional ambiental brasileiro. In: CANOTILHO, José Joaquim G.; LEITE, José Rubens M. *Direito Constitucional Ambiental brasileiro*. São Paulo: Saraiva, 2007. p. 113.

as entidades e órgãos de financiamento e incentivos governamentais condicionarão a aprovação de projetos habilitados a esses benefícios ao licenciamento ambiental, na forma desta lei, e ao cumprimento das normas, dos critérios e dos padrões exigidos pelo CONAMA.

A mesma lei definiu o licenciamento ambiental como um dos instrumentos da política e estabeleceu a obrigação de sua realização para as obras e atividades potencialmente degradadoras do meio ambiente. A regra do artigo 12 pode ser vista, assim, como um elemento de garantia da efetividade deste instrumento, que deveria ser implementado e aperfeiçoado pelos órgãos administrativos dos Estados e pelo IBAMA. Se seu cumprimento tivesse se tornado regra, ao longo desses trinta anos, é possível que alguns danos ambientais tivessem deixado de ser cometidos. Mas esse efeito dependeria de um elemento principal, que é a qualidade e eficácia dos licenciamentos concedidos. Isso porque a contribuição dos estabelecimentos de crédito para a eficácia da norma não substitui o poder-dever da Administração para a constituição dessa eficácia.

Por outro lado, necessário observar que o artigo 12 é dirigido tão somente às entidades governamentais. Essa limitação coaduna-se com a ideia de que a utilização de financiamentos e incentivos oficiais, como instrumento de fomento da economia, deve ser feita em consonância com o cumprimento das normas legais pelos beneficiários, seja no campo ambiental, seja em outros, como, por exemplo, o trabalhista ou previdenciário, ou mesmo restringir a oportunidade de contratações com o Poder Público a empresas que cumprem seus deveres legais.

Nessa mesma linha, a legislação contempla as penalidades de proibição de contratação com o Poder Público de recebimento de incentivos fiscais ou quaisquer outros benefícios e de participação em licitações públicas para as pessoas jurídicas que cometem crime ambiental (artigo 10 da Lei nº 9.605/1998).[21] E, ainda, estabelece como sanção administrativa por infrações ambientais a perda ou restrição de incentivos e benefícios fiscais; a perda ou suspensão da participação em linhas de financiamento em estabelecimentos oficiais de crédito e a proibição de contratar com a Administração Pública por certo período (artigo 72, parágrafo 8º, III, IV e V da Lei nº 9.605/1998).

Não há, na regra do artigo 12, referência às instituições privadas, de modo a não estarem essas submetidas ao dever legal em questão, não obstante adotem, com frequência, a análise das licenças ambientais como parte de políticas socioambientais voluntárias.

Outra conclusão que decorre da leitura do artigo 12 é a limitação de seu conteúdo às operações consideradas financiamento.

Com efeito, a concessão de crédito por instituições financeiras dá-se por meio de operações diversas. Sem a pretensão de esgotar o assunto e a fim de ilustrar as distinções pertinentes a esse caso concreto, importa distinguir a concessão de empréstimo do financiamento.

A primeira consiste na disponibilização de crédito para clientes, pessoas físicas ou jurídicas sem definição, junto ao banco, de uma destinação específica. A exemplo do cheque especial para as pessoas físicas, também as jurídicas dispõem de um montante pré-aprovado a ser contratado com grande simplicidade, como o uso do cheque ou a internet

---

[21] Lei de crimes ambientais.

e que, com frequência, são utilizados para capital de giro ou pequenos investimentos. Não existe nessas operações conhecimento da instituição financeira quanto ao emprego dos recursos.

O financiamento, por sua vez, tem destinação a uma finalidade específica, sendo disponibilizado pelo banco para a sua realização. Trata-se da construção, implantação, expansão de unidades de produção ou infraestrutura.

No âmbito das atividades de financiamento, há referência a uma categoria com características peculiares, denominada "*Project finance*" (financiamento de projetos), consistente na

> implantação de um empreendimento, como uma unidade econômica com fins específicos (*Special Purpose Company*), na qual os emprestadores se baseiam, como fonte para repagamento de seus empréstimos, nos ganhos econômicos e financeiros do empreendimento pelo conceito de fluxo de caixa.[22]

No tocante ao artigo 12 da Lei nº 6.938/81, há referência literal ao termo "financiamento" e "projetos", porém, há o endereçamento da norma às operações submetidas a licenciamento, relacionadas à construção, instalação, ampliação e funcionamento de estabelecimentos e atividades, para os quais as regras do licenciamento ambiental se aplicam.

Diante desse quadro, cabe indagar que deveres legais quanto à análise do cumprimento da legislação ambiental por seus clientes recaem sobre as instituições financeiras privadas.

No caso das instituições financeiras privadas há apenas duas regras legais que determinam a submissão da concessão de crédito ao cumprimento de deveres legais específicos. Trata-se do parágrafo 4º do artigo 2º da Lei nº 11.105/2005 (Lei da Política Nacional de Biossegurança) e da Resolução do Conselho Monetário Nacional (CMN) 3598/2008, com a redação alterada pela Resolução 4.422/2015, relativa ao crédito rural.

Dispõe o referido parágrafo do artigo 4º da Lei nº 11.105/2005 que:

> §4º As organizações públicas e privadas, nacionais, estrangeiras ou internacionais, financiadoras ou patrocinadoras de atividades ou de projetos referidos no *caput* deste artigo devem exigir a apresentação de Certificado de Qualidade em Biossegurança, emitido pela CTNBio, *sob pena de se* tornarem corresponsáveis pelos eventuais efeitos decorrentes do descumprimento desta Lei ou de sua regulamentação.

O mesmo conteúdo foi reproduzido pelo Decreto nº 5.591/2005, regulamentador da lei referida.

O Manual de Crédito Rural estabelecido pelo Banco Central do Brasil faz constar a exigência de apresentação dos seguintes documentos:

---

[22] MOREIRA, Hélio Cabral. *Project Finance*: principais fundamentos e informações do Curso de Project Finance – HEC – Hautes Études Commerciales – Paris e Fundação Dom Cabral – MG – Apresentação. Disponível em: <http://www.bndes.gov.br/SiteBNDES/export/sites/default/bndes_pt/Galerias/Arquivos/conhecimento/especial/projectf.pdf>. Acesso em: 20 out. 2011.

I – cadastro ambiental rural, licença, certificado, certidão ou documento similar comprobatório de regularidade ambiental, vigente na data de contratação do crédito, do imóvel onde será implantado o projeto a ser financiado, expedido pelo órgão ambiental competente na respectiva unidade da federação;
ou
II – na inexistência dos documentos citados no inciso I desta alínea, atestado de recebimento da documentação exigível para fins de regularização ambiental do imóvel, emitido pelo órgão estadual responsável, ressalvado que, nos Estados onde não for disponibilizado em meio eletrônico, o atestado deverá ter validade de 12 (doze) meses;

E, também, da verificação pela instituição financeira:

I – da inexistência de embargos vigentes de uso econômico de áreas desmatadas ilegalmente no imóvel, conforme divulgado pelo Instituto Brasileiro do Meio Ambiente e dos Recursos Naturais Renováveis (Ibama);
II – da inexistência de restrições ao beneficiário assentado, por prática de desmatamento ilegal, conforme divulgado pelo Incra, no caso de financiamentos ao amparo do PNRA, de que trata o MCR 10-17;
III – da veracidade e da vigência dos documentos referidos neste item, mediante conferência por meio eletrônico junto ao órgão emissor, dispensando-se essa verificação quando se tratar de documento não disponibilizado em meio eletrônico;

O Manual dispõe ainda sobre a inclusão, nos instrumentos de crédito das novas operações de investimento, de cláusula prevendo que, no caso de embargo do uso econômico de áreas desmatadas ilegalmente no imóvel, posteriormente à contratação da operação, será suspensa a liberação de parcelas até a regularização ambiental do imóvel. Não sendo efetivada a regularização no prazo de doze meses, considerar-se-á o contrato vencido antecipadamente pelo agente financeiro.

Nos dois casos, devem as instituições financeiras exigir dos interessados no financiamento documentos públicos comprobatórios da conformidade do empreendimento à legislação ambiental. Com efeito, incumbe ao Poder Público o exercício do poder-dever de fiscalização e imposição de penalidades, relativas ao seu poder de polícia. A solicitação desses documentos pela instituição financeira não tem o condão de evitar o dano ambiental. Com efeito, podem ocorrer danos no exercício de atividades por entidades que disponham de Certificado de Qualidade em Biossegurança, emitido pela CTNBio, seja porque essa eventualmente os conceda sem o rigor necessário, por alguma espécie de negligência da entidade ou, mesmo, em razão de riscos não vislumbrados quando do início da atividade. No entanto, por razões de política legislativa, para conferir maior grau de efetividade à norma, entendeu-se criar por lei um nexo presumido entre a inexigência do certificado e o dano ambiental.

Apontando no sentido da importância de as instituições financeiras conhecerem os riscos ambientais dos projetos financiados, em 2014 o Conselho Monetário Nacional publicou a Resolução 4327, que dispõe sobre as diretrizes que devem ser observadas no estabelecimento e na implementação da Política de Responsabilidade Socioambiental pelas instituições financeiras.

O objetivo principal da resolução é exigir das instituições a criação de uma estrutura de governança para lidar com riscos socioambientais que devem ser gerenciados como um dentre os diversos componentes de risco a que estão expostas, bem como definir os princípios e diretrizes das ações da instituição quanto ao tema. A definição de riscos socioambientais é expressa no artigo 4º como "a possibilidade de ocorrência de perdas das instituições (...) decorrentes de danos socioambientais".

A questão dos riscos tem forte ligação a inadimplemento que possa decorrer em razão de problemas ambientais, como, por exemplo, um empreendimento que venha a ter atividades suspensas ou interditadas. Ou, mesmo, no caso de alguma condenação que a própria instituição venha a sofrer em razão de questões ambientais.

A resolução define dois princípios a serem observados pelas políticas das instituições, que são o da relevância e da proporcionalidade. O primeiro diz respeito ao grau de exposição ao risco socioambiental das atividades e operações. O segundo determina "a compatibilidade da PRSA com a natureza da instituição e com a complexidade de suas atividades e de seus serviços e produtos financeiros".[23] Ambos devem ser entendidos no contexto dos tipos de atividades financiadas e seu correspondente potencial de impacto socioambiental, tanto em termos qualitativos quanto quantitativos.

Quanto à estrutura de governança, há liberdade das instituições quanto à sua definição e detalhamento, embora a resolução estabeleça alguns parâmetros obrigatórios, como a designação de um diretor responsável pelo cumprimento da política; a sua divulgação interna e externa; a manutenção de documentação disponível ao Banco Central do Brasil,[24] bem como sua avaliação quinquenal pela instituição. Há também procedimentos e aspectos sugeridos pela resolução, tais como sistemas e procedimentos de identificação e monitoramento dos riscos; registros de dados referentes a perdas efetivamente sofridas em razão de danos ambientais em períodos de cinco anos e avaliação prévia de potenciais aspectos socioambientais negativos, relativos a novos produtos e serviços.[25]

Importante ressaltar que o Conselho Monetário não tem competência para disciplinar questões relativas ao meio ambiente, mas tão somente aspectos atinentes à atividade financeira, como é caso dos riscos a que se submetem, relacionados ao risco sistêmico do Sistema Financeiro Nacional, que se refere ao perigo de que impactos e crises em algumas instituições contaminem todo o sistema.

Há ainda disposição no sentido de que o Banco Central poderá determinar a adoção de controles e procedimentos relativos à política,[26] que abre espaço para futuras alterações e complementações da resolução no sentido de maior padronização das políticas de cada instituição e dos elementos a serem fiscalizados pelo Banco Central.

Outros aspectos poderiam levar ao aperfeiçoamento da norma, conforme exposto por Luciane Moessa. Trata-se da previsão de incorporação das conclusões da avaliação de riscos socioambientais no custo do crédito, bem como de previsão de mecanismos de mensuração e incentivos ao crédito ou investimento geradores de impactos socioambientais positivos.[27]

---

[23] Artigo 1º, §I, II.
[24] Artigo 12.
[25] Artigo 6º.
[26] Artigo 13.
[27] Sustentabilidade socioambiental no sistema financeiro: diagnóstico e propostas. Faculdade de Direito da Universidade de São Paulo. Relatório de Pesquisa de pós-doutorado, 2016.

1.7 A responsabilidade civil das instituições financeiras por danos ambientais causados pelas atividades financiadas

Diante do apresentado: a evolução da discussão quanto à figura do poluidor indireto, a evolução doutrinária e jurisprudencial quanto às características da responsabilidade por danos ao meio ambiente e os deveres jurídicos especificamente atribuídos às instituições financeiras quanto ao cumprimento de normas ambientais de atividades financiadas, pode-se discutir em que circunstâncias essas instituições poderiam ser afetadas.

Essa discussão torna-se ainda mais pertinente porque a já discutida decisão do Recurso Especial 1.071.741-SP referiu-se casualmente ao financiamento de atividades ainda que o caso versasse sobre a responsabilização do Poder Público, conforme já analisado.

De fato, o voto do Ministro Relator afirma que:

> Para o fim de apuração do nexo de causalidade no dano urbanístico-ambiental e de eventual solidariedade passiva, equiparam-se quem faz, quem não faz quando deveria fazer, quem não se importa que façam, quem cala quando lhe cabe denunciar, quem financia para que façam e quem se beneficia quando outros fazem.[28]

Não houve portanto um aprofundamento quanto à responsabilidade do financiador e suas circunstâncias.

Há uma zona de clareza no caso do descumprimento das normas específicas a elas atribuídas no sentido da exigência de documentos. Falhando em requisitá-los aos candidatos ao crédito, poderiam as instituições oficiais ser responsabilizadas solidariamente pelos danos relativos a essas atividades.

Para além dessas situações, porém, as dúvidas são grandes. Que tipo de ação omissiva das instituições acarretaria sua responsabilidade? E se o dano decorrer de atividades lícitas, e forem causados por motivos de força maior ou caso fortuito? Aceitar a responsabilização de um financiador faria sentido ou significaria a criação de um nexo de causalidade arbitrário?

Alguns autores têm discutido essa questão.

Há referência às normas e exigências legais que acarretariam a responsabilidade. Nesse sentido, Annelise Monteiro Steigleder afirma que, descumprindo a norma do artigo 12 da Lei nº 6.938/81, a instituição financeira é solidariamente responsável com o empreendedor, colocando-se numa situação de "cooperação" com o financiado em seus atos lesivos ao meio ambiente.[29] A mesma posição pode ser atribuída a Paulo Affonso Machado, que afirma ser a corresponsabilidade da instituição financeira, nesse caso, implícita. Ao comentar a exigência de apresentação de Certificado de Qualidade em Biossegurança, emitido pela CTNBio, o autor afirma que "o nexo causal entre o ato que provocou ou possa provocar o dano ambiental, no caso dos bancos, é presumido" por força da norma que determina a exigência.[30]

---

[28] Recurso Especial 1.071.741 (2008/0146043-5), julgado em 24.03.2009. Ministro Herman Benjamin relator.
[29] Responsabilidade civil das instituições financeiras por danos ambientais. *Revista Jurídica do Ministério Público do Estado do Mato Grosso*, p 112, n. 2, jan./jul. 2007.
[30] *Op. cit.*, p. 394.

Há posicionamentos mais extremos no sentido de atribuir ao financiador privado o dever de exigir o licenciamento ambiental das empresas candidatas ao crédito e acompanhar as atividades da empresa.

Alexandre Lima Raslam entende que, quando as instituições financeiras concedem financiamento a atividade considerada efetiva ou potencialmente poluidora, vale dizer, atividade sujeita ao licenciamento ambiental, devem exigir

> A comprovação do prévio licenciamento ambiental e do cumprimento das normas, dos critérios e dos padrões expedidos pelo Conselho Nacional do Meio Ambiente (CONAMA), bem como a inclusão nos projetos da realização de obras e aquisição de equipamentos destinados ao controle da degradação ambiental e à melhoria da qualidade do meio ambiente, consoante o artigo 12 e parágrafo único da Lei 6.938/1981 (Lei da Política Nacional do Meio Ambiente).[31]

Na ausência dessas providências, poderiam ser responsabilizadas como causadoras indiretas dos danos ambientais, solidariamente ao causador direto. O autor defende, portanto, uma extensão dos deveres atribuídos às instituições oficiais de crédito pelo artigo 12 da Lei nº 6.938/81 às instituições financeiras privadas e, ainda, baseando-se na posição de Ana Luci E. Grizzi, um dever de acompanhamento e controle das atividades do financiado, para além de uma análise apenas formal de documentos.[32]

O problema desse posicionamento é a falta de regulamentação nesse sentido, o que leva à necessidade de ampliação do conteúdo do artigo 12, tanto para incluir as instituições privadas quanto para uma dedução de deveres de acompanhamento. Uma inclusão do dever de exigência da licença aos bancos privados é justificável diante da evolução da legislação ambiental e deve ser defendida, em termos legais ou regulamentares, a fim de estabelecer um patamar mais elevado de efetividade das normas ambientais.

A assunção de deveres de controle da ação do financiado, porém, parece mais complicada, pois não há parâmetros adequados para um controle por agente que não detém poder de polícia. Dentro de certos parâmetros legais, porém, algum monitoramento por parte da instituição é viável. Nesse sentido, Paulo Affonso Machado, após afirmar que as instituições financeiras oficiais não têm o ônus de exercerem sozinhas o controle ambiental do ente financiado, já que essa incumbência é do Poder Público, afirma o dever de analisarem o cumprimento das condicionantes da licença ambiental que devem exigir por força do artigo 12 da Lei nº 6.938/81.[33]

Rômulo Silveira R. Sampaio aprofunda-se bastante na análise do tema da responsabilização das instituições financeiras. O autor faz uma digressão do tratamento do causador indireto de danos no âmbito da responsabilidade civil na vigência do antigo Código Civil e na passagem ao atual. Nessa análise aponta que, anteriormente, o causador indireto era responsabilizado com base no elemento de culpa presumida. Porém, na

---

[31] Meio Ambiente e Financiamento: A relação sob a perspectiva da propriedade e da responsabilidade civil ambiental das instituições financeiras. Dissertação (Mestrado) – Pontifícia Universidade Católica, São Paulo, 2009. p. 222.
[32] *Idem*, p. 225.
[33] *Op. cit.*, p. 394-395.

vigência do novo código, que explicitou a responsabilidade objetiva para as atividades de risco, o elemento para a responsabilização do causador indireto seria o risco criado.[34]

Com a objetivação da responsabilidade, que defende em coerência ao tratamento da responsabilidade civil por danos ambientais na Lei nº 6.938/81, é a teoria do risco a adequada para análise do nexo. Essa posição me parece coerente ao tratamento do tema na área ambiental.

O autor desenvolve então um raciocínio no sentido de que a teoria do risco adequada ao responsável indireto, porém, é a do risco criado. Isso seria assim porque esse responde a partir de um dever acautelatório em relação à posição do responsável direto pelo dano.[35] No caso ambiental, haveria por parte do Poder Público e do financiador um "dever de cuidado". Na posição do autor, o acórdão relativo ao Recurso Especial 1.071.741-SP, analisado anteriormente, reconheceu a responsabilidade do Poder Público justamente em razão da omissão desse dever de cuidado correspondente aos seus deveres fiscalizatórios.[36] O risco é criado, então, quando há "inobservância do dever legal que cria o *standard* que a política pública quer internalizar". As medidas que deve tomar, porém, são aquelas estabelecidas em lei.[37]

O trabalho desse autor tem o mérito de abordar a questão do nexo de causalidade. Entendo que a caracterização de um causador indireto de dano ambiental, que não está ligado ao dano pelo exercício de uma atividade de risco, exige sua vinculação ao dano por um nexo de causalidade caracterizado: 1) pela efetiva contribuição ao dano e 2) pela violação de um dever legal específico cujo cumprimento teria evitado a ocorrência do dano ou promovido sua mitigação.

Essa interpretação se adéqua também à aplicação da teoria do escopo da norma violada, dentre as teorias já expostas, que verifica se a conduta pode ser entendida como causa para o dano e se houve violação de uma norma jurídica. Eventual responsabilização de terceiros sem a realização dessa análise teria por efeito a possibilidade de responsabilização de qualquer agente com algum tipo de relação jurídica com um degradador: o fornecedor de insumos, o fornecedor de bens de consumo para a empresa degradadora e seus funcionários, prestadores de serviço, o banco financiador, entre outros, o que desvirtuaria os fundamentos da responsabilização baseada no princípio do poluidor-pagador construídos pelo menos desde a edição da Lei nº 6.938/81.

Em conclusão desse tema, o nexo de causalidade entre conduta e dano é a existência da atividade de risco, isto é, utilizadora de recursos naturais, sendo esse risco alocado ao empreendedor, que é o único que dispõe do controle de todas as informações sobre a sua mitigação. Ou seja, há sempre um nexo de causalidade que liga o poluidor ao dano. Mas, eventualmente, pode haver a concorrência de outros concausadores, assim considerados porque violaram dispositivo legal específico de modo a contribuir à ocorrência danosa. Nesse caso, o nexo estabelece-se pela conduta de violação da norma que vem a contribuir para o dano e se vier a contribuir a ele.

Essa conclusão dá conta da importância dos deveres legais impostos ao financiador no tocante ao exercício do seu dever constitucional de proteção do meio ambiente,

---

[34] *Responsabilidade civil ambiental das instituições financeiras*. Rio de Janeiro: Elsevier, 2013. p. 33.
[35] *Idem*, p. 29.
[36] *Idem*, p. 29.
[37] *Idem*, p. 34.

tal como já apresentado no item 1.4. Nesse sentido, pode-se identificar uma lacuna na falta de previsão do dever de exigir os documentos relativos ao licenciamento pelos financiadores privados.

A solução ideal da questão seria uma alteração legislativa, mais exatamente na redação do artigo 12 da Lei nº 6.938/81 de modo a obrigar também as instituições privadas a exigirem a licença ambiental do empreendimento antes da concessão de financiamento ou ao menos de certas formas de financiamento.

Por outro lado, tendo em vista a iniciativa do Banco Central de abordar os riscos socioambientais dos empreendimentos, entendo que está dentro desse escopo valer-se da prerrogativa de determinar a adoção de controles e procedimentos relativos à política de responsabilidade socioambiental das instituições prevista na Resolução 4.327/2014, para padronizar certos procedimentos, como as informações e documentos a serem exigidos antes do financiamento de atividades potencialmente causadoras de impacto ambiental. A padronização quanto a esse aspecto da política e do controle de riscos pelas instituições traria maior segurança jurídica às instituições financeiras e permitiria maior efetividade das normas ambientais.

1.8 Conclusões

O presente trabalho procurou responder às seguintes perguntas: em que circunstâncias a instituição financeira pode ser responsabilizada por danos causados por atividade por ela financiada? Como se caracteriza essa responsabilidade e com base em que fundamentos?

Conforme analisado, as normas brasileiras de Direito Ambiental preveem a possibilidade de responsabilização não apenas daqueles que diretamente causam danos ao meio ambiente como também dos "causadores indiretos" desse dano. Nesse sentido, há hoje um posicionamento no sentido de se entender que alguns casos de omissão de deveres legais por certos agentes, omissão essa que venha a contribuir para um dano ambiental, ensejam a responsabilização.

Os casos mais ilustrativos da questão, discutidos e julgados pelos tribunais referem-se à omissão do Poder Público quanto ao seu dever de fiscalização do cumprimento das normas ambientais em circunstâncias específicas. Os debates nos casos julgados e na doutrinam abordam também a natureza dessa responsabilidade, com tendência a considerá-la objetiva, em coerência ao sistema estabelecido pela Lei nº 6.938/81 para a responsabilidade civil por danos ambientais.

Ao transpor-se a discussão para as instituições financeiras, isto é, ao indagar-se se essas podem ser consideradas causadoras indiretas de danos ambientais quando esses foram gerados nas atividades por elas desenvolvidas, verificaram-se diferentes posições na doutrina.

Tendo em vista que algumas normas estabelecem deveres específicos a essas instituições no tocante à exigência de documentos comprobatórios do cumprimento das normas ambientais pelos financiados, há certo consenso quanto à sua corresponsabilidade caso falhem no cumprimento dessas exigências.

Mas há autores que procuram estender a responsabilidade das instituições financeiras mesmo em hipóteses em que não haja descumprimento de regras específicas.

A diferença entre esses posicionamentos reforça a necessidade de compreender a caracterização da sua possível responsabilidade, como objetiva ou não, e qual seria o nexo de causalidade, que aponta a necessidade de omissão de deveres específicos.

Toda essa discussão e o seu desenvolvimento até o momento justificam a alteração de normas legais ou regulamentares de modo a explicitar e ampliar os deveres jurídicos das instituições financeiras no toante à exigência de comprovação de que as atividades financiadas cumprem as normas ambientais.

Referências

ALTERINI, Atilio A. *Responsabilidad civil*: límites de la reparación civil. Buenos Aires: Abeledo-Perrot, 1992.

AZEVEDO, Alvaro V. *Teoria geral das obrigações*. 9. ed. São Paulo: Revista dos Tribunais, 2001.

BENJAMIN, Antonio Herman V. Direito constitucional ambiental brasileiro. In: CANOTILHO, José Joaquim G.; LEITE, José Rubens M. *Direito Constitucional Ambiental brasileiro*. São Paulo: Saraiva, 2007.

JUCOVSKY, Vera Lúcia. *Responsabilidade civil do Estado por danos ambientais*. São Paulo: Juarez de Oliveira, 2000.

LEITE, José Rubens M; AYALA, Patrick A. *Dano ambiental*: do individual ao coletivo extrapatrimonial: teoria e prática. 6. ed. São Paulo: Revista dos Tribunais, 2014.

LEMOS, Patrícia Iglesias *Meio ambiente e responsabilidade civil do proprietário:* análise do nexo causal. São Paulo: RT, 2008.

MACHADO, Jeanne S. *A solidariedade na responsabilidade ambiental*. Rio de Janeiro: Lumen Juris, 2006. p 106.

MACHADO, Paulo Affonso L. *Direito ambiental brasileiro*. 22. ed. São Paulo: Malheiros, 2015.

MILARÉ, Édis. *Direito do ambiente*. 6. ed. São Paulo: Revista dos Tribunais, 2009.

MOREIRA, Hélio Cabral. *Project finance:* principais fundamentos e informações do Curso de Project Finance – HEC – Hautes Études Commerciales – Paris e Fundação Dom Cabral – MG –Apresentação. Disponível em: <http://www.bndes.gov.br/SiteBNDES/export/sites/default/bndes_pt/Galerias/Arquivos/conhecimento/especial/projectf.pdf>. Acesso em: 20 out. 2011.

MULLHOLAND, Caitlin S. *A responsabilidade civil por presunção de causalidade*. Rio de Janeiro: GZ, 2009.

NERY JUNIOR, Nelson; ANDRADE, Rosa Maria. Responsabilidade civil, meio ambiente e ação coletiva ambiental. In: BENJAMIN, Antonio Herman. *Dano ambiental, prevenção, reparação e repressão*. São Paulo: Revista dos Tribunais, 1993. p. 278- 307.

RASLAM, Alexandre. *Meio ambiente e financiamento:* a relação sob a perspectiva da propriedade e da responsabilidade civil ambiental das instituições financeiras. Dissertação (Mestrado) – Pontifícia Universidade Católica, São Paulo, 2009.

SAMPAIO, Rômulo Silveira R. *Responsabilidade civil ambiental das instituições financeiras*. Rio de Janeiro: Elsevier, 2013.

STEIGLEDER Annelise. Responsabilidade civil das instituições financeiras por danos ambientais. *Revista Jurídica do Ministério Público do Estado do Mato Grosso*, n. 2, p. 107-115, jan./jul. 2007.

STEIGLEDER, Annelise. Considerações sobre o nexo de causalidade na responsabilidade civil por dano ao meio ambiente. *Revista de Direito Ambiental*, v. 32, p. 83-103, out./ dez. 2003.

Informação bibliográfica deste livro, conforme a NBR 6023:2002 da Associação Brasileira de Normas Técnicas (ABNT):

NUSDEO, Ana Maria de Oliveira. Instituições financeiras e danos ambientais causados por atividades financiadas. In: YOSHIDA, Consuelo Y. Moromizato et al. (Coord.). *Finanças sustentáveis e a responsabilidade socioambiental das instituições financeiras*. Belo Horizonte: Fórum, 2017. p. 27-44. ISBN 978-85-450-0234-5.

ESTADO DA ARTE DA RESPONSABILIDADE SOCIOAMBIENTAL DO FINANCIADOR

ALEXANDRE LIMA RASLAN

Introdução

A cena econômica mundial, ainda que respeitadas as singularidades regionais e locais, contempla como elementos indissociáveis as transações comerciais, nacionais ou internacionais, por meio de transferências financeiras.

Como pressupostos da dinâmica mercantil se destacam, dentre outros, a disponibilidade e as condições de acesso ao crédito, como principais indutores e reguladores da produção industrial, do consumo e, por consequência, da pressão exercida sobre o conjunto de recursos ambientais, naturais ou não.

Para confirmar esta interdependência, não há necessidade de grandes esforços, uma vez que aparelhos eletrônicos, aeronaves, automóveis, medicamentos, vestuário etc. não são encontrados no estado de natureza,[1] mas, sim, são bens de consumo cuja existência depende da extração e transformação de diversos bens naturais (florestas, minérios etc.).

Além disso, as leis da termodinâmica[2] demonstram que a transformação dos recursos ambientais em bens de consumo produz resultados que impactam o meio

---

[1] LOCKE, John. *Dois tratados sobre o governo*. Tradução Júlio Fischer. Revisão técnica Renato Janine Ribeiro. Revisão da tradução Eunice Ostrensky. 2. ed. São Paulo: Martins Fontes, 2005. p. 421.
[2] ODUM, Eugene P. *Fundamentos da ecologia*. Tradução Antonio Manuel de Azevedo Gomes. 7. ed. Lisboa: Fundação Calouste Gulbekian. 2004. p. 55-57; MILLER, G. Tyler. *Ciência Ambiental*. Tradução All Tasks. Revisão técnica Wellington Braz Carvalho Delitti. 11. ed. São Paulo: Cengage Learning, 2011. p. 32-33.

ambiente, natural ou artificial, com potencial de extinguir espécies, animais[3] e vegetais,[4] e de poluir recursos[5] hídricos, atmosféricos etc.

Mas, apesar da obviedade científica deste ciclo, persiste uma crença recalcitrante que obnubila os raciocínios apressados ou rasos a respeito. A negação desta evidência autoriza concluir que a ideologia ou a ignorância animam esta descrença. A ideologia serve de fundamento para negar a realidade ou afirmar o surreal. A ignorância serve aos indolentes, que reproduzem equívocos que por sua vez autoproduzem autopoieticamente.

O crédito, como dito, é capaz de regular o ritmo da atividade produtiva, alterando diretamente a demanda sobre os estoques de recursos naturais. A qualidade do processo produtivo também é influenciada pelo crédito, uma vez que a adoção de novas tecnologias proporciona o máximo aproveitamento dos insumos e reduzida geração de resíduos. Tais benefícios necessitam de permanente investimento mirando a máxima eficiência: aumento quantitativo e qualitativo da produção, diminuição do uso de matéria-prima, de energia, de desperdício etc.

Enfim, uma perspectiva válida sobre haver um ponto ótimo na relação entre bens ambientais e demandas da vida moderna pode adotar como ponto de partida a indicação de Humberto Adami,[6] para quem "é pela atividade financeira que passa, necessariamente, o progresso de uma população e, portanto, o financiamento pode e deve ser utilizado como instrumento de controle ambiental", pois, "enquanto alguns lucram com a atividade que causa dano ambiental, bancos inclusive, todos são chamados a contribuir na hora da despoluição".[7]

2.1 Iniciativas implicantes: crédito e meio ambiente

O eficiente aperfeiçoamento do controle e da melhoria da qualidade ambiental concomitante ao desenvolvimento econômico, inclusive por meio da interação entre recursos financeiros e naturais, trata-se de discurso conhecido alhures,[8] que ainda carece de exata compreensão para a devida concretização.

A efetividade dos instrumentos econômicos postos a serviço da conservação e preservação ambiental carece, ainda, de medidas de *enforcement* que produzam resultados concretos. Assim, a qualidade ambiental dos projetos deve ser aspecto estratégico como pressuposto legal e regulamentar para acesso ao crédito. E a política regulatória do

---

[3] INSTITUTO CHICO MENDES DE CONSERVAÇÃO DA BIODIVERSIDADE. *Fauna brasileira*. Disponível em: <http://www.icmbio.gov.br/portal/faunabrasileira>. Acesso em: 05 nov. 2016.

[4] BRASIL. Ministério do Meio Ambiente. *Flora ameaçada*. Disponível em: <http://www.mma.gov.br/biodiversidade/especies-ameacadas-de-extincao/flora-ameacada>. Acesso em: 05 nov. 2016.

[5] BRASIL. Ministério do Meio Ambiente. Conama. Livro de Resoluções. Disponível em: <http://www.mma.gov.br/port/conama/processos/61AA3835/LivroConama.pdf>. Acesso em: 05 nov. 2016.

[6] ADAMI, Humberto. Meio Ambiente e Bancos: 10 anos depois, a volta da questão da responsabilidade ambiental das instituições financeiras. Advocacia de combate e estratégias, colocando lado a lado movimento social e ministério público. In: WERNECK, Mário et al (Coord.). *Direito Ambiental*: visto por nós advogados. Belo Horizonte: Del Rey, 2005. p. 745.

[7] ADAMI, Humberto. *Meio ambiente e bancos*: 10 anos depois, a volta da questão da responsabilidade ambiental das instituições financeiras. Advocacia de combate e estratégias, colocando lado a lado movimento social e ministério público. 2005, p. 746.

[8] SCHARF, Regina. *Manual de negócios sustentáveis*. São Paulo: Amigos da Terra/ Amazônia Brasileira/ Fundação Getulio Vargas/ Centro de Estudos em Sustentabilidade. 2004. p. 109-127.

mercado já detectou tal potencialidade, o mesmo acontecendo com as práticas singulares de determinadas instituições de crédito focadas na redução de riscos.

Mas foi a partir da Conferência das Nações Unidas sobre o Meio Ambiente Humano, realizada em Estocolmo, Suécia, em 1972, iniciativa pioneira para a defesa do meio ambiente diante do desenvolvimento econômico, que se revelou preocupação com a implicação entre recursos financeiros e proteção ambiental, nos termos da Declaração de Estocolmo sobre Meio Ambiente.[9]

A Conferência de Estocolmo, como preconiza Pedro Portugal Gaspar, é "o marco de referência do início da política ambiental contemporânea", caracterizando-se por prover de coerência e estrutura uma política global de defesa do meio ambiente.[10] Assevera o autor que "convém ter presente que a Conferência de Estocolmo originou um impulso e uma adesão de diversas Organizações Internacionais e de diversos Estados à temática ambiental, criando para tal, diversos programas de acção, bem como legislação específica para o efeito".[11]

A relação entre recursos financeiros, desenvolvimento e meio ambiente é ratificada pela Declaração do Rio, de 1992, implicando a interpolação dos agentes financiadores, públicos ou privados, nacionais ou internacionais, na dinâmica fincada no desenvolvimento sustentável.

A partir de então, consolida-se a preferência por empresas socialmente responsáveis, que adotem práticas sustentáveis e, sobretudo, apresentem rentabilidade atrativa aos investidores com preferência por aplicações nos denominados "Investimentos Socialmente Responsáveis" (SRI). Esta preferência demonstra que as empresas estão dispostas e preparadas para enfrentar riscos econômicos, sociais e ambientais, atendendo a pressupostos previstos em vários instrumentos financeiros nos mercados nacional e internacional.

Em âmbito nacional, o crédito para a produção e o consumo está atrelado à moralidade, à legalidade, à ética etc., não sendo razoável que o financiamento, público ou privado, subsidie a degradação ambiental, sobretudo em razão da exigência constitucional para o Sistema Financeiro Nacional servir aos interesses da coletividade, nos termos do artigo 192, conforme pontua Paulo Affonso Leme Machado.[12]

Assim, há iniciativas legislativas, governamentais e setoriais privadas destinadas a considerar como prejudicial a variável ambiental nas relações entre os organismos de incentivos e financiamentos e os respectivos beneficiários, públicos ou privados.

A síntese que se apresenta anseia abordagem horizontal do panorama estrangeiro relativo à responsabilidade civil dos financiadores por danos ao meio ambiente, não tendo a pretensão de esgotar todas as previsões e nem mesmo analisá-las verticalmente aqui.[13] Merecendo destaque algumas disposições legais e iniciativas institucionais que se apresentam proeminentes e úteis ao objeto deste ensaio.

---

[9] SILVA, Geraldo Eulálio do Nascimento e. *Direito Ambiental Internacional*. 2. ed. Rio de Janeiro: Thex, 2002. p. 322-325.
[10] GASPAR, Pedro Portugal. *O estado de emergência ambiental*. Coimbra: Almedina, 2005. p. 13.
[11] GASPAR, Pedro Portugal. *O estado de emergência ambiental*. 2005. p. 16.
[12] MACHADO, Paulo Affonso Leme. *Recursos hídricos:* Direito brasileiro e internacional. São Paulo: Malheiros. 2002. p. 332.
[13] RASLAN, Alexandre Lima. *Responsabilidade civil ambiental do financiador*. Porto Alegre: Livraria do Advogado, 2012.

Iniciativas internacionais destacadas são: "Comprehensive Environmental Response Compensation and Liability Act" (CERCLA),[14] "UNEP Finance Initiative" (UNEP-FI),[15] "Dow Jones Sustainability World Index" (DJSI World),[16] "International Finance Corporation" (IFC)[17] e "Equator Principles".[18]

Atualmente, as instituições financeiras brasileiras que adotam os Princípios do Equador são: Banco Bradesco S.A., Banco do Brasil, Caixa Econômica Federal, Banco Itaú Unibanco e Banco Votorantim S.A.[19]

A iniciativa nacional mais relevante no plano governamental é o Protocolo Verde[20] ou Carta de Princípios para o Desenvolvimento Sustentável,[21] que atualmente conta com a adesão do Banco do Brasil, da Caixa Econômica Federal, do Banco Nacional de Desenvolvimento Econômico e Social, do Banco da Amazônia e do Banco do Nordeste.

No plano não governamental podem ser referidas as seguintes iniciativas: Conselho Empresarial Brasileiro para o Desenvolvimento Sustentável (CEBDS)[22] e o Índice de Sustentabilidade Empresarial da Bolsa de Valores de São Paulo (ISE-BOVESPA).[23]

2.2 Plano legislativo

O Brasil, na esteira do movimento global de defesa ambiental protagonizado pela Conferência das Nações Unidas sobre o Meio Ambiente Humano, em 1972, edita a Lei nº 6.938/1981, que dispõe sobre a Política Nacional do Meio Ambiente, que está cravejada de dispositivos dedicados à compatibilização entre desenvolvimento social, econômico e defesa do meio ambiente.

No patamar legislativo podem ser destacados alguns textos normativos que demonstram a necessidade de promover a concretização da implicação entre crédito e meio ambiente.

Na Lei nº 6.938/1981, Política Nacional do Meio Ambiente: Artigo 12. As entidades e órgãos de financiamento e incentivos governamentais condicionarão a aprovação de projetos habilitados a esses benefícios ao licenciamento, na forma desta Lei, e ao cumprimento das normas, dos critérios e dos padrões expedidos pelo CONAMA.

---

[14] COMPREHENSIVE Environmental Response Compensation and Liability Act. *Law & Regulations*. Disponível em: <https://www.epa.gov/laws-regulations/summary-comprehensive-environmental-response-compensation-and-liability-act>. Acesso em: 07 nov. 2016.

[15] UNEP FINANCE INICIATIVY. Disponível em: <http://www.unepfi.org/>. Acesso em: 7 nov. 2016.

[16] DOW JONES SUSTAINABILITY INDECES: <https://www.djindexes.com/sustainability/>. Acesso em: 7 nov. 2016.

[17] INTERNATIONAL FINANCE CORPORATION: Disponível em: http://www.ifc.org/wps/wcm/connect/corp_ext_content/ifc_external_corporate_site/home>. Acesso em: 7 nov. 2016.

[18] THE EQUATOR PRINCIPLES. Disponível em: <http://www.equator-principles.com/>. Acesso em: 7 nov. 2016.

[19] THE EQUATOR PRINCIPLES. Disponível em: <http://www.equator-principles.com/index.php/members-and-reporting>. Acesso em: 7 nov. 2016.

[20] BRASIL. Decreto de 28 de abril de 1995. Disponível em: <http://www.planalto.gov.br/ccivil_03/DNN/Anterior%20a%202000/1995/Dnn3103.htm>. Acesso em: 7 nov. 2016.

[21] AMAZÔNIA. Protocolo Verde. Disponível em: <http://www.amazonia.org.br/arquivos/168395.pdf>. Acesso em: 7 nov. 2016.

[22] CONSELHO EMPRESARIAL BRASILEIRO PARA O DESENVOLVIMENTO SUSTENTÁVEL. Disponível em: <http://cebds.org/>. Acesso em: 7 nov. 2016.

[23] BOLSA DE VALORES DE SÃO PAULO. Índices de Sustentabilidade. Disponível em: <http://www.bmfbovespa.com.br/pt_br/produtos/indices/indices-de-sustentabilidade/>. Acesso em: 07 nov. 2016.

Parágrafo único. As entidades e órgãos referidos no *caput* deste artigo deverão fazer constar dos projetos a realização de obras e aquisição de equipamentos destinados ao controle de degradação ambiental e à melhoria da qualidade do meio ambiente.

Na Lei nº 11.105/2005, Política Nacional de Biossegurança: Artigo 2º. As atividades e projetos que envolvam OGM e seus derivados, relacionados ao ensino com manipulação de organismos vivos, à pesquisa científica, ao desenvolvimento tecnológico e à produção industrial ficam restritos ao âmbito de entidades de direito público ou privado, que serão responsáveis pela obediência aos preceitos desta Lei e de sua regulamentação, bem como pelas eventuais consequências ou efeitos advindos de seu descumprimento. [...] §4º As organizações públicas e privadas, nacionais, estrangeiras ou internacionais, financiadoras ou patrocinadoras de atividades ou de projetos referidos no *caput* deste artigo devem exigir a apresentação de Certificado de Qualidade em Biossegurança, emitido pela CTNBio, sob pena de se tornarem corresponsáveis pelos eventuais efeitos decorrentes do descumprimento desta Lei ou de sua regulamentação.

Na Lei nº 12.187/2009, Política Nacional sobre Mudança do Clima: Artigo 8º. As instituições financeiras oficiais disponibilizarão linhas de crédito e financiamento específicas para desenvolver ações e atividades que atendam aos objetivos desta Lei e voltadas para induzir a conduta dos agentes privados à observância e execução da PNMC, no âmbito de suas ações e responsabilidades sociais.

Na Lei nº 12.305/2010, Política Nacional de Resíduos Sólidos: Artigo 16. A elaboração de plano estadual de resíduos sólidos, nos termos previstos por esta Lei, é condição para os Estados terem acesso a recursos da União, ou por ela controlados, destinados a empreendimentos e serviços relacionados à gestão de resíduos sólidos, ou para serem beneficiados por incentivos ou financiamentos de entidades federais de crédito ou fomento para tal finalidade. [...] Artigo 18. A elaboração de plano municipal de gestão integrada de resíduos sólidos, nos termos previstos por esta Lei, é condição para o Distrito Federal e os Municípios terem acesso a recursos da União, ou por ela controlados, destinados a empreendimentos e serviços relacionados à limpeza urbana e ao manejo de resíduos sólidos, ou para serem beneficiados por incentivos ou financiamentos de entidades federais de crédito ou fomento para tal finalidade.

Na Lei nº 12.651, Código Florestal: Artigo 78-A. Após 31 de dezembro de 2017, as instituições financeiras só concederão crédito agrícola, em qualquer de suas modalidades, para proprietários de imóveis rurais que estejam inscritos no CAR.

Apesar do desconforto provocado pelo artigo 12 e parágrafo único da Lei nº 6.938/1981, Política Nacional do Meio Ambiente, vê-se que a gênese e a teleologia que traz consigo vem sendo replicada, sem contestações.

Há, portanto, visível avanço na legislação que impõe considerar a variável ambiental na tomada de decisão quanto ao financiamento por meio de órgãos públicos ou privados. A rigor, o cumprimento de tais disposições legais vem já nas fases iniciais dos projetos, tais como nas fases de concepção, planejamento e projetos, estendendo-se para o licenciamento ambiental, execução e monitoramento de atividades potencialmente causadoras de degradação ambiental.

2.3 Plano regulamentar

Há, ainda, outras disposições legais que complementam ou regulam determinados procedimentos ou a prática de atos, vindo todos ao encontro da finalidade dos textos legislativos sobre o tema.

O Poder Executivo editou o Decreto nº 6.961, de 17.9.2009, que aprova o zoneamento agroecológico da cana-de-açúcar e determina ao Conselho Monetário Nacional o estabelecimento de normas para as operações de financiamento ao setor sucroalcooleiro, nos termos do zoneamento.

O Banco Central do Brasil, por meio do Conselho Monetário Nacional, também editou resoluções, destacando-se a Resolução nº 3.545, de 29.2.2008, que alterou o Manual de Crédito Rural (MCR 2-1) para estabelecer exigência de documentação comprobatória de regularidade ambiental e outras condicionantes, para fins de financiamento agropecuário no Bioma Amazônia.

Há, também, as Resoluções nº 3.813 e nº 3.814, de 26.11.2009, que condicionam, respectivamente, o crédito rural e o crédito agroindustrial para expansão da produção e industrialização da cana-de-açúcar ao Zoneamento Agroecológico e vedam o financiamento da expansão do plantio nos Biomas Amazônia e Pantanal e Bacia do Alto Paraguai, entre outras áreas.

Mais recentemente, o Banco Central do Brasil, por meio do edital de Audiência Pública nº 41, de 13.6.2012, divulgou minutas de atos normativos que dispunham sobre a responsabilidade socioambiental das instituições financeiras e demais instituições autorizadas a funcionar.

Como resultado da consulta pública, o Banco Central do Brasil editou a Resolução nº 4.327, de 25.4.2014, que dispõe sobre as diretrizes que devem ser observadas no estabelecimento e na implementação da Política de Responsabilidade Socioambiental pelas instituições financeiras e demais instituições autorizadas a funcionar pelo Banco Central do Brasil:

> Resolução nº 4.327, de 25 de abril de 2014
> Dispõe sobre as diretrizes que devem ser observadas no estabelecimento e na implementação da Política de Responsabilidade Socioambiental pelas instituições financeiras e demais instituições autorizadas a funcionar pelo Banco Central do Brasil.
> O Banco Central do Brasil, na forma do art. 9º da Lei nº 4.595, de 31 de dezembro de 1964, torna público que o Conselho Monetário Nacional, em sessão realizada em 24 de abril de 2014, com base no disposto nos arts. 4º, incisos VI e VIII, da referida Lei, 2º, inciso VI, e 9º da Lei nº 4.728, de 14 de julho de 1965, 20, §1º, da Lei nº 4.864, de 29 de novembro de 1965, 7º da Lei nº 6.099, de 12 de setembro de 1974, 1º, inciso II, da Lei nº 10.194, de 14 de fevereiro de 2001, 1º, §1º, e 12, inciso V, da Lei Complementar nº 130, de 17 de abril de 2009, e 6º do Decreto-Lei nº 759, de 12 de agosto de 1969, R E S O L V E U:
> CAPÍTULO I
> DO OBJETO E DO ÂMBITO DE APLICAÇÃO
> Art. 1º Esta Resolução dispõe sobre as diretrizes que, considerados os princípios de relevância e proporcionalidade, devem ser observadas no estabelecimento e na implementação da Política de Responsabilidade Socioambiental (PRSA) pelas instituições financeiras e demais instituições autorizadas a funcionar pelo Banco Central do Brasil.
> Parágrafo único. Para fins do estabelecimento e da implementação da PRSA, as instituições referidas no caput devem observar os seguintes princípios:

I - relevância: o grau de exposição ao risco socioambiental das atividades e das operações da instituição; e

II - proporcionalidade: a compatibilidade da PRSA com a natureza da instituição e com a complexidade de suas atividades e de seus serviços e produtos financeiros.

CAPÍTULO II
DA POLÍTICA DE RESPONSABILIDADE SOCIOAMBIENTAL

Art. 2º A PRSA deve conter princípios e diretrizes que norteiem as ações de natureza socioambiental nos negócios e na relação com as partes interessadas.

§1º Para fins do disposto no caput, são partes interessadas os clientes e usuários dos produtos e serviços oferecidos pela instituição, a comunidade interna à sua organização e as demais pessoas que, conforme avaliação da instituição, sejam impactadas por suas atividades.

§2º A PRSA deve estabelecer diretrizes sobre as ações estratégicas relacionadas à sua governança, inclusive para fins do gerenciamento do risco socioambiental.

§3º As instituições mencionadas no art. 1º devem estimular a participação de partes interessadas no processo de elaboração da política a ser estabelecida.

§4º Admite-se a instituição de uma PRSA por: I - conglomerado financeiro; e

II - sistema cooperativo de crédito, inclusive a cooperativa central de crédito, e, quando houver, a sua confederação e banco cooperativo.

§5º A PRSA deve ser objeto de avaliação a cada cinco anos por parte da diretoria e, quando houver, do conselho de administração.

CAPÍTULO III DA GOVERNANÇA

Art. 3º As instituições mencionadas no art. 1º devem manter estrutura de governança compatível com o seu porte, a natureza do seu negócio, a complexidade de serviços e produtos oferecidos, bem como com as atividades, processos e sistemas adotados, para assegurar o cumprimento das diretrizes e dos objetivos da PRSA.

§1º A estrutura de governança mencionada no caput deve prover condições para o exercício das seguintes atividades:

I - implementar as ações no âmbito da PRSA;

II - monitorar o cumprimento das ações estabelecidas na PRSA; III - avaliar a efetividade das ações implementadas na PRSA; e

IV - verificar a adequação do gerenciamento do risco socioambiental estabelecido

V - identificar eventuais deficiências na implementação das ações.

§2º É facultada a constituição de comitê de responsabilidade socioambiental, de natureza consultiva, vinculado ao conselho de administração ou, quando não houver, à diretoria executiva, com a atribuição de monitorar e avaliar a PRSA, podendo propor aprimoramentos.

§3º Na hipótese de constituição do comitê a que se refere o §2º, a instituição deve divulgar sua composição, inclusive no caso de ser integrado por parte interessada externa à instituição.

CAPÍTULO IV
DO GERENCIAMENTO DO RISCO SOCIOAMBIENTAL

Art. 4º Para fins desta Resolução, define-se risco socioambiental como a possibilidade de ocorrência de perdas das instituições mencionadas no art. 1º decorrentes de danos socioambientais.

Art. 5º O risco socioambiental deve ser identificado pelas instituições mencionadas no art. 1º como um componente das diversas modalidades de risco a que estão expostas.

Art. 6º O gerenciamento do risco socioambiental das instituições mencionadas no art. 1º deve considerar:

I - sistemas, rotinas e procedimentos que possibilitem identificar, classificar, avaliar, monitorar, mitigar e controlar o risco socioambiental presente nas atividades e nas operações da instituição;

II - registro de dados referentes às perdas efetivas em função de danos socioambientais, pelo período mínimo de cinco anos, incluindo valores, tipo, localização e setor econômico objeto da operação;

III - avaliação prévia dos potenciais impactos socioambientais negativos de novas modalidades de produtos e serviços, inclusive em relação ao risco de reputação; e

IV - procedimentos para adequação do gerenciamento do risco socioambiental às mudanças legais, regulamentares e de mercado.

Art. 7º As ações relacionadas ao gerenciamento do risco socioambiental devem estar subordinadas a uma unidade de gerenciamento de risco da instituição.

Parágrafo único. Independente da exigência prevista no caput, procedimentos para identificação, classificação, avaliação, monitoramento, mitigação e controle do risco socioambiental podem ser também adotados em outras estruturas de gerenciamento de risco da instituição.

Art. 8º As instituições mencionadas no art. 1º devem estabelecer critérios e mecanismos específicos de avaliação de risco quando da realização de operações relacionadas a atividades econômicas com maior potencial de causar danos socioambientais.

CAPÍTULO V
DAS DISPOSIÇÕES FINAIS

Art. 9º As instituições mencionadas no art. 1º devem estabelecer plano de ação visando à implementação da PRSA.

Parágrafo único. O plano mencionado no caput deve definir as ações requeridas para a adequação da estrutura organizacional e operacional da instituição, se necessário, bem como as rotinas e os procedimentos a serem executados em conformidade com as diretrizes da política, segundo cronograma especificado pela instituição.

Art. 10. A PRSA e o respectivo plano de ação mencionado no art. 9º devem ser aprovados pela diretoria e, quando houver, pelo conselho de administração, assegurando a adequada integração com as demais políticas da instituição, tais como a de crédito, a de gestão de recursos humanos e a de gestão de risco.

Art. 11. As instituições mencionadas no art. 1º devem aprovar a PRSA e o respectivo plano de ação, na forma prevista no art. 10, e iniciar a execução das ações correspondentes ao plano de ação segundo o cronograma a seguir:

I - até 28 de fevereiro de 2015, por parte das instituições obrigadas a implementar o Processo Interno de Avaliação da Adequação de Capital (Icaap), conforme regulamentação em vigor; e

II - até 31 de julho de 2015, pelas demais instituições.

Art. 12. As instituições mencionadas no art. 1º devem:

I - designar diretor responsável pelo cumprimento da PRSA;

II - formalizar a PRSA e assegurar sua divulgação interna e externa; e

III - manter documentação relativa à PRSA à disposição do Banco Central do Brasil.

Art. 13. O Banco Central do Brasil poderá determinar a adoção de controles e procedimentos relativos à PRSA, estabelecendo prazo para sua implementação.

Art. 14. Esta Resolução entra em vigor na data de sua publicação.

A Resolução nº 4.327/2014, Responsabilidade Socioambiental das Instituições Financeiras, inicia suas previsões de modo imperativo, ou seja, determinando que as diretrizes que estabelece devem ser adotadas. Apesar de invocar os princípios da relevância e da proporcionalidade, que podem induzir à ideia de mitigação do dever, trata-se, em verdade, de reafirmar ainda mais responsabilidade das instituições financeiras (artigos 1º e 3º).

Isso porque o grau de risco e a política de responsabilidade socioambiental devem manter uma correspondência que garanta um equilíbrio entre pretensão do mútuo e critérios e mecanismos de controle, não admitindo que riscos elevados sejam velados por políticas aquém do nível de segurança operacional exigido.

Há, também, a previsão de participação das *partes interessadas* no processo de elaboração da política de responsabilidade socioambiental (artigo 2º). A definição de parte interessada, ou seja, o cliente, o usuário, os funcionários e as pessoas impactadas pela atividade financeira estaqueia fortemente a afirmada função social da atividade financeira, que se pode extrair do artigo 192 da Constituição Federal e do artigo 116, parágrafo único, da Lei nº 6.404/1976, Lei das Sociedades por Ações.

Mas, aparentemente, há um ponto de ruptura na participação social: a avaliação periódica da política não prevê, expressamente, a igual intervenção das partes interessadas, pois reserva tal prerrogativa para a diretoria ou conselho de administração.

Para a governança da política socioambiental devem ser cumpridos os princípios da relevância e proporcionalidade, ainda que não seja compulsória a constituição de um comitê de responsabilidade socioambiental, sem poder deliberativo, que poderá monitorar e avaliar as diretrizes.

E exatamente aqui é que a *parte interessada externa* à instituição financeira tem sua participação ameaçada, além da eliminação da publicidade da existência do comitê. É que ambas somente são obrigatórias quando houver a instituição do comitê, que é uma faculdade (artigo 3º).

E é justamente o risco de perdas financeiras das instituições que sustenta a política de responsabilidade socioambiental (artigo 4º). Mas há outros riscos envolvidos e que devem ser considerados (artigo 5º). Por exemplo, o de mercado, de reputação etc.

Tanto é que os riscos socioambientais devem ser monitorados, avaliados e registrados por meio de sistemas e procedimentos que considerem as mudanças legais, regulamentares e de mercado (artigo 6º), tudo subordinado a, no mínimo, uma unidade de gerenciamento de risco da instituição (artigo 7º).

Mas a resolução, que inaugura exigindo compatibilidade entre relevância e proporcionalidade, permite que critérios e mecanismos específicos sejam previstos quando a atividade econômica relacionada com a operação de crédito apresente maior grau de risco de danos socioambientais (artigo 8º). Evidentemente que o descompasso entre a relevância, a proporcionalidade e as operações extraordinariamente arriscadas contraria a resolução, o que deve ser evitado, sob pena de responsabilidade.

Novamente se constata um ponto de ruptura, relacionado com a parte interessada e a elaboração da política de responsabilidade socioambiental e o respectivo plano de ação (artigo 9º). Trata-se do silêncio a respeito da participação da parte interessada no plano de ação (artigo 10), o que compromete, em tese, a execução da política e do plano (artigo 11).

Enfim, esta resolução deixa evidente um importante aspecto da política de risco socioambiental, que tem a *centralidade* no interesse privado da instituição financeira. E reconheça-se, legítimo. E é exatamente o que se pode abstrair da conjugação da definição de risco socioambiental e das atividades econômicas beneficiadas com a operação de crédito: financiar atividades potencialmente poluidoras expõe as instituições financeiras a perdas contratuais mensuráveis (mora, inadimplemento etc.) e a prejuízos inestimáveis (contaminação de recursos naturais, tratamentos médico-hospitalares etc.), que poderão, a depender do caso concreto, recair sobre o financiador.

2.4 Estímulos do mercado

A adoção de metodologias e de práticas que vinculam a concessão de financiamentos à regularidade técnica e jurídica ambiental de projetos e de empreendimentos beneficiados com o crédito vem sendo implantada gradativamente por instituições creditícias públicas ou privadas.

Tal postura demonstra que, além da legislação e da regulação do mercado, há, no mínimo, preocupação com a vinculação da imagem do agente financiador com a obra ou atividade que recebe o aporte de recursos. Evidentemente que estes estímulos provindos do próprio mercado são muito eficientes, valendo pontuar a respeito.

Há o *risco de reputação* que, conforme aponta Maria de Fátima Cavalcante Tosini, vem sendo considerado pelos bancos em razão da pressão da sociedade em geral e das organizações não governamentais, levando instituições de crédito a adotar políticas próprias para financiamentos, investimentos etc., uma vez que "a imagem dos bancos junto à sociedade é importante para o sucesso do conjunto de suas atividades e é considerada como parte de seu patrimônio".[24]

Mas há outros riscos, além do de reputação, que as instituições financeiras vinculam à adequação ambiental dos projetos submetidos à análise de crédito: o *risco financeiro* e o *risco de mercado*.

O *risco financeiro* está relacionado com a exposição do financiador ao risco ambiental a que estão expostos os mutuários, uma vez que as medidas de prevenção, reparação e repressão ao dano ambiental refletem sobre a situação econômico-financeira do mutuário, afetando a capacidade de pagamento. A esse respeito, Maria de Fátima Cavalcante Tosini[25] conclui que "aquilo que é risco financeiro para o tomador de crédito se torna também risco para o emprestador. Assim, o risco ambiental, ao afetar a saúde financeira do tomador de crédito, consequentemente torna-se risco para a instituição financeira".

O *risco de mercado*, segundo Maria de Fátima Cavalcante Tosini,[26] vem descrito em estudos que comprovam que o mercado de capitais reage positiva ou negativamente conforme a performance ambiental das empresas que o integram, impactando no preço das ações ou títulos que, consequentemente, refletem sobre os resultados das instituições financeiras, provocando ganhos ou perdas.

Por estas e outras razões, enfim, algumas instituições financeiras divulgam suas metodologias e práticas próprias quando se trata de financiamento de projetos que

---

[24] TOSINI, Maria de Fátima Cavalcante. *Risco ambiental para as instituições financeiras*. São Paulo: Annablume, 2006. p. 37.
[25] TOSINI, Maria de Fátima Cavalcante. *Risco ambiental para as instituições financeiras*. São Paulo: Annablume, 2006. p. 38.
[26] TOSINI, Maria de Fátima Cavalcante. *Risco ambiental para as instituições financeiras*. São Paulo: Annablume, 2006. p. 38.

possam impactar o meio ambiente, valendo colecionar alguns exemplos, como o do Banco Nacional de Desenvolvimento Econômico e Social (BNDES), o do Banco do Brasil S.A., o do Banco Bradesco S.A. e o do Banco Itaú Unibanco S.A. etc.

Conclusão

O panorama geral da responsabilidade socioambiental, em linhas gerais, vem sendo moldado com várias contribuições, da legislação em sentido estrito aos regulamentos setoriais, destacando-se as iniciativas do mercado ou, mesmo, desta ou daquela instituição financeira.

Não restam dúvidas de que a variável ambiental está internalizada na dinâmica do mercado financeiro, nacional ou internacional. O que ainda carece de convencimento é que os instrumentos econômicos devem promover, preventivamente, a defesa de interesses socioambientais, sem prejuízo da eventual reparação do dano.

O desafio é, como dito inicialmente, desbastar das discussões a respeito deste tema o discurso ideológico, que atravanca o progresso de qualquer discussão racional, e a ignorância a respeito dos fundamentos ou princípios jurídicos.

E a doutrina jurídica brasileira não está imune de padecer deste mal, dada a conveniência com que temas relevantes são tratados, visando a ocupação do mercado jurídico com conclusões que não se sustentam diante da análise isenta das premissas respectivas. Além disso, há parcela considerável de autores que não produzem doutrina, mas, sim, limitam-se a replicar resultados de julgamentos em casos concretos como se fossem dogmas.

A doutrina íntegra não pode pretender prevalecer a qualquer custo, mas, sim, tem por obrigação construir argumentos sólidos, ainda que em face dela haja alcateias ideológicas e insipientes ávidas por vencer um debate sem ter razão.

Referências

ADAMI, Humberto. Meio Ambiente e Bancos: 10 anos depois, a volta da questão da responsabilidade ambiental das instituições financeiras. Advocacia de combate e estratégias, colocando lado a lado movimento social e ministério público. In: WERNECK, Mário et al (Coord.). *Direito Ambiental:* visto por nós advogados. Belo Horizonte: Del Rey, 2005. p. 745.

AMAZÔNIA. *Protocolo verde.* Disponível em: <http://www.amazonia.org.br/arquivos/168395.pdf>. Acesso em: 7 nov. 2016.

BOLSA DE VALORES DE SÃO PAULO. Índices *de sustentabilidade.* Disponível em: <http://www.bmfbovespa.com.br/pt_br/produtos/indices/indices-de-sustentabilidade/>. Acesso em: 7 nov. 2016.

BRASIL. *Decreto de 28 de abril de 1995.* Disponível em: <http://www.planalto.gov.br/ccivil_03/DNN/Anterior%20a%202000/1995/Dnn3103.htm>. Acesso em: 7 nov. 2016.

BRASIL. Ministério do Meio Ambiente. Conama. *Livro de resoluções.* Disponível em: <http://www.mma.gov.br/port/conama/processos/61AA3835/LivroConama.pdf>. Acesso em: 05 nov. 2016.

BRASIL. Ministério do Meio Ambiente *Flora ameaçada.* Disponível em: <http://www.mma.gov.br/biodiversidade/especies-ameacadas-de-extincao/flora-ameacada>. Acesso em: 5 nov. 2016.

COMPREHENSIVE ENVIRONMENTAL RESPONSE COMPENSATION AND LIABILITY ACT. *Law & Regulations.* Disponível em: <https://www.epa.gov/laws-regulations/summary-comprehensive-environmental-response-compensation-and-liability-act>. Acesso em: 07 nov. 2016.

CONSELHO EMPRESARIAL BRASILEIRO PARA O DESENVOLVIMENTO SUSTENTÁVEL. Disponível em: <http://cebds.org/>. Acesso em: 07 nov. 2016.

DOW JONES SUSTAINABILITY INDICES. Disponível em: <https://www.djindexes.com/sustainability/>. Acesso em: 07 nov. 2016.

GASPAR, Pedro Portugal. *O estado de emergência ambiental*. Coimbra: Almedina, 2005, p. 13.

INSTITUTO CHICO MENDES DE CONSERVAÇÃO DA BIODIVERSIDADE. *Fauna brasileira*. Disponível em: <http://www.icmbio.gov.br/portal/faunabrasileira>. Acesso em: 05 nov. 2016.

INTERNATIONAL FINANCE CORPORATION. Disponível em: <http://www.ifc.org/wps/wcm/connect/corp_ext_content/ifc_external_corporate_site/home>. Acesso em: 07 nov. 2016.

LOCKE, John. Dois *Tratados sobre o governo*. Tradução Júlio Fischer. Revisão técnica Renato Janine Ribeiro. Revisão da tradução Eunice Ostrensky. 2. ed. São Paulo: Martins Fontes, 2005. p. 421.

MACHADO, Paulo Affonso Leme. *Recursos hídricos*: Direito brasileiro e internacional. São Paulo: Malheiros. 2002, p. 332.

MILLER, G. Tyler. *Ciência ambiental*. Tradução All Tasks. Revisão técnica: Wellington Braz Carvalho Delitti. 11. ed. São Paulo: Cengage Learning, 2011. p. 32-33.

ODUM, Eugene P. Fundamentos da ecologia. Tradução Antonio Manuel de Azevedo Gomes. 7. ed. Lisboa: Fundação Calouste Gulbekian. 2004, p. 55-57.

RASLAN, Alexandre Lima. *Responsabilidade civil ambiental do financiador*. Porto Alegre: Livraria do Advogado. 2012.

SCHARF, Regina. *Manual de negócios sustentáveis*. São Paulo: Amigos da Terra/Amazônia Brasileira/ Fundação Getulio Vargas/ Centro de Estudos em Sustentabilidade. 2004. p. 109-127.

SILVA, Geraldo Eulálio do Nascimento e. *Direito Ambiental Internacional*. 2. ed. Rio de Janeiro: Thex, 2002, p. 322-325.

THE EQUATOR PRINCIPLES. *Equator principles association members & reporting*. Disponível em: <http://www.equator-principles.com/index.php/members-and-reporting>. Acesso em: 07 nov. 2016.

THE EQUATOR PRINCIPLES. Disponível em: <http://www.equator-principles.com/>. Acesso em: 7 nov. 2016.

TOSINI, Maria de Fátima Cavalcante. *Risco ambiental para as instituições financeiras*. São Paulo: Annablume, 2006.

UNEP FINANCE INICIATIVY. Disponível em: <http://www.unepfi.org/>. Acesso em: 7 nov. 2016.

Informação bibliográfica deste livro, conforme a NBR 6023:2002 da Associação Brasileira de Normas Técnicas (ABNT):

RASLAN, Alexandre Lima. Estado da arte da responsabilidade socioambiental do financiador. In: YOSHIDA, Consuelo Y. Moromizato et al. (Coord.). *Finanças sustentáveis e a responsabilidade socioambiental das instituições financeiras*. Belo Horizonte: Fórum, 2017. p. 45-56. ISBN 978-85-450-0234-5.

BREVES REFLEXÕES SOBRE AS NORMAS AMBIENTAIS NACIONAIS IMPOSTAS ÀS INSTITUIÇÕES FINANCEIRAS[1]

DANIELA BACCAS

3.1 Introdução

Tem-se estudado e discutido muito acerca da responsabilidade ambiental das instituições financeiras sob a perspectiva da doutrina civilista. O debate abrange, em seus principais aspectos, a extensão da responsabilização, a modalidade da imputação, sua interpretação jurisprudencial e efeitos. Esses estudos são de suma relevância e de autoria dos mais preeminentes intérpretes e aplicadores do Direito, permitindo uma visão abrangente da teoria e dos potenciais riscos da atividade bancária ativa, isto é, aquela em que o banco atua na concessão de crédito.

Não são muitos, entretanto, os comentários voltados ao dia a dia da instituição financeira, para a qual a realidade impõe novos desafios, exigindo-lhe não só a imprescindível e inevitável incorporação da questão ambiental nas suas avaliações de crédito, mas também a constante atualização e o domínio da legislação de meio ambiente, necessários ao desempenho de suas operações com menor risco de crédito, operacional e até mesmo de imagem.

Esse texto visa abordar os principais normativos nacionais que buscam, sucessivamente, imputar exigências de natureza ambiental às instituições financeiras. Pretende-se apresentar breves considerações sobre eventuais dificuldades de compreensão e de comprovação. A abordagem é, portanto, mais prática e menos doutrinária, no sentido de

---

[1] Artigo escrito em maio de 2015. O presente artigo reflete a opinião do autor e não a de qualquer instituição a ele vinculada.

conferir um panorama das diversas normas que determinam a conformidade ambiental dos bancos, tecendo reflexões sobre sua aplicação.

A primeira parte deste texto versa sobre cada uma das regulamentações aplicáveis. Ao final, segue-se uma conclusão acerca do modelo de imputação normativa adotado em relação aos agentes financeiros e sua contribuição para a preservação do meio ambiente sustentável.

3.2 Principais normativos

a) Lei da Política Nacional do Meio Ambiente (Lei nº 6.938/1981)

A mais importante norma que imputa a responsabilização aos agentes financeiros é a Lei nº 6.938/81, que instituiu a Política Nacional do Meio Ambiente, extensivamente discutida por aqueles que lidam com a temática ambiental. O art. 3º, IV, e o art. 14, §1º, da citada lei, combinados com o artigo 225, §3º da Constituição Federal, permitem concluir pela aplicação da responsabilidade civil extracontratual aos financiadores em geral, preconizada com base no conceito de "poluidor indireto".[2]

Adicionalmente, os bancos que lidam com recursos oficiais de crédito[3] submetem-se a um leque maior de exigências, como é possível observar no art. 12 da Lei nº 6.938/1981:

> As entidades e órgãos de financiamento e incentivos governamentais condicionarão a aprovação de projetos habilitados a esses benefícios ao licenciamento, na forma desta Lei, e ao cumprimento das normas, dos critérios e dos padrões expedidos pelo CONAMA.
>
> Parágrafo único – As entidades e órgãos referidos no *"caput"* deste artigo deverão fazer constar dos projetos a realização de obras e aquisição de equipamentos destinados ao controle de degradação ambiental e à melhoria da qualidade do meio ambiente.[4]

No mesmo sentido, o decreto regulamentador da Lei nº 6.938/1981 (Decreto nº 99.274/1990), em seu art. 23, estabelece que as entidades governamentais de financiamento ou gestoras de incentivos condicionarão a sua concessão à comprovação do licenciamento previsto no decreto.[5]

---

[2] O art. 225, §3º, da Constituição Federal dispõe que "as condutas e atividades consideradas lesivas ao meio ambiente sujeitarão os infratores, pessoas físicas ou jurídicas, a sanções penais e administrativas, independentemente da obrigação de reparar os danos causados". Por sua vez, o art. 3º, inciso IV, da Lei nº 6.938/81 disciplina o conceito de *poluidor*, concebendo-o como "a pessoa física ou jurídica, de direito público ou privado, responsável, direta ou indiretamente, por atividade causadora de degradação ambiental". Já o §1º do art. 14, da mesma lei, expressamente estabelece a responsabilidade objetiva do poluidor indireto: "Sem obstar a aplicação das penalidades previstas neste artigo, é o poluidor obrigado, independentemente da existência de culpa, a indenizar ou reparar os danos causados ao meio ambiente e a terceiros, afetados por sua atividade. O Ministério Público da União e dos Estados terá legitimidade para propor ação de responsabilidade civil e criminal, por danos causados ao meio ambiente".

[3] Segundo Juliana Santilli, a exigência de verificação não se restringe aos bancos governamentais, mas a todos aqueles que recebem recursos públicos (em "A corresponsabilidade das instituições financeiras por danos ambientais e o licenciamento ambiental", em *Revista de Direito Ambiental*, São Paulo, n. 21, ano 6, p. 134, jan./mar. 2001).

[4] A Lei nº 6.803/80, que trata das diretrizes básicas para o zoneamento industrial nas áreas críticas de poluição, em seu art. 12, foi pioneira ao dispor que os órgãos e entidades gestores de incentivos governamentais e os bancos oficiais condicionarão a concessão de incentivos e financiamentos às indústrias, inclusive para participação societária, à apresentação da licença ambiental de que trata a lei.

[5] Um ponto de atenção diz respeito à redação do decreto regulamentador, o qual não trata da necessidade de avaliação ambiental por ocasião da *aprovação* do crédito como aduz a Lei nº 6.938/81, mas sim da sua *concessão*.

De plano, percebe-se que a mencionada lei buscou conferir eficácia à sua principal formulação – o licenciamento ambiental[6] – e convocou os bancos oficiais de crédito a "fiscalizar" o efetivo cumprimento do dispositivo, medida que se tornaria recorrente dada a vinculação histórica entre projetos de infraestrutura, agropecuários e industriais, a créditos incentivados pelo governo. Nesse sentido, a licença ambiental foi incorporada ao processo de concessão de crédito e sua observância considerada uma responsabilidade dos bancos.[7]

Com a maior abrangência de empreendimentos e da oferta do crédito no país, a exigência do licenciamento ambiental para determinados projetos passou a trazer alguns questionamentos de natureza prática por parte dos bancos. Por exemplo, para alguns tipos de projetos, especialmente aqueles considerados de baixo impacto ambiental, não é raro que o postulante do crédito retorne ao banco financiador relatando dificuldades na obtenção da licença. Muitas vezes, a despeito de se tratar de atividade utilizadora de recursos ambientais efetiva ou potencialmente poluidora, ou capaz de causar degradação ambiental, a legislação (seja federal, estadual ou municipal) gera dúvidas acerca da necessidade de licenciamento para o caso concreto, tendo em vista as especificidades do projeto.

O agente financeiro acaba deparando-se com dificuldades para efetuar a subsunção de um projeto a uma norma específica, algumas vezes até mesmo conflitante com outra, possibilitando interpretações díspares. Como consequência da ausência de clareza normativa, em caso de dúvida acerca da necessidade ou não do licenciamento de um empreendimento, o agente financeiro acaba por solicitar a manifestação específica do órgão ambiental para se acautelar de eventual responsabilidade quanto ao não atendimento da Lei nº 6.938/1981.

Ocorre que, em certas ocasiões, o órgão ambiental não disciplina em suas regulamentações internas o procedimento de dispensa de licenciamento. Em outras, observa-se que o órgão é carente de pessoal suficiente para dar seguimento ao pleito, permanecendo prioritária a alocação de recursos humanos para os atos de fiscalização ou de licenciamento propriamente ditos. Essas situações podem inviabilizar ou retardar a emissão do documento. Diante de tais ocorrências, não é raro que o postulante do crédito ou representantes do setor de sua atividade econômica critique a demanda dos

---

A diferença é sutil, mas se impõe na prática ao se observar as diversas fases do ciclo de projetos nos bancos (análise, aprovação, contratação e liberação de recursos), bem como os diferentes tipos de licença (prévia, instalação e operação) trazidos pelo Decreto nº 99.274/90. Tendo em vista que o financiamento somente atinge o seu propósito com a concessão dos recursos financeiros, é possível o entendimento de que o escopo da norma resta atendido quando a licença de instalação estiver válida por ocasião da efetivação do financiamento por meio do desembolso da totalidade ou de parcela do crédito, sem prejuízo da análise dos impactos e riscos ambientais do projeto nas fases de avaliação e de contratação da operação. No entanto, é usual que, especialmente para empreendimentos de maior impacto, a licença prévia seja exigida no curso da análise da concessão do crédito, enquanto se espera que a licença de instalação seja expedida previamente à formalização do instrumento jurídico de concessão de crédito.

[6] No art. 9º, IV, estipula-se o licenciamento das atividades potencialmente poluidoras (art. 10) como um instrumento da Política Nacional de Meio Ambiente. Segundo José Afonso da Silva, antes da Lei nº 6.938/81, os outros diplomas legais procuravam atacar problemas específicos onde se manifestava a poluição, como as zonas industrializadas. O citado normativo veio garantir um espectro mais amplo e sistemático à legislação ambiental no país (SILVA, J. A. *Direito Ambiental Constitucional*. 7. ed. São Paulo: Malheiros, 2009. p. 40).

[7] Inclusive a própria Lei nº 6.938/1981 prevê, no art. 14, III, a possibilidade de sanção de perda ou suspensão de participação em linha de financiamento em estabelecimentos oficiais de crédito para aqueles que não cumprirem as medidas necessárias à preservação e correção de danos causados ao meio ambiente.

bancos quanto à necessidade de um documento, emitido pelo órgão licenciador, por meio do qual seja atestada a regularidade ambiental da atividade.

Esses acontecimentos poderiam ser mitigados caso a legislação ambiental fosse mais sistematizada e suficientemente clara para permitir a interpretação de que um projeto específico encontra-se dispensado do licenciamento. Uma alternativa também consiste na simplificação dos procedimentos do órgão ambiental, pautando-se em soluções tecnológicas que permitam a inserção de dados autodeclaratórios com enquadramentos e registros automáticos para emissão de dispensa, ou remissão para o processo de licença, de acordo com o tipo de atividade.[8]

No que tange a empreendimentos passíveis de licenciamento, não raro os bancos se defrontam com impugnações às licenças por falhas procedimentais, de competência ou cujos acompanhamentos de condicionantes não estejam sendo feitos a contento pelos órgãos de fiscalização. Cabe esclarecer, nesse aspecto, que o controle da sociedade civil e do Ministério Público é essencial, e os bancos devem observar as eventuais determinações judiciais, indagar os executores dos projetos, bem como tomar as medidas pertinentes no âmbito de seus contratos de financiamento.

O que se torna incompatível com as atribuições bancárias é assumir ou ser instado a atuar com as funções inerentes às dos órgãos técnicos licenciadores ou às de fiscal do cumprimento da lei nos procedimentos licenciatórios, competências essas pertencentes a outros órgãos públicos, investigatórios e de controle.[9]

Não se trata de defender o afastamento de qualquer atuação dos bancos nas questões ambientais. Ao contrário. Ao agir cada órgão ou instituição no âmbito de suas atribuições e competências (órgão ambiental, Ministério Público, legisladores, bancos, Poder Judiciário, Poder Executivo), facilitadas por processos e recursos suficientes e compatíveis com as suas demandas, é possível abrir espaço para que cada qual atue melhor nas suas tarefas. Quanto aos agentes financeiros, poderiam então se preocupar menos com o atendimento da exigência de verificação de licenciamento previsto na Lei (visto que tais informações seriam disponibilizadas de maneira mais clara e acessível) e poderiam se aprofundar cada vez mais em uma análise de crédito com agenda positiva.[10] Ou seja, apoiando e exigindo, por exemplo, condicionantes socioambientais adicionais ao projeto, conferindo condições financeiras mais favoráveis a empresas com práticas sustentáveis ou que pleiteiem e desenvolvam tecnologias para a diminuição do impacto negativo sobre o meio ambiente ou potencialize os seus efeitos positivos.

---

[8] O art. 12 da Resolução CONAMA nº 237/1997 estabelece que: "O órgão ambiental competente definirá, se necessário, procedimentos específicos para as licenças ambientais, observadas a natureza, características e peculiaridades da atividade ou empreendimento e, ainda, a compatibilização do processo de licenciamento com as etapas de planejamento, implantação e operação".

[9] Nesse sentido é a opinião de Édis Milaré, para quem o poder de polícia é atividade estatal indelegável, impedindo-se que a instituição financeira fiscalize *pari passu* o processo de licenciamento ambiental (em *Direito do Ambiente*: a gestão ambiental em foco – Doutrina. Jurisprudência. Glossário. 6. ed. São Paulo: Revista dos Tribunais, 2009. p. 1.270).

[10] Outro exemplo decorre da necessidade de atendimento às regras emanadas pelo CONAMA (art. 12 da Lei nº 6.938/1981). Uma vez que elas sejam internalizadas nos processos dos órgãos estaduais competentes, conforme previsto nos artigos 6º, §1º e 8º, I, da Lei nº 6.938/1981, haveria maior segurança quanto ao atendimento das normas técnicas do referido órgão ao caso concreto, sem que se impute essa obrigação tão somente aos agentes financeiros.

b) Lei de Diretrizes Orçamentárias

A Lei nº 13.080/2015, que dispõe sobre as diretrizes para elaboração da Lei Orçamentária referente ao ano de 2015, exige o seguinte das agências financeiras oficiais:

> Art. 106. As agências financeiras oficiais de fomento, respeitadas suas especificidades, observarão as seguintes prioridades: (...)
> §1º A concessão ou renovação de quaisquer empréstimos ou financiamentos pelas agências financeiras oficiais de fomento não será permitida: (...)
> IV - para instituições cujos dirigentes sejam condenados por trabalho infantil, trabalho escravo, *crime contra o meio ambiente*, assédio moral ou sexual ou racismo.

Essa condicionante de natureza socioambiental vem sendo inserida anualmente nas leis de diretrizes orçamentárias federais, e impede a concessão de crédito dos bancos públicos não somente para aquelas instituições que tenham dirigentes condenados em práticas socialmente reprováveis (trabalho escravo e infantil, assédio moral ou sexual, e racismo), mas também veda o apoio para aquelas entidades que apresentem condenações em crimes contra o meio ambiente.[11]

Louvável a preocupação do legislador no sentido de não tolerar tais atos, sancionando o "bolso" da empresa que dispuser, nos seus quadros, de dirigentes que se valham de referidas atividades ilícitas, sem prejuízo de outras sanções que lhes sejam imputáveis civil, administrativa e penalmente.[12]

Não obstante o mérito dos valores envolvidos na norma, há dúvidas sobre sua efetiva aplicação. No tocante ao trabalho escravo, o Ministério do Trabalho e do Emprego – MTE criou, em 2004,[13] uma lista contendo o nome das pessoas, físicas ou jurídicas, condenadas em decisão administrativa irrecorrível pela infração de manter trabalhadores em condição análoga à de escravo. A despeito de se encontrar suspensa por força de decisão liminar no Supremo Tribunal Federal – STF,[14] é válido salientar que a existência de um modo objetivo e acessível de comprovação, como uma listagem, facilita o atendimento da lei, conferindo transparência e controle social.

No entanto, quando não se encontram disponíveis modos objetivos de comprovação, nem sempre é possível alcançar os valores da norma. Analise-se o caso dos crimes ambientais, também elencado no art. 106, §1º, IV, da Lei nº 13.080/2015, já transcrito.

---

[11] A parte referente aos crimes ambientais foi inserida a partir da Lei nº 11.768/2008, que dispôs sobre as diretrizes orçamentárias do ano de 2009.

[12] Parece que a lei quis dizer menos ao penalizar os dirigentes, não abarcando expressamente as pessoas jurídicas propriamente ditas. Sabe-se que as pessoas jurídicas são passíveis de penalidades criminais na esfera ambiental. Ademais, no campo civil e administrativo, é possível que empresas sejam condenadas pela prática dos atos ilícitos dispostos no art. 106, §1º, IV, da Lei nº 13.080/2015, que venham a ser incorridos por pessoas naturais de seus quadros.

[13] Trata-se da Portaria MTE nº 540/2004, que revogou a Portaria MTE nº 1.234/2003, a qual estabeleceu procedimentos de informação a determinados órgãos públicos sobre empregadores que incidiram na prática degradante de trabalho escravo. Em 12 de maio de 2011, a Portaria MTE nº 540/2004 foi revogada pela Portaria Interministerial MTE e Secretaria de Direitos Humanos – SDH nº 02/2011, a qual manteve, em linhas gerais, os preceitos anteriores.

[14] A liminar foi concedida em 23.12.2014, no bojo da Ação Direta de Inconstitucionalidade – ADI nº 5.209 – DF, formulada pela Associação Brasileira de Incorporadoras Imobiliárias (Abrainc), sob o argumento, dentre outros, de inexistência de lei formal para a criação da denominada "lista suja".

A Lei nº 9.605/1998, que dispõe sobre as sanções penais e administrativas derivadas de condutas e atividades lesivas ao meio ambiente, pode e deve ser observada nos diversos juízos e instâncias nacionais. Como consequência, não existe um único ente responsável por sua aplicação, tampouco algum órgão que concentre informações sobre as sanções imputadas no âmbito de tal norma. Assim sendo, a análise desses dados pelas instituições financeiras só é possível individualmente, tribunal a tribunal, em todos os estados da federação e na esfera federal. A pesquisa dos dados torna-se complexa, custosa, e por vezes ineficaz, já que nem sempre as informações são disponibilizadas integralmente ou de maneira automatizada. Ademais, deve-se considerar que o espectro de abrangência é enorme, havendo empresas com dezenas de dirigentes, além de atividades e filiais estabelecidas nas mais diversas localidades.

Nesse sentido, é comum que, além de buscas em bases cadastrais,[15] os bancos requeiram também uma declaração da pessoa jurídica tomadora do crédito e de seus dirigentes atestando, sob as penas da lei, a inexistência de crimes ambientais.[16]

Seria mais produtivo e eficaz se as informações de condenações definitivas por crimes ambientais pudessem ser transportadas para um sistema informatizado e centralizado, alimentado periodicamente, e com acesso disponível a todos os cidadãos, facilitando, por conseguinte, a efetiva aplicação da norma pelos agentes oficiais de financiamento.

c) Decretos nº 6.321/2007 e nº 6.514/2008

No início do século XXI, pressionado pelas maiores taxas de desmatamento da história no bioma Amazônia,[17] o governo federal deu início a uma série de programas visando ao combate célere e efetivo ao desflorestamento na maior floresta tropical do mundo.[18]

Em 21 de dezembro de 2007 foi editado o Decreto nº 6.321, o qual dispôs sobre ações relativas à prevenção, controle e monitoramento do desmatamento ilegal no bioma Amazônia. Inserido nos esforços para estancar o desmate ilícito na Amazônia, tal decreto buscou integrar vários órgãos do governo e entidades do setor econômico para o alcance de seus objetivos. O Ministério do Meio Ambiente (MMA) passou a monitorar de perto os municípios que mais desmatam na região, divulgando-os por meio de uma lista periódica, e perante eles intensificando as ações de prevenção, fiscalização e controle por parte dos órgãos competentes.

Dentre as medidas instituídas pelo Decreto nº 6.321/2007, o art. 11 determinou que as agências federais oficiais de crédito não aprovem crédito de qualquer espécie para: (i) atividade agropecuária ou florestal realizada em imóvel rural que descumpra sanção de embargo de atividade, e (ii) serviço ou atividade comercial ou industrial

---

[15] Há serviços prestados por entidades que centralizam informações de bases cadastrais de cartórios judiciais.

[16] O mesmo ocorre para os demais ilícitos citados no art. 106, §1º, IV, da Lei nº 13.080/2015, que não dispõem de modos práticos de comprovação.

[17] Em 2004, foi detectada uma das maiores taxas de desmatamento da Amazônia (27.772 km²), segundo dados do PRODES (Projeto de Monitoramento do Desflorestamento na Amazônia Legal, detectado pelo Instituto Nacional de Pesquisas Espaciais – INPE) – dados extraídos no site do Ministério do Meio Ambiente: <http://www.mma.gov.br/florestas/controle-e-prevenção-do-desmatamento/plano-de-ação-para-amazônia-ppcdam>. Acesso em: 27 abr. 2015.

[18] São exemplos o PAS (Programa Amazônia Sustentável) e o Plano de Ação para a Prevenção e Controle do Desmatamento na Amazônia Legal – PPCDAm.

de empreendimento que incorra em infração consistente em adquirir, comercializar, transportar ou intermediar produto oriundo de área embargada.

As referências normativas às penalidades de embargo do item (i), bem como à infração de utilização de produto originado de área embargada na cadeia produtiva (item "ii"), são aquelas constantes do Decreto nº 3.179/1999, que disciplinava as sanções decorrentes de atividades contra o meio ambiente. Em 22 de julho de 2008, o Decreto nº 6.514 veio a revogá-lo, e a tratar das infrações e sanções administrativas ao meio ambiente, além de estabelecer o processo administrativo federal para apuração das penalidades.

Como o conteúdo dos artigos do decreto revogado, mencionados no art. 11 do Decreto nº 6.321/2007, continuou mantido no Decreto nº 6.514/2008, é possível deduzir que permaneceram válidas as obrigações de os agentes financeiros federais observarem as restrições mencionadas.

Ressalte-se que o art. 20 do Decreto nº 6.514/2008 estabeleceu diversas sanções restritivas de direito para aqueles que infringirem as normas ambientais. Nesse sentido, estão previstas a perda ou suspensão da participação em linhas de financiamento de instituições oficiais de crédito, assim como a suspensão de contratação com o poder público e a perda ou suspensão de autorização, registro ou licença para funcionamento. Essas punições podem impedir ou afetar a segurança do crédito concedido por uma instituição financeira, de modo que ter conhecimento sobre a aplicação de tais penalidades ao tomador do crédito torna-se imprescindível.

A despeito de haver um esforço dos órgãos ambientais em dar transparência às sanções administrativas aplicadas,[19] ainda existe dificuldade de sistematização de todas as infrações, especialmente aquelas relativas às restrições de direito, já que as multas muitas vezes são verificáveis por meio de certidões atinentes a dívidas financeiras, disponíveis, em meio eletrônico, por diversos órgãos estaduais e pelo Instituto Brasileiro do Meio Ambiente e dos Recursos Naturais Renováveis – IBAMA.

Ainda, verifica-se que o IBAMA divulga uma lista de áreas embargadas em que é possível saber em qual localidade está configurada a punição (com coordenadas, nome da fazenda e endereço). A divulgação contém, ainda, dados referentes à identificação do infrator (nome, comprovante de situação cadastral – CPF ou cadastro nacional da pessoa jurídica – CNPJ), tipo de infração, *status* do julgamento e data de inserção na lista.[20]

No entanto, sanções similares podem advir de penalidades instituídas por outros órgãos ambientais, estaduais ou municipais, no âmbito de suas competências, sem que todos esses entes públicos tenham garantido, até o momento, acesso irrestrito à listagem de tais sanções.

Portanto, pode-se concluir que ainda falta o desenvolvimento de um sistema público e funcional que integre informações sobre as sanções administrativas ambientais

---

[19] O Sistema Nacional sobre Informações Ambientais – SINIMA foi criado no âmbito da Lei nº 6.938/1981, mas só veio a ganhar maior efetividade com a Lei nº 10.650/2003, a qual dispõe sobre o acesso público aos dados e informações existentes nos órgãos e entidades integrantes do SISNAMA (Sistema Nacional de Meio Ambiente).

[20] Disponível em: <https://servicos.ibama.gov.br/ctf/publico/areasembargadas/ConsultaPublicaAreasEmbargadas.php>. Acesso em: 28 abr. 2015. De acordo com o Decreto nº 6.514/2008, §1º, "o órgão ou entidade ambiental promoverá a divulgação dos dados do imóvel rural, da área ou local embargado e do respectivo titular em lista oficial, resguardados os dados protegidos por legislação específica para efeitos do disposto no inciso III do art. 4º da Lei nº 10.650, de 16 de abril de 2003, especificando o exato local da área embargada e informando que o auto de infração encontra-se julgado ou pendente de julgamento". Também é possível acessar as autuações administrativas do IBAMA por Estado da federação e por um período específico.

em todos os níveis federativos, de modo a permitir que o agente financeiro oficial de crédito possa dar atendimento às disposições dos Decretos nº 6.321/2007 e nº 6.514/2008 com maior precisão. Por tal razão, e na mesma linha do que se relatou no tocante à lista de crimes ambientais, acaba-se por fazer uso de declarações, sem prejuízo de verificações cadastrais e de outros documentos usuais no processo de concessão do crédito.

d) Resolução nº 3.545, de 29.02.2008, do Conselho Monetário Nacional

O Manual de Crédito Rural (MCR) consiste na compilação de um conjunto de normas expedidas pelo Conselho Monetário Nacional (CMN) no curso da atividade regulatória do crédito rural no país, conforme atribuições decorrentes do art. 4º, VI, da Lei nº 4.595/1965 e dos artigos 4º e 14º da Lei nº 4.829/19656.[21] Desde a década de 60, o Brasil busca estimular o seu potencial agropecuário por meio de políticas de fomento à economia agrícola, cujo crescimento tem sido substancial desde então.

Conforme visto anteriormente, o contexto de ampliação do desmatamento ilegal na Amazônia suscitou diversas ações governamentais. O crédito rural não ficou de fora, especialmente por conta das críticas relacionadas à expansão da pecuária e da soja ao exercer pressão sobre matas nativas e áreas de proteção, como terras indígenas e unidades de conservação.

Nesse cenário é que a Resolução nº 3.545/2008 foi aprovada pelo CMN em 29.02.2008, dispondo sobre documentos exigíveis pelas instituições financiadoras aos beneficiários do crédito rural no bioma Amazônia.[22]

Em linhas gerais, a Resolução nº 3.545/2008 demanda que os bancos financiadores do crédito rural passem a exigir: (i) documento que comprove a regularidade ambiental do imóvel para o qual se pleiteia o crédito (licença, certificado, certidão ou outro instrumento comprobatório), (ii) Certificado de Cadastro de Imóvel Rural – CCIR[23] e (iii) declaração de inexistência de embargos de atividades na propriedade (conforme previsto no Decreto nº 6.321/2007, mencionado no item "c" deste artigo).

Focando-se especificamente na apresentação do documento de regularidade ambiental, parece que a norma tende a reforçar o que já estava contido nos dispositivos

---

[21] A Lei nº 4.595/1965 dispõe, dentre outros aspectos, sobre a política e as instituições monetárias, bancárias e creditícias e cria o CMN, enquanto a Lei nº 4.829/1965 institucionaliza o crédito rural. O art. 2º desse último normativo considera "crédito rural" o suprimento de recursos financeiros por entidades públicas e estabelecimentos de crédito particulares a produtores rurais ou a suas cooperativas para aplicação exclusiva em atividades que se enquadrem nos objetivos indicados na legislação em vigor.

[22] É válido ressaltar a distinção entre *Amazônia Legal* e *bioma Amazônia*. A definição da primeira expressão tem respaldo na Lei nº 12.651/2012, art. 3º, I: "os Estados do Acre, Pará, Amazonas, Roraima, Rondônia, Amapá e Mato Grosso e as regiões situadas ao norte do paralelo 13º S, dos Estados de Tocantins e Goiás, e ao oeste do meridiano de 44º W, do Estado do Maranhão". Já o *bioma Amazônia* encontra-se definido na Portaria nº 96/2008, expedida pelo Ministério do Meio Ambiente em 27.03.2008, por força das obrigações constantes dos Decretos nº 6.321/2007 e da própria Resolução nº 3.545/2008 do CMN, as quais fazem referência a *bioma Amazônia* e não a *Amazônia Legal*. No âmbito da citada portaria, os Estados do Acre, Pará, Amazonas, Roraima, Rondônia e Amapá encontram-se integralmente inseridos no bioma Amazônia, enquanto apenas determinados municípios de Mato Grosso, Maranhão e Tocantins, nela listados, pertencem a esse ecossistema. O Estado de Goiás não está incluído na mencionada portaria.

[23] O Certificado de Cadastro de Imóvel Rural (CCIR) é o documento emitido pelo Instituto Nacional de Colonização e Reforma Agrária – INCRA para fins de comprovação do cadastro do imóvel rural. Trata-se de instrumento necessário para a realização de desmembramento, arrendamento, hipoteca, venda ou promessa em venda do imóvel rural, bem como para homologação de partilha amigável ou judicial, nos termos da Lei nº 4.947/1966 e da Lei nº 10.267/2001.

da Lei nº 6.938/1981, uma vez que, conforme visto, as atividades utilizadoras de recursos naturais sujeitam-se ao licenciamento, devendo as instituições oficiais de crédito requisitar a licença ambiental para efeitos de concessão do financiamento. É válido observar que o crédito rural é operado por instituições que se encontram cadastradas no Sistema Nacional de Crédito Rural – SNCR, sendo suas principais fontes de recursos aquelas originadas de fundos públicos de financiamento,[24] de modo que a exigência soa como uma reiteração para o atendimento às obrigações de natureza ambiental da lei instituidora da Política Nacional do Meio Ambiente.

Ocorre que a Resolução nº 3.545/2008 dispensou a apresentação da regularidade ambiental para os postulantes ao crédito rural que protocolizaram a documentação pertinente para adequação ambiental junto ao órgão competente[25] e para os pleiteantes que se enquadrem no Grupo "B" do Programa Nacional de Fortalecimento da Agricultura Familiar – PRONAF, isto é, aqueles cuja renda bruta familiar esteja abaixo de R$ 20 mil, e não mantenham trabalhadores assalariados.[26] A regulamentação também permite que quaisquer beneficiários do PRONAF ou produtores detentores de até 4 (quatro) módulos fiscais substituam a apresentação de documento de regularidade ambiental por declaração individual do interessado, atestando a existência física de reserva legal e área de preservação permanente conforme previsão contida no então vigente Código Florestal (Lei nº 4.771/1965), assim como a inexistência de embargos vigentes de uso econômico de áreas desmatadas ilegalmente no imóvel.[27]

O mérito do normativo é indubitável, ao considerar as especificidades do pequeno produtor e as dificuldades que enfrentam para obter as licenças e outros documentos expedidos pelo Poder Público. No entanto, chama a atenção o fato de que a regulamentação do CMN vai além do disposto na Lei nº 6.938/1981, pois essa última não tece qualquer distinção de porte quando requer o licenciamento ambiental para as atividades utilizadoras de recursos ambientais, potencial ou efetivamente poluidoras. Cabe aos Estados e à União legislarem concorrentemente sobre florestas, caça, pesca, fauna, conservação da natureza, defesa do solo e dos recursos naturais, proteção do meio ambiente e controle da poluição (art. 24, VI, da Constituição Federal). Ademais, compete ao CONAMA, nos termos da Lei nº 6.938/1981, art. 8º, I, o estabelecimento de normas e critérios para o licenciamento ambiental a ser concedido pelos Estados, supervisionado pelo IBAMA.[28] Assim, a Resolução nº 237/1997 do CONAMA estabelece a necessidade de licenciamento ambiental para projetos agrícolas, regulamentando que o órgão ambiental competente pode definir os critérios de exigibilidade, detalhamento e complementação de seu Anexo 1 – o qual disciplina as atividades sujeitas ao licenciamento – em linha com as

---

[24] O SNCR é instituído por meio da Lei nº 4.829/1965 e abrange órgãos públicos e instituições privadas e cooperativas autorizadas, desde que operem o crédito rural de acordo com os ditames da legislação. Quanto às fontes de financiamento, o art. 15 da mesma lei elenca os tipos de recursos, com destaque, na sua maioria, para aqueles de fundos especiais relacionados à política agrária, e de dotação orçamentária dos órgãos que integram o sistema de crédito rural.

[25] Nos termos do art. 12, "IV", do MCR 2-1, conforme introduzido pelo art. 1º, II, da Resolução nº 3.545/2008.

[26] Para os beneficiários categorizados como "B" não se faz sequer a exigência de declaração do postulante, nos termos do item 16 do MRC 2-1, com a redação dada pela Resolução nº 3.545/2008.

[27] Conforme redação do item 14 do MCR 2-1, inserida pela Resolução nº 3.545/2008.

[28] Essa menção aos Estados também pode ser estendida aos municípios que licenciam, bem como à própria União, conforme entendimento de Guilherme José Purvin de Figueiredo, em *Curso de Direito Ambiental*. 5. ed. São Paulo: Revista dos Tribunais, 2012. p. 185.

especificidades, os riscos ambientais, o porte e outras características do empreendimento (art. 2º, §2º).

Percebe-se, pois, a importância de as normas ambientais, em todas as esferas, trazerem objetividade, sistematização e tratamentos mais simplificados – ou até mesmo dispensas – em determinadas hipóteses e observados os permissivos legais e especificidades técnicas pertinentes, para as atividades agrícolas de baixo impacto ambiental. Deste modo, outros órgãos da Administração Pública – como o CMN – não precisariam adentrar nessa seara, atribuindo-se ao citado órgão e ao Banco Central do Brasil a disciplina regulatória e fiscalizatória dos bancos, inclusive se estes atendem aos critérios ambientais, conforme se depreende da expedição da Resolução nº 4.327/2014 pelo CMN, adiante informada.

Por exemplo, o novo Código Florestal (Lei nº 12.651/2012) introduziu um dispositivo que expressamente dispensa do licenciamento ambiental as intervenções e supressões em áreas de preservação permanente e em reservas legais quando a propriedade rural contiver até 4 (quatro) módulos fiscais (ou seja, pequenas propriedades) e esteja inscrita no Cadastro Ambiental Rural (CAR), bastando, para tanto, uma simples declaração ao órgão ambiental.[29]

A Resolução CONAMA nº 237/97 também disciplina a possibilidade de os Conselhos de Meio Ambiente estabelecerem procedimentos simplificados para as atividades e empreendimentos de pequeno potencial de impacto ambiental (art. 12, §1º). Depreende-se que, com um esforço de pesquisa e sistematização legislativa, é possível configurar a dispensa ou simplificação licenciatória para alguns tipos de projetos, tendo por resultado a melhor compreensão da legislação ambiental e sua aplicação técnica pelo órgão licenciador. Há diversos outros exemplos de dispensas normativas expressas em âmbito estadual, municipal ou federal, levando-se em conta especificidades da matéria, requisitos técnicos e compatibilidade entre as competências legislativas e administrativas dos diversos entes.

Outro aspecto a ser salientado quanto à Resolução nº 3.545/2008 diz respeito ao fato de que o Ministério Público Federal (MPF) do Pará propôs ações civis públicas em face do Banco do Brasil, do Banco da Amazônia – BASA e do INCRA (Instituto Nacional de Colonização e de Reforma Agrária), sob alegação de não atendimento, por parte das mencionadas instituições financeiras, dos requisitos da citada Resolução[30] e, no tocante ao INCRA, por haver falhas na consecução dos cadastramentos de imóveis rurais, com emissão dos respectivos CCIR.[31] Os feitos ainda não foram julgados, e ao INCRA foi

---

[29] Nos termos do art. 52: "A intervenção e a supressão de vegetação em Áreas de Preservação Permanente e de Reserva Legal para as atividades eventuais ou de baixo impacto ambiental, previstas no inciso X do art. 3º, excetuadas as alíneas *b* e *g*, quando desenvolvidas nos imóveis a que se refere o inciso V do art. 3º, dependerão de simples declaração ao órgão ambiental competente, desde que esteja o imóvel devidamente inscrito no CAR". Dentre as atividades permitidas, encontram-se o manejo florestal sustentável e a exploração agroflorestal familiar e comunitária, bem como o plantio de espécies nativas, de acordo com as condições normativas estabelecidas, além de outras atividades que venham a ser reconhecidas como de baixo impacto pelo CONAMA ou pelos Conselhos Estaduais de Meio Ambiente.

[30] Segundo o MPF, foram encontradas inconformidades relacionadas à presença de trabalhadores em condição análoga à de escravos, áreas embargadas pelo IBAMA, ausência de licenciamento ambiental e do CCIR.

[31] Disponível em: <http://www.prpa.mpf.mp.br/news/2011/noticias/mpf-processa-bancos-por-financiarem-o-desmatamento-na-amazonia>. Acesso em: 28 abr. 2015. Os processos tramitam com os seguintes números perante a Justiça Federal do Pará: (i) Banco do Brasil: Vara Única de Redenção – processo nº 0003828-41.2012.4.01.3905 e (ii) Banco da Amazônia: 9ª Vara Federal de Belém – processo nº 0010331-30.2011.4.01.3900.

deferida a exclusão do polo passivo das demandas, por ser parte ilegítima. O desfecho destes processos permitirá uma avaliação, sob a ótica judicial, da responsabilidade dos bancos no atendimento da legislação ambiental em comento.

Importante mencionar que a propositura das ações civis públicas teve origem na tese de que o crédito rural é responsável pela ampliação do desmatamento da Amazônia, na medida em que a política agropecuária é estimulada por benefícios consubstanciados em taxas atrativas de financiamento destinadas ao desenvolvimento da atividade.[32] Alguns estudos já admitem correlacionar a diminuição do desmatamento da Amazônia às exigências constantes da Resolução nº 3.545/2008.[33]

e) Decreto nº 6.961/2009 e Resoluções CMN nº 3.813/2009 e nº 3.814/2009

Em 17 de setembro de 2009, foi editado o Decreto nº 6.961/2009, que aprovou o Zoneamento Agroecológico da cana-de-açúcar e determinou que o CMN estabelecesse normas para as operações de financiamento ao setor sucroalcooleiro. Da mesma forma que o crédito rural anteriormente comentado, a política econômica de fomento ao setor sucroalcooleiro demandava atenção especial no âmbito dos financiamentos originados de incentivos e programas governamentais com condições regulamentadas pelo CMN.

Nesse sentido, a Resolução do CMN nº 3.813/2009, de 26 de novembro de 2009,[34] sobreveio condicionando o crédito rural para expansão da produção e industrialização da cana-de-açúcar às áreas aptas indicadas no Zoneamento Agroecológico. Ademais, vedou o financiamento para a ampliação do plantio nos Biomas Amazônia, Pantanal e Bacia do Alto Paraguai e terras indígenas, dentre outras áreas. A norma excetuou sua aplicação para aquelas áreas que já continham o cultivo da cana em 28 de outubro de 2009[35] ou que dispunham de licenciamento ambiental aprovado para a ampliação da produção industrial. As novas regras reformularam o MCR e abrangeram o plantio, o custeio e a renovação de lavouras ou a industrialização de cana-de-açúcar destinada à produção de etanol, demais biocombustíveis derivados de canaviais e açúcar, com exceção do mascavo.

Da mesma forma, para a parte industrial, a Resolução do CMN nº 3.814, de 26 de novembro de 2009,[36] condicionou o crédito agroindustrial para expansão da produção e industrialização da cana-de-açúcar ao Zoneamento Agroecológico e vedou o financiamento da expansão do plantio nos Biomas Amazônia, Pantanal, Bacia do Alto Paraguai, e terras indígenas, dentre outras áreas especificadas (como de reflorestamento e de proteção ambiental, por exemplo). Foram consideradas não aplicáveis as novas

---

[32] Disponível em: <http://www.ipam.org.br/biblioteca/livro/Analise-sobre-correlacoes-entre-credito-rural-e-dinamica-de-desmatamento-na-Amazonia/221>. Acesso em: 28 abr. 2015.

[33] De acordo com o estudo do Climate Policy Initiative, intitulado "Does credit affect deforestation? Evidence from a Rural Credit Policy in the Brazilian Amazon", há evidências de que as imposições originadas da Resolução nº 3.545/2008 tiveram redução no crédito rural, especialmente impedindo novas aberturas de frentes pecuárias por meio de financiamentos. De acordo com o estudo, os créditos não enquadrados no PRONAF tiveram redução, enquanto os relativos ao PRONAF tiveram um aumento, tendo em vista a "isenção" de determinadas exigências, conforme visto anteriormente.

[34] A Resolução nº 3.813/2009 sucedeu a Resolução nº 3.803, de 28 de outubro de 2009, que tratava do mesmo assunto e foi revogada na sua integralidade.

[35] Trata-se da data de expedição do normativo anterior, a Resolução nº 3.803/2009, que foi revogada pela Resolução nº 3.813/2009, conforme comentado na nota anterior.

[36] Tal resolução sucedeu e revogou por completo a Resolução nº 3.804, de 28 de outubro de 2009.

vedações a áreas de produção de cana-de-açúcar ocupadas com essa cultura em 28 de outubro de 2009, assim como o financiamento de projetos de implantação ou ampliação de unidades industriais cujas licenças tivessem sido emitidas pelo órgão ambiental responsável até a citada data.[37]

De acordo com os normativos destacados, toda instituição financeira deve identificar se o projeto sucroalcooleiro atende às regras emanadas do CMN. Não se pode olvidar, entretanto, que tal cautela bancária foi instituída para harmonizar com as especificações de zoneamento estabelecidas ao setor, devendo ser conjugada com uma avaliação criteriosa do órgão ambiental competente, o qual possui as atribuições técnicas para melhor avaliar a área do projeto com todas as suas peculiaridades, a fim de que respeite o zoneamento e, por conseguinte, encontre-se habilitada ao financiamento. Assim, o fato de um projeto já estar licenciado garante, em princípio, que o órgão ambiental especializado verificou o atendimento dos normativos aplicáveis à iniciativa, resguardando, dessa maneira, o agente financiador.

As normas do CMN sobre o setor sucroalcooleiro conjugam esforço de integração entre as políticas públicas ambiental – com o estudo técnico e aprovação do Zoneamento Agroecológico – e econômica – com restrições ao crédito. A harmonia entre ambas é condição imprescindível para a efetivação do desenvolvimento sustentável.

A despeito do inegável mérito dos normativos em comento, a segurança jurídica ambiental de toda a cadeia econômica ainda encontra espaço para evolução, por meio de ações mais veementes de regularização fundiária nas áreas protegidas e nas terras indígenas e quilombolas, muitas vezes em estágio inicial de processo de demarcação e fragilizadas por conflitos, suscetíveis a invasões e fraudes. Seria importante a disponibilidade de um meio objetivo e sistemático de avaliação da coordenada de uma área sucroalcooleira, de modo a verificar sua localização, afastando qualquer dúvida, seja do órgão ambiental ou do banco financiador, de intercorrência com uma área protegida, por exemplo. É por tal razão que, atualmente, além da licença ambiental e de documentos usuais para a concessão do crédito, é possível que os bancos acabem por requerer declarações dos postulantes de que não estão incursos nas proibições normativas do setor, sob pena de sanções em caso de falsidade das informações prestadas.[38]

f) Lei da Biossegurança

Os Organismos Geneticamente Modificados (OGMs)[39] tiveram sua disciplina legislativa no país por meio da Lei nº 8.974/1995. Em 2005, foi editada a nova Lei de Biossegurança – a Lei nº 11.105/2005. Seu art. 2º, §4º, dispõe que as organizações públicas e privadas, nacionais, estrangeiras ou internacionais, financiadoras ou patrocinadoras de atividades ou de projetos relacionados com a manipulação, a pesquisa, o desenvolvimento

---

[37] Essa última disposição foi alterada pela Resolução do CMN nº 4.044/2011, pois a anterior não deixava claro até qual data poderia ser considerada a licença ambiental para fins de apoio financeiro. Essa redação, entretanto, só foi incorporada à norma que trata da expansão agroindustrial e não à do plantio (Resolução nº 3.813/2009).

[38] Frise-se que há tentativas de alterar as regras para o setor sucroalcooleiro por parte da Câmara de Deputados e do Senado. Por exemplo, por meio do Projeto de Lei nº 626/2011, proposto pelo Senado Federal, pretende-se permitir o cultivo sustentável da cana-de-açúcar em áreas alteradas e nos biomas Cerrado e Campos Gerais, situados na Amazônia Legal.

[39] Os OGMs são aqueles indivíduos obtidos a partir da combinação de genes, mais especificamente do DNA, por meio de algum processo de engenharia genética.

tecnológico e a produção industrial de OGMs devem exigir a apresentação de Certificado de Qualidade em Biossegurança (CQB), emitido pela Comissão Técnica Nacional de Biossegurança – CTNBio, sob pena de se tornarem corresponsáveis pelos eventuais efeitos decorrentes do descumprimento da lei ou de sua regulamentação[40] (esta última ocorreu por meio do Decreto nº 5.591/2005).

O citado decreto repete o teor da lei no seu art. 46 e estabelece a sanção administrativa para a instituição financiadora que deixar de exigir o CQB nas situações especificadas nas normas de biossegurança. O art. 68 do regulamento também prevê a responsabilidade daqueles que causarem danos ambientais ou a terceiros independentemente de culpa e de forma solidária (art. 20 da Lei nº 11.105/2005).

A medida de precaução exigida pela Lei de Biossegurança constitui forma objetiva e prática, similar ao condicionante de licenciamento previsto na Lei nº 6.938/198, configurando-se imprescindível à segurança do crédito e, primordialmente, ao meio ambiente.

g) Cadastro Ambiental Rural (CAR)

O Código Florestal (Lei nº 12.651/2012), em seu art. 29, instituiu a obrigatoriedade de todos os imóveis rurais serem registrados no Cadastro Ambiental Rural (CAR). Trata-se de um registro público eletrônico de âmbito nacional, com a finalidade de integrar as informações ambientais das propriedades e posses rurais, possibilitando, com isso, uma base de dados integrada ao Sistema Nacional de Informação sobre Meio Ambiente – SINIMA, com vistas a proceder ao controle, monitoramento, planejamento ambiental e econômico, e combate ao desmatamento. Importa destacar que o CAR não substitui o licenciamento ambiental, nem dispensa o proprietário de proceder ao cadastro perante o INCRA (o CCIR).

Até então existente em apenas alguns estados da federação, por meio do Código Florestal o CAR passa a ter abrangência nacional. Originalmente, deveria ser requerido pelo proprietário ou possuidor do imóvel rural em até um ano contado de sua implantação – o que ocorreu em 6 de maio de 2014, por força da Instrução Normativa 02/2014 do Ministério do Meio Ambiente. Entretanto, o prazo foi prorrogado por igual período, nos termos do previsto no art. 29, §3º, do Código.[41] Com tal adiamento, o termo final ocorrerá no mês de maio de 2016. Ocorre que o art. 78-A do Código Florestal previu o seguinte:

> Após 5 (cinco) anos da data da publicação desta Lei, as instituições financeiras só concederão crédito agrícola, em qualquer de suas modalidades, para proprietários de imóveis rurais que estejam inscritos no CAR. (redação conferida pela Lei nº 12.727/2012)

---

[40] Para Paulo Affonso Leme Machado, na verdade, a obrigação estipulada aos bancos na Lei de Biossegurança é a primeira em que se expressamente define a corresponsabilidade do financiador, uma vez que na Lei da Política Nacional do Meio Ambiente a defesa dessa imputação é mais implícita. Em MACHADO, Paulo Affonso Leme. *Direito Ambiental brasileiro*. 17. ed. São Paulo: Malheiros, 2009. p. 1100.

[41] O Decreto nº 8.439, de 28 de abril de 2015, delegou poderes à Ministra de Estado do Meio Ambiente para expedir o normativo de prorrogação do prazo para a implantação do CAR e da instituição dos programas de regularização ambiental previstos no art. 59 da Lei nº 12.651/2012 e no Decreto nº 8.235/2014, o qual complementa o Decreto nº 7.830/2012, ao estabelecer normas gerais complementares relativas aos Programas de Regularização Ambiental dos Estados e do Distrito Federal – PRA, e institui o Programa Mais Ambiente Brasil. A Portaria nº 100 do Ministério do Meio Ambiente, de 4 de maio de 2015, prorrogou tais prazos por mais um ano, a contar de 5 de maio de 2015.

Nesse sentido, todas as instituições financeiras somente poderão proceder aos financiamentos de natureza agrícola[42] para aqueles imóveis que tenham inscrição no CAR. Com isso, verifica-se que o legislador quis conferir maior efetividade ao instrumento. Apesar de já ser exigível em maio de 2016, estipulou-se que os bancos só condicionem o CAR nos financiamentos a partir de 28 de maio de 2017, isto é, 5 (cinco) anos após a publicação da Lei nº 12.651/2012.

Ora, questiona-se se o órgão ambiental competente, no âmbito do processo de avaliação para expedição da licença a partir do prazo final de instituição do CAR, já não deveria condicionar sua análise à inscrição da propriedade ou posse rural no cadastro. A resposta afirmativa é a que soa mais consoante com a busca da eficácia da legislação ambiental e a proteção do meio ambiente.

Válido mencionar que, para efeitos de atendimento dos prazos instituídos na legislação florestal acerca do CAR, o proprietário ou possuidor cumpre com suas obrigações com o protocolo do cadastro no sistema, momento em que aufere um recibo e tem sua inscrição efetivada, nos termos do disposto no art. 41 da Instrução Normativa nº 02/2014 do MMA, o qual, enfaticamente, especifica que tal procedimento é suficiente para efeitos de cumprimento do art. 78-A do Código Florestal, anteriormente reproduzido.

h) Resolução nº 4.327/2014 do Conselho Monetário Nacional

A Resolução nº 4.327, de 25 de abril de 2014, veio dispor sobre as diretrizes a serem observadas no estabelecimento e na implantação da Política de Responsabilidade Socioambiental (PRSA) dos bancos e demais instituições com autorização de funcionamento emanada pelo Banco Central. O objetivo é que os agentes financeiros levem em consideração, nas suas diretrizes estratégicas e governança, o gerenciamento do risco socioambiental, devendo internalizar controles, sistemas e plano de ação para tanto. Trata-se de um olhar mais sistêmico do Banco Central para as atribuições e responsabilidades ambientais dos agentes financeiros e de suas atividades, constituindo, nesse sentido, uma inovação, a despeito de ainda se apresentar com um foco relevante no risco de crédito.

3.3 Conclusão

Conforme visto, vive-se um processo crescente de normatização de atribuições ambientais impostas aos bancos. Esse processo é natural, tendo em vista não só a possível responsabilização do poluidor indireto, mas também o relevante papel de avaliação de conformidade que as instituições financeiras possuem na análise de crédito. Ainda, alinha-se à promoção do desenvolvimento sustentável, nos termos do art. 170, VI, da Constituição Federal, que erigiu a defesa do meio ambiente como um princípio da ordem econômica.

A maioria das normas aqui comentadas exige que os bancos demandem do beneficiário do crédito o atendimento a condições a que ele já está obrigado por força da legislação. Significa dizer que a norma não inova ao determinar ao agente financeiro,

---

[42] Parece que este conceito de "crédito agrícola" é mais abrangente que o de "crédito rural", uma vez que este último fica circunscrito aos financiamentos vinculados à política e ao sistema de crédito rural; enquanto o "crédito agrícola" soa mais abrangente, para todas as atividades agrossilvipastoris.

por exemplo, a verificação do licenciamento, do CQB, do não emprego de trabalhadores em condição análoga à de escravo, do zoneamento agroecológico do setor apoiado e da inscrição no CAR. É possível aferir que tais normativos possuem uma função de reforço, visando à eficácia de uma regra preexistente, isto é, incentivando o seu cumprimento com a possível "ameaça" de vedação do financiamento.

Ocorre que, por vezes, há um desequilíbrio na calibragem das exigências legais, esperando-se que o agente financeiro, ao proceder à análise ou ao acompanhamento de um projeto, também assuma função fiscalizatória ou a atribuição de terceiros. Como consequência, dificuldades são enfrentadas, especialmente na interação de informações, podendo comprometer os meios comprobatórios das normas e até frustrar seu atendimento.

O desafio que se impõe implica a construção de diálogo entre as diversas instituições que lidam com a temática ambiental, envolvendo os órgãos ambientais, os agentes financeiros, os legisladores, o Poder Executivo (especialmente na elaboração e harmonização das políticas públicas), os órgãos de controle e fiscalização, o Poder Judiciário, o Ministério Público e o setor produtivo. As normas serão mais eficazes se cada um fizer a sua parte de acordo com suas especialidades e com os instrumentos adequados, compatibilizando suas responsabilidades em prol do meio ambiente. Diante do cooperativismo vislumbra-se melhor atingir a efetividade das normas ambientais em geral, inclusive daquelas dirigidas aos agentes financeiros.

Ademais, se todas as informações de interesse ambiental estivessem disponíveis publicamente, identificando os respectivos responsáveis por sua geração e controle, a análise de conformidade ambiental por parte dos bancos seria mais rápida e efetiva, permitindo-lhes concentrar esforços no estímulo a condutas e atividades que agregassem valor ambiental à cadeia econômica, com maior atratividade nas condições financeiras. Como ainda não foi atingido esse patamar, a sanção de vedação de financiamento para aqueles que descumprem os padrões ambientais mínimos legais tende a ser o parâmetro atual, e acaba, sem dúvida, por impulsionar o atendimento do que determina a legislação.

Normas como aquelas oriundas de autorregulação[43] ou que promovem a implementação de políticas públicas, visando à disponibilização de instrumentos de crédito indutivos de práticas econômicas sócio e ambientalmente responsáveis, parecem compatibilizar com a atribuição ambiental dos bancos em um sentido mais propositivo. São exemplo as menções efetuadas em alguns normativos, tais como as linhas de financiamento de reflorestamento para efetivação do Código Florestal (art. 41, II, "e"); o crédito agrícola com taxas menores e prazos maiores, voltado para a conservação ambiental (art. 41, II, "a", do Código Florestal); a utilização de fundos públicos para concessão de créditos reembolsáveis e não reembolsáveis para recuperação de áreas de preservação permanente e reserva legal (art. 41, §1º, III, do Código Florestal); as ações de implantação de sistemas agroflorestais (art. 4º, Lei nº 12.854/2013); os benefícios creditícios agrícolas para pequenos proprietários de área de Mata Atlântica que detenha vegetação primária ou secundária em estágio médio ou avançado de regeneração (art. 41, I, da Lei nº 11.428/2006), dentre outros. Espera-se que tais regras passem a ser

---

[43] A Federação Brasileira de Bancos (FEBRABAN), por exemplo, dispõe de um Sistema de Autorregulação Bancária (SARB). O Normativo SARB nº 14, de 28 de agosto de 2014, formaliza diretrizes e procedimentos fundamentais para as práticas socioambientais dos bancos signatários.

efetivas, e agreguem-se aos programas e linhas de crédito ambientais já existentes, cujo espaço ainda é pequeno em meio aos demais.

Em busca de um cooperativismo ambiental, para além da proteção quanto aos riscos inerentes ao crédito e à responsabilização por danos causados pelos projetos apoiados – especialmente pelo não atendimento das atribuições que lhes são impostas na legislação – os bancos serão instados a implementar instrumentos e medidas que promovam a efetivação do desenvolvimento sustentável, inclusive no desafio quanto à mitigação e adaptação dos efeitos das mudanças climáticas.

Referências

ASSUNÇÃO, Juliano et al. *Does credit affect deforestation?* Evidence from a Rural Credit Policy in the Brazilian Amazon – Climate Policy Initiative, Janeiro, 2013. Disponível em: <http://climatepolicyinitiative.org/publication/does-credit-affect-deforestation-evidence-from-a-rural-credit-policy-in-the-brazilian-amazon/>.

BIANCHI, Patrícia. *Eficácia das normas ambientais*. São Paulo: Saraiva, 2010.

FIGUEIREDO, Guilherme José Purvin de. *Curso de Direito Ambiental*. 5. ed. São Paulo: Revista dos Tribunais, 2012.

FREIRIA, Rafael Costa. *Direito, gestão e políticas públicas ambientais*. São Paulo: Editora Senac, 2011.

MACHADO, Paulo Affonso Leme. *Direito Ambiental Brasileiro*. 17. ed. São Paulo: Malheiros, 2009.

MILARÉ, Édis. *Direito do Ambiente*: a gestão ambiental em foco – Doutrina. Jurisprudência. Glossário. 6. ed. São Paulo: Revista dos Tribunais, 2009.

OPITZ, Sílvia C. B; OPITZ, Oswaldo. *Curso completo de Direito Agrário*. 3. ed. São Paulo: Saraiva, 2009.

SAMPAIO, Rômulo Silveira da Rocha. *Responsabilidade civil ambiental das instituições financeiras*. Rio de Janeiro: Elsevier, 2013.

SILVA, José Afonso da. *Direito Ambiental Constitucional*. 7. ed. São Paulo: Malheiros, 2009.

Informação bibliográfica deste livro, conforme a NBR 6023:2002 da Associação Brasileira de Normas Técnicas (ABNT):

BACCAS, Daniela. Breves reflexões sobre as normas ambientais nacionais impostas às instituições financeiras. In: YOSHIDA, Consuelo Y. Moromizato et al. (Coord.). *Finanças sustentáveis e a responsabilidade socioambiental das instituições financeiras*. Belo Horizonte: Fórum, 2017. p. 57-72. ISBN 978-85-450-0234-5.

A TRANSDISCIPLINARIDADE DA RESPONSABILIDADE SOCIOAMBIENTAL DAS INSTITUIÇÕES FINANCEIRAS

EDUARDO DE CAMPOS FERREIRA

ANA CECÍLIA VIEGAS MADASI

Introdução

Com o crescimento da economia, a discussão acerca da necessidade de assegurar o desenvolvimento sustentável ganha importância. Os atos do homem passam a ser medidos de acordo com o eventual impacto ambiental e/ou social gerado. A ideia de "sociedade de risco" difundida por Ulrich Beck bem ilustra o modo como o desenvolvimento tecnológico tem inerente em si riscos a serem assumidos por toda a sociedade: "a produção industrial de riqueza é acompanhada sistematicamente pela produção social de riscos. Consequentemente, aos problemas e conflitos surgidos a partir da produção, definição e distribuição de riscos científico-tecnologicamente produzidos".[1]

Nesse contexto, surge a necessidade de regular certas atividades realizadas por instituições integrantes do Sistema Financeiro Nacional – SFN, por meio de maior supervisão de seus atos. Para tanto, o Conselho Monetário Nacional – CMN criou a Resolução nº 4.327/14, datada de 25 de abril de 2014, que objetiva mapear princípios e diretrizes a serem seguidos por tais instituições, a fim de garantir o alcance e a manutenção do desenvolvimento sustentável.

---

[1] *Sociedade de risco:* rumo a uma outra modernidade. Tradução Sebastião Nascimento. São Paulo: Editora 34, 2010. p. 23.

Passou a ser requisito para a continuidade dos negócios que cada uma dessas instituições financeiras criasse uma política específica de responsabilidade socioambiental. Referida política objetiva mapear as eventuais áreas de risco para as instituições financeiras no que tange aos aspectos socioambientais.

Em meio à turbulência que a Resolução nº 4.327/14 criou no universo bancário brasileiro, surgem questionamentos a respeito do que seria uma política socioambiental e quais áreas do Direito seriam abrangidas por essa política. Tais questões se relacionam ao fato de a responsabilidade socioambiental das instituições financeiras, ou equiparadas, abranger muito mais do que apenas os aspectos ambientais aos quais estas estão sujeitas.

Há a necessidade de se realizar uma análise transdisciplinar, que englobe questões sociais, tais como aquelas relacionadas a aspectos trabalhistas ou criminais, que tratam das relações entre os homens e não entre esses e o meio ambiente.

4.1 A transdisciplinaridade e sua relação com o Direito Ambiental

O termo transdisciplinaridade foi utilizado pela primeira vez no meio jurídico em 1970, na França, em um seminário que abrangia temas relacionados à pluridisciplinaridade e à interdisciplinaridade. A transdisciplinaridade foi então definida como um meio para a construção de conceitos que ultrapassassem disciplinas.

Anos depois, em 1994, um congresso sobre o tema foi organizado pela UNESCO, o 1º Congresso Mundial de Transdisciplinaridade, no qual foi publicado material denominado Carta da Transdisciplinaridade, que definiu a transdisciplinaridade como:

> A transdisciplinaridade é complementar à aproximação disciplinar: faz emergir da confrontação das disciplinas dados novos que as articulam entre si; oferece-nos uma visão da natureza e da realidade. A transdisciplinaridade não procura o domínio sobre as várias outras disciplinas, mas a abertura de todas elas àquilo que as atravessa e ultrapassa.[2]

É possível afirmar, com base nessas definições, que a transdisciplinaridade é uma das modalidades de estudo do pensamento complexo cujo enfoque não é centralizado em uma única disciplina, mas que articula diversas áreas a fim de atingir um resultado uno e completo. Trata-se de um estudo aprofundado de cada tema, a fim de chegar a um resultado final global.

A transdisciplinaridade, como o prefixo "trans" indica, diz respeito àquilo que está ao mesmo tempo entre as disciplinas, através das diferentes disciplinas e além de qualquer disciplina. Seu objetivo é a compreensão do mundo presente, para o qual um dos imperativos é a unidade do conhecimento.[3]

Por se tratar de área jurídica moderna que se relaciona a diversos ramos das áreas jurídicas mais tradicionais, o Direito Ambiental está diretamente ligado à noção de transdisciplinaridade. Isso porque não é possível tratar da proteção do meio ambiente por meios jurídicos sem inserir mecanismos de prevenção e precaução nos demais ramos do Direito.

---

[2] *Carta da transdisciplinaridade*. Disponível em: <http://www.teses.usp.br/teses/disponiveis/39/39133/tde-21052012 093302/publico/ANEXOA_Carta_Transdisciplinaridade.pdf>. Acesso em: 19 set. 2016.

[3] *Educação e transdisciplinaridade*. Disponível em: <http://unesdoc.unesco.org/images/0012/001275/127511por.pdf>. Acesso em: 19 set. 2016.

Ou seja, em breve introdução, há transdisciplinaridade no Direito Ambiental a partir do momento em que, por meio de sua própria autonomia, esse ramo passa a criar mecanismos próprios para revisar os campos tradicionais do Direito.

4.2 A responsabilidade civil ambiental

4.2.1 A responsabilidade civil em geral

Atualmente, no Direito brasileiro há a possibilidade de dois tipos de responsabilização, considerando a existência de culpa ou não, quais sejam (i) responsabilidade subjetiva, fundamentada na existência de um ato ilícito e (ii) responsabilidade objetiva, que desconsidera a culpa.

Segundo a Teoria da Culpa, que caracteriza a responsabilidade subjetiva, para que um indivíduo seja responsabilizado por um ato quatro pressupostos fundamentais devem estar presentes: (i) a existência de uma conduta comissiva ou omissiva, (ii) a ocorrência de um dano, (iii) o nexo de causalidade entre o ato e o dano e (iv) a caracterização de culpa na conduta do autor do dano.

É, portanto, necessário que haja um dano que tenha sido causado por uma conduta comissiva ou omissiva, o que configura um nexo de causalidade. Por conduta comissiva entende-se que o autor executou uma ação que provocou um dano; já a conduta omissiva seria aquela na qual o dano é causado pela inércia do agente em executar uma ação.

Em seguida, há que se comprovar que o agente apresentava culpa (ou dolo) em sua ação ou omissão, de forma que havia a intenção de causar um dano. Nesse sentido, versa Maria Luiza Machado Granziera:

> A necessidade de se provar a conduta do autor – dolo ou culpa – configura a responsabilidade subjetiva, que analisa *a priori* a atuação do sujeito – autor do dano, fator condicionante da caracterização dessa categoria de responsabilidade.[4]

Como regra geral prevista no artigo 186 do Código Civil brasileiro, a responsabilidade civil é subjetiva, dependendo assim da demonstração de seus três elementos (dano; dolo ou culpa; e nexo de causalidade). Entretanto, o próprio Código Civil contém previsão de outro tipo de responsabilidade, conhecida como responsabilidade objetiva, cujo fundamento legal encontra-se previsto em seu artigo 187:

> Art. 187. Também comete ato ilícito o titular de um direito que, ao exercê-lo, excede manifestamente os limites impostos pelo seu fim econômico ou social, pela boa-fé ou pelos bons costumes.

Referido artigo dispensa a necessidade de culpa (ou dolo) na ação ou omissão do agente; a mera existência de um nexo de causalidade entre essa e o dano causado já é o suficiente para gerar a responsabilização. Como requisitos para a sua ocorrência tem-se, portanto, (i) a existência de uma conduta comissiva ou omissiva, (ii) a ocorrência de um dano e (iii) o nexo de causalidade entre o ato e o dano.

---

[4] GRANZIERA, Maria Luiza Machado. *Direito Ambiental*. São Paulo: Atlas, 2009. p. 585.

Dentro da responsabilidade objetiva há que se falar ainda na Teoria do Risco, que se difere da responsabilização prevista no artigo 187 do Código Civil brasileiro. Nessas situações, o agente é responsabilizado caso sua conduta, seja ela comissiva ou omissiva, venha a expor a sociedade a algum risco. Para tanto deve haver previsão legal de que a responsabilização será objetiva.

> Art. 927. Aquele que, por ato ilícito (arts. 186 e 187), causar dano a outrem, fica obrigado a repará-lo.
> Parágrafo único. Haverá obrigação de reparar o dano, independentemente de culpa, nos casos especificados em lei, ou quando a atividade normalmente desenvolvida pelo autor do dano implicar, por sua natureza, risco para os direitos de outrem.

Frisa-se que a responsabilidade objetiva no Direito brasileiro quando voltada à Teoria do Risco apenas deve ser aplicada para casos específicos. Nesse sentido, segue entendimento de Carlos Roberto Gonçalves:

> A lei impõe, entretanto, a certas pessoas, em determinadas situações, a reparação de um dano independentemente de culpa. Quando isso acontece, diz-se que a responsabilidade é legal ou "objetiva", porque prescinde da culpa e se satisfaz apenas com o dano e o nexo de causalidade. Esta teoria, dita objetiva, ou do risco, tem como postulado que todo dano é indenizável, e deve ser reparado por quem a ele se liga por nexo de causalidade, independentemente de culpa.[5]

A responsabilidade objetiva relacionada à ocorrência de um risco é, portanto, uma responsabilidade subsidiária, cuja existência se baseia na mera comprovação de nexo causal entre o prejuízo da vítima e a ação do agente, independentemente da existência de dolo ou culpa.

4.2.2 A responsabilidade civil ambiental

No Brasil, a preocupação com a proteção ao meio ambiente e a busca de normas para assegurar sua ampla proteção decorrem antes mesmo da promulgação da Constituição Federal de 1988, já que a Política Nacional do Meio Ambiente, até hoje vigente com algumas alterações em sua redação original, foi aprovada pela Lei nº 6.938/1981, anos antes do Texto Constitucional.

Pela própria natureza do Direito Ambiental, com a necessidade de adoção de medidas de proteção que extrapolassem os conceitos tradicionais da responsabilização civil baseada na culpa (responsabilidade subjetiva), permitindo que a sociedade buscasse a responsabilização dos agentes causadores de impactos e danos ambientais independentemente de culpa.

É isso que se extrai do artigo 14, parágrafo 1º, da Lei nº 6.938/1981, que prevê que "fica o poluidor obrigado, independentemente da existência de culpa, a indenização ou reparar os danos causados ao meio ambiente e a terceiros".

---

[5] GONÇALVES, Carlos Roberto. *Direito Civil Brasileiro*: responsabilidade civil. 8. ed. São Paulo: Saraiva, 2013. v. 4, p. 48.

Com a promulgação da Constituição Federal de 1998, a proteção ao meio ambiente ganha um capítulo específico para estabelecer os ditames da proteção ambiental no Brasil. O artigo 225 da Constituição Federal, inserido no Título dedicado à "Ordem Social", contém a importante disciplina a ser adotada na proteção ambiental, já que prevê a possibilidade de responsabilização penal e administrativa dos poluidores, "independentemente da obrigação de reparar os danos causados".

Assim, a imposição da responsabilidade civil ambiental depende da existência concomitante de (i) uma atividade que poderá vir a causar danos ao meio ambiente, (ii) eventual dano causado e (iii) um nexo de causalidade entre (i) e (ii). Esse é o ensinamento de Annelise Monteiro Steigleder:

> A responsabilidade pelo dano ambiental é objetiva, conforme previsto no art. 14, §1º, da Lei 6.938/81, recepcionado pelo art. 225, §§2º, e 3º, da CF/88, e tem como pressuposto a existência de uma atividade que implique em riscos para a saúde e para o meio ambiente, impondo-se ao empreendedor a obrigação de prevenir tais riscos (princípio da prevenção) e de internalizá-los em seu processo produtivo (princípio do poluidor-pagador). Pressupõe, ainda, o dano ou risco de dano e o nexo de causalidade entre a atividade e o resultado, efetivo ou potencial.[6]

Com relação ao dano, pode-se afirmar que o dano ambiental é uma alteração na qualidade do meio ambiente. Dessa forma, para avaliar se houve ou não um dano ambiental, deve-se verificar se o prejuízo causado foi a perda da qualidade do meio ambiente, ou seja, se houve um desequilíbrio ambiental. Nesse sentido, vale transcrever o artigo 3º da Lei nº 6.938/1981:

> Art. 3º - Para os fins previstos nesta Lei, entende-se por: (...)
> II - degradação da qualidade ambiental, a alteração adversa das características do meio ambiente;
> III - poluição, a degradação da qualidade ambiental resultante de atividades que direta ou indiretamente: a) prejudiquem a saúde, a segurança e o bem-estar da população; b) criem condições adversas às atividades sociais e econômicas; c) afetem desfavoravelmente a biota; d) afetem as condições estéticas ou sanitárias do meio ambiente; e) lancem matérias ou energia em desacordo com os padrões ambientais estabelecidos; (...)

Por fim, interessante ainda examinar o conceito adotado pela doutrina sobre o nexo de causalidade:

> O nexo de causalidade é o fator aglutinante que permite que o risco se integre na unidade do ato que é a fonte da obrigação de indenizar. É um elemento objetivo, pois alude a um vínculo externo entre o dano e o fato da pessoa ou da coisa.[7]

Na responsabilidade objetiva ambiental, não se pretende discutir o requisito previsibilidade, devendo o poluidor ser responsabilizado por seus atos independentemente

---

[6] MILARÉ, Édis; MACHADO, Paulo Afonso Leme. *Doutrina essenciais*: Direito ambiental – responsabilidade em matéria ambiental. São Paulo: Revista dos Tribunais, 2011. v. 5, p. 43, texto de Annelise Monteiro Steigleder.

[7] MILARÉ, Édis; MACHADO, Paulo Afonso Leme. *Doutrinas essenciais*: Direito Ambiental – responsabilidade em matéria ambiental. São Paulo: Revista dos Tribunais, 2011. v. 5, p. 44, texto de Annelise Monteiro Steigleder.

do fato de o dano causado ter sido previsível. Desse modo, é possível concluir que, em matéria ambiental, prevalece a Teoria do Risco:

> O ordenamento supõe que todo aquele que se entrega a atividades gravadas com responsabilidade objetiva deve fazer um juízo de previsão pelo simples fato de dedicar-se a elas, aceitando com isso as consequências danosas que lhe são inerentes.[8]

Cumpre mencionar ainda que esta responsabilidade está diretamente relacionada ao princípio do poluidor pagador, segundo o qual aquele que causar o ato gerador da degradação ambiental deve ser responsabilizado pelo dano e arcar com os custos devidos, o que, de certo modo, pode se extrair do artigo 4º, inciso VII, da Lei nº 6.938/81.

Além da responsabilização do poluidor, no âmbito da responsabilidade ambiental no Direito brasileiro, é importante mencionar também a existência de solidariedade na responsabilização. O artigo 942 do Código Civil brasileiro prevê que, se houver mais de um autor com relação a um único dano, todos os autores responderão coletivamente; ou, até mesmo, um autor pode ser chamado para responder por todos e entrar, posteriormente, com ação de regresso.

> Art. 942. Os bens do responsável pela ofensa ou violação do direito de outrem ficam sujeitos à reparação do dano causado; e, se a ofensa tiver mais de um autor, todos responderão solidariamente pela reparação.
> Parágrafo único. São solidariamente responsáveis com os autores os coautores e as pessoas designadas no art. 932.

Ainda no que diz respeito à responsabilidade civil em matéria ambiental, cumpre destacar que há divergências se deve ser adotada a Teoria do Risco Integral ou a Teoria do Risco Criado.

Apenas de acordo com a Teoria do Risco Criado há a possibilidade de existência de eventuais excludentes de responsabilidade, por meio de caso fortuito e de força maior excluem a responsabilidade do autor de um dano, que devem ser analisados à luz dos princípios da precaução e da prevenção já dispostos. Nesse sentido, a lição de Toshio Mukai:

> Conclusões: à semelhança do que ocorre no âmbito da responsabilidade objetiva do Estado, é que, no Direito positivo pátrio, a responsabilidade objetiva por danos ambientais é o da modalidade do risco criado (admitindo as excludentes da culpa da vítima ou terceiros, da força maior e do caso fortuito) e não a do risco integral (que inadmite excludentes), nos exatos e expressos termos do §1º do art. 14 da Lei nº 6.938/81, que, como vimos, somente empenha a responsabilidade de alguém por danos ambientais, se ficar comprovada a ação efetiva (atividade) desse alguém, direta ou indiretamente na causação do dano.[9]

Independentemente da posição adotada, importante mencionar que a existência de nexo de causalidade se faz necessária na Teoria do Risco, conforme demonstrado no julgado transcrito:

---

[8] MILARÉ, Édis; MACHADO, Paulo Afonso Leme. *Doutrinas essenciais:* Direito Ambiental – responsabilidade em matéria ambiental. São Paulo: Revista dos Tribunais, 2011. v. 5, p. 44, texto de Annelise Monteiro Steigleder.

[9] Responsabilidade civil objetiva por dano ambiental com base no risco criado. *Fórum de Direito Urbano e Ambiental*, Belo Horizonte, v. 1, n. 4, p. 336, jul./ ago. 2002.

AÇÃO CIVIL PÚBLICA. REPARAÇÃO DE DANO AMBIENTAL – DESMATAMENTO EM FLORESTA DE PRESERVAÇÃO PERMANENTE. CERCEAMENTO DE DEFESA. 1. Inexistente o cerceamento de defesa, já que os fatos que o Apelante pretendia provar com testemunhas foram considerados demonstrados pela sentença discutindo-se apenas as consequências jurídicas. Sem prejuízo não há nulidade. 2. A responsabilidade cível por danos ambientais é objetiva, demandando apenas prova de uma ação ligada por nexo de causa e efeito a um dano.[10]

Essas considerações acerca da responsabilidade civil em matéria ambiental são relevantes para a análise de eventual responsabilidade das instituições financeiras, a partir da instituição de regras específicas acerca de política socioambiental a ser instituída por essas instituições.

4.3 A responsabilidade das instituições financeiras

4.3.1 Âmbito internacional

A crescente necessidade do homem de se expandir economicamente, o avanço da tecnologia, o excessivo gasto de energia e o capitalismo acelerado acarretam a dicotomia "crescimento econômico" e "esgotamento de recursos naturais", uma vez que estes são utilizados como matéria-prima para esse crescimento desenfreado. Nesse contexto, e com o objetivo de criar um mecanismo que possibilitasse o desenvolvimento da sociedade e da economia, mas que garantisse uma preservação dos recursos naturais, surgiu o conceito de desenvolvimento sustentável.

Por desenvolvimento sustentável entende-se qualquer ação do homem em prol das necessidades atuais, mas sem comprometer de maneira drástica o meio ambiente. Segundo o relatório elaborado pela Comissão Mundial sobre Meio Ambiente e Desenvolvimento, integrante das Organizações das Nações Unidas, o desenvolvimento sustentável:

> (...) não é um estado fixo de harmonia, mas sim a processo de mudança no qual a exploração dos recursos naturais, a direção dos investimentos, a orientação do desenvolvimento tecnológico e as mudanças institucionais são feitas de maneira consistente com o futuro, bem como com as necessidades atuais.[11] [12]

Paralelamente ao surgimento do conceito de desenvolvimento sustentável, foi organizado pela International Finance Corporation e pelo ABN AMRO um encontro de diversas instituições financeiras a fim de discutir novas propostas de projetos envolvendo questões socioambientais. Desse encontro surgiram os chamados "Princípios do Equador", a serem seguidos pelas instituições financeiras, de maneira espontânea, na realização de análises de risco de crédito.

---

[10] TRF 1ª Região. 5ª T. Processo nº 199837000029452/MA. Rel. Fagundes de Deus. j.17.10.2007, por maioria.
[11] Report of the World Commission on Environment and Development: Our Common Future. Disponível em: <http://www.un-documents.net/our-common-future.pdf>. Acesso em: 09 set. 2016. Tradução livre.
[12] Tradução livre.

4.3.2 Âmbito nacional

No âmbito nacional, dispõe o artigo 12 da Lei nº 6.938/1981 que as instituições financeiras de caráter público apenas podem conceder crédito para projetos que estejam em conformidade com os padrões expedidos pelo Conselho Nacional do Meio Ambiente – CONAMA.

Com base nessa previsão, os bancos públicos apenas podem financiar empreendimentos, sejam estes potencialmente poluidores ou não, para clientes que apresentem todas as licenças ambientais necessárias, as quais determinariam a viabilidade do negócio do ponto de vista socioambiental.

> Art. 12 – As entidades e órgãos de financiamento e incentivos governamentais condicionarão a aprovação de projetos habilitados a esses benefícios ao licenciamento, na forma desta Lei, e ao cumprimento das normas, dos critérios e dos padrões expedidos pelo CONAMA.
> Parágrafo único – As entidades e órgãos referidos no "caput" deste artigo deverão fazer constar dos projetos a realização de obras e aquisição de equipamentos destinados ao controle de degradação ambiental e à melhoria da qualidade do meio ambiente.

Diante de tal determinação, surge o questionamento de se a mesma regra se aplicaria para instituições financeiras privadas ou se seria aplicável apenas para públicas. Mesmo que a lei não faça menção expressa às instituições privadas, o entendimento majoritário acerca do tema indica que não haveria justificativa para se fazer diferenciação no tratamento das instituições financeiras públicas e privadas quando o assunto é o desenvolvimento sustentável. A questão passa a ser então qual é o limite da responsabilidade de tais instituições financeiras.

Nesse tema, interessante mencionar o posicionamento de Consuelo Yatsuda Moromizato Yoshida,[13] ao discutir a responsabilidade das instituições financeiras em matéria ambiental:

> As instituições financeiras podem estar sujeitas a diferentes modalidades de riscos ambientais: ao risco direto, que está associado às suas próprias instalações, uso de papéis, equipamentos, energia. Neste caso respondem diretamente como poluidoras, e tem aplicabilidade o princípio poluidor-pagador: elas devem internalizar os custos relativos ao controle da poluição. Na hipótese de risco indireto, o risco ambiental afeta a empresa em relação à qual as instituições em análise são intermediadoras financeiras, via operações de créditos, ou detentoras de ativos financeiros. Esta é a hipótese controversa de possibilidade de responsabilização da instituição financeira na condição de poluidora indireta por força da operação de crédito. O risco de reputação, por sua vez, é decorrente da pressão da opinião pública, investidores, organizações não governamentais, para adoção, pelas mesmas instituições, de política de financiamento e investimento ambientalmente correta, sob pena de prejuízo à sua reputação.

Com o intuito de regular esta questão, o CMN publicou a Resolução nº 4.327/14, em 25 de abril de 2014, que entrou em vigor no mesmo dia. Segundo referida resolução,

---

[13] Responsabilidade das Instituições Financeiras: da atuação reativa à atuação proativa. In: OLIVEIRA, Carina Costa de; SAMPAIO, Rômulo Silveira da Rocha (Org.). *Instrumentos jurídicos para a implementação do desenvolvimento sustentável*. Rio de Janeiro: FGV, 2012. p. 115-134. Disponível em: <http://bibliotecadigital.fgv.br/dspace/bitstream/handle/10438/10355/Instrumentos%20Jur%c3%addicos%20para%20Implementa%c3%a7%c3%a3o%20do%20Desenvolvimento%20Sustent%c3%a1vel.pdf?sequence=1&isAllowed=y>.

as instituições financeiras e demais instituições autorizadas a funcionar pelo Bacen (o que incluiria instituições financeiras de caráter tanto privado quanto público) devem atentar-se ao gerenciamento de risco socioambientais. Segue artigo 1º da Resolução nº 4.327/14, que dispõe acerca desse tema:

> Art. 1º – Esta Resolução dispõe sobre as diretrizes que, considerados os princípios de relevância e proporcionalidade, devem ser observadas no estabelecimento e na implementação da Política de Responsabilidade Socioambiental (PRSA) pelas instituições financeiras e demais instituições autorizadas a funcionar pelo Banco Central do Brasil.
> Parágrafo único. Para fins do estabelecimento e da implementação da PRSA, as instituições referidas no caput devem observar os seguintes princípios:
> I – relevância: o grau de exposição ao risco socioambiental das atividades e das operações da instituição; e
> II – proporcionalidade: a compatibilidade da PRSA com a natureza da instituição e com a complexidade de suas atividades e de seus serviços e produtos financeiros.

Com a Resolução nº 4.327/14 referidas instituições passaram a trabalhar em conformidade com o conceito de desenvolvimento sustentável, principalmente em decorrência da necessidade de criarem uma Política de Responsabilidade Socioambiental, PRSA, a qual deve nortear as ações das instituições, a fim de que estas não sejam responsabilizadas por eventuais danos sociais ou ambientais causados por elas próprias ou pelos seus clientes.

4.4 A transdisciplinaridade da responsabilidade social e ambiental das instituições financeiras

4.4.1 A responsabilidade ambiental das instituições financeiras

Em conformidade com o artigo 14, §1º, da Lei nº 6.938/1981, é possível encontrar a corrente doutrinária que defende que a responsabilidade civil das instituições financeiras no âmbito ambiental é objetiva:

> O regime jurídico da responsabilidade, em todos os eventos ligados ao meio ambiente, é a responsabilidade objetiva ou responsabilidade sem culpa, por força do art. 14, §1º da Lei 6.938/81. Assim, os bancos não poderão tentar eximir-se da corresponsabilidade de se terem omitido, invocando ausência de imprudência, de negligência ou imperícia ou de dolo. O nexo causal entre o ato, que provocou ou possa provocar o dano ambiental, no caso dos bancos, é presumido, por força do referido §3º do art. 2º da Lei 8.975/95.[14]

Primeiramente as instituições financeiras podem se responsabilizar pelos danos causados em decorrência de seus próprios atos. Tal responsabilização, entretanto, não é frequente quando comparada à que será a seguir elucidada, visto que as atividades das instituições financeiras não são consideradas de risco para o meio ambiente.

Entretanto, há uma segunda forma de responsabilização das instituições financeiras, que gera maior controvérsia: em decorrência da prestação de financiamentos e

---

[14] MACHADO, Paulo Affonso Leme. *Direito Ambiental Brasileiro*. 19. ed. São Paulo: Malheiros, 2011. p. 360.

concessão de empréstimos para clientes que necessitem de crédito para viabilizar seus empreendimentos.

Esses empreendimentos objeto de financiamento, por sua vez, podem ser considerados como de risco para a manutenção do meio ambiente. Uma vez que as instituições financeiras oferecem crédito, entende-se que estão contribuindo para o dano causado, de forma que passam a ser consideradas como poluidoras para fins ambientais. Haveria, em tese, nexo de causalidade entre as ações da instituição financeira e o dano causado ao meio ambiente.

É preciso destacar, de todo modo, que há também entendimentos em que, apesar de admitirem espaço para a responsabilização de instituições financeiras por danos ambientais causados por atividades financiadas, não se afigura adequado eliminar a necessidade de comprovação de nexo de causalidade da atividade da instituição financeira e o dano, de modo que a demonstração de que a instituição atuou de forma diligente e adequada à identificação dos riscos poderá eliminar a responsabilização:[15]

> Destarte, não obstante a legislação brasileira dê amparo à responsabilidade civil objetiva e solidária das instituições financeiras em decorrência da concessão do crédito à atividade causadora de danos ambientais, a exclusão ou atenuação do nexo de causalidade deve ser objeto de discussão em face de cada caso concreto, considerando-se, entre outras hipóteses, o cumprimento do dever de diligência imposto às entidades de crédito oficiais pelo art. 12 da Lei nº 6.938/81, que aperfeiçoa a disciplina embrionária do art. 12 da Lei nº 6.803/80.
> Embora ambas as disposições legais se refiram à atuação preventiva das instituições de crédito oficiais e às operações de financiamento e incentivos governamentais, é salutar, pelas razões apontadas, interpretá-las ampliativamente para alcançarem também as instituições privadas, como o fazem Paulo Affonso Leme Machado e Annelise Steigleder, destacando, esta última, o descumprimento do dever legal e suas consequências.
> (...)
> A participação e contribuição decisiva das instituições e agentes financiadores nesse processo se dá através da implementação da responsabilidade socioambiental em suas operações de crédito, traduzida na incorporação da variável socioambiental na análise e concessão de financiamentos a projetos de empreendimentos, e de empréstimos a atividades de categorizações diversas, sendo dispensado tratamento diferenciado conforme o respectivo grau de impactos e de riscos socioambientais (riscos alto, médio e baixo).

Assim, surge a necessidade de as instituições financeiras criarem uma Política de Responsabilidade Socioambiental – PRSA a fim de prevenir que eventuais danos ambientais ocorram e de forma a garantir que não serão responsabilizadas no caso de sua ocorrência.

Ocorre que essa excludente de responsabilidade em decorrência do cumprimento com o disposto na PRSA estaria, a rigor, atrelada à Teoria do Risco Criado, uma vez que a instituição financeira deixa de ser responsável por eventuais danos ambientais causados no caso de comprovação de que agiu de forma diligente para avaliar o empreendimento sob o ponto de vista socioambiental.

Com base nesse entendimento, seria denfesável que apenas fazer parte da cadeia de financiamento que deu origem ao empreendimento que gerou o dano ambiental

---

[15] YOSHIDA, *op. cit.*, p. 127, 130.

não é o suficiente para responsabilizar a instituição financeira. Torna-se necessária a existência de uma omissão por parte da instituição ao financiar o empreendimento e no cumprimento da PRSA.

Cumpre mencionar que essa vertente não defende a desconsideração da responsabilidade objetiva das instituições financeiras no âmbito ambiental, mas sim a realização de uma análise caso a caso, que verifique se a instituição cumpriu com o necessário para não incorrer no risco de dano.

> Com este mesmo entendimento respalda a singela explicação do professor Ivo Waisberg: "No caso específico dos Princípios do Equador, uma vez que os financiadores inserem obrigações contratuais mais rigorosas que as legais e, por vezes, se concedem o poder de fiscalizar o andamento ambiental do projeto, poder-se-ia arguir que, mesmo no campo da responsabilidade subjetiva, a falta de fiscalização poderia gerar a responsabilização civil. Aqui a decisão necessitaria ser caso a caso, para examinar-se (i) a extensão de poder fiscalizatório; (ii) a culpa do financiador; (iii) se a falha da fiscalização tem nexo de causalidade com dano ou se o dano ocorreria de qualquer forma".[16]

É possível, desse modo, afastar a responsabilidade da instituição financeira, nas situações em que estiver demonstrado que houve diligência da instituição financeira, especialmente com o cumprimento dos princípios aplicáveis e das disposições da PRSA.

4.4.2 A responsabilidade das instituições financeiras no âmbito social

Dentro do sistema brasileiro de responsabilidade socioambiental, criado em decorrência do conceito de desenvolvimento sustentável e da Resolução nº 4.327, surge o questionamento do que seria a responsabilização de uma instituição financeira na esfera socioambiental. Por responsabilidade socioambiental entende-se aquela composta por dois tipos diferentes de responsabilidade: (i) a ambiental e (ii) a social.

A responsabilidade ambiental é a peça principal desse conceito e relaciona-se diretamente com outros ramos do Direito, face ao ideal de transdisciplinaridade, que faz parte do Direito Ambiental. Surge então a responsabilidade social, decorrente de questões que não estão diretamente ligadas ao universo do Direito Ambiental, voltando-se para outras áreas do Direito.

4.4.2.1 A responsabilidade social sob a ótica penal

O artigo 225, §3º, da Constituição Federal previu pela primeira vez a possibilidade de responsabilização da pessoa jurídica na esfera penal, sendo esta a responsabilização por danos ambientais.

No ano de 1998, o legislador infraconstitucional complementou o já previsto na Constituição Federal ao regulamentar a responsabilização ambiental na esfera penal por meio da Lei nº 9.605. Em seu artigo 3º, passou a estar previsto que a responsabilização ocorreria em situações nas quais a infração tivesse sido cometida em benefício da pessoa jurídica, por meio de decisão de seu representante legal ou órgão colegiado.

---

[16] VASCONCELOS, Adriana Paiva. *Responsabilidade civil dos bancos por danos ambientais em projetos financiados*, p. 47.

Com base no disposto, surge então o questionamento a respeito de qual seria a possível responsabilidade socioambiental das instituições financeiras decorrente da esfera penal.

As instituições financeiras poderiam, teoricamente, ser responsabilizadas na esfera criminal em decorrência dos atos das pessoas físicas, sejam seus representantes, sejam aqueles que se utilizam de recursos para financiamento. Contudo, é requisito essencial para a responsabilização penal que a pessoa jurídica tenha sido diretamente beneficiada pela conduta infracional e que tal benefício decorra diretamente de decisão de seus representantes.

Assim, nos casos em que a instituição financeira demonstrar que adotou as medidas que lhe cabiam para avaliar se o cliente receptor do investimento estava em concordância com as leis ambientais e obteve as autorizações necessárias para o projeto, entendemos como descabida qualquer pretensão de responsabilização penal da pessoa jurídica, ainda que com base na Lei nº 9.605/1998.

4.4.2.2 A responsabilidade social sob a ótica trabalhista

Sob a ótica trabalhista, a responsabilidade socioambiental das instituições financeiras se concretiza por três frentes: (i) uso de trabalho análogo ao escravo ou degradante, (ii) uso de trabalho infantil e (iii) não cumprimento do Estatuto da Pessoa com Deficiência.

No que diz respeito ao uso de mão de obra escrava, sob a ótica do Direito brasileiro, todo trabalho que seja realizado em condição análoga à de escravo é considerado ilegal, devendo o empregador responder perante a Justiça Trabalhista.

Ademais, o uso de mão de obra escrava se relaciona ao Direito Penal, visto que é considerado crime manter em condições análogas à de escravo qualquer trabalhador, seja em condição de emprego ou não. A submissão ao trabalho análogo ao escravo é tipificada como crime perante o Código Penal brasileiro.

Nota-se que, além de responder na esfera criminal em decorrência do uso de mão de obra escrava, a pena é aumentada de metade se o crime for cometido contra criança ou adolescente, surgindo assim uma relação transdisciplinar com o Estatuto da Criança e do Adolescente.

O uso de mão de obra infantil também se caracteriza como infração sob a ótica trabalhista. Além de ser considerada causa de aumento de pena para fins penais, a contratação de menores de dezesseis anos não é permitida; a única exceção a tal regra é a contratação de maiores de quatorze anos na condição de menor aprendiz.

Além de previsão a respeito da CLT, o próprio Estatuto da Criança e do Adolescente possui um capítulo específico para o assunto, no qual também há previsão acerca da proibição do trabalho do menor de dezesseis anos.

No que diz respeito ao trabalho do adolescente maior de dezesseis anos, há previsão específica para aquele portador de deficiência, ao qual é assegurado trabalho protegido. Novamente percebe-se a transdisciplinaridade, que passa a tratar da responsabilização pelo não cumprimento do Estatuto da Pessoa com Deficiência.

Tanto as instituições financeiras quanto aqueles para os quais essas prestarem financiamento devem atentar-se à obrigatoriedade de contratação de deficientes, de acordo com o porte da instituição em questão.

Ademais, segundo o Estatuto da Pessoa com Deficiência toda pessoa com deficiência tem direito à igualdade de oportunidades com as demais pessoas, de modo que não poderá sofrer nenhuma espécie de discriminação.

Diante do exposto, seria possível, em tese, afirmar que sob a ótica trabalhista as instituições financeiras podem se responsabilizar basicamente em decorrência de eventuais vínculos empregatícios que não estejam em conformidade com os dispositivos legais supramencionados. De todo modo, também quanto a esses aspectos, parece-nos necessário comprovar que as instituições financeiras têm relação direta com a atividade infratora da legislação trabalhista, diante da impossibilidade de o direito penalizador extrapolar a pessoa do infrator.

4.5 Considerações finais

Diante do apresentado, é possível afirmar que o Direito Ambiental contemporâneo não deve ser analisado como um ramo independente, havendo que se falar em sua transdisciplinaridade.

Por transdisciplinaridade entende-se o conjunto de disciplinas interpretadas como unas; tem-se transdisciplinaridade quando ao analisar um tema não se atenta apenas a um dos possíveis ramos que o relacionam, mas sim todas as áreas cujo conteúdo pode acrescentar à análise.

No contexto da responsabilidade, quando se trata da responsabilidade das instituições financeiras, tem-se entendido que a transdisciplinaridade pode ser chamada de responsabilidade socioambiental. Nesse contexto, as instituições financeiras podem, em tese, ser responsabilizadas tanto por eventuais danos causados ao meio ambiente quanto ao meio social.

Esta responsabilidade socioambiental relaciona-se diretamente ao conceito atual de desenvolvimento sustentável, o qual deve ser compreendido como o conjunto de ações do homem que visem ampliar o desenvolvimento econômico sem interferir (ou interferindo minimamente) nos recursos naturais.

Além do mais, as instituições financeiras podem ser responsabilizadas socioambientalmente de duas maneiras, quais sejam em decorrência de seus próprios atos ou em decorrência de atos daqueles que se beneficiaram de seus financiamentos e/ou empréstimos.

Há também que se falar que a responsabilidade das instituições financeiras no âmbito ambiental é objetiva. De todo modo, não basta o mero financiamento da atividade para que haja eventual responsabilização da instituição financeira. Haverá necessidade de demonstração de nexo de causalidade direto entre o dano e a conduta imputável à instituição financeira, que terá sua responsabilidade elidida com a demonstração de que foi diligente ao demandar a apresentação de informações sobre o atendimento à legislação ambiental pelo empreendedor.

A responsabilidade socioambiental, quando analisada sob a vertente social, possui duas frentes: (i) a responsabilização sob a ótica penal e (ii) a responsabilização em decorrência de infração às normas trabalhistas. De toda forma, também neste aspecto é plenamente defensável que a responsabilidade dependerá de demonstração de nexo direto entre conduta ou omissão imputável à instituição financeira.

Isto posto, nota-se que a transdisciplinaridade é de suma importância na conceituação da responsabilidade socioambiental das instituições financeiras.

Referências

ABRÃO, Nelson. *Direito bancário.* 12. ed. São Paulo: Saraiva, 2009.

ALMEIDA, Josylene Aparecida Ferreira de; MORENO, Ticiane Rafaela de Andrade; CASTANHO, Ana Paula Belomo. *Transdisciplinaridade*: origem, conceito e possibilidade em sala de aula. Disponível em: <http://www.uenp.edu.br/trabalhos/cj/anais/soLetras2010/Josylene%20Aparecida%20Ferreira%20de%20Almeida.pdf> Acesso em: 19 set. 2016.

BECK, Ulrich. *Sociedade de risco:* rumo a uma outra modernidade. Tradução Sebastião Nascimento. São Paulo: Editora 34, 2010.

BRAGA, Fábio de Almeida. Responsabilidade socioambiental, sua crescente importância econômica e as instituições financeiras. *Revista de Direito Bancário e do Mercado de Capitais*, v. 65, p. 319, jul. 2014.

DINIZ, Maria Helena. *Curso de Direito Civil brasileiro.* 27. ed. São Paulo: Saraiva, 2013. v. 7: responsabilidade civil.

GONÇALVES, Carlos Roberto. *Direito Civil brasileiro.* 8. ed. São Paulo: Saraiva, 2013. v. 4: responsabilidade civil.

KADAMANI, Rosine. *Resolução nº 4.327/2014 e autorregulação correlata*: apresentação e considerações. São Paulo: [S. n.], 2015.

LEITE, José Rubens Morato; AYLA, Patryck de Araújo. A transdisciplinaridade do Direito Ambiental e a sua equidade intergeracional. *Revista de Direito Ambiental*, v. 22.

MILARÉ, Édis; MACHADO, Paulo Afonso Leme. *Doutrinas essenciais*: Direito Ambiental – responsabilidade em matéria ambiental. São Paulo: Revista dos Tribunais, 2011. v. 5.

MODESTO, Carvalhosa. *Comentários à Lei das Sociedades Anônimas.* São Paulo: Saraiva, 1982. v. 5.

NUNES JÚNIOR, Vidal Serrano. *Manual de direitos difusos e coletivos.* São Paulo: Verbatim, 2009. p. 72.

RIBEIRO, Maísa de Souza; OLIVEIRA, Otávio José de. *Os princípios do Equador e a Concessão de Crédito Socioambiental.* São Paulo: Universidade de São Paulo, [S. d].

UN DOCUMENTS. *Report of the World Commission on Environment and Development*: our common future. Disponível em <http://www.un-documents.net/our-common-future.pdf>. Acesso em: 09 set. 2016.

UNESCO. *Educação e transdisciplinaridade.* Disponível em: <http://unesdoc.unesco.org/images/0012/001275/127511por.pdf>. Acesso em: 19 set. 2016.

VASCONCELOS, Adriana Paiva. Responsabilidade civil dos bancos por danos ambientais em projetos financiados. *Revista Eletrônica Direito e Política*, v. 7, n. 1, 2012. Disponível em: <http://www6.univali.br/seer/index.php/rdp/article/view/5640/3040>. Acesso em: 09 nov. 2014.

VERÇOSA, Haroldo Malheiros Duclerc. As instituições financeiras e a proteção do meio ambiente. *Revista de Direito Empresarial – ReDE*, v. 2, n. 4, p. 121-130, jul./ago. 2014.

WWF-BRASIL. *Desenvolvimento sustentável.* Disponível em: <http://www.wwf.org.br/natureza_brasileira/questoes_ambientais/desenvolvimento_sustentavel/>. Acesso em: 09 set. 2016.

YOSHIDA, Consuelo Yatsuda Moromizato. Responsabilidade das Instituições Financeiras: da atuação reativa à atuação proativa. In: OLIVEIRA, Carina Costa de; SAMPAIO, Rômulo Silveira da Rocha (Org.). *Instrumentos jurídicos para a implementação do desenvolvimento sustentável.* Rio de Janeiro: FGV, 2012. p. 115-134. Disponível em: <http://bibliotecadigital.fgv.br/dspace/bitstream/handle/10438/10355/Instrumentos%20Jur%c3%addicos%20para%20Implementa%c3%a7%c3%a3o%20do%20Desenvolvimento%20Sustent%c3%a1vel.pdf?sequence=1&isAllowed=y>.

Informação bibliográfica deste livro, conforme a NBR 6023:2002 da Associação Brasileira de Normas Técnicas (ABNT):

FERREIRA, Eduardo de Campos; MADASI, Ana Cecília Viegas. A transdisciplinaridade da responsabilidade socioambiental das instituições financeiras. In: YOSHIDA, Consuelo Y. Moromizato et al. (Coord.). *Finanças sustentáveis e a responsabilidade socioambiental das instituições financeiras.* Belo Horizonte: Fórum, 2017. p. 73-86. ISBN 978-85-450-0234-5.

MULTA ADMINISTRATIVA AMBIENTAL

FÁBIO MENEGUELO SAKAMOTO

Introdução

Recentemente, no julgamento do AgRg no Agravo em Recurso Especial nº 62.584–RJ, decidiu a Egrégia 1ª Turma do Colendo Superior Tribunal de Justiça, por maioria de votos, que a multa administrativa decorrente de dano acusado ao meio ambiente somente pode ser imposta contra quem foi o causador direto do dano, não alcançando, de forma objetiva, isto é, independentemente da prova de dolo ou culpa, o poluidor indireto.

Ficou assim ementada a decisão:

> Administrativo e processual civil. Agravo regimental no agravo em recurso especial. Violação ao art. 535 do CPC. Inocorrência. Dano ambiental. Acidente no transporte de óleo diesel. Imposição de multa ao proprietário da carga. Impossibilidade. Terceiro. Responsabilidade subjetiva.
>
> I – A Corte de origem apreciou todas as questões relevantes ao deslinde da controvérsia de modo integral e adequado, apenas não adotando a tese vertida pela parte ora Agravante. Inexistência de omissão.
>
> II – A responsabilidade civil ambiental é objetiva; porém, tratando-se de responsabilidade administrativa ambiental, o terceiro, proprietário da carga, por não ser o efetivo causador do dano ambiental, responde subjetivamente pela degradação ambiental causada pelo transportador.
>
> III – Agravo regimental provido.

No caso em questão a Ipiranga Produtos de Petróleo S.A. contratou a Ferrovia Centro-Atlântica S/A para o transporte de combustível, mas na circunscrição do Município de Guapimirim/RJ, ocorreu um derramamento de óleo diesel em área de proteção ambiental e, em decorrência do dano causado ao meio ambiente, o Município lavrou um auto de infração contra a Ipiranga, pelo fato de ser a proprietária da carga, exigindo-lhe o pagamento de uma multa no valor de R$ 5.000.000,00 (cinco milhões de reais).

Ajuizada a execução fiscal pelo ente público municipal, no julgamento dos embargos interpostos pela autuada, a multa foi cancelada e o Município de Guapimirim recorreu ao Tribunal de Justiça do Rio de Janeiro, que reformou a decisão de primeira instância e restabeleceu a multa. Na ocasião, ficou assentado pelo Tribunal de origem que a responsabilidade pelo pagamento da multa seria objetiva em vista do disposto nos arts. 3º, IV, e 14, §1º, da Lei nº 6.938/81, que cuidam, respectivamente, do conceito de poluidor (direto e indireto) e da responsabilidade objetiva.

Foi interposto, então, o Recurso Especial e este não foi inicialmente conhecido, razão por que a Ipiranga interpôs Agravo de Instrumento, ao qual também negou-se provimento, o que foi feito sob o argumento de que a decisão recorrida estava em sintonia com a jurisprudência da Corte, incidindo no caso o óbice da Súmula 83/STJ, segundo a qual "não se conhece do recurso especial pela divergência, quando a orientação do Tribunal se firmou no mesmo sentido da decisão recorrida". Os julgamentos levados em conta como paradigmáticos para o desprovimento do agravo foram os REsp nº 467.212/RJ e REsp nº 1.318.051/RJ, ambos da 1ª Turma.

Mais uma vez inconformada, a Ipiranga S/A interpôs Agravo Regimental no Agravo de Instrumento e, por maioria de votos, o Recurso Especial acabou conhecido e provido, afastando-se a possibilidade de execução da multa, tal como a decisão de primeiro grau já havia determinado (vide a ementa colacionada).

Pois bem, uma vez contextualizada a questão, o que sobreleva notar é que não há entendimento uniforme no Superior Tribunal de Justiça sobre a possibilidade de imposição de multa ambiental ao poluidor indireto com base na tese da responsabilidade objetiva. A 1ª e a 2ª Turmas divergem a respeito e também há divergência entre os Ministros da própria 1ª Turma, havendo a necessidade de que a questão seja dirimida pela 1ª Seção do Egrégio Tribunal a fim de que se tenha um tratamento uniforme da matéria e, por conseguinte, uma pacificação em torno desse tema.

Com efeito, enquanto a 1ª Turma, por meio dos REsp nº 467.212/RJ e REsp nº 1.318.051/RJ, consolidou o entendimento de que é possível a responsabilidade objetiva nesses casos, a 2ª Turma, por meio do REsp nº 1.251.697/PR, e agora parte da própria 1ª Turma, por meio do AgRg no Agravo em Recurso Especial nº 62.584/RJ, entendem que a responsabilidade é subjetiva.

Afinal, qual das posições é juridicamente mais acertada?

O que o presente estudo tem por escopo é justamente analisar, do ponto de vista da legislação de regência e da doutrina, se é, ou não, possível a lavratura de auto de infração e imposição de multa contra uma sociedade empresária pelo simples fato de ser a proprietária do material derramado pela transportadora por ela contratada independentemente da comprovação de ter agido com dolo ou culpa.

E para que se chegue a uma conclusão, imperioso que se analise a questão da responsabilidade pelo dano ambiental, o conceito de poluidor (direto e indireto), bem como a natureza jurídica das responsabilidades civil e administrativa, sem o que não é possível chegar-se a um resultado satisfatório.

5.1 Tríplice responsabilidade pelo dano ambiental

O art. 225, §3º, da CF estabelece que "as condutas e atividades consideradas lesivas ao meio ambiente sujeitarão os infratores, pessoas físicas ou jurídicas, a sanções penais e administrativas, independentemente da obrigação de reparar os danos causados," consagrando-se, destarte, a possibilidade de responsabilização do infrator, simultânea ou sucessivamente, perante essas três esferas, que são, como regra, independentes entre si.[1]

Do infrator, portanto, é possível exigir a reparação do dano ambiental causado, sem prejuízo da ação penal cabível e da imposição da multa administrativa. Tomemos, por hipótese, a poluição. Se for causada em níveis tais que resulte ou possa resultar em danos à saúde humana, ou que provoque a mortandade de animais ou a destruição significativa da flora, configura a infração penal prevista no art. 54 da Lei nº 9.605/98. Além disso, configura também infração administrativa passível de autuação pela autoridade competente e ambas as infrações não impedem que o autor do dano seja obrigado a recompor o meio ambiente por meio de ação na esfera cível.

A análise do caso em questão pressupõe que três institutos sejam bem definidos: a gestão compartilhada e a corresponsabilidade entre os atores estatais e privados, o poluidor, a responsabilidade civil, bem como a responsabilidade administrativa e as suas respectivas naturezas jurídicas. E o faremos seguindo essa ordem.

5.2 Corresponsabilidade entre os atores estatais e particulares

Dispõe, com efeito, o art. 225, *caput*, da CF que a proteção do meio ambiente incumbe a todos, entes públicos e sociedade. Desse imperativo constitucional decorre, portanto, um sistema de gestão compartilhada entre os entes estatais e a sociedade e a responsabilidade de todos os atores, estatais e privados, para com a prevenção, reparação e repressão de danos ambientais. É o que se denomina de corresponsabilidade, segundo a qual todos os elos de uma determinada cadeia produtiva, por exemplo, são igualmente responsáveis pela preservação do meio ambiente e pela sua reparação em caso de dano. Assim, em regra, tanto é possível a responsabilização do produtor de gado em área de preservação permanente, como do frigorífico que o adquire e da instituição financeira que faz a concessão do crédito. Há necessidade, como veremos, de apuração do nexo de causalidade no caso concreto.

Segundo a professora Consuelo Yatsuda Moromizato Yoshida, "sob o influxo da lógica da sustentabilidade e da cultura do cumprimento das normas jurídicas, passa a ser mais apropriada a responsabilidade compartilhada dos diferentes elos da cadeia (atores estatais, econômicos e sociais), o que pressupõe a mobilização e a integração de todos para desempenharem, cada qual, o papel, as funções, os deveres e as atribuições que lhes competem sem se substituírem mutuamente e sem fazer as vezes um do outro".[2]

---

[1] Diz-se como regra pelo fato de que, malgrado exista uma independência entre as instâncias, eventual sentença definitiva de absolvição criminal com fundamento na inexistência do fato (art. 386, I, do Código de Processo Penal), pode, como se sabe, obstar a ação de reparação do dano na esfera cível.

[2] YOSHIDA, Consuelo Yatsuda Moromizato. *Instrumentos Jurídicos para implementação do desenvolvimento sustentável*: artigos acadêmicos de juristas sobre aspectos jurídicos do desenvolvimento sustentável relacionados aos temas que estão sendo negociados na Rio + 20. Rio de Janeiro: FVG 2012.

5.3 O poluidor

O art. 3º, IV, da Lei nº 6.938/81 – Política Nacional do Meio Ambiente conceitua o poluidor como a "pessoa física ou jurídica, de direito público ou privado, responsável, direta ou indiretamente, por atividade causadora de degradação ambiental".

De acordo com o conceito legal, poluidor não é somente o causador direto da degradação ambiental, mas todo aquele que concorre para eclosão do resultado danoso da maneira que for, ainda que de forma omissiva como já se reconheceu em relação ao Estado que se omite na fiscalização ambiental (REsp 1.071.741/2009). [3]

Todas as pessoas, naturais ou jurídicas, que de alguma maneira concorrem para o dano ao meio ambiente são consideradas como poluidoras para fins de obrigação de repará-lo. Segundo o Ministro Herman Benjamin, o conceito de poluidor, previsto no art. 14, §1º, da PNMA, deve ser o mais elástico possível, abarcando o poluidor direto (fazendeiro, industrial, madeireiro, minerador, especulador) e aqueles que contribuem indiretamente para o dano ambiental (banco, órgão público financiador, engenheiro, arquiteto, incorporador, corretor, transportador, dentre outros).[4]

Isso não quer dizer, contudo, que não exista a possibilidade de exclusão do nexo causal no caso concreto, conforme defende parte da doutrina,[5] mas esse não é o objetivo deste trabalho e o aprofundamento desse ponto específico tiraria o foco da questão principal, que se concentra em saber se é possível a aplicação de multa, com fulcro na responsabilização objetiva, àquele que não foi o causador direto do dano.

Frise-se também que a figura do poluidor indireto prevista na PNMA tem recebido críticas da doutrina em razão de constituir um conceito jurídico indeterminado, de bastante fluidez, capaz de gerar insegurança jurídica no campo da responsabilização civil em matéria ambiental.

Paulo Antunes Bessa, em artigo intitulado "O conceito de poluidor indireto e a distribuição de combustíveis", deixou consignado que a indeterminação do conceito tem servido de base para sua utilização de forma aleatória e lotérica, gerando insegurança jurídica.[6]

O Superior Tribunal de Justiça, no entanto, tem reconhecido a figura do poluidor indireto para imputar-lhe a responsabilidade pela reparação do dano ambiental.

Maria Alexandra de Souza Aragão, jurista portuguesa, também consente com a figura do poluidor indireto, conforme se infere do texto a seguir redigido.

---

[3] A questão diz respeito à responsabilização do Estado por danos ambientais causados pela invasão e construção, por particular, em unidade de conservação (parque estadual). A Turma entendeu haver responsabilidade solidária do Estado quando, devendo agir para evitar o dano ambiental, mantém-se inerte ou atua de forma deficiente. A responsabilização decorre da omissão ilícita, a exemplo da falta de fiscalização e de adoção de outras medidas preventivas inerentes ao poder de polícia, as quais, ao menos indiretamente, contribuem para provocar o dano, até porque o poder de polícia ambiental não se exaure com o embargo à obra, como ocorreu no caso. Há que ponderar, entretanto, que essa cláusula de solidariedade não pode implicar benefício para o particular que causou a degradação ambiental com sua ação, em detrimento do erário. Assim, sem prejuízo da responsabilidade solidária, deve o Estado – que não provocou diretamente o dano nem obteve proveito com sua omissão – buscar o ressarcimento dos valores despendidos do responsável direto, evitando, com isso, injusta oneração da sociedade. Com esses fundamentos, deu-se provimento ao recurso. Precedentes citados: AgRg no Ag 973.577-SP, DJ 19.12.2008; REsp 604.725-PR, DJ 22.8.2005; AgRg no Ag 822.764-MG, DJ 2.8.2007, e REsp 647.493-SC, DJ 22.10.2007. REsp 1.071.741-SP, Rel. Min. Herman Benjamin, julgado em 24.3.2009.

[4] Responsabilidade pelo dano ambiental. *Revista de Direito Ambiental*, São Paulo, n. 9, p. 37, 1998.

[5] Nesse sentido: Hugo Nigro Mazzilli, In: *A Defesa dos Interesses Difusos em Juízo*. São Paulo: Saraiva, 2007.

[6] Disponível em: <www4.jfrj.jus.br/seer/index.php/revista_sjrj/article/view/581/406>.

O *poluidor-que-deve-pagar* é aquele que tem o poder de controle (inclusive poder tecnológico e econômico) sobre as condições que levam à ocorrência da poluição, podendo, portanto, preveni-las ou tomar precauções para evitar que ocorram.[7]

Portanto, sem olvidar do entendimento do professor carioca Paulo de Bessa Antunes, a sociedade empresária proprietária da carga, no caso a Ipiranga S/A, de acordo com o conceito elástico proposto por parte da doutrina e da jurisprudência do STJ, também pode ser considerada poluidora caso a transportadora por ela contratada venha a causar dano ambiental, daí decorrendo o seu dever de reparar o meio ambiente. E mais, de forma objetiva, isto é, independentemente da comprovação de dolo ou culpa, conforme será visto adiante, bastando a comprovação do dano, da sua atividade de risco e do nexo de causalidade entre eles.

5.4 A responsabilidade civil ambiental

Observa-se, de início, que o art. 225, §3º, da CF não menciona expressamente que a reparação do dano ambiental independe da comprovação de dolo ou culpa, isto é, que se trata de responsabilidade objetiva, a exemplo do que fez o art. 21, XXIII, *c*, da CF, quando cuidou da responsabilidade civil por danos nucleares.

Ocorre que o art. 14, §1º, da PNMA já estabelecia, desde 1981, que "sem obstar a aplicação das penalidades previstas neste artigo, é o poluidor obrigado, independentemente da existência de culpa, a indenizar ou reparar os danos causados ao meio ambiente e a terceiros, afetados por sua atividade" e não há nenhuma dúvida na literatura de que ele tenha sido recepcionado pela Constituição Federal de 1988.

Segundo Celso Antônio Pacheco Fiorillo, a responsabilidade objetiva está implícita no dispositivo constitucional em apreço.[8]

O que divide a doutrina nacional é se a responsabilidade objetiva funda-se na teoria do risco integral, que, segundo Édis Milaré,[9] não admite nenhuma hipótese de exclusão do nexo causal, nem mesmo o caso fortuito, a força maior ou o fato de terceiro, ou se seria possível o rompimento do nexo de causa e efeito entre a atividade e o resultado danoso nessas hipóteses de fato imprevisível.

Paulo Affonso Leme Machado admite a possibilidade de exclusão do nexo causal. Para ele

> Trata-se de responsabilidade objetiva, conforme o artigo 14, §1º, da Lei 6.938, de 31.8.81. Quem alegar caso fortuito ou a força maior deve produzir a prova de que é impossível evitar ou impedir os efeitos do fato necessário – terremoto, raio, temporal, enchente.[10]

Segundo a teoria da atividade, que leva em conta o tipo de atividade desenvolvida pelo causador do dano, se potencialmente nociva ao meio ambiente ou não, a responsabilidade continua sendo objetiva, mas admite-se o afastamento do nexo causal.

---

[7] *O princípio do poluidor pagador:* pedra angular da política comunitária do ambiente. Coimbra: Coimbra Editora, 1997, p. 139.
[8] FIORILLO, Celso Antônio Pacheco. *Curso de Direito Ambiental*. São Paulo: Saraiva, 2008. p. 57.
[9] A terceira consequência da adoção do sistema da responsabilidade objetiva sob a modalidade do risco integral diz com a inaplicabilidade do caso fortuito, da força maior e do fato de terceiro como exonerativas, e com a impossibilidade da cláusula de não indenizar. MILARÉ, Édis. *Direito do ambiente*. São Paulo: RT, 2005, p. 836.
[10] MACHADO, Paulo Affonso Leme. *Direito Ambiental Brasileiro*. São Paulo: Malheiros, 2003. p. 346.

Para que se possa aferir se os fatos imprevisíveis rompem ou não com o nexo de causa e efeito entre a atividade e o evento danoso, o critério a ser considerado é o da atividade de risco, ou seja, se a atividade desenvolvida é, ou não, potencialmente arriscada ao meio ambiente. Se a atividade for de risco, subsistirá a obrigação de reparar o dano ainda que tenha sido consequência de um fato natural, por exemplo. Mas, caso a atividade desenvolvida não seja de risco, esta obrigação restará afastada por quebra do nexo de causalidade.

Assenta-se na ideia de que aquele que desenvolve uma atividade de risco fica responsável pelo dano dela decorrente, ainda que atribuível a fato de terceiro ou à força da natureza.

Dessa forma, a responsabilidade é objetiva, mas existe a possibilidade de que seja afastado o nexo causal caso o evento decorra de força maior e a atividade desenvolvida pelo autor do fato *não* seja uma atividade de risco.

É o entendimento de Hugo Nigro Mazzilli, para quem se um raio cair numa floresta não haverá como responsabilizar o proprietário, pois decorrente de fato imprevisível da natureza, e o proprietário, pelo simples fato de sê-lo, não pode ser responsabilizado neste caso. No entanto, se o mesmo raio cair sobre uma usina nuclear, ainda que tenha tomado todas as precauções para evitar acidente, mesmo assim subsistirá a responsabilidade pela reparação do dano.[11]

Nesse mesmo sentido é o pensamento de Nelson Nery Junior [12] e de Patrícia Faga Iglecias Lemos, segundo a qual

> Em suma, já nos reportando às responsabilidades do proprietário, que mais de perto nos interessam no estudo aqui proposto: o proprietário que não desenvolve atividade de risco, por exemplo – é simplesmente titular do direito de propriedade de área de proteção ambiental –, pode ser responsabilizado por danos ao meio ambiente. Já aquele que desenvolve atividade de risco assume a responsabilidade com base na teoria do risco da atividade. Na primeira hipótese, é possível alegar excludente de força maior, o que não se permite na segunda.[13]

A teoria da atividade de risco acabou acolhida no art. 927, parágrafo único, do Código Civil de 2002, segundo o qual "haverá obrigação de reparar o dano, independentemente de culpa, nos casos especificados em lei, ou quando a atividade normalmente desenvolvida pelo autor do dano implicar, por sua natureza, risco para os direitos de outrem".

A teoria da atividade coincide com a do risco integral se a atividade desenvolvida for uma atividade de risco e dela se distancia caso a atividade não seja de risco.

No julgamento do REsp 1.114.398, em que a 2ª Turma do Superior Tribunal de Justiça condenou a Petrobras S/A com fundamento na teoria do risco integral, afastando a excludente da culpa exclusiva de terceiro, poderia também ter se valido da teoria da atividade de risco, pois o resultado seria o mesmo, já que existe um risco potencial ao meio ambiente na atividade por ela desenvolvida.

---

[11] *Ob. cit.*, p. 570.
[12] *Justitia*, 126:128.
[13] LEMOS, Patrícia Faga Iglecias. *Meio ambiente e responsabilidade civil do proprietário*. São Paulo: RT, 2008. p. 111-112.

A teoria da atividade de risco tem, a nosso juízo, o mérito de permitir a responsabilização do proprietário de uma carga perigosa, como é o caso em questão, ou de uma usina nuclear, como no exemplo do professor Mazzilli, ainda que o dano tenha decorrido de força maior ou de fato de terceiro. E tem também o mérito de impedir a responsabilização do proprietário pelo simples fato de ser o dono do bem quando não desenvolva atividade de risco ao meio ambiente.

No caso das distribuidoras de combustíveis, não há como negar que a atividade desenvolvida constitui uma atividade de risco, vez que armazenam, distribuem e comercializam combustíveis derivados de petróleo que são altamente poluentes e potencialmente prejudiciais à natureza. Transporte de carga perigosa envolve, a toda evidência, atividade de risco.

Dessa forma, não haveria como afastar a sua responsabilidade pela reparação do dano causado pela empresa de transporte por ela contratada, não se perquirindo para tanto se agiu com culpa ou dolo. Na responsabilidade civil incide com toda a força o art. 14, §1º, da Lei nº 6.938/81.

Há, em verdade, solidariedade passiva entre a contratante e a contratada, solidariedade que decorre da regra inserta no art. 942 do Código Civil.[14] E a solidariedade, como se sabe, permite que a vítima do dano escolha a quem processar, podendo, inclusive, processar todos os responsáveis pelo evento danoso.

A solidariedade passiva tem sido sistematicamente aceita pela jurisprudência, cuidando-se de casos de litisconsórcio facultativo, não necessário. Precedentes: AgRg no AREsp 432409/RJ, Rel. Ministro HERMAN BENJAMIN, 2ª Turma, julgado em 25.02.2014, DJe 19.03.2014; REsp 1383707/SC, Rel. Ministro SÉRGIO KUKINA, 1ª Turma, julgado em 08.04.2014, DJe 05.06.2014; AgRg no AREsp 224572/MS, Rel. Ministro HUMBERTO MARTINS, 2ª Turma, julgado em 18.06.2013, DJe 11.10.2013; REsp 771619/RR, Rel. Ministra DENISE ARRUDA, PRIMEIRA SEÇÃO, julgado em 16.12.2008, DJe 11.02.2009; REsp 1060653/SP, Rel. Ministro FRANCISCO FALCÃO, 1ª Turma, julgado em 07.10.2008, DJe 20.10.2008; REsp 884150/MT, Rel. Ministro LUIZ FUX, PRIMEIRA TURMA, julgado em 19.06.2008, DJe 07.08.2008; REsp 604725/PR, Rel. Ministro CASTRO MEIRA, 2ª Turma, julgado em 21.06.2005, DJe 22.08.2005; REsp 1377700/PR (decisão monocrática), Rel. Ministro PAULO DE TARSO SANSEVERINO, julgado em 08.09.2014, DJe 12.09.2014; Ag 1280216/RS (decisão monocrática), Rel. Ministro ARNALDO ESTEVES LIMA, julgado em 28.03.2014, DJe 03.04.2014.

Contudo, a obrigação de reparar o dano ambiental, que é de natureza civil e reparatória, não se confunde com a obrigação de efetuar o pagamento da multa imposta, que possui natureza predominantemente sancionatória e somente pode ser imposta ao causador direto do dano, conforme, acertadamente, decidiu a 1ª Turma do STJ.

5.5 A responsabilidade administrativa ambiental

As infrações administrativas ambientais, assim como as infrações penais ambientais, estão disciplinadas na Lei nº 9.605/98, regulamentadas pelo Decreto

---

[14] Os bens do responsável pela ofensa ou violação do direito de outrem ficam sujeitos à reparação do dano causado; e, se a ofensa tiver mais de um autor, todos responderão solidariamente pela reparação.

nº 6.514/2008, que constitui norma geral sobre a matéria e foi editada pela União com fundamento no art. 24, VI, da Constituição Federal.[15]

"Considera-se infração administrativa ambiental toda ação ou omissão que viole as regras jurídicas de uso, gozo, promoção, proteção e recuperação do meio ambiente" (art. 70 da Lei nº 9.605/98 e art. 20 do Decreto nº 6.514/2008) e, uma vez, constatada a infração, a autoridade competente no âmbito de cada esfera de governo poderá, balizada pelas diretrizes do art. 6º da mesma legislação, aplicar uma das dez sanções previstas no art. 72, quais sejam: I - advertência; II - multa simples; III - multa diária; IV - apreensão dos animais, produtos e subprodutos da fauna e flora, instrumentos, petrechos, equipamentos ou veículos de qualquer natureza utilizados na infração; V - destruição ou inutilização do produto; VI - suspensão de venda e fabricação do produto; VII - embargo de obra ou atividade; VIII - demolição de obra; IX - suspensão parcial ou total de atividades; XI - restritiva de direitos (o inciso X foi vetado).

Para efeito do presente estudo apenas a multa nos interessa, uma vez que é com relação a ela que tem divergido a jurisprudência acerca da possibilidade de imposição ao poluidor indireto utilizando-se da sistemática da responsabilidade objetiva estatuída na Lei nº 6.938/81.

5.5.1 Responsabilidade administrativa ambiental e o princípio da legalidade

A infração administrativa ambiental, como de resto qualquer infração administrativa, sujeita-se ao princípio da legalidade, de modo que não cabe a imposição de ato punitivo sem lei que preveja a sanção.

Conforme tem reiteradamente decidido o Superior Tribunal de Justiça, "a aplicação de sanções administrativas, decorrente do exercício do poder de polícia, somente se torna legítima quando o ato praticado pelo administrado estiver previamente definido pela lei como infração administrativa" (AgRg no REsp 1284558 PB 2011/0235494-3, data de publicação: 05.03.2012; REsp 1091486 RO 2008/0213060-6, data de publicação: 06.05.2009; REsp 1080613 PR 2008/0175834-3, data de publicação: 10.08.2009).

O art. 70 da Lei nº 9.605/98 e o art. 20 do Decreto nº 6.514/2008 cumprem esse papel de dar suporte legal à atividade administrativa sancionadora para os casos de infração ambiental. O Decreto nº 6.514/2008 é da espécie regulamentar por força do que preceitua o artigo 80 da Lei nº 9.605/98 e sua fonte de validade é de índole constitucional (artigo 84, IV, da CF).

5.5.2 Natureza jurídica da multa administrativa em geral e a desnecessidade, como regra, de comprovação de dolo ou culpa

A multa administrativa decorre, de maneira geral, de manifestação do poder de polícia administrativa e tem natureza jurídica punitiva, sancionatória.

---

[15] Compete à União, aos Estados e ao Distrito Federal legislar concorrentemente sobre: VI - florestas, caça, pesca, fauna, conservação da natureza, defesa do solo e dos recursos naturais, proteção do meio ambiente e controle da poluição.

Na tradicional classificação dos atos administrativos proposta por Hely Lopes Meirelles a multa administrativa equivale aos atos punitivos, que "são os que contêm uma sanção imposta pela Administração àqueles que infringem disposições legais, regulamentares ou ordinatórias dos bens ou serviços públicos. Visam a punir e reprimir as infrações administrativas ou a conduta irregular dos servidores ou dos particulares perante a Administração".[16] E a consequência que disso decorre é que não pode ser aplicada contra quem não foi o causador direto do dano com supedâneo na teoria da responsabilidade objetiva, pena de violação de preceito de direito fundamental conforme será visto adiante.

Além disso, a sua imposição independe da comprovação de culpa em sentido amplo do infrator (dolo ou culpa em sentido estrito), bastando a realização da conduta descrita na norma reguladora. É o que leciona a doutrina especializada sobre o tema.

Para Celso Antônio Bandeira de Mello,

> É muito discutido em doutrina se basta a mera voluntariedade para configurar a existência de um ilícito administrativo sancionável, ou se haveria necessidade ao menos de culpa. Quando menos até o presente, temos entendido que basta a voluntariedade, sem prejuízo, como é claro, de a lei estabelecer exigência maior perante a figura tal ou qual.[17]

Para Hely Lopes Meirelles, "a multa administrativa é de natureza objetiva e se torna devida independentemente da ocorrência de culpa ou dolo do infrator",[18] posicionamento que também é defendido por Régis Fernandes de Oliveira, segundo o qual "basta a voluntariedade, isto é, o movimento anímico consciente e capaz de produzir efeitos jurídicos. Não há necessidade de demonstração de dolo ou culpa do infrator; basta que, praticando o fato previsto, dê causa a uma ocorrência punida pela lei".[19]

Como exemplo desses assertos, o art. 136 do CTN dispõe que "a responsabilidade por infrações da legislação tributária independe da intenção do agente ou do responsável e da efetividade, natureza e extensão dos efeitos do ato". De igual sorte o art. 20 da Lei nº 8.88494 preceitua que constitui infração contra ordem econômica, independentemente de culpa, os atos que tenham por objeto limitar, falsear ou de qualquer forma prejudicar a livre concorrência ou a livre iniciativa, bem como os que visam dominar mercado relevante de bens ou serviços, aumentar arbitrariamente os lucros e exercer de forma abusiva posição dominante.

Portanto, a multa administrativa possui natureza jurídica punitiva, mas a sua incidência independe de dolo ou culpa do infrator, bastando a voluntariedade da conduta, vale dizer, o Direito Administrativo sancionador exige menos do que o Direito Penal, que, como se sabe, não admite a responsabilidade objetiva.

5.5.3 Natureza jurídica mista da multa ambiental

A Lei nº 9.605/98 disciplina duas espécies de multa no capítulo dedicado às infrações administrativas.

---

[16] MEIRELLES, Hely Lopes. *Direito Administrativo brasileiro*. São Paulo: Malheiros, 1998. p. 173.
[17] BANDEIRA DE MELLO, Celso Antônio. *Curso de Direito Administrativo*. São Paulo: Malheiros, 2008. p. 842.
[18] MEIRELLES, Hely Lopes. *Direito Administrativo brasileiro*. São Paulo: Malheiros, 2012. p. 199.
[19] OLIVEIRA, Regis Fernandes de. *Infrações e sanções administrativas*. São Paulo: RT, 1985.

A primeira delas, a multa simples, prevista no art. 72, II, da Lei nº 9.605/98, tem cabimento sempre quando o agente: I - advertido por irregularidades que tenham sido praticadas, deixar de saná-las, no prazo assinalado por órgão competente do SISNAMA ou pela Capitania dos Portos, do Ministério da Marinha; II - opuser embaraço à fiscalização dos órgãos do SISNAMA ou da Capitania dos Portos, do Ministério da Marinha.

A segunda, a multa diária, prevista no art. 72, III, da Lei nº 9.605/98, tem cabimento sempre que o cometimento da infração se prolongar no tempo. Esta tem por escopo desestimular o causador do dano a prosseguir com a conduta degradadora do meio ambiente. Possui, pois, natureza jurídica coercitiva. Aquela, de seu lado, assume, segundo entendemos, duas funções distintas: sancionatória e reparadora, o que implica que tenha natureza jurídica igualmente mista: sancionatória e reparadora.

Quanto à natureza punitiva da multa simples, nenhuma dúvida existe, vez que resulta da prática de conduta contrária a alguma norma em vigor. O art. 3º do Decreto nº 6.514/2008, na mesma esteira da dicção do art. 71 da Lei nº 9.605/98, preceitua que as infrações administrativas serão *punidas* com algumas *sanções*, dentre elas a multa simples, de tal sorte que a singela interpretação literal desses dispositivos leva à conclusão de que se trata de uma sanção. Além disso, como visto anteriormente, cuida-se de manifestação de ato administrativo punitivo.

Contudo, é possível entender que também possui natureza reparatória.

Dispõe, com efeito, o art. 73 da Lei nº 9.605/98 que os valores arrecadados com o pagamento de multas por infração ambiental serão revertidos ao Fundo Nacional do Meio Ambiente, criado pela Lei nº 7.797/1989, Fundo Naval, criado pelo Decreto nº 20.923/1932, e aos fundos estaduais ou municipais de meio ambiente, conforme dispuser o órgão arrecadador.

E a destinação dos valores arrecadados com a multa simples assume significativa importância na definição da sua natureza jurídica, uma vez que, ao se definir a natureza jurídica do instituto pela função que ele exerce no ordenamento, forçoso é reconhecer que essa multa possui, a despeito de ser sancionatória, também natureza jurídica reparatória.

Diante dessa constatação, surge a seguinte indagação: possuindo ela natureza jurídica reparatória e punitiva (natureza mista), seria possível a imposição a terceiro, considerado poluidor indireto para fins civis, com base na responsabilidade objetiva?

Cremos que mesmo nesse caso não seria possível, pois ela permanece predominantemente com natureza jurídica de sanção e dessa maneira encontrando óbice em preceito constitucional.

Em suma, a despeito de a multa administrativa constituir uma sanção, a multa administrativa ambiental, em razão da destinação do produto de sua arrecadação, possui também natureza reparatória, pois os valores podem ser revertidos em favor do meio ambiente lesado. Ocorre que, mesmo nesse caso, por manter a feição punitiva, a sua aplicação a terceiros, com fundamento da responsabilidade objetiva, continua encontrando impedimento na impossibilidade de imposição de pena a quem não foi o autor da conduta violadora da norma jurídica.

5.6 O tratamento da multa ambiental na Lei nº 9.605/98 – a inclusão dos elementos subjetivos: negligência e dolo

Como visto no item 5.2, a multa administrativa independe de comprovação de culpa em sentido amplo, bastando a voluntariedade da conduta.

O art. 72, §3º, da Lei nº 9.605/98, porém, na contramão da PNMA, previu que a multa ambiental será aplicada sempre que o agente, *com negligência ou dolo*: I - advertido por irregularidades que tenham sido praticadas, deixar de saná-las, no prazo assinalado por órgão competente do SISNAMA ou pela Capitania dos Portos, do Ministério da Marinha; II - opuser embaraço à fiscalização dos órgãos do SISNAMA ou da Capitania dos Portos, do Ministério da Marinha.

Dessa maneira, ao fazer alusão a elementos subjetivos que são típicos da responsabilidade civil extracontratual subjetiva, teria o legislador ordinário, segundo parte da doutrina, exigido a comprovação de culpa *lato sensu* para imposição de multa qualquer que seja a infração ambiental.

É o que entende Paulo Affonso Leme Machado.

Para ele, apesar de ter havido um retrocesso em matéria de defesa do meio ambiente e "um desserviço aos objetivos da própria Lei nº 9.605/98",[20]

> das dez sanções previstas no artigo 72 da Lei 9.605/98 (incs. I a IX), somente a multa simples utilizará o critério da responsabilidade com culpa; e as outras nove sanções, inclusive a multa diária, irão utilizar o critério da responsabilidade sem culpa ou objetiva, continuando a seguir o sistema da Lei 6.938/81, onde não há necessidade de ser aferidos o zelo e a negligência do infrator submetido ao processo.[21]

A despeito desse entendimento, segundo entendemos correto, permanece possível, como regra, a lavratura de auto de infração contra o causador direto do dano independentemente da comprovação de dolo ou culpa.

5.7 O contrassenso da exigência de dolo ou culpa pelo art. 72, §3º, da Lei nº 9.605/98

A exigência do art. 72, §3º, da Lei nº 9.605/98, além de ter ido na contramão da PNMA, vai também de encontro ao sistema da multa administrativa em geral, que, como visto, se contenta com a realização da conduta ilícita que se subsome ao dispositivo legal independentemente da comprovação do elemento subjetivo.

A multa administrativa ambiental, como espécie do gênero multa administrativa, deve ter o mesmo tratamento desta, somente admitindo tratamento diverso quando a lei assim dispuser de forma expressa, tal como ocorreu no art. 72, §3º, da Lei nº 9.605/98. Uma interpretação sistêmica do Direito Administrativo sancionador impõe essa conclusão.

Cuidando-se de exceção ao sistema geral das multas administrativas, o dispositivo legal em questão deve ser interpretado de forma restritiva e dessa maneira tem aplicação

---

[20] MACHADO, Paulo Affonso Leme. *Direito Ambiental brasileiro*. São Paulo: Malheiros, 2013. p. 376.
[21] *Op. cit.*, p. 374.

somente para as hipóteses expressamente nele mencionadas, quais sejam quando o infrator deixar de sanar tempestivamente as irregularidades constatadas pela autoridade ambiental (I) ou opuser embaraço à fiscalização dos órgãos do SISNAMA ou da Capitania dos Portos, do Ministério da Marinha (II). Nos demais casos de infração ambiental, nada obsta que a multa continue sendo aplicada de forma objetiva em razão apenas da prática da conduta lesiva ao meio ambiente.

A essa mesma conclusão já havia chegado Nicolau Dino Neto e Flávio Dino. Para eles

> A defeituosa redação dada ao §3º pode ensejar interpretações equivocadas que em muito dificultariam a imposição da sanção de multa – "pena administrativa por excelência", conforme ensinamento de Ruy Cirne Lima, referido por Vladimir Passos de Freitas. Por primeiro, poder-se-ia considerar que somente se caracterizados culpa ou dolo seria possível a aplicação de multa; em segundo lugar, em face do inciso I, ter-se-ia como imprescindível a prévia aplicação da pena de advertência – relativa ao mesmo fato – para que fosse imposta a multa. Contudo, estas leituras, além de reduzirem de modo expressivo a eficácia do sistema de sanções administrativas, gerariam uma série de contradições impossíveis de serem explicadas, tais como: por que exigir o elemento subjetivo somente quando a sanção aplicável for a de multa? Por que exclusivamente esta sanção deve vir antecedida da pena de advertência? É imperativo, portanto, buscar-se uma interpretação que concilie a letra da norma com o espírito e lógica interna do sistema. Com este escopo, a melhor alternativa consiste em considerar-se o dispositivo em análise como veiculador de regras excepcionais, logo insuscetível de interpretação ampliativa. Assim sendo, conclui-se que a presença de culpa ou dolo por parte do infrator só é exigível caso se cuide de embaraço à fiscalização ou de inobservância de prazo para superar irregularidades sanáveis. Nesta última hipótese, a autoridade competente somente poderá impor a pena de multa após o fluxo do prazo atribuído ao infrator e a ele comunicado por escrito quando da notificação da imposição da pena de advertência. Contudo, este iter não é necessário quando se trata de irregularidades insanáveis, caso em que não há qualquer sentido em se conferir tal prazo ao infrator (nem a lei assim expressamente determina). No mesmo diapasão, em outros casos, que não os discriminados expressamente, será possível a aplicação da pena de multa independentemente de caracterização de culpa por parte do poluidor, de acordo com o que determinar cada tipo infracional específico – conforme demonstrado anteriormente.[22]

Como sugerem os autores, a nosso juízo com acerto, não existe motivo razoável para exigir-se o elemento subjetivo para imposição de multa e não exigi-lo para imposição de sanções outras até mesmo mais severas do ponto de vista da restrição do direito do infrator, como, por exemplo, ocorre com a suspensão parcial ou total de atividades.

Ante tudo o que foi exposto até aqui, não obstante o art. 72, §3º, da Lei nº 9.605/98 tenha exigido a presença de dolo ou culpa como condicionante para imposição de multa administrativa ambiental, a sua aplicação, por se tratar de regra excepcional dentro da seara do Direito Administrativo e contrastar frontalmente com a Lei nº 6.938/81, fica circunscrita às hipóteses que expressamente menciona, isto é, quando houver embaraço à fiscalização ou inobservância de prazo para superar irregularidades sanáveis. Nos demais casos segue a regra geral de que basta a voluntariedade da conduta, o que também

---

[22] COSTA NETO, Nicolao Dino de Castro e; BELLO FILHO, Ney de Barros; COSTA, Flávio Dino de Castro e. *Crimes e infrações administrativas ambientais*. Belo Horizonte: Del Rey, 2011. p. 455.

ocorre nos casos de imposição das demais penalidades previstas nos incisos do art. 72 da Lei nº 9.605/98, dentre as quais estão, além da suspensão das atividades, a suspensão de venda e fabricação de produto e o embargo de obra ou atividade.

5.8 Princípio da intranscendência da pena

Questão que tem suscitado controvérsia no Superior Tribunal de Justiça e junto aos operados do Direito diz respeito à possibilidade de imposição de multa ambiental àquele que, malgrado não tenha sido o causador direto do dano, pode ser considerado poluidor indireto para efeito de responsabilização civil e, por conseguinte, ser acionado judicialmente para reparação do dano com fundamento na responsabilidade objetiva prevista no art. 14, §1º, da Lei nº 6.938/81.

Não cremos possível essa imposição.

Como visto, a multa ambiental, ainda que se possa compreendê-la como mecanismo de reparação do dano, já que existe permissivo legal para que o produto de sua arrecadação seja utilizado em prol do meio ambiente, conserva a feição punitiva e dessa forma somente pode ser aplicada contra quem foi o autor do dano, pena de violação da garantia fundamental prevista no art. 5º, XLV, da CF, que consagra o princípio da intranscendência subjetiva das sanções.

O princípio da responsabilidade pessoal, que remonta à Declaração dos Direitos do Homem e Cidadão, de 1789, e à Declaração Universal dos Direitos Humanos, de 1948, apregoa que uma pena somente pode ser imposta ao autor da infração.

Conforme já reconheceu o Supremo Tribunal Federal, essa garantia não tem aplicação restrita ao Direito Penal, atingindo o Direito Administrativo em razão do seu caráter sancionador.

Confira-se.

> (...) - O postulado da intranscendência impede que sanções e restrições de ordem jurídica superem a dimensão estritamente pessoal do infrator. Em virtude desse princípio, as limitações jurídicas que derivam da inscrição, no CAUC, das autarquias, das empresas governamentais ou das entidades paraestatais não podem atingir os Estados-membros ou o Distrito Federal, projetando, sobre estes, consequências jurídicas desfavoráveis e gravosas, pois o inadimplemento obrigacional – por revelar-se unicamente imputável aos entes menores integrantes da administração descentralizada – só a estes pode afetar. – Os Estados-membros e o Distrito Federal, em consequência, não podem sofrer limitações em sua esfera jurídica motivadas pelo só fato de se acharem administrativamente vinculadas, a eles, as autarquias, as entidades paraestatais, as sociedades sujeitas a seu poder de controle e as empresas governamentais alegadamente inadimplentes e que, por tal motivo, hajam sido incluídas em cadastros federais (CAUC, SIAFI, CADIN, v.g.). (...) (AC 1033 AgR-QO/ DF, Pleno, rel. Min. Celso de Mello, j. 25.05.2006, DJ 16.06.2006).

Em caso semelhante ao ementado no início deste artigo, a 2ª Turma do STJ entendeu, com fundamento no princípio da intranscendência da pena, pela impossibilidade de se cobrar do filho a multa ambiental por ele ter simplesmente herdado a propriedade do pai, antes autuado (STJ – REsp: 1.251.697 PR 2011/0096983-6, Relator: Ministro Mauro Campbell Marques, Data de Julgamento: 12.04.2012, 2ª Turma, Data de Publicação: DJe 17.04.2012).

Também pela violação ao princípio da intranscendência das sanções é que se afigura inconstitucional o art. 134 do Código de Trânsito Brasileiro, que responsabiliza solidariamente o vendedor de veículo pelas penalidades impostas ao comprador se não comunicar a venda ao órgão de trânsito.

Além do princípio constitucional em questão, tem-se, como derradeiro argumento em favor da impossibilidade de aplicação da multa a terceiros com base na responsabilidade objetiva o fato que

> o uso do vocábulo "transgressores" no caput do art. 14, comparado à utilização da palavra "poluidor" no §1º do mesmo dispositivo, deixa a entender aquilo que já se podia inferir do princípio da intranscendência das penas: a responsabilidade civil por dano ambiental é subjetivamente mais abrangente do que a responsabilidade administrativa e penal, não admitindo estas últimas que terceiros respondam a título objetivo por ofensas ambientais praticadas por outrem. (STJ - REsp: 1.251.697 PR 2011/0096983-6, Relator: Ministro Mauro Campbell Marques, Data de Julgamento: 12.04.2012, 2ª Turma, Data de Publicação: DJe 17.04.2012).

A multa ambiental, portanto, aplica-se ao causador do dano ambiental independentemente da averiguação do elemento subjetivo do infrator, bastando a voluntariedade da conduta. Nas hipóteses arroladas no art. 72, §3º, da Lei nº 9.605/98, excepcionalmente, haverá necessidade de comprovação de dolo ou culpa.

Isso não significa, contudo, que possa ser aplicada, de forma objetiva, contra quem não deu causa por comportamento próprio à eclosão do dano, pena de violação da garantia constitucional do princípio da intranscendência subjetiva das sanções conforme decidiu a 1ª Turma do Superior Tribunal de Justiça no AgRg no Agravo em Recurso Especial nº 62.584 – RJ.

5.9 A multa aplicada ao Banco Santander

No dia 20 de outubro de 2016 o IBAMA autuou o Banco Santander Brasil S/A (Auto de Infração nº 9.067.377), impondo-lhe a multa de R$ 47.550.000,00, por ter, segundo noticiado no jornal O Estado de São Paulo, financiado 95 mil sacas de milho na safra de 2015 em uma área de 572 hectares nas cidades de Porto dos Gaúchos, Feliz Natal e Gaúcha do Norte, próximas a Sinop (MT), um dos principais polos de produção de grãos do País, áreas estas que já estavam embargadas pelo órgão ambiental por causa de plantações irregulares anteriores.

A lista de terras embargadas pelo IBAMA é pública e a consulta dessa relação é providência que qualquer agente interessado em financiar ou realizar o plantio deve adotar, ou seja, antes de conceder o crédito ao empreendedor deve informar-se se a localização da área não tem irregularidades.

O caso em questão difere daquele que ocorre quando a multa é aplicada, com fulcro na responsabilidade objetiva, ao agente que não foi o causador do dano, uma vez que aqui, segundo nos parece evidente, a imposição de multa decorreu de conduta da instituição financeira que desobedeceu à legislação vigente e, portanto, foi autuada em razão de ato próprio e não de terceiro.

O que pretendemos deixar claro é que, a nosso juízo, a multa imposta pelo IBAMA ao Santander não decorreu do fato de considerá-lo como um elo da cadeia produtiva e, por conseguinte, como poluidor indireto, tal como previsto no art. 3º, IV, da PNMA e no conceito elástico proposto pelo ministro Herman Benjamim, como citado anteriormente.

Decorreu, na verdade, de uma conduta direta do banco, que, diante da obrigação de analisar o risco socioambiental como uma das variáveis do negócio, máxime no caso em questão em que havia uma lista contendo um rol das áreas embargadas pelo IBAMA, mesmo assim concedeu o financiamento.

A Resolução nº 4.327, de 25 de abril de 2014, do Banco Central do Brasil, publicada no DOU de 28.4.2014, Seção 1, p. 22, e no Sisbacen, dispõe sobre as diretrizes que devem ser observadas no estabelecimento e na implementação da Política de Responsabilidade Socioambiental pelas instituições financeiras e impõe a obrigação de elas manterem uma estrutura de governança compatível com o seu porte, a natureza do seu negócio, a complexidade de serviços e produtos oferecidos, bem como com as atividades, processos e sistemas adotados, para que identifiquem o risco socioambiental como um componente das diversas modalidades de risco a que estão expostas.

Estabelece o art. 6º da Resolução que o gerenciamento do risco socioambiental das instituições financeiras deve considerar: (I) sistemas, rotinas e procedimentos que possibilitem identificar, classificar, avaliar, monitorar, mitigar e controlar o risco socioambiental presente nas atividades e nas gerações da instituição; (II) o registro de dados referentes às perdas efetivas em função de danos socioambientais, pelo período mínimo de cinco anos, incluindo valores, tipo, localização e setor econômico objeto da operação; (III) avaliação prévia dos potenciais impactos socioambientais negativos de novas modalidades de produtos e serviços, inclusive em relação ao risco de reputação; e (IV) procedimentos para adequação do gerenciamento do risco socioambiental às mudanças legais, regulamentares e de mercado.

Ora, se havia uma lista pública de terras embargadas pelo IBAMA, bem como uma resolução do BACEN impondo a análise do risco socioambiental por uma estrutura de governança compatível com o porte, a natureza do negócio e a complexidade dos serviços do Banco Santander S/A, forçoso é reconhecer que a instituição violou a norma em apreço e deu ensejo, por ato próprio, à lavratura do auto de infração.

Dessa maneira, o que estamos sustentando neste artigo não se aplica a esse caso do Banco Santander, pois aqui não há, segundo nos parece, qualquer violação à garantia fundamental de que a penalidade somente pode ser imposta a quem foi o autor do dano.

5.10 Conclusão

A multa administrativa ambiental, prevista na Lei nº 9.605/98, possui natureza jurídica mista, punitiva e reparatória, e o regime jurídico a ela aplicável difere daquele que incide nos casos de reparação civil do dano ambiental.

Na esfera cível são inteiramente aplicáveis as regras da responsabilização extra-contratual previstas nos arts. 3º, IV, e 14, §1º, da Lei nº 6.938/81, por meio das quais o poluidor indireto responde objetivamente pela reparação do dano, máxime se a atividade por ele desenvolvida envolver risco potencial ao meio ambiente, tal como ocorre com a distribuidora de combustíveis que contrata uma empresa transportadora para realização do seu negócio. Aplica-se a teoria da atividade de risco prevista no art. 927, parágrafo único, do Código Civil.

No âmbito administrativo a questão comporta uma divisão, havendo a necessidade de tratamento jurídico diferente quando se trate de poluidor direito ou indireto.

Ao causador direto do dano a imposição da multa independe, como regra, da demonstração do elemento subjetivo no caso concreto, bastando a voluntariedade da conduta que se subsome ao tipo sancionador, pois essa é a sistemática das multas administrativas em geral, da qual a ambiental é apenas uma das espécies, devendo seguir a mesma sorte das demais.

Excepcionalmente, porém, diante do que dispõe o art. 72, §3º, da Lei nº 9.605/98, dependerá de comprovação do elemento subjetivo, mas essa hipótese fica circunscrita aos casos expressamente nele previstos, pois, cuidando-se de casos excepcionais, devem ser interpretados restritivamente. Além disso, não há nenhum motivo razoável para que a aplicação de multa dependa de demonstração de culpa enquanto que para sanções mais graves, como a interdição da atividade, não haja necessidade de sua comprovação. Entendimento diverso colide frontalmente com o postulado da proporcionalidade.

Àquele que não foi o causador direto do dano não se afigura possível a imposição de multa com fundamento na responsabilidade objetiva, uma vez que, por constituir a multa predominantemente uma sanção, encontra barreira intransponível no princípio constitucional da intranscendência subjetiva das sanções, previsto no art. 5º, XLV, da CF, que, como visto, não tem aplicação limitada ao campo penal, atingindo também o Direito Administrativo sancionador.

O que precisa ficar bem esclarecido é que muitas vezes, malgrado em princípio possa se cogitar estar diante de caso de poluidor indireto, uma análise mais profunda da questão vai descortinar que, em verdade, está-se diante de situação em que o agente, por ato próprio, contribui para eclosão do resultado danoso ao meio ambiente, caso em que pode ser sancionado administrativamente, e mais, de forma objetiva, desde que, evidentemente, o caso não se amolde a alguma das hipóteses excepcionais do art. 72, §3º, da Lei nº 9.605/98.

Foi o que ocorreu com a multa aplicada pelo IBAMA ao Banco Santander do Brasil S/A, que, violando a Resolução BACEN nº 4.327, de 25 de abril de 2014, concedeu crédito para plantação de milho e soja em área que já se encontrava embargada por órgão ambiental e que constava de lista pública para consulta de todos os interessados. Nesse caso o banco não agiu com a diligência que lhe impunha a resolução.

Em suma, não se confundem as responsabilidades civil e administrativa pelo dano ambiental causado. Aquela é sempre objetiva e atinge todos os elos da cadeia produtiva que participam, ainda que indiretamente, da produção do resultado danoso, sobretudo se a atividade envolver risco potencial ao meio ambiente. É o que se dá com a distribuidora de combustíveis, proprietária da carga, em razão do dano ocasionado pela transportadora. Esta, por sua vez, pode ser objetiva ou subjetiva a depender do caso concreto. Como regra será sempre objetiva a não ser que se esteja diante das hipóteses excepcionais do art. 72, §3º, da Lei nº 9.605/98, mas, cuidando-se de penalidade, deve estar sujeita obrigatoriamente ao princípio da legalidade, que no caso da multa ambiental está resguardado pelos art. 70 da Lei nº 9.605/98 e art. 20 do Decreto nº 6.514/2008, e não pode ser imposta contra a pessoa, natural ou jurídica, que não tenha, por ato próprio, dado causa ao resultado.

Referências

AMADO, Frederico. *Direito ambiental*. São Paulo: Método, 2013.

ARAGÃO, Maria Alexandra de Souza. *O princípio do poluidor pagador*. Pedra angular da política comunitária do ambiente. Coimbra: Coimbra Editora, 1997.

BANDEIRA DE MELLO, Celso Antônio. *Curso de Direito Administrativo*. São Paulo: Malheiros, 2008.

BESSA, Paulo Antunes. Disponível em: <www4.jfrj.jus.br/seer/index.php/revista_sjrj/article/view/581/406>.

FIORILLO, Celso Antônio Pacheco. *Curso de Direito Ambiental*. São Paulo: Saraiva, 2008.

JUSTEN FILHO, Marçal. *Curso de Direito Administrativo*. São Paulo: Saraiva, 2006.

LEMOS, Patrícia Faga Iglecias. *Meio ambiente e responsabilidade civil do proprietário*. São Paulo: RT, 2008.

MACHADO, Paulo Affonso Leme. *Direito Ambiental Brasileiro*. São Paulo: Malheiros, 2013.

MAZZILLI, Hugo Nigro. *A defesa dos interesses difusos em juízo*. São Paulo: Saraiva, 2007.

MEIRELLES, Hely Lopes. *Direito Administrativo Brasileiro*. São Paulo: Malheiros, 1998 e 2012.

MILARÉ, Édis. *Direito do Ambiente*. São Paulo: RT, 2005 e 2009.

SIRVINKAS, Luís Paulo. *Manual de Direito Ambiental*. São Paulo: Saraiva, 2012.

YOSHIDA, Consuelo Yatsuda Moromizato. *Instrumentos jurídicos para implementação do desenvolvimento sustentável*: artigos acadêmicos de juristas sobre aspectos jurídicos do desenvolvimento sustentável relacionados aos temas que estão sendo negociados na Rio + 20. Rio de Janeiro: FVG 2012.

Informação bibliográfica deste livro, conforme a NBR 6023:2002 da Associação Brasileira de Normas Técnicas (ABNT):

SAKAMOTO, Fábio Meneguelo. Multa administrativa ambiental. In: YOSHIDA, Consuelo Y. Moromizato et al. (Coord.). *Finanças sustentáveis e a responsabilidade socioambiental das instituições financeiras*. Belo Horizonte: Fórum, 2017. p. 87-103. ISBN 978-85-450-0234-5.

RESPONSABILIDADE OBJETIVA, FINANCIAMENTOS E MEIO AMBIENTE NA LEI ANTICORRUPÇÃO

ETHEL MARTINEZ DE AZEVEDO CAMARGO

IVAN CARNEIRO CASTANHEIRO

SANDRA AKEMI SHIMADA KISHI

GUILHERME GORGA MELLO

6.1 Introdução

Ultimamente tem-se destacado a relação intrínseca entre responsabilidade socioambiental e medidas anticorrupção em razão de projetos e empreendimentos realizados por empresas acusadas de corrupção e financiadas com recursos públicos ou privados. Isso porque a variável ambiental usualmente não é considerada em sua devida medida. Também não passa despercebida a deficiência do controle do Poder Público sobre as atividades potencialmente degradadoras do meio ambiente.[1]

O presente artigo pretende demonstrar que a pessoa jurídica é passível de responsabilização não apenas por atos de corrupção que prejudiquem o erário como também por atos de corrupção que impliquem a degradação dos recursos naturais sob gestão dos entes federativos. Isso porque hoje o financiamento ou qualquer forma de subsídio de projeto ou atividade de pessoa jurídica, em desacordo com a legislação ambiental e compromissos internacionais sobre meio ambiente assumidos pelo Brasil, que atente contra o patrimônio público encontra-se tipificado como ato de corrupção na Lei nº 12.846/13, conforme adiante se verá.

---

[1] O acesso à Justiça em matéria ambiental no cenário pós-Rio+20. Disponível em: <http://www.conjur.com.br/2016-set-24/ambiente-juridico-acesso-justica-materia-ambiental-cenario-pos-rio20>. Acesso em: 27 set. 2016.

Nesse contexto, este estudo busca chamar a atenção do setor financeiro e da sociedade para as inovações da Lei Anticorrupção, uma vez que o financiamento, custeio ou patrocínio de atividades não engajadas em estratégias de integridade e com lesividade ambiental também passaram a ser puníveis pela Lei Anticorrupção, configurando uma nova dimensão de responsabilidade objetiva para a pessoa jurídica até então inexistente no Direito brasileiro. Com efeito, se não forem observadas medidas de integridade por parte dos empreendedores e ainda assim as instituições financiarem, investirem, fornecerem linhas de crédito ou qualquer outra forma de subsídio a atividades ou obras que não estejam cumprindo estratégias de responsabilidade socioambiental, a conduta poderá, em tese, configurar ato de corrupção à luz da Lei nº 12.846/13.

É fato que as instituições financeiras têm autonomia para avaliar o cliente e as garantias, podendo inclusive negar o financiamento. Ganha relevância, portanto, a adoção de medidas de responsabilidade social e de processos internos de integridade também por parte dos financiadores, com a adoção de boas práticas com vistas à minimização da exposição das instituições financeiras a riscos operacionais.

Portanto, o risco operacional é objeto de estudo tanto da administração financeira quanto da contabilidade, que agora exige avaliação e controle ainda mais apurados com a Lei Anticorrupção, conforme o presente artigo demonstrará. A manutenção de procedimentos preventivos, como programas de integridade (*compliance*),[2] deve ser vista como aliada na manutenção da confiabilidade do sistema bancário, ao mesmo tempo em que é uma salvaguarda para a manutenção dos bens comuns em nível global.

O presente artigo pretende colocar em evidência a responsabilidade objetiva por ato de corrupção decorrente de financiamentos concedidos em desacordo com princípios e regras do Direito Ambiental, em ofensa ao patrimônio público, aqui incluído o bem ambiental, que é o bem jurídico tutelado pela Lei Anticorrupção. Isso sem descurar de breves abordagens sobre o significado jurídico do equilíbrio econômico-financeiro dos contratos nesse contexto.

6.2 Responsabilidade civil ambiental do agente financiador. Ordem econômica na Constituição Federal e Lei de Política Nacional do Meio Ambiente

Antes de avançarmos no estudo da Lei Anticorrupção, faz-se necessário um breve panorama acerca da responsabilidade civil ambiental, que nada mais é do que o dever de indenizar a coletividade por riscos e/ou danos causados ao meio ambiente. A responsabilidade civil no campo da proteção ao meio ambiente é de notável importância, "uma vez que objetiva, de forma substancial, a reparação de danos ambientais decorrentes de agravantes condutas lesivas ou ameaçadoras (funções, cargos, empresas, profissões, serviços em geral) de pessoas físicas ou jurídicas, de direito público

---

[2] Segundo Carla Rahal Benedetti, "o instituto do *Compliance* pode ser dividido em dois campos de atuação: um, de ordem subjetiva, que compreende regulamentos internos, como a implementação de boas práticas dentro e fora da empresa e a aplicação de mecanismos em conformidade com a legislação pertinente à sua área de atuação, visando prevenir ou minimizar riscos e práticas ilícitas e a melhoria de seu relacionamento com clientes e fornecedores. O outro campo de atuação é de ordem objetiva, obrigado por Lei, como é o caso dos artigos 10 e 11 da Lei 9.613/1998". *Criminal Compliance*. São Paulo: Quartier Latin, 2014. p. 143.

ou de direito privado, ilícitas ou lícitas, de abrangentes repercussões contra a vida, a saúde ambiental, a saúde pública e o meio ambiente saudável".[3]

O artigo 225 da Constituição Federal determina tanto ao Poder Público quanto à coletividade o dever de defender e preservar o meio ambiente. Prescreve também que a instalação de obra ou atividade potencialmente causadora de significativa degradação do meio ambiente seja precedida de estudo de impacto ambiental, a que se dará publicidade. Ademais, a Constituição Federal de 1988 marca um novo estágio no sistema de presunção da culpa por danos socioambientais no Direito brasileiro ao exigir o controle do risco. Significa que a precaução não se limita à ocorrência de danos sérios e irreversíveis, devendo ser implementado o controle do mero risco à sadia qualidade de vida. Conforme preleção de Paulo Affonso Leme Machado, o princípio do controle do risco é ainda mais abrangente do que o princípio da precaução. O princípio do controle do risco, inscrito no art. 225 da Constituição Federal Brasileira, não se limita às ameaças de 'danos sérios ou irreversíveis'; ele assegura o controle do Poder Público em atividades industriais, técnicas e científicas que utilizem métodos e substâncias que comportem risco simples, médio ou grave para a vida e para o meio ambiente.[4]

No contexto das atividades econômicas e financeiras, o princípio do controle do risco deve ser interpretado como obrigação de mitigar ou eliminar totalmente a possibilidade de externalidades negativas,[5] especialmente quando essas externalidades recaem sobre a coletividade, como no caso de bens e direitos difusos como o meio ambiente. Bem por isso, o artigo 170 da Constituição Federal subordina a atividade econômica a determinados princípios, dentre os quais se destacam, para os fins do presente estudo, a função social da propriedade, a livre concorrência, a defesa do meio ambiente, a redução das desigualdades regionais e sociais e a busca do pleno emprego.[6] Em suma, a finalidade da ordem econômica deve ser assegurar a existência digna de todos, de forma que o mandamento constitucional é a "verdadeira positivação do princípio do desenvolvimento sustentável".[7]

No plano infraconstitucional, diversos são os dispositivos legais que versam sobre responsabilidade ambiental. A Lei de Política Nacional do Meio Ambiente (art. 14, §1º, da Lei nº 6.938/81) prevê o dever de indenizar danos causados ao meio ambiente e a terceiros,[8] caracterizando o poluidor como "a pessoa física ou jurídica, de direito público ou privado, responsável, direta ou indiretamente, por atividade causadora de degradação ambiental".[9] Tal definição da figura do poluidor indireto tem por objetivo alcançar toda a cadeia produtiva da atividade econômica, incluindo serviços de apoio como o crédito e o financiamento.

---

[3] CUSTÓDIO, Helita Barreira. *Responsabilidade civil por danos ao meio ambiente*. Campinas: Millennium, 2006. p. 168.
[4] *Direito Ambiental Brasileiro*. 24. ed. rev., ampl., atual. São Paulo: Malheiros, 2016. p. 102.
[5] Externalidade é como se denomina o efeito de uma ação ou fato de outrem que recai sobre terceiro a ele estranho. Tais efeitos podem ser positivos ou negativos e recair ou afetar uma ou mais pessoas. SZTAJN, Rachel. Externalidades e custos de transação a redistribuição de direitos no novo código civil. *Revista de Direito Privado*, São Paulo, v. 6, n. 22, p. 250- 276, abr./jun. 2005.
[6] Artigo 170 e incisos da Constituição Federal de 1988.
[7] ALMEIDA, Lucas Horta. Responsabilidade do agente financiador e o meio ambiente. In: VITORELLI, Edilson. *Temas atuais do Ministério Público Federal*. 3. ed rev. ampl. e atual. São Paulo: Juspodivm, 2015. p. 362.
[8] Artigo 14, §1º, da Lei n. 6.938/81.
[9] Artigo 3º, inciso IV, da Lei n. 6.938/81.

Quanto aos financiamentos públicos, desde 1981 a Lei de Política Nacional do Meio Ambiente (art. 12 da Lei Federal nº 6.938/81) determina que as entidades e órgãos de financiamento e incentivos governamentais condicionem a habilitação dos projetos ao cumprimento das normas e critérios expedidos pelo Conselho Nacional do Meio Ambiente (CONAMA). No mesmo sentido, dispõe o artigo 23 do Decreto nº 99.274/1990 que "as entidades governamentais de financiamento ou gestoras de incentivos condicionarão a sua concessão à comprovação do licenciamento".

Embora não haja dispositivo similar contemplando expressamente as instituições financeiras privadas, é indubitável que a concessão de financiamentos privados também deve ser condicionada à obtenção das licenças ambientais competentes, diante da responsabilidade solidária, uma vez que se trata de um dever de diligência mínimo do agente financiador, em atenção às normativas internacionais, como as Convenções Internacionais da ONU,[10] da OEA[11] e da OCDE[12] ratificadas pelo Congresso Nacional brasileiro, os compromissos do comitê da Basileia,[13] os princípios do Equador[14] e a autorregulação do International Financial Corporation.[15] A par desse arcabouço jurídico internacional, em nível nacional, visando a promover o desenvolvimento econômico sustentável e a resguardar o sistema financeiro como um todo, o Conselho Monetário Nacional aprovou a Resolução nº 4.327, de 25 de abril de 2014, que torna obrigatória a implementação da Política de Responsabilidade Socioambiental (PRSA) pelas instituições financeiras e demais instituições autorizadas a funcionar pelo Banco Central. Tal resolução coaduna-se com o princípio motriz do sistema financeiro nacional, que deve ser estruturado para promover o desenvolvimento equilibrado do País e servir aos interesses da coletividade.[16]

6.3 Responsabilidade objetiva por ato de corrupção (Lei nº 12.846/2013)

A par da legislação sobre responsabilidade civil ambiental, a Lei Federal nº 12.846/2013 trouxe a possibilidade de a pessoa jurídica responder objetivamente, no âmbito civil e administrativo, independentemente de culpa, por atos que atentem contra o patrimônio público nacional ou estrangeiro, diante da prática das condutas descritas no artigo 5º dessa lei. Com isso, as empresas passam a responder por qualquer ato de seus agentes, em seu benefício, ainda que o ato tenha sido cometido com eventual

---

[10] No Brasil, a Convenção da ONU contra a Corrupção foi ratificada pelo Decreto Legislativo nº 348, de 18 de maio de 2005, e promulgada pelo Decreto Presidencial nº 5.687, de 31 de janeiro de 2006. Disponível em: <https://www.unodc.org/documents/lpo-brazil//Topics_corruption/Publicacoes/2007_UNCAC_Port.pdf>. Acesso em: 09 dez. 2016

[11] No Brasil, a Convenção Interamericana contra a Corrupção da OEA foi ratificada pelo Decreto Legislativo nº 152/2002, e promulgada pelo Decreto nº 4.410/2002.

[12] A Convenção sobre o Combate da Corrupção de Funcionários Públicos Estrangeiros em Transações Comerciais Internacionais, produzida pela OCDE, foi aprovada pelo Congresso Nacional por meio do Decreto Legislativo nº 125, de 14 de junho de 2000, e promulgada pelo Decreto nº 3.678, de 30 de novembro de 2000.

[13] V. nota de rodapé nº 2.

[14] V. Princípios do Equador (atualizada em junho de 2013). Disponível em: <http://www.equator-principles.com/resources/equator_principles_portuguese_2013.pdf>. Acesso em: 09 dez. 2016

[15] V. padrões de desempenho sobre sustentabilidade da Corporação Financeira Internacional do Grupo do Banco Mundial (2012) Disponível em: <http://www.ifc.org/wps/wcm/connect/6b665c004ea2f3b4aee2ee1dc0e8434d/GN_Portuguese_2012_Full-Document.pdf?MOD=AJPERES>. Acesso em: 09 dez. 2016.

[16] Artigo 192, da Constituição Federal.

abuso de mandato. Ressalte-se que as pessoas jurídicas podem ser responsabilizadas objetivamente pelos atos lesivos praticados em seu interesse ou benefício exclusivo ou não (artigo 2º da Lei nº 12.846/2013). Daí a importância de efetivas medidas de integridade nas empresas e na gestão pública para evitar que isso ocorra. Se configurado o ilícito, o adequado *compliance* poderá ser considerado como atenuante, conforme artigo 7º da Lei Anticorrupção.

Até então, empresas flagradas em práticas ilícitas podiam alegar que a infração fora motivada por uma atitude isolada de um indivíduo e, invariavelmente, eram punidos apenas os agentes flagrados, dada a dificuldade em se comprovar o envolvimento da empresa. Com efeito, os atos dos administradores ou agentes da empresa continuam passíveis de responsabilização, na medida de sua culpabilidade, nas searas penal e cível, no âmbito do Código Penal e da Lei de Improbidade Administrativa. Contudo, agora, muito embora subsista a responsabilidade subjetiva dos dirigentes ou administradores, a empresa passa a responder independentemente da responsabilização subjetiva de seus agentes.

Na responsabilidade objetiva ou por risco, "o agente responde pela indenização em virtude de haver realizado uma atividade apta para produzir risco. O lesado só terá que provar nexo de causalidade entre a ação e o fato danoso, para exigir seu direito reparatório. O pressuposto da culpa, causador do dano, é apenas o risco causado pelo agente em sua atividade".[17] Segundo Helita B. Custódio, "Naturalmente, com a teoria do risco, o juiz não mais examina o caráter lícito ou ilícito do ato reprovado, evidenciando-se que as questões de responsabilidade se transformam em simples problemas objetivos que se reduzem a simples verificação de um nexo de causalidade".[18]

As sanções previstas para a pessoa jurídica são de natureza administrativa e civil ("judicial"). As sanções administrativas são multa no valor de 0,1% a 20% do faturamento bruto da pessoa jurídica e publicação extraordinária da decisão condenatória. A multa "nunca será inferior à vantagem auferida, quando for possível sua estimação". As sanções civis, aplicáveis no âmbito judicial, de forma isolada ou cumulativa, são: I - perdimento dos bens, direitos ou valores que representem vantagem ou proveito direta ou indiretamente obtidos da infração, ressalvado o direito do lesado ou de terceiro de boa-fé; II - suspensão ou interdição parcial de suas atividades; III - dissolução compulsória da pessoa jurídica; IV - proibição de receber incentivos, subsídios, subvenções, doações ou empréstimos de órgãos ou entidades públicas e de instituições financeiras públicas ou controladas pelo Poder Público, pelo prazo mínimo de 1 (um) e máximo de 5 (cinco) anos.

A responsabilidade da pessoa jurídica, por ser objetiva, depende apenas de dois fatores: 1) ação ou omissão da pessoa interposta; 2) admissão de um risco ao patrimônio público ou ao meio ambiente, no interesse ou benefício, exclusivo ou não, da pessoa jurídica. O significado de "interesse ou benefício, exclusivo ou não" não diz respeito ao resultado danoso, mas ao nexo de causalidade, o qual, na responsabilidade objetiva ou por riscos, o requisito da probabilidade, informa o liame de causalidade, de modo a facilitar a sua comprovação, com possibilidade de inversão do ônus da prova,[19] quando o

---

[17] LEITE, José Rubens Morato; AYALA, Patryck de Araújo. *Dano Ambiental:* do individual ao coletivo extrapatrimonial – teoria e prática. 6. ed. São Paulo: Revista dos Tribunais, 2014. p. 137.
[18] CUSTÓDIO, Helita Barreira. *Responsabilidade civil por danos ao meio ambiente.* Tese (Concurso de livre docência) – Faculdade de Direito, Universidade de São Paulo, 1983, São Paulo. p. 114.
[19] Conforme art. 6º, VIII, da Lei nº 8.078/1990 c.c. o artigo 21 da Lei nº 7.347/1985.

magistrado entender o ofendido como hipossuficiente e verossímil a alegação deduzida em juízo. A responsabilidade objetiva aqui visa a incentivos para a redução de riscos e a consolidação de sistemas eficazes de prevenção, para evitar danos por atos de corrupção.

Na lição de Joaquim Gomes Canotilho, quanto à teoria da probabilidade na responsabilidade objetiva ou por riscos: "Só existe responsabilidade civil se houver provada a existência de uma relação causa-efeito entre o fato e o dano. Esta relação de causalidade não tem que ser determinística, como uma relação mecânica, mas deve ser uma causalidade probabilística. Considera-se que um determinado fato foi a causa de um determinado dano se, de acordo com as regras de experiência normal, aquele tipo de fato foi adequado a causar aquele tipo de dano".[20]

Significa dizer, em relação ao tema em foco, que o "interesse ou benefício, exclusivo ou não, da pessoa jurídica" é elemento que não pertence nem ao dano ou menos ainda à prova do dano, jamais requerida na reponsabilidade objetiva ou por riscos, mas diz com o nexo causal do tipo legal do ato de corrupção para fins da Lei nº 12.846/2013.

Ressalte-se que a responsabilidade remanesce mesmo em caso de alteração contratual, transformação, incorporação, fusão ou cisão societária.[21] Por expressa disposição legal, a responsabilidade objetiva por ato de corrupção é ainda solidária para as sociedades controladoras, controladas, coligadas ou, no âmbito do respectivo contrato, consorciadas.

6.3.1 Dos bens juridicamente tutelados pela Lei Anticorrupção (artigo 5º Lei nº 12.846/2014)

A Lei Anticorrupção "instituiu entre nós uma nova forma de responsabilidade, a responsabilidade da pessoa jurídica pela prática de atos lesivos à administração pública, nacional ou estrangeira".[22] Tal inovação diz também com a gestão sustentável dos recursos naturais, porquanto visa à tutela jurídica do patrimônio público, dos princípios da Administração Pública e dos compromissos internacionais assumidos pelo Brasil, nos seguintes termos:

> Art. 5º Constituem atos lesivos à administração pública, nacional ou estrangeira, para os fins desta Lei, todos aqueles praticados pelas pessoas jurídicas mencionadas no parágrafo único do art. 1º, que atentem contra o patrimônio público nacional ou estrangeiro, contra princípios da administração pública ou contra os compromissos internacionais assumidos pelo Brasil, assim definidos:

O bem jurídico patrimônio público não se limita ao erário, abarcando os bens ambientais que integram o conceito de patrimônio público. Já nos princípios da Administração Pública incluem-se não apenas os expressamente previstos no art. 37, *caput*, da Constituição Federal, mas também outros princípios que subsidiem a ordem pública

---

[20] CANOTILHO, José Joaquim Gomes (Coord.). *Introdução ao Direito do Ambiente*. Lisboa: Universidade Aberta, 1998. p. 142.
[21] Artigo 4º da Lei nº 12.846/2013
[22] SANTOS, J. A. A.; BERTONCINI, M.; COSTÓDIO FILHO, U. *Comentários à Lei 12.846/2013*. 2. ed. São Paulo: Revista dos Tribunais, 2015. p. 156.

ambiental, que deve ser entendida como a ausência de perturbações ou degradações ambientais ou o estado de equilíbrio harmônico entre o homem e o seu ambiente, a ser assegurado pelo Estado. Com a menção à Administração Pública nacional ou estrangeira como potenciais vítimas dessas condutas, os bens jurídicos tutelados no artigo 5º envolvem também interesses de Estados-Partes signatários de compromissos internacionais assumidos pelo Brasil.

No tocante aos compromissos internacionais, alguns autores entendem que a Lei Anticorrupção elege apenas a defesa daqueles diplomas atinentes à temática da corrupção como um de seus objetivos. Nesse passo, anotam que "embora a lei não defina, deve-se entender, mediante interpretação lógico-sistemática, que a Lei nº 12.846/2013 busca a proteção dos compromissos internacionais que versam sobre a prática de atos lesivos contra a Administração Pública, tal qual definidos na norma em seu capítulo II". Restringem o objeto do ilícito aos atos que atentem contra compromissos internacionais assumidos pelo Brasil somente no tema da corrupção, quais sejam, a Convenção da ONU contra a Corrupção (Convenção de Mérida), a Convenção Interamericana contra a Corrupção (da OEA) e a Convenção sobre o Combate da Corrupção de Funcionários Públicos Estrangeiros em Transações Comerciais Internacionais (OCDE).[23] De outro lado, há autores[24] que entendem que a escalada da globalização provocou reflexos na Lei nº 12.846/2013, a ponto de considerar como bens jurídicos tutelados quaisquer dos compromissos internacionais assumidos pelo Brasil que podem ser alvo de ato lesivo à Administração Pública (e a ponto de serem considerados sujeitos passivos adequados à Administração Pública estrangeira), citando-se, como exemplo, tratados do MERCOSUL, caso haja um cartel para comprometer esse tratado.

Não obstante, não há razão para que todos os tratados e convenções internacionais que implicam compromissos internacionais do Brasil não sejam tutelados pela Lei Anticorrupção, uma vez que a Administração Pública é o ator que, no plano do Direito Internacional, sofrerá diretamente as sanções eventualmente aplicáveis. Algumas sanções no plano da Organização dos Estados Americanos (OEA), por exemplo, têm o condão de restringir consideravelmente a participação dos países membros às esferas decisórias da entidade.

6.3.2 Dos atos de corrupção na Lei nº 12.846/2013 e a empresa financeira

No capítulo II, Dos Atos Lesivos à Administração Pública Nacional ou Estrangeira, a Lei Anticorrupção, no *caput* de seu art. 5º, prevê que os atos lesivos que atentem contra o patrimônio público, os princípios da Administração Pública ou contra os compromissos internacionais assumidos pelo País configuram, em tese, atos de corrupção. Esse rol de bens jurídicos tutelados pela Lei Anticorrupção, a despeito de ser exaustivo, abre amplo leque de novas esferas de responsabilização. Muitos desses ilícitos previstos na Lei Anticorrupção estão ligados às questões ambientais, tendo em vista a vastidão do capital natural brasileiro, sua biodiversidade, seu rico patrimônio cultural, bem como o extenso rol de atos internacionais de que o Brasil é signatário na seara ambiental.

---

[23] ZYMLER, Benjamin; DIOS, Laureano Canabarro. *Lei Anticorrupção*: Lei nº 12.846/2013: uma visão do controle externo. Belo Horizonte: Fórum, 2016. p. 34- 35.
[24] DAL POZZO, Antônio Araldo Ferraz et al., *op. cit.*, p. 37.

A Lei Anticorrupção diz também com a questão ambiental e a gestão para a sustentabilidade, porquanto responsabilizam objetivamente, na seara civil e administrativa, as pessoas jurídicas por atos contra a Administração Pública que atentem contra o patrimônio público nacional ou estrangeiro, contra princípios da Administração Pública ou contra os compromissos internacionais assumidos pelo Brasil. Portanto, premente é aprimorar ainda mais as medidas proativas de *compliance* com estratégias setoriais integradas, considerando as diversas relações negociais envolvendo uso de recursos naturais, bem como o estímulo a parcerias de investimentos,[25] parcerias público-privadas,[26] concessões de serviços públicos[27] e desenvolvimento de grandes empreendimentos relacionados, por exemplo, com geração de energia, transportes e desenvolvimento de cidades.

> Pela Lei nº 12.846/13, o ato de corrupção é de mera conduta, não exigindo resultado, mas tão somente "o benefício direto ou potencial da pessoa jurídica em razão da prática do(s) ato(s) lesivo(s) à administração pública, nacional ou estrangeira".[28]
> No que diz respeito aos riscos para o agente financiador, a Lei Anticorrupção foi específica na descrição do ilícito, conforme o inciso II do art. 5º c.c. artigo 1º da Lei 12.846/2013, os quais dispõem:
> "Art. 1º Esta Lei dispõe sobre a responsabilização objetiva administrativa e civil de pessoas jurídicas pela prática de atos contra a administração pública, nacional ou estrangeira.
> Art. 5º Constituem atos lesivos à administração pública, nacional ou estrangeira, para os fins desta Lei, todos aqueles praticados pelas pessoas jurídicas mencionadas no parágrafo único do art. 1º, que atentem contra o patrimônio público nacional ou estrangeiro, contra princípios da administração pública ou contra os compromissos internacionais assumidos pelo Brasil, assim definidos:
> II - *comprovadamente, financiar, custear, patrocinar ou de qualquer modo subvencionar a prática dos atos ilícitos previstos nesta Lei;*" (g.n.)

Significa dizer, à luz dessas considerações, que estará configurada a prática do ilícito de corrupção, no âmbito administrativo e civil, independentemente de culpa, a entidade financeira, pública ou privada, que financie, custeie, patrocine ou de qualquer modo subvencione a prática de ato que atente contra o patrimônio público (aqui incluído o meio ambiente), contra os princípios da Administração Pública (inclusive os princípios fundamentais do direito ambiental) ou contra os compromissos internacionais assumidos pelo Brasil (considerada aqui toda a gama de convenções, tratados, acordos, protocolos e atos internacionais em matéria ambiental).

No que atina ao significado de patrimônio público e de ordem pública, cabe destacar, com apoio na lição de Álvaro Luiz Valery Mirra, que no conceito de ordem pública, com o risco de dano ao erário, estão as causas ambientais. Para este autor, a relevância da proteção do meio ambiente para a sociedade humana, a vida e a qualidade de vida dos serem humanos presentes e futuros, autoriza que se integre a dimensão

---

[25] A Lei nº 13.334, de 13 de setembro de 2016, prevê que os empreendimentos do PPI serão tratados como *prioridade nacional* por todos os agentes públicos de execução ou de controle, da União, dos Estados, do Distrito Federal e dos Municípios.

[26] Lei nº 11.079, de 30 de dezembro de 2004, que dispõe sobre as parcerias público-privadas.

[27] Lei nº 8.987, de 13 de fevereiro de 1995.

[28] SANTOS, J. A. A.; BERTONCINI, M.; COSTÓDIO FILHO, U, *op. cit.*, p. 163.

ambiental ou ecológica na noção de ordem pública. Dessa forma, promovem-se a organização e a harmonia sociais e o bem-estar de todos. Nesse contexto, a ordem pública ambiental deve ser entendida como a ausência de perturbações ou degradações ambientais ou o estado de equilíbrio harmônico entre o homem e o seu ambiente, a ser assegurado pelo Estado.[29]

E ainda que não haja resultados danosos em concreto, pois o ilícito não exige resultado lesivo e se perfaz pelo mero financiamento ou na falta de diligências necessárias para evitar qualquer modalidade de subvenção à pessoa jurídica interessada no financiamento em situação de não *compliance*. Portanto, a adoção e monitoramento efetivo de medidas de integridade são necessárias tanto nas instituições financeiras quanto nas pessoas jurídicas subvencionadas, podendo eventualmente servir como atenuantes às sanções administrativas, nos termos do artigo 7º da Lei:

> Art. 7º Serão levados em consideração na aplicação das sanções:
> VII - a existência de mecanismos e procedimentos interno de integridade, auditoria e incentivo à denúncia de irregularidades e a aplicação efetiva de códigos de ética e de conduta no âmbito da pessoa jurídica.
> ...
> *Parágrafo único. Os parâmetros de avaliação de mecanismos e procedimentos previstos no inciso VIII do caput serão estabelecidos em regulamento do Poder Executivo Federal.*

Tanto a Administração Pública quanto o patrimônio público nacional e estrangeiro são bens jurídicos tutelados pela Lei Anticorrupção. As normas visando ao controle do risco, à participação, à governança e à gestão para a sustentabilidade atendem à rigorosa normatização internacional com eficientes instrumentos jurídicos. Daí a necessidade de as organizações que operam ou financiam empreendimentos no país ou no exterior pautarem-se por elevados padrões de diligência, ainda que a legislação brasileira ou o procedimento de licenciamento venham eventualmente a ser flexibilizados quanto à dispensa de estudos prévios de impacto ambiental, de avaliação de riscos socioambientais, e de necessária consulta prévia aos povos tradicionais afetados, por exemplo. De fato, um dos possíveis efeitos nefastos da flexibilização da legislação ambiental é a incerteza jurídica decorrente da falta de balizamentos para os empreendedores e seus financiadores, uma vez que, sob a égide da Lei Anticorrupção e das normas incorporadas de convenções internacionais com força cogente no Brasil, além das diretrizes autorregulatórias, remanesce o dever de ser proativo na prevenção de atos lesivos ao patrimônio público.

Destarte, urge aprimorar ainda mais as medidas proativas de *compliance* com estratégias setoriais integradas, considerando as diversas relações negociais envolvendo uso de recursos naturais entre empresas particulares e o setor público gestor desses bens ambientais, bem como o estímulo a parcerias de investimentos,[30] parcerias

---

[29] A ordem pública ambiental e a suspensão de liminares nas ações ambientais. Disponível em: <http://www.conjur.com.br/2016-ago-20/ambiente-juridico-ordem-publica-ambiental-suspensao-liminares>. Acesso em: 31 out. 2016.

[30] Lei nº 13.334, de 13 de setembro de 2016, prevê que os empreendimentos do PPI serão tratados como *prioridade nacional* por todos os agentes públicos de execução ou de controle, da União, dos Estados, do Distrito Federal e dos Municípios.

público-privadas,[31] concessões de serviços públicos[32] e desenvolvimento de grandes empreendimentos relacionados, por exemplo, com geração de energia, transportes e desenvolvimento de cidades. Quanto mais abrangentes os programas de integridade, menores os riscos do empreendimento e do respectivo financiamento, tendo em vista que "parte da legislação internacional tem optado por entender que a imposição da responsabilidade corporativa onde esta tem tomado todas as medidas razoáveis para evitar condutas criminosas de seus empregados ainda é necessária exatamente para caracterizar que há um dever solidário de prestação de contas no particular".[33] Ou seja, a adoção de boas práticas não poderá excluir responsabilidade, mas ao minimizar consideravelmente os riscos do empreendimento e do respectivo financiamento poderão ser consideradas como atenuantes. O estrito cumprimento dos programas de integridade em todos os níveis hierárquicos da pessoa jurídica reduz consideravelmente o risco de judicialização, com impacto sobre a imagem junto a clientes, contrapartes, acionistas ou órgãos reguladores.

A Lei Anticorrupção foi regulamentada pelo Decreto nº 8.420, de 18 de março de 2015, sendo cabível à Controladoria-Geral da União, no âmbito do Poder Executivo federal, o órgão competente para instaurar e julgar o procedimento administrativo de responsabilização. Tal decreto elenca diversos parâmetros de avaliação do programa de integridade, quanto ao seu conteúdo e aplicação (art. 42, incisos e parágrafos do Decreto nº 8.420/2015).

O valor e o grau da sanção serão mensuráveis por parâmetros de avaliação previstos nesse regulamento (à luz do parágrafo único do art. 7º da Lei nº 12.846/2013), sendo que a Instrução Normativa conjunta do Ministério do Planejamento e da Controladoria Geral da União nº 1/2016[34] dispõe sobre controles internos, gestão de riscos e governança no âmbito do Poder Executivo federal.

Desnecessária qualquer regulamentação por parte dos Estados ou dos Municípios para a imediata apuração das responsabilidades veiculadas na Lei Anticorrupção. Isto porquanto a matéria diz com a defesa do consumidor orientada por princípios gerais da atividade econômica, que garante a intervenção do Estado para a solução de desequilíbrio social que não poderia ser satisfatoriamente ajustada ou corrigida com uso de instrumentos meramente políticos ou econômicos. Some-se a isso o fato de que a defesa do consumidor[35] e a corrupção em nosso ordenamento jurídico atual reclamam a garantia a todos de existência digna como objetivo de um Estado Ético de Direito a ser atingido.

Outrossim, a partir da Lei Anticorrupção os comportamentos perpetrados em prejuízo do patrimônio público passam a ter punição autônoma em relação a eventual

---

[31] Lei nº 11.079, de 30 de dezembro de 2004, que dispõe sobre as parcerias público-privadas.
[32] Lei nº 8.987, de 13 de fevereiro de 1995.
[33] LEAL, Rogério Gesta. Fundamentos filosóficos e políticos da responsabilidade penal das pessoas jurídicas por atos de corrupção. *Revista de Direito Econômico e Socioambiental*, v. 7, p. 214, 2016. Disponível em: <http://www2.pucpr.br/reol/pb/index.php/direitoeconomico?dd1=16001&dd99=view&dd98=pb>.
[34] Disponívelem:<http://www.cgu.gov.br/sobre/legislacao/arquivos/instrucoes-normativas/in_cgu_mpog_01_2016.pdf>. Acesso em: 04 dez. 2016.
[35] Trata-se de matéria sujeita à competência legislativa concorrente (art. 24, da Constituição Federal de 1988), sendo que pode estar suspensa a eficácia de lei estadual, no que for contrário à norma geral federal (§4º do art. 24, CF/88).

concurso com responsabilização por ato de improbidade administrativa praticado por agente público ou por dano ao meio ambiente. Ou seja, cuida-se de responsabilidades distintas, independentes e cumuláveis.

6.3.3 Caráter preventivo dos programas de integridade, o chamado "compliance"

O incentivo a programas de integridade tem como objetivo a prevenção do ilícito mediante a introdução de boas práticas na cultura organizacional na gestão pública ou privada. Segundo o Procurador da República Jorge Munhós de Souza, estudioso do tema, o incentivo às práticas preventivas é utilizado com sucesso na aplicação do *Foreign Corrupt Practices Act* norte-americano, uma vez que possibilita o "desenvolvimento de investigações privadas sérias no âmbito das grandes corporações, o que facilita sobremaneira a atuação dos órgãos de controle".[36]

A implementação de programas de *compliance* deve iniciar-se pela avaliação dos riscos a que a pessoa jurídica está submetida. Afinal, tais programas têm por finalidade "esclarecer e dar segurança àquele que se utiliza de ativos econômico-financeiros para gerenciar riscos e prevenir a realização de eventuais operações ilegais, que podem culminar em desfalques, não somente à instituição, como também aos seus clientes, investidores e fornecedores".[37]

Mecanismos anticorrupção necessitam do engajamento do corpo diretivo e devem permear toda a organização. A literatura especializada aponta como vulnerabilidade o fato de que algumas empresas tendem a desenvolver culturas antiéticas, atrelando atos corruptivos a benefícios trabalhistas, em face dos dividendos que trazem, direta ou indiretamente, às corporações.[38] A oportunidade de se conhecer a real situação de risco da empresa é um dos benefícios trazidos pela Lei Anticorrupção.

Dentre os mecanismos que viabilizam os programas de integridade estão recursos como código de ética, procedimentos de diligência prévia em relação a riscos advindos de terceiros (*due diligence*), ouvidoria e auditoria interna. Para o comprometimento com a efetividade dos programas de integridade é fundamental a existência de canais de denúncias e mecanismos de proteção ao denunciante de boa-fé. Além de garantir o anonimato e confidencialidade das informações recebidas, as empresas devem estar preparadas para tratar as denúncias. No caso do setor público, ao menos na esfera federal, por força da Lei nº 8.112/90, já havia a obrigatoriedade de o servidor levar as irregularidades de que tivesse ciência em razão do cargo ao conhecimento da autoridade superior ou de outra autoridade competente para apuração, podendo sua omissão resultar em sanções disciplinares.[39] A Lei de Acesso à Informação protege agentes públicos de responsabilização criminal, civil e administrativa quando estes denunciam irregularidades.[40]

---

[36] SOUZA, Jorge Munhoz. Responsabilização Administrativa na Lei Anticorrupção. In: SOUZA, Jorge Munhoz. *Lei Anticorrupção*. Salvador: Juspodivm, 2015. p. 151.
[37] BENEDETTI, Carla Rahal. *Criminal compliance*. São Paulo: Quartier Latin, 2014. p. 75.
[38] LEAL, *op. cit.* p. 214-215.
[39] Artigo 116, VI.
[40] Lei nº 8.112/90, artigo 126-A.

No setor financeiro, o Comitê de Supervisão Bancária do *Bank of International Settlements* (BIS),[41] responsável pela edição do Acordo de Capital de Basileia, firmado por Bancos Centrais de diversos países em 1988, afirma que riscos operacionais são riscos de perdas resultantes de falha ou de adoção de inadequados processos internos de controle.[42] Tais eventos de baixa frequência e alta severidade podem eventualmente comprometer a solvência de um banco. Ao assumir maiores riscos operacionais, a instituição financeira reduz sua expectativa de obter lucros mais elevados, destruindo o valor da instituição na ótica dos acionistas.[43]

A reformulação do Acordo da Basileia em 2004, conhecida como Basileia II, estabelece critérios para a regulação do setor bancário com o intuito de garantir a estabilidade do sistema financeiro internacional. Para atingir esse objetivo, exige-se que os bancos internacionalmente ativos mantenham níveis mínimos de capital ajustados em relação aos seus riscos.

Essa regulação influenciou as normas do setor financeiro nacional. Por meio do Comunicado nº 12.746 do Banco Central, de 9 de dezembro de 2004, implementa-se a Basileia II no mercado brasileiro. Posteriormente, em 29 de junho de 2006, a Resolução do Conselho Monetário Nacional nº 3.380 inclui expressamente entre os eventos de risco operacional das instituições financeiras o risco legal associado à inadequação ou deficiência dos contratos, as sanções por descumprimento de dispositivos legais e as indenizações por danos a terceiros decorrentes das atividades financeiras desenvolvidas, incluindo práticas inadequadas relativas a clientes, produtos e serviços.

Destarte, o setor financeiro precisa dedicar-se em processos mais eficientes de avaliação e controle dos riscos operacionais, com inovadoras iniciativas em auditorias internas e externas e nos conselhos de administração, diante da Lei Anticorrupção.

Instituições como a Associação Brasileira de Bancos Internacionais (ABBI) e a Federação Brasileira de Bancos (FEBRABAN) recomendam que a estruturação da "Função de *Compliance*"[44] deve se dar de forma "independente e autônoma das demais áreas da instituição, para evitar os conflitos de interesses e assegurar a isenta e atenta leitura dos fatos, visando à busca da conformidade por meio de ações corretivas/preventivas e sendo munida com informações relevantes".[45]

Para as instituições financeiras, as Resoluções nº 2.554/1998 e nº 2.804/2000 do Conselho Monetário Nacional tornaram obrigatórios controles internos e controles de riscos de liquidez. Os mecanismos de controle interno devem ser efetivos em todos os níveis de negócios da instituição e acessíveis a todos os funcionários, para que conheçam as responsabilidades atribuídas aos diversos níveis da organização.

---

[41] O BIS (Bank for International Settlements) criado em 1930, em Basileia, na Suíça, é responsável pela supervisão bancária e visa a promover a cooperação entre Bancos Centrais e outras agências em prol da estabilidade monetária e financeira. Abriga várias secretarias como o Comitê dos Mercados, o Comitê do Sistema Financeiro Global e o Comitê da Basiléia (criado em 1974) para discutir sobre a economia global, política monetária, questões operacionais e o sistema financeiro.

[42] *Principles for the Sound Management of Operational Risk*. Disponível em: <http://www.bis.org/publ/bcbs195.pdf>.

[43] MENDONÇA, Helder F.; GALVÃO, Délio J. C.; LOURES, Renato F. V. Risco operacional nas instituições financeiras: contratar seguro ou auto-segurar-se? *Revista Economia*, maio/ago. 2008. Disponível em: <http://www.anpec.org.br/revista/vol9/vol9n2p309_326.pdf>.

[44] Visa a integrar as atividades de *compliance* com as boas práticas de governança corporativa e de gestão de riscos pelas instituições financeiras. Disponível em: <http://www.febraban.org.br/7rof7swg6qmyvwjcfwf7i0asdf9jyv/sitefebraban/funcoescompliance.pdf>.

[45] *Função de Compliance*. Disponível em: <http://www.abbi.com.br/download/funcaodecompliance_09.pdf>.

A par das normas regulatórias do Banco Central, o Comitê de Supervisão Bancária do BIS também reputa obrigatório o procedimento de diligências prévias (*due diligence*) nas instituições financeiras com vistas à identificação da origem da constituição do patrimônio e dos recursos financeiros dos clientes antes da abertura de conta ou relacionamento. Em 2001 o Comitê apresentou o documento intitulado *"Customer Due Diligence for Banks"*, no qual trata especificamente de critérios mínimos para que os bancos adotem programas conheça-seu-cliente (*Know Your Customer Programmes*), objetivando práticas prudenciais amplas.[46]

Em suma, tanto no setor público como no empresarial, a manutenção de estratégias de integridade, *a avaliação e controle de riscos e os planos de gestão de riscos, com executoriedade e prestação de contas*, são elementos essenciais à segurança do mínimo ético na gestão de riscos para a sustentabilidade, verdadeira premissa para garantias socializadoras do direito, que decorre do interesse social que envolve a responsabilidade por ato de corrupção.

6.3.4 Vulnerabilidades das empresas brasileiras no controle dos riscos

Por estabelecer mecanismos para que os países signatários se fiscalizem mutuamente, a implementação da Convenção sobre o Combate da Corrupção de Funcionários Públicos Estrangeiros em Transações Comerciais Internacionais da Organização para a Cooperação e Desenvolvimento Econômico (OCDE) é objeto de inspeções periódicas no Brasil. O país incorporou a Convenção da OCDE ao ordenamento jurídico com a promulgação do Decreto nº 3.678, de 30 de novembro de 2000. Desde então o Brasil passou por três inspeções da OCDE, em 2004, 2007 e 2014. O relatório conclusivo de inspeção apresentado em 07 de dezembro de 2007 pelo Grupo de Trabalho de Combate ao Suborno em Transações Comerciais Internacionais da OCDE[47] apontou vulnerabilidades no Estado Brasileiro que levaram, dentre outros resultados, à criação dos núcleos de combate à corrupção no âmbito do Ministério Público e à apresentação pelo Poder Executivo Federal do Projeto de Lei nº 6.826/2010, que veio a se tornar a Lei Anticorrupção (Lei nº 12.846, de 1º de agosto de 2013). A lei entrou em vigor em janeiro de 2014, introduzindo o primeiro regime de responsabilização objetiva de pessoas jurídicas para atos lesivos cometidos contra a Administração Pública no Brasil.

Um dos pontos de maior preocupação do Grupo de Trabalho da OCDE em 2014 foi a omissão da lei quanto à repercussão dos programas de integridade na esfera de responsabilização judicial. Isso porque a atenuante, prevista no artigo 7º, encontra-se no capítulo que trata da responsabilidade administrativa. Para a OCDE, isso desestimularia a adoção de *compliance* pelas instituições. Na verdade, o desestímulo à adoção de boas práticas não decorre do arcabouço normativo, mas da desinformação quanto aos aspectos que envolvem o controle do risco, conforme já se demonstrou. As organizações brasileiras ainda não se deram conta dos riscos inerentes à não adoção de programas

---

[46] *Relatório de estabilidade financeira*. Banco Central do Brasil, maio 2003. p. 124. Disponível em: <http://www.bcb.gov.br/htms/estabilidade/2003_maio/PortuguesCapitulo6.pdf>.
[47] Disponível em: <http://www.cgu.gov.br/assuntos/articulacao-internacional/convencao-da-ocde/arquivos/avaliacao2_portugues.pdf>. Acesso em: 03 maio 2016.

de integridade. Nesse aspecto, o desafio do Brasil é enorme e o presente artigo vem no sentido de reforçar a importância do caráter preventivo nas instituições.

Com efeito, estudos realizados pelo Instituto Brasileiro de Ética nos Negócios nos anos de 2013 e 2014 revelaram que dentre as mil maiores empresas em atuação no país apenas 36% adotavam um código de ética e o divulgavam no *website* corporativo, não tendo havido qualquer incremento desse percentual de um ano para o outro. Além disso, é extremamente grave a constatação de que, dentre as organizações transnacionais ou controladas por capital estrangeiro, 87 empresas divulgavam seus Códigos de Ética apenas no *website* global, deixando de fazê-lo no *website* brasileiro.[48]

A avaliação da OCDE em 2014 também destacou que, dos 360 códigos de ética e conduta disponíveis publicamente, apenas 43% continham uma política para a proteção ao denunciante de boa-fé. De uma análise por amostragem feita com 27 grandes empresas brasileiras, a comissão constatou que apenas 7 possuíam códigos de conduta publicamente disponíveis e que abordavam a proteção ao denunciante. Causou perplexidade aos avaliadores da OCDE que os interlocutores brasileiros, dos setores público e privado, tenham confundido a proteção ao denunciante de boa-fé com programas de proteção a testemunhas. A extensão dessa confusão chamou a atenção para a deficiência das empresas brasileiras no desenvolvimento de programas internos efetivos de proteção ao denunciante. Nesse contexto, o Grupo de Trabalho da OCDE sugeriu que a Lei Anticorrupção viesse a prever que mecanismos de proteção ao denunciante pudessem funcionar como um fator atenuante da condenação judicial da pessoa jurídica, o que poderia resultar em um aumento na quantidade de programas internos de proteção ao denunciante.

De fato, são necessários ajustes na legislação quanto à previsão de atenuantes no âmbito do processo judicial, o que poderia servir como incentivo explícito da lei à adoção do *compliance*.[49] Não obstante, a gestão de riscos nos setores produtivo e financeiro, desde já, deve privilegiar mecanismos proativos de integridade nas respectivas organizações, com vistas não só à minimização de danos decorrentes de eventual responsabilização anticorrupção como também à solidez e confiabilidade necessárias para atrair melhores investimentos, valorizar o capital social e atrair mais integrações colaborativas.

6.4 Compatibilização entre sustentabilidade socioambiental e equilíbrio econômico-financeiro dos contratos nas concessões e nas Parcerias Público-Privadas (PPPs) – possível configuração como ato de corrupção pela Lei nº 12.846/2013

É importante trazer à baila o significado jurídico do termo "equilíbrio econômico-financeiro" dos contratos, diante da previsão do ato ilícito de corrupção veiculada na Lei nº 12.846/2013, no artigo 5º, IV, "g", a seguir transcrito:

---

[48] *Revista Pesquisa Código de Ética 2014*. p. 20. Disponível em: <http://www.pesquisacodigodeetica.org.br/2014/pdf/Pesquisa2014.pdf>.

[49] Tramita no Senado federal o Projeto de Lei nº 303 sobre o *compliance* na Administração Pública, com destaque para o artigo 26.

Art. 5º Constituem atos lesivos à administração pública, nacional ou estrangeira, para os fins desta Lei, todos aqueles praticados pelas pessoas jurídicas mencionadas no parágrafo único do art. 1º, que atentem contra o patrimônio público nacional ou estrangeiro, contra princípios da administração pública ou contra os compromissos internacionais assumidos pelo Brasil, assim definidos:
IV - no tocante a licitações e contratos:
g) manipular ou fraudar o equilíbrio econômico-financeiro dos contratos celebrados com a administração pública;

Uma licitação sustentável se perfaz com a inclusão e distribuição das responsabilidades e custos socioambientais de cada um dos contratantes, nas respectivas cláusulas contratuais. Há uma premente necessidade de compatibilização dos estudos socioambientais com o equilíbrio econômico-financeiro dos contratos de concessões e Parcerias Público-Privadas (PPPs).

Existe uma dissociação que deve ser superada entre os estudos técnicos ambientais, a modelagem econômico-financeira e a minuta do contrato de concessão ou da PPP. "Ocorre dos estudos detectarem passivos socioambientais relevantes, mas nas planilhas do estudo de viabilidade econômico-financeira, não se encontrar qualquer referência a custos para lidar com esses passivos – a previsão desse custo na modelagem econômico-financeira do projeto é indispensável".[50]

O art. 10, inciso VII, da Lei nº 11.079/2004, a qual rege a contratação de PPP, impõe, como condição para a abertura do processo licitatório, a licença ambiental prévia ou expedição das diretrizes para o licenciamento ambiental do empreendimento. A Lei nº 8.987/95, Lei Geral de Concessões, por sua vez, não tratou do tema do licenciamento ambiental. Entretanto, tendo em vista a responsabilidade ambiental objetiva e solidária, resta evidente a importância da previsão e distribuição do controle dos riscos ambientais em contratos de concessão e PPPs, distinguindo-se categorias e atividades. Eis as cláusulas contratuais fixadoras de responsabilidades ambientais que devem constar nos contratos: a) responsabilidade pela condução do processo de licenciamento perante o órgão ambiental; b) ônus de custeio e condução dos estudos para licenciamento ambiental, ex.: EIA/RIMA; c) responsabilidade pelos impactos ambientais negativos – dano ambiental e promoção das condicionantes ao licenciamento; d) responsabilidade por passivos ambientais; e) responsabilidade pela execução das condicionantes ambientais como forma de mitigação dos danos que podem ser minorados e compensação dos demais.[51]

Interessante que estas previsões contratuais são imprescindíveis sob o ponto de vista do equilíbrio econômico-contratual. Entretanto, elas só geram efeitos entre as partes em ação regressiva, considerando-se que em matéria de danos ambientais existe uma responsabilidade objetiva e solidária entre os agentes degradadores, intervenientes ou financiadores.

Para a tomada de decisões relativas aos investimentos em infraestrutura e nas contas públicas as autoridades federais, estaduais e municipais devem levar em conta as questões relacionadas ao desenvolvimento nacional, dando apoio a programas

---

[50] 20 Anos da Lei de Concessões, 10 Anos da Lei de PPPs. Viabilizando a implantação e melhoria de infraestruturas para o desenvolvimento econômico-social. Disponível em: <http://www.migalhas.com.br/arquivos/2015/5/art20150518-03.pdf/>. Acesso em: 02 nov. 2016. p. 50.
[51] *Op. cit.*

socioambientais com o objetivo de promover a internalização de custos ambientais e o uso de instrumentos econômicos, segundo o interesse público e práticas comerciais, conforme preconizado no Princípio 16 da Declaração do Rio sobre Meio Ambiente e Desenvolvimento Sustentável. Tais instrumentos podem envolver pagamento, compensação ou concessão de benefícios fiscais e são considerados uma alternativa eficiente em termos econômicos e ambientais, para além dos mecanismos já existentes na legislação ambiental brasileira. A Lei nº 13.334, de 13.09.2016, cria o programa de parcerias de investimentos, recomendando-se o *compliance* na Administração Pública para investimentos seguros, mediante planos, consultas públicas, transparência e articulação com órgãos e autoridades de controle.

No mesmo passo, o Tribunal de Contas da União recentemente deliberou sobre a adoção de uma política nacional sistêmica de gestão dos riscos ambientais.[52] O objetivo principal desses instrumentos é incentivar aqueles que ajudam a conservar ou produzir serviços ambientais a conduzirem práticas cada vez mais adequadas que assegurem a efetividade da conservação e da restauração dos ecossistemas, atribuindo à conservação obtida um valor monetário, ausente anteriormente.[53] Também devem promover políticas de compras públicas que estimulem o desenvolvimento sustentável, com utilização de avaliação de impactos ambientais.[54]

Nas licitações, a variável ambiental deve ser um dos objetivos, conforme disposto no art. 3º da Lei nº 8.666/93, com a redação da Lei nº 12.349/2010, tendo como norte a promoção do desenvolvimento nacional sustentável. O mesmo ocorre na Política Nacional de Resíduos Sólidos (nº 12.305/2010, art. 7º, inciso I). Ainda nesse sentido, a Lei nº 12.187/2009 estimula o desenvolvimento de tecnologia destinada à redução de emissões de gases de efeito estufa, com critérios de preferências nas licitações, compreendidas as parcerias público-privadas, bem como nas autorizações e concessões para exploração de serviços públicos e recursos naturais, propiciando maior economia de energia, água e outros recursos naturais, nos termos do art. 6º, XII.

A Instrução Normativa nº 1/2010, da Secretaria de Logística e Tecnologia da Informação do Ministério do Planejamento, Orçamento e Gestão, dispôs sobre os critérios de sustentabilidade ambiental, na contratação de obras ou serviços pela Administração Pública federal. O art. 4º desta IN nº 1/2010 elenca ações destinadas a reduzir os impactos ambientais negativos, como a eficiência energética, redução no consumo de água, utilização de energias renováveis, gestão, controle da origem da matéria-prima utilizada, utilização de materiais reciclados, reutilizados ou biodegradáveis.

Relevante é consignar que as exigências socioambientais das licitações destinadas às parcerias público-privadas, concessões de obras e de serviços públicos também devem estar presentes nos contratos, aquisições e alienações de produtos e serviços entre as empresas privadas, uma vez que o dever de preservação, conservação e restauração

---

[52] Processo TCU 0001.554/2015-8, acórdão julgado em plenária em 06.04.2016, cuja conclusão foi a elaboração de estratégia nacional para o enfrentamento da escassez hídrica baseada na transparência e na gestão integrada de riscos.

[53] Ministério do Meio Ambiente. Disponível em: <http://www.mma.gov.br/cidades-sustentaveis/planejamento-ambiental-urbano/instrumentos-econ%C3%B4micos>. Acesso em: 09 dez. 16.

[54] Conferência das Nações Unidas sobre desenvolvimento, em Joanesburgo, Capítulo III, do Plano de Implementação da Conferência. Licitação sustentável: variável ambiental no sistema de compras e contratações públicas *apud* MOREIRA, Danielle de Andrade. *Direito Ambiental e as funções essenciais à justiça*: o papel da advocacia do Estado e da Defensoria pública da proteção do meio ambiente. São Paulo, 2011. p. 219.

dos recursos naturais é obrigação constitucional de todos, Poder Público e sociedade, com vistas à manutenção de um meio ambiente ecologicamente equilibrado para as presentes e futuras gerações.

A dificuldade na internalização dos custos ambientais nos processos de produção e atividades afins encontra-se no fato de que muitos produtos e serviços ainda não levam em consideração a variável ambiental, a ser incluída com base no princípio do poluidor pagador, que orienta a responsabilidade civil ambiental. Ignoram-se a garantia de sustentabilidade em relação à sua eficiência energética e durabilidade, bem como a redução dos custos de manutenção, reparos e quantidade de resíduos gerados.[55] O equilíbrio econômico-financeiro do contrato deve levar em consideração a internalização da sustentabilidade socioambiental, passando a cobrar o valor suficiente para que tais produtos ou serviços possam estar conformes aos princípios constitucionais da ordem econômica e da função social da propriedade, bem como possam contribuir com a sadia qualidade de vida, preservação e restauração dos processos ecológicos essenciais das espécies e dos ecossistemas, conforme previsto no artigo 5º, XXIII, art. 170 e 225 da Carta Magna.

Para a consecução do desenvolvimento econômico sustentável, de forma a garantir o direito fundamental ao meio ambiente ecologicamente equilibrado, mediante o tratamento diferenciado segundo o impacto do produto ou serviço, os agentes financeiros, como intermediários viabilizadores dos investimentos necessários (via operações creditícias) à elaboração do produto, prestação do serviço ou realização de obras de infraestrutura, devem obedecer às diretrizes e ações previstas na Resolução BACEN 4.327/14, bem como em instrumentos de autorregulação como o Normativo SARB 14/2014 e os Princípios do Equador. Tal obediência deve ocorrer segundo os princípios de relevância e proporcionalidade dos empreendimentos, obras, produtos e serviços, visando à implementação da Política de Responsabilidade Socioambiental (PRSA) pelas instituições financeiras e demais instituições autorizadas. Tais instituições financeiras podem ser bancos privados ou públicos, mesmo que agindo na condição de agentes fomentadores de crescimento promovidos pela Administração Direta, como no caso do Programa de Aceleração do Crescimento (PAC).

6.5 Conclusões

Ao financiar projetos, obras ou atividades de pessoa jurídica, as instituições financeiras deverão atentar-se não só para o cumprimento formal da legislação ambiental por parte dela, mas também para a consistência e a suficiência dos estudos realizados, ainda que tenha havido prévia aprovação dos órgãos ambientais competentes. As investigações prévias das instituições bancárias (*due diligence*) destinam-se ao controle de risco, seguindo as normas cogentes com força de lei incorporadas no ordenamento jurídico (Convenções internacionais da ONU, OEA e OCDE ratificadas e promulgadas no Brasil), os princípios do Equador, as diretrizes do Normativo SARB 14/2014 da FEBRABAN, bem como as regras previstas na Resolução BACEN 4.327/14, no âmbito da

---

[55] Licitação sustentável: variável ambiental no sistema de compras e contratações públicas. In: BENJAMIN, Antônio Herman; FIGUEIREDO, Guilherme José Purvin de (Coord.). *Direito Ambiental e as funções essenciais à justiça*: o papel da advocacia do Estado e da Defensoria pública da proteção do meio ambiente. São Paulo, 2011. p. 322.

Política de Responsabilidade Socioambiental (PRSA), por meio de auditoria ambiental e consultorias para a gestão de riscos. Nesse contexto, o controle prévio dos riscos por parte das instituições financeiras, antes da decisão pela concessão do financiamento ou qualquer outra forma de subvenção, revela-se de fundamental importância, tendo sido preventivamente reconhecida pelos diversos sistemas de autorregulamentação bancária em nível interno e internacional, por conta da responsabilidade objetiva e solidária, diante do gerenciamento coletivo do risco e de danos coletivos, à luz da Lei Anticorrupção.

Há a possibilidade de controle judicial das políticas públicas, conforme já reconhecido pelo Egrégio Supremo Tribunal Federal (STF).[56] Assim, o Poder Público, o agente financiador e o empreendedor podem vir a ser responsabilizados pela ocorrência de danos ao meio ambiente e/ou ao patrimônio público, de forma solidária (art. 942 da Lei nº 10.406/02), uma vez que o dano por ato anticorrupção é coletivo, caso não tenham adotado consistente Política de Responsabilidade Socioambiental (PRSA) e atendido aos princípios gerais do Direito Ambiental ou compromissos internacionais assumidos pelo Brasil.[57] Tanto ações como omissões que gerem risco de danos ambientais são passíveis de responsabilização, diante da responsabilidade ambiental objetiva (art. 14, §1º, da Lei nº 6.938/81; art. 927, parágrafo único, do Código Civil) e agora da responsabilidade objetiva por ato de corrupção (art. 5º, II da Lei nº 12.846/13), se houver financiamentos ou qualquer forma de subvenção para pessoa jurídica desprovida de estratégias e desenvolvimento de medidas de integridade, sejam o interesse ou benefício, exclusivo ou não, da empresa. É relevante não olvidar que no Direito Positivo brasileiro não existe prevalência entre causa principal e secundária do dano para excluir o dever de ressarcir.

Com efeito, as instituições financiadoras de obras, produtos ou serviços devem avaliar se o empreendedor possui passivos ambientais, se age de acordo com os padrões externos de poluição admissíveis, se atende aos parâmetros de controle da poluição ambiental, dentre outras medidas precautórias. No *compliance* no âmbito das instituições financeiras, sejam estas públicas ou privadas, devem estar inclusos os custos de auditorias internas, acompanhamentos de projetos, obras e atividades potencialmente poluidores por estas financiados, como maneira preventiva de manter a saúde financeira dessas instituições e o cumprimento de suas obrigações, enquanto agentes econômicos que são, consoante os princípios e diretrizes expressamente previstos nos artigos 170 e 225 da Constituição Federal. O Decreto nº 8.420/2015,[58] que regulamentou a responsabilidade objetiva em nível administrativo prevista na Lei nº 12.846/2013, prevê parâmetros mínimos de gestão dos riscos. Esses indicadores socioambientais e variáveis ambientais devem ser analisados e avaliados no âmbito da prevenção de riscos, com ferramentas adequadas de governança social, não podendo a proteção e controle das questões socioambientais ficar a cargo simplesmente da fiscalização[59] e/ou punição[60] por parte dos

---

[56] STF – AgRg no RE n. 417.408/RJ – j. 20.03.2012 – rel. Min. Dias Toffoli.
[57] Artigo 5º, II, da Lei nº 12.846/2013, intitulada Lei Anticorrupção.
[58] Artigos 41, 42 e 43 do Decreto nº 8.420, de 18 de março de 2015.
[59] Com inclusão no Cadastro Nacional de Empresas Inidôneas e Suspensas, conforme artigos 43 e 44 do Decreto nº 8.420/2015 e consequências como impedimentos de participação em licitações e contratos com o Poder Público federal, estadual, DF e nos Municípios (Lei nº 8.666/1993, artigo 87, incisos III e IV c.c. art. 7º da Lei nº 10.520, de 17 de julho de 2002 c.c., art. 47 da Lei nº 12.462, de 4 de agosto de 2011). Saliente-se que a Lei nº 8.931/1981, em seu artigo 14, II e III, prevê no âmbito da responsabilidade objetiva ambiental a perda ou suspensão a linhas de financiamento oferecidas por estabelecimentos oficiais de crédito, ou restrições e incentivos ou benefícios fiscais.
[60] Inclusão no Cadastro Nacional de Empresas Punidas, consoante artigos 45 e 46 do Decreto nº 8.420/2015.

órgãos competentes, ou dos legitimados às ações civis públicas reparatórias de danos ambientais e atos de corrupção.

A Lei Anticorrupção tem, desde já, o mérito de estimular e alavancar, mediante ferramentas adequadas voltadas à transparência[61] e programas inovadores e estratégicos de integridade para a construção de uma agenda articulada e proativa com os demais setores, em especial, a sociedade civil para a facilitação do controle social,[62] como instrumento do processo de democratização da cultura, implementando uma eficiente gestão dos riscos, impedindo retrocessos, com planos estratégicos e proativos de sustentabilidade inclusivos da comunidade, tudo visando a concretização de um Estado Ético, Social e Ecológico de Direito.

Referências

ALMEIDA, Lucas Horta. *Responsabilidade do agente financiador e o meio ambiente*. In: VITORELLI, Edilson. Temas atuais do Ministério Público Federal. 3. ed. rev., ampl. e atual. São Paulo: Juspodivm, 2015. p. 362.

BENEDETTI, Carla Rahal Benedetti. *Criminal Compliance*. São Paulo: Quartier Latin, 2014. p. 75, 143.

CANOTILHO, José Joaquim Gomes (Coord.). *Introdução ao Direito do Ambiente*. Lisboa: Universidade Aberta, 1998. p. 142.

CUSTÓDIO, Helita Barreira. *Responsabilidade civil por danos ao Meio Ambiente*. Campinas: Millennium, 2006. p. 114, 168.

DAL POZZO et al, *op. cit.*, p. 37.

LEAL, ROGÉRIO GESTA. Fundamentos filosóficos e políticos da responsabilidade penal das pessoas jurídicas por atos de corrupção. *Revista de Direito Econômico e Socioambiental*, v. 7, p. 214, 2016. Disponível em: <http://www2.pucpr.br/reol/pb/index.php/direitoeconomico?dd1=16001&dd99=view&dd98=pb>.

LEITE, José Rubens Morato; AYALA, Patryck de Araújo, *Dano ambiental:* do individual ao coletivo extrapatrimonial – teoria e prática. 6. ed. São Paulo: Revista dos Tribunais, 2014. p. 137.

MACHADO, Paulo Affonso Leme. *Direito Ambiental Brasileiro*. 24. ed. rev., ampl. e atual. São Paulo: Malheiros, 2016. p. 102.

MENDONÇA, Helder F.; GALVÃO, Délio J. C.; LOURES, Renato F. V. Risco operacional nas instituições financeiras: contratar seguro ou auto-segurar-se? *Revista Economia*, maio/ago. 2008. Disponível em: <http://www.anpec.org.br/revista/vol9/vol9n2p309_326.pdf>.

RIBEIRO, Maurício Portugal. 20 anos da Lei de Concessões, 10 Anos da Lei de PPPs. Viabilizando a implantação e melhoria de infraestruturas para o Desenvolvimento Econômico-Social. Disponível em: <http://www.migalhas.com.br/arquivos/2015/5/art20150518-03.pdf/>. Acesso em: 02 nov. 2016. p. 50.

SANTOS, J. A. A.; BERTONCINI, M.; COSTÓDIO FILHO, U. *Comentários à Lei 12.846/2013*. 2. ed. São Paulo: Revista dos Tribunais, 2015. p. 156, 163.

SOUZA, Jorge Munhoz. Responsabilização administrativa na lei anticorrupção. In: SOUZA, Jorge Munhoz. *Lei Anticorrupção*. Salvador: Juspodivm, 2015. p. 151.

---

[61] O Decreto nº 8.420/2015, em seu artigo 43, V e VI, faz remissão ao artigo 33, incisos IV e V, da Lei nº 12.527/2011, que pessoa física ou entidade privada que deter informações em virtude de vínculo de qualquer natureza com o Poder Público e deixar de observar a regra da transparência e facilitação do acesso às informações públicas declaração de inidoneidade para licitar ou contratar com a administração pública estará sujeita à declaração de inidoneidade e suspensão temporária para licitar ou contratar com a Administração Pública, em todas as esferas federativas.

[62] Princípio da democratização das decisões mediante participação e o controle social consagrado no comando constitucional do artigo 216, §1º, inciso X da Constituição da República do Brasil.

ZYMLER, Benjamin; DIOS, Laureano Canabarro. *Lei Anticorrupção:* Lei nº 12846/2013 – uma visão do controle externo. Belo Horizonte: Fórum, 2016. p. 34-35.

Informação bibliográfica deste livro, conforme a NBR 6023:2002 da Associação Brasileira de Normas Técnicas (ABNT):

CAMARGO, Ethel Martinez de Azevedo et al. Responsabilidade objetiva, financiamentos e meio ambiente na Lei Anticorrupção. In: YOSHIDA, Consuelo Y. Moromizato et al. (Coord.). *Finanças sustentáveis e a responsabilidade socioambiental das instituições financeiras.* Belo Horizonte: Fórum, 2017. p. 105-124. ISBN 978-85-450-0234-5.

PARTE II

A VARIÁVEL SOCIOAMBIENTAL NA ANÁLISE DE CRÉDITO E OS NOVOS RUMOS DO DIREITO AMBIENTAL BRASILEIRO

O PROCESSO DE INSERÇÃO DA VARIÁVEL SOCIOAMBIENTAL NA ANÁLISE DE CRÉDITO

LAURINE D. MARTINS LOPES

7.1 Introdução

As instituições financeiras[1] passam por um processo de incorporação da variável socioambiental em sua análise de crédito. Pode-se dizer que esse processo tomou efetiva expressão no final dos anos 2000. Antes disso, as questões socioambientais ocupavam pouco espaço nas decisões estratégicas dessas instituições. Faltava às instituições financeiras a compreensão do porquê elas deveriam internalizar os altos custos associados à estruturação de uma política socioambiental se sequer desenvolviam atividades potencialmente poluidoras ou degradadoras do meio ambiente.

Ao longo da última década, no entanto, houve uma transformação desse cenário. As instituições financeiras se tornaram mais atentas aos riscos que poderiam decorrer de algumas operações que tocavam importantes questões socioambientais: o financiamento de um projeto degradador do meio ambiente; a concessão de empréstimo para uma empresa acusada de utilizar mão de obra análoga à escrava; o financiamento à importação de armas e munições; a concessão de fiança para garantir o desenvolvimento de projeto com alto impacto sobre comunidades indígenas; o financiamento à construção de empreendimento imobiliário com garantia sobre imóvel contaminado, dentre outras.

---

[1] Para os efeitos deste trabalho, consideram-se "instituições financeiras" as instituições financeiras e demais instituições autorizadas a funcionar pelo Banco Central do Brasil. Tendo "instituições financeiras" a definição prevista no art. 1º da Lei nº 7.492/1986, que define os crimes contra o sistema financeiro nacional: Art. 1º: (...) *a pessoa jurídica de direito público ou privado, que tenha como atividade principal ou acessória, cumulativamente ou não, a captação, intermediação ou aplicação de recursos financeiros de terceiros, em moeda nacional ou estrangeira, ou a custódia, emissão, distribuição, negociação, intermediação ou administração de valores mobiliários* (Disponível em: <http://www.planalto.gov.br>).

O objetivo deste trabalho é explorar questões como: por que as instituições financeiras mudaram de atitude em relação à inserção da variável socioambiental na análise de crédito? Como ocorre – ou pode ocorrer – o desenvolvimento de uma estrutura de governança e de gestão de risco socioambiental dentro da instituição financeira? Este trabalho busca contribuir para uma melhor compreensão do atual cenário de mudanças pelo qual passa o setor financeiro brasileiro.

O trabalho está dividido em três tópicos. O primeiro traz uma hipótese dos motivos que levaram as instituições financeiras a considerar os aspectos socioambientais como importante variável na sua análise de crédito. O segundo discute as possíveis etapas pelas quais as instituições financeiras passaram – ou estão passando – para desenvolver uma estrutura de governança e de gestão de risco socioambiental. E, por fim, as considerações finais, último tópico, trazem uma visão geral do tema abordado e discutem alguns desafios que as instituições financeiras tendem a encontrar ao longo do processo de incorporação da variável socioambiental na análise de crédito.

7.2 A aproximação do setor financeiro com as questões socioambientais

A aproximação do setor financeiro brasileiro com a matéria socioambiental teve início na década de 90, num contexto de grande envolvimento internacional com o tema.[2] A época foi marcada pela relevante atuação do Banco Mundial[3] e da International Finance Corporation ("IFC"),[4] instituições que assumiram importante papel como fornecedoras internacionais de recursos para programas e projetos de melhoria ambiental. As práticas socioambientais dessas instituições, embora ainda inaugurais, influenciaram positivamente os setores financeiros do mundo inteiro, incluindo o brasileiro.

Notava-se à época, entretanto, uma resistência das instituições financeiras na internalização das práticas socioambientais. Por que um banco deveria incorporar tais práticas se não desenvolvia atividade poluidora ou degradadora do meio ambiente e, portanto, não gerava qualquer externalidade negativa para a sociedade? Seria adequado a instituição financeira assumir um alto custo, que não foi por ela gerado, e não ter qualquer retorno positivo? Definitivamente, as questões socioambientais não eram vistas como algo relevante, a não ser se trazidas pela lei ou refletidas negativamente no balanço da instituição. Segundo Schmidheiny e Zorraquín (1996), a dificuldade de

---

[2] Em 1992, o Programa das Nações Unidas para o Meio Ambiente criou uma iniciativa para o setor financeiro, que passou a ser conhecida por UNEP-FI. No mesmo ano, a UNEP e mais cinco bancos firmaram a "Declaração Internacional dos Bancos para o Meio Ambiente e Desenvolvimento Sustentável", a qual mais de 150 instituições financeiras do mundo inteiro aderiram. Em 1994, a UNEP organizou um encontro internacional entre bancos para discutir, dentre outras questões, a necessidade de avaliação do risco ambiental no processo de concessão de crédito. Em meados de 1996, o Banco Mundial tornou-se grande fornecedor de recursos para programas e projetos de melhoria ambiental, com uma carteira de US$ 11,5 bi cobrindo 153 projetos em 62 países. Em 1998, o *International Finance Corporation* ("IFC") divulgou uma diretriz sobre políticas e procedimentos socioambientais aplicáveis a projetos. Em 1999, o grupo Dow Jones lançou o *Dow Jones Sustainability Index* ("DJSI"), o primeiro índice global que agrega a performance ambiental das companhias (TOSINI, 2006).

[3] O Banco Mundial é uma instituição financeira internacional que concede crédito para países em desenvolvimento em programas de capital. O Banco é composto por duas instituições: Banco Internacional para Reconstrução e Desenvolvimento (BIRD) e Associação Internacional de Desenvolvimento (AID).

[4] Membro do Grupo Banco Mundial, é a maior instituição de desenvolvimento global voltada para o setor privado nos países em desenvolvimento. Disponível em: <http://www.ifc.org/wps/wcm/connect/Multilingual>.

identificar e medir os riscos e a relação custo-benefício em evitá-los eram os principais fatores dessa indiferença.

Na década de 2000, esse cenário começa a mudar no Brasil. As mudanças mais relevantes se dão no final do período e vêm ocorrendo até hoje. Os bancos iniciam um processo de transição de uma atitude defensiva, com pouca disposição de incorporar práticas socioambientais, para uma atitude preventiva, internalizando os custos de uma gestão socioambiental. As razões para essas mudanças são complexas e ainda aguardam para serem analisadas sistematicamente. Todavia, é possível sustentar a hipótese de que estão associadas à forma como quatro importantes atores passaram a considerar a questão socioambiental: o Judiciário, o Ministério Público, a sociedade civil e o Banco Central do Brasil.

De forma geral, todos esses agentes passam a considerar que determinadas operações financeiras podem contribuir para o fomento de atividades que degradam o meio ambiente e, em razão disso, as instituições financeiras devem avaliar essas operações sob os aspectos socioambientais. A nova atitude do setor financeiro brasileiro, portanto, está aparentemente relacionada à atuação direta ou indireta desses agentes, que influenciam o cenário por meio de decisões judiciais, pressões sociais e criação de normas.

7.2.1 O Judiciário

A Lei nº 6.938/1981, que dispõe sobre a Política Nacional do Meio Ambiente ("PNMA"), adotou a responsabilidade objetiva e solidária para a reparação dos danos ambientais. A PNMA determina que "o poluidor é obrigado, independentemente da existência de culpa, a indenizar ou reparar os danos causados ao meio ambiente e a terceiros, afetados por sua atividade". Além disso, a lei define poluidor como "a pessoa física ou jurídica, de direito público ou privado, responsável, direta ou indiretamente, por atividade causadora de degradação ambiental". Por sua vez, o art. 12 da PNMA exige que "as entidades e órgãos de financiamento e incentivos fiscais" condicionem "a aprovação de projetos habilitados a esses benefícios ao licenciamento, na forma desta Lei, e ao cumprimento das normas, dos critérios e dos padrões expedidos pelo Conama".

A combinação desses dispositivos deu origem a interpretações da doutrina e da jurisprudência que indicam a possibilidade de se responsabilizar a instituição financeira, na qualidade de poluidora indireta, pela reparação de danos ambientais causados por projetos financiados (SAMPAIO, 2014). Nesse contexto, há julgados do Superior Tribunal de Justiça ("STJ") que demonstram uma expansão do conceito de poluidor e o tratamento sem qualquer distinção do poluidor direto e do indireto, equiparando-os. A esse respeito, segue trecho emblemático do voto do Ministro Herman Benjamin, em acórdão do STJ que julgou ação civil pública proposta pelo Ministério Público Federal de Joinville – SC contra a empresa H. Carlos Schneider S/A Com. e Ind. e S.E.R. Parafuso, exigindo a reparação do dano ambiental causado pelo aterro e drenagem de área de manguezal:

> Para o fim de apuração do nexo de causalidade no dano ambiental, equiparam-se quem faz, quem não faz quando deveria fazer, quem deixa fazer, quem não se importa que façam, *quem financia para que façam* e quem se beneficia quando outros fazem (STJ – Recurso Especial 650.728-SC – 02.12.09) (destaquei)

Embora o polo passivo da ação não fosse ocupado por uma instituição financeira, o Ministro trouxe, dentre o rol dos responsáveis pela reparação do dano ambiental, os financiadores.

Novamente, em dezembro de 2010, o Ministro Herman Benjamin ressalta a interpretação do conceito de poluidor, como sendo de amplo alcance, por meio de acórdão que julgou ação civil pública que discutia a responsabilidade por omissão da Fazenda do Estado de São Paulo por uma construção irregular no Parque Estadual de Jacutinga. O acórdão preceituou que:

> No Direito brasileiro e de acordo com a jurisprudência do Superior Tribunal de Justiça, a *responsabilidade civil pelo dano ambiental*, qualquer que seja a qualificação jurídica do degradador, público ou privado, é de *natureza objetiva, solidária e ilimitada*, sendo regida pelos princípios poluidor-pagador, da reparação in integrum, da prioridade da reparação in natura e do favor debilis, este último a legitimar uma série de técnicas de facilitação do acesso à justiça, entre as quais se inclui a inversão do ônus da prova em favor da vítima ambiental.
> (...)
> O conceito de poluidor, no Direito Ambiental brasileiro, é *amplíssimo*, confundindo-se, por expressa disposição legal, com o de degradador da qualidade ambiental, isto é, toda e qualquer "pessoa física ou jurídica, de direito público ou privado, responsável, direta ou indiretamente, por atividade causadora de degradação ambiental (STJ – REsp 1.071.741 – SP, 16/12/2010). (destaquei)

A interpretação da possibilidade de responsabilização da instituição financeira pelo dano decorrente de um projeto financiado e a tendência da Corte Superior, com o apoio de parte da doutrina, de ampliar o conceito do poluidor sem tomar o cuidado de diferenciar o direto do indireto geraram grande preocupação ao setor financeiro brasileiro.

O setor financeiro começa então a se deparar com um potencial cenário de exposição a risco legal decorrente do financiamento de projeto causador de dano ambiental. E esse cenário traz insegurança às instituições financeiras porque nem a lei, nem a jurisprudência e tampouco a doutrina se posicionam, dentro de critérios razoáveis, no sentido de delimitar essa responsabilidade ou de definir exatamente o papel socioambiental a ser desempenhado por esses agentes na concessão do financiamento. Assim, as instituições financeiras tomam a decisão de se organizar entre si com o fim de aprofundar o estudo da legislação ambiental e abrir uma interlocução com o Poder Judiciário. Passam a agir também no sentido de identificar qual deveria ser, atendidos os pressupostos de razoabilidade e proporcionalidade, seu papel socioambiental na concessão de financiamento a projetos para, então, comprometerem-se a desempenhá-lo. O objetivo do setor era primordialmente estudar uma maneira de romper o suposto nexo de causalidade reconhecido pela jurisprudência e pela doutrina entre a concessão do financiamento e o dano ambiental decorrente do projeto financiado.

Esse foi um importante acontecimento que impulsionou as instituições financeiras a refletir sistematicamente sobre as questões socioambientais como geradoras de um risco legal. Vale ressaltar que algumas instituições financeiras já haviam, à época, incorporado a variável socioambiental na análise de concessão de financiamento para projetos, considerando a questão como potencial geradora de risco de crédito. Grande parte dessas instituições havia aderido aos Princípios do Equador[5] e já tinham a prática de aplicar suas diretrizes às operações elegíveis pelo referido compromisso voluntário. Entretanto, foi em razão das interpretações jurisprudenciais e doutrinárias que, pela primeira vez, a questão socioambiental foi alçada à categoria de potencial risco legal.

7.2.2 O Ministério Público

No final de 2009, as instituições financeiras começam a perceber um maior ativismo do Ministério Público em relação às questões socioambientais. Não está claro se houve de fato uma mudança de comportamento do órgão em relação a essas questões, mas foi essa a percepção do setor financeiro brasileiro. Foi sentido um aumento no número de ações civis públicas, de inquéritos civis e, principalmente, de ofícios que recomendavam como a instituição financeira deveria atuar em determinados casos. Os objetos dessas demandas variavam, mas dois deles se repetiam com frequência: (i) a não concessão de financiamento a produtores rurais que não possuíam a reserva legal de suas propriedades averbada no cartório de registro de imóveis competente; e (ii) a suspensão do desembolso de recursos para projetos cuja validade do licenciamento ambiental estava sendo apurada pelo Ministério Público. As instituições financeiras também receberam recomendações inusitadas, como, por exemplo, para que monitorassem, via satélite (custeados pela instituição financeira), eventual desmatamento de propriedades rurais onde se localizavam os empreendimentos financiados e a imediata suspensão da liberação dos recursos, caso confirmado o desmatamento ilegal.

Somando-se a essa percepção de um cenário hostil, em 25 de abril de 2014, o Ministério Público protagonizou um evento que debateu o tema da responsabilidade socioambiental do financiador, o "Seminário Internacional de Responsabilidade do Agente Financiador e Meio Ambiente: Controle Social, Improbidade e Consequências", que culminou na publicação de uma carta que trazia recomendações às instituições financeiras.[6] Dentre os "considerandos", a carta reconhecia a necessidade de aprimoramento dos mecanismos de *accountability* do processo de licenciamento ambiental no Brasil; a necessidade de avaliação socioambiental mais rigorosa por parte dos bancos para o financiamento de projetos, a fim de se evitar o investimento em projetos prejudiciais ao meio ambiente, às comunidades locais ou aos direitos humanos. A carta concluiu que as instituições financeiras não poderiam financiar atividades lesivas ou degradadoras do meio ambiente, devendo considerar a prévia avaliação de riscos; e deveriam (i) monitorar a aplicação dos recursos e eventual atraso no cronograma do projeto, com o fim de evitar impactos socioambientais negativos; (ii) suspender o financiamento sempre que o financiado não cumprisse o cronograma de implantação das ações destinadas à melhoria do meio ambiente; e (iii) vencer antecipadamente a operação, caso o projeto não atendesse às definições para mitigação dos impactos

---

[5] Ferramenta de análise de risco socioambiental para projetos de investimento. Em junho de 2003, os dez bancos responsáveis pelo financiamento de em média 30% dos projetos do mundo inteiro anunciaram a adoção desses princípios. Esse documento já passou por duas revisões, as quais ampliaram o escopo dos projetos e as modalidades de operações avaliadas.

[6] O evento ocorreu na sede da Procuradoria Regional da República da 3ª Região. Participaram do evento, dentre outros, membros do Ministério Público Federal e Estadual, membros da magistratura federal e estadual, pesquisadores, docentes e profissionais com atuação nas áreas de interface ao tema.

socioambientais negativos, dentre outros. Enfatizou ainda que era inadmissível a concessão do financiamento antes da obtenção da licença de operação do projeto e que a responsabilidade civil objetiva ambiental abarcava a instituição financeira com a presunção do nexo causal entre a concessão do financiamento e os atos lesivos ao meio ambiente que decorressem do projeto financiado.

A percepção de um aumento gradativo das demandas recebidas do Ministério Público e a ocorrência de eventos e palestras promovidos pelo órgão para discutir a responsabilidade socioambiental dos bancos contribuíram para aumentar a insegurança no setor financeiro brasileiro.

7.2.3 A sociedade civil

A sociedade civil, que compreende organizações e instituições cívicas voluntárias que vão desde associações de bairro até organizações não governamentais ("ONGS") e Organizações de Sociedade Civil de Interesse Público ("OSCIPs"),[7] começou a ganhar força no Brasil nas últimas décadas do século XX (PINTO, 2006). A partir da década de 90 há um crescente engajamento de algumas dessas entidades nas questões socioambientais. Algumas delas começaram a participar ativamente de audiências públicas e a acompanhar o processo de licenciamento de grandes projetos de infraestrutura com alto impacto negativo ao meio ambiente e às comunidades locais.

Nesse contexto, um pouco mais tarde – já na metade da década de 2000 – iniciou-se também uma pressão dessas entidades sobre as instituições financeiras para que não financiassem os empreendimentos que supostamente estavam em desacordo com a legislação ou as boas práticas socioambientais. A construção da Usina Hidrelétrica de Belo Monte, no Rio Xingu (PA), oferece um exemplo desse tipo de pressão. Em abril de 2011 cerca de 20 instituições financeiras públicas e privadas receberam um relatório da OSCIP "Amigos da Terra – Amazônia Brasileira"[8] alertando para os riscos que poderiam enfrentar caso financiassem o empreendimento. Segundo explica o coordenador de Ecofinanças da citada entidade, Roland Widmer, "bancos e outros financiadores devem enfrentar riscos financeiros e de reputação, dado o enorme potencial de danos ambientais e sociais". O caso teve ampla repercussão na mídia.[9] Há outros exemplos de campanhas lideradas por entidades da sociedade civil contra grandes projetos brasileiros que também ganharam repercussão midiática, como é o caso das Usinas Hidrelétricas de Jirau e Santo Antonio, no Rio Madeira (RO).[10]

Reforçando o cenário de pressão por parte de organizações da sociedade civil ao setor financeiro, o Banktrack,[11] em dezembro de 2007, divulgou o relatório *Mind the Gap*,

---

[7] Instituições privadas sem fins lucrativos, com finalidade pública.

[8] OSCIP reconhecida pelo Ministério da Justiça, que atua na promoção de direitos difusos, tais como direitos humanos, cidadania e desenvolvimento. Disponível em: <http://www.amazonia.org.br/amigosda terra.com.br>.

[9] O relatório chama-se "Megaprojeto, Megarriscos: Análise de Riscos para Investidores no Complexo Hidrelétrico Belo Monte", produzido pelas ONGs Amigos da Terra – Amazônia Brasileira e International Rivers. Disponível em: <http://www.envolverde.com.br/economia/desenvolvimento/bancos-e-empresas-associadas-a-belo-monte-podem-ter-reputacao-colocada-em-xeque/?print=pdf>.

[10] A ONG Banktrack monitora esses empreendimentos com regularidade, publicando informações e relatórios no seu site: Disponível em: <http://www.banktrack.org/show/dodgydeals/rio_madeira_dam>.

[11] Organização internacional sem fins lucrativos criada para fiscalizar e monitorar, sob o ponto de vista socioambiental, as operações e investimentos do setor financeiro.

que mostrou, por meio de um *ranking* de pontuações, a distância entre a teoria e a prática no que se refere à responsabilidade socioambiental em 45 bancos de todo o mundo. No Brasil, as instituições analisadas foram o Banco do Brasil, o Bradesco e o Itaú Unibanco.[12]

Esses acontecimentos chamaram a atenção das instituições financeiras para o fato de que campanhas socioambientais negativas envolvendo seu nome poderiam prejudicar sua imagem perante as partes interessadas (*stakeholders*). Esse prejuízo à imagem, por consequência, poderia impactar o valor da sua marca e afetar de forma adversa a capacidade de a instituição manter relações comerciais, dar início a novos negócios e ter acesso a determinadas fontes de captação. Algumas instituições, por exemplo, negociam ações em índices de sustentabilidade, como o Dow Jones Sustainability Index ("DJSI") e o Índice de Sustentabilidade Empresarial ("ISE").[13] Pressões da sociedade civil poderiam contribuir para a exposição negativa dessas instituições e acarretar a exclusão da sua participação nesses índices.

Nesse contexto, algumas instituições financeiras, preocupadas com a exposição a risco de reputação e de mercado que, em última análise, poderiam se converter em perdas financeiras,[14] adotaram certas medidas de precaução: começaram a acompanhar sistematicamente, para temas socioambientais, a qualidade da exposição da organização nos meios de comunicação e a submeter questões socioambientais polêmicas envolvendo o nome da instituição a comitês formados pela alta cúpula.

7.2.4 O Banco Central do Brasil

O Banco Central do Brasil, responsável por garantir a eficiência e a solidez do sistema financeiro brasileiro, deu início a uma reflexão sistemática sobre as questões socioambientais quando notou que elas poderiam representar um risco para os bancos e até se converter em risco para o sistema financeiro nacional.

Com a adoção do princípio do poluidor-pagador, trazido pela PNMA e recepcionado pela Constituição Federal de 1988,[15] a degradação e o dano ambiental tornaram-se

---

[12] "Ranking do Banktrack avalia grau de sustentabilidade nos maiores bancos do mundo". Publicado em 22 de janeiro de 2008 por Carmen Guerreiro. Disponível em: <http://www.ideiasustentavel.com.br/>.

[13] O DJSI é indicador global de performance financeira, criado em 1999, indexado à bolsa de Nova Iorque; e o ISE é considerado "ferramenta para análise comparativa da *performance* das empresas listadas na BM&FBOVESPA sob o aspecto da sustentabilidade corporativa". Disponível em: <http://www.bmfbovespa.com.br/>. As empresas que constam destes índices são classificadas como as mais capazes de criar valor para os acionistas, a longo prazo, por meio de uma gestão dos riscos associados a fatores econômicos, ambientais e sociais. Para negociar ações nesses índices, as companhias têm que se submeter anualmente a um rigoroso processo seletivo que analisa dados econômicos, desempenho socioambiental, governança corporativa, gestão de risco, mitigação das mudanças climáticas e práticas trabalhistas.

[14] A exposição a risco de mercado se dá ao passo que o mercado de capitais passa a perceber a performance socioambiental como sinalizadora na tomada de decisão de investimento e precifica esse risco. Nesse sentido, o banco pode incorrer em perdas devido à desvalorização de ativos financeiros de empresas com performance ambiental ruim (TOSINI, 2006).

[15] A Lei nº 6.938, de 31 de agosto de 1981, adotou o referido princípio, ao apontar como uma das finalidades da Política Nacional do Meio Ambiente "a imposição ao usuário, da contribuição pela utilização dos recursos ambientais com fins econômicos e da imposição ao poluidor e ao predador da obrigação de recuperar e/ou indenizar os danos causados". Em 1988, o princípio foi recepcionado pela Constituição Federal, em seu art. 225, parágrafo 3º, que prescreve: "As atividades e condutas lesivas ao meio ambiente sujeitarão os infratores, pessoas físicas ou jurídicas, às sanções penais e administrativas, independentemente da obrigação de reparar os danos causados".

custos para os degradadores e poluidores. Segundo Maria de Fátima Tosini, as externalidades socioambientais foram internalizadas nos custos produtivos:

> Atualmente, qualquer recurso natural tende a ter preço e, nesse sentido, o risco de causar dano ao meio ambiente passou a ser visto como um risco financeiro para toda atividade econômica. Tendo em vista que as instituições bancárias dependem do desempenho econômico-financeiro das empresas com que negociam, o risco ambiental tem se tornado um risco a mais para os bancos, com impacto sobre outros grupos de risco – risco de mercado, risco legal, risco de crédito, risco operacional e, especialmente, sobre o risco reputacional (TOSINI, 2006).

O quadro a seguir traz um resumo das normas relacionadas a questões socioambientais criadas pelo Banco Central do Brasil.

Norma	Órgão	Previsão
Resolução nº 3.545/2008	Conselho Monetário Nacional ("CMN")	Traz um rol de documentos de natureza socioambiental exigidos pelas instituições para a concessão de financiamento no Bioma Amazônia.
Resolução nº 3.813/2009	CMN	Condiciona o crédito rural para expansão da produção e industrialização da cana-de-açúcar ao Zoneamento Agroecológico e veda o financiamento da expansão do plantio nos Biomas Amazônia e Pantanal e Bacia do Alto Paraguai, dentre outras áreas.
Resolução nº 3.876/2010	CMN	Veda a concessão de crédito rural para pessoas físicas ou jurídicas que estão inscritas no Cadastro de Empregadores que mantiveram trabalhadores em condições análogas à de escravo instituído pelo Ministério do Trabalho e Emprego.
Resolução nº 3.896/2010	CMN	Institui o Programa para a Redução de Emissão de Gases de Efeito Estufa, no âmbito do BNDES, concedendo recursos a baixo custo a produtores rurais com o fim de promover a redução desses gases oriundos das atividades agropecuárias.
Circular nº 3.547/2011	Banco Central	Estabelece procedimentos e parâmetros relativos ao Processo Interno de Avaliação da Adequação de Capital (Icaap). Determina que a instituição financeira deve demonstrar como considera o risco decorrente da exposição a danos socioambientais gerados por suas atividades.
Resolução nº 4.327/2014	CMN	Traz diretrizes que devem ser observadas para a estruturação da Política de Responsabilidade Socioambiental pelas instituições financeiras e demais instituições autorizadas a funcionar pelo Banco Central.

Fonte: Criado a partir de informações retiradas de <www.bacen.gov.br>. Acesso em: 14 abri. 2015.

Antes de 2008, não havia nenhuma norma editada pelo regulador que tratasse a questão socioambiental com o fim de proteger o meio ambiente. Foi a partir de então, com a Resolução CMN nº 3.545/2008, que o Banco Central começou a mostrar sua crescente preocupação com a matéria, criando mais 5 importantes normas na sequência.

A Circular nº 3.547/2011 foi a primeira norma a demonstrar expressamente a preocupação do órgão com o risco decorrente das questões socioambientais. Para tanto, exigiu que as instituições financeiras submetidas ao Icaap demonstrassem como faziam a gestão desse risco internamente. A Resolução nº 4.327/2014, a mais recente iniciativa do Banco Central, obriga as instituições financeiras e entidades equiparadas a criar uma política de responsabilidade socioambiental. Em inúmeras palestras e treinamentos que sucederam a publicação da norma, o órgão regulador deixou claro que ficaria a critério de cada instituição, atendidos os princípios da relevância e da proporcionalidade, criar seu arcabouço de regras internas com o fim de gerir o risco socioambiental decorrentes dos seus negócios e atividades. As instituições estão atualmente em processo de estruturação e/ou revisão das suas políticas e procedimentos socioambientais internos para atender ao disposto na citada norma.

Em uma tentativa de regulamentar a Resolução nº 4.327/2014, cujo texto é principiológico e não prescritivo, o setor financeiro se organizou para criar a sua autorregulação socioambiental, via Federação Brasileira de Bancos ("FEBRABAN"). O texto normativo – Normativo SARB FEBRABAN nº 14/2014 – se propôs a definir um patamar mínimo de procedimentos e práticas socioambientais a serem adotados pelas instituições signatárias (tanto de pequeno, médio e de grande porte), evitando disparidades na concorrência e com o fim de servir de parâmetro para o regulador no momento das auditorias e fiscalizações.

Como discutido, a partir do final da década de 2000, mudanças no contexto institucional decorrentes de uma postura mais atuante do Poder Judiciário, Ministério Público, sociedade civil e Banco Central do Brasil parecem ter contribuído de forma decisiva para que as instituições passassem a refletir sistematicamente sobre a inserção da variável socioambiental na sua análise de crédito. A próxima seção tratará do processo de desenvolvimento de uma estrutura de governança e de uma gestão de risco socioambiental, que compreende, dentre outros aspectos, os critérios para incorporação dessa variável na análise de crédito.

7.3 O processo de desenvolvimento da estrutura de governança e da gestão do risco socioambiental

A inserção da variável socioambiental na análise de crédito da instituição financeira é parte de um processo mais amplo que corresponde ao desenvolvimento de uma estrutura de governança e de gestão de risco socioambiental. A elaboração e implantação de uma estrutura dessa natureza não ocorrem do dia para a noite. Construir uma estrutura sistematizada e eficiente exige tempo e o envolvimento de pessoas de diferentes áreas da instituição. O sucesso desse processo depende do trabalho conjunto das áreas jurídica, de risco socioambiental, *compliance* e sustentabilidade.

O jurídico tem a função de interpretar as normas socioambientais externas (leis, normas, compromissos voluntários e autorregulação) e "traduzir" seu texto, muitas vezes genérico, em exigências palpáveis para que as áreas que irão aplicá-las tenham uma compreensão adequada do que é necessário fazer. O *compliance* garante a aderência dos sistemas, procedimentos e rotinas ao arcabouço de normas internas e externas. A área de risco socioambiental auxilia na criação da estrutura em razão do amplo conhecimento dos riscos relacionados às questões socioambientais e das características e da natureza das operações passíveis de análise socioambiental. A sustentabilidade coordena a integração da instituição com as partes interessadas e garante que as contribuições trazidas por elas sejam consideradas na estrutura socioambiental da instituição. É imprescindível também a cooperação das áreas de negócio, que devem manter seus clientes informados sobre a inclusão da variável socioambiental na análise de crédito e convencidos da importância dessa análise.

Independentemente das diferentes funções e habilidades, todas as áreas citadas são responsáveis pelo cumprimento do ambiente regulatório. Só por meio de um trabalho interdisciplinar é possível garantir que a estrutura socioambiental seja corretamente construída, implantada e finalmente aplicada.

A construção da referida estrutura socioambiental também requer um planejamento prévio para garantir que nenhum ponto importante seja deixado para trás. Esse trabalho deve ser sistematizado e não pode prescindir das seguintes etapas, inter-relacionadas:

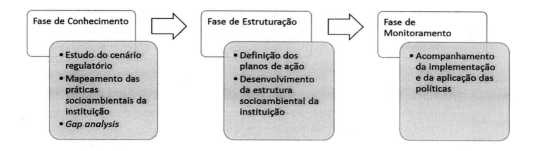

7.3.1 Fase do conhecimento

A primeira etapa é o estudo do cenário regulatório. A instituição financeira deve ter uma compreensão do arcabouço de normas socioambientais vigentes aplicáveis ao seu negócio, ou que possam de alguma forma afetá-los. Incluem-se nesse rol as leis e respectivas regulamentações, as normas do Banco Central do Brasil, as normas do Banco Nacional de Desenvolvimento Econômico e Social – BNDES (aplicáveis às operações com repasse de recursos dessa entidade), a autorregulação socioambiental – SARB nº 14/2014, os compromissos voluntários dos quais as instituições são signatárias, tais como os Princípios do Equador, Pacto Nacional pela Erradicação do Trabalho Escravo, dentre outras. A instituição deve mapear essas normas e conhecer as implicações de seu descumprimento. Como o texto das normas, em geral, é mais genérico, a instituição financeira deve ser capaz de interpretá-lo e de extrair dele as exigências legais a serem cumpridas pelas áreas de negócio. A análise de *benchmarking* pode servir de parâmetro para a instituição, ajudando-a a vislumbrar de que maneira é possível transformar as exigências legais em ações efetivas.

A segunda etapa é o mapeamento das práticas socioambientais já existentes. É possível que já existam na instituição políticas e/ou procedimentos que tratam sobre práticas socioambientais. Muitos deles, possivelmente, já endereçaram algumas exigências trazidas pelas normas externas. Um exemplo muito comum é o Código de Ética, que geralmente prevê orientações sobre o relacionamento da instituição com as partes interessadas. Nesse sentido, para se evitar que um assunto seja normatizado/procedimentalizado mais de uma vez ou, pior, de maneira divergente, essa etapa de mapeamento prévio das regras e práticas já existentes é de grande importância. A terceira etapa é a realização de *gap analysis* entre as exigências decorrentes das normas externas e as práticas já existentes. Aqui, a instituição deve confrontar as exigências decorrentes das normas socioambientais aplicáveis ao seu negócio, mapeadas na primeira etapa, com as práticas socioambientais já existentes na instituição, identificadas na segunda etapa. A finalidade é conhecer as exigências legais e normativas que a instituição ainda não cumpre ou cumpre parcialmente.

7.3.2 Fase da estruturação

A quarta etapa é a definição dos planos de ação. Uma vez identificadas as exigências não cumpridas ou cumpridas parcialmente, a instituição deve convertê-las em planos de ação, identificar qual(is) a(s) área(s) responsável(is) por cumpri-los e definir um cronograma de implantação. Os planos de ação devem ser factíveis e passíveis de controle interno.

A quinta etapa é a formalização da estrutura socioambiental da instituição. Após definidos os planos de ação para endereçar as exigências legais e normativas ainda não cumpridas ou parcialmente cumpridas pela instituição financeira, passa-se à etapa de formalização de toda a estrutura de governança e de gestão do risco socioambiental da instituição por meio da criação de políticas institucionais e setoriais e manuais operacionais. Constrói-se então o arcabouço de normas internas socioambientais da instituição, que deve refletir as exigências das normas externas e conter, ao menos: a visão socioambiental estratégica da instituição; as diretrizes que norteiam suas práticas socioambientais; o funcionamento do sistema de gestão do risco socioambiental; a estrutura de governança que garante o cumprimento das políticas e procedimentos socioambientais e delibera sobre as questões relevantes; e a forma como se dá a relação da instituição com as partes interessadas (*stakeholders*).

7.3.3 Fase do acompanhamento

A sexta etapa é a implementação dos planos de ação definidos na quarta fase. A implantação dos planos de ação deve traduzir a aderência da instituição a todas as normas socioambientais externas e internas, conforme etapas anteriores. A partir de então, a instituição deve capacitar as áreas responsáveis por aplicar as políticas, diretrizes e procedimentos socioambientais e disseminar a cultura de gestão do risco socioambiental para as demais áreas.

A sétima etapa é o acompanhamento da aplicação do arcabouço de políticas, diretrizes e procedimentos construído na quarta etapa. Passada a fase de implantação, a instituição deve monitorar periodicamente a aplicação dessas políticas e diretrizes pelas áreas envolvidas, por meio de indicadores e testes.

Finalmente, a instituição deve manter-se atenta à edição de novas normas socioambientais externas ou à assinatura de novos compromissos voluntários, a fim de internalizar as exigências delas decorrentes e incluí-las no rol de obrigações a serem monitoradas internamente.

7.4 Considerações finais

A atitude das instituições financeiras frente à incorporação da variável socioambiental em sua análise de crédito mudou ao longo dos últimos anos. Até aproximadamente a metade da década de 2000, os bancos adotavam uma postura defensiva, mostrando pouca disposição para incorporar as diligências socioambientais, entendidas como custo e limitadoras dos interesses de curto prazo da instituição. Nesse contexto, o tema socioambiental ocupava pouco – ou nenhum – espaço nas deliberações estratégicas das instituições financeiras. Esse cenário começa a mudar no final da referida década. O setor se torna mais atento ao tema, internalizando os custos de uma gestão socioambiental. As questões socioambientais passam a frequentar a pauta de importantes comitês de instituições financeiras e de entidades representativas do setor, como a FEBRABAN, que cria então comissões e grupos de trabalho para tratar exclusiva e periodicamente do tema.

As causas da mudança de comportamento das instituições financeiras são complexas e ainda precisam ser sistematicamente analisadas. Este trabalho sustenta a hipótese de que referida mudança está associada à forma como quatro importantes atores passaram a considerar a questão socioambiental em relação às instituições financeiras: o Judiciário, o Ministério Público, a sociedade civil e o Banco Central do Brasil. Acredita-se que as instituições financeiras buscaram compreender as possíveis implicações da atuação efetiva desses agentes e, como resposta, adotaram medidas para se prevenirem do cenário de risco que aos poucos se delineava. A incorporação da variável socioambiental na análise de crédito ajudou a endereçar não só o risco de crédito que pudesse decorrer de uma operação que apresentasse problemas ou impactos socioambientais negativos, mas também os riscos de reputação, de mercado e até mesmo o risco legal relacionados à matéria.

Atualmente, as instituições financeiras estão em processo de construção e implantação de uma estrutura de governança e de gestão de risco socioambiental. Esse processo compreende, dentre outros aspectos, a inserção da variável socioambiental na análise de crédito. Como mostrado nesse trabalho, a concepção e manutenção dessa estrutura requer tempo e dedicação de diversas áreas da instituição, essencialmente do jurídico, do risco socioambiental, do *compliance*, da sustentabilidade e do negócio. O desenvolvimento de uma estrutura de governança e de gestão de risco socioambiental dentro da instituição financeira pode se dar de muitas maneiras. Apresentou-se aqui uma forma de desenvolvê-la, por meio de sete passos, que, se seguidos criteriosamente, garantem um resultado consistente. A primeira fase – fase do conhecimento – consiste no estudo das normas externas aplicáveis ao negócio da instituição (leis, normas, autorregulação e compromissos voluntários aos quais a instituição aderiu); no mapeamento de políticas, procedimentos e rotinas já existentes na instituição; na realização de *gap analysis* entre as exigências decorrentes das normas externas e as práticas já existentes para se identificar as exigências legais e normativas ainda não cumpridas ou parcialmente cumpridas pela instituição. A segunda – fase de estruturação – parte da conversão das exigências não cumpridas ou parcialmente cumpridas em planos de ação e posterior formalização da estrutura de governança e de gestão do risco socioambiental da instituição por meio da criação de políticas institucionais, setoriais e manuais operacionais. Constrói-se, nessa etapa, arcabouço de normas, procedimentos e rotinas internas socioambientais. Finalmente, a terceira e última fase – fase do acompanhamento – consiste na implementação dos planos de ação definidos na segunda fase; na capacitação das áreas responsáveis por aplicar as políticas, diretrizes e procedimentos socioambientais criados anteriormente; e no acompanhamento da aplicação dessas diretrizes por meio de monitoramentos periódicos.

As instituições financeiras, ao longo do processo de inserção da variável socioambiental na análise de crédito, tendem a se deparar com a necessidade de se posicionar sobre algumas questões espinhosas, dentre elas: quais as diligências socioambientais a serem adotadas? As diligências adotadas para a concessão de um empréstimo são as mesmas para o financiamento de um projeto? Em que casos se deve exigir licença ambiental? Este artigo não se propôs a responder essas questões, cuja análise demandaria o desenvolvimento de um novo trabalho. Todavia, algumas diretrizes gerais merecem ser apontadas. Primeiro, as diligências socioambientais precisam estar baseadas nas exigências legais aplicáveis e destinadas às instituições financeiras e precisam condizer com a natureza e as características da operação. Nesse sentido, as diligências socioambientais para a concessão de um empréstimo (modalidade de operação de crédito com liberação de recursos sem uma finalidade específica) devem ser distintas daquelas exigidas para o financiamento de um projeto (modalidade de operação de crédito com liberação de recursos com a finalidade de se desenvolver um determinado projeto). Nesse mesmo caso, as diligências também deveriam variar conforme o maior ou menor risco socioambiental que o projeto oferece (o desenvolvimento de uma termelétrica é diferente da construção de um prédio residencial). Segundo, precisa se ter em mente que a licença ambiental é comumente atrelada a um empreendimento e não a um CNPJ. Uma empresa como a Vale, por exemplo, possui centenas de licenças ambientais, cada qual relacionada a um projeto da empresa. Sendo assim, partindo das informações anteriores, só faz sentido exigir licença ambiental em caso de financiamento (ou concessão de fiança) para o desenvolvimento de um ou mais projetos. Para operações cuja destinação dos recursos não pode ser previamente identificada pela instituição financeira, como é o caso do empréstimo, parece não fazer sentido a exigência de licença ambiental. Ainda tomando a Vale como exemplo, se por hipótese houvesse a obrigação de exigir licença para a concessão de empréstimo, qual das centenas de licenças a empresa deveria apresentar à instituição? Todas elas?

Esses são só alguns dos desafios que devem ser enfrentados pelas instituições financeiras. Existem muitas outras questões polêmicas que podem se colocar. O tema é dinâmico e promete gerar ainda discussões e debates importantes. O setor financeiro já deu um grande passo ao conceber a incorporação da variável socioambiental na análise de crédito. Certamente, virão outras diretrizes por parte dos diversos agentes que lidam com o tema. É importante que as instituições financeiras permaneçam atentas a esse cenário e dispostas ao debate e ao aprofundamento no estudo da matéria.

Referências

BID. PNVD. *Nossa própria agenda*. Brasília: BID, 1991.

FINAZZI, S. V. M.; SANTOS, P. M. F. *Análise do discurso ambiental dos bancos brasileiros de varejo cujas ações são negociadas na Bovespa*. Brasília/DF: IV Encontro Nacional da Anppas, 2008.

MAY, P. *O setor financeiro privado internacional e o meio ambiente*: o caso do Brasil. São Paulo: Cortez, 1997.

OLIVEIRA, J. A. P. Análise da Situação da gestão ambiental nas indústrias no estado do Rio de Janeiro. *RAP*, Rio de Janeiro, v. 38, n. 2, p. 261-86, mar./abr. 2004.

PINTO, C. R. J. As ONGs e a política no Brasil: presença de novos atores. Rio de Janeiro: *Revista de Ciências Sociais*, v. 49, n. 3, 2006.

SAMPAIO, R. S. R. *Responsabilidade civil ambiental das instituições financeiras*. Rio de Janeiro: Elsevier, 2014.

SCHMIDHEINY, S.; ZORRAQUÍN, F. *Financing change*: the financial community, eco-efficiency, and sustainable development. Cambridge: MIT Press, 1996.

TOSINI, M. F. C. Risco ambiental para as instituições financeiras bancárias. *Boletim Responsabilidade Ambiental do Sistema Financeiro*, ano 1, n. 2, 2006.

VILARINHO, C. R. O. *O Brasil e o Banco Mundial diante da questão ambiental*. São Paulo: Perspectivas, 1992.

Informação bibliográfica deste livro, conforme a NBR 6023:2002 da Associação Brasileira de Normas Técnicas (ABNT):

LOPES, Laurine D. Martins. O processo de inserção da variável socioambiental na análise de crédito. In: YOSHIDA, Consuelo Y. Moromizato et al. (Coord.). *Finanças sustentáveis e a responsabilidade socioambiental das instituições financeiras*. Belo Horizonte: Fórum, 2017. p. 127-140. ISBN 978-85-450-0234-5.

A RESPONSABILIDADE CIVIL AMBIENTAL DAS INSTITUIÇÕES FINANCEIRAS E A RESOLUÇÃO CMN Nº 4.327/2014

ANNETTE MARTINELLI DE MATTOS PEREIRA

8.1 Introdução

A responsabilidade socioambiental,[1] na acepção mais ampla da expressão, é uma antiga preocupação das instituições financeiras. Ciente do seu papel para o desenvolvimento sustentável da sociedade, o sistema financeiro global tem adotado práticas e compromissos voluntários voltados para a responsabilidade socioambiental ao longo das duas últimas décadas.

Um componente importante da responsabilidade socioambiental é o próprio risco decorrente de questões socioambientais. Tal risco tem impacto nas instituições financeiras de diversas formas, especialmente no risco de crédito, na medida em que problemas socioambientais possam afetar a capacidade dos clientes de pagarem os financiamentos e empréstimos concedidos.

Entretanto, os riscos socioambientais que já afetam as instituições financeiras podem ser gravemente aumentados, de forma imprevisível, se as instituições financeiras forem indiscriminadamente responsabilizadas pelos danos ambientais causados pelos financiados de modo que, além do risco de crédito, estejam indevidamente expostas ao risco legal[2] de responsabilização. A imputação dessa responsabilidade de forma arbitrária, além de não encontrar respaldo legal, pode gerar graves consequências às instituições financeiras, ao sistema financeiro e, mais ainda, à sociedade.

---

[1] O significado da expressão *responsabilidade socioambiental* utilizada neste parágrafo não é o de *responsabilidade civil*, mas refere-se ao propósito das organizações em incorporarem considerações socioambientais em seus processos decisórios, levando em conta os impactos de suas atividades na sociedade e no meio ambiente e a adoção de comportamento ético e transparente que contribua para o desenvolvimento sustentável.

[2] De acordo com o glossário disponível no site do Banco Central do Brasil (<www.bcb.gov.br>), o risco legal "(...) também surge se a aplicação das leis ou regulações é pouco clara".

Este artigo não tem o objetivo de esgotar tão complexo tema, mas busca contribuir de alguma forma para a discussão sobre a aplicação das teorias do risco criado e da condição adequada na imputação de responsabilidade civil ambiental às instituições financeiras, analisando de que forma as exigências legais de diligência socioambiental e a Resolução CMN nº 4.327/2014 sobre a adoção de política de responsabilidade socioambiental pelas instituições financeiras podem contribuir para o correto delineamento de tal responsabilidade.

8.2 Responsabilidade civil ambiental

Em termos de contextualização, o artigo 3º, inciso IV, da Política Nacional do Meio Ambiente (Lei nº 6.938/1981) conceitua o poluidor como a pessoa física ou jurídica, de direito público ou privado, responsável, direta ou indiretamente, por atividade causadora de degradação ambiental. O artigo 14, parágrafo 1º, da mesma lei dispõe que o poluidor é obrigado, independentemente da existência de culpa, a indenizar ou reparar os danos causados ao meio ambiente e a terceiros, afetados por sua atividade.

Tendo em vista a menção expressa na Política Nacional do Meio Ambiente acerca da possibilidade de responsabilização do poluidor independentemente da existência de culpa, o entendimento majoritário, mas não unânime,[3] da doutrina é no sentido de aplicar a responsabilidade objetiva no caso de reparação de danos ambientais pelo poluidor.

Além disso, é também essencial para a imputação da responsabilidade de reparação de danos ambientais a apuração do dano, da conduta do agente e da comprovação do nexo de causalidade entre os dois.

8.3 Responsabilidade civil ambiental das instituições financeiras

A partir dessa ampla concepção de responsabilização, muito se discute acerca da possibilidade de responsabilização civil das instituições financeiras pelos danos ambientais causados no âmbito de projetos ou atividades por elas financiados. A questão central é *se, e em caso positivo, em que condições* as instituições financeiras poderiam ser responsabilizadas por tais danos ambientais com base no conceito de poluidor indireto.

Isto porque é evidente que a concessão de financiamento por instituição financeira não tem o condão de *causar* o dano ambiental, não sendo possível considerar a instituição financeira como poluidor direto.[4]

Além disso, é importante destacar que, das diversas atividades desempenhadas por instituições financeiras,[5] grande parcela representa nenhum ou pouco potencial

---

[3] Toshio Mukai defende que a responsabilidade objetiva é aplicada na hipótese de o poluidor ter sido o causador do dano ambiental, por conduta comissiva. Quando a omissão do poluidor, na hipótese de existência de dever legal de agir, for uma condição de causa do dano, deve ser aplicada a responsabilidade subjetiva, ou seja, fundada na verificação e comprovação da existência de culpa (MUKAI, Toshio. *Direito ambiental sistematizado*. 9. ed. Rio de Janeiro: Lumen Juris, 2014. p. 120).

[4] Não se discute aqui a hipótese em que a instituição financeira seja causadora direta de danos ambientais em razão de suas atividades internas, mas apenas a hipótese em que a instituição financeira possa ser considerada poluidora indireta por ter concedido financiamento a projeto de poluidor direto.

[5] Consoante disposto no artigo 17 da Lei nº 4.595/64:
"Art. 17. Consideram-se instituições financeiras, para os efeitos da legislação em vigor, as pessoas jurídicas públicas ou privadas, que tenham como atividade principal ou acessória a coleta, intermediação ou aplicação

risco de lesão ao meio ambiente, direto ou indireto, como é o caso de contratos de depósito, conta-corrente, cartão de crédito, serviços de meio de pagamento, empréstimos (operação de crédito em que não se conhece a destinação dos recursos pelo mutuário) e diversas outras atividades em que não há financiamento (operação de crédito em que se conhece o destino dos recursos). Para tais atividades, não se cogita, mesmo pela doutrina especializada no tema, responsabilizar as instituições financeiras por danos ambientais em razão da completa ausência de dano ambiental e nexo causal.[6]

As atividades relevantes para fins de discussão da responsabilidade civil ambiental de instituições financeiras são as operações ativas de intermediação financeira nas quais há emprego de recursos pela instituição financeira e se destinam a uma finalidade por ela conhecida. Ou seja, os casos de financiamento em que haja potencial lesivo indireto ao meio ambiente. O conhecimento da destinação dos recursos é extremamente relevante, eis que baliza a adoção das diligências socioambientais legalmente exigíveis pela instituição financeira.

Contudo, considerando que a apuração da responsabilidade do poluidor direto e do poluidor indireto não deva ocorrer da mesma forma,[7] torna-se relevante analisar brevemente as teorias do risco criado e do risco integral, bem como as teorias de causalidade a elas relacionadas na definição do alcance do controverso conceito de poluidor indireto, trazido de forma tão ampla e abstrata pela Política Nacional do Meio Ambiente e que é tão pouco explorado pela doutrina pátria.

8.3.1 As teorias do risco criado e da equivalência das condições vis a vis as teorias do risco integral e da condição adequada

Na definição dos limites da responsabilidade por danos ambientais, destacamos, em apertada síntese, as principais teorias relacionadas ao risco (teoria do risco integral e teoria do risco criado) e ao nexo de causalidade (teoria da equivalência das condições e teoria da causalidade adequada) na responsabilidade objetiva.[8]

Considerada a mais extrema das teorias, a do risco integral preconiza que todos os riscos relacionados à atividade poluidora, pelo simples fato de sua existência, devem ser

---

de recursos financeiros próprios ou de terceiros, em moeda nacional ou estrangeira, e a custódia de valor de propriedade de terceiros.
Parágrafo único. Para os efeitos desta lei e da legislação em vigor, equiparam-se às instituições financeiras as pessoas físicas que exerçam qualquer das atividades referidas neste artigo, de forma permanente ou eventual".

[6] De acordo com a lição de Rômulo Silveira da Rocha Sampaio, "Para efeito da construção de uma teoria sobre a responsabilidade civil ambiental da instituição financeira, quando operando na modalidade bancária ou monetária e dependendo do serviço bancário prestado, deixam de ser instrumento de atividade que represente risco ao meio ambiente. São os casos, por exemplo, das atividades de instituições financeiras monetárias relativas a contratos de depósito, conta-corrente, custódia, entre outros de pouco ou nenhum risco indireto ao meio ambiente" (SAMPAIO, Rômulo S. R. *Fundamentos da responsabilidade civil ambiental das instituições financeiras*. Rio de Janeiro: Elsevier, 2013. p. 6).

[7] Rômulo Silveira da Rocha Sampaio, ressalta, com relação à responsabilidade civil ambiental da instituição financeira, que "(p)rimeiramente, passa pelo reconhecimento de que o *direto* não pode e não deve ser tratado como *indireto*. Segundo, de que há limites para o *indireto*, não podendo se falar em risco integral para esta figura" (SAMPAIO, Rômulo S. R. *Fundamentos da responsabilidade civil ambiental das instituições financeiras*. Rio de Janeiro: Elsevier, 2013. p. 102).

[8] Existem outras variações sobre as teorias do risco, tais como as do risco-proveito, do risco profissional, do risco excepcional, mas nos restringimos a analisar aquelas que julgamos mais importantes: a do risco criado e a do risco integral.

integralmente assumidos pelo seu responsável. Não se admitem as hipóteses de exclusão de responsabilidade em razão de caso fortuito, força maior, ação de terceiros ou culpa da própria vítima. A teoria do risco integral relaciona-se com a teoria da equivalência das condições (ou teoria de equivalência dos antecedentes, ou *conditio sine qua non*), por meio da qual todas as condições e causas, não importando o grau de relação com o dano, ensejariam a possibilidade de responsabilização.

Já na teoria do risco criado, o agente responde em razão do risco ou perigo que sua atividade criar ao meio ambiente ou a terceiros, admitindo-se as excludentes de responsabilidade em razão de caso fortuito, força maior, culpa exclusiva de terceiros ou da própria vítima. A teoria do risco criado relaciona-se com a teoria da causalidade adequada (ou da condição adequada), que busca identificar como causa do dano aquela conduta apta a produzi-lo.

Assim, enquanto nas teorias do risco integral e da equivalência das condições há possibilidade de se responsabilizar uma cadeia quase infinita de agentes que tenham qualquer relação, ainda que remota, com o dano (e até com o poluidor direto e, não necessariamente com o dano), nas teorias do risco criado e da causalidade adequada procura-se estabelecer limites razoáveis para a determinação dos responsáveis com a identificação do risco previsível criado pela atividade e da causa que seja, de fato, capaz de provocar o dano.

Assim, entendemos que as teorias do risco integral e da equivalência das condições possuem alcance excessivamente amplo e que, no caso da identificação do poluidor indireto, que pode ser chamado a responder por danos causados por terceiros, as teorias do risco criado e da causalidade adequada são mais apropriadas, pois permitem identificar quem de fato pode ter relação com o dano.

8.3.2 Efeitos da adoção das teorias do risco e de causalidade no caso de instituições financeiras

No nosso entendimento, a aplicação das teorias do risco integral e da equivalência das condições, com o estabelecimento praticamente automático do nexo de causalidade decorrente da simples concessão do financiamento para atribuir às instituições financeiras o *status* de poluidor indireto é inadequada para apuração da responsabilidade civil de instituições financeiras. Tais teorias alargam indevidamente o conceito de poluidor indireto e desconsideram o cumprimento do dever de diligência na concessão de financiamentos como excludentes do nexo causal e, consequentemente, da responsabilidade civil.

A adoção das teorias do risco integral e da equivalência das condições nesses casos resultaria em imputação indiscriminada e sem critérios de responsabilidade às instituições financeiras pela reparação de danos ambientais causados por clientes.[9]

---

[9] De acordo com Antonio Augusto Rebello Reis, ao admitir a aplicação absoluta da teoria da *conditio sine qua non*, "estaríamos forçados a questionar, por exemplo, o porquê, então, de não se responsabilizar também os fabricantes das máquinas e equipamentos utilizados pela atividade degradadora (e, quem sabe, os responsáveis pela produção das matérias-primas de tais equipamentos e máquinas), seus empregados e até mesmo os consumidores dos produtos/serviços decorrentes de tais atividades" (Financiamentos e a responsabilidade civil ambiental: uma análise comparada da responsabilidade dos agentes financiadores à vista do modelo norte-americano e da jurisprudência do STJ. In: SAMPAIO, Rômulo S. R.; LEAL, Guilherme J. S.; REIS, Antonio

Entretanto, se a primeira impressão é de que a imputação arbitrária de responsabilidade às instituições financeiras, com viés no *deep pocket doctrine*, é alinhada ao mandamento constitucional de proteção ao meio ambiente, uma análise um pouco mais detalhada mostra justamente o contrário.

Primeiramente, destacamos que haveria um total desincentivo para que poluidores diretos internalizassem os custos de prevenção e de reparação relativos às suas atividades, já que eventuais danos ambientais por eles causados poderiam ser arcados pelos assim considerados poluidores indiretos (no caso, as instituições financeiras). Certamente, há aqui afronta ao princípio da prevenção consagrado no Direito Ambiental, que é de importância primordial na preservação do meio ambiente e deve preceder os princípios da recuperação ou reparação de danos, dada a própria natureza dos danos ambientais. Em suma, estaria em risco a máxima do "é melhor prevenir do que remediar".

Pior ainda, o alargamento excessivo do conceito de poluidor indireto pode induzir à *não responsabilização*[10] dos proprietários de atividades e projetos poluidores, caso as instituições financeiras sejam sempre responsabilizadas pelos danos ambientais causados pelos poluidores diretos já que, em determinados casos, podem possuir maior capacidade de pagamento.

Ademais, também não haveria incentivo para as instituições financeiras adotarem medidas indutoras de boas práticas de proteção ambiental pelos responsáveis por projetos financiados se seus esforços nesse sentido não forem reconhecidos como capazes de desconstituir o nexo causal e afastar a responsabilização das instituições financeiras. A propósito, da mesma forma que não se deve tratar igualmente o poluidor direto e o indireto, não se deve tratar da mesma forma as instituições financeiras que cumprem e as que não cumprem os seus deveres de diligência previstos na legislação.

Outro efeito, decorrente da insegurança jurídica na definição do alcance da responsabilidade das instituições financeiras, é o consequente encarecimento e retração do crédito.[11] Tal situação de insegurança dificulta a mensuração dos riscos e a precificação

---

Augusto. *Tópicos de Direito Ambiental:* 30 anos da Política Nacional do Meio Ambiente. Rio de Janeiro: Lumen Juris, 2011. p. 472).

[10] Conforme já anunciado por Paulo de Bessa Antunes, "a *excessiva* ampliação do conceito de poluidor indireto pode implicar uma verdadeira *indução à não responsabilização* dos proprietários de atividades poluentes que, de uma forma ou de outra, se encontrem vinculados a cadeias produtivas maiores, haja vista que a responsabilidade se transferirá para aquele que detenha maiores recursos econômicos" (Direto Ambiental. 11. ed. Rio de Janeiro: Lumen Juris, 2008, pág. 212).

[11] Este efeito já foi destacado por diversos doutrinadores ao comentarem a responsabilidade civil das instituições financeiras, independentemente do seu posicionamento sobre a possibilidade de responsabilização e em que situações. Por exemplo, de acordo com GRIZZI, A. L. E et al. "(...) cumpre esclarecer que desenvolvimento sustentável pressupõe desenvolvimento econômico, que, por sua vez, é impulsionado pelas linhas de crédito existentes no país. Se a responsabilidade ambiental dos financiadores for considerada 'ilimitada', certamente haverá um intenso movimento de retração do setor financeiro e uma provável diminuição da oferta de crédito em âmbito nacional A retração do setor financeiro e a impossibilidade de se conceder créditos em função da responsabilidade civil ambiental ilimitada do financiador acarretariam consequências em cadeia, quais sejam, retração econômica generalizada e todos os indesejáveis problemas sociais daí decorrentes. Dessa forma, ao invés de progredirmos em direção ao desenvolvimento sustentável, estaremos retroagindo e criando uma reação econômica totalmente desfavorável e que vai de encontro aos preceitos da legislação ambiental" (*Responsabilidade civil ambiental dos financiadores*. Rio de Janeiro: Lumen Juris, 2003. p. 54-55).
Ainda, destaca Antonio A. R. Reis que: "Tal hipótese estaria associada à enorme insegurança jurídica que, em última análise, prejudica o crescimento do país e o próprio combate à degradação ambiental, na medida em que a escassez de recursos é, como se sabe, justificativa frequente dos governantes para deixar de investir em preservação ambiental" (Financiamentos e a responsabilidade civil ambiental. In: SAMPAIO, Rômulo S. R.; LEAL, Guilherme J. S.; REIS, Antonio Augusto. *Tópicos de direito ambiental:* 30 anos da Política Nacional do Meio Ambiente. Rio de Janeiro: Lumen Juris, 2011. p. 473).

das operações pelas instituições financeiras, gerando encarecimento do crédito e retração na sua oferta. As consequências são drásticas para o desenvolvimento do País e, principalmente, para a própria sociedade, que, em razão do custo inviável ou da própria inexistência do crédito, se veria privada de recursos para aplicação nas mais diversas atividades, inclusive no desenvolvimento sustentável e na própria preservação ambiental.

Se os efeitos do encarecimento e da retração do crédito são nefastos, mais ainda são os efeitos do risco sistêmico[12] a que estariam sujeitas as instituições financeiras se a elas fosse imputada de forma indiscriminada a reparação de todos os danos ambientais causados no âmbito de projetos financiados.

Eventual risco sistêmico que abale a estabilidade dos mercados financeiros causaria prejuízos sociais e econômicos incomensuráveis, não apenas para as instituições financeiras, mas para a sociedade, em todos os seus segmentos e atividades. Isto porque da estabilidade dos mercados financeiros dependem a estabilidade da economia e a da própria sociedade. Das atividades das instituições financeiras de distribuição do crédito dependem milhões de pessoas físicas e jurídicas e um sem-número de atividades humanas e produtivas.

Por outro lado, entendemos que as teorias do risco criado e da condição adequada são mais apropriadas para a apuração da responsabilidade do poluidor indireto e, por conseguinte, da instituição financeira. Nessa linha, a apuração do nexo de causalidade com a identificação da causa de fato apta a causar o dano ambiental é de suma importância para se evitar imputação injusta e antijurídica de responsabilidade, especialmente no caso do poluidor indireto.[13]

É necessário esclarecer que o risco criado não é o da própria atividade da instituição financeira. Até porque, como já mencionado, entendemos que a atividade de concessão de financiamentos, por si só, não implica riscos para os direitos de outrem, tal como previsto no artigo 927, parágrafo único do Código Civil,[14] bem como não tem o condão de causar diretamente dano ambiental.[15]

---

[12] De acordo com a definição constante no glossário do site do Banco Central do Brasil, risco sistêmico é "risco de que a inadimplência de um participante com suas obrigações em um sistema de transferência, ou em geral nos mercados financeiros, possa fazer com que outros participantes ou instituições financeiras não sejam capazes, por sua vez, de cumprir com suas obrigações (incluindo as obrigações de liquidação em um sistema de transferência) no vencimento. Tal inadimplência pode causar problemas significativos de liquidez ou de crédito e, como resultado, ameaçar a estabilidade dos mercados financeiros".

[13] Sobre a importância do nexo causal, veja-se, por exemplo, o disposto no artigo 38, parágrafos 3 e 4, do Código Florestal (Lei n. 12.651/2012), que determinam que na apuração da responsabilidade por uso irregular do fogo em terras públicas ou particulares, a autoridade competente deve *comprovar o nexo de causalidade* entre a ação do proprietário ou qualquer preposto e o dano efetivamente causado. Ou seja, a simples condição de proprietário não estabelece nexo causal se a ação efetiva do proprietário não contribuiu para a ocorrência de dano no caso de uso irregular do fogo.

[14] Art. 927. Aquele que, por ato ilícito (arts. 186 e 187), causar dano a outrem, fica obrigado a repará-lo.
Parágrafo único. Haverá obrigação de reparar o dano, independentemente de culpa, nos casos especificados em lei, ou quando a atividade normalmente desenvolvida pelo autor do dano implicar, por sua natureza, risco para os direitos de outrem.

[15] No mesmo sentido, Antonio Augusto Rebello Reis ao mencionar que "Com o devido e merecido respeito aos que eventualmente pensem de outra forma, parece-nos que a atividade financeira de concessão de empréstimos/financiamentos não implica, 'por sua natureza', riscos para os direitos de outrem, de modo a justificar a aplicação da responsabilidade objetiva" (*Financiamentos e a responsabilidade civil ambiental*: uma análise comparada da responsabilidade dos agentes financiadores à vista do modelo norte-americano e da jurisprudência do STJ. In: SAMPAIO, Rômulo S. R.; LEAL, Guilherme J. S.; REIS, Antonio Augusto. *Tópicos de Direito Ambiental*: 30 anos da Política Nacional do Meio Ambiente. Rio de Janeiro: Lumen Juris, 2011. p. 470).

Somente se cogitaria sobre a existência de risco criado se a instituição financeira concedesse financiamento em descumprimento dos deveres de diligência impostos a ela legalmente. Logo, se a instituição financeira cumpre tal dever, estaria afastado o nexo causal com eventual dano e, consequentemente, a responsabilidade civil da instituição financeira.[16] Afinal, cumpridas as diligências legalmente impostas, não haveria conduta possível a ser adotada pela instituição financeira que se prestasse a evitar a ocorrência do dano.

Da mesma forma estaria afastado o nexo causal no caso de aplicação das excludentes de responsabilidade em razão de caso fortuito, força maior, culpa exclusiva de terceiros ou da própria vítima.

8.3.3 As diligências socioambientais legalmente exigidas das instituições financeiras

Inicialmente, frisamos que a diligência legal aqui referida não é a relativa ao dever geral de proteção do meio ambiente imposto ao Poder Público e à coletividade pelo artigo 225 da Constituição Federal, mas às exigências socioambientais específicas determinadas pela legislação e regulamentação às instituições financeiras. Referidas exigências estão alinhadas ao mandamento constitucional geral de proteção do meio ambiente, concretizando o mandamento constitucional de caráter principiológico.

A previsibilidade das exigências socioambientais definidas pela legislação e regulamentação promove a segurança jurídica, o desenvolvimento sustentável e a proteção do meio ambiente. Isto porque permite que as instituições financeiras identifiquem as exigências e as integrem em seu processo de concessão de crédito, bem como mensurem com mais segurança o custo das operações e eventual risco socioambiental a que estão expostas. Além disso, permite que os financiados adotem melhores práticas ambientais, na medida em que terão acesso ao crédito se cumprirem os requisitos previamente definidos.

Da mesma forma, a definição de exigências específicas e objetivas contribui para evitar a transferência indevida do exclusivo e indelegável poder de polícia titularizado pelo Poder Público às instituições financeiras, pois não há respaldo legal e nenhuma viabilidade prática para se pretender que as instituições financeiras atuem como fiscalizadoras ambientais dos empreendimentos financiados.

Ademais, como já mencionado anteriormente, a previsibilidade das exigências socioambientais é elemento central na delimitação da responsabilidade civil ambiental das instituições financeiras, já que o atendimento de tais exigências teria o condão de quebrar o nexo causal para sua responsabilização como poluidor indireto.

É necessário frisar, ainda, que a legislação e regulamentação atribuem diferentes exigências socioambientais às instituições financeiras públicas e às privadas. Em resumo, as diligências ambientais mais relevantes destinadas às instituições financeiras públicas e às privadas são: (i) exigir dos financiados a apresentação de Certificado de Qualidade

---

[16] De acordo com Rômulo Silveira da Rocha Sampaio, "(...) o reconhecimento da teoria do risco criado + dano como requisito para poder alcançar a instituição financeira como poluidora indireta é promotor de *standards* de gestão frente ao risco ambiental" (*Fundamentos da responsabilidade civil ambiental das instituições financeiras*. Rio de Janeiro: Elsevier, 2013. p. 172).

em Biossegurança, emitido pela CTNBio, no financiamento de atividades e projetos que envolvam OGM e seus derivados, nas hipóteses previstas na Lei nº 11.105/2005; (ii) exigir documentação comprobatória de regularidade ambiental para fins de financiamento agropecuário no Bioma Amazônia (Resolução CMN nº 5.445/2008); e (iii) exigir inscrição no Cadastro Ambiental Rural (CAR) para concessão de crédito rural aos proprietários de imóveis rurais (Art. 78-A, da Lei nº 12.651/2012).[17]

Já as diligências ambientais principais destinadas apenas às instituições financeiras públicas são: (i) condicionar a concessão de incentivos e financiamentos às indústrias à apresentação da licença ambiental pelo financiado (Art. 12 da Lei nº 6.803/1980); e (ii) condicionar a aprovação de projetos ao licenciamento ambiental e fazer constar dos projetos a realização de obras e aquisição de equipamentos destinados ao controle de degradação ambiental e à melhoria da qualidade do meio ambiente (Art. 12 da Lei nº 6.938/1981).

Além das diligências ambientais específicas mencionadas, o Conselho Monetário Nacional e o Banco Central do Brasil expediram normas gerais tratando sobre a forma de gerenciamento do risco socioambiental por todas as instituições financeiras, quais sejam, a exigência de inclusão do gerenciamento do risco socioambiental no Processo Interno de Avaliação da Adequação de Capital – *ICAAP* (Circular BACEN nº 3.547/2011) e de estabelecimento de Política de Responsabilidade Socioambiental pelas instituições financeiras (Resolução CMN nº 4.327/2014).

Muito embora alguns doutrinadores confiram interpretação extensiva das atribuições legais socioambientais exclusivas de instituições financeiras públicas às privadas, este não é o nosso entendimento. Ainda que motivada por ideal de justiça e suposta proteção mais ampla ao meio ambiente, as normas legais são expressas ao atribuir determinadas exigências socioambientais apenas às instituições financeiras oficiais.[18]

Finalmente, cumpre destacar, neste ponto, que a definição de diligências específicas para instituições financeiras são elementos importantes na aplicação da teoria do risco criado e da adequação das condições.

Um exemplo é o disposto na Lei nº 11.105/2005. Referida norma determina que as instituições financeiras exijam dos financiados a apresentação do Certificado de Qualidade em Biossegurança como condição para a concessão de financiamento aos projetos

---

[17] Está em trâmite no Superior Tribunal Federal ação direta de inconstitucionalidade questionando este artigo.
[18] De acordo com Rômulo Silveira da Rocha Sampaio: "O legislador tomou a cautela de chamar as instituições financeiras públicas e privadas, utilizando-se de critérios claros, precisos e objetivos. A clareza das hipóteses de chamamento da instituição financeira pública e privada é percebida também por Milaré em seu clássico tratado sobre Direito Ambiental. Segundo o autor, '... o comando das normas citadas [art. 12 da Lei nº 6.938/1981 e art. 12 da Lei nº 6.803/80] é aplicável apenas às instituições oficiais'. A razão para a cautela é simples: evitar transferir o poder de polícia do Estado para as instituições financeiras" (*Fundamentos da responsabilidade civil ambiental das instituições financeiras*. Rio de Janeiro: Elsevier, 2013. p. 166-167).
Na mesma obra, Rômulo Silveira da Rocha Sampaio critica a interpretação expansionista que tem sido dada por alguns doutrinadores aos requisitos legais ambientais exigidos das instituições financeiras públicas, mencionando o ensinamento de Édis Milaré, ao comentar o artigo 12 da Política Nacional do Meio Ambiente: "... [C]onsideramos que não há como se determinar que a instituição financeira fiscalize *in loco* o empreendimento ou atividade por ela financiada. Afinal, o Poder de política é atividade estatal indelegável, o que impede que uma instituição financeira crie um setor de fiscalização que pretenda avaliar *pari passu* o processo de licenciamento ambiental, inclusive indo a campo para averiguar adequação das atividades executadas com seus recursos. Em outros termos, ao mesmo tempo em que isso seria uma total transferência do encargo do Poder de polícia estatal às instituições financeiras, entendemos de duvidosa juridicidade uma exigência dessa natureza" (*Fundamentos da responsabilidade civil ambiental das instituições financeiras*. Rio de Janeiro: Elsevier, 2013. p. 168).

ou atividades envolvendo organismos geneticamente modificados determinados na lei, *sob pena de, se não o fizerem, se tornarem corresponsáveis pelos eventuais efeitos decorrentes do descumprimento desta Lei ou de sua regulamentação*. Este é o único dispositivo legal que prevê expressamente a possibilidade de responsabilização da instituição financeira como poluidor indireto. Ainda, a instituição financeira somente poderia ser considerada poluidora indireta se descumprisse seu dever de diligência ao não exigir a documentação prevista em lei. Entretanto, o contrário não ocorre se o financiamento for concedido com a apresentação do Certificado, e o projeto ou a atividade, ainda assim, vier a causar danos ambientais, já que o cumprimento da diligência legal pela instituição financeira afastaria o nexo de causalidade e a possibilidade de sua responsabilização por referidos danos.

Entendemos que a previsão legal de diligências pode promover a segurança jurídica e a proteção do meio ambiente. Entretanto, deve-se ter cuidado para prever diligências claras e objetivas, passíveis de implementação prática e de verificação pela instituição financeira, sob pena de se criar condições impraticáveis e prejudicar o atingimento do nível ótimo de proteção ambiental.

8.3.4 Jurisprudência

Assim, para entender como a jurisprudência tem aplicado as teorias mencionadas, procuramos analisar, de forma sucinta, os julgados mais emblemáticos com relação à possiblidade ou não de responsabilização das instituições financeiras por danos ambientais como poluidora indireta.

O Tribunal Regional Federal da 1ª Região, ao avaliar o caso de financiamento de obra pública pela Caixa Econômica Federal, entendeu que a instituição financeira não poderia ser responsabilizada pela reparação de danos ambientais por ser mera financiadora da obra, não sendo responsável pelo projeto ou pela sua construção.[19]

Posteriormente, o Tribunal de Justiça do Mato Grosso, ao julgar um recurso de apelação em ação civil pública, entendeu que não havia responsabilidade da instituição financeira de exigir a comprovação da averbação da reserva legal no caso de financiamentos rurais.[20]

Em decisão de 2003, o Tribunal Regional Federal da 1ª Região decidiu que o Banco Nacional de Desenvolvimento Econômico e Social ("BNDES") não deveria responder

---

[19] PROCESSUAL CIVIL. OBRA PÚBLICA. DANO AMBIENTAL. CEF. FINANCIAMENTO. ILEGITIMIDADE DE PARTE.
I- *Na qualidade de mera financiadora de obra pública, não sendo responsável pela sua construção e tampouco pelo projeto, a Caixa Econômica Federal não pode ser responsabilizada por eventuais danos ambientais decorrentes da sua realização.*
II- Ilegitimidade de parte que se reconhece.
III- Competência da Justiça Federal afastada.
IV- Agravo de Instrumento a que se nega provimento (TRF1, Agravo de Instrumento nº 199701000643334, 2ª Turma, Juiz Antônio Savio O. Chaves (conv.), data 11.12.2000).

[20] AÇÃO CIVIL PÚBLICA - MINISTÉRIO PÚBLICO - PROCEDÊNCIA EM 1º GRAU - FINANCIAMENTOS OU INCENTIVOS RURAIS- EXIGÊNCIA NO CUMPRIMENTO DA LEGISLAÇÃO AMBIENTAL - INEXISTÊNCIA DE OBRIGATORIEDADE - SUCUMBÊNCIA - APLICAÇÃO DA LEI Nº 7.347/85 - RECURSO PROVIDO. Inadmissível, especialmente quando não vem olvidando o Banco-apelante nenhuma exigência legal protetiva do meio ambiente, responsabilizá-lo por uma possível ocorrência de agressão ambiental. Embora digna de encômios a atuação brilhante do representante do Ministério Público, não se pode deixar de reconhecer a gravidade da situação ambiental no país, dá-se provimento ao recurso para reformar a sentença recorrida e julgar improcedente a ação civil pública (Tribunal de Justiça do Mato Grosso, Apelação Cível nº 25.408, Segunda Turma Cível, Desembargador Benedito Pereira do Nascimento, data: 04.06.2001).

por danos ambientais causados por atividade mineradora de cliente pelo simples fato de ter concedido financiamento, mas que poderia vir a ser considerado poluidor indireto se ficasse comprovado que, mesmo ciente dos danos ambientais, o BNDES houvesse liberado parcelas intermediárias ou finais de recursos para a exploração minerária da empresa.[21]

Na contramão dos outros julgados, em 2009, o Superior Tribunal de Justiça, em julgado que não tratava de responsabilidade de instituições financeiras, mas de danos ambientais causados em área de preservação permanente, incluiu na longa ementa do julgado o seguinte trecho destacado:

> PROCESSUAL CIVIL E AMBIENTAL. NATUREZA JURÍDICA DOS MANGUEZAIS E MARISMAS. TERRENOS DE MARINHA. ÁREA DE PRESERVAÇÃO PERMANENTE. ATERRO ILEGAL DE LIXO. DANO AMBIENTAL. RESPONSABILIDADE CIVIL OBJETIVA. OBRIGAÇÃO
> *PROPTER REM*. NEXO DE CAUSALIDADE. AUSÊNCIA DE
> PREQUESTIONAMENTO. PAPEL DO JUIZ NA IMPLEMENTAÇÃO DA LEGISLAÇÃO AMBIENTAL. ATIVISMO JUDICIAL. MUDANÇAS CLIMÁTICAS. DESAFETAÇÃO OU DESCLASSIFICAÇÃO JURÍDICA TÁCITA. SÚMULA 282/STF. VIOLAÇÃO DO ART. 397 DO CPC NÃO CONFIGURADA. ART. 14, §1º, DA LEI 6.938/1981. (...)
> 13. *Para o fim de apuração do nexo de causalidade no dano ambiental, equiparam-se quem faz, quem não faz quando deveria fazer, quem deixa de fazer, quem não se importa que façam, quem financia para que façam, e quem se beneficia quando outros fazem* (...).[22]

Esta decisão do STJ foi largamente reproduzida pela doutrina que trata da responsabilidade civil ambiental das instituições financeiras e, muitas vezes, usada como argumento para justificar o posicionamento favorável à ampla possibilidade de responsabilização das instituições financeiras como poluidor indireto. Entretanto, e com toda vênia à respeitável decisão, parece-nos que o julgado em questão aplica indevidamente a teoria do risco integral e da equivalência das condições, buscando dar alcance extremamente alargado ao conceito de poluidor indireto para criar suposto nexo de causalidade entre o ato de financiar e o dano ambiental de forma automática. Como já exposto, não concordamos com este entendimento, pois não encontra respaldo legal e permite a responsabilização indevida de quem não deu causa ao dano ambiental.

Por outro lado, uma decisão de primeira instância proferida em ação civil pública proposta pelo Ministério Público de Minas Gerais contra instituição financeira, buscando

---

[21] PROCESSUAL CIVIL E AMBIENTAL. AGRAVO DE INSTRUMENTO. PRETENDIDA INDENIZAÇÃO POR DANOS AMBIENTAIS EM PROPRIEDADE PRIVADA NA AÇÃO PRINCIPAL. LEGITIMIDADE PASSIVA DO DNPM, IBAMA, ESTADO DE MINAS GERAIS (COPAM), FEAM, IGAM E BNDES. O ESTADO RESPONDE CIVILMENTE POR ATO OMISSIVO DO QUAL RESULTE LESÃO AMBIENTAL EM PROPRIEDADE DE TERCEIRO. (...)
6. *Quanto ao BNDES, o simples fato de ser ele a instituição financeira incumbida de financiar a atividade mineradora da CMM, em princípio, por si só, não o legitima para figurar no polo passivo da demanda. Todavia, se vier a ficar comprovado, no curso da ação ordinária, que a referida empresa pública, mesmo ciente da ocorrência dos danos ambientais que se mostram sérios e graves e que reflectem significativa degradação do meio ambiente, ou ciente do início da ocorrência deles, houver liberado parcelas intermediárias ou finais dos recursos para o projeto de exploração minerária da dita empresa, aí, sim, caber-lhe-á responder solidariamente com as demais entidades-rés pelos danos ocasionados no imóvel de que se trata*, por força da norma inscrita no art. 225, *caput*, §1º, e respectivos incisos, notadamente os incisos IV, V e VII, da Lei Maior. 7. Agravo de instrumento provido (TRF1, Quinta Turma, Agravo de instrumento nº 200201000363291, Desembargador Federal Fagundes de Deus, data 19.12.2003).

[22] STJ, 2ª turma, REsp 650.728/SC, Rel. Min. Herman Benjamin, j. em 23.10.2007, publ. em 02.12.2009.

sua condenação por supostos danos ambientais causados pelo transporte ilegal de carvão em caminhão objeto de *leasing*, trouxe o entendimento de que a instituição era parte ilegítima, pois "não se pode atribuir ao arrendante responsabilidade pelo dano que eventualmente possa vir a ser causado pelo arrendatário".[23]

Este julgado exemplifica que a tentativa de ampliar excessivamente o conceito de poluidor indireto para responsabilizar a instituição financeira não deve prevalecer. A decisão do julgador se mostrou acertada, pois neste caso fica evidente que não há nenhum nexo de causalidade entre a conduta da instituição de conceder o *leasing*, a conduta do causador do dano e o dano ocorrido.

Corrobora o entendimento o fato de não nos parecer existir nenhum dever de diligência que pudesse ser adotado nesta hipótese para evitar a criação de risco, pois não há possibilidade de a instituição financeira ter ciência e, muito menos, coibir a prática de atos potencialmente danosos pelo arrendatário, que tem a posse direta do veículo. Fazendo uma comparação para demonstrar este ponto, seria o mesmo que pretender responsabilizar a instituição financeira pelos danos causados a terceiro pelo arrendatário ou financiado em decorrência de acidente com o veículo financiado. Como destacado por Rômulo Silveira da Rocha Sampaio, ao comentar essa decisão judicial, "[e]m outras palavras, não há nexo entre ato omissivo, risco criado + dano".[24]

Finalmente, destacamos recente decisão do STJ que analisou a existência de nexo de causalidade com mais precisão. Trata-se de decisão proferida em agravo de instrumento contra decisão de primeira instância que excluiu o BID – Banco Interamericano de Desenvolvimento do polo passivo de ação, na qual se buscava a reparação de danos ambientais causados pelo Projeto Várzeas do Tietê. O Juízo de primeiro grau entendeu que o BID "figura no projeto apenas como seu financiador" e expõe, ainda, que a alegação de "que a liberação dos recursos foi fundamental para a degradação do meio ambiente não se sustenta, por ausência de nexo de causalidade. A ação de financiar, no caso, em nada contribuiu para a ocorrência do dano". O STJ, ao analisar o agravo de instrumento, decidiu que não havia nexo de causalidade entre a liberação de recursos por meio de empréstimo pelo BID e a ausência ou erro nos estudos de impacto ambiental do projeto, bem como que não havia responsabilidade do BID pelos danos ambientais causados, tendo negado provimento ao agravo de instrumento.[25]

Muito embora a conhecida decisão do STJ que estende excessivamente o conceito de poluidor indireto tenha aplicado as teorias do risco integral e da equivalência das condições, percebe-se que não há ainda entendimento consolidado na jurisprudência sobre o assunto, havendo diversas decisões que analisaram a eventual responsabilidade da instituição financeira como poluidor indireto e que aplicaram as teorias do risco criado e da adequação das condições.

---

[23] Ação Civil Pública nº 0433.11.197160 proposta por Ministério Público do Estado de Minas Gerais em face de Banco Itauleasing S.A., 1ª Vara Cível do Poder Judiciário de Minas Gerais, j. em 27.09.2011.

[24] SAMPAIO, Rômulo S. R. *Fundamentos da responsabilidade civil ambiental das instituições financeiras*. Rio de Janeiro: Elsevier, 2013. p. 104.

[25] STJ, Agravo de Instrumento nº 1.433.170-SP, Ministra Marga Tessler, j. em 09.12.2014.

8.4 A Resolução CMN nº 4.327/2014

8.4.1 Contexto geral da regulamentação

O Banco Central, órgão regulador e supervisor do Sistema Financeiro Nacional, vem tratando do tema socioambiental pelo menos desde 2008.[26] Reconhecendo os impactos dos riscos socioambientais para as instituições financeiras, o Banco Central, após ampla discussão fomentada, principalmente, pela divulgação do Edital nº 41, em 2012, publicou a Resolução CMN nº 4.327/2014.

A Resolução CMN nº 4.327/2014 é a norma regulatória mais recente e emblemática sobre questões socioambientais. Essa norma traz diretrizes que devem ser observadas no estabelecimento e na implementação da Política de Responsabilidade Socioambiental (ou PRSA) pelas instituições financeiras. O enfoque da norma é considerado inovador no gerenciamento do risco socioambiental em perspectiva mundial e no seu impacto na estabilidade do sistema financeiro.[27]

8.4.2 Pontos mais relevantes da Resolução CMN nº 4.327/2014

Além da obrigatoriedade de implementação de PRSA, a Resolução CMN nº 4.327/2014 determina que as instituições financeiras devem gerenciar o risco socioambiental considerando: (i) sistemas, rotinas e procedimentos que possibilitem identificar, classificar, avaliar, monitorar, mitigar e controlar[28] o risco socioambiental presente nas atividades e nas operações da instituição; (ii) registro de dados referentes às perdas efetivas em função de danos socioambientais; (iii) avaliação prévia dos potenciais impactos socioambientais negativos de novas modalidades de produtos e serviços, inclusive em relação ao risco de reputação; e (iv) procedimentos para adequação do gerenciamento do risco socioambiental às mudanças legais, regulamentares e de mercado.

Ou seja, as instituições financeiras deverão adotar complexo conjunto de ações voltadas para o gerenciamento do risco socioambiental, composto por políticas internas, sistemas, processos, rotinas, procedimentos, estrutura de governança e equipes necessárias para o desempenho de tais atividades. O impacto da adoção de tais medidas não passou despercebido pelo regulador, que também previu na norma a criação de plano de ação pelas instituições para se adequarem ao cumprimento da Resolução.

Além disso, um dos pontos mais importantes vem estampado logo no artigo 1º da Resolução, qual seja, a definição dos princípios da relevância e da proporcionalidade como balizadores da construção da política e do sistema de gerenciamento do risco socioambiental. O princípio da relevância é o grau de exposição ao risco socioambiental das atividades e das operações da instituição, e o princípio da proporcionalidade é a

---

[26] Quando foi publicada a Resolução CMN nº 3.545/2008, determinando diligências ambientais específicas para fins de financiamento agropecuário no Bioma Amazônia.

[27] De acordo com o estudo *"Stability and Sustainability in Banking Reform: Are Environmental Risks Missing in Basel III?"* (CISL & UNEP FI, 2014), *"China, Brazil and Peru, among others, have all embarked on innovative risk assessment programmes to assess systemic environmental risks from a macro-prudential perspective as they recognize the materiality of systemic environmental risks to banking stability"*.

[28] O monitoramento, a mitigação e o controle aqui referidos não são das atividades dos clientes, mas da representatividade do risco socioambiental como um todo para a instituição financeira.

compatibilidade da PRSA com a natureza da instituição e com a complexidade de suas atividades e de seus serviços e produtos financeiros.

Assim, todas as instituições financeiras deverão adotar sua PRSA dentro dos prazos determinados pela Resolução, mas as políticas e as medidas de gerenciamento do risco não precisam ser e, provavelmente, não serão todas iguais. Como existem instituições financeiras de diversos portes e que atuam em diferentes segmentos, com produtos, serviços, processos e sistemas diversos, a adoção de um modelo único de PRSA poderia se mostrar inviável. Assim, cada instituição deverá definir o que é relevante, considerando o grau de exposição ao risco socioambiental, e o que é proporcional, tendo em conta a natureza da instituição e a complexidade de suas atividades, produtos e serviços financeiros, para criar a sua PRSA e seu sistema de gerenciamento de risco socioambiental.[29]

Além disso, os princípios da relevância e proporcionalidade são especialmente importantes, pois permitem que a instituição desenvolva seu sistema de gestão socioambiental com foco nas atividades que de fato podem representar risco socioambiental e onde seja possível este gerenciamento, empregando valiosos esforços na correta alocação dos custos de precaução.

A Resolução CMN nº 4.327/2014 prevê o estabelecimento de critérios e mecanismos específicos de avaliação de risco quando da realização de operações relacionadas a atividades econômicas com maior potencial de causar danos socioambientais, mas não determina tais critérios e mecanismos.

Neste ponto, o normativo SARB nº 14 de 28.08.2014 da FEBRABAN – Federação Brasileira de Bancos, principal entidade representativa do setor bancário no Brasil, é uma ferramenta importante, pois estabelece critérios e mecanismos para orientar as entidades do setor no gerenciamento do risco socioambiental.

Uma disposição relevante do normativo SARB nº 14 de 28.08.2014 da FEBRABAN é a que estabelece parâmetros para identificação das operações sujeitas à análise socioambiental: (i) as exigências legais específicas socioambientais, as quais já comentamos; e (ii) a capacidade da instituição financeira de identificar previamente a finalidade de utilização dos recursos, prevendo expressamente não serem passíveis de análise socioambiental as operações financeiras cuja natureza inviabilize identificação prévia de tal destinação, como é o caso dos empréstimos. Tal disposição faz todo o sentido, pois, ao contrário do financiamento, que possui destinação específica, no empréstimo a instituição financeira não sabe como e onde serão aplicados os recursos, sendo impossível o seu rastreamento integral e eficaz. No caso dos empréstimos, o grau de informação a que a instituição financeira tem acesso é em geral muito baixo.

É importante esclarecer que nem todo financiamento demanda análise socioambiental. O potencial poluidor e a possibilidade fática de a instituição financeira obter informações e realizar análise socioambiental compatível com o risco da operação devem ser levados em consideração. Por exemplo, o financiamento de um projeto potencialmente

---

[29] Determinação semelhante foi adotada anteriormente pelo Banco Central, por exemplo, na Resolução nº 3.380/2006, que determina a implementação de estrutura de gerenciamento de risco operacional pelas instituições financeiras compatível com a natureza e a complexidade dos produtos, serviços, atividades, processos e sistemas da instituição. De acordo com o art. 2º da Resolução nº 3.380/2006, risco operacional é a possibilidade de ocorrência de perdas resultantes de falha, deficiência ou inadequação de processos internos, pessoas e sistemas, ou de eventos externos.

poluidor requer análise socioambiental bem mais detalhada do que o financiamento de veículos, sendo irracional, custoso e inviável ter o mesmo grau de diligência para todas as operações.

Assim, entendemos que o cumprimento das exigências legais socioambientais específicas, que devem estar inseridas no gerenciamento do risco socioambiental da instituição financeira, aliado à adoção da PRSA, de medidas adicionais de precaução (tais como as previstas na autorregulação da FEBRABAN e em compromissos voluntários) e de sistema de gerenciamento de risco socioambiental por cada instituição financeira, contribui de forma decisiva na demonstração de diligência da instituição financeira e, consequentemente, no afastamento do nexo causal em eventual discussão de responsabilidade civil ambiental como poluidora indireta.

8.5 Conclusão

Em suma, entendemos que as instituições financeiras devem conceder crédito com responsabilidade e observando as diligências legais que lhe são impostas. Contudo, não se pode imputar a elas responsabilidade de reparação de todos os danos que podem ser causados por seus clientes, de forma indistinta, arbitrária e indiscriminada. Neste contexto, a aplicação das teorias do risco integral e da equivalência das condições é extremamente danosa e prejudica o desenvolvimento sustentável e a proteção ao meio ambiente, pois: (i) alarga indevidamente o conceito de poluidor indireto; (ii) não incentiva a internalização de custos de prevenção e reparação pelo poluidor direto; (iii) induz à não responsabilização dos poluidores diretos; (iv) pode causar sérios danos à sociedade, à economia e ao desenvolvimento do País, em razão do encarecimento, da retração ou da inexistência do crédito, além de (v) aumentar o risco sistêmico do mercado financeiro.

Por outro lado, as teorias do risco criado e da adequação das condições são mais adequadas à apuração de responsabilidade civil das instituições financeiras como poluidoras indiretas. Como a concessão de financiamento não torna automaticamente a instituição financeira poluidora indireta, deve-se analisar, no caso concreto, o cumprimento das diligências legais que delas se exige. Se cumprido o dever de diligência, não há risco criado nem relação de causalidade entre eventual dano e a conduta do poluidor indireto, ficando afastada a possibilidade de responsabilização.

A Resolução CMN nº 4.327 trouxe importantes diretrizes para o gerenciamento do risco socioambiental pelas instituições financeiras, gerenciamento esse que deve ser viável, economicamente produtivo e focado nas atividades que realmente podem criar risco. Além disso, o cumprimento das exigências legais impostas às instituições financeiras incluindo o estabelecimento de PRSA e de sistema de gerenciamento de risco socioambiental devem ser considerados como instrumentos aptos a demonstrar o dever de diligência na análise de eventual responsabilidade civil ambiental de instituição financeira.

Referências

ANTUNES, Paulo B. *Direto Ambiental*. 11. ed. Rio de Janeiro: Lumen Juris, 2008.

CISL & UNEP FI. Stability and sustainability in banking reform: are environmental risks missing in Basel III? 2014. Disponível em: <http://www.unepfi.org/fileadmin/documents/StabilitySustainability.pdf>.

GRIZZI, A. L. E et al. *Responsabilidade civil ambiental dos financiadores*. Rio de Janeiro: Lumen Juris, 2003.

MUKAI, Toshio. *Direito Ambiental sistematizado*. 9. ed. Rio de Janeiro: Lumen Juris, 2014.

SAMPAIO, Rômulo S. R. *Fundamentos da responsabilidade civil ambiental das instituições financeiras*. Rio de Janeiro: Elsevier, 2013.

SAMPAIO, Rômulo S. R.; LEAL, Guilherme J. S.; REIS, Antonio Augusto. *Tópicos de Direito Ambiental*: 30 anos da Política Nacional do Meio Ambiente. Rio de Janeiro: Lumen Juris, 2011.

Informação bibliográfica deste livro, conforme a NBR 6023:2002 da Associação Brasileira de Normas Técnicas (ABNT):

PEREIRA, Annette Martinelli de Mattos. A responsabilidade civil ambiental das instituições financeiras e a Resolução CMN nº 4.327/2014. In: YOSHIDA, Consuelo Y. Moromizato et al. (Coord.). *Finanças sustentáveis e a responsabilidade socioambiental das instituições financeiras*. Belo Horizonte: Fórum, 2017. p. 141-155. ISBN 978-85-450-0234-5.

A ANÁLISE ECONÔMICA DO DIREITO E A NECESSIDADE DE DEFINIÇÃO DE CRITÉRIOS OBJETIVOS PARA IMPUTAÇÃO DA RESPONSABILIDADE AMBIENTAL DAS INSTITUIÇÕES FINANCEIRAS

ALINE PACHECO PELUCIO

9.1 Introdução

Após o Relatório de *Brundtland*,[1] a sustentabilidade passou a compor as discussões econômicas mundiais. Por conseguinte, notou-se também a evolução dos sistemas legais no sentido de prover maior proteção ao meio ambiente. Em resposta às transformações regulatórias e à pressão dos *stakeholders* rumo à sustentabilidade, a estratégia geral de negócios das corporações vem sofrendo mudanças e sendo objeto de restrições de ordem ambiental.[2]

A partir desse momento, o desenvolvimento econômico recebe tarefas relativas à sustentabilidade e são criados novos deveres e obrigações intrínsecos ao exercício da atividade econômica relacionados com os propósitos da proteção ambiental. Consequentemente, a legitimidade do crescimento econômico contemporâneo condiciona-se à sustentabilidade ambiental do exercício da atividade econômica, o que vai receber o nome de desenvolvimento sustentável.

---

[1] *Report of the World Commission on Environment and Development*: our common future. Disponível em: <http://www.un-documents.net/our-common-future.pdf>. Acesso em: 14 ago. 2015.
[2] ROMEIRO, Ademar Ribeiro. Economia ou economia política da sustentabilidade. In: *Economia do meio ambiente*: teoria e prática. São Paulo: Campus; [S. d.]. p. 26.

Emergem em alguns países, inclusive, movimentos de apoio e desenvolvimento das empresas do sistema B[3] e dos investimentos de impacto.[4] Trata-se de empresas e investimentos que redefinem o sentido de seus resultados para além da *performance* econômico-financeira, perseguindo objetivos socioambientais, em alguns casos inclusive em detrimento dos resultados econômico-financeiros. Esse tipo de investidor claramente vai além do comportamento meramente reativo de respeito aos limites impostos pelas regras de proteção ambiental, usando de sua força como corporação para impactar positivamente a sociedade e o meio ambiente em que se insere.

Em tal contexto, as grandes empresas recebem incentivos do mercado e dos *stakeholders* para desempenhar um papel proativo no tocante a questões sociais e ambientais. Isso fica mais claro no caso das corporações com atividade internacional, em especial aquelas atuantes em diversos continentes do globo, como é o caso dos grandes bancos. Esses são financiadores-chave das atividades dos maiores empreendimentos globais, como projetos de suprimento de energia e grandes obras de infraestrutura, logística e transportes, que impactam na vida de parcelas grandes da população e de grandes biomas.

Diante disso, fica clara a importância da responsabilidade social e ambiental das instituições financeiras, à medida que os projetos financiados por elas contribuem diretamente para as mudanças climáticas, a destruição do meio ambiente e a diminuição da qualidade de vida dos seres humanos. Fica clara, portanto, a importância do estudo dos impactos e das responsabilidades do exercício da atividade de intermediação financeira sobre o meio ambiente e as comunidades adjacentes.[5]

Diante do contexto da responsabilidade social corporativa, as empresas líderes em seus setores, incluindo as do setor financeiro, investem cada vez mais na responsabilidade social corporativa, inclusive e principalmente voluntariamente, indo além dos requisitos mínimos legais.[6] Isso ocorre porque, diante do presente contexto, a sustentabilidade é uma das variáveis para investimento em melhorias no exercício da atividade econômica realizada pelos bancos, que têm a sua performance econômica cada vez mais diretamente relacionada à sua gestão de sustentabilidade.

Por essa razão, as instituições financeiras vêm se tornando referência na gestão de sustentabilidade, adotando, inclusive, práticas voluntárias de comportamento, tanto

---

[3] "Las Empresas B son empresas que redefinen el sentido del éxito empresarial, usando la fuerza del mercado para dar solución a problemas sociales y ambientales. Este nuevo tipo de empresa amplía el deber fiduciario de sus accionistas y gestores para incorporar intereses no financieros, cumpliendo un compromiso a generar impactos positivos socioambientales, operando con altos estándares de desempeño y transparencia". La Empresa B combina el lucro con la solución a problemas sociales y ambientales aspirando a ser la mejor empresa PARA el mundo y no solo del mundo". Disponível em: <http://www.sistemab.org/espanol/la-empresa-b>.

[4] "Over the last decades, we have witnessed a vibrant debate on whether firms could achieve superior economic performance while at the same time addressing social and environmental needs...". LAZZARINI, S. G. et al. *The best of both worlds?* impact investors and their role in the financial versus social performance debate. Acesso em: <http://papers.ssrn.com/sol3/papers.cfm?abstract_id=2492860>. Acesso em: 31 jul. 2015.

[5] CUOCO, Luciana Graziela Araújo. *Boletim de Responsabilidade Social e Ambiental do Sistema Financeiro*. Banco Central do Brasil, ano 3, n. 25, p. 2, dez. 2007.

[6] "To advance CSR, we must root it in a broad understanding of the interrelationship between a corporation and society while at the same time anchoring it in the strategies and activities of specific companies. To say broadly that business and society need each other might seem like a cliché, but it is also the basic truth that will pull companies out of the muddle that their current corporate responsibility thinking has created". PORTER, Michael E; KRAMER, Mark R. Strategy & Society: the link between competitive advantage and corporate social responsibility. *Harvard Business Review*, v. 84, n. 12, p. 81, 2006.

no Brasil quanto no restante do mundo. Por meio da adoção de padrões voluntários de sustentabilidade, os bancos comprometem-se publicamente com a proteção do meio ambiente.[7] São especialmente impactantes do ponto de vista social e ambiental os grandes empreendimentos globais de infraestrutura. Tais projetos de grande porte, no geral, obtêm recursos de diversas instituições financeiras via contrato de *"project finance"*.[8]

O comportamento proativo dos bancos fica evidente pelo desenvolvimento de autorregulação voluntária pelas instituições financeiras, em âmbito internacional, no tocante a requisitos de monitoramento dos riscos socioambientais especialmente aplicáveis aos contratos de *"project finance"*. Os principais marcos regulatórios nesse sentido, aplicáveis inclusive a diversos bancos atuantes no Brasil, são: os Princípios do Equador, originários da *"International Finance Corporation*[9] *"*e os desenvolvidos pela *"Unep Finance Initiative"*,[10] como a Declaração Internacional dos Bancos para o Meio Ambiente e Desenvolvimento Sustentável e o *"Global Compact"*.[11] Além disso, a tendência do autorregulação voluntária dos bancos nesse sentido refletiu inclusive no III Acordo de Basileia,[12] que previu a obrigatoriedade de monitoramento dos riscos socioambientais em seu parágrafo 510.[13]

Nesse sentido também, nota-se mais recentemente a insurgência de regulações formais compulsórias nacionais. O Conselho Monetário Nacional aprovou a resolução normativa BACEN nº 4.327/2.014,[14] que estabelece a obrigação legal das instituições financeiras de apresentar e implementar uma política interna de responsabilidade socioambiental. A obrigatoriedade da apresentação de suas políticas internas de responsabilidade social corporativa parte do princípio de que os bancos devem trazer a público os mecanismos por meio dos quais gerem as diversas modalidades de risco a que estão expostas.

---

[7] MAGALHÃES, Reginaldo Salles. *Boletim de Responsabilidade Social e Ambiental do Sistema Financeiro. Banco Central do Brasil*, ano 6, n. 54, p. 1, mar. 2011.

[8] "Project finance is often used for financing large projects such as infrastructure- or energy-related projects. Because of their size, these projects – including power plants, chemical processing plants, mines and transportation infrastructure – often have a significant effect on the environment and communities located nearby, although the share of project finance in the total lending portfolio of finance institutions is rather small. Though the portion of project finance in the financial market may be small, the impact of projects may be caused by their size and their sectors". ACHETA, Emmanuel e Weber, Olaf. The Equator principles: ten teenage years of implementation and a search for outcome. *CIGI Papers*, n. 24, p. 6-8, jan. 2014.

[9] Disponível em: <http://www.ifc.org/wps/wcm/connect/corp_ext_content/ifc_external_corporate_site/home>. Acesso em: 30 jul. 2015.

[10] Disponível em: <http://www.unepfi.org/>. Acesso em: 30 jul. 2015.

[11] The Rio Declaration, the key outcome of the 1992 United Nations Conference on Environment and Development (UNCED), outlines a set of principles with the goal of establishing a new and equitable global partnership through respecting the interest of people and development while protecting the integrity of the global environment. Within this context, the United Nations Environment Programme (UNEP) works to provide leadership and encourage partnerships in caring for the environment. Its work is based on the tenets of precaution, prevention, sound management, responsibility, accountability and equity. UNEP advocates the creation and implementation of innovative environmental policies at the international level while encouraging the sound environmental management of business activities. Disponível em: <http://www.unglobalcompact.org/participantsandstakeholders/un_agencies/un_environment_programme.html>. Acesso em: 30 jul. 2015.

[12] Disponível em: <https://www3.bcb.gov.br/gmn/visualizacao/listarDocumentosManualPublico.do?method=visualizarDocumentoInicial&idManual=2&itemManualId=112>. Acesso em: 12 ago. 2015.

[13] Stability and sustainability in banking reform – are environmental risks missing in Basel III? *Publicação da UNEP*. Disponível em: <http://www.unepfi.org/fileadmin/documents/StabilitySustainability.pdf>. Acesso em: 12 ago. 2015.

[14] Disponível em: <http://www.bcb.gov.br/pre/normativos/res/2014/pdf/res_4327_v1_O.pdf>. Acesso em: 30 jul. 2015.

No entanto, se, por um lado, o papel preventivo e proativo dos bancos por meio de suas políticas internas de responsabilidade social e ambiental mostra-se cada vez mais forte com relação à prevenção e monitoramento da ocorrência dos danos ambientais, por outro lado, há especialistas que defendem que o papel dos bancos deveria ser ainda mais ampliado.

Para esses estudiosos, o papel das instituições financeiras não se restringe à responsabilidade *a priori* no papel de indutoras de comportamentos socioambientais dos tomadores e aplicadores de recursos.[15] Há defensores de teses solidaristas de responsabilidade ambiental, segundo as quais os bancos deveriam também ser responsabilizados solidariamente pelos danos ao meio ambiente eventualmente ocasionados por projetos financiados, na qualidade de poluidores indiretos. Nesse caso, defendem que deveriam ser, portanto, solidariamente responsabilizáveis pela reparação *a posteriori* do dano ambiental.[16] É a opinião majoritária dos doutrinadores brasileiros.[17][18][19][20]

Está claro que as instituições financeiras possuem um certo grau de responsabilidade socioambiental pelos projetos financiados. Essa responsabilidade é, inclusive, fundamentável juridicamente desde que respeitados certos limites. De tal forma, o objeto de nossa análise no presente artigo não será definir se as instituições financeiras devem ser responsabilizadas pelos danos ambientais causados por projetos financiados, tampouco trataremos dos casos que consideramos elegíveis para responsabilização. Nosso objetivo será prover justificativas oriundas da análise econômica do Direito para a necessidade de definição de critérios objetivos para imputação desse tipo de responsabilidade às instituições financeiras.

9.2 A responsabilidade ambiental das instituições financeiras no Brasil – tendências e perspectivas

A sustentabilidade impacta fortemente o exercício da atividade econômica no geral. O fortalecimento das práticas de responsabilidade social corporativa imputa novas responsabilidades e deveres às corporações. Esse processo traz à tona modelos inovadores de governança global de sustentabilidade e induz a implementação de novos padrões de comportamento de responsabilidade social corporativa.

---

[15] MONDAINI, Fernando Cesar Maia. A responsabilidade ambiental das instituições financeiras. *Boletim de Responsabilidade Social e Ambiental do Sistema Financeiro*, ano 4, n. 49, dez. 2009.

[16] "A este respeito, Antonio Herman Vasconcelos Benjamin, ao analisar o artigo 3º, inciso IV, da Lei nº 6.938/1.981, assenta que as instituições financeiras, a qual designa genericamente por banco, podem ser consideradas poluidoras indiretas e serem solidariamente responsabilizadas pela reparação do dano ambiental...". RASLAN, Alexandre Lima. *Responsabilidade civil ambiental do financiador*. Porto Alegre: Livraria do Advogado, 2012, p. 223.

[17] STEIGLEDER, Annelise Monteiro. Responsabilidade civil das instituições financeiras por danos ambientais. *Revista Jurídica do Ministério Público do Estado do Mato Grosso*, p. 112 et seq., 2007.

[18] RASLAN, Alexandre Lima. *Responsabilidade civil ambiental do financiador*. Porto Alegre: Livraria do Advogado, 2012.

[19] BENJAMIN, Antonio Herman Vasconcelos. Responsabilidade pelo dano ambiental. *Revista de Direito Ambiental*, São Paulo, n. 9, p. 37, jan./mar. 1998.

[20] GRIZZI, Ana Luci Esteves et al. *Responsabilidade civil ambiental dos financiadores*. Rio de Janeiro: Lumen Juris, 2003. p. 51.

Do ponto de vista jurídico, são desenvolvidas novas regras de imputação de responsabilidade, realocando as responsabilidades entre os diversos atores da cadeia produtiva com o objetivo de mitigar a criação de novos riscos na maior medida possível quando da própria formação dos vínculos jurídicos, como contratos e seguros.[21]

Nesse contexto, o Direito tutela alguns direitos de forma especial, elevando-os ao nível de direito fundamental dos indivíduos, como ocorreu com o meio ambiente ecologicamente equilibrado.[22] [23] Foi o que ocorreu com o artigo 225 da Constituição Federal da República, que prevê o meio ambiente ecologicamente equilibrado como pertencente a todos.[24] A fim de serem materialmente efetivados,[25] utiliza-se, por exemplo, novos critérios de imputação de responsabilidade civil, deveres de segurança acessórios aos contratos, incentivos de política econômica etc.[26]

Com o objetivo de efetivar a proteção do meio ambiente, criam-se deveres especialmente voltados à não geração de externalidades produtivas negativas e à efetivação da reparação/compensação das externalidades eventualmente ocorridas.[27] A responsabilidade civil como um todo acaba funcionalizada à recomposição da situação da vítima, desequilibrada pelo dano experimentado.[28] Dessa forma, o comportamento de controle dos riscos ambientais oriundos dos empreendimentos realizados pelos bancos é imputado a esses indiretamente pela via constitucional.

Por meio da Política Nacional do Meio Ambiente (Lei nº 6.938/1981), instaurou-se um regime de responsabilidade ambiental solidária específico, que foi, posteriormente, internalizado pela Constituição Federal e pelo Código Civil Brasileiro de 2002

---

[21] SLONE, Daniel K. Legal aspects of eco-industrial development. In: COHEN-ROSENTHAL, Edward. *Eco-industrial strategies*: unleashing synergy between economic development and the environment. Saltaire: Greenleaf Publishing, 2003. p. 142.

[22] SILVA, José Afonso da. *Curso de Direito Constitucional Positivo*, 28. ed. São Paulo: Malheiros, 2007. p. 175-178.

[23] LEMOS, Patrícia Faga Iglecias. Aspectos de Direito e ética ambiental. In: AMATO NETO, João. *Sustentabilidade e produção*: teoria e prática para uma gestão sustentável. São Paulo: Atlas, 2011. p. 79.

[24] Constituição Federal da República Federativa do Brasil, art. 225.

[25] "Direitos fundamentais do homem constitui a expressão mais adequada a este estudo, porque, além de referir-se a princípios que resultam a concepção do mundo e informam a ideologia política de cada ordenamento jurídico, é reservada para designar, no nível do Direito positivo, aquelas prerrogativas e instituições que ele concretiza em garantias de uma convivência digna, livre e igual de todas as pessoas. No qualitativo fundamentais acha-se a indicação de que se trata de situações jurídicas sem as quais a pessoa humana não realiza, não convive e, às vezes, nem mesmo sobrevive, fundamentais do homem no sentido de que a todos, por igual, devem ser, não apenas formalmente reconhecidos, mas concreta e materialmente efetivados". SILVA, José Afonso da. *Curso de Direito Constitucional Positivo*. 28. ed. São Paulo: Malheiros, 2007. p. 178.

[26] "... o risco do empreendedor faz parte de seu custo, integra escolha da atividade que irá desempenhar e determina a otimização de medidas de segurança das potenciais vítimas, tudo de modo a resultar na sobrevivência apenas de iniciativas socialmente úteis". GODOY, Claudio Luiz Bueno de. *Responsabilidade civil pelo risco da atividade*. 2. ed. São Paulo: Saraiva, 2010.

[27] "Relevante é o artigo 170, VI, que reputa a defesa do meio ambiente como um dos princípios da ordem econômica – o que envolve a consideração de que toda atividade econômica só pode desenvolver-se legitimamente enquanto atende tal princípio, convocando, nos caso de desatendimento, aplicação da responsabilidade da empresa e de seus dirigentes, na forma prevista no artigo 173, parágrafo 5º". SILVA, José Afonso da. *Comentário contextual à Constituição*. São Paulo: Malheiros, 2010. p. 854.

[28] "Cuidou-se mesmo, novamente tal como já se assentou, de uma diferente perspectiva de tratamento da responsabilidade civil, funcionalizada à recomposição da situação da vítima, desequilibrada pelo dano experimentado. O foco do regramento deixou de ser exclusivamente a pessoa do ofensor, e da falta de diligencia de seu proceder deslocando-se para a preservação da vítima ou, antes, do equilíbrio da relação entre ambos". GODOY, Claudio Luiz Bueno de. *Responsabilidade civil pelo risco da atividade*. 2. ed. São Paulo: Saraiva, 2010. p. 78 et seq.

(intepretação conjugada dos artigos 257, 927 e 942).[29] Trata-se da responsabilidade ambiental solidária, que é diferente do regime tradicional de responsabilidade civil previsto no Código Civil.[30]

A Política Nacional do Meio Ambiente (Lei nº 6.938/1981) define como poluidor, e, portanto, responsabilizável pelos custos da degradação, a pessoa física ou jurídica, de Direito público ou privado, responsável, direta ou indiretamente, por atividade causadora de degradação ambiental.[31] Sucintamente, o critério de imputação de responsabilidade objetiva solidária por dano ambiental aos bancos amplia o conceito de poluidor, considerando o banco como poluidor indireto responsável legalmente pela reparação do dano. Além da definição do poluidor, são pressupostos para a configuração desses novos critérios de imputação de responsabilidade a objetivação e teoria de causalidade adotada, cujos detalhes não serão objeto de análise no presente artigo.

A mentalidade predominante, que serve de régua para este critério de imputação de responsabilidade solidária é: "O dinheiro que financia a produção e o consumo fica atrelado à moralidade e à legalidade dessa produção e desse consumo. A destinação do dinheiro não é, evidentemente, neutra ou destituída de coloração ética. Quem financia tem a obrigação de averiguar se o financiado está cumprindo a legislação ambiental, no momento do financiamento".[32]

Chega próximo ao consenso interpretativo brasileiro que os bancos poderão vir a ser responsabilizados civilmente por danos causados ao meio ambiente, sob a justificativa de serem causadores indiretos dos danos, isto é, poluidores indiretos, com base no artigo 3º, IV, combinado com os artigos 12 e 14, parágrafo 1º, ambos da Política Nacional do Meio Ambiente (Lei nº 6.938/1981), interpretados em conjunto com os artigos relativos à proteção do meio ambiente previstos na Constituição Federal e com a cláusula geral de responsabilidade civil objetiva aplicável às atividades de risco segundo o Código Civil.[33]

A responsabilidade objetiva ambiental solidária das instituições financeiras é, até o presente, apenas uma tendência doutrinária no Brasil. Isto é, ainda não há decisões jurisprudenciais claras criando um precedente geral da responsabilidade objetiva ambiental solidária. Não obstante o fato de que ainda não há decisões jurisprudenciais nesse sentido, a tendência de imputação dessa responsabilidade é clara.

---

[29] Código Civil de 2002, Art. 257, 927 e 942.

[30] "... a construção do Estado de Direito Ambiental pressupõe a aplicação do principal da solidariedade econômica e social com o propósito de se alcançar um modelo de desenvolvimento duradouro, orientado para a busca da igualdade substancial entre os cidadãos mediante o controle jurídico do uso racional do patrimônio natural". LEITE, José Rubens Morato. Tendências e perspectivas do Estado de direito ambiental no Brasil. In: *Estado de Direito Ambiental*: tendências. 2. ed. Rio de Janeiro: Forense Universitária, 2010. p. 13.

[31] Lei nº 6.938/1981: "Art. 3º - Para os fins previstos nesta Lei, entende-se por: IV - poluidor, a pessoa física ou jurídica, de direito público ou privado, responsável, direta ou indiretamente, por atividade causadora de degradação ambiental".

[32] SILVA, José Afonso da. *Direito Ambiental Constitucional*. 8. ed. atual. São Paulo: Malheiros, 2010. p. 331, 336.

[33] "... haverá obrigação de reparar o dano, independentemente de culpa, nos casos especificados em lei, ou quando a atividade normalmente desenvolvida pelo autor do dano implicar, por sua natureza, risco para os direitos de outrem". Se na primeira parte do dispositivo se ressalva a existência já antes conhecida, e como se vem de afirmar, de casos especificados de responsabilidade sem culpa, dita objetiva, quer contidas em leis esparsas... passando pelas leis de disciplina da responsabilidade ambiental (Lei nº 6.938/81) e nuclear (Lei nº 6.453/77), – quer em preceitos especiais espalhados pelo Título IX do Livro I da Parte Especial do Código, como os dos artigos 931, 933, 936 a 938, na parte final do parágrafo é que se encontra a novidade... Godoy, Claudio Luiz Bueno de. *Responsabilidade Civil pelo Risco da Atividade*. São Paulo: Saraiva, 2010, 2. ed. p. 40 e 18.

Tal conclusão quanto à tendência de responsabilização objetiva ambiental dos bancos justifica-se tendo em vista as decisões judiciais existentes no sentido de ampliar a rede de responsáveis solidários pela restauração e compensação de danos ambientais.[34] Isso se dá com o objetivo de incrementar a quantidade de sujeitos elegíveis ao polo passivo da obrigação de reparação do dano com o objetivo de aumentar as probabilidades de restauração efetiva (exemplos: entendimento predominante da responsabilidade ambiental objetiva dos poluidores indiretos, entendimento da obrigação ambiental como sendo *propter rem* entre outros).

Em consonância com tal tendência de interpretação, as instituições financeiras deverão ser objetiva e solidariamente responsáveis pelos danos ambientais causados por projetos financiados mesmo caso cumpram com as obrigações de monitoramento da regularidade ambiental dos projetos financiados previstas na Política Ambiental do Meio Ambiente, normativas CONAMA e resolução BACEN.[35]

Esse entendimento de responsabilização objetiva e solidária ambiental predominante na doutrina nacional é uma construção doutrinária que se encaixa na seguinte mentalidade: "*Être homme, c'est précisément* être *responsable*".[36] Isto é, ser humano é ser precisamente responsável. É um contexto de acolhimento pelo direito de mecanismos de socialização de riscos como única forma de tutelar a sociedade pós-moderna de forma igualitária.[37]

A esse respeito, Jean-François Kriegk afirma que a responsabilidade civil deverá encontrar um balanço equilibrado entre a imputação, solidariedade e o compartilhamento de riscos.[38] A concretização do mencionado fundamenta-se legalmente no fortalecimento dos princípios da solidariedade, prevenção e precaução, que culmina na proteção das gerações futuras por meio da abstinência de condutas potencialmente geradoras de danos às futuras gerações.[39]

Nesse sentido, a presunção de solidariedade, antes excepcional, passa a ser a regra quando se trata de responsabilidade por danos a direitos difusos, como meio ambiente e consumidor.[40] É o contexto de flexibilização dos pressupostos da responsabilidade,

---

[34] Acreditamos que um dos futuros ramos da responsabilidade civil tal como a conhecemos hoje crescerá necessariamente a partir dos mecanismos solidaristas de reparação. (...) Como resumiu Jean-François Kriegk, "é preciso encontrar a justa distância entre as três ideias de imputabilidade, de solidariedade e de risco compartilhado". LEVY, Daniel de Andrade. *Responsabilidade civil*: de um direito dos danos a um direito das condutas lesivas. São Paulo: Atlas, 2012. p. 23-24.

[35] No entanto, de acordo com a leitura seca das regras formais atualmente vigentes, com o que essa autora concorda plenamente, o mais recomendável é aplicar responsabilidade subjetiva com gatilho no descumprimento das obrigações legais de prevenção de danos ambientais.

[36] THIBIERGE, Catherine. Libres propos sur l'évolution du droit de la responsabilité: vers un élargissement de la fonction de la responsabilité civile? *Revue Trimestrielle de Droit Civil*, n. 3, p. 562, jul./set. 1999 apud COLLE, Autrement. La responsabilité, la condition de notre humanité, série Morales, 1994, n 14; Antoine de Saint-Exupéry, Terres des Hommes.

[37] LEVY, Daniel de Andrade. *Responsabilidade civil*: de um direito dos danos a um direito das condutas lesivas. São Paulo: Atlas, 2012. p. 23.

[38] KRIEGK, Jean-François. L'américanization de la justice, marque d'un mouvement de privatisation du droit et de la justice civile ? *Gazette du Palais*, n. 95.

[39] THIBIERGE, Catherine. Libres propos sur l'évolution du droit de la responsabilité: vers un élargissement de la fonction de la responsabilité civile? *Revue Trimestrielle de Droit Civil*, n. 3, p. 562, jul./set. 1999.

[40] "Sin embargo, la jurisprudencia ha ido limitando cada vez más el ámbito de vigencia de este principio hasta el punto de que hoy puede hablarse de una verdadera crisis del mismo, y que, en la práctica, la esfera del derecho contractual y, sobre todo, en el área extracontractual, nuestro Tribunal Supremo aplica el principio opuesto (presunción de solidaridad) tanto para el reforzamiento y estimulo en el concierto y cumplimiento de

seja pela desconsideração da conduta e da culpa,[41] seja pela flexibilização do nexo de causalidade e imputação de responsabilidade por meio de nexo jurídicos de causalidade.[42] [43]

Esse critério de imputação de responsabilidade ambiental solidária objetiva é originário do dever de defesa do meio ambiente, a fim de promover e garantir o desenvolvimento sustentável, viabilizando ambientalmente as futuras gerações. Apesar da prevalência da imputação dessa responsabilidade e da aplicação das regras de solidariedade tanto entre os diversos tomadores do crédito como a todos os agentes econômicos da cadeia que se aproveitem direta ou indiretamente da atividade econômica em questão como consequência do sistema da responsabilidade objetiva e solidária adotado pela Política Nacional do Meio Ambiente,[44] há diversos pontos controversos não consolidados pela interpretação geral.

Apesar dos pontos de divergência doutrinária, prevalece claramente, tanto na doutrina quanto na jurisprudência, o pensamento do juiz Antônio Herman Vasconcelos Benjamin: "A lei nº 6.938/1981 define como poluidor a pessoa física ou jurídica, de direito público ou privado, responsável, direta ou indiretamente, por atividade causadora de degradação ambiental. O vocábulo é amplo e inclui aqueles que diretamente causam o dano ambiental (o fazendeiro, o industrial, o madeireiro, o minerador, o especulador), bem como os que indiretamente com ele contribuem, facilitando ou viabilizando a ocorrência do prejuízo (o banco, o órgão público licenciador, o engenheiro, o arquiteto, o incorporador, o corretor, o transportador, para citar alguns personagens)".[45]

9.3 Impactos da regra de responsabilidade ambiental das instituições financeiras sob a ótica da análise econômica do Direito

Antes de tratar especificamente da necessidade de definição de critérios objetivos para imputação da responsabilidade ambiental das instituições financeiras, vamos explicar sucintamente o que é analisar uma norma de responsabilidade civil sob a perspectiva econômica. A análise econômica do Direito embasa-se na análise comparativa de funções numéricas, as quais devem servir de parâmetro para as decisões legais.

---

los contratos, como en garantía de los perjudicados por actos ilícitos extracontractuales". LEZCANO, Ignacio Díaz. *La no presunción de solidaridad en las obligaciones*: estudo en torno a la jurisprudencia del Tribunal Supremo. Madrid: [S. n.], 1997. p. 9.

[41] LEMOS, Patrícia Faga Iglecias. *Resíduos sólidos e responsabilidade civil pós-consumo*. 3. ed. São Paulo: Revista dos Tribunais, 2014. p. 147 *et seq*.

[42] "Inspirada na solidariedade social, a jurisprudência tem, por toda parte, se recusado a deixar as vítimas dos danos sem reparação. As cortes flexibilizam, deste modo, a configuração dos pressupostos da responsabilização, no solidário reconhecimento de que, de alguma forma, por vivermos em sociedade, todos somos culpados por todos os danos e todos somos causadores de todos os danos". SCHREIBER, Anderson. *Novos paradigmas da responsabilidade civil*: da erosão dos filtros da reparação à diluição dos danos. 3. ed. São Paulo: Atlas, 2011. p. 253.

[43] "... É para a tutela do meio ambiente que se defende o afastamento de um nexo natural; cabe a uma concepção jurídica de causa o papel de fortalecer a responsabilização dos agentes desses danos pós-consumo, a partir do momento em que a responsabilidade civil passa a não ser apenas reparadora, mas, sobretudo, preventiva". LEMOS, Patrícia Faga Iglecias. *Resíduos sólidos e responsabilidade civil pós-consumo*. 3. ed. São Paulo: Revista dos Tribunais, 2014. p. 147 *et seq*.

[44] MILLARÉ, Édis. *Direito do ambiente*: doutrina, prática, jurisprudência, glossário. 6. ed. São Paulo: RT, 2009. p.435.

[45] BENJAMIN, Antônio Herman Vasconcelos. Responsabilidade pelo dano ambiental. *Revista de Direito Ambiental*, n. 9, p. 37, jan./mar. 1998.

As funções são relações entre conjuntos de números representativos de situações concretas.[46] Sob tal perspectiva, as funções devem servir como variáveis críticas no processo decisório prévio à aplicação de qualquer legislação.

No tocante a regras de responsabilidade, essas variáveis são: (a) o fato de que os danos esperados são inversamente proporcionais ao comportamento preventivo das partes impactadas pela regra de responsabilidade; e (b) o fato de que o comportamento preventivo invariavelmente gera custos e, consequentemente, afeta os lucros da atividade econômica afetada, assim como os preços finais dos produtos e/ou serviços.[47] Ademais, é pressuposto desse tipo de análise que as regras jurídicas são fontes de incentivos microeconômicos de comportamento.

De acordo com os teóricos de *Law and Economics*, um sistema legal deve prover incentivos microeconômicos apropriados a incentivar um grau eficiente de prevenção de danos, alinhando os custos e benefícios privados da atividade econômica afetada com os custos e benefícios sociais consequentes.[48]

Esse alinhamento, no entanto, só é possível se as decisões relativas às políticas públicas e às regras jurídicas levarem em consideração os custos e benefícios marginais sociais e privados oriundos da sua implementação.[49] Trata-se de exercício de equilíbrio entre causas e consequências e entre interesses contraditórios entre si em alguns casos. O equilíbrio é especialmente difícil de se alcançar no caso dos países recentemente industrializados, como é o caso do Brasil, por questões relativas ao funcionamento ineficiente das instituições.

Independentemente do grau de eficiência de funcionamento das instituições, é ponto pacífico que os incentivos microeconômicos à prevenção de danos funcionam melhor quando destinados ao agente que detém controle sobre o comportamento preventivo. Nesse sentido, sob a ótica da análise econômica do Direito, diz-se que a norma de responsabilidade é eficiente quando os custos da prevenção do dano são alocados naquele que pode arcar com eles com a maior eficiência possível (*"cheapest cost avoider"*).[50]

O argumento de alocar um custo no ator capaz de lidar com esse custo da forma mais eficiente (*"the best-cost avoider reasoning"*) é a premissa microeconômica básica da análise econômica do Direito.[51] Nesse sentido, cada atividade econômica deveria arcar com os custos privados e sociais gerados pela sua operação e os preços dos produtos e serviços deveriam refletir seus custos reais.[52] Isso porque as empresas invariavelmente transferem esses custos aos preços de seus produtos e serviços. Portanto, sob a ótica de *Law and Economics*, a responsabilidade civil é invariavelmente um instrumento de propagação de riscos.[53]

---

[46] COOTER, Robert; ULEN, Thomas. *Law & Economics*. 5. ed. [S. l]: Pearson Education, 2007. p. 19.
[47] "... Remember that precaution refers to any behavior reducing the probability or magnitude of an accident". COOTER, Robert; ULEN, Thomas. *Law & Economics*, 5. ed. [S. l]: Pearson Education, 2007, p. 338.
[48] COOTER, Robert; ULEN, Thomas. *Law & Economics*. 5. ed. Pearson Education, 2007. p. 338.
[49] COOTER, Robert; ULEN, Thomas. *Law & Economics*. 5. ed. [S. l]: Pearson Education, 2007. p. 338.
[50] CALABRESI, Guido. *The costs of accidents*. Estados Unidos da América: The Carl Purington Rollins Printing Office, [S. d]. p. 22- 23.
[51] CALABRESI, Guido. Some thoughts on risk distributions and the Law of Torts. *The Yale Law Journal*, v. 70, n. 4, p. 500, mar. 1961.
[52] CALABRESI, Guido. Some thoughts on risk distributions and the Law of Torts. *The Yale Law Journal*, v. 70, n. 4, p. 505, mar. 1961.
[53] CALABRESI, Guido. Some thoughts on risk distributions and the Law of Torts. *The Yale Law Journal*, v. 70, n. 4, p. 500, mar. 1961.

Aplicando o raciocínio ao caso ora estudado. As instituições financeiras não detêm controle direto sobre os riscos socioambientais dos projetos que financiam, de tal forma que não são os *"cheapest-cost avoiders"* dos danos socioambientais eventualmente oriundos dos projetos que financiam.[54]

Por fim, a responsabilidade ambiental direta solidária ilimitada dos bancos seria claramente uma regra de responsabilidade fonte de incentivos microeconômicos de comportamentos ineficientes. Consequentemente, será geradora de custos e ineficiências, não apenas econômico-financeiras ao sistema financeiro, como ao sistema produtivo como um todo.

9.3.1 A necessidade de mensuração dos impactos econômico-financeiros de uma decisão de regulação

Além de analisar a eficiência da regra de responsabilidade do ponto de vista comparativo com outras opções de imputação de responsabilidade, que é o que o raciocínio da alocação eficiente de custos faz, é fundamental mensurar os impactos econômico-financeiros da decisão de regulação sob a atividade econômica afetada. Para tanto, é fundamental levar em consideração a função dessa atividade perante a sociedade e a economia. Sobremaneira, é preciso ponderar a relação de custo e benefício da norma anteriormente à sua promulgação.

Com relação à regra de responsabilidade objeto do estudo, como mencionado, tende a ser ineficiente. A principal razão dessa ineficiência em potencial está na insegurança e imprevisibilidade de custos que geraria à atividade de intermediação financeira. Trata-se de atividade sobremaneira impactante à economia e à sociedade. Portanto, uma regra mal planejada geradora de impactos negativos sobre o sistema financeiro geraria mais custos privados e sociais do que benefícios.

Da ótica microeconômica, a insegurança e imprevisibilidade oriundas da imposição de responsabilidade ambiental objetiva solidária ilimitada aos intermediadores financeiros são consequência da indução à alocação ineficiente de recursos que induz. A má alocação de recursos ocorre nos casos em que há outra possibilidade de alocação de recursos possível mais benéfica a todos os atores impactados pela norma.[55] O típico exemplo de alocação ineficiente de recursos é visto nos casos em que a regra de

---

[54] Nota da autora: "A depender do tipo de financiamento, o grau de controle sobre os riscos do projeto é maior ou menor. Exemplos radicalmente opostos quanto ao grau de rastreabilidade dos riscos socioambientais do financiamento são os casos de crédito pessoal a pessoa física (exemplo cartão de crédito rotativo) e um *project finance*. No exemplo do cartão de crédito rotativo, o grau de rastreabilidade é mínimo e no caso de um *project finance*, o grau é máximo. Não vem ao caso destrinchar as razões técnicas para tal diferença, importa apenas compreender dois argumentos. O primeiro é que a discussão a respeito da responsabilidade social ambiental das instituições financeiras permeia os grandes investimentos, especialmente os de *project finance*. Para esses casos, os bancos já desenvolveram processos de controle de riscos socioambiental, inclusive como forma de controle dos riscos de crédito, a exemplo das previsões do Princípios do Equador e a Declaração Internacional dos Bancos para o Meio Ambiente e Desenvolvimento Sustentável. O segundo argumento diz respeito ao mecanismo de controle desses custos ambientais dos projetos financiados. Trata-se de controle indireto dos riscos via auditoria e não de controle direto pela própria instituição financeira. Esse detalhe é importante pois, tendo em vista que o controle direto dos riscos socioambientais de terceiros tomadores de crédito pelos bancos não é eficiente do ponto de vista da análise econômica do Direito à medida que não são os 'cheapest cost avoiders'".

[55] CALABRESI, Guido. Some thoughts on risk distributions and the Law of Torts. *The Yale Law Journal*, v. 70, n. 4, p. 505, mar. 1961.

responsabilidade escolhida resulta na transferência da responsabilidade para um agente que não é o primeiro nem o segundo *"cheapest cost avoider"*.[56]

Isto é, aqueles que perdem recursos por consequência de sua implementação seriam totalmente compensados por aqueles que são afetados positivamente pela norma, isto é, que sofrem variação positiva de recursos por consequência da implementação da norma.[57] Assim sendo, uma norma é considerada ineficiente quando existiria outra possibilidade de regra que arranjasse os recursos de forma que, ao término de sua implementação, todas as partes afetadas pela norma estariam melhores do ponto de vista da afetação dos recursos.

Induzir a alocação eficiente de recursos pela via da regulação exige prover uma estrutura legal que preveja um grau eficiente de obrigações de prevenção ao agente econômico afetado, o que vai depender do setor produtivo afetado.[58] Isto é, é necessário definir qual custo cada atividade econômica deve arcar de acordo com os parâmetros da eficiência da alocação de custos de prevenção de danos e controle de riscos.

Do ponto de vista dos impactos práticos da norma de regulação, isso significa que uma norma eficiente não proíbe ou elimina qualquer atividade econômica, mas se utiliza de instrumentos eficazes na indução de um grau eficiente de exercício de tal atividade econômica do ponto de vista da relação de custo e benefícios sociais que gera. De acordo com a análise econômica do Direito, isso só é possível quando o preço final de um produto ou serviço, por exemplo o crédito, reflete exatamente seus custos reais, incluindo os custos sociais que gera.[59]

Assim sendo, uma decisão de regulação ótima do ponto de vista da análise econômica do Direito resulta em uma política pública efetiva, viável e o mais eficiente possível diante das circunstâncias do caso concreto. Isso não significa que dela não surgirão externalidades negativas. Significa que, tendo em vista a prévia ponderação da relação de custo e benefício entre as possíveis decisões de regulação, foi escolhida aquela que aloca os recursos da forma mais eficiente possível ao mesmo tempo em que induz da forma mais eficaz possível os resultados desejados pela política pública.[60]

Assim sendo, antes de se tomar uma decisão de regulação tão impactante como a imputação da responsabilidade ambiental das instituições financeiras, faz-se necessário mensurar seus impactos econômico-financeiros a fim de que seja possível concluir *a priori* se os custos em potencial gerados pela norma são compensados pelos benefícios em potencial a serem gerados por ela. Como diz o Professor Calabresi, *"Are the costs*

---

[56] Não vem ao caso a análise minuciosa do assunto, porém bastante se menciona nos estudos de regras responsabilidade sob a ótica da análise econômica do Direito, mencionar que na prática é comum na prática escolher a segunda solução mais eficiente em detrimento da primeira por questões concretas de viabilidade da política pública. SHAVELL, Steven. An analysis of causation and the scope of liability in the Law of Torts. *The Journal of Legal Studies*, v. 9, n. 3, p. 463-516, jun. 1980 e BENNEAR, Lori Snyder; STAVINS, Robert N. Second-best theory and the use of multiple policy instruments. *Environmental and Resource Economics*, v. 37, n. 1, p 111-129, maio 2007.

[57] CALABRESI, Guido. Transaction costs, resource allocation and liability rules: a comment. *Faculty Scholarship Series*, Paper 3743, p. 68, 1968. Disponível em: <http://digitalcommons.law.yale.edu/fss_papers/3743>.

[58] CALABRESI, Guido. The decision for accidents: an approach to non-fault allocation of costs. *Faculty Scholarship Series*, Paper 1989, p. 722, 1965. Disponível em: <http://digitalcommons.law.yale.edu/fss_papers/1989>.

[59] CALABRESI, Guido. The decision for accidents: an approach to non-fault allocation of costs. *Faculty Scholarship Series*, Paper 1989, p. 723, 1965. Disponível em: <http://digitalcommons.law.yale.edu/fss_papers/1989>.

[60] CALABRESI, Guido. Transaction costs, resource allocation and liability rules: a comment. *Faculty Scholarship Series*, Paper 3743, p. 68, 1968. Disponível em: <http://digitalcommons.law.yale.edu/fss_papers/3743>.

arising from the chosen legal choice worth the benefits in better resource allocations it brings about, or have we instead approached a false optimum by a series of games which are not worth the candles used?".[61]

Isto porque, presumindo um mercado financeiro funcionando sob condições relativamente competitivas, a imputação dessa regra de responsabilidade resultaria na dispersão das perdas ambientais dos projetos financiados para o sistema financeiro como um todo por meio da remuneração do capital e dos preços dos contratos. Portanto, a imposição de um modelo de responsabilidade ineficiente do ponto de vista da alocação de recursos e gerador de graves inseguranças jurídicas e altos custos de transação dispersaria ineficiências, e, consequentemente, dispersaria custos desnecessários por todo o sistema de produção, afetando tanto os provedores de capital quanto os tomadores.

9.4 Conclusões: a necessária definição de critérios objetivos para imputação da responsabilidade ambiental das instituições financeiras

A evolução do paradigma econômico rumo à sustentabilidade faz com que a estratégia proativa de contenção e prevenção de danos e custos ambientais oriundos de projetos financiados seja uma questão de inovação e vantagem competitiva no setor bancário.[62] Assim sendo, ocorrem importantes mudanças institucionais no exercício da atividade de intermediação financeira, assim como no papel das instituições financeiras perante a sociedade e a economia.[63]

Não podemos deixar de levar em consideração o contexto mundial de evolução das práticas da atividade de intermediação financeira rumo à ética e sustentabilidade nas finanças. Fica claro que não se pode mais tratar o exercício da atividade de intermediação financeira como imparcial e desvinculado do destino dos recursos. Assim como também já não cabe mais na atualidade o antigo dito em latim *"pecunia non olet"*, ou seja, "o dinheiro não tem cheiro".

Esse contexto inclui não apenas práticas de responsabilidade socioambiental, como também práticas de controle de corrupção e evasão de divisas implementadas pelas principais instituições financeiras atuantes globalmente, como bem descrito nos códigos de ética, como da *International Finance Corporation*.[64] Diante de tal contexto, é certo que as instituições financeiras tenham um certo grau de responsabilidade não apenas ambiental, como ético também, o qual vem sendo assumido de forma proativa e efetiva.

Esse novo papel proativo no tocante ao controle e monitoramento dos riscos ambientais dos projetos financiados foi inclusive recepcionado em previsões do Acordo

---

[61] CALABRESI, Guido. Transaction Costs, resource allocation and liability rules: a comment. *Faculty Scholarship Series*, Paper 3743, p. 69, 1968. Disponível em: <http://digitalcommons.law.yale.edu/fss_papers/3743>.

[62] KHAN, Habib-Uz-Zaman et al. Corporate sustainability reporting of major commercial banks in line with GRI: Bangladesh evidence. *Social Responsibility Journal*, v. 7, n. 3, p. 347-362. Disponível em: <http://dx.doi.org/10.1108/17471111111154509> e KHAN, Habib-Uz-Zaman; HALABI, Abdel K.; SAMY, Martin. Corporate social responsibility (CSR) reporting: a study of selected banking companies in Bangladesh. *Social Responsibility Journal*, v. 5, n. 3 p. 344-357. Disponível em: <http://dx.doi.org/10.1108/17471110910977276>.

[63] TRAYLER, Rowan. *A survey of corporate governance in banking*: characteristics of the top 100 world banks, in Corporate Governance in Banking a Global Perspective. Alabama: Edward Elgar, [S. d.]. p. 184.

[64] Disponível em: <http://www.ifc.org/wps/wcm/connect/242799004b71cabfba1cbb6eac26e1c2/Code_Eng.pdf?MOD=AJPERES&CACHEID=242799004b71cabfba1cbb6eac26e1c2>.

III de Basileia. Dessa forma, nota-se que, além do arcabouço legal formal em formação, há evidências concretas de que algum grau de responsabilidade socioambiental pelos riscos gerados pelos projetos financiados deverá ser imputado aos financiadores. Trata-se de caminho sem volta.

Portanto, é inegável diante do contexto atual e futuro que os financiadores têm e terão certo grau de responsabilidade socioambiental. Entretanto, a definição dos limites e critérios objetivos aplicáveis a essa responsabilidade está ainda em construção. É preciso cuidado para que as consequências da imputação de uma responsabilidade como essa não sejam perniciosas e mal planejadas.

O problema surge quando a definição do grau de responsabilidade ambiental das instituições financeiras é feita sem a devida análise econômica de suas consequências futuras e sem a definição de critérios objetivos, gerando insegurança e imprevisibilidade. Exigir das instituições financeiras um papel na responsabilidade socioambiental que vá além do papel de indutor de comportamentos socioambientais dos tomadores e aplicadores de recursos, responsabilizando-as direta e solidariamente pelos danos ao meio ambiente eventualmente decorrentes de projetos financiados na qualidade de poluidoras indiretas sem a definição prévia de critérios objetivos é, no mínimo, irresponsável do ponto de vista da análise econômica do Direito.

Tendo em vista que o incremento da ineficiência causado por uma decisão de regulação é tão maior quanto mais baixo o grau de previsibilidade dos custos oriundos da sua implementação. Tendo em vista ainda que os custos oriundos da responsabilidade socioambiental são altos e com baixo grau de previsibilidade de custos. Dificuldade essa oriunda de duas causas principais: (i) a complexidade na mensuração *a priori* dos custos de reparação de danos ambientais futuros e os impactos individuais e coletivos totais; e (ii) os altos custos de implementação de uma regra de responsabilidade devido ao que se nomeia popularmente de "custo Brasil", oriundo do funcionamento ineficiente das instituições responsáveis pela execução das regras de responsabilidade. O funcionamento ineficiente do Poder Judiciário é especialmente impactante nesse caso, gerando altíssimos custos de transação.[65][66]

Nesse sentido, a responsabilidade ambiental direta solidária ilimitada dos bancos é claramente uma regra de responsabilidade fonte de incentivos microeconômicos de comportamentos ineficientes. É, ademais, geradora de custos e ineficiências, não apenas econômico-financeiras ao sistema financeiro, como ao sistema produtivo como um todo. Do ponto de vista da alocação de recursos, é preferível uma decisão de regulação que cobra de cada setor produtivo os custos sociais efetivamente gerados por ela ao invés de uma solução de dispersão de riscos geral, como os modelos de responsabilidade solidária.[67]

Isso porque um sistema legal efetivo e eficiente deve necessariamente prover incentivos microeconômicos apropriados a incentivar um grau eficiente de prevenção de danos, alinhando os custos e benefícios privados da atividade econômica afetada

---

[65] SZTAJN, Rachel; GORGA, Érica. Tradições do Direito. In: ZYLBERSZTAJN, Decio; SZTAJN, Rachel (Orgs.). *Direito e Economia*: análise econômica do Direito e das organizações. Rio de Janeiro: Elsevier, 2005.

[66] LOPES, Herton Castiglioni. Instituições e crescimento econômico: os modelos teóricos de Thorstein Veblen e Douglass North. *Rev. Econ. Polit.* [on-line]. v. 33, n. 4, p. 619-637, 2013.

[67] CALABRESI, Guido. *The costs of accidents*: a legal and economic analysis. Yale: Yale University Press, 1970. p. 88.

com os custos e benefícios sociais gerados em consequência do exercício de tal atividade econômica.

Para tanto, a decisão de regulação não poderá inviabilizar o exercício da atividade econômica de intermediação financeira. Tampouco poderá tornar o sistema financeiro ineficiente, tendo em vista a sua tamanha importância e relevância funcional perante a sociedade e a economia.

Considerando que a prática demonstra que as instituições financeiras vêm se comprometendo com a responsabilidade socioambiental de maneira proativa, indo além dos requisitos mínimos legais. Considerando ainda que a autorregulação voluntária das instituições financeiras e seus investimentos em responsabilidade socioambiental só crescem. Fica claro que não há comportamento reativo dos bancos em recepcionar as obrigações oriundas do novo papel que exercem perante a sociedade, indo além de meramente intermediadores de crédito sem responsabilidades adicionais.

Há comprometimento da classe em evoluir nas práticas socioambientais, inclusive por questões relativas à competição e elementos de inovação do setor financeiro. Não há, portanto, justificativa concreta para impor pela via legal compulsória vertical uma regra de responsabilidade ambiental solidária ilimitada, desprovida de critérios e limites objetivos claros que geraria graves desequilíbrios ao sistema financeiro.

Referências

ACHETA, Emmanuel; WEBER, Olaf. The Equator principles: ten teenage years of implementation and a search for outcome. *CIGI Papers*, n. 24, p. 6, 8, jan. 2014.

BECK, Thorsten; LEVINE, Ross. Legal institutions and financial development. In: MENARD, Claude; SHIRLEY, Mary M. *Handbook of New Institutional Economics*. Berlim: Springer Science & Business Media, 2008. p. 251-278.

BENJAMIN, Antônio Herman Vasconcelos. Responsabilidade pelo dano ambiental. *Revista de Direito Ambiental*, n. 9, jan./mar. 1998.

BENNEAR, Lori Snyder; STAVINS, Robert N. Second-best theory and the use of multiple policy instruments, *Environmental and Resource Economics*, v. 37, n. 1, p. 111-129, maio 2007.

BRASIL. Banco Central do Brasil. *Resolução nº 4.327, de 25 de abril de 2014*. Disponível em: <http://www.bcb.gov.br/pre/normativos/res/2014/pdf/res_4327_v1_O.pdf>. Acesso em: 30 jul. 2015.

BRASIL. Banco Central do Brasil. *Supervision manual*. Disponível em: <https://www3.bcb.gov.br/gmn/visualizacao/listarDocumentosManualPublico.do?method=visualizarDocumentoInicial&idManual=2&itemManualId=112>. Acesso em: 12 ago. 2015.

CALABRESI, Guido. *Some thoughts on risk distributions and the Law of Torts*. The Yale Law Journal, v. 70, n. 4, p. 500-557, mar. 1961.

CALABRESI, Guido. *The costs of accidents: a legal and economic analysis*. Yale: Yale University Press, 1970.

CALABRESI, Guido. The decision for accidents: an approach to non-fault allocation of costs. *Faculty Scholarship Series*, Paper 1989, p. 723, 1965. Disponível em: <http://digitalcommons.law.yale.edu/fss_papers/1989/>.

CALABRESI, Guido. Transaction Costs, Resource Allocation and Liability Rules: A Comment. *Faculty Scholarship Series*, Paper 3743, 1968. Disponível em: <http://digitalcommons.law.yale.edu/fss_papers/3743/>.

CANOTILHO, José Joaquim Gomes. Estado constitucional e democracia sustentada. In: LEITE, Jose Rubens Morato; FERREIRA, Heline Sivini; BORATTI, Larissa Verri. *Estado de Direito Ambiental*: tendências. 2. ed. Rio de Janeiro: Forense Universitária, 2010. p. 31-46.

CAVALIERI FILHO, Sérgio. *Programa de responsabilidade civil*. 10. ed. São Paulo: Atlas, 2012.

COOTER, Robert; ULEN, Thomas. *Law & Economics*. 5. ed. [S. l.]: Pearson Education, 2007.

COURTICE, Polly; WILSON, Jeremy. *Stability and sustainability in banking reform*: are environmental risks missing in Basel III? Disponível em: <http://www.unepfi.org/fileadmin/documents/StabilitySustainability.pdf>. Acesso em: 12 ago. 2015.

CRUVINEL, Elvira. *Responsabilidade social em instituições financeiras*: a institucionalização da prática nos bancos no Brasil. Rio de Janeiro: Elsevier, 2008.

CUOCO, Luciana Graziela Araújo. *Boletim de Responsabilidade Social e Ambiental do Sistema Financeiro*, ano 3, n. 25, dez. 2007.

GODOY, Claudio Luiz Bueno de. *Responsabilidade civil pelo risco da atividade*. 2. ed. São Paulo: Saraiva, 2010.

GRIZZI, Ana Luci Esteves et al. *Responsabilidade civil ambiental dos financiadores*. Rio de Janeiro: Lumen Juris, 2003.

IFC. Internacional Finance Corporation. Disponível em: <http://www.ifc.org/wps/wcm/connect/corp_ext_content/ifc_external_corporate_site/home>. Acesso em: 30 jul. 2015.

JEUCKEN, Marcel. *Sustainable finance and banking*. London: Earthscan, 2001.

KHAN, Habib-Uz-Zaman et al. Corporate sustainability reporting of major commercial banks in line with GRI: Bangladesh evidence. *Social Responsibility Journal*, v. 7, n. 3 p. 347-362, 2005. Disponível em: <http://dx.doi.org/10.1108/17471111111154509>.

KHAN, Habib-Uz-Zaman, HALABI, Abdel K., SAMY, Martin. Corporate social responsibility (CSR) reporting: a study of selected banking companies in Bangladesh. *Social Responsibility Journal*, v. 5, n. 3, p. 344-357, 2005. Disponível em: <http://dx.doi.org/10.1108/17471110910977276>.

KRIEGK, Jean-François. L'américanization de la justice, marque d'un mouvement de privatisation du droit et de la justice civile? *Gazette du Palais*, n. 95, abr. 2005.

LAZZARINI, S. G et al. *The best of both worlds?* Impact investors and their role in the financial versus social performance debate. Disponível em: <http://papers.ssrn.com/sol3/papers.cfm?abstract_id=2492860>.

LEITE, José Rubens Morato. Tendências e perspectivas do Estado de direito ambiental no Brasil. In: LEITE, Jose Rubens Morato; FERREIRA, Heline Sivini; BORATTI, Larissa Verri. *Estado de Direito Ambiental*: tendências. 2. ed. Rio de Janeiro: Forense Universitária, 2010. p. 3-31.

LEMOS, Patrícia Faga Iglecias. *Resíduos sólidos e responsabilidade civil pós-consumo*. 3. ed. São Paulo: Revista dos Tribunais, 2014.

LEMOS, Patrícia Faga Iglecias. Aspectos de Direito e ética ambiental. In: AMATO NETO, João. *Sustentabilidade e produção*: teoria e prática para uma gestão sustentável. São Paulo: Atlas, 2011. p. 78-89.

LEVY, Daniel de Andrade. *Responsabilidade civil*: de um direito dos danos a um direito das condutas lesivas. São Paulo: Atlas, 2012.

LEZCANO, Ignacio Díaz. *La no presunción de solidariedad en las obligaciones*: estudo en torno a la jurisprudencia del Tribunal Supremo. Madrid: 1997.

LOPES, Herton Castiglioni. Instituições e crescimento econômico: os modelos teóricos de Thorstein Veblen e Douglass North. *Revista de Economia Política*, v. 33, n. 4, p. 619-637, 2013.

MAGALHÃES, Reginaldo Salles. *Boletim de Responsabilidade Social e Ambiental do Sistema Financeiro*, ano 6, n. 54, mar. 2011.

MILARÉ, Édis. *Direito do ambiente*: doutrina, prática, jurisprudência, glossário. 6. ed. São Paulo: RT, 2009.

MONDAINI, Fernando Cesar Maia. A responsabilidade ambiental das instituições financeiras. *Boletim de Responsabilidade Social e Ambiental do Sistema Financeiro*, ano 4, n. 49, dez. 2009.

PORTER, Michael E; KRAMER, Mark R. Strategy & Society: The Link Between Competitive Advantage and Corporate Social Responsibility. *Harvard Business Review*, v. 84, n. 12, p. 78-92, 2006.

RASLAN, Alexandre Lima. *Responsabilidade civil ambiental do financiador*. Porto Alegre: Livraria do Advogado, 2012.

ROMEIRO, Ademar Ribeiro. Economia ou economia política da sustentabilidade. In: ROMEIRO, Ademar Ribeiro. *Economia do Meio Ambiente*: teoria e prática. São Paulo: Campus, 2003. p. 1-29.

SCHREIBER, Anderson. *Novos paradigmas da responsabilidade civil:* da erosão dos filtros da reparação à diluição dos danos. 3. ed. São Paulo: Atlas, 2011.

SHAVELL, Steven. An analysis of causation and the scope of liability in the law of torts. *The Journal of Legal Studies,* v. 9, n. 3, p. 463-516, jun. 1980.

SILVA, José Afonso da. *Comentário contextual à Constituição.* São Paulo: Malheiros, 2010.

SILVA, José Afonso da. *Curso de Direito Constitucional Positivo.* 28. ed. São Paulo: Malheiros, 2007.

SILVA, José Afonso da. *Direito Ambiental Constitucional.* 8. ed. atual. São Paulo: Malheiros, 2010.

SISTEMA B. La *Empresa B*: B Corp. Disponível em: <http://www.sistemab.org/espanol/la-empresa-b>.

SLONE, Daniel K. Legal aspects of eco-industrial development. In: COHEN-ROSENTHAL, Edward. *Eco-industrial strategies*: unleashing synergy between economic development and the environment. Saltaire: Greenleaf Publishing, 2003. p. 138-160.

STEIGLEDER, Annelise Monteiro. Responsabilidade civil das instituições financeiras por danos ambientais. *Revista Jurídica do Ministério Público do Estado do Mato Grosso,* 2007.

SZTAJN, Rachel; GORGA, Érica. Tradições do Direito. In: ZYLBERSZTAJN, Decio; SZTAJN, Rachel (Orgs.). *Direito e Economia*: análise econômica do Direito e das organizações. Rio de Janeiro: Elsevier, 2005.

THIBIERGE, Catherine. Libres propos sur l'évolution du droit de la responsabilité: vers un élargissement de la fonction de la responsabilité civile? *Revue Trimestrielle de Droit Civil,* n. 3, p. 561-584, jul./set. 1999.

TOSINI, Maria de Fátima Cavalcante. Risco ambiental como variável de risco de mercado. *Boletim de Responsabilidade Social e Ambiental do Sistema Financeiro,* ano 1, n. 5, abr. 2006.

TRAYLER, Rowan. *A survey of corporate governance in banking*: characteristics of the top 100 world banks, in Corporate Governance in Banking a Global Perspective. Alabama: Edward Elgar, 2007. p. 184-205.

UN Documents. *Report of the World Commission on Environment and Development*: Our Common Future. Disponível em: <http://www.un-documents.net/our-common-future.pdf>. Acesso em: 14 ago. 2015.

UNEP. Finance Initiative. Disponível em: <http://www.unepfi.org/>. Acesso em: 30 jul. 2015.

Informação bibliográfica deste livro, conforme a NBR 6023:2002 da Associação Brasileira de Normas Técnicas (ABNT):

PELUCIO, Aline Pacheco. A análise econômica do Direito e a necessidade de definição de critérios objetivos para imputação da responsabilidade ambiental das instituições financeiras. In: YOSHIDA, Consuelo Y. Moromizato et al. (Coord.). *Finanças sustentáveis e a responsabilidade socioambiental das instituições financeiras.* Belo Horizonte: Fórum, 2017. p. 157-172. ISBN 978-85-450-0234-5.

CAPÍTULO 10

O SEGURO AMBIENTAL E A SUA IMPORTÂNCIA PARA O FINANCIAMENTO SUSTENTÁVEL

ROBERTA DANELON LEONHARDT
EDUARDO AVILA DE CASTRO
GUILHERME D'ALMEIDA MOTA

10.1 Introdução

Há alguns anos tido como tema de difícil evolução e objeto de reflexões sobre os seus entraves, o seguro ambiental, aos poucos, vem ganhando espaço e papel de destaque no cenário econômico-jurídico brasileiro.

Dia após dia, percebe-se o crescimento da frequência de temáticas ambientais no cotidiano popular. Notícias de acidentes com impactos sobre o meio ambiente, aplicação de penalidades como embargos e multas com valores expressivos por órgãos ambientais, atuações incisivas e frequentes do Ministério Público na área ambiental, decisões das mais altas cortes externando interpretações sobre condutas contrárias à legislação relacionada, dentre outros, passaram a fazer parte do dia a dia do brasileiro.

É possível dizer que se vive em uma época em que a proteção ao meio ambiente nunca esteve tão em foco. Ainda que instituições já atuem há décadas na proteção dos bens ambientais, o enfoque na matéria pela opinião pública, pela mídia e pelas autoridades fiscalizadoras é uma realidade corriqueira.

A atenção à variável ambiental consolidou-se como indispensável, essencial, às atividades e aos empreendimentos de pessoas físicas e jurídicas no país. Assim como ocorreu com o amadurecimento da adoção de cautelas de naturezas tributária e trabalhista para o desenvolvimento das mais simples atividades no Brasil, atualmente o cuidado na análise e no endereçamento de aspectos ambientais na celebração e no desenvolvimento de negócios é uma realidade praticamente absoluta, por uma razão: tornou-se muito arriscado não tê-lo.

Tal racional, conforme se demonstrará, aplica-se às instituições financeiras que, seja pela sujeição a normas e princípios nacionais e internacionais, seja pelas construções de qualificação como poluidor indireto ao financiar atividades não conformes com a legislação ambiental, têm que enfrentar diuturnamente a questão da responsabilidade socioambiental.

Os profissionais do Direito bem servem de termômetro do aumento da agenda ambiental. Escritórios de advocacia são corriqueiramente acionados para representar empresas em processos e procedimentos judiciais e administrativos de cunho ambiental, indicando prognósticos de perda, proceder com avaliações de riscos ambientais atrelados a aquisições de ativos (equipamentos, imóveis, plantas etc.) e a cotas e ações de sociedades empresárias em processos de fusão e aquisição, elaborar consultas quanto aos riscos de adoção de determinadas medidas e estratégias, bem como para atuar em financiamentos e outras formas de suporte financeiro por instituições financeiras. Promotorias de Justiça e Procuradorias da República, de igual modo, vêm claramente experimentando um aumento significativo de representações, denúncias, ofícios de outras autoridades e identificação de possíveis irregularidades por outros meios, ensejando um crescimento exponencial de procedimentos administrativos sob seus cuidados.

Todos esses fatores revelam o alçar dos riscos ambientais a um patamar de notoriedade na sociedade. O risco, por sua vez, é a força motriz dos contratos de seguro. À medida que a importância dos aspectos ambientais vai se tornando mais enraizada na vida empresarial brasileira, a discussão e a procura por seguros ambientais também são estimuladas.

Não por outra razão, cada vez mais a sociedade se depara com notícias de expansão do mercado de seguros ambientais, que paulatinamente vêm sendo mais requisitados para o exercício de atividades no país. Apesar de ainda representar uma demanda pequena em relação a outros mercados, reportes apontam para o franco crescimento do segmento no Brasil.[1]

No presente artigo, trataremos do conceito e do histórico dos seguros ambientais nos panoramas internacional e nacional. Em seguida, à luz dos atuais contornos da responsabilidade das instituições financeiras, os quais vêm adquirindo cada vez mais forma no Brasil ao longo dos anos, será demonstrado como o seguro ambiental, direta e indiretamente, pode se tornar um importante instrumento para as instituições financeiras, a um só tempo: mitigar riscos, cumprir políticas e princípios socioambientais atualmente indissociáveis de suas atividades e, possivelmente, expandir atuações por meio do fomento desse promissor nicho do mercado securitário.

10.2 Conceito e breve histórico

O seguro, em sua essência, consiste em uma garantia contratual de interesse legítimo (do segurado) contra os efeitos pecuniários resultantes da materialização de riscos predeterminados. Para que, na prática, este contrato seja viável e oferecido ao mercado, em troca de uma contraprestação (prêmio), é imprescindível que os riscos objeto de seu escopo sejam minimamente identificáveis.

---

[1] Diário Comércio, Indústria e Serviço – DCI, 25.04.2016, p. 14.

No Código Civil Brasileiro, a definição do contrato de seguro é trazida no seu art. 737, que o define da seguinte forma: "[p]elo contrato de seguro, o segurador se obriga, mediante o pagamento do prêmio, a garantir interesse legítimo do segurado, relativo a pessoa ou a coisa, contra riscos predeterminados".

Da leitura do referido dispositivo, extraem-se claramente as principais características do seguro, que são traduzidas pela melhor doutrina como: (i) bilateralidade; (ii) aleatoriedade; e (iii) onerosidade. Bilateral, porque composto por obrigações do segurador (i.e. garantia) e do segurado (i.e. prêmio). Aleatório, porque o evento de materialização do risco é incerto. Oneroso, porque, como dito, para que o segurador conceda esta garantia é preciso pagar para tanto.

Originalmente, quando direitos coletivos e difusos ainda não se encontravam qualificados e incutidos na sociedade, o instrumento de seguro tinha viés exclusivamente individual, patrimonialista. A título exemplificativo, garantia-se que uma determinada carga transportada, plenamente quantificável do ponto de vista pecuniário, chegaria ao seu local de destino.

Com a expansão e a qualificação de direitos outros, atribuíveis a coletividades determinadas e indeterminadas, relacionados a bens cujos limites e valoração pecuniária não são claros, uma nova gama de complexidade foi inserida na atividade securitária.

E um claro exemplo de tal mudança de paradigma dá-se na esfera do seguro ambiental.

O bem ambiental é atribuível a todos, sujeito de direito indefinido. No plano nacional, o art. 225 da Constituição Federal define que é o "meio ambiente ecologicamente equilibrado" o "bem de uso comum do povo e essencial à sadia qualidade de vida".

Ao notarmos a qualificação de tal bem, é reflexo natural a remissão quase que imediata aos seguintes questionamentos: como predeterminar o risco? Como definir os seus limites? Como valorá-lo? Questionamentos como esses chegam a levar à reflexão acerca da impossibilidade de se segurar riscos ambientais, seja pela complexidade da sua delimitação, seja pelo sujeito de direito que faria jus à reparação ou à indenização.

Contudo, conforme bem sinaliza Walter Polido,[2] fato é que, assim como houve o amadurecimento da temática em mercados internacionais, a consideração da variável

---

[2] "O fato de constituir um direito difuso, a priori, não impede que o seguro ambiental possa acolhê-lo na sua cobertura, pois o segurado – objetivamente identificado – poderá causar um dano dessa natureza, afetando bens pertencentes à coletividade, tal como a contaminação de um rio, que serve a vários municípios ao longo de suas margens, ou mesmo de uma lagoa ou do lençol freático de determinada região. Em tais situações de sinistros, o ofensor poderá ser identificado, os danos poderão ser quantificados e a recuperação dos locais poderá ser processada. Assim, o seguro para riscos ambientais pode e deve garantir as indenizações devidas e seria inócuo ou mesmo incompleto se não pudesse atingir também a indenização referente aos interesses ou direitos difusos, desde que quantificados ou devidamente arbitrados. A valoração dos direitos difusos é matéria complexa e nem sempre de fácil solução, mesmo porque o conhecimento científico disponível pode não preencher todas as lacunas que seriam necessárias para se alcançar a perfeita valoração. Conclui-se, muitas vezes, sobre a impossibilidade da reparação ambiental em termos pecuniários, tal como no caso da extinção de uma espécie animal, mas nem por isso pode-se alegar a insegurabilidade do risco, por meio de um contrato de seguro, de forma genérica. O legislador brasileiro, inclusive, ampliou os conceitos pertinentes aos direitos coletivos – já por si sós bastante abrangentes –, tipificando também a possibilidade da reparação do dano moral – o qual pode alcançar a área ambiental.
(...)
Os danos que atingem também ou exclusivamente direitos difusos podem e devem, portanto, ser cobertos e abrangidos por apólices de seguros que se propõem a cobrir risco ambiental. Aquelas apólices que se limitarem aos tradicionais danos patrimoniais individuais ou aos danos corporais a determinadas pessoas constituirão – no futuro bem próximo – produtos de pouca importância ou quase sem nenhum interesse mercadológico,

ambiental na condução e no desenvolvimento de quaisquer atividades no Brasil atualmente não é mais uma opção. Além de possível juridicamente, os seguros ambientais tendem a alcançar papel de proeminência na nova dinâmica de negócios no país.

A consideração da variável ambiental na realização de negócios não é mais um mero bônus a um produto, como a criação de um marketing de produto *eco-friendly*. Atualmente, a consideração dessa variável é essencial, uma vez que pode ser fatal para a própria viabilidade do negócio, à luz da crescente fiscalização das autoridades quanto à conformidade (*compliance*) ambiental, das rígidas regras de responsabilização por danos ambientais no Brasil e das severas penas aplicadas administrativa e judicialmente.

Assim como o risco de perda de mercadorias transportadas levou naturalmente à imprescindibilidade de instrumentos de seguro no desenvolvimento de negócios dessa natureza, à medida que o risco ambiental se torna indissociável da atividade empresarial, é natural que o empreendedor busque se assegurar de tal risco, ainda que não seja para eliminar, mas para mitigar a exposição de seu patrimônio.

Importante notar que, diante da inserção de uma nova gama de direitos no ordenamento jurídico pátrio, especialmente em sede constitucional, por parte da doutrina realçada com o surgimento de um Estado Democrático de Direito Ambiental, é inevitável a irradiação de seus princípios e regras no espectro infraconstitucional.

Os instrumentos contratuais, como notório, não passaram incólumes a tal afetação. O Código Civil Brasileiro trouxe de forma expressa a função social do contrato, a qual, conforme já há algum tempo vem sendo construída, constitui-se verdadeiramente numa função socioambiental.

Antes de adentrar na análise de perspectivas e de oportunidades que o instrumento do seguro ambiental pode gerar para as instituições financeiras, vale a pena citar brevemente as trajetórias nos cenários norte-americano e brasileiro, revelando a evolução de tal seguro.

No plano norte-americano, parece haver consenso na doutrina no sentido de que a discussão doméstica concreta sobre seguros ambientais surgiu na década de 1970, como decorrência lógica da criação e implementação de medidas de proteção pelo órgão ambiental maior norte-americano, a *Environmental Protection Agency* ("EPA").[3]

Diante do surgimento de regras específicas de natureza ambiental, a procura por instrumentos de seguro para mitigação dos riscos sofreu aumento significativo. O instrumento de seguro que existia à época, a *Commercial General Liability* ("CGL"), previa cobertura de responsabilidade civil, geral, em virtude de um evento (*occurrence*).

Devido às controvérsias quanto à amplitude da cobertura de tal responsabilidade civil e devido à crescente demanda pelas CGLs na década de 1970, as seguradoras passaram, então, a adotar cláusulas expressas de exclusão, ressaltando que danos provenientes de poluição não estavam cobertos, salvo se súbitos ou acidentais. Posteriormente, devido à continuidade de controvérsias e questionamentos acerca de tal exceção, em meados da década de 1980 as seguradoras passaram a adotar cláusula

---

pois a cobertura estará situada em patamar essencialmente restritivo e quase inócuo. O mundo caminha em outra direção e os contratos de seguros devem acompanhar as tendências, até mesmo antecipando as evoluções legislativas, se necessário for" (POLIDO, Walter. *Seguros para riscos ambientais*. São Paulo: Revista dos Tribunais, 2005. p. 61-63).

[3] DAHITEN, Augusto F. Seguro ambiental: possíveis razões para o precário desenvolvimento do produto no Brasil. *Revista de Direito Ambiental*, v. 70, p. 151, 2013.

de exclusão absoluta, sem exceções. As típicas CGLs, assim, expressamente não mais cobriam danos ambientais.

Com isso e com o constante desenvolvimento da clareza sobre os custos que danos ambientais poderiam gerar, surgiu nos Estados Unidos uma nova fase na década de 1990, com a introdução no mercado de diversos tipos de apólices específicas para cobertura ambiental, customizadas para atendimento de distintos interesses dos segurados.

De maneira relativamente similar, no Brasil, na década de 1960 existiam apólices de responsabilidade civil que apenas cobriam danos decorrentes de poluição súbita. Posteriormente, as seguradoras passaram a deixar mais claro que as apólices não cobrem danos de natureza continuada (*v.g.* contaminações continuadas e seus agravamentos ao longo do tempo).[4]

Em 1981, contudo, na mesma época em que a Política Nacional do Meio Ambiente ("PNMA"), delineada por meio da Lei Federal nº 6.938/1981, trazia em seu bojo a previsão do seguro ambiental como importante mecanismo para a proteção ambiental no plano nacional, as seguradoras passaram a estabelecer cláusulas de exclusão absoluta em apólices de responsabilidade civil geral.

Com a evolução da legislação e de estudos sobre o tema, especialmente com a participação do Instituto de Resseguros do Brasil ("IRB Brasil Re"), passou-se a considerar a criação de apólices específicas para a cobertura de danos ambientais. Assim é que, na década de 1990, surgem as primeiras bases para seguros específicos voltados para a poluição, por meio das Circulares PRESI nºs 052/1991 e 023/1997[5] e, em 2004, a primeira apólice *standalone* de responsabilidade civil contra danos ambientais do mercado.[6]

Importante observar que, no plano nacional, existem projetos de lei em trâmite visando ao estabelecimento da obrigatoriedade do seguro ambiental. É o caso, por exemplo, dos Projetos de Lei nºs 2.313/2003 e 3.876/2008, este último apenso ao primeiro.

Por meio do Projeto de Lei nº 2.313/2003, em trâmite na Câmara dos Deputados, propôs-se a alteração do Decreto-Lei nº 73/1966, que "dispõe sobre o Sistema Nacional de Seguros Privados, regula as operações de seguros e resseguros e dá outras providências", para inserir dentre as hipóteses de obrigatoriedade de seguro (art. 20), com as emendas de aditamento processadas no trâmite do projeto,[7] o de "responsabilidade civil do poluidor, pessoa física ou jurídica que exerça atividades econômicas potencialmente causadoras de degradação ambiental, por danos a pessoas e ao meio ambiente em zonas urbanas ou rurais, nos casos em que o seguro seja exigido pelo órgão licenciador do Sistema Nacional do Meio Ambiente (SISNAMA), como requisito para a concessão da licença ambiental".[8]

---

[4] TRENNEPOHL, Natascha. *Direito Ambiental atual*. A sociedade de risco e o seguro ambiental. Rio de Janeiro: Elsevier, 2014. p. 201/202.

[5] De acordo com Trennepohl, "[a] importância das circulares está na fixação inicial de critérios, uma vez que, em razão da complexidade envolvida na elaboração de um seguro ambiental, as seguradoras precisariam estabelecer apólices individuais que se adequassem às exigências do IRB Brasil Re, pois, seguramente, utilizariam a contratação do resseguro para garantir a liquidez de seus contratos" (*Idem*, p. 202).

[6] Comercializada pela Unibanco-AIG, *joint venture* de seguros então existente entre o Unibanco e a AIG.

[7] Foram propostas 8 emendas, no total. Disponível em: <http://www.camara.gov.br/proposicoesWeb/prop_emendas?idProposicao=138257&subst=0>. Acesso em: 20 jun. 2016.

[8] O texto originalmente proposto previa apenas: "responsabilidade civil do poluidor, pessoa física ou jurídica que exerça atividades econômicas potencialmente causadoras de degradação ambiental, por danos a pessoas e ao meio ambiente em zonas urbanas ou rurais". Ou seja, independentemente de exigência pelo órgão ambiental licenciador.

Considerando as emendas de aditamento ao projeto original, o referido seguro visaria à cobertura de "danos pessoais e ambientais decorrentes de radiação ou contaminação por substância tóxica, resíduos não perecíveis ou de difícil deterioração", compreendendo-se a cobertura por: (i) danos pessoais como "indenizações por morte, invalidez, assistência médica e suplementar causadas pelo poluidor, inclusive relacionadas a contaminação por radiação ou substâncias tóxicas";[9] e (ii) danos ambientais como "as indenizações por prejuízos causados aos recursos naturais, pela exploração depredatória ou por acidentes".

Curioso notar que, durante sua tramitação, despachos foram proferidos pela relatoria, favoravelmente à essência do projeto, com ressalvas e adaptações, expondo como vantagens do seguro ambiental obrigatório: (i) a efetividade de reparação nos casos de ausência de recursos financeiros pelo poluidor; (ii) a utilidade de auxiliar os órgãos do Sistema Nacional do Meio Ambiente ("SISNAMA") no controle ambiental, já que as seguradoras estariam vigilantes, mitigando o risco de segurados incidirem em comportamentos motivadores de danos ambientais; (iii) a adoção de seguros de tal natureza nos Estados Unidos, na França e na Suécia; (iv) o desincentivo a comportamentos desleixados por parte dos empreendedores; (v) a redução drástica da carga burocrática do Estado quanto ao nível de controle prévio e de fiscalização; e (vi) a redução de judicialização e de recursos, com a garantia de reparação rápida e eficiente.[10]

Não obstante as possíveis vantagens de um seguro ambiental obrigatório e o funcionamento deste em outros países, do referido projeto nota-se uma evidente restrição ao escopo da cobertura por danos ao meio ambiente e aos terceiros afetados, o que ainda deixaria empreendedores sujeitos a outros riscos não cobertos.

Apesar de pareceres favoráveis já emanados, em 2013 foi proferido o último parecer sobre o projeto, sinalizando que: (i) "[é] impraticável que se estabeleça, por lei, como pretende especialmente o PL 2.313/2003, a obrigatoriedade de seguro ambiental, independente da disposição das seguradoras de assumir o risco, em condições que possam ser avaliadas, caso a caso"; e (ii) "em um país que dá guarida constitucional à livre iniciativa, é inadmissível que se aprove proposta que obrigue as empresas seguradoras a garantirem riscos que não tenham sido predeterminados, avaliados, calculados e legitimamente apreçados".[11]

O referido projeto, de toda forma, ainda está pendente de apreciação pelo Plenário da Câmara dos Deputados.

Por sua vez, o Projeto de Lei nº 3.876/2008, apenso ao projeto mencionado, propõe a alteração do art. 10 da PNMA, com a inclusão das seguintes previsões: (i) "a contratação, pelo empreendedor, de Seguro por Risco e Dano de Responsabilidade Civil Ambiental, no momento da emissão da Licença Prévia, que aprova a viabilidade ambiental do empreendimento, autoriza o mesmo a dar início às obras"; (ii) "caberá ao órgão licenciador responsável o estabelecimento do valor final da Apólice, a

---

[9] Este é o texto proposto em sede de aditamento. O texto originalmente proposto era mais restritivo e consignava que estariam cobertas apenas "as indenizações por morte, invalidez, assistência médica e suplementar, causadas por radiação ou contaminação por substâncias tóxicas".

[10] Disponível em: <http://www.camara.gov.br/proposicoesWeb/prop_mostrarintegra?codteor=340130&filename=PRL+1+CMADS+%3D%3E+PL+2313/2003>. Acesso em: 20 jun. 2016.

[11] Disponível em: <http://www.camara.gov.br/proposicoesWeb/prop_mostrarintegra?codteor=1117959&filename=PRL+1+CCJC+%3D%3E+PL+2313/2003>. Acesso em: 20 jun. 2016.

aceitabilidade dos termos e condições pactuados, bem como a aprovação da seguradora ou seguradoras contratadas".[12]

A proposta, portanto, visa à permissão do início de medidas de instalação logo após a emissão da Licença Prévia, sem necessidade de Licença de Instalação, desde que o empreendedor contrate seguro ambiental, cujo valor da apólice deve ser estabelecido pelo órgão licenciador.

O referido projeto também foi objeto do parecer desfavorável anteriormente mencionado e transcrito, no qual, além das razões que também seriam aplicáveis, consignou-se que: (i) o mencionado projeto "transfere para a empresa seguradora a responsabilidade pelo empreendimento a ser licenciado, o que em muito extrapola as condições do contrato de seguro, e viola os princípios da política e do Direito Ambiental no Brasil"; e (ii) "o PL nº 3.876/2008 prevê que caberá ao 'órgão licenciador' o estabelecimento do valor final da apólice, dentre outros equívocos de semelhante monta".

Assim como o Projeto de Lei nº 2.313/2003, o Projeto de Lei nº 3.876/2008 também aguarda apreciação pelo Plenário da Câmara dos Deputados.[13]

Não obstante tais projetos em trâmite, deve-se ressaltar que no Brasil já existem determinadas previsões que consignam a necessidade de contratação de seguros ambientais por determinados empreendedores.

É o caso, por exemplo, da Política Nacional de Resíduos Sólidos (Lei Federal nº 12.305/2010), que no seu art. 40 prevê que "[n]o licenciamento ambiental de empreendimentos ou atividades que operem com resíduos perigosos, o órgão licenciador do Sisnama pode exigir a contratação de seguro de responsabilidade civil por danos causados ao meio ambiente ou à saúde pública, observadas as regras sobre cobertura e os limites máximos de contratação fixados em regulamento".

De forma similar ao previsto na Política Nacional do Meio Ambiente, por sua vez, a Lei de Áreas Contaminadas do Estado de São Paulo (Lei Estadual nº 13.577/2009) prevê o seguro ambiental como um dos instrumentos "para a implantação do sistema de proteção da qualidade do solo e para o gerenciamento de áreas contaminadas" (art. 4º, inciso X).

O regulamento da referida lei paulista (Decreto Estadual nº 59.263/2013) ratifica a previsão supramencionada e define seguro ambiental como o "contrato de seguro que contenha cobertura para assegurar a execução de Plano de Intervenção aprovado em sua totalidade e nos prazos estabelecidos, no valor mínimo de 125% (cento e vinte e cinco por cento) do custo estimado" (v. art. 3º, inciso XXXIII, e art. 4º, X). Ainda, o referido regulamento estabelece que "[n]os casos em que sejam adotadas medidas de remediação por contenção ou isolamento, o responsável legal deverá apresentar garantia bancária ou seguro ambiental para o funcionamento do sistema durante todo o período de sua aplicação" (art. 46, §2º).

Feita a exposição, que revela como o seguro ambiental tem evoluído conceitualmente e na prática, por meio de construções doutrinárias e da atividade legislativa,

---

[12] Disponível em: <http://www.camara.gov.br/proposicoesWeb/prop_mostrarintegra?codteor=591822&filename=PL+3876/2008>. Acesso em: 20 jun. 2016.

[13] No que se refere a ambos os projetos de lei, a última movimentação se deu em 19 de março de 2015, quando, por meio do Requerimento nº 1007/2015, os seus desarquivamentos foram deferidos. Disponível em: <http://www.camara.gov.br/proposicoesWeb/fichadetramitacao?idProposicao=138257>; Disponível em: <http://www.camara.gov.br/proposicoesWeb/fichadetramitacao?idProposicao=407187>. Acesso em: 20 jun. 2016.

passa-se a expor como ele pode ser utilizado como importante instrumento para a consecução da nova dinâmica de sustentabilidade que tem se descortinado para a atuação das instituições financeiras nos planos nacional e internacional.

10.3 Perspectivas e oportunidades

A Política Nacional do Meio Ambiente estabelece em seu art. 14, §1º, a responsabilidade objetiva em matéria ambiental, ao prever que o poluidor é obrigado, independentemente de culpa, a reparar ou indenizar os danos causados ao meio ambiente e aos terceiros afetados por tais danos. O poluidor, por sua vez, é definido como a pessoa física ou jurídica, de direito público ou privado, responsável, direta ou indiretamente, pela atividade que causou a degradação ambiental.[14]

A insegurança que assola as instituições financeiras reside na amplitude do conceito de poluidor indireto. Apesar de existirem normas[15] e decisões[16] versando sobre a responsabilidade de instituições financeiras de direito público, ainda não há clareza sobre o fato gerador e a extensão da responsabilidade de instituições financeiras de direito privado na qualidade de poluidoras indiretas.[17]

De toda forma, princípios e normas nacionais e internacionais já têm desenhado, em sede de regulação setorial, autorregulação e de instrumentos de adesão voluntária, boas práticas que devem ser adotadas por instituições financeiras para a consecução do desenvolvimento sustentável.

---

[14] Art. 3º, inciso IV, da Lei Federal nº 6.938/1981.

[15] Vide art. 12 da Lei Federal nº 6.938/1981, que dispõe que "[a]s entidades e órgãos de financiamento e incentivos governamentais condicionarão a aprovação de projetos habilitados a esses benefícios ao licenciamento, na forma desta Lei, e ao cumprimento das normas, dos critérios e dos padrões expedidos pelo CONAMA".

[16] É o caso, por exemplo, de posicionamento existente no sentido de que instituições financeiras de direito público apenas seriam responsáveis nas hipóteses de liberação de recursos com a ciência de que seriam perpetrados ou continuados danos ambientais pelos beneficiários. Veja-se: "Quanto ao BNDES, o simples fato de ser ele a instituição financeira incumbida de financiar a atividade mineradora da CMM, em princípio, por si só, não o legitima para figurar no polo passivo da demanda. Todavia, se vier a ficar comprovado, no curso da ação ordinária, que a referida empresa pública, mesmo ciente da ocorrência dos danos ambientais que se mostram sérios e graves e que refletem significativa degradação do meio ambiente, ou ciente do início da ocorrência deles, houver liberado parcelas intermediárias ou finais dos recursos para o projeto de exploração minerária da dita empresa, aí, sim, caber-lhe-á responder solidariamente com as demais entidades-rés pelos danos ocasionados no imóvel de que se trata, por força da norma inscrita no art. 225, *caput*, §1º, e respectivos incisos, notadamente os incisos IV, V e VII, da Lei Maior" (Tribunal Regional Federal da 1ª Região. Desembargador Fagundes de Deus. AG 2002.01.00.036329-1/MG – Quinta Turma, J. 19.12.2003).
Por outro lado, existe também posicionamento no sentido de que as instituições financeiras de direito público são responsáveis pelo uso de valores financiados em contrariedade aos interesses públicos, quando não adotadas todas as cautelas para evitar tal uso indevido. Observe: "O financiador deve ter consigo parte da responsabilidade sobre o destino dos créditos por ele disponibilizados ao mercado, impondo-se-lhes, por conseguinte, acautelar-se de todas as maneiras, no sentido de evitar que o dinheiro que sai dos cofres não possa servir para contrariar os interesses coletivos" (Recurso de Apelação 25.408, Classe II – 19, 2ª Câmara, Tribunal de Justiça do Estado do Mato Grosso – TJMT, 17 de abril de 2001).

[17] Poderia essa responsabilidade ser afastada com o cumprimento de cautelas prévias à liberação do apoio financeiro ou estaria a responsabilidade das instituições financeiras atrelada apenas ao simples ato de ter financiado a atividade que resultou no dano? Quais as medidas que poderiam ser suficientemente adotadas para se afastar uma eventual responsabilidade pelos danos causados pelos beneficiários de seus financiamentos e outros mecanismos de apoio financeiro? Enfim, quais o momento e as circunstâncias que caracterizariam as instituições financeiras como poluidoras indiretas, a atrair a responsabilidade objetiva e solidária pela reparação de um dano ambiental causado? Tais questionamentos ainda não possuem uma resposta objetiva que confira às instituições financeiras a segurança que o ordenamento jurídico deve prover.

Importante notar que, em outubro de 2015, as Nações Unidas, por meio da Iniciativa Financeira do Programa das Nações Unidas para o Meio Ambiente ("PNUMA"), lançaram o relatório *The Financial System We Need*.[18]

Em linhas gerais, o relatório consolida levantamentos realizados globalmente, identifica pontos focais de atuação e transparece medidas concretas sendo adotadas no mundo, que revelam tendência já em curso ao redor do globo e à qual se confere a alcunha de Revolução Silenciosa (*Quiet Revolution*), visando à inclusão do desenvolvimento sustentável no intricado tecido que forma a base dos sistemas financeiros.

O mapeamento realizado pelo PNUMA contempla análises e medidas relacionadas a países desenvolvidos, em desenvolvimento e subdesenvolvidos (*v.g.* Estados Unidos, países do Reino Unido, Suíça, França, Holanda, Brasil, Colômbia, Índia, Indonésia, Quênia, África do Sul etc.). Diante de tal análise, o estudo identifica e traça um panorama sobre os pilares para a consolidação de um sistema financeiro pautado na sustentabilidade.

O próprio PNUMA define 2016 como o Ano do Financiamento Verde, tema que integrará as prioridades no âmbito das reuniões do G20.[19]

No que se refere ao Brasil, o citado relatório realça as medidas que vêm sendo adotadas pelo Conselho Monetário Nacional ("CMN"), o Banco Central do Brasil ("BACEN") e a Federação Brasileira de Bancos ("FEBRABAN") para estimular a economia verde. As referências a inovações regulatórias fazem clara alusão à Resolução nº 4.327/2014, editada pelo CMN e dirigida às instituições financeiras vinculadas ao BACEN, e ao Normativo nº 14/14 do Sistema de Autorregulação Bancária ("SARB") da FEBRABAN.

A Resolução nº 4.327, de 25 de abril de 2014,[20] dispõe sobre a obrigatoriedade de adoção de Políticas de Responsabilidade Socioambiental ("PRSAs") pelas instituições financeiras a si vinculadas.

Nos termos da resolução, as instituições mencionadas no art. 1º devem manter estrutura de governança compatível com o seu porte, a natureza do seu negócio, a complexidade de serviços e produtos oferecidos, bem como com as atividades, processos e sistemas adotados, para assegurar o cumprimento das diretrizes e dos objetivos da PRSA.[21]

O Normativo SARB nº 14/14, por sua vez, estabelece diretrizes e procedimentos a serem adotados na avaliação e na gestão dos riscos socioambientais dos negócios pelas instituições financeiras. A norma segue a linha da Resolução nº 4.327/2014, porém conferindo mais clareza a quais seriam efetivamente os critérios e mecanismos a serem observados pelas instituições financeiras quando da avaliação do risco ambiental dos projetos a serem financiados.

---

[18] Disponível em: <http://apps.unep.org/publications/index.php?option=com_pub&task=download&file=011830_en>. Acesso em: 1º maio 2016.

[19] Disponível em: <http://web.unep.org/diretor-executivo-do-pnuma-discursa-na-abertura-do-ano-do-financiamento-verde>. Acesso em: 1º maio 2016.

[20] Disponível em: <http://www.bcb.gov.br/pre/normativos/res/2014/pdf/res_4327_v1_O.pdf>. Acesso em: 1º maio 2016.

[21] Dentre as diretrizes e os objetivos das PRSAs, as instituições financeiras estariam obrigadas a realizar o "gerenciamento do risco socioambiental", sendo que, quanto às operações, as instituições financeiras ainda "devem estabelecer critérios e mecanismos específicos de avaliação de risco quando da realização de operações relacionadas a atividades econômicas com maior potencial de causar danos socioambientais" (art. 8º).

Segundo o mencionado normativo, a partir da análise dos aspectos legais e dos riscos de crédito e reputação, as instituições financeiras deverão submeter as operações consideradas de significativa exposição a riscos socioambientais a uma avaliação consistente e passível de verificação, solicitando documentos[22] que atestem a regularidade das atividades exercidas pelos tomadores de crédito.

Outras tantas medidas são demandas pelas instituições financeiras, como o endereçamento contratual de exigências mínimas a serem cumpridas pelos beneficiários de aportes financeiros. É o caso, a título exemplificativo: (i) da obrigação do tomador de crédito de observar a legislação ambiental e a faculdade dos signatários das operações anteciparem o vencimento das operações em determinadas hipóteses (*v.g.* cassação da licença ambiental, condenação relacionada a trabalho infantil, trabalho escravo ou danos ao meio ambiente); (ii) da obrigatoriedade de verificação da averbação da reserva legal na matrícula do imóvel e o seu cadastro no sistema de Cadastro Ambiental Rural ("CAR"), nos projetos que envolverem imóveis rurais; e (iii) da imprescindibilidade dos tomadores de crédito consignarem no contrato declarações de que o imóvel dado em garantia não possui restrições de uso (*v.g.* restrições próprias de área contaminada e áreas ambientalmente protegidas, como áreas de preservação permanente, terras indígenas e quilombolas, ou mesmo áreas de patrimônio arqueológico e histórico).

Em suma, o Normativo SARB nº 14/14 definiu parâmetros concretos a serem observados pelas instituições financeiras signatárias do SARB[23] nas operações e na criação de suas PRSAs, à luz das diretrizes gerais estabelecidas na Resolução nº 4.327/2014.

Já no plano internacional, vale a pena citar os Princípios do Equador, de adesão voluntária[24] e que se baseiam em padrões de desempenho delineados pelo *International Finance Corporation* ("IFC"). Tais princípios estabelecem critérios e padrões mínimos a serem atendidos pelas instituições financeiras signatárias (*Equator Principles Financial Institutions* ou "EPFIs") de modo a embasar uma tomada de decisão responsável à luz dos riscos socioambientais envolvidos.

Percebe-se, portanto, que conquanto ainda não existam leis e jurisprudência definindo com clareza a responsabilidade das instituições financeiras, especialmente as de Direito Privado, normas outras terminam compelindo-as a ter uma atuação diligente e a adotar práticas sustentáveis que mitiguem riscos de que os recursos financeiros disponibilizados a beneficiários sejam utilizados em contrariedade à legislação ambiental.

Feita tal explanação, retornamos aos levantamentos do reporte *The Financial System We Need*. De acordo com referido reporte, com base na análise realizada, foram identificadas medidas cruciais para a consolidação da atuação sustentável de instituições financeiras (*Chapter 4, Framework for Action*).[25]

---

[22] O mencionado normativo cita, por exemplo, a necessidade de análise de licença ambiental emitida por órgão ambiental devidamente competente ou, em outros casos, o Certificado de Qualidade em Biossegurança emitido pela Comissão Técnica Nacional de Biossegurança ("CTNBio").

[23] Atualmente, 19 instituições financeiras são signatárias do SARB. Disponível em: <http://www.autorregulacao bancaria.com.br/signatarias.asp>. Acesso em: 1º maio 2016.

[24] Atualmente, 83 instituições financeiras, atuantes em 36 países, são signatárias dos Princípios do Equador. Dentre essas, encontram-se o Banco Bradesco S.A., Banco do Brasil S.A., Caixa Econômica Federal e Itaú Unibanco S.A. Disponível em: <http://www.equator-principles.com/index.php/members-reporting>. Acesso em: 1º maio 2016.

[25] Disponível em: <http://apps.unep.org/publications/index.php?option=com_pub&task=download&file=011830_ en>. p. 63 *et seq*. Acesso em: 20 jun. 2016.

Dentre essas, medidas de fomento ao seguro ambiental têm se revelado decisivas. Na consolidação de tal estrutura de ações necessárias, o quadro *The Sustainability Financial Policy Toolbox* insere como medidas indispensáveis à consolidação do desenvolvimento sustentável no setor: (i) a revisão de incentivos fiscais para o desenvolvimento sustentável, inclusive no que se refere a seguros ambientais; (ii) necessidade de fornecimento de acesso a dados pelas instituições financeiras, inclusive, relacionadas a seguro ambiental; e (iii) a avaliação de implementação local de seguros ambientais obrigatórios.

A título exemplificativo, o documento cita o caráter estratégico da expansão de aplicação do seguro ambiental obrigatório na China e a importância da otimização do diálogo entre instituições financeiras e o setor securitário na seara ambiental. Todavia, ressalta que tais medidas de fomento ao setor securitário devem estar alinhadas com a implementação de normas locais que confiram maior segurança jurídica sobre os contornos das responsabilidades ambientais, sob pena de macular e inviabilizar a expansão dos seguros ambientais.

Em linhas gerais, arrazoa-se que o fomento do mercado securitário especializado, sem clareza da legislação, pode criar um ônus muito grande para o mercado segurador, minando a segurança e o desenvolvimento econômico e, com isso, o próprio desenvolvimento sustentável.

Os quadros a seguir, extraídos do referido documento do PNUMA,[26] revelam o papel decisivo do estímulo a atividades securitárias na transformação do sistema financeiro para um modelo alinhado com o desenvolvimento sustentável:

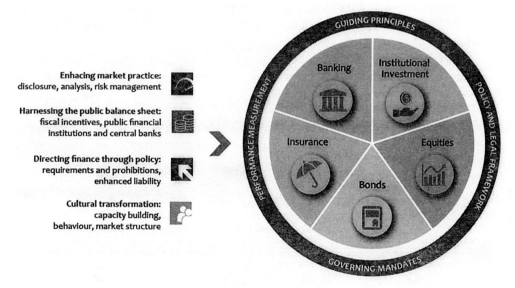

Figura 1: Quadro com os elementos essenciais do *Framework for Action*

---

[26] A versão em português ainda não foi disponibilizada no sítio eletrônico do PNUMA.

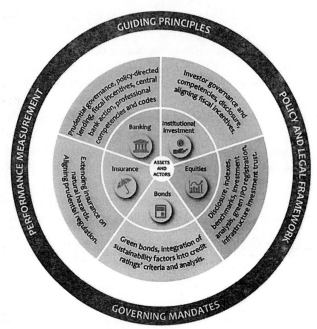

Figura 2: Quadro relacionado a pacotes de políticas e de governança de suporte

Conforme se extrai da Figura 2, a expansão do mercado de seguros ambientais deve estar alinhada com o estabelecimento de um marco legislativo ambiental prudente e adequado.

Seja para a mitigação de riscos relacionados a passivos ambientais decorrentes de atividade humana, seja de desastres naturais,[27] o seguro ambiental é instrumento que não pode ser deixado de lado.

A doutrina já tem se debruçado largamente sobre o tema e, em quaisquer situações, resta claro que o indispensável mapeamento de riscos que antecede a celebração dos respectivos contratos de seguro serve como eficiente instrumento de mitigação de responsabilidades.[28]

---

[27] "O seguro pode desempenhar importante papel na adaptação diante dos impactos das mudanças climáticas, o que o caracteriza como um instrumento de mercado, influenciado pelo Direito, capaz de contribuir para a diminuição das vulnerabilidades dos sistemas humanos e naturais. (...) De forma resumida, dois fatores podem apoiar o acoplamento dos seguros e a adaptação às mudanças climáticas: (i) a geração de informações, com o objetivo de tornar os mercados vulneráveis atraentes, ou menos arriscados para as seguradoras; (ii) a identificação e a implantação de tecnologias sustentáveis com vistas a auxiliar e mitigar os desastres naturais. (...) O mercado de seguro, de forma individual ou em parceria com o Poder Público, pode contribuir para a redução do aquecimento global por meio da criação de incentivos ambientalmente corretos. (...) A adaptação à realidade das mudanças climáticas é uma necessidade. Suas consequências são sociais, econômicas e jurídicas. Se projetado a partir de uma estrutura política e normativa adequada, o seguro pode ser útil não apenas na compensação das vítimas, mas, sobretudo, na redução do risco de desastres" (CARVALHO, Délton Winter de; DAMACENA, Fernanda Dalla Libera. O seguro como instrumento de adaptação às mudanças climáticas e redução de riscos de desastres ambientais. *Revista de Direito Ambiental*, v. 80, p. 451-474, 2015).

[28] "Para a decisão de se subscrever ou não determinado risco, são levadas em conta informações técnicas pertinentes, qualificação, sinistralidade, *guidelines* da companhia, contratos de resseguro [v.g. diretrizes do IRB Brasil Re], entre outros fatores. No campo dos Riscos Ambientais, esta análise torna-se muito mais específica e detalhada, e dado o caráter técnico do tema, é essencial que seja realizada por profissional especializado na área ambiental

Com efeito, para a predeterminação dos riscos e a correta definição do valor do prêmio, "traz-se a percepção de que a própria subscrição do risco acaba por funcionar como um processo de consultoria em procedimentos, processos e sistemas ambientais, sendo fundamental o diálogo e transparência no processo, de forma que as partes obtenham o melhor resultado e coberturas apropriadas à realidade do País e do risco".[29]

De forma similar, para a manutenção da cobertura securitária, a exigência de seguradoras no que tange à implementação de Sistemas de Gestão Ambiental ("SGAs") pelos segurados pode, igualmente e por via transversa, auxiliar no monitoramento constante das condições ambientais do empreendimento segurado, mitigando riscos de desatendimentos da legislação ambiental no desenvolvimento da atividade empresarial.

Não por outra razão é que o PNUMA qualifica a atuação e o fomento do setor securitário como indispensáveis, prioritários, para o alinhamento do sistema financeiro como um todo com o princípio do desenvolvimento sustentável.

Tem-se, portanto, que do ponto de vista das instituições financeiras concedentes de crédito, o fomento à contratação de seguros ambientais pode, de uma só vez, auxiliar: (i) no mapeamento dos riscos ambientais atrelados a projetos e na imposição de implementação de SGAs pelos empreendedores, facilitando a identificação e a mitigação de passivos ambientais que possam implicar responsabilidade civil das instituições financeiras a título de poluidoras indiretas; (ii) no cumprimento das diretrizes estabelecidas em normas e princípios nacionais e internacionais (*v.g.* Resolução nº 4.327/2014, Normativo nº 14/14 do SARB e Princípios do Equador); (iii) no desenvolvimento deste nicho de mercado, possibilitando, para as instituições financeiras que possuem subsidiárias ou coligadas atuantes no mercado securitário, a ampliação da atuação dessas no referido segmento; e (iv) na consolidação holística de um sistema financeiro pautado na sustentabilidade.

10.4 Conclusão

Apesar de ainda haver certa indefinição acerca da amplitude da responsabilidade ambiental das instituições financeiras por atividades e empreendimentos de terceiros beneficiários de suporte financeiro, regulações e princípios nacionais e internacionais já têm delineado boas práticas a serem desenvolvidas por tais entidades com a finalidade de garantir o bom uso de recursos financeiros disponibilizados.

Tais regulações e princípios integram o que as Nações Unidas têm recentemente definido como uma Revolução Silenciosa (*Quiet Revolution*) em curso em diversos países simultaneamente ao redor do globo, voltada para o alinhamento de todo o sistema financeiro com o princípio do desenvolvimento sustentável.

Após levantamento realizado, as Nações Unidas identificaram que, para a efetiva consecução dos objetivos dessa revolução, certas ações devem ser implementadas pelos países. Dentre tais ações, encontra-se o fomento aos seguros ambientais, que deve estar alinhado com a definição de parâmetros mais claros de responsabilização civil por danos ambientais, a fim de se viabilizar a consolidação desses produtos no mercado.

---

a exemplo de Engenheiros e Gestores Ambientais, Engenheiros Químicos, Engenheiros Sanitários, Advogados, etc." (LOPES, René Hernande Vieira et al. *Seguro ambiental*: uma abordagem pela ótica jurídica, de gestão e das mudanças climáticas. Porto Alegre: Livraria do Advogado, 2013. p. 66).

[29] *Idem*, p. 73.

Diante dos requisitos para a celebração dos contratos de seguro, que demandam a investigação e a predeterminação dos riscos a serem subscritos pelas seguradoras, bem como a valoração do prêmio a ser pago pelo segurado como contraprestação à proteção concedida pela seguradora, a consolidação e a exigência do seguro ambiental podem servir indiretamente como importante instrumento de auxílio para as instituições financeiras concedentes de crédito.

A um só tempo, os mapeamentos realizados por seguradoras para a subscrição de riscos ambientais podem servir de oportunidade para as instituições financeiras concedentes de crédito mitigarem riscos de responsabilização, adotarem e estimularem boas práticas, ampliarem a atuação do mercado securitário e consolidarem um sistema financeiro pautado na sustentabilidade.

Em suma, o momento e a tendência global podem (e devem!) funcionar como catalizadores de soluções sinérgicas para desafios que há muito o setor financeiro doméstico encara.

Referências

CARVALHO, Délton Winter de; DAMACENA, Fernanda Dalla Libera. O seguro como instrumento de adaptação às mudanças climáticas e redução de riscos de desastres ambientais. *Revista de Direito Ambiental*, v. 80, p. 451-474, 2015.

DAHITEN, Augusto F. Seguro Ambiental: Possíveis razões para o precário desenvolvimento do produto no Brasil. *Revista de Direito Ambiental*, v. 70, p. 151, 2013.

DIÁRIO COMÉRCIO, INDÚSTRIA E SERVIÇO, 25 abr. 2016. p. 14.

LOPES, René Hernande Vieira et al. *Seguro Ambiental:* uma abordagem pela ótica jurídica, de gestão e das mudanças climáticas. Porto Alegre: Livraria do Advogado Editora, 2013. p. 47-91.

POLIDO, Walter. *Seguros para riscos ambientais*. São Paulo: Revista dos Tribunais, 2005.

TRENNEPOHL, Natascha. *Direito Ambiental atual*. A sociedade de risco e o seguro ambiental. Rio de Janeiro: Elsevier, 2014. p. 195-211.

UNEP. *The financial system we need*. Nações Unidas, 2015. Disponível em: <http://apps.unep.org/publications/index.php?option=com_pub&task=download&file=011830_en>. Acesso em: 20 jun. 2016.

Informação bibliográfica deste livro, conforme a NBR 6023:2002 da Associação Brasileira de Normas Técnicas (ABNT):

LEONHARDT, Roberta Danelon; CASTRO, Eduardo Avila de; MOTA, Guilherme D'Almeida. O seguro ambiental e a sua importância para o financiamento sustentável. In: YOSHIDA, Consuelo Y. Moromizato et al. (Coord.). *Finanças sustentáveis e a responsabilidade socioambiental das instituições financeiras*. Belo Horizonte: Fórum, 2017. p. 173-186. ISBN 978-85-450-0234-5.

NOVOS RUMOS DO DIREITO AMBIENTAL BRASILEIRO

JULIANA RAUS MAIORAL

11.1 Introdução

É visível a evolução e especialização da legislação brasileira no tocante à conservação e preservação do meio ambiente. Disposições antes tímidas e esparsas dão lugar à legislação robusta e complexa, sendo a Política Nacional do Meio Ambiente, Lei nº 6.938/1981, um marco neste processo evolutivo ao tratar das questões atinentes ao meio ambiente de maneira mais ampla e sistematizada.

A Política Nacional do Meio Ambiente, ao definir de maneira bastante abrangente a figura do poluidor e ao obrigá-lo, independentemente de culpa, a indenizar e reparar danos causados, direta ou indiretamente, ao meio ambiente e a terceiros por sua atividade, atribui a todos o dever de preservar o meio ambiente, sob pena de tríplice responsabilização daquele que lhe causar danos.

Neste sentido, a Constituição Federal de 1988, a primeira a tratar deliberadamente da questão ambiental e, por isso, ser dita "eminentemente ambientalista",[1] acolheu e transformou em preceito constitucional a obrigação de todos, Poder Público e coletividade, de preservar o meio ambiente, conforme estabelecido no *caput* de seu artigo 225, onde se lê "Todos têm direito ao meio ambiente ecologicamente equilibrado, bem de uso comum do povo e essencial à sadia qualidade de vida, impondo-se *ao Poder Público e à coletividade o dever de defendê-lo e preservá-lo* para as presentes e futuras gerações" (*grifo nosso*).

A aparente valorização do meio ambiente, no ordenamento jurídico brasileiro da década de 1980, parece ser uma resposta à crescente demanda internacional pelo reconhecimento do tema, impulsionada pela Declaração do Meio Ambiente, adotada

---
[1] SILVA, José Afonso da. *Direito Ambiental Constitucional*. 9. ed. atual. São Paulo: Malheiros, 2011.

pela Conferência das Nações Unidas para o Meio Ambiente, em Estocolmo, na Suécia, em junho de 1972. Tal Declaração é considerada um marco histórico político internacional, fundamental para o surgimento de políticas de gerenciamento ambiental, direcionando a atenção das nações para as questões ambientais.

O acidente ocorrido em 1984, na Vila Socó, na cidade de Cubatão, estado de São Paulo, pouco depois da promulgação da Lei nº 6.938/1981, tornou-se um marco nacional quanto à importância e à necessidade da adequada proteção e gestão do meio ambiente, haja vista os danos causados à população, decorrentes de reiteradas lesões a este bem provocadas pelo desempenho negligente de atividades econômicas. O desastre da Vila Socó foi ocasionado pelo vazamento de gasolina em um dos oleodutos da Petrobras, que ligava a Refinaria Presidente Bernardes ao Terminal de Alemoa, passando por área alagadiça em frente à Vila, construída de palafitas. Naquela noite de fevereiro de 1984, 700 litros de combustível vazaram para o mangue, tendo se alastrado pelo movimento das marés e provocado incêndio cerca de duas horas após o vazamento, atingindo e queimando as palafitas. Dados oficiais relatam 93 mortes, enquanto número extraoficial supera 500 pessoas mortas, além de destruição parcial da Vila.

O desastre da Vila Socó foi contemporâneo a outros tantos que ocorreram pelo mundo na mesma época, com destaque para o de Bhopal, na Índia, em 1984, considerado o pior desastre industrial ocorrido até hoje. Nesse acidente, 40 toneladas de gases tóxicos vazaram na fábrica de pesticidas da empresa norte-americana Union Carbide, expondo cerca de 500 mil pessoas, sendo controverso o número de mortos, que, em um primeiro momento, foi de cerca de 3.000, mas se estima que outras 10.000 pessoas morreram em função da inalação de gases. A Union Carbide, empresa de pesticidas, se negou e segue negando por sua sucessora Dow Química a fornecer informações detalhadas sobre a natureza dos contaminantes, impedindo que médicos tivessem e tenham condições de tratar adequadamente os indivíduos expostos e seus descendentes. Atualmente, cerca de 150 mil pessoas ainda sofrem com os efeitos do acidente e aproximadamente 50 mil estão incapacitadas para o trabalho, devido a problemas de saúde.

Desastres como estes chamaram a atenção mundial não só quanto à fragilidade do meio ambiente, mas da própria humanidade, que muitas vezes parece se esquecer de que dele faz parte. Esses acidentes revelaram que o desenvolvimento econômico a qualquer preço pode cobrar valores muito altos não só do meio ambiente, mas do próprio homem.

Mais de três décadas se passaram desde a promulgação da Política Nacional do Meio Ambiente e dos desastres de Vila Socó e Bhopal, sendo que o tema, antes tratado de forma tímida em nosso ordenamento jurídico, se torna assunto prioritário, objeto de discussões acaloradas e foco de extensos debates nas casas legislativa, executiva e judiciária brasileiras.

Neste novo cenário, em que o direito ao meio ambiente ecologicamente equilibrado é colocado como tema central, circunscrito por outros tantos que, movidos por ideologias menos apaixonadas, parecem comparativamente menos relevantes (como o direito à livre iniciativa econômica), é que surge a necessidade de buscar e efetivamente alcançar o equilíbrio sustentável entre eles.

Neste contexto, começam a surgir normas relativas a temas ambientais que buscam estabelecer, de maneira clara, as atribuições e papéis de cada um dos agentes abrangidos em seu regulamento, sejam eles entes públicos ou privados, sem com isso deixar de desempenhar sua função principal de proteção do meio ambiente.

Ao contrário, os entes públicos e privados, ao cumprirem os papéis que lhes são atribuídos por tais normas, agem de forma preventiva na gestão do meio ambiente, atuando em consonância com os pressupostos dos princípios da prevenção e da precaução. Como exemplos destas normas podem ser citadas a Lei nº 12.305/2010, que institui a Política Nacional de Resíduos Sólidos; a Lei Complementar nº 140/2011, que fixa normas para a cooperação entre a União, os Estados, o Distrito Federal e os Municípios nas ações administrativas decorrentes do exercício da competência comum relativas ao meio ambiente; a Lei nº 12.651/2012, que estabelece o Novo Código Florestal; e a Resolução CMN nº 4327/2014, que dispõe sobre a Política de Responsabilidade Socioambiental a ser instituída pelas instituições financeiras e demais instituições autorizadas a funcionar pelo Banco Central do Brasil.

O estabelecimento de atribuições e papéis claros como forma de tornar mais efetiva a preservação do meio ambiente, buscando equilíbrio entre direitos de igual relevância assegurados constitucionalmente, parece ser uma tendência do Direito Ambiental brasileiro sobre a qual este artigo discorrerá.

11.2 Redescobrindo mecanismos de precaução e prevenção

Após mais de 30 anos da promulgação da Política Nacional do Meio Ambiente (Lei nº 6.938/1981) e de mais de duas décadas da Constituição Federal de 1988, o Direito Ambiental no Brasil parece redirecionar sua trajetória, voltando-se de um caráter mais repressivo (pós-fato) para um caráter mais preventivo, que constitui o cerne dos princípios da precaução e da prevenção. Nas palavras de Teresa Ancona Lopez, "assim, tanto a precaução como a prevenção constituem *medidas antecipatórias que tentam evitar o dano*; projetam-se para o futuro, diferentemente da reparação, que somente vê o passado depois do acontecimento danoso. A diferença entre elas vem da diferença entre risco potencial e risco provado. A precaução diz respeito aos *riscos-potenciais*, como, por exemplo, riscos à saúde com consumo de alimentos geneticamente modificados; a prevenção a *riscos constatados*, como aqueles que vêm das instalações nucleares. Esses últimos são conhecidos e provados"[2] (*grifo nosso*).

Em verdade, este redirecionamento da trajetória do Direito Ambiental brasileiro com a "redescoberta" de mecanismos preventivos, que estavam previstos todo o tempo na legislação infraconstitucional (Política Nacional do Meio Ambiente) e constitucional, parece sinalizar o amadurecimento do tema em nosso ordenamento, evoluindo de argumentos muitas vezes apaixonados e repletos de ideologias, para práticas mais efetivas de gestão, proteção e conservação do meio ambiente.

É certo que nos termos do artigo 225 da Constituição Federal de 1988 em relação ao meio ambiente cumpre a todos, Poder Público e coletividade, "o dever de defendê-lo e preservá-lo para as presentes e futuras gerações", impondo, na forma de seu parágrafo 3º, a tríplice responsabilização por danos a ele causados "§3º - As condutas e atividades consideradas *lesivas ao meio ambiente* sujeitarão os infratores, pessoas físicas ou jurídicas, a *sanções penais e administrativas*, independentemente da *obrigação de reparar os danos causados*" (*grifos nossos*).

---

[2] LOPEZ, Teresa Ancona. *Princípio da precaução e evolução da responsabilidade civil*. São Paulo: Quartier Latin, 2010.

Por outro lado, o mesmo artigo 225 estabelece mecanismos preventivos, com vistas a assegurar seu objetivo fundamental, qual seja o de defender e preservar o meio ambiente. Ele o faz, por exemplo, por meio do disposto em seus incisos IV, V e VI:

> IV - exigir, na forma da lei, para instalação de obra ou atividade potencialmente causadora de significativa degradação do meio ambiente, *estudo prévio de impacto ambiental*, a que se dará publicidade (*grifo nosso*);
> V - *controlar a produção, a comercialização e o emprego* de técnicas, métodos e substâncias que comportem risco para a vida, a qualidade de vida e o meio ambiente (*grifo nosso*); e
> VI - *promover a educação ambiental* em todos os níveis de ensino e a conscientização pública para a preservação do meio ambiente (*grifo nosso*).

Ora, como se pode notar dos trechos extraídos do próprio dispositivo constitucional, ele não está ocupado apenas em reprimir e reparar as lesões causadas ao meio ambiente, ou seja, com o pós-fato, mas também em estabelecer obrigações que requeiram atuação preventiva, tanto do Poder Público quanto do particular.

Por sua vez, a Política Nacional do Meio Ambiente (Lei nº 6.938/1981), recepcionada pela Constituição Federal de 1988, não poderia dispor de maneira distinta e segue na mesma direção da norma constitucional.

Assim, se por um lado, a norma infraconstitucional prevê mecanismos de repressão, marcados pela responsabilidade civil objetiva e solidária, e considera como poluidor aquele cuja atividade contribuiu direta ou indiretamente para a degradação ambiental, por outro lado, estabelece, dentre seus instrumentos, mecanismos de prevenção, como "I. o estabelecimento de padrões de qualidade ambiental;", "III. a avaliação de impactos ambientais;" e "IV. o licenciamento e a revisão de atividades efetiva ou potencialmente poluidoras".

Desta maneira, ao se orientar pelos princípios da prevenção e da precaução, o Direito Ambiental brasileiro privilegia também desenvolver e fomentar mecanismos que evitem ou, ao menos, mitiguem danos, ao invés de recorrer apenas a instrumentos repressivos. O aparente redirecionamento desse ramo do Direito sinaliza ser mais adequado à efetiva tutela do bem por ele protegido, já que, em geral, o meio ambiente é bem infungível, sendo, portanto, as ações para reparação, indenização e penalização pós-dano ineficientes ou incapazes de atingir seus objetivos, especialmente no tocante à restituição ao *status quo ante*.

11.3 Política Nacional de Resíduos Sólidos (Lei nº 12.305/2010)

A Política Nacional de Resíduos Sólidos (Lei nº 12.305/2010) parece ser a primeira evidência dos novos rumos do Direito Ambiental brasileiro no sentido de privilegiar os princípios da prevenção e precaução, na medida em que cria no ordenamento jurídico brasileiro a figura da responsabilidade compartilhada pelo ciclo de vida dos produtos, a qual define em seu artigo 3º, parágrafo XVII, como sendo "conjunto de atribuições individualizadas e encadeadas dos fabricantes, importadores, distribuidores e comerciantes, dos consumidores e dos titulares dos serviços públicos de limpeza urbana e de manejo dos resíduos sólidos, para minimizar o volume de resíduos sólidos e rejeitos gerados, bem como para reduzir os impactos causados à saúde humana e à qualidade ambiental decorrentes do ciclo de vida dos produtos, nos termos desta Lei;".

Ao optar pela responsabilidade compartilhada, a Política Nacional de Resíduos Sólidos estabelece atribuições individualizadas e compartilhadas da cadeia produtiva, de tal forma que cada um de seus elos conheça seu papel e limites de suas respectivas responsabilidades, orientando-os "para minimizar o volume de resíduos sólidos e rejeitos gerados, bem como para reduzir os impactos causados à saúde humana e à qualidade ambiental decorrentes do ciclo de vida dos produtos (...)".

Assim, se está diante dos diversos atores que podem ser responsabilizados no âmbito da cadeia produtiva, de consumo, de disposição e de fiscalização. Analisemos o papel de cada um dos atores, com foco sempre em responsabilidade preventiva, conforme nos ensina Patrícia Faga Iglecias Lemos, em sua obra Resíduos Sólidos e Responsabilidade Pós-Consumo, "A responsabilidade da cadeia produtiva abrange os seguintes aspectos: (i) investimento no desenvolvimento, na fabricação e na colocação no mercado de produtos aptos à reutilização, reciclagem ou outra forma de disposição ambientalmente adequada, após seu uso, bem como investimento em produtos cuja fabricação e uso gerem a menor quantidade de resíduos sólidos possível; (ii) divulgação de informações de forma a evitar, reciclar e eliminar os resíduos sólidos associados aos seus produtos; (iii) no caso de produtos sujeitos à logística reversa, seu recolhimento e dos resíduos remanescentes após o uso e subsequente destinação final adequada; (iv) no caso de produtos não sujeitos ao sistema de logística reversa, comprometimento no caso de acordos ou termos de compromisso firmados com o Município, com participação no Plano Municipal de Gestão Integrada de Resíduos Sólidos".[3]

No tocante ao Poder Público, a Lei nº 12.301/2010 estabelece em seu artigo 26 que "O titular dos serviços públicos de limpeza urbana e de manejo de resíduos sólidos é responsável pela organização e prestação direta ou indireta desses serviços, observados o respectivo plano municipal de gestão integrada de resíduos sólidos, a Lei nº 11.445, de 2007, e as disposições desta Lei e seu regulamento", além de dispor no artigo 29 que "Cabe ao poder público atuar, subsidiariamente, com vistas a minimizar ou cessar o dano, logo que tome conhecimento de evento lesivo ao meio ambiente ou à saúde pública relacionado ao gerenciamento de resíduos sólidos", cabendo aos responsáveis pelo dano ressarcir integralmente o Poder Público pelos gastos decorrentes das ações empreendidas.

Já em relação à responsabilidade do gerador de resíduos sólidos domiciliares, nos termos da Política Nacional de Resíduos Sólidos, essa se limita a sua capacidade enquanto consumidor, isto é, cabe a ele a disposição adequada para a coleta ou, nas hipóteses previstas no artigo 33, a devolução, conforme estabelece o artigo 28. Ainda, na forma do artigo 35, incisos I e II, o consumidor está obrigado, quando estabelecido sistema de coleta seletiva pelo plano municipal de gestão integrada de resíduos sólidos e na aplicação do art. 33, a acondicionar adequadamente e de forma diferenciada os resíduos sólidos gerados, além de disponibilizar adequadamente os resíduos sólidos reutilizáveis e recicláveis para coleta ou devolução.

Assim, o que se pretende por meio da Política Nacional de Resíduos Sólidos é evitar danos futuros (pós-consumo) ao meio ambiente, por meio do estabelecimento de medidas para gestão e gerenciamento adequados de resíduos sólidos, visando a

---

[3] LEMOS, Patrícia Faga Iglecias. *Resíduos sólidos e responsabilidade civil pós-consumo*. 2. ed. rev., atual. e ampl. São Paulo: Revista dos Tribunais, 2012.

não geração, a redução, a reutilização, a reciclagem, o tratamento dos resíduos sólidos e a disposição final ambientalmente adequada dos rejeitos. Trata-se de verdadeira responsabilidade preventiva, pois, antevendo dano futuro, impõe à cadeia produtiva, ao Poder Público e ao consumidor obrigações de fazer e não fazer.

Além dos benefícios diretos ao meio ambiente, a responsabilidade preventiva e individualizada, conforme estabelecida pela Política Nacional de Resíduos Sólidos, traz vantagens ao próprio desenvolvimento das atividades e das relações econômicas, na medida em que, ao prever de maneira clara papéis e responsabilidades de cada um dos elos da cadeia produtiva (fabricantes, importadores, distribuidores e comerciantes), consumidores e Poder Público, confere-lhes, no que tange à gestão de resíduos sólidos, segurança jurídica necessária à execução de suas atividades.

Diante deste novo contexto, protagonizado pela Lei nº 12.305/2010, pode-se afirmar que é possível compatibilizar desenvolvimento de atividades econômicas com a conservação e, por que não dizer, a preservação do meio ambiente, equilibrando os direitos constitucionais ao meio ambiente ecologicamente equilibrado e à livre-iniciativa econômica, os quais foram considerados por muito tempo como incompatíveis, mas que se encontram intimamente ligados por outro princípio constitucional, o da dignidade da pessoa humana.

11.4 Lei Complementar nº 140/2011

Resultado do fim de um período histórico de extrema restrição de direitos e liberdades individuais, a Constituição Federal de 1988 foi construída com a preocupação de valorizar e garantir a dignidade da pessoa humana.

Imbuída deste espírito, nossa Constituição destinou capítulo inteiro voltado ao meio ambiente, além de diversas disposições esparsas, estabelecendo princípios e diretrizes básicas a serem cumpridas indistintamente por governantes e governados, razões pelas quais é considerada como "eminentemente ambientalista".[4] Dentre seus dispositivos que tratam do tema está o artigo 23, que estabelece como sendo de competência comum da União, Estados, Distrito Federal e Municípios as ações administrativas relativas à proteção do meio ambiente, dos patrimônios histórico, artístico, cultural e arqueológico, além do combate à poluição e da preservação da fauna e flora, conforme previsto nos parágrafos 3º, 6º e 7º desse artigo.

Entretanto, no tocante à competência executiva em relação ao meio ambiente, o que se verificou na prática foi mais a concorrência entre os diversos entes da federação do que propriamente a cooperação pretendida pela Constituição Federal de 1988, causando insegurança a diversos segmentos da sociedade, em especial, o produtivo, e prejuízos a esse mesmo setor e ao próprio meio ambiente.

Assim, parecendo reforçar este novo momento do Direito Ambiental brasileiro, após mais de 20 anos de vigência da Constituição Federal de 1988, é promulgada a Lei Complementar nº 140/2011. Com o objetivo de disciplinar o exercício da competência administrativa comum no tocante ao meio ambiente, nos termos do parágrafo único do artigo 23 da Constituição Federal, essa lei complementar parece pôr fim a um ambiente

---

[4] SILVA, José Afonso da. *Direito Ambiental Constitucional*. 9 ed. atual. São Paulo: Malheiros, 2011.

de extrema insegurança em relação ao licenciamento e fiscalização ambientais. Nesse sentido, afirma Sidney Guerra: "Na obra intitulada Curso de Direito Ambiental, concluímos com considerações de que o *conflito de competência* entre os diferentes órgãos ambientais (Federal, Estadual e Municipal) tem sido apontado como *um dos maiores empecilhos* para o andamento do *licenciamento ambiental* e defendemos à época que 'é justo concluir que o Brasil precisa ter, com urgência, uma definição do Poder Legislativo – e não do Poder Judiciário, criticado por aparentemente atuar ativamente e usurpar competência do Legislativo – quanto às competências dos entes federados em matéria ambiental'. O caminho mais eficaz é regulamentar o parágrafo único do artigo 23 da CV/1988 (LGL\1988\3) que, como dito, outorga competência comum a todos os três entes para proteger o meio ambiente"[5] (*grifos nossos*).

Antes do advento desta lei complementar, a Resolução CONAMA nº 237/1997 pretendeu preencher a lacuna deixada pela ausência de regulação do parágrafo único do artigo 23 da Constituição Federal, estabelecendo e delimitando as competências dos diversos entes federativos quanto ao licenciamento ambiental. Entretanto, pode-se dizer que sua finalidade não foi plenamente atingida, já que não se tratava de instrumento jurídico adequado para regular o tema, tendo sido rejeitada por muitos, indistintamente, Poder Público e particulares.

Diante desta ausência de delimitações claras de competência para o licenciamento e fiscalização ambientais, inúmeras discussões foram travadas em âmbito administrativo e judicial, prejudicando não só o meio ambiente, que se tornava objeto de disputas burocráticas entre órgãos ambientais, mas também a economia e o próprio desenvolvimento econômico do país, já que, diante da ausência de definições quanto à competência para licenciamento ambiental, muitos empreendimentos foram atrasados ou até inviabilizados.

O ambiente de incerteza existente até a promulgação da Lei Complementar nº 140 nos remete a um dito popular que diz "cachorro com muitos donos ou fica gordo, ou morre de fome", nesse caso, o "cachorro" era o próprio meio ambiente, que, por vezes, tinha os atos administrativos relacionados à sua gestão disputados por órgãos ambientais de mais de um ente federativo e, por outras, não havia um ente sequer que se entendesse competente para assumir tal gestão. Em meio a essas disputas e omissões estavam os empreendedores que muitas vezes tinham o licenciamento ambiental do empreendimento questionado pelo Ministério Público quanto à competência do órgão emissor da licença, que, advertida ou inadvertidamente, arrogava-se competente pelo referido ato administrativo, o que provocava atrasos em cronogramas e até inviabilizava empreendimentos. Em outros casos, empreendedores tinham seus empreendimentos fiscalizados por mais de um órgão ambiental, em razão de ambos se considerarem competentes por um mesmo ato lesivo, gerando penalidades em duplicidade, consumindo recursos financeiros e tempo do empreendedor.

Neste contexto de inseguranças e prejuízos de toda ordem, a Lei Complementar nº 140/2011 reproduziu o entendimento consagrado pela Resolução CONAMA nº 237/1997 no tocante ao licenciamento ambiental, definindo como competência supletiva a do ente da federação que substitui àquele originariamente detentor das

---

[5] GUERRA, Sidney. O licenciamento ambiental de acordo com a LC nº 140/2011. *Revista de Direito Ambiental*, São Paulo, v. 66, p. 153, abr. 2012.

atribuições e como atribuições subsidiárias as do ente da federação que pretende auxiliar no desempenho de competências comuns, nas hipóteses em que solicitado pelo ente originariamente competente.

Nos termos do artigo 3º da lei complementar, constitui objetivo fundamental da União, Estados, Distrito Federal e Municípios no exercício da competência comum "III. harmonizar as políticas e ações administrativas para *evitar a sobreposição* de atuação entre os entes federativos, de forma a *evitar conflitos de atribuições* e garantir uma *atuação administrativa eficiente;*" (*grifos nossos*). Para alcançar tal fim, a Lei Complementar nº 140/2011 fixa normas para cooperação entre os diversos entes da federação.

Nesse sentido, no que se refere à União, as normas estabelecidas pela LC nº 140/2011 remetem a atribuições já previstas na Resolução CONAMA nº 237/97, conforme dispõe o inciso XIV do artigo 7º, segundo o qual cabe à União o licenciamento ambiental de empreendimentos ou atividades localizados ou desenvolvidos conjuntamente no Brasil e em um país limítrofe; localizados ou desenvolvidos no mar territorial, na plataforma continental, ou na zona econômica exclusiva; localizados ou desenvolvidos em terras indígenas; localizados ou desenvolvidos em unidades de conservação instituídas pela União, exceto em Áreas de Proteção Ambiental (APAs); localizados ou desenvolvidos em dois ou mais estados; de caráter militar, excetuando-se do licenciamento ambiental, nos termos de ato do Poder Executivo, aqueles previstos no preparo e emprego das Forças Armadas, conforme disposto na Lei Complementar nº 97/99; destinados a pesquisar, lavrar, produzir, beneficiar, transportar, armazenar e dispor material radioativo, em qualquer estágio, ou que utilizem energia nuclear em qualquer de suas formas e aplicações, mediante parecer da Comissão Nacional de Energia Nuclear (CNEN); ou que atendam a tipologia estabelecida por ato do Poder Executivo, a partir de proposição da Comissão Tripartite Nacional, assegurada a participação de um membro do Conselho Nacional do Meio Ambiente (CONAMA), e considerados os critérios de porte, potencial poluidor e natureza da atividade ou empreendimento.

Ademais, compete exclusivamente à União o licenciamento de empreendimentos cuja localização compreenda concomitantemente áreas das faixas terrestre e marinha da zona costeira nos casos previstos em tipologia estabelecida por ato do Poder Executivo, a partir da Comissão Tripartite Nacional, assegurada a participação de um membro do CONAMA e considerados os critérios de porte, potencial poluidor e natureza da atividade ou empreendimento.

No tocante aos estados, compete a eles promover o licenciamento ambiental de atividades ou empreendimentos utilizadores de recursos ambientais, efetiva ou potencialmente poluidores ou capazes, sob qualquer forma, de causar degradação ambiental, ressalvado o disposto nos artigos 7º e 9º da lei complementar. Ao dispor dessa maneira, a lei complementar concedeu maior autonomia aos órgãos ambientais estaduais, na medida em que revogou o antigo artigo 10-A da Lei nº 6.938/1981, que lhes conferia competência, mas a limitava pela competência supletiva do IBAMA – Instituto Brasileiro do Meio Ambiente e Recursos Naturais Renováveis.

Aos municípios, por sua vez, caberá promover o licenciamento ambiental das atividades ou empreendimentos que causem ou possam causar impacto ambiental de âmbito local, conforme tipologia definida pelos respectivos Conselhos Estaduais de Meio Ambiente, considerados os critérios de porte, potencial poluidor e natureza da atividade; ou que estejam localizados em unidades de conservação instituídas pelo município, exceto em Áreas de Proteção Ambiental (APAs).

Por fim, ao Distrito Federal competem as atividades administrativas de competência dos estados e municípios, conforme estabelece o artigo 10, da Lei Complementar nº 140/2011.

Ainda, a Lei Complementar nº 140 estabeleceu que os empreendimentos e atividades são licenciados ou autorizados ambientalmente, por um único ente federativo, em conformidade com as atribuições por ela a ele estabelecidas. Essa disposição, associada àquela que estabelece que a competência supletiva somente se verificará diante da inexistência do órgão originariamente competente, nos termos da lei complementar e, ainda, determina de que forma a suplência ocorrerá, conforme previsto nos incisos de seu artigo 15, segundo o qual "inexistindo órgão ambiental capacitado ou conselho de meio ambiente no Estado ou no Distrito Federal, a União deve desempenhar as ações administrativas estaduais ou distritais até a sua criação; inexistindo órgão ambiental capacitado ou conselho de meio ambiente no Município, o Estado deve desempenhar as ações administrativas municipais até a sua criação; e inexistindo órgão ambiental capacitado ou conselho de meio ambiente no Estado e no Município, a União deve desempenhar as ações administrativas até a sua criação em um daqueles entes federativos", torna o processo de licenciamento mais simples, seguro e menos burocrático, especialmente no tocante à competência supletiva.

Ademais, esta lei complementar esclareceu que a supressão de vegetação decorrente de licenciamentos ambientais é autorizada pelo ente federativo licenciador. Essa disposição torna mais simples e previsível o processo de obtenção de autorizações associadas à atividade efetiva ou potencialmente poluidora, especialmente nos casos de grandes empreendimentos de infraestrutura que, com maior frequência, geram impactos a um ou mais estados e, por essa razão, deveriam buscar o licenciamento do empreendimento com o IBAMA, na qualidade de órgão federal, enquanto as autorizações para supressão vegetal deveriam ser obtidas junto aos órgãos estaduais ou, quando existentes, municipais. Diante desse cenário, o empreendedor ficava mais suscetível a interesses e jogos políticos, já que, em geral, projetos de infraestrutura fazem parte da agenda do governo federal, que nem sempre encontra aliados políticos ocupando posições relevantes no Poder Executivo dos Estados, Distrito Federal e Municípios, provocando, por vezes, atrasos injustificados tecnicamente para a obtenção de autorizações ambientais.

Outro aspecto relevante da Lei Complementar nº 140/2011 é o estabelecimento de limitação aos poderes de fiscalização e imposição de sanções administrativas pelos órgãos ambientais, limitando-os ao órgão ambiental licenciador.

Como visto neste capítulo, as disposições da Lei Complementar nº 140/2011 pretendem colocar fim a diversos aspectos que tornavam, antes de sua promulgação, os processos de licenciamento e fiscalização ambientais inseguros e extremamente burocráticos. Dessa maneira, espera-se a minimização de conflitos judiciais e custos por ocasião do licenciamento ambiental e as supervenientes fiscalizações ambientais.

Novamente, à semelhança do ocorrido com a Política Nacional de Resíduos Sólidos, o que se espera com a definição clara de atribuições e responsabilidades dos diversos entes federativos quanto ao licenciamento e fiscalização ambientais é a gestão eficiente dos processos administrativos e a tutela efetiva do meio ambiente, com o consequente incremento da segurança jurídica para o desenvolvimento de atividades potencialmente poluidoras. Nesse sentido, a Lei Complementar nº 140/2011 parece ser mais um indício de valorização dos princípios da precaução e prevenção na gestão do meio ambiente, conduzindo o Direito Ambiental brasileiro de forma a promover a coexistência harmônica entre os direitos constitucionais ao meio ambiente ecologicamente equilibrado e à livre-iniciativa econômica, colocando-os em um mesmo patamar de relevância, como ferramentas viabilizadoras do almejado desenvolvimento sustentável.

11.5 Novo Código Florestal (Lei nº 12.651/2012)

Após anos de discussão no Congresso Nacional e embates apaixonados entre ambientalistas e ruralistas, o Novo Código Florestal entrou em vigor em outubro de 2012.

As discussões ocorridas em torno do projeto de lei do Novo Código Florestal e até mesmo em torno do texto final da lei promulgada revelaram o intenso embate, que persiste em seguir, entre ambientalistas e a bancada ruralista do Congresso Nacional. Aqueles, por entenderem que a nova lei anistia desmatadores e, portanto, reduz a extensão de áreas a serem recuperadas, enquanto os ruralistas, por sua vez, enxergam em uma lei como esta a imposição de limites à livre fruição de suas propriedades, direito garantido constitucionalmente.

No mesmo sentido da Política Nacional de Resíduos Sólidos e da Lei Complementar nº 140/2011, o Novo Código Florestal parece reforçar a recente tendência do Direito Ambiental brasileiro, que busca, por meio da primazia dos princípios de prevenção e da precaução, estabelecer atribuições e papéis claros aos entes públicos e privados na gestão do meio ambiente, tornando mais efetiva sua preservação e buscando, ao mesmo tempo, o equilíbrio entre direitos constitucionais de igual relevância, a saber, o direito ao meio ambiente ecologicamente equilibrado e à livre-iniciativa econômica.

Neste contexto, entre outras medidas, o Novo Código Florestal buscou limitar o papel das instituições financeiras no tocante às questões florestais. Nesse sentido, dispõe seu artigo 78-A que, após 5 (cinco) anos da data da publicação desta Lei, as instituições financeiras só concederão crédito agrícola, em qualquer de suas modalidades, para proprietários de imóveis rurais que estejam inscritos no CAR – Cadastro Ambiental Rural.

Ainda que referido artigo seja objeto de discussão em Ação Direta de Inconstitucionalidade, é interessante comparar, no tocante ao papel das instituições financeiras em relação ao meio ambiente, o tratamento dado pelo Novo Código Florestal e a abordagem da Política Nacional do Meio Ambiente. Enquanto aquele é mais preciso quanto às atribuições do setor financeiro, a Lei nº 6.938/1981 estabelece, de forma bastante abrangente, no *caput* de seu artigo 12 que "As entidades e órgãos de *financiamento e incentivos governamentais condicionarão* a aprovação de projetos habilitados a esses benefícios ao licenciamento, na forma desta Lei, e ao cumprimento das *normas, dos critérios e dos padrões* expedidos pelo *CONAMA*" (*grifos nossos*).

Uma interpretação possível aos tratamentos dados ao setor financeiro por ambos os normativos deve levar em consideração o contexto em que foram produzidos. Enquanto a Política Nacional do Meio Ambiente remonta ao ano de 1981, período em que a Convenção de Estocolmo (1972) e acidentes ambientais de proporções catastróficas aconteciam, como o de *Seveso*, na Itália, em 1976, em que tanques de armazenagem na indústria química ICMESA romperam, liberando na atmosfera vários quilogramas da dioxina TCDD (2,3,7,8- tetraclorodibenzo-p-dioxina); e o da usina nuclear de *Three Mile Island*, no estado da Pensilvânia nos Estados Unidos, causado por falha do equipamento devido ao mau estado do sistema técnico e erro operacional, que levou à perda de líquido refrigerante ou água radioativa, liberando no rio Susquehanna cerca de 1,5 milhão de litros de água, além do escape para a atmosfera de gases radioativos. O Novo Código Florestal, por sua vez, é recente e é o resultado de anos de discussões e embates entre ambientalistas e a bancada ruralista no Congresso Nacional brasileiro, produto do contexto criado pelo Código Florestal de 1965, que, por sua rigidez normativa e ausência de mecanismos de penalização, foi considerado por muitos como uma lei que "não pegou". Assim, embora o Novo Código Florestal não tenha agradado completamente quaisquer dos lados envolvidos nessa discussão, a redação atual da norma possivelmente a torna mais eficaz e efetiva.

Ora, não se pretende neste artigo encerrar as discussões acerca da existência ou não de responsabilidade das instituições financeiras por danos ambientais e seus limites, mas apenas destacar que o Novo Código Florestal, assim como os demais instrumentos normativos analisados neste artigo, parece seguir em sua mesma direção, buscando, por meio da primazia dos princípios da prevenção e da precaução, a proteção do meio ambiente e a relação mais equilibrada entre o direito ao meio ambiente ecologicamente equilibrado e à livre-iniciativa econômica.

11.6 Resolução CMN 4327/2014

Desde a primeira década dos anos 2000, instituições financeiras no mundo todo e no Brasil têm cada vez mais se preocupado com o potencial risco que questões sociais e ambientais podem representar a sua atividade.[6] Nesse sentido, uma parcela dessas instituições buscou desenvolver e incorporar a suas atividades mecanismos de gestão de risco socioambiental, especialmente em relação a operações de financiamento, isto é, "modalidade de operação financeira originada no mercado primário de crédito em que a Instituição Financeira concede, por meio de mútuo financeiro de longo prazo, *recursos com destinação específica prevista em contrato*"[7] (grifos nossos).

Neste contexto, muitas instituições aderiram a protocolos voluntários, como os Princípios do Equador, ferramenta de gestão de risco de crédito para determinar, avaliar e gerenciar riscos ambientais e sociais no financiamento de projetos, disponíveis no sítio http://www.equator-principles.com/resources/equator_principles_III.pdf, que conta, atualmente, com cerca de 80 instituições financeiras signatárias em todo o mundo, das quais quatro são brasileiras e outras duas estrangeiras com operações no Brasil.

Atento a este cenário, o Conselho Monetário Nacional emitiu duas normas, ambas restritas a operações da modalidade crédito rural, a Resolução nº 3.545, 29 de fevereiro de 2008, que tornou obrigatória a apresentação de documentação comprobatória de regularidade ambiental para financiamento agropecuário no Bioma Amazônia, e a

---

[6] Nos termos do artigo 17, da Lei nº 4.595/64 "Art. 17. Consideram-se instituições financeiras, para os efeitos da legislação em vigor, as pessoas jurídicas públicas ou privadas, que tenham como atividade principal ou acessória a coleta, intermediação ou aplicação de recursos financeiros próprios ou de terceiros, em moeda nacional ou estrangeira, e a custódia de valor de propriedade de terceiros".
[7] Normativo SARB nº 14, de 28 de agosto de 2014.

Resolução nº 3.876, de 22 de junho de 2010, que veda a concessão de crédito rural para pessoas físicas ou jurídicas inscritas no Cadastro de Empregadores que mantiveram trabalhadores em condições análogas à de escravo instituído pelo Ministério do Trabalho e Emprego.

Mais tarde, em abril de 2014, em uma visão mais abrangente, por entender se tratar o risco socioambiental de um tema a ser gerido por todo o setor financeiro, com vistas a regular o mercado como um todo, o Banco Central do Brasil tornou pública a Resolução nº 4.327 do Conselho Monetário Nacional ("Resolução"), que estabelece o risco socioambiental como comum ao setor financeiro e determina em seu artigo 5º que "O risco socioambiental deve ser identificado pelas instituições mencionadas no art. 1º como *um componente das diversas modalidades de risco a que estão expostas*" (grifo nosso).

Ao exigir que todas as instituições financeiras e demais entidades autorizadas a funcionar pelo Banco Central do Brasil ("Instituições Financeiras") estabeleçam e implementem política de responsabilidade socioambiental que preveja, entre outros requisitos, diretrizes para o gerenciamento do risco socioambiental, definido pela resolução como sendo a "possiblidade de ocorrência de perdas das instituições mencionadas no art. 1º[8] decorrentes de danos socioambientais", a autoridade monetária reconhece tal risco como sendo comum a todo o setor financeiro e, portanto, objeto de acompanhamento e gestão.

Entretanto, o Conselho Monetário Nacional e o Banco Central do Brasil reconhecem que instituições financeiras estão expostas a distintos níveis de risco socioambiental, razão pela qual a política de responsabilidade socioambiental de cada uma delas deve ser construída segundo os princípios da relevância e da proporcionalidade, ou seja, segundo o grau de exposição ao risco socioambiental das atividades e das operações da instituição; e compatível com a natureza da instituição e com a complexidade de suas atividades e de seus serviços e produtos financeiros, respectivamente.

Ainda, no âmbito da resolução, não podemos deixar de mencionar o Normativo SARB 14, de 28 de agosto de 2014, instituído pelo Sistema de Autorregulação Bancária da Federação Brasileira de Bancos – FEBRABAN ("Autorregulação"), que tem por objetivo formalizar diretrizes e procedimentos fundamentais para o desenvolvimento e implementação da política de responsabilidade socioambiental pela instituições financeiras individualmente.

A resolução e a autorregulação juntas constituem arcabouço regulatório que determina que instituições financeiras incorporem a temática socioambiental em sua rotina, com destaque especial neste artigo para o risco socioambiental, mas também lhes orientam quanto à implementação de suas políticas de responsabilidade socioambiental. Pode-se dizer que tais normativos acabaram não só reduzindo a assimetria de mercado no que diz respeito à gestão do risco socioambiental e seus mecanismos, mas também estabelecendo claramente o papel e o alcance das instituições financeiras no que diz respeito a temas sociais e ambientais.

Ao desenvolver e implementar mecanismos de gestão de risco socioambiental em seus negócios, observados os princípios da relevância e da proporcionalidade e guiados

---

[8] "Art. 1º Esta Resolução dispõe sobre as diretrizes que, considerados os princípios de relevância e proporcionalidade, devem ser observadas no estabelecimento e na implementação da Política de Responsabilidade Socioambiental (PRSA) pelas instituições financeiras e demais instituições autorizadas a funcionar pelo Banco Central do Brasil".

pelas diretrizes e procedimentos fundamentais formalizados pela autorregulação, as instituições financeiras atuam de forma preventiva, atendendo ao determinado pelo artigo 225 da Constituição Federal, ao mesmo tempo em que desempenham suas atividades com maior segurança, na medida em que ajam em conformidade às normas estabelecidas pelo Conselho Monetário Nacional.

Não pretendemos aqui proceder a uma análise exaustiva da resolução, senão demonstrar pelas razões expostas neste capítulo, que a Resolução CMN nº 4.327/2014, em conjunto com o Normativo SARB 14/14, reforça a tendência do Direito Ambiental que tentamos suscintamente demonstrar neste artigo, isto é, a de que ele vem buscando cada vez mais estabelecer atribuições e papéis claros aos agentes públicos e privados como forma de tornar mais efetiva a preservação do meio ambiente, equilibrando a relação entre direitos, de igual relevância, constitucionalmente assegurados, ao meio ambiente ecologicamente equilibrado e à livre-iniciativa econômica.

11.7 Considerações finais

O Direito Ambiental brasileiro parece entrar em uma fase mais madura, retomando e privilegiando os princípios da precaução e da prevenção em detrimento do mero recurso a ações voltadas para reparação, indenização e penalização pós-dano, que muitas vezes se mostram ineficientes ou incapazes de atingir seus objetivos, especialmente no tocante à restituição ao *status quo ante*.

Neste contexto, vale destacar os dispositivos da Política Nacional de Resíduos Sólidos (Lei nº 12.305/2010), da Lei Complementar nº 140/2011, do Novo Código Florestal e da Resolução CMN nº 4.327/2014, que buscam individualizar as responsabilidades e obrigações de seus destinatários, sejam eles entes do Poder Público ou privado, criando ambiente de maior previsibilidade e, portanto, de maior segurança jurídica.

No tocante à Política Nacional de Resíduos Sólidos, vale destacar a introdução em nosso ordenamento da responsabilidade individualizada e compartilhada pelo ciclo de vida dos produtos, definida em seu artigo 3º, parágrafo XVII, como sendo o "conjunto de *atribuições individualizadas e encadeadas* dos fabricantes, importadores, distribuidores e comerciantes, dos consumidores e dos titulares dos serviços públicos de limpeza urbana e de manejo dos resíduos sólidos, (...)", com o objetivo de minimizar o volume de resíduos sólidos e rejeitos gerados, bem como reduzir os impactos causados à saúde humana e à qualidade ambiental decorrentes do ciclo de vida dos produtos.

Por sua vez, a Lei Complementar nº 140/2011, com o objetivo de disciplinar o exercício da competência administrativa comum no tocante ao meio ambiente, parece pôr fim a um cenário de extrema insegurança jurídica em relação ao licenciamento e fiscalização ambientais. Em um ambiente então marcado por inúmeras discussões judiciais e administrativas, não apenas o meio ambiente era negativamente impactado, objeto de disputas burocráticas entre órgãos ambientais, mas também a economia e o próprio desenvolvimento econômico do País, já que, diante da ausência de definições quanto à competência para licenciamento ambiental, muitos empreendimentos foram atrasados ou até inviabilizados.

Quanto ao Novo Código Florestal, ele parece ter disposições mais equilibradas em relação ao código anterior (Lei nº 4.771/1965), de tal forma que não agradou completamente a ambientalistas ou ruralistas, além de tocar em ponto muito discutido atualmente quanto às atribuições das instituições financeiras para concessão de crédito, limitando-as à solicitação de comprovação de inscrição no CAR nas hipóteses de crédito agrícola.

Por fim, a Resolução CMN nº 4.327/2014 e o Normativo SARB 14/14, ao definirem o risco socioambiental e classificá-lo como uma das modalidades de risco que deve ser administrada pelas instituições financeiras, reduzem a assimetria de mercado, incorporando definitivamente a gestão do risco socioambiental no setor financeiro, mas também estabelecendo diretrizes, princípios e procedimentos compatíveis com o papel do setor financeiro na economia. A maior previsibilidade quanto ao que é requerido às instituições financeiras permite-lhes desempenhar com maior segurança atividades que lhes são próprias e que são fundamentais ao desenvolvimento econômico do País.

Ora, em um contexto regulatório em que todos são responsáveis pela integral proteção ao meio ambiente, nos termos da Constituição Federal de 1988 e da Política Nacional de Meio Ambiente (Lei nº 6.938/1981), nas palavras de Teresa Ancona Lopez "(...), a ampla 'socialização dos riscos' pode *tirar o incentivo de precaução* diante dos riscos e *da prevenção* dos perigos",[9] dispositivos como os discutidos neste artigo pretendem fortalecer esses mesmos princípios ao definir claramente atribuições e responsabilidades de entes públicos e privados.

É importante destacar que tanto a Política Nacional de Resíduos Sólidos, quanto a Lei Complementar nº 140/2011, o Novo Código Florestal e a Resolução nº 4.327/2014 não violam direitos constitucionais, tampouco os dispositivos da Política Nacional do Meio Ambiente, já que aqueles assim como esses têm por objetivo maior asseverar meio ambiente ecologicamente equilibrado e garantir a dignidade da pessoa humana.

Ainda, estes novos dispositivos, ao definirem competências e delimitarem atribuições, promovem maior segurança jurídica para o desenvolvimento de atividades econômicas, reforçando o direito à livre-iniciativa econômica assegurado pelo parágrafo único do artigo 170 da Constituição Federal, que estabelece que "é assegurado a todos o livre exercício da atividade econômica, independentemente de autorização de órgãos públicos, *salvo nos casos previstos em lei*" (*grifos nossos*).

É possível que os novos rumos seguidos pelo Direito Ambiental brasileiro sejam uma resposta à sociedade, que demanda cada vez mais pelo desenvolvimento sustentável e, para tanto, necessita e tem direito a um meio ambiente ecologicamente equilibrado, mas também demanda pelo exercício da livre-iniciativa econômica.

Referências

BRASIL, *Lei n. 12.651, de 12 de maio de 2011*. Dispõe sobre a proteção da vegetação nativa; altera as Leis nºs 6.938, de 31 de agosto de 1981, 9.393, de 19 de dezembro de 1996, e 11.428, de 22 de dezembro de 2006; revoga as Leis nºs 4.771, de 15 de setembro de 1965, e 7.754, de 14 de abril de 1989, e a Medida Provisória nº 2.166-67, de 24 de agosto de 2001; e dá outras providências.

BRASIL. CMN. *Resolução 3545 de 29 de fevereiro de 2008*. Altera o MCR 2-1 para estabelecer exigência de documentação comprobatória de regularidade ambiental e outras condicionantes, para fins de financiamento agropecuário no Bioma Amazônia.

---

[9] LOPEZ, Teresa Ancona. *Princípio da precaução e evolução da responsabilidade civil*. São Paulo: Quartier Latin, 2010.

BRASIL. CMN. *Resolução 3.876 de 22 de junho de 2010*. Veda a concessão de crédito rural para pessoas físicas ou jurídicas que estão inscritas no Cadastro de Empregadores que mantiveram trabalhadores em condições análogas à de escravo instituído pelo Ministério do Trabalho e Emprego.

BRASIL. CMN. *Resolução 4.327 de 25 de abril de 2014*. Dispõe sobre as diretrizes que devem ser observadas no estabelecimento e na implementação da Política de Responsabilidade Socioambiental pelas instituições financeiras e demais instituições autorizadas a funcionar pelo Banco Central do Brasil.

BRASIL. Febraban. *Normativo SARB nº 14 de 28 de agosto de 2014*. O Sistema de Autorregulação Bancária da Federação Brasileira de Bancos – FEBRABAN institui o normativo de criação e implementação de Política de Responsabilidade Socioambiental, que formaliza diretrizes e procedimentos fundamentais para as práticas socioambientais de seus signatários nos negócios e na relação com partes interessadas.

BRASIL. *Lei Complementar 140, de 8 de dezembro de 2011*. Fixa normas, nos termos dos incisos III, VI e VII do caput e do parágrafo único do art. 23 da Constituição Federal, para a cooperação entre a União, os Estados, o Distrito Federal e os Municípios nas ações administrativas decorrentes do exercício da competência comum relativas à proteção das paisagens naturais notáveis, à proteção do meio ambiente, ao combate à poluição em qualquer de suas formas e à preservação das florestas, da fauna e da flora; e altera a Lei nº 6.938, de 31 de agosto de 1981.

BRASIL. *Lei n. 12.305, de 12 de agosto de 2010*. Institui a Política Nacional de Resíduos Sólidos; altera a Lei nº 9.605, de 12 de fevereiro de 1998; e dá outras providências.

GUERRA, Sidney. O licenciamento ambiental de Acordo com a LC nº 140/2011. *Revista de Direito Ambiental*, São Paulo, v. 66, p. 153, abr. 2012.

LEMOS, Patrícia Faga Iglecias. *Resíduos sólidos e responsabilidade civil pós-consumo*. 2. ed. rev., atual. e ampl. São Paulo: Revista dos Tribunais, 2012.

LOPEZ, Teresa Ancona. *Princípio da precaução e evolução da responsabilidade civil*. São Paulo: Quartier Latin, 2010.

SILVA, José Afonso da. *Direito Ambiental Constitucional*. 9 ed. atual. São Paulo: Malheiros, 2011.

Informação bibliográfica deste livro, conforme a NBR 6023:2002 da Associação Brasileira de Normas Técnicas (ABNT):

MAIORAL, Juliana Raus. Novos rumos do Direito Ambiental brasileiro. In: YOSHIDA, Consuelo Y. Moromizato et al. (Coord.). *Finanças sustentáveis e a responsabilidade socioambiental das instituições financeiras*. Belo Horizonte: Fórum, 2017. p. 187-201. ISBN 978-85-450-0234-5.

RESPONSABILIDADE DAS INSTITUIÇÕES FINANCEIRAS: DA ATUAÇÃO REATIVA À ATUAÇÃO PROATIVA

CONSUELO YATSUDA MOROMIZATO YOSHIDA

12.1 Considerações introdutórias

Muito se tem discutido acerca da responsabilidade civil das instituições financeiras por danos ambientais em face do Direito brasileiro, analisando-se a aplicabilidade *in casu* da responsabilidade objetiva e solidária na seara ambiental, a amplitude do conceito de poluidor, a caracterização e a extensão do nexo de causalidade, as excludentes e atenuantes desse nexo.[1]

Todavia, é preciso avançar para além do sistema de comando e controle estatais e para além da ótica corretivo-repressiva que inaugurou o combate à poluição e à contaminação do ambiente a partir da década de 1970, cujos marcos representativos são a Conferência de Estocolmo (1972) e, entre nós, a instituição da Política Nacional de Meio Ambiente – PNMA (Lei nº 6.938/81).

---

[1] V. a respeito, RASLAN, Alexandre Lima. *Responsabilidade civil ambiental do financiador*. Porto Alegre: Livraria do Advogado, 2012; ZAMBÃO, Bianca. Brazil's launch of lender environmental liability as a tool to manage environmental impacts, 18 *Int'l & comp. L. Rev*, v. I, p. 51-105, Fall 2010; BLANK, Dionis Mauri Penning; BRAUNER, Maria Claudia Crespo. A responsabilidade civil ambiental das instituições bancárias pelo risco ambiental produzido por empresas financiadas. *Revista Eletrônica do Mestrado em Educação Ambiental*, v. 22, jan./jul. 2009. Disponível em: <http://www.remea.furg.br/edicoes/vol22/art19v22.pdf>. Acesso em: 12 maio 2012; GRIZZI, A. L. et al. *Responsabilidade civil ambiental dos financiadores*. Rio de Janeiro: Lumen Juris, 2003; MACHADO, Paulo Affonso Leme. *Direito Ambiental brasileiro*. 19. ed. São Paulo: Malheiros, 2011; SANTILLI, Juliana. A corresponsabilidade das instituições financeiras por danos ambientais e o licenciamento ambiental. *Revista de Direito Ambiental*, jan./mar. 2001; STEIGLEDER, Annelise Monteiro. Responsabilidade civil das instituições financeiras por danos ambientais. *Revista Jurídica do Ministério Público do Estado do Mato Grosso*, n. 2, jan./jul. 2007.

Não se pode perder de vista que a abordagem da questão ambiental evoluiu da ótica corretivo-repressiva para as óticas preventiva e integradora em prol do desenvolvimento sustentável;[2] que a Constituição de 1988 atribui ao Poder Público e à coletividade a gestão integrada e compartilhada das questões socioambientais (art. 225); e que o Estado Democrático de Direito brasileiro, delineado pela mesma Constituição, tem um perfil híbrido. Nele convivem o intervencionismo típico do Estado Social, para a concreção da ampla gama de direitos sociais e da ordem social, na qual está inserido o capítulo do meio ambiente (art. 225), com o regime de mercado, característico da economia capitalista em um Estado Neoliberal, delimitado pelos parâmetros constitucionais da ordem econômica (art. 170 e seguintes).

É importante reconhecer, neste contexto, que as instituições financeiras, principais agentes financiadores do processo produtivo, cumprem um papel decisivo na prevenção do dano ambiental e no trato das questões sociais correlatas, já vislumbrado pela PNMA em relação ao financiamento de projetos por entidades oficiais de crédito.[3] O momento da concessão do crédito é estratégico para serem exigidos do empreendedor e do órgão licenciador o adequado cumprimento das normas ambientais e a adequada implementação dos clássicos instrumentos de comando e controle preventivos: as avaliações de impacto, o licenciamento ambiental, os padrões ambientais estabelecidos, entre outros.

Destarte, sob as perspectivas alvissareiras da prevenção e da gestão compartilhada público-privada das questões socioambientais prestigiadas pelo sistema constitucional atual, delineiam-se as vantagens e a relevância da responsabilidade socioambiental das instituições financeiras na concessão do crédito.

Seria reduzir indevidamente a relevância da contribuição das instituições financeiras na estruturação dos pilares da Economia Verde, proposta pela Conferência Rio+20, se as discussões se restringissem à abordagem da responsabilidade ambiental dessas instituições sob o clássico viés reparatório-repressivo, o qual contribui para a atuação reativa e defensiva desses atores econômicos, que vislumbram riscos de utilização indiscriminada da solidariedade passiva, e de exigência de atuação substitutiva da Administração Ambiental suprindo deficiências da atividade estatal no tocante ao licenciamento e à fiscalização ambientais.

12.2 Os referenciais teóricos da lógica do descumprimento e da lógica do cumprimento das normas jurídicas

É oportuno, desde logo, chamar a atenção para a evolução salutar da lógica do descumprimento para a lógica do cumprimento das normas jurídicas, apontando-se os referenciais teóricos mais expressivos.

---

[2] SOUSA, Ana Cristina Augusto de. *A evolução da política ambiental no Brasil do século XX*. Disponível em: <http://www.achegas.net/numero/vinteeseis/ana_sousa_26.htm>. Acesso em: 20 fev. 2012.

[3] Art. 12. As entidades e órgãos de financiamento e incentivos governamentais condicionarão a aprovação de projetos habilitados a esses benefícios ao licenciamento ambiental, na forma desta lei, e ao cumprimento das normas, dos critérios e dos padrões exigidos pelo CONAMA. Parágrafo único. As entidades e órgãos referidos no *caput* deste artigo deverão fazer constar dos projetos a realização de obras e aquisição de equipamentos destinados ao controle de degradação ambiental e a melhoria da qualidade do meio ambiente.

12.2.1 O papel do ilícito e da sanção para Kelsen. A valorização da prestação (dever ser) e das consequências positivas do cumprimento das normas (Cóssio e Montoro)

Hans Kelsen,[4] na racionalidade do positivismo jurídico por ele idealizado, teve o mérito de atribuir ao ilícito dignidade jurídica, todavia incorreu no extremo de considerar que apenas as normas sancionadoras constituíam, verdadeiramente, o Direito, denominando-as de normas primárias e autônomas. A estrutura lógica da norma jurídica se reduziria exclusivamente a essa proposição, formulada como juízo hipotético ou condicional.[5] As normas impositivas de deveres e obrigações eram por ele consideradas normas secundárias (não autônomas), essencialmente ligadas às normas primárias.

Carlos Cóssio,[6] na formulação de sua teoria egológica, supera a construção kelseniana, ao recolocar a ilicitude, enquanto fenômeno jurídico, no lugar adequado, através da tese do juízo disjuntivo, que valoriza a função da liberdade humana: o Direito é também uma pauta ou modelo de comportamentos desejáveis e obrigatórios a que é possível obedecer ou não.

O comportamento desejável, a prestação (o dever ser), é que constitui o alvo principal da ordem jurídica, exercendo a sanção a função garantidora, punitiva, que lhe é própria. Neste sentido, a estrutura da norma jurídica, na concepção cossiana, aparece como um juízo disjuntivo, composto de uma endonorma, que descreve a prestação (o dever ser), e de uma perinorma, que descreve a sanção.[7]

André Franco Montoro torna ainda mais completa a estrutura da norma jurídica, e inova ao acrescentar as consequências positivas oriundas do seu cumprimento entre as perinormas.

Deste modo, a proposição constituída pelas perinormas passa a ser uma disjuntiva, em que uma das alternativas é a *perinorma negativa*, relativa ao não cumprimento da prestação e respectivas consequências negativas; a outra alternativa é a *perinorma positiva*, relativa ao cumprimento da prestação e suas consequências positivas.[8]

12.2.2 O perfil do ordenamento jurídico no Estado contemporâneo (protetivo-repressivo e promocional). Superioridade do controle social ativo em relação ao controle passivo (Bobbio)

No Estado contemporâneo, segundo Norberto Bobbio,[9] é cada vez mais frequente o uso de técnicas de estímulo de comportamentos, de sorte que junto à concepção

---

[4] *Teoria pura do Direito*. 4. ed. Coimbra: Armênio Amado, 1974. p. 60 *et seq*.
[5] Se não P (prestação), deve ser S (sanção).
[6] *La Teoría Egológica del Derecho/Su Problema e sus Problemas*. Buenos Aires: Abeledo-Perrot, 1963.
[7] Dada a hipótese, deve ser a prestação (Se H é, deve ser P) – endonorma; ou Dada a não prestação (Se P não é), deve ser a sanção – perinorma.
[8] Dada a hipótese, deve ser a prestação (Se H é, deve ser P) – endonorma; Dada a não prestação (Se P não é), devem ser consequências negativas – perinorma negativa; ou Dada a prestação (Se P é), devem ser consequências positivas – perinorma positiva (Cf. Trabalho apresentado no I Encontro Brasileiro de Filosofia do Direito, realizado na cidade de João Pessoa (PB), em setembro de 1980, e incorporado na apostila Dados Preliminares de Lógica Jurídica).
[9] *Contribución a la teoría del Derecho*. Madrid: Fernando Torres, 1980. p. 367 *et seq*.

tradicional do Direito como *ordenamento protetivo-repressivo*, forma-se uma nova concepção do ordenamento jurídico, como *ordenamento com função promocional*.

Há, com isso, uma verdadeira mudança no modo de realizar o *controle social*: passa-se de um *controle passivo*, que se preocupa mais em desfavorecer as ações nocivas do que favorecer as ações vantajosas, a um *controle ativo*, que se preocupa em favorecer as ações vantajosas, mais do que desfavorecer as ações nocivas.

Através da *técnica de desestímulo*, busca-se influenciar o comportamento não desejado (comissivo ou omissivo), obstaculizando-o ou atribuindo-lhe consequências desagradáveis; simetricamente, através da *técnica de incentivo*, busca-se influenciar o comportamento desejado (comissivo ou omissivo), facilitando-o ou atribuindo-lhe consequências agradáveis.

A técnica de incentivo atua não só através da resposta favorável ao comportamento já realizado, ou seja, através da *sanção positiva ou prêmio*, mas também através da *facilitação*, do favorecimento do comportamento quando ele está por se realizar. No primeiro caso, incentiva-se intervindo nas consequências do comportamento, no segundo, intervindo nas modalidades, nas formas, nas condições do comportamento mesmo.

À medida que se der ênfase à função promocional do Direito, pela adoção das técnicas de encorajamento propugnadas por Bobbio, quer pela facilitação, quer pela atribuição de sanções premiais aos comportamentos socialmente desejáveis, multiplicar-se-ão as perinormas positivas[10] idealizadas por Montoro, motivando e estimulando os destinatários das normas ao seu cumprimento espontâneo. Com isso, estará sendo assegurada, com muito mais efetividade, a tutela preventiva dos direitos fundamentais.

12.3 A gestão compartilhada do meio ambiente como exigência constitucional: a corresponsabilidade dos poderes estatais e dos atores econômicos e sociais. A responsabilidade compartilhada dos elos da cadeia (atores públicos e privados)

A corresponsabilidade e a gestão compartilhada do meio ambiente, entre o poder público e a sociedade, para fins de sua mais eficiente proteção e defesa, é uma importante inovação situada no contexto da evolução da tutela dos direitos difusos em geral, incorporada pela Constituição de 88 (art. 225, *caput*)[11] e cada vez mais pelas legislações ambientais, como é o caso da avançada e inovadora Lei nº 12.305/2010, que instituiu a PNRS.

Na percepção de Antonio Herman Benjamin,[12] o rompimento do monopólio funcional do Estado é um desenvolvimento recente da democratização da operação

---

[10] Exemplificadamente, na área ambiental, quem observa as normas de proteção ambiental não só colabora para a melhoria da qualidade do meio ambiente, e, portanto, com a melhoria da qualidade de vida, e estará livre de autuações administrativas e de condenação por responsabilidade civil e penal, como também se beneficia economicamente com subvenções e subsídios creditícios e concessão de incentivos tributários, entre outras vantagens.

[11] Cf., de nossa autoria, A proteção do meio ambiente e dos direitos fundamentais correlatos no sistema constitucional brasileiro. In: STEIGLEDER, Annelise Monteiro; LOUBET, Luciano Furtado (Org.). *O direito ambiental na América Latina e a atuação do Ministério Público*. Belo Horizonte: Rede Latino-Americana de Ministério Público Ambiental: Abrampa, 2009. t. I, p. 72-122.

[12] Função ambiental (In: BENJAMIN, Antonio Herman. Dano ambiental: prevenção, reparação e repressão. São Paulo: Revista dos Tribunais, 1993. p. 52; Disponível em: <http://bdjur.stj.gov.br/dspace/handle/2011/8754>. Acesso: jul. 2009).

estatal que, ao contrário do que se imagina, não está restrita à área ambiental e tende a se ampliar a outros interesses difusos.

O dever de tutela de bem de natureza difusa, como é a proteção do meio ambiente ecologicamente equilibrado, não fica afeto a ninguém em particular, mas a todos em geral, na medida em que se trata de bem de uso comum de todos.[13] O caráter difuso do direito e do bem jurídico perpassa para a respectiva tutela, que constitui igualmente um dever de todos.

O novo cenário que se descortina é o da construção da sustentabilidade em cadeia, alcançando os setores público e privado e buscando incentivar a disseminação da cultura do cumprimento das normas ambientais positivadas no Direito brasileiro, de cunho obrigatório (normas de ordem pública), bem como a proatividade dos diferentes atores mediante iniciativas voluntárias diversas. No âmbito da Administração Ambiental, do Ministério Público e do Judiciário ganham espaço a celebração e o cumprimento adequados do Termo de Compromisso Ambiental (TCA), Termo de Ajustamento de Conduta (TAC) e acordos judiciais, respectivamente, envolvendo os setores público e privado, se for o caso. No âmbito dos setores econômicos, surgem instrumentos "além do comando e controle estatais", cuja celebração e implementação adequadas são movidas pelas vantagens econômicas (Avaliação Custo-Benefício – ACB) e pela lógica do mercado. São exemplos a adoção complementar dos sistemas de gestão ambiental já consagrados pelas normas da série ISO 14.000, entre outras, os protocolos ambientais e, mais recentemente, os acordos setoriais previstos pela PNRS.

No Direito brasileiro, é destacada a atuação do Ministério Público na defesa do meio ambiente e de outros interesses sociais, que se insere entre as relevantes funções institucionais a ele atribuídas pela Constituição de 88. Na previsão embrionária da ação civil pública ambiental na PNMA, o Ministério Público aparece como legitimado exclusivo para esta ação, e desde a disciplina da Lei nº 7.347/85, que estabeleceu a quebra deste monopólio, é o legitimado mais atuante na tutela do meio ambiente por meio desta ação, da celebração de Termo de Ajustamento de Conduta (TAC) e da transação penal nos procedimentos das infrações de menor potencial ofensivo.[14]

É tradicional a atuação institucional repressiva do Ministério Público, mormente num contexto histórico de não conformidade às exigências legais ambientais e de incremento da degradação, da poluição e da contaminação sob todas as formas.

Todavia, à medida que a postura e atitude das organizações econômicas, notadamente das grandes corporações, evoluem do patamar da "não conformidade" para novos patamares ("atuação reativa", "em transição/adaptativa", "proativa", "responsável e sustentável"),[15] sucessivamente, surge com maior pertinência a atuação proativa do

---

[13] V. a respeito, lições pioneiras e clássicas de Celso Antonio Pacheco Fiorillo sobre a caracterização do bem ambiental como bem difuso em suas obras: *O direito de antena em face do direito ambiental no Brasil*. São Paulo: Saraiva, 2000. p. 117; *Curso de Direito Ambiental brasileiro*. 10. ed. São Paulo: Saraiva, 2009. p. 74.

[14] A Constituição de 1988 remodela o perfil do Ministério Público, considerando-o instituição permanente e essencial à função jurisdicional do Estado, com autonomia e independência em relação aos Poderes Públicos (Legislativo, Executivo e Judiciário); atribui-lhe a defesa da ordem jurídica, do regime democrático e dos interesses sociais e individuais indisponíveis e lhe confere a função institucional de promover o inquérito civil e a ação civil pública, para a proteção do patrimônio público e social, do meio ambiente e de outros interesses difusos e coletivos (art. 127 e ss.).

[15] Cf. BRAGA, João Damásio. *Legislação, energia e meio ambiente*: evolução histórica e seus reflexos na gestão ambiental. Apresentação na 4ª reunião do Comitê Jurídico Tributário da ABCE, nov. 2004. Disponível em: <http://www.slideshare.net/bilibiowebsite/apresentacao-joao-damasio-braga-painel-meioambiente>. Acesso em: 12 maio 2012.

Ministério Público na construção de consensos, através do Termo de Ajustamento de Conduta (TAC), sendo exemplo histórico o TAC nº 01/2009 (Inquérito Civil Público nº 1.23.000.000573/2008-49), firmado pelo Ministério Público Federal do Pará,[16] e considerado marco no Direito Ambiental brasileiro.

A iniciativa expôs um novo horizonte da responsabilização civil ambiental na cadeia produtiva, mostrando a possibilidade de estreitamento do laço de responsabilidade solidária entre produtores, compradores, grandes distribuidores de carne bovina, derivados, fábricas de calçados, artigos em couro, assim como instituições financeiras.[17]

Sob o influxo da lógica da sustentabilidade e da cultura do cumprimento das normas jurídicas, passa a ser mais apropriada a *responsabilidade compartilhada* dos diferentes elos da cadeia (atores estatais, econômicos e sociais), o que pressupõe a mobilização e a integração de todos para desempenharem, cada qual, o papel, as funções, os deveres e as atribuições que lhes competem, sem se substituírem mutuamente e sem fazerem as vezes um do outro.

Portanto, dentro das lógicas da sustentabilidade e da observância das normas ambientais, a solidariedade passiva, que possibilita a responsabilização de um só coobrigado (geralmente o de maior capacidade econômica) pela totalidade das obrigações em caso de descumprimento por qualquer dos coobrigados, passa a ser de aplicação subsidiária em relação à responsabilidade compartilhada que alcança todos os atores (estatais, econômicos e sociais) na gestão público-privada, proativa e integrada das questões socioambientais.

Não sendo exitosos os resultados esperados com a utilização da responsabilidade compartilhada, cabe a responsabilidade solidária, de aplicação subsidiária neste sentido.

12.4 O pedagógico sistema da responsabilidade ambiental (civil, administrativa e penal) de cunho reparatório-repressivo no Direito brasileiro

No Direito brasileiro e no âmbito da proteção estatal, a PNMA e a Constituição Federal são básicas e fundamentais para a institucionalização e a consolidação do sistema de comando e controle preventivo e repressivo, até hoje predominante entre nós, sendo intrincados e complexos os problemas e desafios enfrentados para o adequado funcionamento, na realidade do Estado Federal Brasileiro, do Sistema Nacional de Meio Ambiente (SISNAMA) instituído pela PNMA.

Além disso, a PNMA e a Constituição vigente são marcos fundamentais na estruturação e consolidação do clássico sistema da tríplice responsabilidade ambiental (CF, art. 225, §3º), abrangente da responsabilidade civil objetiva e solidária (LPNMA, art. 14, §1º, e CF, art. 225, *caput*) e das responsabilidades administrativa e penal na seara ambiental (CF, art. 225, §3º, Lei nº 9.605/98 e atual Decreto nº 6.514/08). Agrega-se a este sistema a responsabilidade por improbidade administrativa (CF, art. 37, §6º, Lei nº 8.429/92).

---

[16] Disponível em: <http://www.prpa.mpf.gov.br/news/2009/noticias/mpf-e-ibama-processam-empresas-quelucram-com-os-bois-da-devastacao/>. Acesso em: 9 maio 2012.

[17] PACHECO, Cristiano de Souza Lima. *Responsabilidade civil ambiental, cadeia produtiva rural e sustentabilidade*: um desafio para o século XXI. Disponível em: <http://cristianopacheco.com/wpcontent/ uploads/2012/01/Artigo-Cristiano-Pacheco-Resp.-Civil-sustentabilidade-e-cadeia-produtiva-10.01.12.pdf>. Acesso em: 12 maio 2012.

Considerando-se os termos amplos da definição legal de poluidor na PNMA,[18] tem respaldo a interpretação e aplicação ampliativas do conceito de poluidor (direto e indireto) e do nexo de causalidade, consequentemente. Neste particular é bem ilustrativa a exegese defendida pelo atual Ministro do Superior Tribunal de Justiça, Antonio Herman Benjamin, em artigo doutrinário e no comentado voto no REsp nº 650.728/SC, de sua relatoria.

Para Benjamin, o vocábulo é amplo, incluindo aqueles que diretamente causam o dano ambiental (fazendeiro, industrial, madeireiro, minerador, especulador, p. ex.) e também aqueles que contribuem indiretamente (banco, órgão público licenciador, engenheiro, arquiteto, incorporador, corretor, transportador, dentre outros).[19] E no REsp nº 650.728/SC ficou consignado na ementa:

> [...] 12. *As obrigações ambientais derivadas do depósito ilegal de lixo ou resíduos no solo são de natureza propter rem, o que significa dizer que aderem ao título e se transferem ao futuro proprietário, prescindindo-se de debate sobre a boa ou má-fé do adquirente, pois não se está no âmbito da responsabilidade subjetiva, baseada em culpa. 13. Para o fim de apuração do nexo de causalidade no dano ambiental, equiparam-se quem faz, quem não faz quando deveria fazer, quem deixa fazer, quem não se importa que façam, quem financia para que façam, e quem se beneficia quando outros fazem. 14. Constatado o nexo causal entre a ação e a omissão das recorrentes com o dano ambiental em questão, surge, objetivamente, o dever de promover a recuperação da área afetada e indenizar eventuais danos remanescentes, na forma do art. 14, 1º, da Lei 6.938/81.*

Não se pode negar o efeito pedagógico de posicionamentos como estes, notadamente ao exemplificar a ampla gama de possíveis responsáveis.

12.5 Transição do predomínio do sistema de comando e controle estatal e de cunho corretivo-repressivo. A PNRS como marco legal[20]

A PNRS significa um marco fundamental na transição do predomínio do sistema de comando e controle estatal, notadamente de cunho corretivo-repressivo. A PNRS prioriza e compartilha com todos, poder público das diferentes esferas, setor econômico e segmentos sociais como os catadores de produtos e embalagens recicláveis, a responsabilidade pela gestão integrada e pelo gerenciamento ambientalmente adequados dos resíduos sólidos, e se utiliza, para tanto, de instrumentos "além do comando e controle", como os acordos setoriais, as diversas modalidades de planos, os instrumentos econômicos.

Institui um modelo participativo ímpar de implementação da responsabilidade compartilhada no sistema de logística reversa, priorizando os acordos setoriais e, sucessivamente, os termos de compromisso e os regulamentos.

---

[18] Art. 3º, IV - poluidor, a pessoa física ou jurídica, de direito público ou privado, responsável, direta ou indiretamente, por atividade causadora de degradação ambiental.
[19] Responsabilidade pelo dano ambiental. *Revista de Direito Ambiental*, n. 9, p. 37, jan./mar. 1998.
[20] Cf., de nossa autoria, Competência e as diretrizes da PNRS: conflitos e critérios de harmonização entre as demais legislações e normas. In: JARDIM, Arnaldo; YOSHIDA, Consuelo; MACHADO FILHO, José Valverde. *Política Nacional, gestão e gerenciamento de resíduos sólidos*. São Paulo: Manole, 2012. p. 3-38 (v. item 3.2).

A PNRS deixa clara esta estratégia desafiante de conduzir a transição do controle social passivo para o controle social ativo, muito mais eficaz para incentivar e promover a inadiável transformação dos padrões insustentáveis para padrões sustentáveis de produção e consumo, baseando-se na cooperação, participação e mobilização sociais e na almejada construção da consciência e da cidadania ambientais.

À medida que se firmam e se consolidam a educação, a informação, a participação, a mobilização e o controle sociais, haverá reflexos positivos na observância e na implementação adequada da *responsabilidade compartilhada*. Com isso os instrumentos de auto-organização, de autogestão e autocontrole sociais ganham efetividade, eficiência e operacionalidade, e a consequência será tornar cada vez mais despicienda a atuação do sistema de comando e controle repressivo e corretivo e o sistema da tríplice responsabilidade ambiental.

Em caso de não implementação, não funcionamento ou mau funcionamento da responsabilidade compartilhada da cadeia da econômica, resta a devida aplicação da responsabilidade civil objetiva e solidária. A solidariedade passiva constitui benefício e facilidade *pro societatis* e *pro ambiente*: pode ser exigida de um só devedor solidário a totalidade das obrigações.

Todavia, todo o empenho, nos tempos atuais, deve ser feito para que seja observada e respeitada a responsabilidade compartilhada por todos os elos da cadeia, evitando-se e passando a ser desnecessária, abusiva ou prematura a aplicação dos clássicos instrumentos e institutos repressivos pedagógicos.

Na disciplina da PNRS, caberá ao Poder Público atuar, subsidiariamente, com vistas a minimizar ou cessar o dano, logo que tomar conhecimento de evento lesivo ao meio ambiente ou à saúde pública relacionado ao gerenciamento de resíduos sólidos. Os responsáveis pelo dano deverão ressarcir integralmente o Poder Público pelos gastos decorrentes das ações empreendidas (art. 29, *caput* e parágrafo único).

E nas disposições transitórias e finais (arts. 51 a 53), a Lei nº 12.305/2010 faz expressa referência à aplicação das responsabilidades civil objetiva, administrativa e penal ambientais, introduzindo inclusive disposições específicas na Lei nº 9.605/98.

12.6 A responsabilidade civil ambiental das instituições financeiras

12.6.1 A responsabilidade civil ambiental das instituições financeiras sob a ótica corretivo-repressiva

O art. 12 da Lei nº 6.938/81 e suas potencialidades.

As instituições financeiras podem estar sujeitas a diferentes modalidades de riscos ambientais: ao *risco direto*, que está associado às suas próprias instalações, uso de papéis, equipamentos, energia. Neste caso respondem diretamente como poluidoras, e tem aplicabilidade o princípio poluidor-pagador: elas devem internalizar os custos relativos ao controle da poluição. Na hipótese de *risco indireto*, o risco ambiental afeta a empresa em relação à qual as instituições em análise são intermediadoras financeiras, via operações de créditos, ou detentoras de ativos financeiros. Esta é a hipótese controversa de possibilidade de responsabilização da instituição financeira na condição de poluidora indireta por força da operação de crédito. O *risco de reputação*, por sua vez, é decorrente da pressão da opinião pública, investidores, organizações não governamentais, para adoção, pelas mesmas instituições, de política de financiamento e investimento ambientalmente correta, sob pena de prejuízo à sua reputação.[21]

A transcrição adiante sintetiza as preocupações e a discussão em torno da responsabilidade civil das instituições financeiras em face das questões ambientais à luz da legislação ambiental brasileira:

> Por conta das crescentes preocupações com as questões ambientais, os bancos estão se transformando em fiscais indiretos do cumprimento da lei e verdadeiros agentes de divulgação da legislação e das boas práticas de proteção ao meio ambiente, até porque, antes de concederem financiamentos, especialmente aqueles destinados a investimentos, têm exigido a apresentação dos respectivos comprovantes de regularidade de atuação perante os órgãos ambientais.
> (...)
> A legislação brasileira contempla a responsabilidade solidária de todos aqueles que, de algum modo, participaram ou concorreram, direta ou indiretamente, para a prática do dano ambiental. Contudo, a análise não é simples, já que, se o financiador exigiu da empresa todos os requisitos necessários para conceder o crédito, inclusive aqueles de ordem ambiental (licença prévia, licença de instalação e licença de funcionamento), além da declaração dos órgãos responsáveis, atestando que a empresa está em situação regular perante o ambiente, dificilmente será responsabilizado por eventual dano causado pela empresa financiada.
> De acordo com Andreola (2008, p. 70) decorre do interesse do próprio banco verificar a regularidade da atividade da empresa antes de deferir qualquer assistência creditícia. No entanto, não se pode exigir do banco um controle técnico acerca dos índices de poluição ou sobre a regularidade das licenças expedidas pelos órgãos técnicos competentes. De qualquer forma, os bancos devem ampliar significativamente a análise das atividades empresariais, sob a ótica ambiental, e incluir em suas análises de risco de crédito, o aspecto ambiental, isto é, o risco ambiental. Dessa forma, é necessário verificar as reais condições de funcionamento da empresa pretendente do crédito, com uma visão criativa e restritiva, especialmente nos casos de utilização de produtos nocivos ao meio ambiente.
> (...)
> As atividades próprias das instituições financeiras apresentam pouco risco de causar dano ao meio ambiente. Mas, a legislação ambiental considera como responsáveis os causadores do dano, incluindo as instituições financeiras. A exposição maior dessas diz respeito às atividades das empresas com as quais mantêm relações negociais, acarretando a responsabilidade por via indireta.
> Tosini (2006, p. 87) identifica seis formas de exposição das instituições ao risco ambiental, com impacto sobre o risco legal, a saber, a responsabilidade das instituições financeiras como poluidoras indiretas no financiamento de projetos de investimento ou responsabilidade solidária; a responsabilidade ambiental das instituições financeiras públicas em projetos de investimento; a responsabilidade das instituições financeiras em financiamentos de atividades ou projetos na área de biotecnologia; a responsabilidade das instituições financeiras como proprietárias de imóveis, contaminados ou em desacordo com a legislação ambiental, oferecidos em garantia de empréstimos; a responsabilidade das instituições financeiras como novas proprietárias de imóveis tombados e a responsabilidade das instituições financeiras em financiamento imobiliário em áreas contaminadas.
> A recomendação expressa na Lei da Política Nacional do Meio Ambiente (artigo 12 da Lei nº 6.938/81) deixa margem de opção às instituições financiadoras na prevenção ambiental

---

[21] BLANK, Dionis Mauri Penning; BRAUNER, Maria Claudia Crespo. *A responsabilidade civil ambiental das instituições bancárias... cit.*, p. 267.

quanto à indicação de obras e equipamentos que constem ou devam constar no projeto de financiamento.

Desse modo, a tarefa de controle pode ser feita também pelas instituições financeiras, mas é tarefa primordial dos órgãos públicos ambientais federais, estaduais e municipais. Segundo Machado (2007, p. 338-339), os financiadores, por previsão legal, não podem continuar na alocação de recursos financeiros caso o ente filiado não cumpra o cronograma da implementação das obras e da instalação dos equipamentos destinados à melhoria da qualidade ambiental.

(...)

Segundo Machado (2005, p. 321), o dinheiro dos bancos deve financiar apenas projetos que estejam adequados às normas legais vigentes, inclusive aquelas protetoras do meio ambiente. O ideário está centrado no cumprimento integral das disposições e exigências contidas na legislação em vigor, de modo a evitar que o financiador possa ser responsabilizado por futuro dano ambiental causado pela empresa financiada. Sugere-se que os financiadores foquem mais suas atitudes na prevenção ambiental ao analisar as propostas de financiamentos.

Todavia, diante das dificuldades enfrentadas pelos bancos para a sua execução, entende-se que somente nas empresas que possuem a norma ISO 14000, exibida a partir do final do século XX como a resolução da incógnita ecológica, poder-se-á, efetivamente, exercer a função de controle preventivo da adequação dos projetos às normas ambientais.[22]

Destarte, não obstante a legislação brasileira dê amparo à responsabilidade civil objetiva e solidária das instituições financeiras em decorrência da concessão do crédito, a atividade causadora de danos ambientais, a exclusão ou atenuação do nexo de causalidade deve ser objeto de discussão em face de cada caso concreto, considerando-se, entre outras hipóteses, o cumprimento do dever de diligência imposto às entidades de crédito oficiais pelo art. 12 da Lei nº 6.938/81, que aperfeiçoa a disciplina embrionária do art. 12 da Lei nº 6.803/80.

Embora ambas as disposições legais se refiram à atuação preventiva das instituições de crédito oficiais e às operações de financiamento e incentivos governamentais, é salutar, pelas razões apontadas, interpretá-las ampliativamente para alcançarem também as instituições privadas, como o fazem Paulo Affonso Leme Machado[23] e Annelise Steigleder,[24] destacando esta última o descumprimento do dever legal e suas consequências.

Vale mencionar, a propósito, o seguinte precedente jurisprudencial:

PROCESSUAL CIVIL E AMBIENTAL. AGRAVO DE INSTRUMENTO. PRETENDIDA INDENIZAÇÃO POR DANOS AMBIENTAIS EM PROPRIEDADE PRIVADA NA AÇÃO PRINCIPAL. LEGITIMIDADE PASSIVA DO DNPM, IBAMA, ESTADO DE MINAS GERAIS (COPAM), FEAM, IGAM E BNDES. O ESTADO RESPONDE CIVILMENTE POR ATO OMISSIVO DO QUAL RESULTE LESÃO AMBIENTAL EM PROPRIEDADE DE TERCEIRO.

......

6. Quanto ao BNDES, o simples fato de ser ele a instituição financeira incumbida de financiar a atividade mineradora da CMM, em princípio, por si só, não o legitima para figurar no polo passivo da demanda.

Todavia, se vier a ficar comprovado, no curso da ação ordinária, que a referida empresa pública, mesmo ciente da ocorrência dos danos ambientais que se mostram sérios e graves e que refletem significativa degradação do meio ambiente, ou ciente do início da ocorrência

---

[22] BLANK, Dionis M. P; BRAUNER, Maria C. C. A responsabilidade civil ambiental das instituições bancárias... *cit.*, p. 268-272.

[23] *Direito Ambiental Brasileiro... cit.*, p. 363.

[24] *Revista Jurídica do Ministério Público do Estado do Mato Grosso... cit.*, p. 110.

deles, houver liberado parcelas intermediárias ou finais dos recursos para o projeto de exploração mineraria da dita empresa, aí sim, caber-lhe-á responder solidariamente com as demais entidades-rés pelos danos ocasionados no imóvel de que se trata, por força da norma inscrita no art. 225, caput, §1º, e respectivos incisos, notadamente os incisos IV, V e VII, da Lei Maior.

7. Agravo de instrumento provido (AG 2002.01.00.036329-1/MG, Rel. Dês. Fed. Fagundes de Deus, j. 15.12.2003).

12.6.2 Riscos da utilização indiscriminada da solidariedade passiva e da indevida atuação substitutiva da Administração Ambiental no licenciamento e na fiscalização ambientais

As preocupações das instituições financeiras com os riscos da utilização indiscriminada da solidariedade passiva e com os riscos da indevida atuação substitutiva da Administração Ambiental nas atividades estatais que lhes são próprias são a tônica de importante e cuidadosa pesquisa elaborada por Bianca Chilinque Zambão da Silva,[25] que pondera:

> Lenders now face the prospect of lawsuits by both the Public Ministry and non-governmental organizations (NGOs) that seek remediation of, or compensation for, environmental damages resulting from their borrowers' activities.
>
> The emerging Brazilian doctrine of environmental lender liability does not on its face fully reveal the dynamic behind it. Brazil's Ministry of the Environment appears to endorse the belief that regulating the terms of financing is a replacement for the instruments of environmental command-and-control policies. If not properly managed, this belief risks to establish lender liability as a weak substitute for a system of environmental impact assessment and environmental permitting conducted by the public administration.
>
> The approach in the United States to environmental lender liability commenced in a similarly scary way for lenders, but matured into a measured tool to incentivize proper lender behavior. The foundation and development of this extended liability for lenders in the United States sheds important light on transactions and enforcement actions that are to come in Brazil, especially for financial institutions that have aggressive internal policies of environmental assessment and due diligence investigation.
>
> The best practices lending procedures of export credit agencies (ECAs) and multilateral development banks (MDBs), whose procedures have been extended to commercial banks through their widespread adoption of the Equator Principles, exacerbate the likelihood of such a lender's liability under Brazilian law. This is a perverse result because these lending practices, if fully and diligently applied, are highly effective instruments to support lenders'risk management and to mitigate the likelihood of environmental damaging activities.

Críticas são feitas também a disposições inseridas no denominado Protocolo Verde:[26]

---

[25] Brazil's Launch of lender environmental liability as o tool to manage environmental impacts. *18 Int'1 & Comp. L. Rev.*, v. I, p. 51-105, Fall 2010.

[26] Disponível em: <http://www.febraban.org.br/protocoloverde/Matriz_Indicadores_Febraban_161210_alterações aceitas.pdf>. Acesso em: 12 maio 2012.

Underneath the obscure terms of the – Green Protocol, government-owned banks are supposed to be the beams of the balance when pondering the constitutional values of environmental protection and economic growth, which contradicts the National Policy Act when stating that the Environmental National Council (CONAMA) will determine the cases where a beneficiary should lose or have suspended its participation in credit lines from official funding entities, such as government-owned banks. Moreover, Brazilian law only conditions official funding on the presentation of environmental permits and further compliance regulations.

(…)

Notwithstanding the revised and more realistic terms committed by the Brazilian Federation of Banks, they also bring alarming provisions for stakeholders willing to invest capital in Brazil. For instance, this second "Green Protocol" indicates that its signatories should – apply social and environmental performance standards according to the economic sector when assessing projects with medium and high impacts. It is a clear command-and-control provision being transferred to banks' management, since this provision appears in parallel to the governmental permitting system, which is the most appropriate opportunity to regulate private activities. In that regard, the National Environmental Policy Act specifies that CONAMA will establish performance standards that enable the rational use of environmental resources. This statute also allows states and municipalities to determine their own rules since they supplement and complete the federal regulation. As a result, only proposed actions which meet these criteria could be granted an environmental permit which would bind banks' activities. Hence, the Green Protocol tends to establish an unbearable and conflicting situation of lenders having to substitute themselves for the public administration also in the development of environmental parameters.

12.6.3 O protagonismo, a proatividade e a contribuição das instituições financeiras na disseminação em cadeia da responsabilidade socioambiental corporativa. A incorporação da variável socioambiental na análise e concessão do crédito. Os Princípios do Equador[27] e documentos similares. Apresentação do *case* Itaú Unibanco

As instituições financeiras, como principais agentes financiadoras do processo produtivo, devem se conscientizar da relevância de sua participação na promoção, em cadeia, da sustentabilidade econômica, ambiental e social nas esferas internacional e nacional.

A participação e contribuição decisiva das instituições e agentes financiadores nesse processo se dá através da implementação da responsabilidade socioambiental em suas operações de crédito, traduzida na incorporação da variável socioambiental na análise e concessão de financiamentos a projetos de empreendimentos, e de empréstimos a atividades de categorizações diversas, sendo dispensado tratamento diferenciado conforme o respectivo grau de impactos e de riscos socioambientais (riscos alto, médio e baixo).

---

[27] Versão em português disponível em <http://www.equator-principles.com/resources/equator_principles_portuguese.pdf>. Acesso em: 12 maio 2012.

Na definição e na delimitação da responsabilidade das instituições financeiras devem ser considerados os seguintes fatores integrados:
(a) as instituições financeiras devem possuir governança e diligência adequadas para a concessão de crédito e financiamento de projetos;
(b) os órgãos ambientais devem ter sua estrutura fortalecida e deve ser definida claramente a competência de cada órgão ambiental para licenciar e fiscalizar os projetos, de forma técnica e célere;
(c) deve ser implementado um repositório comum de informações ambientais que propicie:
(i) a integração dos órgãos pertencentes ao Sistema Nacional do Meio Ambiente – SISNAMA; e ii) o acesso, por qualquer interessado, a referidas informações de forma rápida, satisfatória e eletrônica (Consuelo Yoshida e Banco Itaú Unibanco).[28]

É apresentada como *case* bem representativo a experiência pioneira e de vanguarda do grupo Itaú Unibanco na implementação de Política de Risco Socioambiental para a concessão de crédito, cujo procedimento é assim sintetizado:[29]

> O Itaú Unibanco incorporou a variável socioambiental nas suas práticas diárias, principalmente nos aspectos relacionados à concessão de crédito. Além de observar as leis e os compromissos voluntários assumidos, o Itaú Unibanco possui Política de Risco Socioambiental, que define as diretrizes internas para o mapeamento dos riscos socioambientais dos projetos a serem financiados. Nesse contexto, o Itaú Unibanco conta com uma equipe multidisciplinar especializada, que (i) avalia a conformidade socioambiental do projeto e do potencial financiado pessoa jurídica, (ii) emite parecer, o qual é considerado na aprovação do crédito, e (iii), conforme o caso, monitora referidos projetos e clientes. Para verificar a regularidade socioambiental, essa equipe: (i) verifica se há indícios de que o potencial financiado desenvolve atividades relacionadas a trabalho escravo, trabalho infantil e prostituição. Nessas hipóteses, é vedada a concessão de crédito; (ii) verifica se o potencial financiado desenvolve atividade em setores de significativo impacto socioambiental, tais como: (i) extração e produção de madeira, lenha e carvão vegetal provenientes de florestas nativas; (ii) extração e industrialização de asbesto e amianto; (iii) pesqueiro; ou (iv) produção ou comércio de armas de fogo, munições e explosivos. Nessas hipóteses, o Itaú Unibanco faz diligências específicas, de acordo com a atividade desenvolvida: (i) pesquisa a gestão socioambiental do potencial financiado e a existência de eventuais processos judiciais ou administrativos ou notícias desabonadoras contra ele; (ii) solicita documentos socioambientais relacionados ao potencial financiado e ao projeto, dentre eles, o licenciamento ambiental; (iii) efetua visitas técnicas, conforme o caso; e (iv) solicita análise técnica do projeto, quando necessário. Após a aprovação do financiamento, são incluídas no contrato cláusulas socioambientais, que permitem ao Itaú Unibanco suspender a liberação imediata dos recursos e vencer antecipadamente a operação, em caso de descumprimento de legislação e regulamentação socioambiental pelo financiado. Há ainda previsões contratuais específicas para, dentre outros, os casos de pesquisa com organismos geneticamente modificados (OGM), cumprimento das normas relacionadas à reserva legal, área de preservação permanente e terras declaradas

---

[28] Cf. *Recomendações Normativas para a Rio + 20*. p. 14. Disponível em: <http://direitorio.fgv.br/sites/direitorio.fgv.br/files/peticao-recomendacoes-riomais20-fgvdireitorio.pdf>. Acesso em: 12 maio 2012.
[29] Ver mais amplamente, Relatório Anual de Sustentabilidade 2011 Itaú. Disponível em: <http://www.itauunibanco.com.br/relatoriodesustentabilidade/>. Acesso em: 12 maio 2012.

de ocupação indígena. Ainda, existindo garantia imobiliária, o Itaú Unibanco verifica a possibilidade de existência de passivos ambientais no imóvel objeto da garantia, por meio de análise realizada por técnico especializado (Itaú Unibanco).[30]

Como reflexão final sobre a importância da contribuição das instituições financeiras na gestão socioambiental integrada, compartilhada e participativa tem-se as seguintes considerações:

> As instituições financeiras podem colaborar para a preservação da qualidade de vida e do meio ambiente ao incluir, no processo de análise e concessão de crédito, quesitos socioambientais. Agindo dessa maneira, além de contribuir com a sociedade e o meio ambiente, elas se protegem dos eventuais riscos que essas questões envolvem. Os Princípios do Equador, por meio de suas diretrizes sociais e ambientais reconhecidas mundialmente, tornam-se um instrumento valioso para a sociedade e as instituições financeiras.[31]

Referências

BENJAMIN, Antonio Herman. Função ambiental. In: BENJAMIN, Antonio Herman. *Dano ambiental:* prevenção, reparação e repressão. São Paulo: Revista dos Tribunais, 1993. p. 52. Disponível em: <http://bdjur.stj.gov.br/dspace/handle/2011/8754>. Acesso em: jul. 2009.

BENJAMIN, Antonio Herman. Responsabilidade pelo dano ambiental. *Revista de Direito Ambiental*, n. 9, jan./mar. 1998.

BLANK, Dionis Mauri Penning; BRAUNER, Maria Claudia Crespo. A responsabilidade civil ambiental das instituições bancárias pelo risco ambiental produzido por empresas financiadas. *Revista Eletrônica do Mestrado em Educação Ambiental*, v. 22, jan./jul. 2009. Disponível em: <http://www.remea.furg.br/edicoes/vol22/art19v22.pdf>. Acesso em: 12 maio 2012.

BRAGA, João Damásio. Legislação, energia e meio ambiente: evolução histórica e seus reflexos na gestão ambiental. Apresentação na 4ª reunião do Comitê Jurídico Tributário da ABCE, novembro 2004. Disponível em: <http://www.slideshare.net/bilibiowebsite/apresentacao-joao-damasio-braga-painel-meio-ambiente>. Acesso em: 12 maio 2012.

CÓSSIO, Carlos. *La teoría egológica del derecho:* su problema e sus problemas. Buenos Aires, Abeledo-Perrot, 1963.

FIORILLO, Celso A. Pacheco. *Curso de Direito Ambiental brasileiro*. 10. ed. São Paulo: Saraiva, 2009.

FIORILLO, Celso A. Pacheco. *O direito de antena em face do Direito Ambiental no Brasil*. São Paulo: Saraiva, 2000.

GRIZZI, A. L et al. *Responsabilidade civil ambiental dos financiadores*. Rio de Janeiro: Lumen Juris, 2003.

KELSEN, Hans. *Teoria pura do Direito*. 4. ed. Coimbra: Armênio Amado Sucessor, 1974.

MACHADO, Paulo Affonso Leme. *Direito Ambiental Brasileiro*. 19. ed. São Paulo: Malheiros, 2011.

PACHECO, Cristiano de Souza Lima. *Responsabilidade civil ambiental, cadeia produtiva rural e sustentabilidade*: um desafio para o século XXI. Disponível em: <http://cristianopacheco.com/wpcontent/uploads/2012/01/Artigo-Cristiano-Pacheco-Resp.-Civil-sustentabilidade-e-cadeia-produtiva-10.01.12.pdf>. Acesso em: 12 maio 2012.

RASLAN, Alexandre Lima. *Responsabilidade Civil Ambiental do Financiador*. Porto Alegre: Livraria do Advogado, 2012.

---

[30] Cf. *Recomendações Normativas para a Rio + 20... cit.*, p. 14.
[31] RIBEIRO, Maísa de Souza; OLIVEIRA, Otávio José Dias de. *Os princípios do Equador e a concessão de crédito socioambiental*. Disponível em: <http://www.congressousp.fipecafi.org/artigos82008/594.pdf>. Acesso: 12 maio 2012.

RIBEIRO, Maísa de Souza; OLIVEIRA, Otávio José Dias de. *Os princípios do Equador e a concessão de crédito socioambiental*. Disponível em: <http://www.congressousp.fipecafi.org/artigos82008/594.pdf>. Acesso: 12 maio 2012.

SANTILLI, Juliana. A corresponsabilidade das instituições financeiras por danos ambientais e o licenciamento ambiental. *Revista de Direito Ambiental*, jan./mar. 2001.

SOUSA, Ana Cristina Augusto de. *A evolução da política ambiental no Brasil do século XX*. Disponível em: <http://www.achegas.net/numero/vinteeseis/ana_sousa_26.htm>. Acesso em: 20 fev. 2012.

STEIGLEDER, Annelise Monteiro. Responsabilidade civil das instituições financeiras por danos ambientais. *Revista Jurídica do Ministério Público do Estado do Mato Grosso*, n. 2, jan./jul. 2007.

YOSHIDA, Consuelo Y. M. A proteção do meio ambiente e dos direitos fundamentais correlatos no sistema constitucional brasileiro. In: STEIGLEDER, Annelise Monteiro; LOUBET, Luciano Furtado. (Org.). *O direito ambiental na América Latina e a atuação do Ministério Público*. Belo Horizonte: Rede Latino-Americana de Ministério Público Ambiental – Abrampa, 2009. t. I, p. 72-122.

YOSHIDA, Consuelo Y. M. Competência e as diretrizes da PNRS: conflitos e critérios de harmonização entre as demais legislações e normas. In: JARDIM, Arnaldo; YOSHIDA, Consuelo; MACHADO FILHO, José Valverde. *Política nacional, gestão e gerenciamento de resíduos sólidos*. São Paulo: Manole, 2012. p. 3-38.

ZAMBÃO, Bianca, Brazil's launch of lender environmental liability as o tool to manage environmental impacts. *18 Int'L & Comp. L. Rev.*, v. I, 51-105, Fall 2010.

Documentos

Princípios do Equador – Versão em português. Disponível em: <http://www.equator-principles.com/resources/equator_principles_portuguese.pdf>.

Protocolo Verde (FEBRABAN). Disponível em: <http://www.febraban.org.br/protocoloverde/Matriz_Indicadores_Febraban_161210_alteraçõesaceitas.pdf>.

Recomendações Normativas para a Rio +20. Disponível em: <http://direitorio.fgv.br/sites/direitorio.fgv.br/files/peticao-recomendacoes-riomais20-fgvdireitorio.pdf>.

Relatório anual de sustentabilidade 2011 Itaú. Disponível em: <http://www.itauunibanco.com.br/relatoriode sustentabilidade/>.

Termo de Ajustamento de Conduta – TAC nº 01/2009. Disponível em: <http://www.prpa.mpf.gov.br/noticias/mpf-e-ibamaprocessam- empresas-que-lucram-com-os-bois-da-devastacao/>.

Informação bibliográfica deste livro, conforme a NBR 6023:2002 da Associação Brasileira de Normas Técnicas (ABNT):

YOSHIDA, Consuelo Yatsuda Moromizato. Responsabilidade das instituições financeiras: da atuação reativa à atuação proativa. In: YOSHIDA, Consuelo Y. Moromizato et al. (Coord.). *Finanças sustentáveis e a responsabilidade socioambiental das instituições financeiras*. Belo Horizonte: Fórum, 2017. p. 203-217. ISBN 978-85-450-0234-5.

PARTE III

ECONOMIA, SUSTENTABILIDADE E GOVERNANÇA CORPORATIVA

CAPÍTULO 13

RESPONSABILIDADE SOCIOAMBIENTAL DAS INSTITUIÇÕES FINANCEIRAS E GOVERNANÇA CORPORATIVA

APARECIDA TEIXEIRA DE MORAIS
BEATRIZ DE OLIVEIRA MARCONDES
GILBERTO SOUZA
MARCELO DRÜGG BARRETO VIANNA
MARTA VIEGAS
ROBERTA DANELON LEONHARDT

13.1 Introdução

Neste capítulo discutem-se alguns dos principais aspectos da responsabilidade socioambiental das instituições financeiras e sua governança corporativa do ponto de vista das regulamentações e normas estabelecidas na legislação brasileira e também pelos órgãos regulamentadores.

A primeira seção traz uma análise sucinta das normas legais que tratam do assunto, assim como a escassa jurisprudência que ainda hoje existe sobre relevante tema em matéria ambiental. A segunda seção, por sua vez, detalha, no âmbito das instituições financeiras, o necessário sistema de governança corporativa, a fim de que sejam adequadamente dirigidas e monitoradas. Os deveres fiduciários dos administradores são detalhados na quarta seção, por representarem importantes funções na governança corporativa. Por fim, apresentam-se, também, a experiência e os trabalhos desenvolvidos pelo Banco Triângulo S.A. ("Tribanco"), como um dos exemplos de uma das instituições financeiras brasileiras comprometidas com as questões socioambientais e de sustentabilidade e seu modelo de atuação em parceria com o *International Finance Corporation* ("IFC"), braço do Banco Mundial.

13.2 O arcabouço legal da responsabilidade ambiental das instituições financeiras

As discussões sobre o alcance da responsabilidade ambiental das instituições financeiras, em virtude dos danos causados pelos beneficiários de seus instrumentos de apoio financeiro, definitivamente, não são recentes. Contudo, a discussão permanece e se faz necessária diante do papel fundamental das instituições financeiras no sistema econômico-financeiro e no desenvolvimento do país.

Com a publicação da Lei Federal nº 6.938, de 31 de agosto de 1981, a qual dispõe sobre a Política Nacional do Meio Ambiente ("PNMA") e estabelece que o poluidor (direto ou indireto) é obrigado, independentemente de culpa, a reparar ou indenizar os danos causados ao meio ambiente e aos terceiros afetados por tais danos (art. 14, §1º), as reflexões sobre a extensão do conceito de poluidor indireto ganharam força. O poluidor, nos termos da referida lei federal, é definido como a pessoa física ou jurídica, de direito público ou privado, responsável direta ou indiretamente pela atividade que causou a degradação ambiental e responde de maneira objetiva pelos danos causados.

Contudo, apesar da numerosa doutrina e jurisprudência a respeito da responsabilidade dos poluidores indiretos, não se definiram parâmetros concretos para se caracterizar uma contribuição indireta apta a ensejar a obrigação de reparar. É pacífico que o trinômio autor, dano ambiental e nexo causal deve estar presente para se atrair a responsabilidade civil ambiental. Entretanto, pouco se sedimentou com relação aos limites da contribuição indireta que efetivamente atraia tal responsabilidade.

É neste cenário de incertezas que se encontra o tema da responsabilidade ambiental dos financiadores, incertezas as quais repercutem, a um só tempo, na eficaz proteção do meio ambiente, no plano econômico e na própria viabilidade do desenvolvimento sustentável. De um lado, a consideração das instituições financeiras como poluidores indiretos pode ensejar uma maior gama de alternativas para se buscar a reparação do meio ambiente. De outro, a insegurança jurídica de tal consideração, sem contornos claros de quais ações/omissões as qualificariam como poluidoras indiretas, aumenta o risco de não se fomentarem ou mesmo de serem minados investimentos no país, com o consequente retrocesso do desenvolvimento econômico.

Sobre a extensão da responsabilidade socioambiental para os bancos, existem julgados na jurisprudência brasileira que permeiam esse entendimento, conforme se destaca a seguir:

> O financiador deve ter consigo parte da responsabilidade sobre o destino dos créditos por ele disponibilizados ao mercado, *impondo-se lhes, por conseguinte, acautelar-se de todas as maneiras, no sentido de evitar que o dinheiro que sai dos cofres não possa servir para contrariar os interesses coletivos.* (Segunda Câmara do TJ/MT - Recurso de Apelação 25.408 - Julgamento em 17.04.2001)
>
> *Quanto ao BNDES, o simples fato de ser ele a instituição financeira incumbida de financiar a atividade mineradora da CMM, em princípio, por si só, não o legitima para figurar no polo passivo da demanda. Todavia, se vier a ficar comprovado, no curso da ação ordinária, que a referida empresa*

pública, mesmo ciente da ocorrência dos danos ambientais que se mostram sérios e graves e que refletem significativa degradação do meio ambiente, ou ciente do início da ocorrência deles, houver liberado parcelas intermediárias ou finais dos recursos para o projeto de exploração minerária da dita empresa, aí, sim, caber-lhe-á responder solidariamente com as demais entidades-rés pelos danos ocasionados no imóvel de que se trata (...). (Quinta Turma do TRF da 1ª Região - Desembargador Fagundes de Deus - AG 2002.01.00.036329-1/MG - Julgamento em 19.12.2003)

Para o fim de apuração do nexo de causalidade no dano ambiental, equiparam-se quem faz, quem não faz quando deveria fazer, quem deixa fazer, quem não se importa que façam, quem financia para que façam, e quem se beneficia quando outros fazem. (Grifamos) (Superior Tribunal de Justiça - Recurso Especial nº 650.728/SC - Julgamento em 23/10/2007 - Relator Ministro Herman Benjamin).[1]

Apesar dos referidos julgados notoriamente estenderem a responsabilidade ambiental para as instituições financeiras, não são delimitados os contornos dos fatos geradores de tal responsabilidade.

Diante da ausência de precedentes judiciais e medidas legislativas que disciplinem o tema e na busca de superar as lacunas existentes, o Conselho Monetário Nacional ("CMN") editou a Resolução nº 4.327, de 25 de abril de 2014, a qual dispõe sobre a obrigatoriedade de adoção de Políticas de Responsabilidade Socioambiental ("PRSAs") pelas instituições financeiras vinculadas ao Banco Central do Brasil ("BACEN"). A referida resolução discriminou os princípios e as diretrizes que deveriam ser observados pelas instituições financeiras na elaboração das PRSAs, bem como em suas práticas de governança corporativa, conforme se verá na próxima seção.

Pela primeira vez, o sistema normativo brasileiro, por meio da referida resolução, atribuiu às instituições financeiras a responsabilidade de delinear uma governança corporativa com o objetivo de gerenciar riscos socioambientais atrelados aos seus negócios, serviços e produtos. Como será detalhado a seguir, a governança corporativa estabelecida pela mencionada resolução auxilia as instituições financeiras a operarem de maneira relativamente segura e em cumprimento a leis e regulamentos.

Apesar do esforço e do importante passo dado pelo sistema financeiro, considerando a natureza autorregulatória da norma, esta ainda é insuficiente para assegurar aos bancos que a adoção de suas diretrizes prevenirá eventuais condenações na condição de poluidores indiretos. De qualquer forma, a referida resolução abriu um importante espaço para um ambiente de discussões entre os diversos atores envolvidos no tema: instituições financeiras, a Federação Brasileira de Bancos ("FEBRABAN"), os Ministérios Públicos, acadêmicos, advogados e as próprias agências ambientais.

Como resultado dessas tratativas e na tentativa de construir uma interpretação comum sobre ações diligentes do ponto de vista socioambiental, o Sistema de Autorregulação Bancária ("SARB") da FEBRABAN posteriormente editou o Normativo SARB nº 14, de 28 de agosto de 2014.

Além das regras gerais instituídas pela Resolução nº 4.327/2014, o Normativo SARB nº 14/2014 especificou com mais clareza os critérios e mecanismos a serem observados pelas instituições financeiras quando da avaliação e gestão dos riscos socioambientais dos projetos a serem financiados.

---

[1] Importante destacar que a responsabilidade dos bancos não é objeto específico do julgado.

O mencionado normativo buscou definir e detalhar importantes conceitos e institutos, tais como conceitos a serem utilizados nas PRSAs e a estrutura de governança apta a dar tratamento adequado às questões socioambientais e garantir a observância de aspectos legais, de risco de crédito e de risco de reputação.

Dessa forma, a Resolução nº 4.327/2014 e o Normativo SARB nº 14/2014, apesar de não eliminarem as dúvidas dos *stakeholders* e a insegurança jurídica, foram muito bem recepcionados ao definirem parâmetros concretos a serem observados pelas instituições financeiras nas operações e na criação de suas PRSAs.

Visando a mitigar os riscos nas operações financeiras, dentre outras medidas, fazem-se necessários (i) um processo consistente de auditoria, por meio da avaliação técnica e legal de documentos que atestem a regularidade das atividades exercidas pelas tomadoras de crédito, bem como (ii) a formalização de cláusulas mínimas nos contratos das operações, com obrigações de observar a legislação ambiental e a possibilidade de se antecipar o vencimento das operações. Se ainda não se pode afirmar que tais medidas afastam a responsabilidade socioambiental, certamente essas contribuem favoravelmente no caso de a instituição financeira precisar defender eventual direito de regresso em via judicial.

Diante do atual cenário da busca pela melhor regulamentação das normas afetas ao tema sustentabilidade, debate-se no Congresso Nacional e no Conselho Nacional do Meio Ambiente ("CONAMA") a revisão do licenciamento ambiental, principalmente para o caso de obras de infraestrutura. Não se pode negar que as normas que disciplinam o licenciamento ambiental no Brasil precisam passar por uma reforma, diante da intensa judicialização, da falta de clareza sobre os aspectos técnicos a serem avaliados e da ausência de observância pelos órgãos competentes dos prazos para manifestação em procedimentos de licenciamento, dentre outras fragilidades.

Dentre as medidas legislativas em discussão sobre o licenciamento ambiental, destaca-se o Projeto de Lei nº 3.729/04 que tramita na Câmara dos Deputados. No que diz respeito especificamente às obrigações das instituições financeiras, mencionado projeto de lei engloba exigências para a concessão de financiamentos oficiais, bem como condiciona a aprovação de concessão de créditos de todas as entidades financeiras à observância dos aspectos ambientais, não se limitando às instituições públicas. A seguir, destacam-se algumas das disposições do projeto de lei em comento:

> Art. 22. As entidades financeiras de um modo geral e as instituições governamentais de fomento devem condicionar à licença ambiental a concessão de financiamentos e incentivos de qualquer natureza a empreendimentos potencialmente causadores de degradação do meio ambiente.
>
> Parágrafo único. Iniciada a implantação ou a operação antes da expedição das respectivas licenças, o licenciador deve comunicar o fato às entidades financiadoras do empreendimento, sem prejuízo da imposição de sanções administrativas e outras medidas cabíveis.
>
> Art. 23. A concessão de quaisquer incentivos ou benefícios fiscais ou financeiros por parte do Governo Federal para empreendimento potencialmente causador de significativa degradação do meio ambiente, definido na forma do art. 6º, subordina-se à aprovação do respectivo EPIA.[2]

---

[2] Estudo Prévio de Impacto Ambiental.

Parágrafo único.

No caso de comprovada transgressão às resoluções, recomendações e conclusões do EPIA, cabem medidas de efeito suspensivo de atividades e cancelamento dos recursos financeiros correspondentes, sem prejuízo da imposição de outras sanções administrativas, devendo o empreendedor arcar civil e penalmente por seus atos.

No âmbito internacional, além de avaliar os riscos macroeconômicos e regulatórios, as instituições financeiras passaram a analisar também os aspectos socioambientais, claramente refletindo maior conscientização das instituições financeiras no que se refere à responsabilidade social corporativa e ao desenvolvimento sustentável. É válido observar que a ampla variedade de riscos pode comprometer o sucesso da operação.

As atividades da *Iniciativa Financeira do Programa das Nações Unidas para o Meio Ambiente* ("UNEP FI" nas siglas em inglês) desde 1992 têm auxiliado um grande número de instituições financeiras a melhor equacionar as preocupações das partes interessadas na sociedade e ecoar melhores práticas para serem mais sustentáveis. A UNEP FI é uma parceria global entre a UNEP e o setor financeiro. Mais de 200 instituições, incluindo bancos, seguradoras e fundos, trabalham juntos para alcançarem uma mudança sistêmica no setor financeiro e darem suporte a um mundo sustentável.

Nesse cenário, vem sendo conferida extrema importância aos Princípios do Equador ("PE"), que podem ser entendidos como um conjunto de políticas e diretrizes basilares para se determinar, calcular e administrar os riscos socioambientais em relação à concessão de crédito para um determinado projeto, para que este seja desenvolvido de forma social e ambientalmente adequada.

Os PE demonstram a contínua busca pela melhoria da gestão dos riscos socioambientais no financiamento de projetos, de modo que se tornaram referência para a gestão de riscos e impactos socioambientais no financiamento de projetos.

Critérios mínimos de gestão ambiental, de adesão voluntária, os PE têm por objetivo basilar o financiamento sustentável de projetos e implicam a revisão cuidadosa das propostas de clientes que solicitam financiamento de projetos. As avaliações necessárias visam a evitar o fornecimento de empréstimos a projetos que não respeitem as leis e regulamentos ambientais vigentes.

Foram formulados em 2002, revistos em 2006 e desde 2014 são aplicados de acordo com sua última versão, conhecida como EPIII, a qual tem como base as diretrizes adotadas pelo *International Finance Corporation* ("IFC"), braço financeiro do Banco Mundial para operações dessa natureza, existente desde 1998.

Atualmente, 83 instituições financeiras, atuantes em 36 países, são signatárias dos PE. Dentre essas, encontram-se as instituições brasileiras Banco Bradesco S.A., Banco do Brasil S.A., Caixa Econômica Federal, Itaú Unibanco S.A. e Banco Votorantim S.A.[3] Na prática, as instituições financeiras buscam projetos que atendam aos requisitos exigidos pelos PE. Em geral, para a concessão de empréstimos, avalia-se se os projetos cumprem requisitos, tais como: gestão de risco ambiental, proteção à biodiversidade, adoção de mecanismos de prevenção e controle de poluição.

Após tal análise, os projetos são enquadrados em uma matriz de risco socioambiental, que identifica impactos e riscos relevantes, bem como respectivas medidas de

---

[3] Disponível em: <http://www.equator-principles.com/index.php/members-reporting>. Acesso em: 20 ago. 2016.

mitigação. A depender dos riscos identificados, os bancos poderão apresentar exigências ou solicitar a apresentação de documentos adicionais para a concessão do financiamento.

Diante do exposto, pode-se observar o crescente esforço mundial no sentido de delimitar a responsabilidade de instituições financeiras diante de questões ambientais. No Brasil, o setor bancário é densamente regulado por órgãos como o Conselho Monetário Nacional ("CMN"), o BACEN e a Comissão de Valores Mobiliários ("CVM"). Seguindo as diretrizes adotadas mundialmente, o país, por meio de seus órgãos regulatórios, vem tentando estabelecer normas bancárias sobre a responsabilidade das instituições financeiras relacionada a questões socioambientais.

Nas seções seguintes, atenção especial foi dada à Resolução nº 4.327, de 25 de abril de 2014, a qual dispõe sobre a obrigatoriedade de adoção de PRSAs pelas instituições financeiras vinculadas ao BACEN. A referida resolução estabelece não só a necessidade de criação de PRSAs, mas também de governança corporativa relacionada à implementação, ao monitoramento e à avaliação das ações tomadas em atendimento a essas políticas. Tais medidas devem ser observadas pelas instituições financeiras e, principalmente, pelos seus administradores, como parte de seu dever de diligência.

Ao final, visando conferir praticidade ao presente trabalho, apresenta-se um caso prático, relacionado ao Tribanco, instituição financeira brasileira especializada em pequenos e médios negócios varejistas, a qual passou a orientar seus clientes para concretizarem ações sustentáveis de natureza socioambiental.

13.3 Governança corporativa

A governança corporativa é, na definição do Instituto Brasileiro de Governança Corporativa ("IBGC"), o "sistema pelo qual as empresas e demais organizações são dirigidas, monitoradas e incentivadas, envolvendo os relacionamentos entre sócios, conselho de administração, diretoria, órgãos de fiscalização e controle e demais partes interessadas". Segundo o IBGC, boas práticas de governança corporativa convertem princípios básicos em recomendações objetivas, alinhando interesses com a finalidade de preservar e otimizar o valor econômico de longo prazo da organização, facilitando seu acesso a recursos e contribuindo para a qualidade da gestão da organização, sua longevidade e o bem comum.

A governança corporativa, portanto, não somente traz princípios e normas que buscam a longevidade da empresa, mas também busca abranger ferramental adequado para que a empresa possa assegurar que esses princípios sejam observados dentro da organização, incluindo normas práticas para serem seguidas por conselho de administração, comitês de assessoramento, diretoria executiva, gestão e as diversas instâncias corporativas. A governança corporativa busca assegurar que os princípios que, por exemplo, tratam de conflitos de interesses, relacionamentos entre sócios e outras partes relacionadas, relacionamento entre a empresa e a comunidade em que ela atua, aí incluídas questões socioambientais, sejam devidamente tratados pela gestão, identificados como riscos, quando for o caso, e discutidos pelo conselho de administração de forma a permitir uma atuação responsável pela empresa.

Particularmente em relação à atividade conduzida pelas instituições financeiras, em especial pelos bancos (objeto deste artigo), a governança corporativa tem uma importância ainda maior por conta do seu papel e importância para a economia.

As instituições financeiras são provedoras de recursos para negócios, permitem a alocação de fundos em investimentos e poupança popular, fomentam o crescimento e a produtividade, estimulando, portanto, a economia.

Países com sistemas financeiros fortes são mais competitivos. Desta forma, entende-se que a boa ou má gestão das instituições financeiras pode afetar positiva ou negativamente não só as próprias instituições financeiras, mas a economia como um todo.

Nesse sentido, a boa governança corporativa das instituições financeiras é crucial para minimizar os riscos inerentes ao setor financeiro, atenuando a possibilidade de crises sistêmicas.

O setor bancário no Brasil é bastante regulado. Os órgãos reguladores do Sistema Financeiro Nacional – o CMN, o BACEN e a CVM, entre outros órgãos de regulação e acompanhamento – são os responsáveis por emitir as normas para garantir a liquidez e solvência do sistema.

Muitas dessas normas abordam aspectos relacionados a temas de governança corporativa. A governança corporativa é tratada em normas bancárias sempre no sentido de direcionar os órgãos máximos da administração dos bancos, ou seja, o conselho de administração e a diretoria executiva, a conduzir os negócios dos bancos de forma a perseguir o retorno aos acionistas, operando de maneira segura e em cumprimento a leis e regulamentos e protegendo os interesses dos depositantes, considerando, portanto, os interesses de todos os *stakeholders*.

A referida Resolução nº 4.327/2014 do BACEN, a qual dispõe sobre a obrigatoriedade de adoção de PRSAs, tem exatamente esse viés. Ela trata não apenas da obrigatoriedade da criação de uma PRSA, mas também de governança corporativa, ao determinar que as instituições financeiras tenham estrutura de governança corporativa compatível com o seu porte, natureza do seu negócio, complexidade de serviços e produtos oferecidos, bem como com atividades, processos e sistemas adotados, para assegurar o cumprimento das diretrizes e dos objetivos da política. Tal estrutura de governança deve dar às instituições financeiras as condições para a implementação, o monitoramento e a avaliação da efetividade das ações determinadas pela PRSA.

Além disso, as instituições financeiras devem ter uma estrutura para o gerenciamento do risco socioambiental e a identificação de deficiências na implementação das ações exigidas na política. Risco socioambiental, vale lembrar, é definido como a possibilidade de ocorrência de perdas nas instituições financeiras decorrentes de danos socioambientais.

O gerenciamento do risco socioambiental é tratado com atenção especial na Resolução nº 4.327/2014 do BACEN, devendo abranger:

i. Sistemas, rotinas e procedimentos que possibilitem identificar, classificar, avaliar, monitorar, mitigar e controlar o risco socioambiental presente nas atividades e nas operações da instituição;

ii. Registro de dados referentes às perdas efetivas em função de danos socioambientais, pelo período mínimo de cinco anos, incluindo valores, tipo, localização e setor econômico objeto da operação;

iii. Avaliação prévia dos potenciais impactos socioambientais negativos de novas modalidades de produtos e serviços, inclusive em relação ao risco de reputação; e

iv. Procedimentos para adequação do gerenciamento do risco socioambiental às mudanças legais, regulamentares e de mercado.

Portanto, a criação de uma adequada estrutura de governança corporativa para assegurar o cumprimento da PRSA e o adequado gerenciamento dos riscos socioambientais devem estar na pauta do conselho de administração e dos comitês de riscos e/ou de auditoria e serem implementados pela diretoria executiva das instituições financeiras.

13.4 Deveres fiduciários dos administradores

Diante do exposto, é relevante analisar as responsabilidades dos administradores das instituições financeiras, sob a ótica da governança corporativa e das leis societárias que lhes impõem deveres fiduciários no cumprimento de suas funções.

Inicialmente, cabe ressaltar que, por serem eles responsáveis por atividade integrante do Sistema Financeiro Nacional, administradores de instituições financeiras estão sujeitos a uma série de regras específicas, além das normas societárias ordinariamente aplicáveis a quaisquer administradores de sociedades brasileiras.

São várias as condições para o exercício de administração em instituições financeiras, mas se destaca que é necessário: (i) possuir capacitação técnica compatível com as atribuições do cargo, comprovada com base na formação acadêmica, experiência profissional ou em outros quesitos julgados relevantes, e (ii) cumprir com outras exigências como a) ter reputação ilibada, e b) não estar impedido por lei especial, condenado por determinados crimes, declarado inabilitado ou suspenso para o exercício de cargos em instituições financeiras ou equiparadas, declarado falido ou insolvente, nem ter participado da administração de sociedade que o tenha sido.

Dito isso, o administrador que exerce suas funções em boa-fé e com o devido cuidado e diligência não deve ser penalizado ou responsabilizado pessoalmente por danos causados pela companhia e à companhia.

A regra geral da não responsabilização inclui eventuais possíveis danos socioambientais que venham a ser atribuídos à instituição financeira por conta dos conceitos de poluidor indireto, oriundos da Lei Federal nº 6.938/1981, a qual, conforme já mencionado, instituiu e dispõe sobre a PNMA.

A responsabilização do administrador, para que venha a ser atribuída, deve ser comprovada como falha de dever fiduciário. É importante ressaltar que, no caso do administrador que falha com seus deveres fiduciários, os danos eventualmente causados à companhia somente podem ser alegados pela própria companhia ou por seus acionistas em nome da companhia, por meio de ação de responsabilidade específica.

Um acionista ou terceiro pode também vir a ingressar com uma ação diretamente contra o administrador por danos causados, não pela companhia, mas diretamente pelo administrador. Nesses casos, entretanto, não se trata de violação de deveres fiduciários pelo administrador, mas sim do resultado do cometimento de um ato ilícito, conforme disposto no art. 186 do Código Civil, caso em que a regra geral de responsabilidade civil do art. 927 do mesmo diploma deve ser aplicada, sem prejuízo de outras regras igualmente aplicáveis.

Entre os deveres fiduciários dos administradores, o mais enigmático é o dever de diligência. O dever de diligência é expresso como um padrão subjetivo de conduta, já que a lei utiliza o conceito de cuidado e diligência que todo homem ativo e probo costuma empregar na administração dos seus próprios negócios. Por ser fruto de um padrão subjetivo, a delimitação do dever de diligência precisa ser permanentemente atualizada em função da evolução das técnicas empresariais e do grau de sofisticação razoavelmente exigido dos administradores.

A atuação dos administradores das instituições financeiras no sentido de efetivamente construir a PRSA da instituição financeira e assegurar o cumprimento de suas diretrizes e objetivos por meio de uma estrutura adequada de governança corporativa deve ser compreendida como parte do dever de diligência. A ausência ou inobservância sistemática da política, a inadequação da estrutura de governança, a falta de gerenciamento de riscos e outros problemas podem expor os administradores de instituições financeiras a alegações de violação do dever de diligência.

Ao decidir se um administrador atuou com a devida diligência, o julgador deve observar não exatamente o mérito das decisões tomadas, mas se o administrador se cercou dos cuidados necessários para tomá-las. Esta é a base do que os norte-americanos costumam chamar de *business judgement rule*.

O conceito de *business judgment rule* tem sido utilizado pela doutrina e pela jurisprudência para auxiliar na interpretação do dever de diligência. Ele presume que, ao tomar uma decisão, os administradores agiram com boa-fé, de maneira informada e no melhor interesse da companhia, devendo aquele que quiser contestar a decisão provar que ela foi tomada sem esses pressupostos. O *business judgment rule* permite que os administradores assumam os riscos inerentes à vida dos negócios sem que estejam sujeitos às consequências de uma decisão ruim, desde que presentes os pressupostos mencionados.

O *business judgment rule* é uma regra de *common law*, o que significa que ele deriva de construções jurisprudenciais e é mutável ao longo dos anos. Não existe especificamente uma codificação que o delimite de maneira precisa. De qualquer forma, o entendimento geral é de que o *business judgement rule* protegerá os administradores que atuarem em boa-fé, desde que não tenham interesse no assunto da decisão, estejam informados a respeito do assunto, com informações que consideram adequadas às circunstâncias, e racionalmente acreditem que a decisão é para o melhor interesse da companhia.

Em conclusão, administradores podem vir a ser responsabilizados perante as companhias que administram, em caso de violação de deveres fiduciários, o que deve ser comprovado diante dos elementos que nortearam a tomada da decisão, independentemente dos resultados práticos da decisão tomada. Se os administradores se cercaram dos devidos cuidados na tomada da decisão, não deveriam ser responsabilizados pessoalmente por qualquer passivo da companhia.

13.4.1 Auditoria

Conforme já abordado anteriormente, as PRSAs devem conter os princípios e diretrizes que fundamentem as ações de natureza socioambiental dos negócios e a relação com os *stakeholders* da instituição, definidos como sendo os clientes, usuários dos produtos e serviços oferecidos pela instituição, comunidade interna e demais pessoas impactadas pelas suas atividades.

Vale ressaltar que a PRSA de cada instituição financeira deve estabelecer as diretrizes sobre as ações estratégicas relacionadas à sua governança corporativa, contemplando o gerenciamento do risco socioambiental estabelecido na resolução do BACEN.

Para este propósito, também é de fundamental importância que a PRSA da instituição financeira esteja alinhada não somente à visão e à estratégia de riscos da instituição, mas também ao planejamento dos trabalhos das áreas de gerenciamento de riscos, *compliance*, controles internos, ouvidoria e, é claro, às atividades da auditoria interna e outros órgãos de supervisão da governança corporativa da instituição, tais como o comitê de auditoria e os conselhos diretor, de administração e fiscal das instituições, nos quais aplicáveis, bem como da auditoria externa.

Este arcabouço de agentes monitorando o ambiente de controles internos com visão para o gerenciamento de riscos socioambientais constitui a espinha dorsal da estrutura de governança corporativa enfatizada na Resolução nº 4.327 do BACEN. É exatamente esse o maior foco de atenção dos trabalhos dos auditores externos sobre o adequado atendimento à referida resolução.

As normas brasileiras e internacionais de auditoria têm evoluído muito face aos escândalos corporativos e situações de não cumprimento de normas e regulamentos nacionais e internacionais (*compliance*) no setor empresarial e financeiro vivenciados na economia global nas últimas décadas. Por conta desses escândalos, a estratégia de auditoria tem dado muito mais foco nos riscos das instituições do que somente na sua estrutura de controles internos ou nas suas demonstrações financeiras apresentadas aos seus *stakeholders*, como era executada no passado. Ainda assim, casos de danos socioambientais que podem provocar, direta ou indiretamente, perdas têm sido foco constante de preocupação e debates nos órgãos de governança das instituições. Por consequência, a estratégia, o planejamento, os procedimentos e as conclusões dos trabalhos, tanto dos auditores internos quanto externos, devem contemplar ações específicas para verificar o monitoramento dos riscos socioambientais pelas empresas e instituições financeiras.

Nos últimos anos, as empresas e instituições financeiras passaram a adotar processos mais específicos e robustos de gestão de riscos e *compliance*, não somente para verificar os impactos das questões socioambientais, mas, de uma forma ampla, avaliar, quantificar, mensurar e gerenciar riscos.

A gestão de riscos e *compliance*, um dos mais importantes instrumentos de governança corporativa, inclui: (1) a adoção de códigos de ética e conduta e políticas internas e externas (para cumprir, por exemplo, todos os regulamentos da Lei Brasileira de Anticorrupção – Lei nº 12.846, de 2013), (2) o estabelecimento de programas de treinamento e capacitação de colaboradores das empresas e instituições financeiras e seus fornecedores, (3) o estabelecimento de canais de denúncia e auditorias específicas, (4) programas de investigação continuados, (5) ações para adequar situações de não conformidade e outras relevantes, com a consequente implementação de medidas corretivas e (6) o contínuo monitoramento dos processos de gestão dos programas de riscos e *compliance*.

A relação a seguir é uma lista não exaustiva de procedimentos mínimos de auditoria a serem efetuados pelos auditores de instituições financeiras para verificar o cumprimento da Resolução nº 4.327 do BACEN, como parte dos procedimentos de auditoria das demonstrações financeiras:

i. Confirmar a existência da PRSA aprovada, vigente e publicada, com divulgação e acesso às áreas de negócio e de suporte da instituição;

ii. Verificar se a instituição possui comitê de responsabilidade socioambiental e, em caso positivo, verificar tempestividade, escopo de atuação, foco e resolução de temas levados para discussão, assim como formalização das discussões e ações mitigatórias nas áreas de negócio em atas do referido comitê, além de comunicações aos comitês de auditoria e conselhos de administração, quando aplicável;

iii. Confirmar designação de diretor específico pelo cumprimento da PRSA, bem como existência, suficiência e tempestividade de relatórios de atividade e monitoramento;

iv. Verificar evidências de implementação de estrutura específica de gerenciamento de risco socioambiental na instituição;

v. Revisar evidências de processo de comunicação e de capacitação dos colaboradores da instituição que deverão adotar e implementar a PRSA;

vi. Verificar planejamento dos trabalhos da estrutura de gerenciamento de riscos, no que tange à qualificação e quantificação dos riscos socioambientais para fins de alocação de riscos de crédito;

vii. Verificar inclusão de procedimentos específicos no plano anual de auditoria interna de procedimentos sobre a PRSA nas áreas de negócio da instituição;

viii. Testar individualmente ocorrências identificadas e reportadas pelo diretor responsável, sobre eventuais não cumprimentos da PRSA, bem como sua adequada comunicação ao comitê de responsabilidade socioambiental e resolução;

ix. Verificar procedimentos e metodologias adotados pela área de gestão de riscos ou equivalente para quantificar a exposição da instituição aos riscos socioambientais; e

x. Testar individualmente amostra de itens e verificar critérios de cálculo de riscos socioambientais.

Por fim, é importante também verificar qual o tratamento dado sobre as deficiências de controle e oportunidades de melhoria identificadas pela própria instituição quando da adoção de controles visando à adequação à Resolução nº 4.327 e seu alinhamento com a Circular 3.467 do BACEN, que estabelece critérios para a elaboração dos relatórios de avaliação da qualidade e adequação do sistema de controles internos e de descumprimento de dispositivos legais e regulamentares e dá outras providências. É importante que a abordagem adotada pela administração das instituições financeiras para ambas as regulamentações esteja sempre alinhada.

13.5 Caso prático do Banco Triângulo S.A. – Tribanco

O Tribanco é uma instituição financeira brasileira criada há 26 anos pelo maior atacadista e distribuidor da América Latina, o Grupo Martins, e desde sua fundação é um banco especializado em desenvolver os negócios do pequeno e médio varejista por meio de produtos de crédito, financiamento e gestão financeira.

A sua concessão de crédito para o pequeno e médio varejista observa critérios em linha com aspectos de sustentabilidade do cliente. Além de conhecer com maior profundidade as reais condições de contratação de recursos financeiros, a instituição é cautelosa em relação aos ofensores da preservação de uma carteira de crédito saudável. Ao contrair linhas de crédito com o IFC, em meados de 2005, passou a absorver princípios básicos para a governança de riscos de ordem socioambiental. Suas práticas e processos na concessão de crédito evoluíram considerando a capacitação de colaboradores e clientes.

A gestão de sustentabilidade faz parte do sistema de governança corporativa e da cultura do Tribanco. O seu conselho de administração é apoiado por comitês com diferentes perspectivas: a) Comitê de Auditoria e *Compliance*; b) Comitê de Finanças e Risco; c) Comitê de Estratégia, Inovação e Sustentabilidade; e d) Comitê de Pessoas, Gestão e Governança. De modo coordenado, todos os comitês visam a assessorar o conselho de administração no processo decisório e no norte estratégico, de acordo com suas especialidades.

Em 2007, por exemplo, o Tribanco iniciou com o IFC conversações para realizar no Brasil um primeiro encontro internacional dentro do programa intitulado *Business Linkages* (*roundtable series* estabelecido pelo IFC em 2007 em parceria com o *International Business Leaders Forum* e a *Corporate Social Responsibility Initiative* da *Harvard's Kennedy School*). Dessa forma, entre 10 e 12 de junho de 2008 foi realizado no Rio de Janeiro o evento *Business Linkages: Supporting Entrepreneurship at the Base of the Pyramid*, o qual contou com aproximadamente 40 líderes empresariais, representantes da sociedade civil, ONGs e academia, para discutir modelos e práticas de sucesso relacionados às questões de desenvolvimento social e comunitário, empreendedorismo, sustentabilidade e responsabilidade social na busca da redução da pobreza e melhorias da qualidade de vida das populações e da sociedade.

Esse evento da agenda mundial do IFC foi sediado pela primeira vez no Brasil – sua principal motivação foi a sistematização de diálogos entre a iniciativa privada e seus clientes, pequenos empreendedores da "Base da Pirâmide", para exposição de casos de sucesso, trocas de melhores práticas, discussão de estratégias de sustentação de negócios. A experiência navegou outros mares e foi replicada pelo IFC em outros países e, atualmente, o tema evoluiu para debates sobre o *shared value* entre empresas e seus clientes.[4]

Em 2015, o Tribanco foi reconhecido pelo Programa das Nações Unidas para o Desenvolvimento – Brasil (PNUD Brasil), por proporcionar desenvolvimento sustentável aos pequenos e médios negócios varejistas, respondendo aos desafios sociais e ambientais do nosso país. A iniciativa identificou exemplos de negócios inclusivos financeiramente viáveis, com respeito à natureza e inclusão social, que por esses atributos favoreçam escala, possam contribuir ou vir a contribuir para a sustentação no longo prazo.[5]

Todos esses aspectos de governança corporativa estão alinhados pelos fundamentos estabelecidos e discutidos anteriormente neste capítulo, orientados por uma supervisão permanente do Conselho de Administração do Tribanco, além de permanente acompanhamento de seus processos de gestão, pelas auditorias interna e externa do Banco.

Na visão da direção do Tribanco e de seus colaboradores, as questões de gerenciamento de riscos e da gestão socioambiental fazem parte de suas operações e são monitoradas pelos processos e procedimentos internos, baseados nos conceitos do IFC e normas e regulamentos nacionais e internacionais.

---

[4] Desde 2012, o IFC é acionista minoritário do Tribanco.
[5] Relatório PNUD Brasil. Mercados Inclusivos no Brasil – Desafios e Oportunidades do Ecossistema de Negócios: 2015.

Agradecimentos

Os autores agradecem a relevante colaboração e os comentários da Dra. Sandra Akemi Shimada Kishi, Procuradora Regional da República (Gerente do Projeto Qualidade da Água do MPF e Coordenadora Suplente do Fórum Nacional de Recursos Hídricos do Conselho Nacional do Ministério Público), na discussão e elaboração deste artigo.

Informação bibliográfica deste livro, conforme a NBR 6023:2002 da Associação Brasileira de Normas Técnicas (ABNT):

MORAIS, Aparecida Teixeira de et al. Responsabilidade socioambiental das instituições financeiras e governança corporativa. In: YOSHIDA, Consuelo Y. Moromizato et al. (Coord.). *Finanças sustentáveis e a responsabilidade socioambiental das instituições financeiras*. Belo Horizonte: Fórum, 2017. p. 221-233. ISBN 978-85-450-0234-5.

THE ETHICAL FOUNDATIONS
OF WORLD BANK SAFEGUARDS

BRUCE RICH

Introduction

From its founding through its first decades, the World Bank reflected prevailing notions that tended to collapse ends and means together in a purely economistic view of social development. Subsequent safeguard reforms were driven by political and ethical concerns over the harmful social and ecological impacts of Bank projects. The relation of ethics, economics and development has been framed by Amartya Sen in an analysis that takes us back to Classical Greek and ancient Indian thought, as well as to 18th and early 19th century moral philosophy and political economy. Ethical critiques of economic globalization by Hans Küng and other Christian theologians, as well as George Soros, also ground this critique in Aristotle, the Adam Smith of The Theory of Moral Sentiments, and Karl Polanyi. The analyses of these thinkers reflect what is at stake in the Safeguard controversy, and the urgency that common ethical values set forth in enforceable rules and standards inform the evolving global economic system.

The current debate over the dilution of World Bank Safeguards can be illuminated by a deeper consideration of some aspects of the history of economics and ethics. This paper will examine context of the evolution of economics from the moral philosophy and political economy of the 18th and 19th centuries, through certain episodes in the classic debates in the history of philosophy and ethics, as well as in the more recent revival of political economy in the public debates over the impacts and goals of economic globalization in the 21st Century. These current debates have also evoked thinkers and political figures in Classical Greece and ancient India to clarify the issues at stake.

After recalling the stated founding purposes of the World Bank in its charter and the impetus behind the evolution of its safeguards, we will examine some relevant highlights of the history of economics and ethics, starting with Amartya's Sen's framing of the issues in the lectures on this topic he delivered at the University of California, Berkeley in 1986.[1] Sen's analysis takes us back to before the common era, to Aristotle and the great 4th century BC Indian political and economic thinker Kautilya and 3rd Century BC Indian Emperor Ashoka, as well as to Adam Smith, John Stuart Mill and Bentham, who are often viewed as the founders of modern economic thinking. Among the contemporary ethical critiques of current globalized economic development by figures as disparate as the theologian Hans Küng and the hedge fund manager and would be philosopher George Soros, we find also an attempt to ground this critique in the seminal figures of Adam Smith and Karly Polanyi. This historical and philosophical context can help to better understand what is at stake in the debate over the Bank's Safeguards, and their significance with respect to the future direction of economic globalization and the ethical values, or lack thereof, that will inform the evolving global economic system.

14.1 The Ethical Impetus Behind the Evolution of World Bank Safeguards

The World Bank's founding in 1944 as an institution of high modernity reflected a certain belief in globally integrated economic growth as an unquestionable goal in building a post World War II world. The post-war order, led by then all dominant United States, would avoid the nationalistic beggar thy neighbor economic protectionism of the 1930s and a repeat of the global economic collapse that fostered populist militaristic nationalism, increasingly genocidal racism, and ultimately total world war. As one of the three institutions conceived at the Bretton Woods International Financial and Monetary Conference in July, 1944 (named after the New Hampshire mountain resort town and hotel where the conference was held), the Bank was to play a key role in what was thought to be a new, progressive world order by providing capital for "productive purposes" to reconstruct Europe and to develop the other emerging, poorer nations of the world in Latin America, Asia (and later, Africa).[2] At the Bretton Woods Conference, U.S. Secretary of the Treasury Henry Morgenthau spoke of "the great economic tragedy of our time," the Great Depression, how the resulting "bewilderment and bitterness [became] the breeders of fascism, and finally, war." The goal of the Conference and the institutions it would create would be, in Morgenthal's proclaimed in his speech opening the negotiations, the "creation of a dynamic world economy in which the peoples of every nation will be able to realize their potentialities in peace…".[3]

At Bretton Woods there was no talk of ethics being distinct from a certain vision of economic development, since at the time, and certainly at the World Bank from its very founding, economic growth, and growing international trade and investment were thought of as synonymous with a certain vision of social good and progress. Conventional

---

[1] Amartya Sen, *On Ethics and Economics* (Oxford, UK: Blackwell Publishers, 1987).
[2] World Bank, *International Bank for Reconstruction and Development Articles of Agreement* (as amended effective July 27, 2012), Article I (i); see generally Bruce Rich, *Mortgaging the Earth: The World Bank, Environmental Impoverishment, and the Crisis of Development* (Boston: Beacon Press, 1994), 56-58.
[3] Quoted in, and see discussion and references in Rich, *Mortgaging the Earth*, 56-58.

notions of social progress and economic development tended to collapse ends and means together into a nearly purely economistic view of social development. This approach in turn reflected in large part the evolution of the economics profession, particularly in its liberal and neo liberal incarnations in the late 20th and early 21st centuries.

By the 1970s and 1980s, the social and environmental impacts of World Bank lending, for example on vulnerable indigenous groups and populations displaced by large infrastructure projects, as well as the accelerated destruction of rainforests and biodiversity in the Bank's borrowing countries, led to popular resistance movements in nations such India and Brazil, as well as growing protests of civil society groups in the Bank's donors over the growing ecological and social harm cause by projects financed by the Bank.[4] The impetus of many of these protests in populations in both the Bank's borrowing and donor nations, was not just based on the economic self-interest of adversely affected groups in the Bank's borrowers, but also was rooted in fundamentally moral rather than economic notions, entailing deeply felt ethical objections to harming vulnerable, marginalized populations in the Bank's borrowing countries in the name of greater national economic growth and productivity, to the destruction of smaller, weaker indigenous cultures, as well as protests over the destruction of other life forms and species. In response to these concerns, the first Bank "safeguard" policy was promulgated in 1980 concerning the equitable treatment of populations involuntarily resettled by Bank financed projects, followed in the 1980s by polices on protection of indigenous peoples, on requirements for environmental and social assessment, protection of natural habitats and biodiversity, etc.[5]

One can elaborate practical, economic reasons for the desirability of the Safeguards, and while there is no doubt about the scientific justification for many of the environmental safeguards, in reality their deepest grounding is in increasingly internationally shared ethical concerns about non-economic values that should serve as limits to, and a framework for guiding lending and investment. At a critical time in the 1970s and 1980s a growing partial international consensus on these values – reflected in various environmental and social justice movements around the world – helped to generate the political pressure that translated into the elaboration and prioritizing the safeguards within the World Bank.

Now, in the name of "ending extreme poverty" and "shared prosperity," to quote the Bank's latest, October, 2013 corporate Strategy,[6] these same safeguards are being for practical purposes dismantled to facilitate greater and speedier lending, and less attention to environmental and social concerns by the Bank, with less accountability for environmental and social harm.

Apart from simple institutional opportunism – the Bank being concerned about increasingly competition from new public and private lenders not just in the industrialized countries but also in emerging economies such as China and Brazil – what lies behind this apparent conflation of social progress with accelerated lending?

---

[4] See, e.g., Rich, *Mortgaging the Earth*, 107-182.
[5] See Bruce Rich, *Foreclosing the Future: The World Bank and the Politics of Environmental Destruction* (Washington DC: Island Press, 2013), 152-53, 189.
[6] World Bank Group Strategy, October, 2013, 1.

Is it merely a disingenuous rationalization of big infrastructure dominated economic growth with the assertion of more trickle down benefits for the poor? Or are there deeper ideological, historical, and philosophical themes at play?

14.2 Ethics, Economics, and Philosophy

> *It is hard to believe that real people could be completely unaffected by the reach of the self-examination induced by the Socratic question, 'How should one live?'...Can the people whom economics studies really be so unaffected by this resilient question and stick exclusively to the rudimentary hardheadedness attributed to them by modern economics?*[7]

Amartya Sen, 1998 Nobel Economics Laureate

As the international debate on economic globalization and its social and environmental consequences grew in the 1990s, the award of the Nobel Prize for Economics to the Indian Amartya Sen in 1998 marked an official recognition of the need to restore the recognition of the framework of values and ethics within which all economic and political action takes place. In a series of lectures on ethics and economics given at the University of California in 1986, Sen observed that from its origins economic thought was related to politics, but divided into two schools, one that takes the "engineering," logistical approach, and the other that takes an ethical, moral and explicitly political stance.[8] The engineering, technocratic approach is indifferent to ultimate ends, or rather, it asserts that promoting economic gain is the primary social and ethical goal. The problem then is of means, how to promote effectively more of the same. The ethical approach can be found in Aristotle, in discussions the goals of economics and society in much Christian thought, and, perhaps most importantly, in the origins of modern economics in 18th Century moral philosophy, particularly the thought of Adam Smith.

Sen notes that apart from the fact that non-economic, purely ethical, and indeed altruistic, motivation is much more widely spread individually and socially than main stream contemporary classical economic theory acknowledges,

> another surprising feature is the contrast between the self-consciously "non-ethical" character of modern economics and the historical evolution of modern economics largely as an offshoot of ethics. Not only was the so-called 'father of modern economics,' Adam Smith, a Professor of Moral Philosophy at the University of Glasgow (admittedly, a rather pragmatic town), but the subject of economics was for a long time seen as something like a branch of ethics.[9]

---

[7] Sen, *Ethics and Economics*, 1-2.
[8] Ibid., 2-7.
[9] Ibid., 2.

The logistical or engineering, "self-consciously non-ethical" approach according to Sen characterizes most modern neo-classical and neo-liberal economics, indeed the predominant ideology of the discipline of economics as it has dominated major universities in the Western world for much of the past century:

> The methodology of so-called 'positive economics' has not only shunned normative analysis in economics, *it has also had the effect of ignoring a variety of complex ethical considerations which affect actual human behavior*....if one examines the balance of emphases in the publications in modern economics, it is hard not to notice the eschewal of deep normative analysis, and the neglect of ethical considerations in the characterization of actual human behavior.[10]

Certainly the utilitarian vision of modern economics, dating back to Jeremy Bentham, can be seen as part of this school, since it can viewed as one of the first systematic articulations of a reductionist view of human motivation, and a corresponding reduction view of social good as the greatest economic good for the greatest number. Sen points to the great Indian statesman and philosopher Kautilya, who lived in the 4th Century BC around the same time as Aristotle, as perhaps the world's first economist and the first proponent of a technocratic view of the overarching goal and organizing principal of society as the acquisition, growth, and rational management of material wealth. Kautilya was the chief minister of the founder of the Maurya Dyasty in India, Chandragupta Maurya. The Mauryas were the first rulers to conquer and united the lands of the Indian sub-continent in the 4th and 3rd centuries B.C. Kautilya wrote a great treatise on statecraft and economics, the *Arthasastra* (literally, the "Science of [material] Wealth"). Kautilya states in the *Arthasastra* that "of the ends of human life, material gain is verily, the most important".[11] Sen notes that for Kautilya

> the motivations of human beings are specified by and large in fairly simple terms, involving *infer* alia the same lack of bonhomie which characterizes modern economics. Ethical considerations in any deep sense are not given much role in the analysis of human behavior. Neither the Socratic question nor the Aristotelian ones figure in this other ancient document of early economics, by a contemporary of Aristotle.[12]

Aristotle, in contrast, wrote in his Politics that:

> while it seems that there must be a limit to every form of wealth, in practice we find that the opposite occurs: all those engaged in acquiring goods go on increasing their coin without limit....The reason why some people get this notion into their heads may be that they are eager for life but not for the good life; so desire for life being unlimited, they desire also an unlimited amount of what [they think] enables it to go on....these people turn all skills into skills of acquiring goods, as though that were the end and everything had to serve that end.[13]

---

[10] Ibid., 7.

[11] R.P. Kangle (trans.), *The Kauṭilya Arthaśāstra, Part II: An English Translation with Critical and Explanatory Notes* (Delhi: Motilal Banarsidass Publishers Private Ltd., 1992), 1.7.2.

[12] Sen, *Ethics and Economics*, 6.

[13] Aristotle, *The Politics*, trans. T. A. Sinclair (London: Penguin Books, 1962), Book I, Chapter ix, 84-85.

This ethical-political approach is found even, indeed, especially, in Adam Smith, whose writings have wrongly been distorted and misappropriated to stand for the primacy of the free market as the basis of society, whereas the contrary is in fact true. Smith, in his first book, *The Theory of Moral Sentiments*, less cited than the *Wealth of Nations*, but even more critical for the underpinning of his thought, goes to great lengths to emphasize the moral and collective values which are essential for social cohesion, and attacks in some detail those who advocate the primacy of economic utility.

Sen has emphasized the renewed relevance of Smith's earlier work in the debates over the future of capitalism spawned by the global economic crisis. "It would be…hard to carve out from [Smith's] works any theory of the sufficiency of the market economy, of the need to accept the dominance of capital," Sen wrote in early 2009. In *The Theory of Moral Sentiments*, Sen observes, Smith "extensively investigated the powerful role of non-profit values" and argued that "humanity, justice, generosity, and public spirit are the qualities most useful to others".[14]

Later this paper will examine in a bit more detail the implications of Smith's view of society in the *Theory of Moral Sentiments* for current debates over the role of environmental and social safeguards.

Ashoka and Kautilya

Amarya Sen, in his key work *Development as Freedom*, actually points back to ancient India as an example of one of the first societies in which both the "ethical" and the "engineering" approaches to political economy and governance are articulated, and, one might add, where we see set forth what we would call today environmental and social safeguards. He cites not just the case of Kautilya, but also the writings and actions of the greatest of ancient Indian Emperors, Ashoka, who reigned around 60 years after time of Kautilya. If Kautilya was one of the first to view economics as an organizing principle of society from the technocratic, logistical, engineering approach, Ashoka is one of the greatest figures in human history to affirm and try to put into practice commonly shared, universal ethical values in which political and economic activity must be embedded.[15] Ashoka was Chandragupta's Maurya's grandson, and inherited the bureaucratic system Kautilya established; but he realized that pure considerations of utilitarian management of material wealth and real-politik – outstanding characteristics of the Kautilyan system – could not alone hold a large multi-ethnic, multi-cultural empire.[16]

Following a particularly bloody war in 261 BC Ashoka converted to Buddhism and promulgated a series of edicts calling for non-violence, religious toleration, protection of animals and natural habitat, the establishment of government funded hospitals for both humans and animals, planting and propagation of trees, fruits, and medicinal herbs both within and outside his empire's borders, and social welfare measures for the poor and the aged. The Ashokan edicts encourage regular meetings and discussions among the representatives of all different religious and philosophical sects to promote understanding and advancement of these ethical principles. These measures were set

---

[14] Amartya Sen, "Adam Smith's market never stood alone," *Financial Times*, March 11, 2009, p. 9.

[15] Amartya Sen, *Development as Freedom* (New York: Anchor Books, 1999), 235-38.

[16] See generally Bruce Rich, *To Uphold the World: A Call for a New Global Ethic from Ancient India* (Boston: Beacon Press, 2010).

forth as common ethical principals based on what Ashoka called *Dhamma* or Dharma, a concept in ancient and contemporary Indian culture meaning law, ethics, religion, duty, shared (though with different interpretations) by almost all South Asian cultural religious traditions at the time, Hindu, Jain, and Buddhist. Historians content that Ashoka's ethical governance principals were set forth as a secular ethic, not as an attempt to impose the religious ethics of Buddhism or any other religious culture prevailing at the time.[17] [cite R. Thapur] These edicts were inscribed on rock faces and high stone pillars from Southern India to Afghanistan, and many can still be seen today. Ashoka also sent out emissaries to other parts of Asia and to the Greek speaking world of the Eastern Mediterranean whose mission was to share the message of his *Dhamma* or Dharma with other societies and rulers.[18]

One might say that Ashoka's edicts were an attempt to promote within the more practical, Kautilya inspired material organization of the Maurya empire social and environmental safeguards grounded in commonly shared ethical principles, principles that Ashoka hoped at the time would be recognized as universal.

If one examines, for example, Ashoka's Fifth Pillar Edict, erected around 242-241 BC, one finds nothing less than a species and forest protection safeguard. It lists all of the kinds of animals declared as protected and exempt from slaughter – including tortoises, bats, ants, ducks, geese, swans, doves, porcupines, squirrels, deer, lizards, rhinoceroses and pigeons. In fact, all four-footed animals "which are not eaten and of no utility" especially are to be protected. He promulgates what we would call measures for habitat protection, declaring that "forests must not be set on fire either wantonly or for the destruction of life," and that the chaff in fields "must not be set on fire along with the living things in it". On numerous fixed days other kinds of animals may not be destroyed and elephant forests and fish ponds are not to be harvested.[19]

Kautilya, as a utilitarian pragmatist with a long term perspective, also sets forth a detailed enumeration of what one could characterize as social ad environmental safeguards.

For purely practical, utilitarian measures to promote the welfare and stability of the state, he recommends that a king should provide the population with seeds and provisions, help them through the distribution of his own wealth and together with his subjects resettle on the banks of rivers and lakes where available water will help grow crops.[20]

In the *Arthasastra* there are rigorous regulations to ensure sanitation and fire prevention in cities. Each householder is required to be equipped with water pots, an axe and ladder, pincers and a hook to fight fires. Thousands of water-filled vessels are to be positioned all over the city, and not helping neighbors fight a fire is punishable by a fine. Fines are enumerated for throwing dirt, muddy water or dead animals in the streets. The *Arthasastra* contains a housing code, as well as zoning laws. There are strict regulations for the environmentally sound construction of dwellings. All houses are

---

[17] See Romila Thapur, *Ashoka and the Decline of the Mauryas, with a New Afterword, Bibliography and Index* (Delhi: Oxford University Press, 1997).
[18] Ibid.; see also Rich, *To Uphold the World*.
[19] Translated in Thapur, *Ashoka and the Decline of the Mauryas*, 264.
[20] Kangle (trans.), *The Kauṭilya Arthśāstra* ..., 4.3.19–20

to be constructed with their own wells, drains and outhouses. Each householder shall construct a drain with a sufficient slope to ensure movement into the street drains, and is obliged to keep his drain free from obstructions. Houses are to be built with a mandatory space between them, and for light windows should be constructed in the upper floors.[21]

He also itemizes numerous measures for the protection of weak members of society (widows, the old, children, the sick and the handicapped). Women enjoy more rights than they would for most of the next 2300 years (under certain conditions they could divorce and own property). There are measures for protection of animals and nature, consumer protection regulations, labor laws, housing standards, and financial incentives to foster international trade. Compared with previous customs and the recommendations of earlier thinkers – which he often reiterates before stating his view – Kautilya frequently chooses the more moderate, less harsh option.[22]

Consequentialism and Deontological Approaches

Sen describes Kautilya as the "the ultimate consequentialist" where "it is hard to disentangle Kautilya's ultimate values from the practical reason he presents, especially in governance and politics, where the instrumental and strategic connections are played out much more prominently than valuational priorities".[23]

"Consequentialism" is a specialized philosophical term for one of the two mainstreams in the philosophy of ethics: in broad terms it connotes pragmatism or realism, that is, actions are right or wrong judged exclusively or primarily on the basis of their consequences. The utilitarian calculus of Jeremy Bentham and his followers is a simple form of consequentialism.[24] Most forms of modern economic thought are also, in theory, consequentialist. Much of the so-called market fundamentalism condemned by critics of one-sided economic globalization is utilitarian and consequentialist in its assumptions. The other great current of ethical thought is deontology (from the Greek root *deon-* meaning "obligation," "necessity"), whose variants hold that actions must be judged according to certain normative values and universal ethical rules or obligations. Kautilya is probably the ancient world's greatest consequentialist while Ashoka provides one of history's greatest examples of a deontological approach in statecraft – he tries to put into practice a universal, normative ethic.

In the history of ethics Immanuel Kant is often cited as the thinker who most deeply examined the grounds for the deontological approach: ethical values and action are rooted for Kant in the individual's examining within him- or herself the right, necessary principles for action, basing them on what should be desired as a universal

---

[21] Ibid., 3.8.1–28
[22] L.N. Rangarajan, trans. and ed., *Kautilya: The Arthasastra* (New Delhi: Penguin Books, 1992), 36.
[23] Sen (August 2003), personal communication.
[24] 'Consequentialism', *Encyclopedia Britannica*, <http://www.britannica.com>. Amartya Sen observes that classic utilitarianism is grounded not just on consequentialism, but also comprises 'welfarism'– which judges a consequent state of affairs also only by utility ('paying no direct attention to such things as the fulfilment or violation of rights, duties, and so on'), and 'sum-ranking', which requires 'that [in a consequent state of affairs] the utilities of different people be simply summed together', without attention to distributional issues or equity. (See Amartya Sen (1999), *Development as Freedom*, New York: Alfred A Knopf, pp 58–59). In other words, classic utilitarianism can be viewed as a kind of hyper-consistent consequentialism, where, at each stage of the evaluation of the results of actions, only utilitarian consequences are evaluated.

principal or law for all other individuals acting in similar circumstances - not in view of a utilitarian calculus of practical material gains, losses, or results. Viewing or using other human beings as instruments or means to an accomplishment of a goal, rather then treating them as ends in themselves, is for Kant the essence of unethical behavior.

A very eloquent example of how this perspective works out in practice in the context of current approaches to economic development and the need for social and environmental safeguards can be found in the essay on the the India Narmada River Sardar Sarovar Dam by Booker Prize winner author Arundhati Roy: "*For the Greater Common Good.*" Roy begins by quoting Nehru speaking to villagers who were to displaced by a dam in 1948: "If you are to suffer, you should suffer in the interest of the country." Her passionate indictment of an economistic developmentalism divorced from ethical concerns for the impacts on the poor and powerless who are in the way, and on the destruction of nature that such an approach entails, is also a dissection of the "engineering" approach to economic development as an instrument of amoral power:

> Big Dams are to a Nation's 'Development' what Nuclear Bombs are to its Military Arsenal. They're both weapons of mass destruction. They're both weapons Governments use to control their own people. Both Twentieth Century emblems that mark a point in time when human intelligence has outstripped its own instinct for survival. They're both malignant indications of civilisation turning upon itself. They represent the severing of the link, not just the link – the understanding – between human beings and the planet they live on. They scramble the intelligence that connects eggs to hens, milk to cows, food to forests, water to rivers, air to life and the earth to human existence.[25]

One can also view the deontological approach as rooted in a profound individual sense of existential truth, rather than the practical calculus of an idealized economic man rationally attempting to maximize personal welfare and benefits. The example of Martin Luther posting his theses condemning corruption in the Catholic Church on the doors of Wittenberg Cathedral in 1517 comes to mind: "Hier stehe ich," Luther stated, "Ich kann nicht anders." "Here I stand, I can do no other." If Luther, as a pious monk, had rationally considered the practical consequences of what he unleashed – admittedly not easy to forsee in his situation at the time – perhaps he might have had second thoughts – after all, he unleashed a permanent split in the unity of Christendom. One might add that Luther was a quintessential whistle blower, and whistle blowers tend to act from profoundly rooted inner ethical convictions, rather than from consequentialist, pragmatic, utilitarian calculations.

Sen in his essay on ethics and economics is the quintessence of moderation in this debate, while nonetheless setting forth the thesis that much of modern mainstream economics has become so unhinged from ethical values as to be sub optimal or even counter productive at times in furthering human welfare. Human development has to be based, to a greater extent, on non-economic, ethical goals. He points that it is not a question of one approach or the other – he maintains that most great economic thinkers have examined to one extent or another both the "engineering" approach and the ethical, political approach. He argues that "economics, as it has emerged, can be made more

---

[25] Arundhati Roy, *The Great Common Good* (Bombay: India Book Distributers, 1999), 1, 61.

productive by paying greater and more explicit attention to the ethical considerations that shape human behavior and judgment".[26]

One of the best examples of this dialectic is indeed the differing approach of Kautilya and Ashoka to protecting species: as we see, Kautilya prescribes certain protective regulations similar to those of Ashoka – for example forest and habitat protection – as well as social welfare measures to protect the weak, the elderly and the poor, because of their ultimate long term economic utility, and contribution to social and economic stability. Ashoka does so on the grounds of a normative, universal ethic of care for the welfare of all living, sentient beings. But Ashoka's *Dhamma*, while apparently grounded in a universal, normative ethic, is also inspired at times by practical, consequentialist considerations of governance, and Kautilya's prescriptions do not in all cases reflect only a calculating, instrumentalist approach.

14.3 Market Fundamentalism and the forgotten legacy of Adam Smith

Sen's 1986 reflections on the need to restore a greater emphasis on ethics and values in economic theory and practice can be seen as a harbinger of a broader questioning of the one-sided post-Cold War triumphalist promotion of a global market system led by the US and international financial institutions like the World Bank, IMF and World Trade Organization. Key players and commentators like Larry Summers and Francis Fukyama heralded the dawn of a new era where the entire world was converging on a consensus of the same market-based economic system and of Western values of democracy that putatively were somehow bound to markets. But in the words of John Gray, professor at the London School of Economics, it was a false dawn.

Gray was one of several very public apostates among former high priests and beneficiaries of the great economic boom of the 1990s, fuelled by the resurgence in major governments of neo-liberal market ideology. Gray was a prominent conservative political thinker and former adviser to Margaret Thatcher, but did an about-face in 1998 in his impassioned denunciation of free market globalization, *False Dawn*. "Democracy and the free market are rivals," he warns, "not allies".[27] He concludes that the global triumph of markets is leading us to a nightmarish dystopia:

> The spread of new technologies throughout the world is not working to advance human freedom. *Instead it has resulted in the emancipation of market forces from social and political control. By allowing that freedom to world markets we ensure that the age of globalization will be remembered as another turn in the history of servitude.*[28]

Our contemporary global dilemma, wrote George Soros, and "the supreme challenge... is to establish a set of fundamental values that applies to a largely transactional, global society." In his book *The Crisis of Global Capitalism*, Soros attacked the dominant ideology of what he called "market fundamentalism," as the greatest current threat to social and political stability worldwide. Soros castigated the increasing

---

[26] Sen, *Ethics and Economics*, 9.
[27] John Gray, *False Dawn: The Delusions of Global Capitalism* (New York: The New Press, 1998), 17.
[28] Ibid., 208 (emphasis added).

extension of market and economic reasoning to all areas of social activity, including professions like medicine and law which formerly were guided by historically rooted, semi-autonomous ethical codes. If these trends are not countered, the "destructive and demoralizing social effects" of market fundamentalism will undermine the social cohesion on which civilized existence depends; in fact this process is already well underway. Moreover, "market forces, if they are given complete authority even in the purely economic and financial arenas, produce chaos and could ultimately lead to the downfall of the global capitalist system".[29]

If we want to make sense of our time, Hans Küng, perhaps the leading living Catholic theologian, tells us, we are faced with a simple but overwhelming proposition: 'a global market economy requires a global ethic'[30]

Adam Smith and the safeguard values of society: prudence, beneficence, justice

Adam Smith wrote two major works, of which, until relatively recently, *The Wealth of Nations* was by far the better known. In the late 1990s and 2000s the Smith of *The Theory of Moral Sentiments*, which he viewed as of equal importance and of broader philosophical significance, has been rediscovered. It is no understatement that the Smith of *The Theory of Moral Sentiments* has become more relevant for understanding the challenges of the current global economic crisis than the technical works of numerous contemporary economists. In early 2009 Chinese Premier Wen Jiabao told the *Financial Times* that he always carries a copy of *The Theory of Moral Sentiments* with him when he travels. Among the lessons of the book, Wen Jiabao observed, is that "Adam Smith wrote that in a society if all the wealth is concentrated and owned by only a small number of people, it will not be stable".[31]

The Smith of *The Theory of Moral Sentiments* is very different from the caricatural prophet of the unleashed market that was trumpeted by the supporters of Ronald Reagan and Margaret Thatcher in the 1980s. In fact, the critics of market fundamentalism have pointed out that Adam Smith can more appropriately be viewed as an opponent of untrammeled free markets rather than a proponent. Both Amartya Sen and theologian Hans Küng emphasize that Smith was a professor of moral philosophy at the University of Glasgow, and that economics in the 18th century – and for Smith – was viewed as a branch of philosophy and ethics. Sen puts Smith strictly on the side of an ethical, political approach to economics, one in which commonly shared normative values must predominate, as opposed to the Kautilyan "engineering," instrumental approach.[32]

Smith emphasizes the key roles of the three values of justice, prudence and beneficence in underpinning the entire social order. Justice is by far the most important; a society can exist without beneficence (magnanimity, compassion, public spiritedness) though it will be 'less happy and agreeable', based on short-term mercenary concerns where no man feels he owes society any obligation. But a society where people are not restrained from hurting one another, where the strong are not restrained from hurting the

---

[29] George Soros, *The Crisis of Global Capitalism: Open Society Endangered*, (New York: Public Affairs, 1998), xxviii.
[30] Hans Küng (1998), *A Global Ethic for Global Politics and Economics*, New York: Oxford University Press, p. 204.
[31] Lionel Barber, Geoff Dyer, James Kynge and Lifen Zhang, "Message from Wen," Interview with Wen Jiabao, *Financial Times*, February 2, 2009, p. 5.
[32] Sen, *On Ethics and Economics*, 2, 6.

weak – and this restraint is for Smith the essence of justice – soon disintegrates: "Justice," he emphasizes, "is the main pillar that upholds the whole edifice....if it is removed, the great, immense fabrick of human society...must in a moment crumble to atoms".[33]

Of all qualities prudence is the most useful for the individual, Smith writes. Prudence in turn is based on the union of understanding, of being able to foresee the consequences of our actions, and of self-command, the ability to undergo present pain or forgo present pleasure in order to obtain greater pleasure or avoid greater pain in the future.[34] In effect prudence restrains the individual from actions that may bring him short-term advantage but longer-term harm. Smith points out that prudence is not the same as mere self-interested pursuit of utility; he maintains that the understanding and self-command of which it consists are motivated by approbation as much as self-interest.

Thus, the pleasure we are to enjoy ten years hence interests us so little in comparison with that which we may enjoy day to day...that the one could never be any balance to the other, unless it was supported by the sense of propriety, by the consciousness that we merited the esteem and approbation of every body, by acting in the one way, and that we became the proper objects of their contempt and derision by behaving in the other.[35]

Smith develops the notion of approbation to include a kind of socialized super-ego that does not need actual reinforcement from society. Beneficence and justice are reinforced by our perception of the sentiments of other people, but also by "the sentiments of the supposed impartial spectator, of the great inmate of the breast, the great judge and arbiter of conduct... it is this inmate who, in the evening, calls us to an account for all those omissions and violations... both for our folly and inattention to our own happiness, and for our still greater indifference and inattention, perhaps, to that of other people".[36]

All in all Smith portrays the combination of the desire for approbation and self-interest that drives economic behavior as embedded in a framework of more complicated motivations and values: sympathy and benevolence are as ingrained in human nature as selfishness and self-interest, and justice must be the underpinning of any society; he expounds at some length on the role of conscience and duty. He goes to considerable lengths to denounce the view of society as being based purely on self-interest and utility, though in a limited context these motivations can work for the general good through the workings of the "invisible hand." Paradoxically, he denounces the views of Bernard de Mandeville, to whom he owed the most for his conception of the invisible hand, or the harmony of private and public interest.

Bernard de Mandeville was born in the Netherlands but lived in London in the early 1700s; by profession he was a physician. In 1723 he published a tract in verse which soon became infamous all over Europe, *The Fable of the Bees: or Private Vices, Publick Benefits*. His satirical poem describes a beehive (a metaphor for human society) where each bee, pursuing its corrupt and private interests, contributes to a social organization that thereby thrives and prospers. A great curse falls upon the hive, whereby its members desire to become virtuous, honest and altruistic; their prayers are granted, and calamity ensues.

---

[33] Adam Smith, *The Theory of Moral Sentiments*, vol. I (1817; repr. Washington DC: Regnery, 1997), 115.
[34] Ibid., p. 255.
[35] Smith ibid., p. 257.
[36] Adam Smith, *The Theory of Moral Sentiments*, vol. II, (1817; repr. Washington D.C.: Regnery, 1997), 101-102.

The disappearance of individual vice undermines individual industry and activity, the life of the hive implodes in sloth, poverty, and finally a demographic collapse. Thus the moral: "Fraud, Luxury and Pride must live, While We the Benefits receive…".[37]

Smith's objects strongly that Mandeville goes too far, that by denying the validity of benevolence, duty and any kind of non-self interested social motivation "all publick spirit, therefore, all preference of publick to private interest, is, according to him, a mere cheat and imposition on mankind".[38] "It is thus that he [Mandeville] treats every thing as vanity which has any reference, either to what are, or what ought to be, the sentiments of others," Smith continues; "it is by means of this sophistry, that he establishes his favourite conclusion, that private vices are public virtues".[39]

These distinctions seem to have often been lost in the ideological debate over the role of markets and growth over the past two decades, though thinkers like Sen and Hans Küng have recalled them. Nonetheless, more and more the rationalizations put forth to enshrine the dominion of an unregulated global market economy (or rather, a global economy regulated to prohibit socially based limits on markets), are in spirit closer to Mandeville's beehive than to Adam Smith. For the proponents of unlimited trade and fast track investment, and the unleashing of markets in every area of human activity, social and environmental standards, protection of cultural values and historic community are among the kinds of well-intentioned but disastrous "virtues" that Mandeville portrayed as bringing about the downfall of the hive. If Mandeville were reincarnated in senior World Bank management, he no doubt would advocate the dilution if not the abolition of the safeguards, as just the kind of attempts to promote "virtue" described in *The Fable of the Bees* that would undermine the Bank's efficacy in promoting "shared prosperity." But Smith thought Mandeville's doctrine was so pernicious that he went out of his way to attack it.

14.4 The Double Movement

> *Economic liberalism was…born as a mere penchant for non-bureaucratic methods, it evolved into a veritable faith in man's secular salvation through a self-regulating market. Such fanaticism was the result of the sudden aggravation of the task it found itself committed to: the magnitude of the sufferings that were to be inflicted on innocent persons as well as the vast scope of the interlocking changes involved in the establishment of the new order.*[40]
>
> (Karl Polanyi)

---

[37] From *The Fable of the Bees: Or Private Vices, Publick Benefits* (1714). Numerous versions are available on the web, here is the link to the one I used: <http://pedagogie.ac-toulouse.fr/philosophie/textes/mandevillethefableofthebees.htm>.

[38] Smith, *Theory of Moral Sentiments*, vol. 2, 165.

[39] Smith ibid., 171.

[40] Karl Polanyi, *The Great Transformation*, (Boston: Beacon Press, 1957), 130.

Many of the critical commentators on the distortions wrought by economic globalism have invoked the Adam Smith of *The Theory of Moral Sentiments* as an ally. For Soros, Gray, Küng, and other like-minded thinkers, transcending what we might call the Kautilyaism of the present age is the 'supreme challenge' and 'great dilemma' of our time. These critiques also owe much explicitly and implicitly to the seminal work of Karl Polanyi, *The Great Transformation*. Polanyi's classic account of the government-organized triumph of free market economics in 19th century Britain was first published in 1944, and in recent years has been rediscovered with fresh urgency.

There are three fundamental points in *The Great Transformation* that today are more relevant than ever. First, the triumph of a national market capitalism in Britain in the early 1800s was not a natural, social evolution involving the enlightened recognition of the state to finally allow socially deep-rooted and natural market behavior to flourish and benefit all. On the contrary, it was the result of an historically unprecedented, brutally engineered, top-down, systematic set of political and legislative interventions. It involved the completion of the Enclosure movement, "a revolution of the rich against the poor",[41] whereby the lords and nobles further consolidated large landholdings, ejecting rural populations from the countryside; the abolition of existing poor laws and social protections to create a more fluid and amenable labor market; and the repeal of the Corn Law, which opened agriculture to free trade, abolishing protectionist measures that had existed for hundreds of years. The social upheaval and misery these measures caused were immense, equaled only by the growth in profits and economic power of the industrial owners.

Polanyi's second point is that in all human societies from the most primitive to advanced civilizations, economic relations and transactions had hitherto been *embedded* in an overarching cultural and social framework, a framework of commonly shared ethical values, which set limits to market activities. Anthropological and historical research shows, Polanyi wrote, that "man's economy, as a rule, is submerged in his social relationships. He does not act so as to safeguard his individual interest in the possession of material goods; he acts so as to safeguard his social standing, his social claims, his social assets. He values material goods only in so far as they serve this end".[42]

This view is actually quite close to Adam Smith's in *The Theory of Moral Sentiments*. Its corollary is that disembedding the economy and material growth from society as an autonomous, and then totally dominant sphere undermines the society on which it is based.[43]

His third major point is that very quickly, within two decades in the case of 19th century Britain, the untrammeled domination of market values produced a counter-movement of social activism and legislation to rein in the depredations of the market based on "the principle of social protection aiming at the conservation of man and nature".[44] The whole process of government promotion of unencumbered freeing of

---

[41] Ibid., 35.
[42] Ibid., 46.
[43] This fundamental cultural tension between the socially disintegrating effects of market capitalism and the society which supports it is another recurrent theme in contemporary social commentary. See, for example, Daniel Bell, *The Cultural Contradictions of Capitalism*, (New York: Basic Books, 1976).
[44] Polanyi, ibid., p. 178.

markets from all social constraints and the social reaction against it Polanyi called the "double movement."

Polanyi viewed this double movement as inherent in the evolution of market capitalist societies. But the reaction of society to protect itself against the socially corrosive and environmentally disruptive effects of the market does not always end benignly, as it did in the case of 19th century reform legislation in Britain, the New Deal, or the creation of social market economies in much of Europe in the last fifty years. Polanyi wrote his masterwork as a Central European refugee living in Canada during World War II. His painstaking reexamination of economic history was motivated by a desire to understand the forces behind the apocalyptic self-immolation of European civilization in the 1930s leading to the most devastating war in history.

His thesis – of striking importance again today – was "that the origins of the cataclysm lay in the utopian endeavor of economic liberalism to set up a self-regulating market system".[45] For a century – the 19th century lasting until the First World War –the world economy expanded, supported by an uneasy, and in Polanyi's view, fundamentally unstable tension between the push towards a utopian self-regulating world market and the domestic social measures undertaken progressively with the spread of democratization, by major industrialized countries.

We are now faced with a crisis of similar dimensions, with similar opportunities and dangers. We should not forget that the need to reassert social values of identity, community and equity in response to the social failure of the market in the 1920s and 1930s became a worldwide phenomenon in industrialized and in many developing nations. We have forgotten too soon that not only communism, but especially fascism was a response to this challenge. Indeed, Polanyi reminds us that "if ever there was a political movement that responded to the needs of an objective situation and was not a result of fortuitous cause it was fascism".[46]

A model of economic investment and growth that displaces and marginalizes poorer, powerless communities and minorities, that without prudence, in Adam Smith's sense, for example, without a reckoning of the long term ecological consequences of short term economic interventions, contributes to the undermining of social and political stability around the world.

What is at stake

The recent economic crisis tested governance and an already weakened social contract in almost all nations. The challenge of the coming years may well be a race between a reactionary and nationalistic populism – and worse – and an instauration in and among nations of a new order based on principles that must be the underpinnings of any sustainable global society: Justice, Beneficence, and Prudence.

One must view the current debate over World Bank safeguards in this context, since they can be seen as putting into practice commonly shared minimal values and boundaries to guide developmental investment, as one example of the "double movement" to reframe or re-embed, to evoke Polanyi's thought, economic activity in

---

[45] Ibid., p. 29.
[46] Ibid., p. 237.

minimal shared environmental and social values. One can also view the safeguards is as one manifestation of the growing need for, and realization of, shared responsibility for the social and environmental consequences of development finance and investment.

Vaclav Havel is among those who have written most eloquently of the contemporary folly of the now global "reduction of life to the pursuit of immediate material gain without regard for its general consequences..." In Havel's words, this has exacerbated – and is an underlying cause of – what he sees as the fundamental problem of our time: "lack of accountability to and responsibility for the world".[47]

The analysis of Hans Küng is similar: he calls, above all, for an ethic of planetary responsibility in place of the "ethic of success," a new global ethic based on "concern for the future and reverence for nature"[48].

14.5 Other Historical Sources of Environmental Safeguards Rooted in a Global Ethic

Before concluding, it is worth recounting another important example of how through much of recorded history societies have evolved environmental and social safeguards to protect both nature and society from the destructive impacts of narrowly and exclusively economically focused activity. Certain episodes in the history of Christian Europe that reverberate to this day are illuminating in this regard.

For example, in the early 11th century AD a monk named Romauld wandered along ancient Roman roads through thick forests in the Apennine Mountains in central Italy. Near the end of his life he founded a hermitage in a hauntingly beautiful place called Campo Amabile ('lovely meadow') in dense mountain woods at an elevation of 3500 feet. Romauld died in 1027, and was soon canonized. Saint Romauld is remembered for innovating a form of monastic life which combined Eastern, Byzantine, Anchorite traditions with Western, Roman Cenobite practice. (Anchorites are monks who seek salvation in solitude and reflection as hermits, and Cenobites are monks who live in community). Nearly a thousand years later, this forest and place is still much the same (Campo Amabile has been foreshortened to Camaldoli): it is one of the last patches of intact, primary forest in the Apennines, managed and conserved for many centuries by the spiritual heirs of Romauld, the monks of Camaldoli. In effect these monks developed one of the first forestry codes in the Western World, every year planting thousands of seedlings. Rules for the care of the forest were part of the "Rule of Ermetical Life" that the monks followed as a daily routine. In the 1980s the Italian government incorporated the forest as part of a new national park, and the Holy Hermitage of Camaldoli is a favorite weekend retreat for meetings of the Italian Green Party.[49]

Camaldoli is only one of numerous examples of the Christian church in its role as a steward of creation rather than as an ideological bulwark of anthropocentric economic exploitation – as has sometimes been argued. The example of Francis of Assisi is the best known, but we can find many others dating back to the Middle Ages. For example, in

---

[47] Vaclav Havel, "Faith in the World," *Civilization*, May, 1998, 52.
[48] Hans Küng, *Global Responsibility: In Search of a New World Ethic*, (New York: Continuum Publishing Company, 1993), 29-30.
[49] Salvatore Frigerio, *Camaldoli: Historical, Spiritual, and Artistic Notes*, (Verucchio, Italy: Pazzini Editore, 1991, 19970.

1328 in Northern Germany the new Bishop of Bamberg had to swear to a special oath before he could be inaugurated: that he would place the forests of his bishopric under his protection and forbid any new forest clearings. His successors through the end of the 14th century had to make the same pledge.[50]

Such traditions resonate in a renewal of Christian thought that has taken up the issues of economic globalization and its discontents both in theory and in practice. Hans Küng's writings are one example; the worldwide campaign for developing country debt relief at the turn of the millennium – the so-called Jubilee 2000 Campaign – another.[51]

Most importantly, in contemporary Christian thought we find a number of principles which provide critical alternatives for how to think about the globalized world of the new millennium. These key concepts can be summarized as follows: First, the notion of the economy as *oikos*, as God's household, with the connotation of the economy as livelihood, rather than accumulation of wealth and ever-growing exchange. Second, the premise of the *plenitude* of creation as the basis of policy, rather than scarcity, which is the founding assumption of modern economic analysis. Third, the concept of nature and the environment as *creation*, rather than as reified raw material or stuff to be used, transformed or managed for human utility. Fourth, the notion of *stewardship*, with connotations of trusteeship and planetary responsibility, as our role on this earth.[52] One does not have to believe in Christianity, or even in a personal God, to recognize the cogency of these concepts, though they all follow from the premise of the relationship of humankind to that which is transcendent, yet present, in our human world.

The Greek word *oikos* means household, and is the root term in both economy and ecology. *Oikos* also appears throughout the New Testament, particularly in the term *oikonomia tou theou*, literally, the economy of God. The early Christian notion of *oikos* was very much rooted in Hellenistic traditions, particularly Aristotle's conception of economy – *oikonomia* – as the management of the household. There are natural limits, according to Aristotle, for this kind of economic activity, the goal of which is acquiring those goods necessary for livelihood. Trading and money-making as goals in themselves, beyond what are necessary for the needs and livelihood of a household, community, or state, are "unnatural," since they intrinsically have no limits, and rather than focusing on livelihood lead to men exploiting one another.[53] Christianity introduces transcendence into this scheme, both in the sense of nature and human household management being part of God's creation, and the presence of God in this Creation. Aristotle's analysis has been invoked by a number of contemporary thinkers as a call to reflect on the social limits that should apply to markets and purely economic values.

It might be ventured that those who protest against, for example, the dilution of Bank safeguards – and the consequences for other international lending institutions this will likely entail – are calling for a return of Aristotle's perspective: people and

---

[50] Clarence J. Glacken, *Traces on the Rhodian Shore: Nature and Culture in Western Though From Ancient Times to the End of the Eighteenth Century* (Berkeley, Los Angeles, London: University of California Press. 1997), 339, cited in Larry L. Rasmussen, *Earth Community, Earth Ethics*, (Maryknoll, NY: Orbis Books, 1996), 270.

[51] The Jubilee 2000 campaign for debt relief has continued in the UK as the Jubilee Debt Campaign and in the U.S. as the Jubilee USA Network.

[52] I owe much of this analysis to two works: M. Douglas Meeks, *God the Economist: The Doctrine of God and Political Economy*, (Minneapolis: Fortress Press, 1989); and Larry L. Rasmussen, *Earth Community, Earth Ethics*.

[53] Aristotle (trans. T.A. Sinclair) (1962), *The Politics*, 1 viii 1256b26, I ix, pp. 79–82.

nature as a priority, which economic profit must serve rather than dominate. Stating the priorities so simply is not simplistic, it expresses a core truth. The American historian Daniel Bell (who was also a Librarian of Congress), surveying American society in the 1970s in *The Cultural Contradictions of Capitalism*, reframed Aristotle's original insight as the need for a "Public Household," a return of public values to the economy where, "the controlling idea is that of *needs*"[54] – anticipating in a way aspects of Amartya Sen's and Martha Nussbaum's articulation of economic development as a project that should prioritize freeing up and making possible human capabilities.[55] In fact Bell called for a redefinition of self and society as "the only basis on which [society] can survive," based on three conjoining actions: the reaffirmation and recovery of the past, "for only if we know the past can we be aware of the obligation to our posterity; the recognition of the limits of resources and the priority of *needs*, individual and social, over unlimited appetite and wants; and agreement on a conception of equity which gives all persons a sense of fairness and inclusion in the society".[56] Published in 1976, Bell's call for limits on the domination of a certain kind of "economism," for the restoration of a public *oikos*, is more urgent today then ever. We can hear an echoes of Ashoka and the Adam Smith of *The Theory of Moral Sentiments* in his program: awareness of the obligation to posterity, recognition of limits and control over unlimited appetite and wants, and a conception of justice, fairness and inclusion.

Another critical aspect of *oikos* is its emphasis on the integrity of the local unit or household; the planet as *oikos* is made up of local communities and households whose sociological and ecological integrity is safeguarded. "*Oikos*," according to Union Theological Seminary theologian Larry Rasmussen, "is at odds with the particular kind of globalism of the present globalized economy, even an ecologically sensitized global economy. Such global thinking has disregard for local community loyalties and needs...".[57] In practical terms this is reflected in the principle of *subsidiarity*, that is, carrying out social, economic and political functions at the most appropriate, most local organizational level, closest to those who are affected by a particular decision or action. It is a principle which is part of Catholic social thought as well as European Union law.[58]

Also associated with *oikos* is the notion of nature, the environment and humankind together as *creation*. We do not and cannot own the earth, we are sojourners on it, as Leviticus 25.23 reminds us – "the earth and all existence are the gift of the Creator". There is a marked contrast again with the economistic conception of nature as resources or, in a more ecologically fashionable vein, natural capital and ecosystem services, all for instrumental use by humankind. Since Creation is the abundance of God's grace, the fruits it yields to human labor are to be shared, not hoarded. There are numerous passages in the Old Testament to this effect – in the seventh year land is to be left fallow "that the poor of your people may eat; and what they leave, the beasts of the field may

---

[54] Daniel Bell (1976), *The Cultural Contradictions of Capitalism*, New York: Basic Books, p. 223.
[55] See, e.g., Martha Nussbaum, *Women and Human Development: The Capabilities Approach* (Cambridge, UK: Cambridge University Press, 2000); and Sen, *Freedom as Development*, 85.
[56] Bell, *The Cultural Contradictions of Capitalism*, 281-82.
[57] Rasmussen, *Earth Community, Earth Ethics*. 94.
[58] Ibid.

eat. In like manner you shall do with your vineyard and your olive grove".[59] One is reminded of Ashoka's somewhat different injunction not to burn or consume the chaff in the fields, out of concern for the living things that are in it or depend on it. The people of Israel are also enjoined at harvest time to leave sheaves in the field, and grapes and olives in the vineyards and olive groves for "the stranger, the fatherless, the widow".[60] And of course most extraordinary is the Old Testament call for a Jubilee year every half century: "and you consecrate the fiftieth year, and proclaim liberty throughout all the land to all its inhabitants".[61] In the year of the Jubilee, debts are forgiven, slaves are freed and land is to be redistributed to original owners who have been forced to sell.[62]

Finally, associated with the gift and plenitude of creation, and of economy as management of *oikos*, is the role of humankind as steward, literally *oikonomos*, "economist". The role of the *oikonomos* in the New Testament is interesting to contrast with the modern notion of an economist. The *oikonomos* is literally the person who knows and administers the rules for the *oikos*, the household; the *oikonomos* was often a household servant, or even a slave. The translation of *oikonomos* in the King James's version of the New Testament is steward, and in the Revised Standard version, manager. According to one etymological interpretation, steward is derived from the Middle-English *stigweard*, the keeper of the pig-sties.[63] Steward carries a connotation of care in the service of another or of others, of trusteeship and responsibility (swine were the most valuable household resource in Saxon England). In contemporary Christian theology the Biblical notion of stewardship is contrasted with the too often exploitative approach of modern economic life. "It means broad responsibility for the world we affect, including the deep and far-reaching impact on nature," writes Rasmussen.[64]

If we return to the Christian principles of economy as household stewardship or trusteeship of the plenitude of Creation, there emerges a principle of global responsibility. Such a sense of responsibility would have to be grounded in commonly shared values, perhaps a "transcendent anchor" of which Vaclav Havel has spoken. The Christian tradition is clearly one such anchor; the South Asian beliefs of 2300 years ago, shared by Hinduism, Jainism and Buddhism, in a *dharmic* order of the universe was another. It is a question of what humans together sustainably can perceive as a source of authority. We now see that the same global markets that many worship as a cargo cult of ever-lasting growth can also drag us all down together, in a frightening spiral of economic and political disruption and ecological destruction. In such a time, the need for a new global ethic is urgent.

The evolution of safeguards in the World Bank Group over the past thirty-five years is only one of many examples – but a not insignificant example – of the evolution of practical, commonly shared and evolving principles of governance embodying such an ethic. If the world is our common home, or *oikos*, surely the role of a World Bank

---

[59] Exodus 23.11.
[60] Deuteronomy 24.19-21.
[61] Leviticus, 25.10.
[62] Meeks, *God the Economist*, 89.
[63] Meeks ibid., 76; Rasmussen, *Earth Community, Earth Ethics*, 92. But the Oxford English Dictionary states that "there is no ground for the assumption that *stigweard* originally meant 'keeper of the pig-sties'".
[64] Rasmussen, *Earth Community, Earth Ethics*, 92. See further Rasmussen's discussion of stewardship, Ibid., 23-36.

should be that of steward, infusing its actions with a minimal amount of care, rather than the reckless path on which it is now engaged.

14.6 Safeguards, a Global Ethic, Deontologically and Consequentially Based

We recall that the early safeguard and accountability reforms at the World Bank Group were driven by the protests of marginalized poor people, whose access to land and natural resources was threatened by large Bank-funded projects, of which the India Sardar Sarovar dam was prototypal. It was the very controversy over Sardar Sarovar that led to the creation of the Bank's Independent Inspection Panel.

Since that period of the early 1990s a world of growing environmental stress, increasing inequality, and spreading failures of governance has been the context in which Bank operations have taken place. All too often the Bank, driven by its loan approval culture, has had a fatal attraction for investments that only compound these problems – its stated intentions notwithstanding.

The world is faced with a failure of global governance at a moment when it is needed more urgently than any time in history. Since the original Rio Earth Summit in 1992 the World Bank Group has had a conflicted approach to its own rule – and accountability – based reforms, achieved in no small part during periods of intense public scrutiny and pressure. That scrutiny and pressure was rooted in ethical concern over the needless harm done to vulnerable communities and to natural habitats and biodiversity by the Bank's activities, and it was grounded as well in a practical reevaluation of the longer term economic and social consequences of inadequate attention to ecological balance and social equity. The Bank Group's current retreat from safeguards and accountability reflects the hypocrisy of its member governments and the contradictory political pressures they put on the Bank Group. Yes the Bank is to blame, but the blame ultimately lies with governments around the world that are failing to meet the environmental and social challenges of living together on an increasingly crowded planet.

Contrary to perhaps what one would expect or hope, the richer our world becomes as an economic system, the more our collective imagination seems to atrophy, so that all common goals collapse into competitive efforts to increase production and trade., and in the Bank's case, pushing more money out the door more quickly with less due diligence, putatively to promote these goals. Even after a time of grave economic crisis, when short sighted economic fundamentalism appeared to be failing on its own terms, there is a failure to imagine alternatives.

Many of the contemporary critiques of globalization are grounded in a shared realization that a global economy calls for a global project of justice. The reorganization of all social values around endless economic growth cannot hold together the seven billion inhabitants of a small planet. On the contrary, we see how these priorities are driving societies apart while undermining the ecological foundations on which humanity depends.

The issues, the project examples, and the policy conflicts in the current debate over Bank safeguards are a microcosm of a wider battle that is going on in the world, a battle for the kind of global society future generations will inhabit – or whether there will even be a global society, rather than dystopian, Hobbesian "mere anarchy" unleashed upon the world. The basic question is whether global economic activity, and the forces that have been unleashed through liberalization, privatization, and deregulation, as well as the resurgence of nationalist neo-mercantilist states, can be guided by standards and rules that are agreed upon and enforced. Such rules and standards would be founded on commonly shared ethical principles that human societies recognize as having priority over short term, parochial economic goals and incentives. The proliferation of global and local environmental crises forces us to recognize that an ethic for long-term human well-being, indeed, an ethic for survival, will have to be grounded in respect for all life.

In practice a global environmental and social ethic can be both, as the cases of Ashoka and Kautilya over two millennia ago illustrate, value-based, and as well satisfy consequential reasoning. Amartya Sen points out the two approaches are not necessary dichotomies, since valuational priorities have practical consequences, and a deontological approach to ethics can never be totally separated from, and oblivious to practical impacts.[65]

Such an ethic is a work in progress, but for the World Bank to contribute something of lasting value, it will have to learn from its experience rather than flee from it. The world can ill afford institutions that have built amnesia into their bureaucratic DNA. As a start, it should refocus on strengthening rather than weakening its hard won environmental and social safeguards. The Bank's current path is flight not just from sustainability, but from the lessons of history and ethics.

Informação bibliográfica deste livro, conforme a NBR 6023:2002 da Associação Brasileira de Normas Técnicas (ABNT):

RICH, Bruce. The Ethical Foundations of World Bank Safeguards. In: YOSHIDA, Consuelo Y. Moromizato et al. (Coord.). *Finanças sustentáveis e a responsabilidade socioambiental das instituições financeiras*. Belo Horizonte: Fórum, 2017. p. 235-255. ISBN 978-85-450-0234-5.

---

[65] Sen, *Ethics and Economics*, 74-76.

CAPÍTULO 15

ANTROPOCENO, ECONOMIA E SUSTENTABILIDADE

CARLOS A. H. BOCUHY

15.1 O Antropoceno

Segundo o Prêmio Nobel Paul Crutzen e a Sociedade Geográfica Britânica, já não vivemos mais na fase pós-glacial do Holoceno, mas no Antropoceno. A ciência constata que a intensificação das atividades humanas e sua capacidade de alterar os sistemas vitais do planeta tem superado o limite das alterações aceitáveis. Estamos esgotando nosso futuro – ou falindo nosso futuro, como apontam algumas previsões, diante da possível irreversibilidade dos cenários projetados a partir das atuais tendências e matrizes de insustentabilidade que governam nossa civilização.

O Painel Intergovenamental das Mudanças Climáticas ("IPCC") demonstra que impactamos o planeta além dos limites aceitáveis, provocando o aquecimento global, que decorre do lançamento de gases na atmosfera pela queima de combustíveis fósseis. A ciência aponta causas, a extensão dos danos ao longo do tempo – além dos efeitos progressivos que desenham cenários futuros preocupantes.

Este quadro de desequilíbrio ambiental gera uma tendência inercial que o projeta mais e mais para o futuro, diante da dificuldade em mudar o comportamento da humanidade. Não há certeza sobre como e em que velocidade poderá a humanidade mudar a matriz energética e seu modo predatório de interferir nas condições vitais do planeta.

Observando a política internacional, percebe-se uma ineficácia nas tentativas de acordos e um quadro que mais parece mera figuração diplomática nas conferências do clima das Nações Unidas. O fracasso do Protocolo de Quioto demonstrou a falta de acordos e de vontade política, dificuldades de meios financeiros e de comprometimento das nações para implementação das medidas de prevenção, adaptação e mitigação. Essa indecisão diante da crise anunciada pela ciência ainda permitirá, por um longo tempo, o comprometimento dos ecossistemas e a destruição ambiental. A conta a ser paga pela humanidade fica cada vez mais elevada.

James Watt aperfeiçoou sua máquina a vapor em 1790 e desde então começamos a sair do Holoceno. A revolução industrial disparou a todo vapor, movida por combustíveis fósseis e aumentando na atmosfera os gases de efeito estufa – e isso traz más notícias para a economia. Segundo o Banco Mundial, um aumento de 2 graus na temperatura média da Terra derrubará em 5% o Produto Interno Bruto Mundial. Muitos países sem desenvolvimento e com alto índice de pobreza poderão transformar-se em nações sem governabilidade, sem mínimas condições para enfrentar as consequências das alterações climáticas – e que podem prejudicar questões vitais como o acesso à agua e alimentação.

15.2 O rearranjo das nações

Comparando os desequilíbrios ambientais causados pelas grandes guerras do século XX e o volume de dificuldades e de infelicidade que isso trouxe para sucessivas gerações, a situação no século XXI, onde só há conflitos localizados, aparenta um avanço civilizatório. Levando-se em conta que a guerra fria felizmente não chegou ao seu desfecho desolador De um *armagedon* atômico, podemos dizer que houve um rearranjo positivo e que as tendências belicistas reduziram seus efeitos sobre a humanidade. Assim mesmo, o mundo gasta cerca de 1,8 trilhão de dólares em armamento todos os anos e no planeta existem cerca de 8.400 ogivas nucleares, das quais 2.000 estão prontas para uso. Os acordos multilaterais de desarmamento apontam que nos EUA, Rússia, China, Grã-Bretanha, França, Índia, Paquistão e Israel existe um total de 23.300 bombas nucleares aguardando o descomissionamento.

Há 60 anos a presença das Nações Unidas garante minimamente um espaço político para interlocução e mediação de conflitos. O contexto atual apresenta maior segmentação do espaço terrestre, já que as tendências geopolíticas do século XX permitiram uma proliferação de novos estados-nações, mas muitos com baixa qualidade de vida e alto índice de pobreza, especialmente na África e na Ásia. Outros, em níveis intermediários de desenvolvimento, apresentam forte crescimento populacional, entre estes o Brasil.

No cenário global surgem anualmente 70 milhões de pessoas – e 38 milhões iniciam a procura por emprego. Os países em desenvolvimento abrigam hoje 700 milhões de desempregados e em subemprego. Há uma tendência de automatização em países mais desenvolvidos. Neste contexto, os países ricos são apenas duas dezenas entre um total de 200 nações. Apresentam situação confortável, com populações quase estáticas e com mão de obra bastante qualificada. Levando-se em conta a equação de falta de equidade internacional e um quadro de precarização das condições ambientais, surgem questões preocupantes. A primeira delas é como se desenvolverá em médio prazo essa situação e quais serão as possíveis turbulências sociopolíticas.

A situação hoje no planeta Terra é muito diversa das fases geológicas anteriores. Terremotos e erupções vulcânicas continuarão a existir, mas o presente desequilíbrio do aquecimento global e seus efeitos, como, por exemplo, sobre a água e seus ecossistemas naturais, demonstra um enlouquecimento do ciclo hidrológico da terra e a dizimação da biodiversidade. Este desequilíbrio atingirá duramente nossas populações se os devidos cuidados não forem tomados – e pagarão a conta mais elevada principalmente os mais vulneráveis.

Diante das mudanças climáticas, como poderão China e Índia enfrentar a estiagem que afetará os rios Amarelo, Yangtsé, Brahmaputra e Ganges? Estes países abrigam uma quarta parte da humanidade. O degelo dos glaciares dos Andes afetará Peru, Bolívia, Equador e Colômbia, atingindo duramente seu PIB. Segundo o Banco Mundial a produção de alimentos tem diminuído em 80 países em desenvolvimento. Alimentos caros e escassos afetam os países pobres e em processos de desertificação, como os do leste da África, dos Andes, da Ásia Central, China e Índia.

No Brasil há o desafio de proteger a Floresta Amazônica da predação contínua, que apresenta índices de desmatamento alarmantes. É preciso proteger a floresta para manter os processos de transposição continental de umidade, responsáveis pela formação de chuvas no interior do continente e das condições naturais de importantíssimas áreas para proteção da biodiversidade, como a região do Pantanal.

O Conselho de Segurança da ONU inclui o aquecimento global como uma ameaça à paz e segurança no mundo. Neste aspecto temos que reconsiderar se os avanços civilizatórios pós-guerras mundiais terão efeitos permanentes – e quais os caminhos a serem seguidos para garantir um estado de paz entre as nações e de qualidade de vida para a espécie humana.

15.3 Observando lobos

> *A fome de recursos, própria de nossa espécie, levou-nos a nos transformar na força individual mais destrutiva da Terra para o restante das formas de vida.*
> (SACHS, J. *A riqueza de todos*. Rio de Janeiro: Nova Fronteira, 2005. p. 177)

Thomas Hobbes afirmava que o "Homem é o lobo do Homem", na condição que ele chamava de "Estado de Natureza". Esta mesma condição, expressa na economia contemporânea, continua a fustigar os mais fracos, sejam povos ou países.

No modelo econômico global da fase pós-industrial o crescimento populacional nos trouxe ao patamar de impactos intensos e em escala ampliada, onde interagem sinergia e cumulatividade. Neste sentido, é preciso observar o limite das alterações aceitáveis que possa garantir um futuro sadio. A sustentabilidade deve ser compreendida como a manutenção de um conjunto de fatores ambientais e sociais dos quais depende a qualidade de vida – e deve contar com uma visão temporal abrangente voltada à sobrevivência de nossa civilização. Para designar essa condição essencial, cunhou-se o termo "desenvolvimento sustentável", a partir da Conferência Rio-92.

Obviamente um estágio de sustentabilidade que depende de uma conjunção de fatores inerentes à boa vontade e solidariedade humana não deixa espaço para a exploração do homem pelo homem e deve garantir os direitos humanos fundamentais que já são conquistas sociais consolidadas por acordos internacionais e que estão consolidados em nossa legislação. Este estágio civilizatório avançado não poderá abrigar a falta de ética. A sustentabilidade, se verdadeira, não pode caracterizar-se em espoliação ambiental dos mais fracos e de minorias para privilegiar apenas pequenos grupos ou interesses econômicos – tampouco gerar impactos por poluição ou violência que venham a vitimar condições vitais ecossistêmicas, biodiversidade ou seres humanos.

A história produziu frutos. Partindo das consequências negativas impostas pelo modelo pós-industrial, nossas sociedades conquistaram regras e normas que garantem a proteção das condições de vida e das espécies, expressos em acordos internacionais e legislação da maioria dos países mais desenvolvidos. Mas a agenda mais relevante e estratégica para a sobrevivência da humanidade ainda não galgou internacionalmente o patamar de institucionalização legal desejável, sendo este nosso maior desafio civilizatório: as mudanças climáticas.

15.4 O coração do dragão

Para observar um conjunto de condições necessárias para garantir qualidade de vida, um modelo de sustentabilidade deverá dissociar-se das distorções impostas pelo marketing agressivo de alguns setores econômicos. A banalização da palavra sustentabilidade, nos dias de hoje, chegou ao ponto semelhante ao de uma escova de dentes: cada um tem a sua. É necessário observar de forma crítica e informada a subjetividade do mercado quando utiliza o termo sustentabilidade e que se constituiu num verdadeiro pântano de boas e más intenções.

Para aplicar o conceito de sustentabilidade visando uma real intervenção positiva na realidade, é preciso utilizar os conceitos e a avalição mais adequada que o conhecimento da ecologia permite. É preciso considerar a capacidade de suporte do meio, o limite das alterações aceitáveis – e a perspectiva temporal ampliada visando a manutenção da qualidade de vida. Portanto, para discutir a responsabilidade socioambiental das instituições financeiras, é preciso ter clareza sobre o estado de arte de nossa realidade global, nossa realidade biofísico-química brasileira, sobre quais são as matrizes de insustentabilidade de nosso *modus vivendi*, quais os limites a respeitar, quais as estratégias possíveis para superar o quadro de insustentabilidade civilizatória e quais as metas a atingir para possibilitar uma qualidade desejável para a vida humana.

Operacionalizar isso na realidade nos levará inexoravelmente à compreensão do papel da economia e do mercado frente a um novo paradigma civilizatório, porque a economia é "o coração do dragão", como a chamamos em nossa instituição, o PROAM, que tem se debruçado sobre o papel e regramento da economia visando estratégias para a sustentabilidade, entre as quais o estabelecimento de uma real responsabilidade socioambiental para os agentes financiadores.

Para trilhar quais os rumos mais desejáveis para o dinheiro e compreender os efeitos de sua destinação; para adotar critérios objetivos visando uma decisão informada e qualificada sobre a qualidade ambiental dos financiamentos; para averiguar se o que está sendo financiado é ou não algo sustentável – não aos olhos da economia *stricto sensu*, mas sim com relação aos efeitos no ambiente e na sociedade – será preciso garantir procedimentos que permitam a capacidade de antever, previamente, no curto, médio e longo prazos, quais serão os efeitos ambientais e sociais de um determinado projeto, considerando a sinergia e cumulatividade dos efeitos da miríade de outros projetos em andamento.

Dentro desta visão mais ampliada, será a "sustentabilidade" que o projeto apresenta ao agente financeiro, em sua justificativa e em sua alternativa locacional, baseada em dados confiáveis? Neste ponto iremos precisar, inexoravelmente, do estabelecimento de quais serão os indicadores ambientais, sociais, de saúde, urbanos, etc., aplicáveis a um determinado caso para atestar seu caráter de sustentabilidade, mas não haverá como prosseguir neste raciocínio sem refletirmos um pouco sobre a economia. Assim, acho fundamental tecer algumas considerações sobre nossa fase civilizatória dentro do contexto global da economia, fato complexo em determinantes, já que o Brasil nunca foi uma ilha neste processo centenário de interação norte-sul.

O Brasil é uma unidade nacional ambientalmente espoliada. Primeiro como colônia pertencente à aristocracia europeia. Depois, sob tutela imperial, mas como estado-nação independente, lançou-se na corrida de sobrevivência das nações livres em busca de desenvolvimento. Livrando-se da escravatura e já como república, abrigou maciças ondas de imigrantes e intensa ocupação agrícola para alinhar-se como satélite na bipolaridade comunista-capitalista da guerra fria – e com governo imposto por revolução militar. Posteriormente, após conquistas democráticas na Constituição de 1988, apresenta perfil de economia liberal dentro do processo globalizante e conta com representação sindical e de esquerda no poder – e a esquerda relativizou-se...

É neste contexto que devemos pensar nossa realidade: como um dos países em desenvolvimento do hemisfério sul, detentor de enorme extensão territorial e de recursos ambientais proporcionados por ecossistemas tropicais e subequatoriais que demonstrou, ao longo do tempo, pouca autonomia para a construção de um modelo ético de sustentabilidade, pois historicamente foi alvo fácil para a predação do modelo civilizatório. Considere-se ainda que o Brasil, como país tropical, é extremamente vulnerável aos efeitos das alterações climáticas.

É um cenário desafiador analisar qual é o mais desejável modelo de responsabilidade socioambiental dos agentes financiadores no Brasil, pois temos que considerar a condição brasileira nos aspectos de ecossistemas naturais e da realidade biofísica e bioquímica; de sua constituição e institucionalização histórica sob os aspectos de vulnerabilidade social da população; de nossa viabilidade de gestão dentro de uma institucionalização política deficitária, sem planejamento e de cultura acientífica; de fatores matriciais como a alta entropia por consumo e concentrações populacionais em pequenos espaços geográficos – tudo isso sob o signo planetário do aquecimento global.

15.5 Economia e o darwinismo de mercado

A história nos ensina que a economia revestiu-se das características de uma ciência exata e o mercado apresenta-se mais e mais como se fosse uma lei natural, eticamente neutro. Mas as leis naturais imutáveis, como a da gravidade, guardam enorme diferença com relação à "mão invisível" desejável à economia a que se referia Adam Smith, defendendo uma postura ética – como um *alter ego* quase inexplicável, porém atuante, que regula o mercado.

O humanista Thomas Huxley, em Oxford, pleiteou que a teoria da evolução de Darwin era uma teoria biológica, não aplicável às relações humanas, já que não podemos aprender lições morais da natureza porque a natureza é totalmente amoral. Em uma de suas polêmicas, afirmou: "Se levarmos ante um tribunal a natureza, esta será condenada, pois ela é moralmente indiferente". A defesa de Huxley, como humanista, era de que não viesse a sobreviver apenas o ser humano mais apto, mas sim que todos estivessem aptos a sobreviver.

Ao trabalharmos regulação, temos que nos lembrar sobre o que a história nos ensinou a respeito da convivência com uma economia de traços darwinianos – onde sobrevivem os mais fortes – e sobretudo devemos nos lembrar da fábula do sapo e do escorpião: ao auxiliar o escorpião a atravessar um rio, o sapo foi picado e, enquanto afundavam, o escorpião dizia: "desculpe, mas não resisti, é meu instinto". Assim, devemos considerar que, às soltas e em última instância, a prática do mercado darwiniano é o lobo do homem, autofágico, ao mesmo tempo amoral e antiético, cabendo à sociedade a capacidade de normatizá-lo e adequá-lo a um *modus vivendi* ético e civilizado.

Sobre a responsabilidade nas instituições, Joseph Stiglitz, ex-economista chefe do Banco Mundial e Prêmio Nobel de Economia, resumiu a questão durante pronunciamento na ONU sobre o comportamento das corporações financeiras: "Mas infelizmente, a ação coletiva que é central nas corporações mina (undermines) a responsabilidade individual". Há de se destacar que essa ação coletiva a que se referiu Stiglitz está expressa em outra máxima de Wall Street: "*Gleed is good*" (a ganância é boa). Despojada de ética, as atividades de mercado seriam equivalentes às leis naturais, diferentemente da economia política de Adam Smith, que não concebia a vida econômica sem ética, nem permitia a ganância por qualquer meio, ou de forma alheia às "normas de conduta social garantidas pelos sentimentos morais dos indivíduos".

É preciso trazer essa regulação abstrata para um patamar próximo ao das ciências exatas e humanas, considerando a interdisciplinaridade inerente aos temas socioambientais. A responsabilidade socioambiental deve afastar-se da subjetividade e apresentar-se de forma clara e transparente para a sociedade, considerando o melhor conhecimento disponível e qualificado para antever impactos socioambientais dos financiamentos. Nenhuma novidade tem esta visão para os que já são iniciados em processos de licenciamento ambiental, mas o fato é que a economia não o é.

15.6 Dentro do laboratório darwiniano

Durante os últimos 20 anos participei de conselhos ambientais como representante da sociedade civil. O PROAM ocupou ainda a vaga nacional das ONGs do Conama – Conselho Nacional do Meio Ambiente e tive a honra de representar a instituição como conselheiro titular. Essa experiência foi muito rica no sentido de poder observar minuciosamente um grande número de casos de licenciamento de empreendimentos impactantes, assim como de observar os resultados decorrentes da sinergia de pequenas fontes geradoras de impacto sobre um ecossistema.

A característica multidisciplinar da área ambiental nos permite atuar sobre muitas agendas e essa é uma experiência muito interessante quando representamos um setor com características independentes, sem laços com governos e com setores econômicos, especialmente por promover a conversão de processos degradadores em sustentabilidade. Nesta rica jornada de implementação do novo, da revisão do conhecimento humano sobre a ótica da sustentabilidade, aprende-se muito sobre os mecanismos institucionalizados do licenciamento, da participação social, dos meios sociais e políticos para atuação, sobre possibilidades recursais e coalizões táticas e estratégicas, presentes nas relações entre ONGs, Ministério Público e outros parceiros que defendem o bem comum.

Este processo consiste em promover um novo sistema de gestão para a proteção dos interesses coletivos e difusos frente aos interesses políticos pontuais e do setor empresarial. Nada melhor que esta experiência para nos ensinar, na realidade, como enfrentar os traços darwinianos da economia. Neste sentido passei 20 anos num verdadeiro laboratório que permite visualizar e desenvolver estratégias de controle social, visando fortalecer as instituições responsáveis pelo planejamento, licenciamento e a gestão participativa – o que seria, em última análise, implementar sustentabilidade.

A experiência nos ensina que o mau governo teme a imprensa e a transparência. Ela deixa o rei nu. Da mesma forma, setores empreendedores temem pela sua imagem e as desconformidades ambientais que possam vir a público. Por isso é importante que as instituições que exerçam mecanismos de controle social, de *compliance*, possam estar instrumentalizadas para uma atuação eficiente no campo da mídia e da infovia.

15.7 A síndrome da Hidra

O governo é o principal ator na área de licenciamento e nos espaços de gestão participativa, sendo continuamente pautado pelos interesses econômicos pontuais. Em busca de receita e do PIB, tem demonstrado, salvo raríssimas exceções, enculturação, falta de percepção social e visão acientífica. Apresenta necessidade de demonstrar governabilidade, de justificar publicamente sua existência e sua razão de ser dentro de uma realidade muitas vezes caótica. Como exemplo, podemos citar o caso de São Paulo, onde falta água limpa para o consumo e há um contínuo fenecimento, poluição e aterramento dos mananciais metropolitanos – além de graves condições de poluição atmosférica. Na área federal, o governo estriba-se num insólito rosário de realizações, como o estímulo e a ufania nacional para o uso do petróleo – enquanto a Amazônia continua a ser implacavelmente devastada.

Na sua atual configuração de despreparo e dentro da forte área de influência deste histórico laboratório darwiniano, os governos não conseguem assumir suas funções precípuas constitucionais e, se não fosse a ação firme do Ministério Público e da sociedade, governo e economia – o Leviatã e Midas –, acabariam por se fundir definitivamente em um só corpo, como se fossem uma hidra. Ao contrário do que seria desejável, que seria agregar todos os atores, como forças vivas de uma nação desenvolvida e consciente, sob as diretrizes da sustentabilidade.

15.8 A falta de planejamento e o sacrifício da ciência

Em grande parte a dinâmica de ação dos governos segue a lógica de conformizar o desconforme, ou o caos instalado. As ações são pontuais e imediatistas – não estruturais. Isso decorre da necessidade política de atendimento cartorial à maior fonte de pressão – o que acaba por definir ações e prioridades. Como há forte influência de interesses empresariais sempre a proliferar nos bastidores do poder, tende a haver o sufocamento das iniciativas mais progressistas. Sem políticas definidas e metas de qualidade ambiental que garantam uma intervenção real na realidade, a sociedade brasileira continua órfã da construção participativa de um plano nacional – e de planos regionais – voltados à sustentabilidade.

O recente escândalo da Petrobras nos dá uma dimensão da extensão da corrupção no Brasil e de como a prestação de serviços para obras governamentais é controlada por acordos espúrios. Bruce Rich, em Foreclosing the Future (2013), afirma que 30% do dinheiro do Banco Mundial destinado para obras em países em desenvolvimento alimenta a cadeia de corrupção – e assim devemos sempre nos acautelar sobre a justificativa, o licenciamento e a execução das grandes obras de infraestrutura.

Há muitos fatores e interesses que vêm desmantelando a vontade política para implementar nosso arcabouço legal para o bom planejamento e licenciamento. Há inculturação e falta de assessoramento adequado dos setores responsáveis pela decisão (neste aspecto a sustentabilidade ainda é, para a maioria dos políticos, algo superficial e distante da macroeconomia). Tive encontros de pura perplexidade, como o fato de assistir a um presidente de federação de indústrias proferir um discurso ensaiado sobre como apreciava as borboletas, assim como presenciar um secretário estadual de meio ambiente propor, a título de providência depois de um desmatamento devastador, para a comunidade impactada e revoltada, que se construísse um monumento aos animais sacrificados...

Percebe-se falta de informação para orientação dos agentes públicos. Acredito que um dos fatores mais determinantes deste processo é a lacuna de uma macroeconomia que abrigue princípios e metas de sustentabilidade. Essa falta de planejamento permite o mau assessoramento, a manutenção e aumento de poder político cartorial, a pura incompetência, o tráfico de influência e a corrupção. Este conjunto de fatores implode e pressiona os departamentos ambientais responsáveis pelas diretrizes de zoneamento, normas ambientais e licenciamento, onde o funcionalismo acaba sendo perseguido, coagido, remetido ao exílio das pranchetas nos porões governamentais – e frequentemente apresentando sintomas do *burnout*, do desaquecimento funcional. Sinto uma comoção pelo sacrifício de jovens idealistas, saídos de universidades com força de juventude e de ideário, com promissoras carreiras de biólogos, engenheiros florestais, químicos, arquitetos, advogados e toda a sorte de nobres profissões que poderiam estar proporcionando conhecimento e decisões informadas – e acabam imolados no altar da Hidra.

Inúmeras vezes recebi no PROAM funcionários dos mais variados setores que, inconformados com decisões e diretrizes internas alheias ao interesse público, buscavam, de forma cidadã e fora dos sistemas governamentais e empresariais, meios de pressão para que se retomasse a seriedade técnica no trato dos bens comuns. Refiro-me aqui a fatos que se repetem com frequência, denotando um problema crônico e crescente que a gestão pública para a área ambiental enfrenta.

Esses fatos demonstram que mecanismos de financiamento visando a responsabilidade socioambiental devem estar preparados para empreender um mecanismo de avalição independente dos órgãos de governo responsáveis por avalizar planos, políticas e pelo setor de licenciamento – o que poderá prevenir e corrigir muitos erros – e, com o tempo, com um mercado mais exigente, auxiliar na consecução de políticas públicas voltadas à sustentabilidade. Mecanismos de *compliance* e de estabelecimento de salvaguardas por parte dos agentes financiadores auxiliarão sobremaneira a sociedade brasileira e o Ministério Público, reduzindo os riscos dos *dumpings* darwinianos sobre o mau uso da avalição técnica por departamentos governamentais, danoso aos sistemas de planejamento, licenciamento e gestão participativa. É no mínimo curiosa, profundamente absurda, mas real, uma realidade instalada que permita concluir que a estratégia para conversão da Hidra poderá ocorrer a partir do bolso.

15.9 O mito da infalibilidade do estudo de impacto ambiental e a figuração na gestão participativa

As deficiências inerentes ao licenciamento ambiental em países em desenvolvimento estão diretamente ligadas à falta de planejamento ambiental e pela ausência de uma macroeconomia com claras diretrizes voltadas à sustentabilidade. No Brasil essas deficiências não se referem à falta de boas normas ambientais, mas sim à sua má aplicação. Vivemos uma crise de capacidade de gestão.

A Lei da Política Nacional de Meio Ambiente, Lei nº 6.938/81, os dispositivos constitucionais de 1988, as Resoluções Conama nºs 001/86 e 237/97, além de outras normas ambientais, nos permitem um arcabouço legal que orienta adequadamente o processo de licenciamento, assim como a elaboração e avalição de estudos de impacto ambiental. É do espírito da lei e das normas internacionais e brasileiras a necessidade de antever, de forma prévia, os impactos ambientais de empreendimentos, para avaliar a viabilidade ambiental do projeto e, como dissemos anteriormente, considerar sua realidade biofísica, bioquímica e a vulnerabilidade das populações.

No Brasil, quando o agente financiador ou o magistrado apoiam-se simplesmente no aval do órgão licenciador para sua tomada de decisão, estarão sempre muito próximos de cometer um erro. É uma grande ingenuidade acreditar que os estudos de impacto ambiental apresentados hoje, como defesa e justificativa da maioria dos grandes empreendimentos, possuam uma abordagem independente que permita captar a realidade dos impactos, assim como também é uma grande ingenuidade acreditar que a aprovação destes processos decorreu com real gestão participativa – e que levaram em consideração a percepção social. São dois mitos comuns e entrelaçados: a infalibilidade do licenciamento ambiental e a figuração da gestão participativa. Podemos citar aqui dezenas de empreendimentos que foram conduzidos dentro dos conselhos ambientais e que não contaram com estudos ambientais confiáveis nem com uma real participação da sociedade.

Vejamos apenas como exemplo o que ocorre no Estado mais industrializado do país: São Paulo. O processo de licenciamento se dá da seguinte forma: o empreendedor negocia com o Departamento de Avaliação de Impacto Ambiental – DAIA, órgão ambiental competente da Secretaria Estadual do Meio Ambiente, as condições para a consecução do estudo de impacto ambiental, que, em casos de grandes empreendimentos, é um EIA-RIMA (Estudo de Impacto Ambiental e Relatório de Impacto ao Meio Ambiente). Assim que for considerado satisfatório pelo DAIA, o EIA-RIMA é apresentado em audiência pública, convocada pelo Conselho Estadual do Meio Ambiente (Consema). Após a audiência pública onde surgem questões levantadas pela comunidade próxima ou de alguma forma afetada, o órgão licenciador poderá concluir por um parecer favorável, de forma discricionária, que ateste a viabilidade do empreendimento – e então encaminha uma súmula ao Consema para que este decida e vote pela apreciação do empreendimento em reunião plenária. Daí o Consema pode avocar o projeto para apreciação em reunião plenária e deverá votar pela sua aprovação – ou não. Uma vez aprovado pelo Consema, o empreendedor terá sua Licença Prévia – LP emitida.

Mas em uma análise mais aprofundada, analisando as perspectivas do exercício do contraditório, o processo se revela como a apreciação pelo conselho da recomendação da viabilidade ambiental emitida de forma discricionária pelo DAIA, ou seja, pelo governo. Se o conselho votar contra, votará não apenas contra o empreendimento, mas contra o governo (DAIA) que apresentou sua recomendação de viabilidade – assim, o que está em pauta para avaliação será sempre o parecer técnico do governo e não apenas o empreendimento – e de público o governo irá, técnica e politicamente, sempre sair em defesa do seu parecer – e consequentemente do empreendimento.

Casos impactantes como o Rodoanel Mário Covas são projetos apresentados, aprovados, executados e auditados pelo mesmo agente: o governo. Não há isonomia neste processo, como ocorreu também no caso da Usina de Belo Monte, tendo por instância a área federal.

A Constituição Brasileira, em seu art. 1º, parágrafo único, explicita: "Todo poder emana do povo, que o exerce por meio de representantes eleitos ou diretamente, nos termos desta Constituição". Importante ressaltar que é comum, ao observar-se as posições assumidas em conselhos ambientais pelas representações não governamentais ambientalistas e o Ministério Público, um alinhamento de defesa dos interesses difusos e dos bens indisponíveis, como água, ar e outros elementos naturais essenciais à sobrevivência humana. De outro lado, o governo tende, em absoluta maioria dos casos de apreciação de licenciamentos de empreendimentos em processo de licenciamento ambiental, a alinhar-se às posições do setor econômico proponente.

É preciso compreender que nos conselhos ambientais ditos "participativos" há uma composição desigual, com maioria governamental e que portanto não se consagra uma participação social equilibrada e verdadeira – e na maioria dos casos a presença da sociedade, das comunidades e das Organizações Não Governamentais (ONGs) acaba por convalidar, mesmo que votem contra, a maciça maioria dos projetos. E o conselho aprovou...

Na Teoria dos Jogos de Mário Henrique Simonsen (1993), o autor afirma:

> nas sociedades mais amadurecidas, as instituições costumam funcionar como jogos eficientes pela simples razão de que as mesmas se estabeleceram de acordo com as exigências da cidadania". Ainda segundo o autor, "para que as organizações e instituições funcionem bem, é preciso não haver conflito entre racionalidade individual e racionalidade coletiva"– e prossegue: "a economia de mercado é eficiente quando trata-se de suprir bens privados (bens que o comprador paga para obter). Quando se trata de bens públicos que só podem ser oferecidos conjuntamente à toda a comunidade, o mercado deixa de ser eficiente. O melhor para cada um é que fique para os outros o financiamento desses bens de uso coletivo. Todos agindo assim, passam a faltar bens públicos por ausência de quem os custeie.

Essas colocações de Simonsen demonstram com exatidão a falta de condições democráticas que permitam decisões pró-sociedade e pró-sustentabilidade, quando o governo deixa de colocar as regras claras do jogo e adota princípios isonômicos. Note-se que no Estado de São Paulo o Secretário de Meio Ambiente é regimentalmente o presidente do conselho – e também exerce a função de voto de minerva. Pelos motivos já expostos, votará em favor do parecer da casa, acabando por alinhar-se ao empreendedor.

Com relação às audiências públicas, notamos que o órgão licenciador acaba por anotar e levar em consideração apenas o que entenda discricionariamente como relevante – e a sociedade fica muitas vezes sem respostas claras para suas indagações, que, em muitos casos, simplesmente foram ignoradas. Percebe-se que, em última análise, o processo burocrático permite uma negociação de balcão entre o empreendedor e o departamento de avaliação ambiental competente. Neste processo, a participação do Consema tornou-se quase irrelevante, resumindo-se a um simulacro de democracia, descumprindo o art. 1º da Constituição Brasileira.

Dessa forma, podemos afirmar que nosso sistema de licenciamento ambiental sofre de três males antidemocráticos: o estudo de impacto ambiental constitui-se em peça de defesa contratada pelo empreendedor, sem possibilidade de contratação técnica para exercício do contraditório pela sociedade e geralmente surge completamente descolado da realidade e no vácuo de diretrizes de planejamento e de uma macroeconomia voltada à sustentabilidade; são submetidos à apreciação pública cujos resultados serão apenas uma avaliação discricionária, burocrática e com influencias cartoriais por parte do órgão licenciador; são submetidos à avaliação final do conselho ambiental competente, cuja composição caracteriza-se por uma maioria governamental-setor privado que avaliará o parecer emitido por departamento do próprio governo.

Após este processo desigual, se houver judicialização, o órgão ambiental sempre alegará, em sua defesa, que a decisão pela aprovação foi do conselho participativo, que possui representação social irrefutável (só que em desequilíbrio absoluto). Reproduzo a seguir trecho do documento subscrito por dezenas de ONGs e apresentado pelo PROAM em seminário promovido pelo Ministério do Meio Ambiente que visava o aprimoramento do licenciamento ambiental:

> Também banalizou-se o Licenciamento Ambiental e os EIA-RIMA pro forma tomaram de assalto órgãos ambientais cada vez mais sucateados e desprovidos de vontade política para o exercício da proteção ambiental. Em estados da federação com maior concentração do poder econômico, como o de São Paulo, foi visível o desmantelamento e instrumentalização dos órgãos do SISNAMA para atendimento de interesses econômicos e político-eleitorais de plantão. Os conselhos ambientais também foram pilhados, com a perda de elementos de controle social (ver texto na íntegra em <www.proam.org.br> – documentos – Desafio e Contexto do Licenciamento Ambiental no Brasil).

Em 2006 o sistema de licenciamento brasileiro já dava mostra de falência e de que não conseguia atingir patamares de eficiência. Transcrevo parte de artigo de minha autoria, intitulado *"A gilete na mão do macaco"*:

> A retórica de transversalidade da questão ambiental em nível dos governos se revelou de modo inverso, pois assistimos à tomada de decisões que nos assolam como um rolo compressor, sem que seja dado o devido valor à questão ambiental. Primeiro, os governos decidem tudo, fazem pactos com corporações econômicas, licitações, arrumam verbas e fecham contratos. Depois, dirigem-se ao "cartório" para tirar a licença ambiental. Neste cenário perverso, não é levado em conta o grave fato que os órgãos do SISNAMA (Sistema Nacional do Meio Ambiente) vivem uma deterioração progressiva de condições de atendimento para suas demandas. Faltam conhecimentos, planejamentos, profissionais capacitados e em número adequado, equipamentos, informações, isenção nas análises, estrutura, materiais e muitos outros recursos. Isso tudo pode ser demonstrado e comprovado. Bastaria visitar estes órgãos, em todo o país, e conversar com os seus agentes públicos

(evidentemente com o compromisso de estes não viessem a ser perseguidos, intimidados ou demitidos) e verificar o enorme volume de análises aos quais estão submetidos, as áreas sob as quais estes têm responsabilidade de atuar em atividades de licenciamento, controle e fiscalização ambiental. Ao mesmo tempo são submetidos à pressão e à precariedade de condições para suporte e vazão a este trabalho (ver texto na íntegra em <www.proam.org.br> – documentos – A Gilete na mão do Macaco).

Dessa forma, o agente financiador que pretenda tomar uma decisão informada sobre sua responsabilidade socioambiental e se ativer à licença ambiental nos moldes que é concedida hoje, conforme explicitamos, também não estará considerando a participação social e consolidando um sistema unilateral e autocrático.

Além disso, nos aspectos reais de riscos, estará sempre atolado nas piores dúvidas e sob pena de consequências de responsabilização, pois nosso sistema de licenciamento não está preparado para sinalizar ao agente financiador e à sociedade se de fato estamos licenciando a sustentabilidade.

15.10 A suprema mão invisível do mercado

> *A vida flutua em um espaço vazio, sujeito ao acaso, à incerteza, à entropia, a processos de degradação de vida em que a vontade como propósito não aponta para um fim, uma luz, uma saída. A ideologia dominante nos faz desejar conforme os desígnios do poder estabelecido.*
>
> (LEFF, Enrique. *Racionalidade ambiental:* reapropriação social da natureza. Rio de Janeiro: Civilização Brasileira, 2006. p. 336)

Lipovetsky nos brindou com o termo *"Era do Vazio"*. Daniel Goleman, em sua obra *"Foco"*, afirma que entramos numa fase de transitoriedade permanente, perdendo capacidade de foco, com estímulos a cada minuto pela infovia. O setor empresarial conhece bem o fenômeno do desaquecimento funcional, o *burnout* – e Enrique Leff (2006), em Racionalidade Ambiental, afirma: "nem a luta de classes nem a rebelião parecem abrir portas a essa necessidade de emancipação, tão proclamada por Marcuse".

Esses diferentes pensadores e de diversas áreas do conhecimento apontam uma pressão narcótica sobre o cidadão comum, em especial das gerações criadas debaixo de um bombardeio de publicidade e marketing, onde o consumo se confunde com a felicidade proporcionada pela algibeira.

Importantíssimo levar em consideração o contexto atual de percepção da sociedade sobre sua realidade. Os estímulos determinantes do comportamento, que estão levando a uma alienação da sociedade, fazem parte de um jogo cuja regra é estabelecida nos bastidores do poder econômico, nas mídias programáticas, nas estratégias de marketing e de poder. Dessa forma, a liberdade do homem é relativizada pelo mercado, pela sensação de conformidade e subserviência a pequenos prazeres de se adquirir artefatos digitais, a uma pretensa inserção social em redes ao se participar de postagens reiteradas de imagens de *selfies*.

O cantor *folk* americano, Paul Stooker, afirmou durante uma apresentação que o desenvolvimento da consciência humana desde os tempos da contracultura vem provocando que o nome de revistas de sucesso involuíssem de *People* para *Us*, depois *Selfie* e logo terão o título *Me*... O contexto da infovia, cultura que propicia ao mesmo tempo um processo de comunicação fantástico, potencializa o que de mais primário e egocêntrico tem o ser humano quando pode exercitar seu espírito gregário.

Há necessidade de uma verdadeira responsabilidade socioambiental do setor empresarial em seus processos de comunicação com a sociedade. Diante do fenômeno do consumismo e da exacerbação pessoal, que minam a construção de uma sociedade mais justa, mais ética e de espírito altruísta, diminuem as possibilidades de fortalecimento da consciência e da mudança de hábitos para a simplicidade voluntária, fundamental para um mundo superpovoado e altamente consumidor. Certa vez comentei estes aspectos de sustentabilidade e sua relação com a mudança de comportamento com um jovem e promissor executivo, especialista em TI. Seu olhar vagou pelas árvores de meu jardim, refletindo – e com um ar de desalento respondeu: "É, mas eu não posso pensar assim...". Obviamente que não, já que muitos desses jovens têm alimentado suas carreiras especializando-se em marketing competitivo.

É importante ter clareza de que, ao considerarmos o argumento econômico neoclássico que inspira os políticos ultraliberais dos fins do século XX, encontraremos viva a fábula do escorpião, a figura do lobo do homem e os mesmos axiomas básicos de *dualismo, conflito e evolução* expressos por Charles Darwin em sua obra "Teoria das Espécies".

15.11 Malthus, Marx e a curva de Kuznets ampliada por Piketty

É preciso resgatar aqui um pouco do contexto histórico e trilharmos o cenário das desigualdades sociais. Thomas Malthus publicou seu "Ensaio sobre os Princípios da População" em 1798. Preocupava-se com o valor da terra e o princípio da escassez, sem perceber que a humanidade deixaria naqueles tempos de ser refém das restrições alimentares e agrícolas frente à realidade da revolução industrial. Quase cem anos depois Marx defendeu em "O Capital" o princípio da acumulação infinita, avançando na compreensão do conceito do capitalismo, apontando de forma apocalíptica que a concentração não teria limites e que a falência do sistema ocorreria por disputa entre capitalistas ou revolta do proletariado.

Na metade do século XX, Kuznets defendeu que a acumulação seria como a maré alta que faria flutuar todos os barcos, o que significa defender que concentração e crescimento beneficiariam a todos. A Curva de Kuznets baseou-se em estudos entre 1913 e 1948, com relação à distribuição da renda. Esses mesmos argumentos foram analisados por Thomas Piketty, em "O Capital do Século XXI", demonstrando que uma avaliação sobre maior período de tempo do que o originalmente apontado pela curva de Kuznets apontava que não houve tantos benefícios sociais e a renda concentrou-se em poucas mãos, portanto os benefícios do crescimento não podem ser classificados, em visão mais humanista, como exemplo de modelo de desenvolvimento a ser perseguido. Piketty fecha seus argumentos defendendo uma taxação progressiva sobre os ganhos de capital, com objetivo de socializar, via cofres e políticas públicas, os ganhos obtidos.

Do ponto de vista da economia global voltada à sustentabilidade, apenas a socialização da economia seria meia-medida, já que a desconcentração de riqueza e a equidade são fatores imprescindíveis para a humanidade e a qualidade de vida no planeta – mas de outro lado é preciso considerar que, ao imaginarmos toda a população planetária com o padrão de consumo norte-americano, ou para ser mais dramático, californiano, os impactos sobre o planeta seriam intensificados com a potencialização dos impactos possibilitados pelo aumento de renda das populações. Assim, buscar equidade e atendimento à dignidade humana em seus direitos básicos, avançar em tecnologia para a qualidade de vida implementando reciclagem do que é consumido, promover uma mudança consciente de estilo de vida para um estágio de simplicidade voluntária com qualidade, alcançar um estágio de percepção e mudança de comportamento da sociedade que permita respeitar o limite das alterações aceitáveis do planeta, visando a sobrevida do futuro – me parece ser o estágio civilizatória que deve perseguido. Não atingiremos este patamar sem a responsabilidade socioambiental da economia – ou dos agentes financiadores. Portanto estamos tratando aqui da sustentabilidade em seu aspecto integral e é com este marco conceitual e este objetivo que precisamos estabelecer a responsabilidade socioambiental.

Há teses interessantes que versam sobre a Curva de Kuznets sobre o foco ambiental, como por exemplo esperar crescimento econômico acima de renda familiar de US$ 20 mil/ano, e sobre perspectivas de que a economia deve seguir estacionária com aumento de qualidade, sem expansão, o que seria adequado para países desenvolvidos (um *steady State* como defende Herman Daily).

O fato é que a macroeconomia do futuro deve basear-se nos princípios de sustentabilidade, sem desperdício e na perspectiva de respeito aos limites naturais. Para que isso venha a ocorrer, é preciso desvendar as matrizes da insustentabilidade de nosso processo civilizatório, neutralizá-las e superá-las com a percepção adequada, com um plano de prazos e metas, construindo políticas públicas permanentes que considerem a biocapacidade que o planeta Terra pode oferecer.

Desconstruir o atual modelo civilizacional, nos seus aspectos insustentáveis, é uma tarefa de Prometeu. Mas já se percebe, principalmente pelos efeitos e projeções do aquecimento global, que Darwin continua com a razão, já que quem não se adapta não sobrevive. Esta deve ser a mais profunda reflexão e a única característica darwiniana da economia que não deve visar a sobrevivência dos mais fortes e poderosos, mas sim a de toda a espécie humana. Neste sentido o desenvolvimento deve ser qualitativo e da menor entropia possível, já que a economia não vai além de um modelo de trocas expandido e extremamente dependente das condições naturais.

15.12 Indicadores: barbárie e tecnologia

> *Não era tão insensato devastar grandes áreas de florestas para deixar a terra limpa para a lavoura. Agir assim é terrivelmente insensato hoje em dia.*
> (GAARDER, Jostein. *O mundo de Sofia*. São Paulo: Schwarcz, 1991. p 392)

Considerando o que a humanidade está fazendo ao planeta, seria para os religiosos como se Deus tivesse se ausentado, pois as regras de equilíbrio da criação foram rompidas. Se fôssemos criacionistas, preservacionistas, conservacionistas ou darwinianos, não haveria como fugir do enfoque sobre as consequências da ação humana. Há evidentemente uma harmonia natural, possibilitada pelas leis naturais que permitem o equilíbrio e que nos mantém vivos – não só a nós, mas também a todas as espécies da biodiversidade planetária.

Henry Barraud, musicólogo, sobre a arte de criar, afirma: "o século XX será conhecido como o século da barbárie armada da tecnologia". Nesta linha de compreensão não é de se estranhar que alguns dos indicadores que utilizamos para medir nosso "desenvolvimento" também sejam indicadores de barbárie.

15.12.1 PIB

Tomemos por exemplo o Produto Interno Bruto (PIB), cujo crescimento é perseguido implacavelmente pelo Brasil e quase todas as nações constituídas. Os PIBs crescem destruindo condições vitais e erroneamente rendem-se cultos ao PIB em seu atual formato. Em primeiro lugar porque o produto interno bruto e o produto bruto mundial são indicadores cientificamente falsos, pois calculam de maneira bárbara a produção de bens sem conceber a capacidade de suporte do planeta. Segundo a publicação Vital Signs do WWF (2005), a velocidade de exploração é 21 vezes maior do que pode oferecer nosso planeta.

Recentemente, uma publicação da Universidade de Maryland demonstrou que, levando-se em conta os impactos causados ao planeta, o PIB americano decresceu a ponto de se tornar negativo. Portanto, é preciso novos indicadores, reais, cientificamente validados, que dimensionem nosso índice de desenvolvimento. Além do mais, os índices bárbaros de diminuição do PIB não levam em consideração a socialização da riqueza gerada. Assim, o PIB atual apenas engana o conjunto da sociedade, como demonstra o Prêmio Nobel de economia Joseph Stiglitz, que constata em seus estudos que não se mede qualidade de vida dos cidadãos. Paul Kurgman, também Prêmio Nobel de Economia, afirma que nos últimos decênios o PIB só favoreceu os mais ricos. De outro lado, sobre a realização do homem, estudos científicos apontam para um índice de insatisfação e infelicidade que são preocupantes nos países considerados desenvolvidos, onde ocorre alta incidência de suicídios.

A reflexão sobre os objetivos éticos do PIB não são recentes, como observa Gilberto Dupas ao citar as reflexões do economista John Stuart Mill: "foi ao rever seus Princípios de Economia Política que John Stuart Mill rompeu com a Escola Liberal e passou a afirmar que a distribuição do Produto Interno Bruto de um país poderia – e deveria – ser orientada em razão do bem-estar geral" (DUPAS, G. *O mito do progresso*. São Paulo: Editora Unesp, 2006. p. 15).

Num país como o Brasil, que se notabiliza mais como produtor do setor primário; onde há devastação de florestas com aumentos sazonais do nível de desmatamento e onde o desmatamento é contabilizado por sua velocidade; onde os sistemas sobre trilhos foram sucateados por um rodoviarismo exacerbado como o dos californianos; onde atividades de produção eletrointensiva proliferam enquanto proibidas em outros países desenvolvidos; onde a energia a ser disponibilizada ainda aponta para hidrelétricas ao custo do afogamento de enormes áreas florestadas e vitais na região amazônica; onde a gestão participativa não tangencia o planejamento e a participação social e transparência governamental não sobreviveriam a uma análise crítica primária; onde os índices de pobreza, favelização, delinquência e corrupção apresentam índices alarmantes; onde a concentração de populações e atividades humanas em pequenos espaços geográficos ferem princípios basilares de capacidade de suporte, com graves consequências já visíveis na qualidade do ar e no abastecimento de água – como será possível neste cenário medir o real índice de nosso desenvolvimento? Quais indicadores devemos utilizar? Como avaliar se o planejamento governamental em suas estratégias para atingir patamares sociais aceitáveis de educação, saúde, trabalho e distribuição de renda está sendo desenvolvido e estruturado visando atingir metas reais de segurança social e ambiental?

Neste aspecto, é preciso considerar a proposta de Nicolas Sarkozy na criação da comissão Stiglitz-Sen-Fitoussi, notável por abrigar laureados pelo Nobel de Economia e criada para estabelecer "limites do PIB como critério de desenvolvimento ecológico e do bem-estar". Ao final do relatório surgiram 3 diretrizes para mensurar o desenvolvimento sustentável: a contabilidade nacional sobre a contribuição para o aquecimento global; um composto de percepções sobre saúde, educação, atividades pessoais, voz política, conexões sociais, condições ambientais e insegurança ambiental e econômica; e sobre o PIB, considerar renda familiar e não a produção, mais complexo e universal que o Índice de Desenvolvimento Humano (IDH) adotado pelas Nações Unidas. No final do relatório, está também o *Steady State*, de Daily, ou estado estacionário, ou prosperidade sem crescimento, num receituário especialmente dirigido a duas dezenas de países mais desenvolvidos. Nos objetivos a serem perseguidos destacam-se alimentação, desigualdade, energia, estilo de desenvolvimento, governança, investimento em capital natural e planejamento de uso da terra.

Estou absolutamente convicto que a humanidade precisa mudar o rumo da economia – e, portanto, sua visão sobre em que consiste, de fato, a responsabilidade socioambiental do agente financiador. É preciso medir a produção interna em seus aspectos de geração de ganhos e perdas reais. É preciso trocar o PIB por um conceito contemporâneo que inclua os processos ecológicos, não como um indicador de barbárie. É preciso alfabetizar ambientalmente e eliminar a inculturação ambiental dos tomadores de decisão e da própria economia, impedindo que a atual barbárie potencialize definitivamente a crise da civilização, que ocorre essencialmente por uma crise de percepção. Para o agente financiador, essa crise de percepção pode ser a armadilha escondida na geração imediata de riqueza e lucros, muito comum em processos altamente impactantes, como as grandes minerações, as empresas eletrointensivas como a indústria do alumínio e os empreendimentos que destroem as poucas áreas florestadas ainda existentes, fundamentais para a produção de água e proteção da biodiversidade. Quais mecanismos serão necessários nas salvaguardas dos agentes financiadores para que estes não caiam nas armadilhas da crise de percepção instalada, que permite o voo cego do licenciamento ambiental, a falsa gestão participativa, o abismo das desigualdades sociais e os falsos indicadores de desenvolvimento como o PIB?

15.13 A era das metrópoles e a insustentável concentração humana

Desenvolvemos pelo PROAM, desde 2004, o Programa Metrópoles Saudáveis, que obteve aval e apoio da Organização Pan-americana de Saúde. O programa reuniu mais de 200 especialistas das mais diversas áreas do conhecimento. A partir das exposições e um trabalho intersetorial internacional, construiu-se o *Termo de Referência para Metrópoles Saudáveis* (PROAM, 2007, ver em <www.proam.org.br>), com forte referencial teórico e conceitual que apontava a necessidade de um modelo de sustentabilidade que propiciasse a desconcentração dos assentamentos e atividades humanas:

> a ausência de uma política de sustentabilidade para países em desenvolvimento leva à distribuição inadequada da população no território, onde a falta de fixação do homem em seu local de origem vem criando uma nova categoria de refugiados ambientais, em busca de sobrevivência nas grandes áreas urbanas". Sobre a expansão das megacidades: "as motivações econômicas planejam antes da assunção dos governos, impossibilitando reações saudáveis e correções de rumo por falta de informação e discussão pública.

Há claros indicadores de que existe responsabilidade do setor econômico sobre o modelo de desenvolvimento das megacidades e que isso poderá ser objeto de ações corretivas, como, por exemplo, o combate às ilhas de calor e o uso abusivo do solo urbano. Sobre as matrizes de insustentabilidade apontadas, que são em número de 33, o TR afirma:

> nenhum sistema de indicadores existente pode capturar a riqueza de todos esses processos aqui detectados, que incluem interações sinérgicas sucessivas, mas o objetivo do Programa Metrópoles Saudáveis é apontar alguns quesitos sobre indicadores que permitam uma abordagem mais integral, que possa constituir uma plataforma de decisão política no enfrentamento dos problemas de saúde ambiental, com especial enfoque para a sustentabilidade temporal, e em perseguir e monitorar os Objetivos de Desenvolvimento do Milênio, principalmente no que diz respeito ao princípio nº 7, o da sustentabilidade.

A elaboração desses estudos, com a contribuição de renomados pesquisadores internacionais, inclusive do Instituto Mário Molina, Prêmio Nobel de Física e responsável pela descoberta dos gases causadores do buraco na camada de ozônio, nos deixou seguros de que a projeção econômica imediatista determina a escolha de alternativas locacionais privilegiando aspectos logísticos baseados em concentrações populacionais, sem imprimir salvaguardas e esquece-se da segurança ambiental – e tende em se transformar em fracasso de curto prazo, além de agravar as precárias condições de sustentabilidade das metrópoles.

Há um demonstrativo interessante destes erros da logística baseada em concentrações populacionais insustentáveis, agora que empresas começam um êxodo forçado de São Paulo em função da precariedade hídrica. Em que pese este ser um aspecto geográfico óbvio e objeto de alertas efetuados ao longo de mais de 20 anos pela Campanha "Billings, eu te quero Viva" (Dossiê Billings, PROAM, 1994), houve necessidade de uma estiagem intensa para que a sociedade observasse que os ecossistemas de produção de água da metrópole estão colapsando por falta de proteção ambiental.

Como podem as salvaguardas estabelecidas pelo agente financiador contemplar essas questões aqui colocadas? Quais seriam as prioridades e características exigidas para os projetos de empreendimentos que pretendem financiamento para instalação em regiões saturadas? Basta a adequação dos sistemas de reuso e utilização de água? Quais serão os requisitos que justifiquem sua escolha locacional? O lucro imediato proporcionado apenas pela facilidade logística relativizou-se quando não há oferta de condições para a sustentabilidade ambiental.

15.14 Planejamento: a crise de percepção na tomada de decisões

> O Brasil, esquecido e abandonado pelos políticos que regem os seus destinos, acha sempre apoio nos férteis terrenos e saudável clima, única âncora e amparo de nossa agricultura.
>
> (SOUZA, Muniz de. *Máximas e pensamento praticado por Antonio Muniz de Souza*, 1843)

Quem planeja é a dinâmica econômica, pois no processo civilizatório atual a economia toma as dimensões do papel do Estado. Na visão nacionalista de Thomas Hobbes há necessidade de uma autoridade central suprema que libere o homem de seu estado natural de lobo do homem e outorgue segurança a todos.

Hobbes compara a autoridade suprema à figura do Leviatã, que chega ao paradoxismo em 1919, com o tratado de Versailles, sobre o direito das nacionalidades a sua própria organização central. Atualmente, no século XXI, caminhamos para duas centenas de nações, sendo que aproximadamente 140 encontram-se com dificuldades econômicas e de desenvolvimento tecnológico. Em que pese a independência ter devolvido dignidade a povos dominados por nações mais ricas – que ficaram ainda mais ricas por essa dominação, a independência muitas vezes originou países sem condições reais de viabilidade nas atuais regras do jogo econômico mundial.

Depois da guerra fria e com o fim da bipolaridade capitalista-comunista, o valor estratégico dos países periféricos evaporou-se e foram lançados à sorte de uma seleção natural quase darwiniana, não fossem tratados internacionais de direitos humanos, em que pese uma baixa capacidade de implementação na maré econômica do liberalismo. Neste cenário, Ásia, América Latina e especialmente a África apresentam projetos de estados nacionais ainda malsucedidos. Há dificuldades para se construir uma economia que se insira com sucesso, até mesmo com o falso índice pibiano, no mercado internacional. Deste mal o Brasil livrou-se em certa medida, ao se inserir no cenário como produtor do setor primário, ainda carente de indústria de transformação e tecnologia. Após a Guerra Fria, com a expansão das empresas transnacionais, a ameaça aos estados nacionais é a própria economia, pautada por decisões externas que determinam sobrevivência econômica.

Notamos que as conferencias internacionais, como as do clima, acabaram por resumir-se mais a shows diplomáticos do que à produção de resultados efetivos. Sequer os países ricos podem fazer frente aos conglomerados econômicos. Essa nova ordem global permitiu desnudar a economia como um grande cassino especulativo, ao lado da comunicação global focada em alto consumo, conforto material e permanente entretenimento (filmes, etc.). Este modelo não desenvolve princípios de ética e solidariedade, nem promove padrões de consciência ecológica.

Hoje o conforto do capital convive com a barbárie. Não há de se estranhar que violência e movimentos fundamentalistas resultantes da frustração de não se alcançar níveis satisfatórios de consumo ocorram com mais e mais frequência. Felizmente há uma consciência global sobre a existência de miséria e fome – e isso tem sido obra e mérito dos meios de comunicação.

Neste contexto antevemos mais dificuldades para os países sem indústrias do setor de transformação e tecnologia. Novos materiais artificiais substituem metais, e países fornecedores de matéria-prima passarão por um ciclo ainda pior, pois caminham para um processo de obsolescência.

Neste cenário o Brasil já apresentou melhores expectativas de desenvolvimento, porém os indicadores de pobreza, delinquência e desemprego ainda fazem nosso cenário sombrio – e mais e mais carente e distante de um modelo de sustentabilidade. Para o agente financiador a atenção a estes fatores, quando financia sustentabilidade, é fundamental. Como poderá, na ausência do papel do Estado, o agente financiador se tornar em promotor que de fato contribua para um plano nacional de sustentabilidade? É possível criar salvaguardas com diretrizes para linhas de crédito que, exigidas a cada projeto, possam funcionar como uma bússola no sentido de proporcionar, em seu conjunto, uma perspectiva de planejamento para sustentabilidade? Eu acredito que sem haver a sinalização pelo governo de metas claras e diretrizes macroeconômicas, uma colcha de retalhos pelo setor privado mitigaria impactos, mas não proporcionaria sustentabilidade. Portanto, sem planejamento, sem a figura de um Leviatã lúcido, determinado por uma construção cidadã, não haverá caminhos para se atingir uma meta civilizatória eficiente. Por exemplo, claras diretrizes e o estímulo real às energias renováveis, e daí decorrer, quem sabe, um novo nome para a Petrobras, um novo *slogan* para "o Petróleo é nosso" – e um fim para nossa crise de percepção.

15.15 Diálogos com o charuto

Fui incumbido pelos representantes de movimentos sociais a fazer uma exposição para o Secretário de Transportes do Estado de São Paulo sobre os motivos do nosso questionamento sobre a matriz rodoviarista que levara o governo a optar pela construção do rodoanel, sem considerar que alternativas mais sustentáveis fossem também colocadas no mesmo plano de prioridades. Um dos principais pontos era a poluição atmosférica, já que o estímulo ao automóvel e ao transporte sobre rodas implicava o acréscimo de poluição em bacias atmosféricas já saturadas, o que provoca alto índice de morbidade. Sentados à mesa de reunião, aguardamos a entrada de nosso interlocutor governamental, que entrou na sala fumando um enorme charuto. Este foi o clima do diálogo, entre largas baforadas que foram compartilhadas passivamente por todos os ambientalistas.

Há uma crise de percepção inegável sobre sustentabilidade, muito mais evidente e perniciosa quando é inerente aos agentes decisores e políticos de plantão. Neste sentido, é preciso considerar também o perfil acientífico que assola as lideranças políticas do Brasil, perfil quase que generalizado. Merece registro principalmente as dilacerações causadas ao Código Florestal Brasileiro por sua revisão pelo Congresso Nacional, onde a retirada de proteção das Áreas de Proteção Permanente, as APPs, ocorreu sem considerar a defesa científica feita pela sociedade brasileira para o progresso da ciência e pela Academia Brasileira da Ciência. Aí temos um desafio interessante para a responsabilidade socioambiental: nos processos de judicialização, como é este caso, com ações diretas de inconstitucionalidade (ADINs) tramitando no STF contra a aprovação do código com amplo apoio do setor ambientalista, da academia e do Ministério Público, deverá o agente financiador ater-se apenas ao cumprimento da legislação vigente ou aos princípios científicos defendidos pela cidadania contra retrocessos lobistas que fragilizaram conquistas sociais? O que ocorre quando há financiamento de projetos em aprovação – ou já aprovados, e ao mesmo tempo ocorre uma judicialização bem fundamentada, com dados técnicos sólidos?

Jamais, em nosso contexto de licenciamento ambiental precário, o agente financiador deverá optar por recolher-se à posição confortável de que "a justiça decidirá", pois esta é uma posição altamente insegura do ponto de vista ético, científico e de segurança institucional. Neste sentido, suas salvaguardas devem determinar profunda investigação, que seja isenta, técnica e especialmente com determinada consideração às demandas sociais.

15.16 Diferentes níveis de reponsabilidade socioambiental do agente financiador

O Banco Central do Brasil (BACEN), através da Resolução nº 4.327, de 25 de abril de 2014, estabelece diretrizes a serem observadas no estabelecimento e na implementação da Política de Responsabilidade Socioambiental (PRSA), pelas instituições financeiras e demais instituições autorizadas a funcionar pelo BACEN.

Segundo a normativa, as instituições, ao definirem sua PRSA, devem observar os princípios de relevância e proporcionalidade. O primeiro refere-se ao grau de exposição ao risco socioambiental das atividades e operações, e o segundo à compatibilidade da PRSA com a natureza da instituição e com a complexidade de suas atividades e de seus produtos e serviços financeiros. Entre as diretrizes, destacam-se, com relação ao risco socioambiental inerente às operações da instituição, a identificação e controle do risco, perdas a serem contabilizadas, impactos negativos como perda da reputação, adequação às mudanças legais, regulamentares e de mercado, a criação de unidades de gerenciamento de risco e a criação de mecanismos específicos de avaliação de risco quando da realização de operações relacionadas a atividades econômicas com maior potencial de causar riscos ambientais. Ao estabelecer o plano de ação da PRSA, o BACEN também estabelece algumas rotinas burocráticas usuais aos sistemas de gestão.

De outro lado, a Federação Brasileira de Bancos – FEBRABAN publicou o Normativo SARB nº 14, de 28 de agosto de 2014, instituindo o programa de autorregulação para o desenvolvimento e a implementação da PRSA, com o objetivo de formalizar diretrizes e procedimentos fundamentais para a incorporação de práticas de avaliação e gestão de riscos socioambientais nos negócios e na relação com as partes interessadas. Basicamente, a iniciativa visa instrumentalizar o setor para a implementação da PRSA, focando a capacitação interna dos agentes financeiros. Há aspectos vagos, como, por exemplo, a impossibilidade de identificação prévia da utilização dos recursos pelo tomador, eximindo-se assim as instituições de uma avaliação mais aprofundada sobre a destinação dos recursos.

Essa normativa traz limitações evidentes quando detalha o atendimento aos aspectos legais, risco de crédito e risco de reputação. No capítulo VI, art. 9º, há um detalhamento sobre os cuidados com empreendimentos que representem maior risco socioambiental, consagrando-se a licença ambiental emitida pelo órgão ambiental membro do Sistema Nacional do Meio Ambiente – SISNAMA ou documento equivalente. Sobre esta falácia já dissertamos anteriormente – e novas formas de percepção dos riscos devem ser criadas e implementadas.

No art. 10 há especial preocupação com o atendimento às normas que regram o uso de transgênicos, com avaliação de biossegurança. No art. 11 estabelecem-se cláusulas de observância da legislação aplicável, trabalhista – e de assegurar-se de mecanismos quando da cassação da licença ambiental ou condenação por danos socioambientais. Há previsão de aspectos interessantes, como o de monitorar para identificar e mitigar impactos ambientais (o órgão ambiental padece invariavelmente dessa aferição em trabalho de campo). A orientação FEBRABAN também aponta para cuidados com a avaliação da capacidade de gestão ambiental do tomador, assim como de sua atualização nos processos de identificação de passivos e certificação. Há também orientação para enfoques específicos na identificação de impactos socioambientais, como eficiência energética, gestão adequada de resíduos, enfoque de regularidade trabalhista e para a contratação de fornecedores e prestadores de serviços.

Tanto o receituário do BACEN quanto o da FEBRABAN muito pouco avançam rumo ao real resgate da ética na economia e em direção à sustentabilidade. Preceitos legais vigentes no Brasil devem ser estritamente observados pelos empreendimentos e aqui me parece que avançaremos se, de fato, o agente financiador conseguir posicionar-se para funcionar como um *alter ego* do tomador. Aí vamos em direção à mão invisível do mercado, como apreciaria Adam Smith, de forma a tirá-la da subjetividade – e avançar mais, ao conseguirmos um comportamento mais adequado do tomador com relação à gestão supervisionada dos projetos. Considere-se que, em caso de dano, sempre haverá possibilidade de responsabilização do agente financiador. Portanto, o regramento do BACEN e da FEBRABAN, a meu ver, deixa claro que estamos tratando, até aqui, mais de criar salvaguardas para autoproteção do que promover um avanço real na proteção dos bens difusos, do bem comum e dos ecossistemas – e da sustentabilidade.

15.17 Da miopia burocrática à responsabilidade socioambiental

> *É extremamente importante que, ao serem tomadas medidas internacionais da área econômica, sejam levados em consideração os fatores ecológicos e sociais, sejam estabelecidas regras para um comercio internacional honesto que reforce as economias locais e contribua para a erradicação da miséria...*
>
> (GORBACHEV, Mikhail. *Meu manifesto pela terra*. São Paulo: Planeta do Brasil, 2003. p. 77)

É preciso reinventar as relações entre a economia e o meio ambiente. Isso não ocorrerá sem a capacitação do setor econômico para a percepção do limite das alterações aceitáveis, ou intervenção dentro dos limites da capacidade de suporte do meio. Paulo Figueiredo, pesquisador do PROAM na área de sustentabilidade ambiental durante o período de construção do Termo de Referência para Metrópoles Saudáveis (PROAM, 2007), ao compilar trabalhos internacionais que são referência sobre capacidade de suporte e sustentabilidade, fez um levantamento primoroso das definições mais importantes para compreender a dualidade imposta pelo nosso modelo civilizatório, entre economia e meio ambiente. Aluno de Eugene Odum, pai da Teoria da Capacidade de Suporte, Figueiredo integrou a bancada ambientalista do Conselho Estadual do Meio Ambiente e teve uma contribuição fundamental na capacitação do movimento ambiental paulista sobre sustentabilidade. Dentre os destaques proporcionados pela capacidade deste iminente pesquisador, cito Enzo Tiezzi, em *Tempos Históricos, Tempos Biológicos*, p. 70, Editora Nobel, 1988: "Mover-se na direção da estabilidade e da sobrevivência significa conhecer as regras do jogo. Esta realidade e estas regras exigem o conhecimento da complexidade e a recomposição de diversas disciplinas, exigem o conhecimento da ecologia, da ciência da complexidade".

Podemos redigir páginas e páginas sobre os porquês da falta de comportamento ético e lúcido da economia, mas *a priori* podemos afirmar que, historicamente, o mundo econômico, quase que em sua totalidade, tem invariavelmente financiado práticas voltadas à insustentabilidade ambiental.

Bruce Rich, em *Foreclosing the Future,* faz uma avaliação crítica dos financiamentos do Banco Mundial em 2011, chegando à conclusão que em 65% dos casos financiava-se insustentabilidade e apenas 35% eram dirigidos a projetos voltados à sustentabilidade. Essa afirmativa de Bruce baseada em criteriosa análise coloca em cheque as salvaguardas que fazem parte do ideário do WB, que, conforme citação de Bruce, orgulhosamente proclama: *"Our dream is a world without poverty"*. O WB envia cerca de 50 bilhões de dólares anuais a países em desenvolvimento e favorece as corporações mais ricas do planeta, mas apresenta graves desconformidades ambientais e sociais, como gigantescas hidrelétricas na China, com reassentamentos questionáveis em áreas do Tibete, além de grandes financiamentos impactantes para mineração e extração de óleo. Esses projetos provocaram impactos e reações por parte de comunidades carentes. Bruce aponta ainda que 30% do volume de recursos para os países em desenvolvimento alimentam cadeias de corrupção.

Quando nos deparamos com esta corajosa análise crítica, trouxemos Bruce Rich ao Brasil para várias apresentações sobre sua obra, inclusive no Congresso Nacional, com forte apoio de Mauro Antonio de Moraes Victor, autor da obra Capital Natural (2006), que exerceu papel fundamental na criação da Reserva da Biosfera do Cinturão Verde de São Paulo, produto de intensa campanha promovida por Mauro e sua esposa Vera Lúcia Braga, já falecida.

Bruce encampou nossa defesa da Reserva da Biosfera, em especial contra sua destruição pelo tramo norte do Rodoanel Mário Covas, única violação internacional de uma reserva da biosfera reconhecida pela UNESCO, perpetrada com recursos oriundos do Banco Interamericano de Desenvolvimento (BID), que dentre suas salvaguardas anuncia: *"El Banco Interamericano de Desarrollo demuestra su fuerte compromiso con la sostenibilidad a través de sus políticas, estándares y lineamientos en materia de salvaguardias ambientales y sociales"*. Em que pese a apresentação pelo PROAM de estudo sobre o EIA-RIMA do Rodoanel Trecho Norte apontando a insuficiência de dados que permitissem uma avaliação sobre os impactos ambientais de forma isenta e técnica, a perspectiva da relocação de milhares de pessoas de seus lares e a judicialização do processo, o BID não nos consagrou o direito da *Full Compliance Review*, mecanismo de transparência sobre o qual faz ampla publicidade sua auditoria "independente" (MICI). Este é um excelente exemplo de como as salvaguardas ambientais dos agentes financiadores funcionam muitas vezes apenas como fachada, especialmente quando o projeto tem ator único: o governo é proponente, órgão licenciador e gestor do projeto. Além disso o rodoanel representa peça de campanha eleitoral.

15.18 O ritmo de Midas e o compasso natural

Mauro Victor, em Capital Natural (2006), afirma: "A economia é um subsistema da biosfera finita que lhe dá suporte. Quando a expansão econômica afeta drasticamente o ecossistema circundante, o capital natural, que mais vale que o capital artificial, entra em colapso".

Agrada-me sobremaneira a definição de sustentabilidade apresentada na contraposição de ritmos, como figura explicativa de fácil compreensão e rica em simbolismo, de que coexistem dois ritmos em nossa realidade civilizatória. O primeiro, o biológico, lento, que se desenvolve em seu próprio tempo dentro de pequenos e grandes ecossistemas – e outro, o econômico, como reino de Midas, voraz e autofágico, que tem pressa em se reproduzir e dar satisfação rápida aos seus investidores. Entendo que compatibilizar estes dois ritmos é a arte para a sinfonia do desenvolvimento. Como numa orquestra, não haverá música sem ritmo – e em nossa realidade física o ritmo é o natural. Portanto, a arritmia que notamos na contraposição natureza/economia é absolutamente falsa. Não só do ponto de vista ético, mas da própria sobrevivência da economia – em seu sentido mais profundo de economia. A natureza é sua essência, portanto a ordem dos fatores irá alterar drasticamente o produto.

Versando sobre sustentabilidade ecossistêmica e o conceito de equilíbrio e resiliência, onde, não havendo equilíbrio, mas assim mesmo um ecossistema demonstrar capacidade de resiliência, de sustentar-se, José Eli da Veiga (2010), observa:

> Foi essa convergência teórica que permitiu a passagem da antiga noção de capacidade de suporte para as comparações entre a biocapacidade de um território e a pressão a que são submetidos seus ecossistemas devido ao aumento do consumo de energia e matéria por sociedades humanas, e suas poluições daí decorrentes. Comparação que fundamenta o indicador mais pedagógico da ideia de sustentabilidade ambiental: a pegada ecológica – (VEIGA, em Sustentabilidade, a legitimação de um novo valor – pág. 12, Ed. Senac, 2010).

Em função das considerações que teci anteriormente com relação ao Antropoceno, referentes ao perfil de desenvolvimento observado no Brasil, à cumulatividade e sinergia dos impactos, à falta de uma visão ética visando uma conformidade com melhores padrões de exigência conceitual, iluminados pelo melhor conhecimento científico – e com uso das melhores tecnologias ambientais – como deverá este universo inerente à sustentabilidade se inserir num projeto a ser financiado, de forma a atingir um padrão de excelência em sua responsabilidade socioambiental?

15.19 Dança das moedas e modernismo antropofágico na Rio + 20

Durante os preparativos da Conferencia Rio + 20 fizemos uma ampla discussão sobre a "economia verde" proposta como temário pelas Nações Unidas. O fiasco governamental foi evidente, repleto das figurações diplomáticas. O presidente dos Estados Unidos, a chanceler da Alemanha e o primeiro-ministro britânico não compareceram.

Na ocasião, o movimento ambiental produziu um documento inovador e interessante intitulado *Manifesto do Trópico de Capricórnio* (PROAM, 2012), produto de intensa discussão sediada pela Procuradoria Regional da República de São Paulo – PRR-3ª Região em parceria com o PROAM e outros importantes atores institucionais. O evento intitulado "*Desconstruindo a Crise Civilizacional*" contou com a brilhante condução da Procuradora da República Sandra Akemi Shimada Kishi. O documento clama aos brasileiros e ao mundo:

> Acordem! Neste instante, surge um rearranjo da velha ordem internacional. Países hegemônicos perdem influência e o mundo unipolar tende à multipolaridade. Dólar, euro e iene disputam lugar com os 4Rs: real, rupia, rublo, renminbin. Um novo elemento ameaça esta lógica "clássica": a finitude dos recursos naturais pelo hiperconsumismo e obsolescência programada e o consequente envenenamento do Planeta Terra. Ouçam-nos sobre a chamada economia verde, pois não é nem economia e nem verde e poderá se transformar num poderoso instrumento da maior mercantilização da natureza e concentração de poder econômico, por meio dos grandes conglomerados transnacionais monopolistas. Nos trópicos brasileiros, terra sábia de Direitos Difusos, não pode ter preço o que é bem-comum do povo. Acreditamos serem estes os desígnios que outros povos anelam.

Este apelo veemente demonstra um anseio por uma nova ordem econômica, justa e lúcida, muito distante da amoralidade darwiniana já apontada pela visão humanista de Thomas Huxley. Neste sentido, será que o financiamento de uma usina termelétrica, movida à queima de combustíveis fósseis pode representar para o agente financiador segurança de que o seu investimento será benéfico para a sociedade? Poderá o financiamento correlato a combustíveis fósseis, nos dias de hoje, afirmar em sua regularidade ambiental que todos os requisitos legais foram cumpridos e que portanto cumpriu-se um patamar aceitável e ético de responsabilidade socioambiental?

Essas questões nos remetem a três variáveis distintas e determinantes, que devem estar presentes e sinalizar para o mundo financeiro, com segurança, sobre a excelência de uma análise de risco e a concretude de patamares aceitáveis da responsabilidade socioambiental: as interfaces do projeto com o planejamento ou modelos de planejamento reconhecidos voltados à sustentabilidade, a eficiência do licenciamento ambiental conduzido com dados técnicos e sociais confiáveis – e a efetividade dos elementos de transparência e gestão participativa. O ideário de salvaguardas dos agentes financiadores não pode prescindir dessas garantias.

15.20 Uma bússola para a volatilidade de Mercúrio

Parafraseando Hellen Keller, em sua afirmativa de que pior do que ser cego é aquele que tem um ponto de vista, mas é desprovido de visão, podemos afirmar que o agente financiador que cumprir todos os elementos de *compliance* em suas ações – no cumprimento da legalidade vigente; que cuidadosamente observar todos os diplomas legais necessários para os empreendedores, como a apresentação do estudo de impacto ambiental competente – ainda assim poderá ser considerado um agente financiador sem visão de sustentabilidade.

Os requisitos legais expostos na Resolução nº 4.327, assim como o Normativo SARB nº 14, não atingem patamares do planejamento para a sustentabilidade. Ater-se à lei e às normas do SISNAMA – Sistema Nacional do Meio Ambiente é uma condição essencial, mas seria como ajustar-se obrigatoriamente aos equipamentos de um veículo e aos limites de velocidade, mas com a enorme diferença de saber para onde ir. Sem objetivos voltados à sustentabilidade a economia tem praticado voos cegos.

Mercúrio, o deus do comércio, é conhecido por ter asas nos pés. Talvez essa grande mobilidade e temperamento mercurial seja o melhor exemplo de um ritmo econômico, voando ao sabor da oportunidade e do lucro. Essa conjunção Mercúrio-Midas da economia, insaciável em velocidade e ao transformar bens naturais em mercadoria – mas sem poder fugir de sua dependência das condições naturais, poderá levar a um perecimento por inanição decorrente da própria ganância.

Criar no âmbito do setor econômico procedimentos de avaliação que possam identificar e suprir as deficiências da burocracia estatal, desde o planejamento até o setor de licenciamento, me parece um excelente começo, já que isso poderá apontar caminhos para políticas reais de sustentabilidade. É preciso clareza para superar a insuficiência de instrumentos legais como o licenciamento, corroído pela insuficiência científica, democrática e em quesitos de participação social. Lamentavelmente será o único diploma apresentado pelo empreendedor, além de sua idoneidade. Infelizmente não apresentará esses quesitos dentro de uma plataforma de planejamento ambiental, em função da lamentável ausência e inação dos governos constituídos.

15.21 Conclusão: novo marco civilizatório: prosperar em paz e sustentabilidade

É preciso proporcionar às sociedades humanas uma reflexão profunda e mais abrangente sobre o processo global civilizatório. Neste sentido preocupa-me hoje uma dedicação "pragmática" a tendências superficiais de compatibilização entre processos de caráter econômico-predatórios e os princípios de sustentabilidade, tomados de forma pontual e utilitária.

Na expectativa de uma revolução pela consciência da humanidade, haverá um "zeitgeist" ambiental, um ponto de concretização do "espírito do tempo" onde, como afirmava Hegel, elementos de conhecimento e convencimento permitirão um estágio de consciência humana comum, de dimensões suficientes para provocar o salto renovador de uma transformação civilizacional?

As dimensões atuais da consciência humana apontam para os riscos de dissolução de processos de resistência pró-sustentabilidade, que muitas vezes são trocados pela superficialidade de adequações pontuais e que apenas justificam a manutenção de um processo ainda maior de insustentabilidade. Refiro-me aqui aos cosméticos efeitos de um licenciamento superficial e o 'faz de conta' da participação social – e de certificações para atendimento aos requisitos do próprio mercado, que por si só não permitem a ação em dimensões mais estruturantes. Estes fatores impedem reflexões maiores, que tangenciem o planejamento, que sacudam o comportamento insustentável do Leviatã brasileiro e nosso modelo Titanic de civilização. Ao lado disso percebo uma rede de consciências que se amplia e perpassa vários setores, ainda que sem apresentar condições para maiores articulações ou intervenções. Seria esta tendência no futuro ampliada e internalizada pelos processos globais predatórios até um ponto de "zeitgeist", de possível reversão? Certamente as condições atuais de avanços tecnológicos na área de comunicação permitem novas oportunidades de informação e o crescimento da consciência humana.

Também acredito que nossa máquina social darwiniana, em seu aspecto evolutivo, nos permita capacidades mais profundas de transformação. Acredito na construção social e individual pela memória, como força motriz pessoal e coletiva, mesmo que de forma inconsciente. Pergunto-me se o fluxo natural da vida, a busca por um ponto de equilíbrio e de resiliência no aspecto planetário não estaria também impressa em nossa capacidade natural de luta por sobrevivência: seriamos então capazes de produzir como sociedade uma transformação social com salvaguardas, provocadas por meio de uma espécie de sensibilidade inata e sutil, assemelhada à dos cavalos mantidos nas proximidades do Vesúvio e cuja reação antes das erupções funciona como um bioindicador mais confiável para eventos catastróficos do que a capacidade tecnológica de medição de sismos?

Somos um subsistema dependente das condições de vida no planeta Terra e temos dificuldades de adaptação por não reconhecer nossa pequenez diante das condições naturais. Como, a partir desta falta de percepção, poderemos atingir o "zeitgeist" – o ponto de restauração individual e de mutação civilizacional? Haverá tempo suficiente para restaurar a capacidade de suporte em vários quesitos ecossistêmicos se a transformação civilizatória vier a ocorrer por uma via tardia? Neste caso estaríamos muito mais perto do apocalipse do que da resiliência planetária. Pode-se imaginar as ameaças à paz e à vida na turbulência sociopolítica, principalmente no universo de 90% dos sofridos países economicamente inviáveis!

Não há tempo a perder e temos que acelerar o ponto de mutação civilizacional, para um modelo adequado à sustentabilidade – e isso não ocorrerá se não mudarmos a economia, se não nos dedicarmos a converter o coração do dragão para a realidade de que *small is beautiful*. É preciso descontruir o atual modelo predatório que rege e é regido pela economia – e realizarmos uma nova economia, por meio da mudança de percepção, da decisão informada e do comportamento ético de seus agentes. Essa perspectiva está umbilicalmente associada ao verdadeiro significado das mudanças climáticas no Antropoceno: nossos conceitos sobre o mundo, sociedade e economia vão mudar e a riqueza não fará mais nenhum sentido, pois há determinantes inegáveis de que a sobrevivência neste planeta será viabilizada por lucros sociais e a verdadeira riqueza será a prosperidade em sustentabilidade. Aí reside o grande desafio de transformação e também a verdadeira responsabilidade socioambiental da economia.

Referências

BANCO INTERAMERICANO DE DESENVOLVIMENTO. *Sosteinabilidad y Salvaguardias*. Disponível em: <http://www.iadb.org/pt/banco-interamericano-de-desenvolvimento,2837.html>.

BRASIL. Banco Central do Brasil. *Resolução nº 4.327, de 25 de abril de 2014*. Disponível em: <http://www.bcb.gov.br/pre/normativos/res/2014/pdf/res_4327_v1_O.pdf>.

CAMPANHA BILLINGS EU TE QUERO VIVA. *Dossiê Billings*. São Paulo, 1994. Disponível em: <www.proam.org.br>.

CAPRA, F. *A teia da vida*. São Paulo: Cultrix, 1996.

CRUTZEN, P. *Living in the anthropocene:* toward a new global ethos, 2011. Disponível em: <http://e360.yale.edu/feature/living_in_the_anthropocene_toward_a_new_global_ethos/2363/>.

DALY, H. E. *Beyond Growth:* the economics of sustainable development. Boston: Beacon Press, 1996.

DIAMOND, J. *Colapso:* como as sociedades escolhem o fracasso ou o sucesso. Rio de Janeiro: Record, 2010.

DUPAS, G. O mito do progresso. São Paulo: Unesp, 2006.

FEBRABAN. *Normativo SARB nº 14*, de 28 de agosto de 2014. Disponível em: <http://www.autorregulacaobancaria.com.br/pdf/Normativo%20SARB%20014%20-%20Responsabilidade%20Socioambiental%20-%20aprovado%20CAR%2028.08.14.pdf>.

GAARDER, J. *O mundo de Sofia*. São Paulo: Schwarcz, 1991.

GORBACHEV, M. *Meu manifesto pela terra*. Rio de Janeiro: Planeta do Brasil, 2003.

IPCC. *Climate change 2014, synthesis report, summary for policymakers*, 2014. Disponível em: <http://www.ipcc.ch/pdf/assessment-report/ar5/syr/AR5_SYR_FINAL_SPM.pdf>.

LEFF, E. *Racionalidade ambiental*. Rio de Janeiro: Civilização Brasileira, 2006.

MATOS, A. *O pensamento jurídico de Thomas Hobbes*. Belo Horizonte: Fead, 2008.

ODUM, E. P. *Ecology:* a bridge between science and society. Massachusetts: Sinauer Associates, 1997.

PÁDUA, J. *Um sopro de destruição*. Rio de Janeiro: Zahar, 2002.

PIKETTY, T. *Capital no século XXI*. Rio de Janeiro: Intrínseca, 2013.

PROAM. *Manifesto do Trópico de Capricórnio* – (PROAM, 2012). Disponível em: <www.proam.org.br>.

PROAM. *Termo de referência para metrópoles saudáveis*. São Paulo, 2007. Disponível em: <www.proam.org.br>.

RICH, B. *Foreclosing the Future:* The World Bank and the politics of environmental destruction. Washington: Island Press, 2013.

SACHS, J. *A Riqueza de Todos*. Rio de Janeiro: Nova Fronteira, 2005. p. 177.

SIMONSEN, M. *Macroeconomia e teoria dos jogos*. Rio de Janeiro: FGV, 1993. Disponível em: <http://bibliotecadigital.fgv.br/ojs/index.php/rbe/article/viewFile/433/7535>.

SMITH, A. *A riqueza das nações*. São Paulo: Madras, 2009.

STIGLITZ, J. *Report by the Commission on the Measurement of Economic Performance and Social Progress* – Columbia University. Disponível em: <http://www.stiglitz-sen-fitoussi.fr/documents/rapport_anglais.pdf>.

TIEZZI, E. *Tempos históricos, tempos biológicos*. São Paulo: Nobel, 1988.

VEIGA, J. *Sustentabilidade, a legitimação de um novo valor*. São Paulo: Editora Senac, 2010.

VICTOR, M. *Capital Natural*. Botucatu: Fepaf, 2007.

WORLD COMMISSION ON ENVIRONMENT AND DEVELOPMENT, WCED. *Our common future:* report of the world commission an environment. Oxford: Oxford University Press, 1987.

Informação bibliográfica deste livro, conforme a NBR 6023:2002 da Associação Brasileira de Normas Técnicas (ABNT):

BOCUHY, Carlos A. H. Antropoceno, economia e sustentabilidade. In: YOSHIDA, Consuelo Y. Moromizato et al. (Coord.). *Finanças sustentáveis e a responsabilidade socioambiental das instituições financeiras*. Belo Horizonte: Fórum, 2017. p. 257-283. ISBN 978-85-450-0234-5.

RESPONSABILIDADE SOCIOAMBIENTAL DAS INSTITUIÇÕES FINANCEIRAS SOB A ÓTICA ECONÔMICA DAS REGRAS DE GOVERNANÇA SOCIOAMBIENTAL

HUMBERTO TAVARES DE MENESES

Introdução

A sociedade urbana industrial teve início no final do século XVIII, época a partir da qual se iniciou o intensivo uso de combustíveis fósseis e a exploração de matérias-primas da natureza em grande escala. Desde então o mundo vem mudando profundamente.

A utilização inadequada dos recursos naturais tem sido a face mais danosa dessas mudanças ao longo do tempo.

Como bem observa Lester R. Brown em seu elucidativo livro *Plano B 4.0: mobilização para salvar a civilização*,[1] por volta de 1950 a economia mundial vivia dentro de suas posses, consumindo apenas o montante sustentável. De lá para cá, a economia vem dobrando de tamanho. Multiplicou-se oito vezes, começou a superar o montante sustentável e passou a consumir a própria base de ativos.

Nesse processo alguns fatos se destacam. Hoje a população mundial gira em torno de 7 bilhões de pessoas e até o final deste século a estimativa é que saltaremos para 10 bilhões, consumindo recursos naturais mais rápido do que estes podem ser repostos e contribuindo para o aumento das emissões de carbono, principais responsáveis pelas mudanças climáticas, que aumentam numa escala insustentável.

É prioritário considerar neste contexto o problema da água, atualmente tão presente na vida de grandes cidades brasileiras como São Paulo e Rio de Janeiro, onde se

---

[1] LESTE, B. R. *Plano B 4.0:* mobilização para salvar a civilização, 2009. p. 36.

pensa sobre o assunto somente sob o ângulo da escassez de chuvas. A incompetência das autoridades governamentais para lidar com a questão denota uma visão incompleta, posto que as razões da falta de água não se limitam à ausência de chuvas.

Em verdade, trata-se de demanda muito mais complexa porque guarda íntima relação com a má utilização e a gestão inadequada dos meios de suporte natural da existência humana, o que já vem suscitando competição e, muito provavelmente, pode vir a provocar conflitos por água.

A escassez é uma realidade que não pode mais ser negligenciada. Assim, muitas das grandes cidades do mundo já começaram a competir por água com a agricultura. É o que se observa no caso das cidades de Colorado Springs e Aurora (subúrbio de Denver nos EUA), que já compraram direitos de água de um terço de todas as terras agrícolas locais.[2]

Portanto, o tema da água está intrinsecamente ligado à terra e à produção de alimentos, bem como à questão energética. Logo, segurança alimentar, erosão, desertificação e ausência de terras para produção de alimentos também estão na esteira dos desafios a serem enfrentados por todos nós.

Diante disso, é absolutamente imprescindível que estejamos atentos aos principais agentes dessas mudanças e aos impactos socioambientais que elas podem trazer. Para tanto, faz-se necessário ter em mente que a questão é paradoxal para a nossa sociedade.

Por um lado, sob a ótica do modelo econômico vigente, vivemos em uma sociedade de consumo.

O sistema que sustenta esse modelo é regido pela produção e consumo contínuos num binômio econômico que, até então, tem negado serem finitos os recursos naturais do planeta provedor. Um sistema que ignora e negligencia uma constante da equação econômica, qual seja, a escassez, preocupação básica da Ciência Econômica e que está presente em qualquer sociedade, rica ou pobre.

Por outro lado, as evidências científicas têm demonstrado reiteradamente que a forma como utilizamos os recursos naturais não se sustenta e pode nos levar a um colapso.

Ao olharmos para a temática, é imperioso constatar que estamos diante de mudanças muito profundas, que impõem à humanidade repensar seu estilo de vida e a maneira como faz negócios, o chamado *business as usual*.

A mudança de pensamento deve levar em conta que tais questões não são somente questões socioambientais, mas também éticas, econômicas, políticas e legais.

É preciso enfrentá-las de forma abrangente, aculturando a sociedade civil, os agentes econômicos, os políticos e o sistema legal sobre a sustentabilidade ecológica e social, para aprimorarmos o conceito de sustentabilidade de modo a permitir que esses agentes possam torná-lo, ao mesmo tempo, dentro das suas esferas de competência, uma medida de valor essencial e um plano de ação capaz de oferecer soluções aos impactos sociais e ambientais provocados pelo estilo de vida consumista ora predominante.

---

[2] BUNCH, J. Water projects forecast to fall short of needs: study predicts 10% deficit in state, *Denver Post*, 22 jul. 2004.

16.1 Análise econômica da questão socioambiental

Em termos etimológicos, "economia" vem do grego *oikos* (casa) e *nomos* (norma, lei), de forma que a palavra *oikonomia* significa "administração de uma unidade habitacional (casa)", podendo também ser entendida como "administração da coisa pública" ou do Estado.[3]

O termo economia comporta muitas definições por estar mais próximo da palavra que é uma das razões de sua existência: escassez. A definição de Stonier e Hague parece ser a mais apropriada:

> Não houvesse escassez nem necessidade de repartir os bens entre os homens, não existiria tão pouco sistemas econômicos nem Economia. A Economia é, fundamentalmente, o estudo da escassez e dos problemas dela decorrentes.[4]

Tendo como referência as ilimitadas necessidades humanas e a escassez de recursos para satisfazê-las, a Ciência Econômica estará sempre ligada à necessidade de escolhas.

16.1.1 O que e quanto produzir? Como e para quem produzir?

Dadas tais premissas, no que se refere à variável socioambiental o ponto de partida está em saber o custo financeiro da degradação ambiental e social nas transações comerciais, bem como criar mecanismos para que estes sejam retratados nos balanços das companhias.

Essa precificação é uma das condições precedentes essenciais para que o modelo econômico vigente seja mudado.

A variável socioambiental é um custo implícito que deve ser incorporado à equação econômica: *lucro econômico = receita total – (custos explícitos – custos implícitos)*.

A mobilização nesse sentido é um trabalho prioritário que demanda compromisso e engajamento de todos os segmentos da sociedade.

As autoridades governamentais têm papel preponderante nesse objetivo e precisam assumir o papel que lhes cabe no trabalho.

Uma ação imediata e eficaz seria a reestruturação dos programas de subsídios às atividades que contribuem para a degradação ambiental evidenciada pelo desmatamento, queima de combustíveis fósseis, inadequada utilização de recursos hídricos, entre outros.

É sabido que 700 bilhões de dólares são gastos a cada ano pelos contribuintes em todo o mundo para subsidiar atividades que degradam o meio ambiente.[5]

Esse tipo de política é equivocado. Não é mais aceitável a adoção de políticas governamentais que contribuam para a destruição do meio ambiente.

Negligenciar sua obrigação como representantes da sociedade civil para criar os meios para a transição viável do modelo econômico de busca insaciável de consumo para uma nova economia que proteja e perpetue os ativos ecológicos dos quais nosso futuro depende é um ato irresponsável das autoridades governamentais que pode pôr em risco os resultados em longo prazo.

---

[3] MARTINS, P. C. R.; OTTO, N. *Princípios de economia*. 5. ed. rev. São Paulo: Thomson Learning, 2006. p. 5.
[4] STONIER, A. W.; HAGUE, D. C. *Teoria econômica*. Rio de Janeiro: Zahar, 1971.
[5] MOOR, E.; CALAMAI, P. *Subsidizing unsustainable development*. San José: Earth Council, 1997.

Resultados em longo prazo são, por concepção, o propósito das empresas e, quando sustentáveis, dada a nova ordem vigente, dão a medida de sua perpetuação no mercado.

Consequentemente, são necessárias políticas governamentais nos campos fiscal, econômico e social que deem sustentação à chamada Economia Verde.

Implementar políticas eficientes voltadas para tal fim é hoje o desafio a ser assumido pelas autoridades públicas. Essas políticas devem ser a nova ordem da base estrutural que servirá como pilar de viabilidade para que os entes privados construam um novo modelo econômico.

Outro personagem capaz de contribuir para o equilíbrio de poder e substancialmente influenciar a sustentabilidade é o mercado financeiro. Isso porque, além da demanda socioambiental constituir um desafio a ser enfrentado para alcançar-se um meio ambiente e uma sociedade sustentáveis, é também uma demanda econômica, e como tal se torna relevante para a equação risco e retorno financeiro.

Feita essa constatação, faz-se necessário indagar se as atuais regras de investimento contemplam em sua matriz de risco todas as variáveis necessárias a permitir uma decisão de investimento adequada para os objetivos futuros.

No procedimento contemporâneo, as instituições financeiras e os investidores, para decidirem pela concessão de crédito ou de investimento, observavam dados financeiros, tais como fluxo de caixa, grau de endividamento, volume de vendas, participação no mercado, etc. Até então essas premissas atendiam à equação de risco-retorno.

Ocorre que, com a nova ordem, tais premissas financeiras não são mais suficientes. A matriz de risco passou a carecer de aprimoramento; precisará ser complementada com um novo componente que reflita a variável do risco socioambiental.

Esse novo componente passa a agregar à matriz de risco padrões de desempenho, denominados ESG, por causa da sigla em inglês da expressão *environmental social governance*, que pode ser traduzida como governança socioambiental e corporativa.

Partindo de uma referência histórica recente, com vistas a entender fatores de risco que contribuíram para a criação do conceito de ESG, a título exemplificativo, o caso da Exxon (para fins de risco) e o episódio da Comissão Cadbury (governança corporativa) são muitos representativos.

Em 24 de março de 1989, o petroleiro Exxon Valdez bateu contra um recife no Prince William Sound, Alasca. O derramamento de óleo alcançou 2.100 km da costa intocada, com 10,8 milhões de galões (41.000 m^3) de petróleo bruto.[6]

O custo ambiental do desastre e o custo financeiro da limpeza (e da ameaça de sanção pecuniária à Exxon) fizeram com que o mundo industrial repensasse suas definições de risco.

Em resposta direta ao desastre do Exxon Valdez, um grupo de grandes investidores institucionais norte-americanos se uniu para formar o grupo de pressão Ceres, em novembro de 1989. O grupo, agindo em parceria com grupos ambientalistas, passou a utilizar uma nova forma de pressão para sensibilizar as companhias, a saber, a influência vinda do seu poder de investimento para incentivar as empresas e os mercados de capitais a incorporar os desafios ambientais e sociais em suas tomadas de decisões do dia a dia. A coalizão Ceres hoje representa um dos grupos de investimento mais fortes

---

[6] *Exxon Valdez oil spill trustee council*. Disponível em: <http://www.evostc.state.ak.us>. Acesso em: 26 jun. 2014.

do mundo, com mais de 60 investidores institucionais nos EUA e na Europa, que fazem a gestão de mais de US$ 4 trilhões em ativos.[7]

No que tange ao aspecto da governança corporativa, uma contribuição significativa no caminho da regulamentação global voltada para ESG veio da Comissão Cadbury.

Em 1992, a London Stock Exchange e a Comissão de Relato Financeiro criaram a Comissão Cadbury para investigar uma série de falhas de governança que assolaram a cidade de Londres, como as falências de BCCI , Polly Peck, e Robert Maxwell's Mirror Group. As conclusões às quais a comissão chegou foram compiladas em 2003 no *Código Combinado de Governança Corporativa*, que tem sido amplamente aceito pelo mundo financeiro como um ponto de referência para boas práticas de governança. As recomendações do relatório foram utilizadas em diversos graus para estabelecer outros códigos, como o da União Europeia, o dos Estados Unidos, o do Banco Mundial, entre outros.[8]

Como resultado, percebe-se a importância da integração dos fatores de ESG na tomada de decisões corporativas e de investimento.

Empresas, agentes do mercado financeiro e reguladores estão agora diante de um fator de risco até então negligenciado e devem notar que é necessário adotar uma visão sistêmica de longo prazo que incorpore a relevância financeira dos fatores de ESG como parte da equação de risco-retorno.

Esses fatos serviram como referência para criar-se uma definição para ESG que pode ser entendida como "o compromisso permanente dos empresários de adotar um comportamento ético e contribuir para o desenvolvimento econômico, melhorando, simultaneamente, a qualidade de vida de seus empregados e de suas famílias, da comunidade local e da sociedade como um todo".[9] Pode ser entendida também como um sistema de gestão adotado por empresas públicas e privadas que tem por objetivo providenciar a inclusão social (responsabilidade social) e o cuidado ou conservação ambiental (responsabilidade ambiental). Em verdade, ESG é a medida da sustentabilidade.

Por todas essas razões, o investimento e a concessão de crédito sustentáveis devem incorporar ao seu processo de avaliação financeira os parâmetros do ESG para melhor mitigar os riscos de suas transações, bem como para minimizar prejuízos à sociedade e ao meio ambiente.

Tal procedimento permitirá prover capital a projetos e pessoas que o usarão com o objetivo direcionado para resultados produtivos e sustentáveis.

Diante de um cenário de transformação das métricas de avaliação dos mercados, as autoridades financeiras, cientes da necessidade de constante aprimoramento das regras e ferramentas de gestão de risco e da falta de clareza quanto à delimitação das responsabilidades imputáveis aos agentes do sistema financeiro, passaram a envidar esforços no sentido de construir uma regulação prudencial que contemple adequadamente o tema da responsabilidade socioambiental, assunto que trataremos na análise da questão regulatória.

---

[7] Ceres. Disponível em: <http://www.ceres.org>. Acesso em: 26 abr. 2015.
[8] *Comitê Cadbury sobre os aspectos financeiros da governança corporativa, de relatório com o Código de Melhores Práticas.* Londres: Gee Publishing, 1992.
[9] *ESG definition* – World Business Council for Sustainable Development (WBCSD). 1998.

16.2 Aspectos legais e regulatórios

16.2.1 A questão socioambiental sob a perspectiva do Direito Econômico

Nos dias atuais, é visível a dificuldade que o sistema jurídico encontra ao se deparar com a realidade contemporânea, de relações massificadas, instantâneas e fluidas, na qual a interação tempo-espaço parece ser cada vez mais instável e relativizada.[10]

Para enfrentar essa dificuldade – pela qual os fatos passados se perdem na velocidade das transformações contínuas –, o sistema jurídico deve vislumbrar o futuro.

Superar tal desafio implica libertar-se do paradigma positivista e criar um caminho para as normas baseadas em princípios que levam em conta valores como o estado das coisas a serem alcançados no futuro, trazendo novamente para o centro da discussão a razão prática na abordagem jurídica.

O Direito, se apresentado sob a ótica puramente legal e não avaliando adequadamente a complexidade e os males criados pela sociedade globalizada, corre o risco de negar as necessidades complexas da sociedade no presente, podendo vir a construir um futuro sem o necessário vínculo com o presente, o que, no limite, poderá produzir efeitos danosos, já que não compreendeu adequadamente os fenômenos que pretende regular.

Essas premissas tornam-se mais importantes na medida em que a variável do risco socioambiental, oriunda do modelo econômico, passou a ser um problema de escassez de recursos naturais essenciais ao suprimento das necessidades humanas, proporcionando uma ineficiente alocação de recursos no tempo.

Atentos a essas correlações, Morin e Kern sustentam que o problema ambiental é um exemplo paradigmático de complexidade, posto que envolve diversos agentes, em diversos âmbitos de atuação, com múltiplas relações de causa e efeito que se retroalimentam continuamente. Dessa forma, é razoável inferir que a busca por uma solução passa, em igual medida, por uma regulação que alcance diversos agentes, em diversos âmbitos não excludentes – como, por exemplo, regulando-se tanto a produção quanto o consumo, na medida das características e possibilidades de cada fenômeno.[11]

Assim, um tratamento normativo deve ser concebido mediante essa correlação e precisa acontecer gradativamente, influenciando a precificação dos riscos socioambientais, corrigindo distorções, tornando relativamente mais caros os bens de consumo mais degradantes, e mais baratos e competitivos aqueles ambientalmente sustentáveis, tudo para que o sistema econômico passe a responder aos incentivos de maneira salutar, no tempo e na forma oportunos.

Todavia, quer seja a regulação direta, quer seja por outros instrumentos jurídicos e econômicos, as políticas públicas hoje voltadas para a questão socioambiental regulam tão somente a produção, ignorando o consumo e o estilo de vida, razão pela qual não respondem adequadamente à complexidade da questão socioambiental.

Considerando que o sistema econômico – operando sobre o referencial risco-retorno – atua sobre a variável do risco socioambiental sem ater-se à necessidade de sustentabilidade, faz-se necessário repensar o arcabouço normativo de modo a torná-lo

---

[10] ROCHA, L. S. A construção do tempo pelo Direito. In: ROCHA, L. S.; LENIO, L. S. (Org.). *Anuário do Programa de Pós-Graduação em Direito*. São Leopoldo: Edições Portão, 2003. p. 313.

[11] MORIN, E.; KERN, A. *Terra pátria*. 3. ed. Porto Alegre: Sulina, 2002. p. 94.

apto a influenciar esse mesmo sistema a praticar padrões sustentáveis de consumo e produção.

Isso porque, nas palavras de Calixto Salomão,

[...] só um sistema legal apto a incorporar constantemente as transformações e valores econômicos fundamentais de uma sociedade pode levar adiante uma revolução constante e silenciosa, capaz de evitar outras, abruptas e sangrentas.[12]

Portanto, o sistema legal, para funcionar de maneira eficiente, precisará se ater à complexidade das questões econômicas que pretende regular.

16.2.2 A variável socioambiental no ambiente regulatório brasileiro

Consoante o disposto nos artigos 170, VI, e 225 da Constituição Federal, o Direito Ambiental é tido como um ramo independente do Direito, norteado pelos princípios do desenvolvimento sustentável, do poluidor-pagador e da prevenção.[13]

Sob a ótica da responsabilidade prevista na legislação ambiental, o princípio do poluidor-pagador merece especial atenção para o propósito deste trabalho, qual seja, a responsabilidade socioambiental a que estão sujeitas as instituições financeiras, visto que a lei ambiental poderá imputar responsabilidade objetiva a todo aquele que contribuir, direta ou indiretamente, para a degradação ambiental.

Nesse liame, a Lei nº 6.938/81, que regula a Política Nacional do Meio Ambiente traz, em seu artigo 3º, IV, a definição de poluidor: "a pessoa física ou jurídica, de direito público ou privado, responsável, direta ou indiretamente, por atividade causadora de degradação ambiental".[14]

O parágrafo 1º do art. 14 da aludida lei atribui responsabilidade a todo aquele que se enquadra na definição de poluidor, considerando-o obrigado, independentemente da existência de culpa, a indenizar ou reparar os danos causados ao meio ambiente e a terceiros afetados por sua atividade.

Importa ainda pontuar que o parágrafo único do art. 12 Lei nº 6.938/81, quando tratava da responsabilidade dos financiadores, suscitava dúvidas quanto àqueles que estariam sujeitos às suas penalidades, vez que atribuía deveres tão somente às entidades governamentais de financiamento, sem nada mencionar acerca das instituições privadas.

Com o advento da Lei nº 8.974/95, posteriormente revogada pela Lei nº 11.105/05, a questão passou a ser vista sob outra perspectiva, uma vez que, embora o escopo da referida lei fosse o tema da biossegurança, esta, em seu art. 2º, parágrafo 3º, regulou

---

[12] SALOMÃO FILHO, C. Direito como instrumento de transformação social e econômica. *Revista de Direito Público da Economia*, Belo Horizonte, ano 1, n. 1, p. 17.

[13] "Art. 170. A ordem econômica, fundada na valorização do trabalho humano e na livre iniciativa, tem por fim assegurar a todos existência digna, conforme os ditames da justiça social, observados os seguintes princípios: [...] Defesa do meio ambiente, inclusive mediante tratamento diferenciado conforme o impacto ambiental dos produtos e serviços e de seus processos de elaboração e prestação".
"Art. 225. Todos têm direito ao meio ambiente ecologicamente equilibrado, bem de uso comum do povo e essencial à sadia qualidade de vida, impondo-se ao Poder Público e à coletividade o dever de defendê-lo e preservá-lo para as presentes e futuras gerações".

[14] BRASIL. *Lei 6.938, de 31 de agosto de 1981*. Disponível em: <http://www.planalto.gov.br/ccivil_03/leis/l6938.htm>. Acesso em: 27 abr. 2015.

definitivamente a questão da responsabilidade solidária, que então passou a ser atribuída a financiadores públicos, privados, nacionais e estrangeiros que viessem a agir com negligência com relação à conformidade legal dos projetos de financiamento.

Fechando o ciclo do arcabouço legal de que trata o tema da responsabilidade ambiental, cabe mencionar a Lei nº 9.605/98 (Lei dos Crimes Ambientais), que em seu art. 2º dispõe que é responsável aquele que, "sabendo da conduta criminosa de outrem, deixa de impedir a sua prática, quando podia agir para evitá-la".[15]

Não obstante o disposto na legislação em comento, é recomendável cautela quanto à interpretação extensiva da responsabilidade objetiva, pois uma interpretação inadequada por parte dos operadores do Direito poderia trazer elevada insegurança jurídica, na medida em que pode penalizar o chamado poluidor indireto sem, contudo, endereçar em seu bojo a necessidade de mensuração correta do risco socioambiental, com propósito de viabilizar sua precificação, questão primordial para o mercado financeiro que trabalha com base na equação de risco-retorno.

Nas palavras de Milaré,

> O empreendedor é quem recolhe os benefícios de sua atividade. Logo, há de ser ele, preferencialmente, o indicado a suportar os riscos imanentes à referida atividade, cabendo-lhe, de consequência, o dever ressarcitório, pela simples verificação do nexo causal. Indiretamente, o próprio Estado que, através de órgão seu, tem o poder-dever de coarctar a danosidade ambiental. Não há que se cogitar a responsabilidade objetiva da empresa de consultoria ou dos profissionais que, por falha humana ou técnica, tenham colaborado no desencadeamento do evento danoso, mesmo porque isso implicaria em investigação de conduta culposa, circunstância que se não afeiçoa com fundamento na responsabilidade objetiva, que rege a matéria ambiental.[16]

Em verdade, há que se alcançar a adequada conscientização por parte dos operadores do Direito para o fato de que o problema ambiental é complexo, envolve diversos agentes, em diversos âmbitos de atuação, e com múltiplas relações de causa e efeito, razão pela qual a regulação que se propõe a tratar do tema precisará construir um arcabouço legislativo que alcance os variados agentes interdependes no âmbito do sistema econômico, a fim de se traduzir em soluções – e não em obstáculo – o enfrentamento da problemática.

O mercado financeiro, ciente de sua importância para a estabilidade monetária, bem como do seu potencial de gerar risco sistêmico por diversos fatores relacionados à sua atividade, vem adotando medidas efetivas com vistas a dar sua contribuição na transição para o desenvolvimento sustentável.

Os acordos de Basileia[17] (Basileia I, 1988; Basileia II, 2004; e Basileia III, 2010), que tratam das exigências mínimas de capital para as instituições financeiras fazerem frente aos riscos ligados as sua atividades, constituem uma das referências mais importantes

---

[15] BRASIL. Lei 9.605, de 12 de fevereiro de 1998. Disponível em: <http://www.planalto.gov.br/ccivil_03/leis/l9605.htm>. Acesso em: 03 maio 2015.

[16] MILARÉ, Édis. *Direito do Ambiente*. São Paulo: Revista dos Tribunais, 2000. p. 344.

[17] Acordos de Basileia (regulação internacional de caráter prudencial) – tratam de exigências mínimas de capital para instituições financeiras, de maneira a fazer frente aos riscos ligados às suas atividades. São institucionalizados globalmente pelo Comitê de Supervisão Bancária da Basileia (Basel Committee on Banking Supervision – BCBS), ligado ao Bank for International Settlements (BIS) e do qual participam representantes dos bancos centrais de

para a regulação ocorrida no sistema financeiro com o propósito de enfrentar os temas socioambientais.

Na esteira da regulação prudencial, o Banco Central do Brasil (BACEN) publicou a Circular nº 3.547/11 (Processo Interno de Avaliação de Adequação de Capital – ICAAP), que, tratando também da matéria socioambiental, passou a exigir que a instituição demonstre como considera o risco decorrente da exposição a danos socioambientais gerados por sua atividade.

Dentro desse mesmo propósito e buscando adotar uma atitude de vanguarda desde 1995, com a assinatura do Protocolo Verde pelos bancos públicos, e a adesão dos grandes bancos atuantes no mercado brasileiro (Bradesco, Santander, Banco do Brasil, CEF e Itaú Unibanco) aos Princípios do Equador, entre outros fatos relevantes, o sistema financeiro vem consolidando seu compromisso de transição para a chamada Economia Verde.

Com efeito, no processo de evolução regulatória, a publicação da Resolução nº 4.327/14 merece especial destaque. Trata-se de um marco singular no processo regulatório, uma vez que, na qualidade de norma aberta cunhada com base nos princípios de relevância (grau de exposição de risco) e proporcionalidade (natureza da instituição e complexidade de suas atividades e serviços financeiros), impõe, às instituições financeiras e demais instituições autorizadas a funcionar pelo BACEN, a adoção de práticas de governança socioambiental em perfeita harmonia com as mais elevadas diretrizes de ESG.

Seu alcance é abrangente, pois permite a cada instituição estabelecer suas próprias diretrizes para fins de criar uma política de responsabilidade socioambiental eficiente, integrada com suas regras de governança e seu planejamento estratégico.

Além disso, induz ao aprimoramento da matriz de risco, à medida que considera o risco socioambiental como um componente das diversas modalidades de risco, bem como induz o monitoramento de perdas e estabelece a necessidade de um plano de ação capaz de viabilizar a implementação da política de responsabilidade socioambiental.

O sucesso para implementação das diretrizes contidas na referida Resolução nº 4.327/14 pressupõe a assunção de responsabilidade pela alta administração das instituições financeiras, que, por sua vez, deve criar as condições necessárias para a adesão e o comprometimento de todos os empregados, bem como para o envolvimento de clientes, partes relacionadas e comunidade.

O desafio das instituições financeiras de efetivar toda uma mudança de conceitos e procedimentos voltados para assimilar em suas práticas a incorporação da variável socioambiental exige engajamento pleno.

Com o propósito de dar efetividade ao processo de implementação das diretrizes, e de modo a evidenciar sua diligência nesse sentido, em 28 de agosto de 2014 foi publicado o Sistema de Autorregulação Bancária (SARB) da Federação Brasileira de Bancos (FEBRABAN).

Por meio desse normativo foram definidos os patamares mínimos de procedimentos e práticas que, norteados pelas premissas contidas na Resolução 4.327/14,

---

diversos países industrializados e em processo de industrialização, incluindo Brasil, Rússia, Índia e China. No Brasil, os acordos da Basileia são implementados pelo Conselho Monetário Nacional e BACEN com regulação específica e deram início ao processo normativo no sistema financeiro global.

passarão a ser adotados pelas instituições financeiras para implementar as práticas de avaliação e gestão de risco socioambientais nos seus negócios e na relação com as partes interessadas, bem como para evitar disparidade na concorrência.

O SARB se propõe a instrumentalizar os procedimentos para análise de risco socioambiental nas atividades das instituições financeiras, servindo, consequentemente, como parâmetro para as fiscalizações do BACEN e, na medida em que evidencia diligência no tratamento das demandas socioambientais, também podendo prestar-se a elemento de defesa nas demandas judiciais.

O SARB indica em seus artigos 7º e 9º a necessidade de especificidade no que se refere à metodologia a ser adotada para análise da variável socioambiental, impondo a criação de sistemas e/ou métodos capazes de identificar previamente as atividades ou operações que requeiram tratamento daquela variável.

No que tange aos aspectos formais, a necessidade de verificação de conformidade do *compliance* legal é indicada independentemente da classificação de risco, no que se refere à biossegurança, consoante as disposições da Lei nº 11.105/05 e Decreto nº 5.591/05.

O capítulo de gerenciamento de risco prevê a necessidade de reavaliação de todos os contratos que estejam sujeitos à análise de risco socioambiental, indicando as mínimas obrigações que deverão ser observadas pelos tomadores para permitir a contratação das operações.

Regula, apropriadamente e de maneira individualizada, a fim de respeitar peculiaridades, as hipóteses de participações empresariais, indicando cautelas prévias quanto ao grau de aderência às políticas socioambientais por parte das empresas investidas.

Regula critérios de avaliação do financiamento de projetos consoante setor econômico, localização geográfica e qualidade da gestão ambiental, impondo especial rigor de conformidade quanto ao tratamento do risco ambiental.

Com salutar precaução regula o gerenciamento de eventuais impactos que possam vir a ser causados pelas próprias atividades das instituições signatárias e, como não poderia deixar de ser, prevê, com especial acuidade, o tratamento a ser dado às garantias imobiliárias, potencial foco de risco socioambiental das contratações das operações bancárias.

Como pode ser notado, o BACEN se empenhou em elaborar um arcabouço regulatório socioambiental consistente, e o sistema financeiro busca agora responder positivamente a tal demanda.

Hoje as instituições financeiras estão trabalhando comprometidamente para estar em conformidade com as disposições da Resolução nº 4.327/14 e com o SARB.

O trabalho de aculturamento de todos tem se revelado um dos maiores desafios a ser vencido. Por toda parte, nas mais diversas áreas dentro das instituições, está acontecendo um enorme trabalho de avaliação de procedimentos, criação de sistemas, revisão de metodologias, treinamento de pessoas e envolvimento de partes interessadas para criação da política de responsabilidade socioambiental.

Muitas equipes interdisciplinares estão engajadas em colocar em prática um plano de ação para implementar essa política. Já há toda uma estratégia em andamento, em muito já efetivada, para fazer com que fornecedores e colaboradores se comprometam com a governança socioambiental implementada pelas instituições financeiras.

Diversos são os meios que estão sendo pensados pelas instituições para fazer com que seus clientes passem a aderir, sem conflitos, às novas práticas de responsabilidade socioambiental de seus bancos, originadas com o advento da Resolução nº 4.327/14.

Equipes estratégicas estão trabalhando na identificação de novas oportunidades de negócios advindas com a transição para a economia verde.

Linhas de crédito especiais para negócios sustentáveis – como, por exemplo, o setor de energias renováveis – foram criadas ou incrementadas. Como se vê, há um grande engajamento do sistema financeiro na agenda de transição para a economia verde.

Esse engajamento ocorre porque as instituições estão cientes de que o alto grau de diligências previsto na regulamentação por certo aprimora seus protocolos, e seus sistemas de governança corporativa e de gerenciamento de risco.

Portanto, trata-se de uma vantagem competitiva que em muito pode contribuir nos processos de decisão para identificar novos negócios sustentáveis.

Sabendo que o sistema financeiro no seu papel de intermediador entre poupadores e investidores tem grande influência no mercado, a adoção de práticas sustentáveis nos seus negócios certamente contribuirá para avanços no setor produtivo e na sociedade em geral, e incentivará, sobremaneira, a inovação peça-chave na efetiva mudança para um mundo sustentável.

Conclusão

A variável socioambiental é agora uma constante a ser enfrentada. Os modelos de análise deste tema têm se mostrado insuficientes para atender à demanda proveniente das graves consequências que a degradação ambiental tem provocado no planeta e a todos nós que nele habitamos.

Está em andamento uma ampla mobilização no sentido de encontrar os melhores caminhos rumo à transição para uma sociedade sustentável. Esse caminho passa obrigatoriamente por um sistema econômico que seja capaz de, via sua sensível capilaridade globalizada, entender e fazer entender a premente necessidade de mudança dos conceitos necessários a construir um novo padrão econômico no qual a sustentabilidade seja, por concepção, a finalidade da atividade econômica, o valor de referência do lucro, vindo da decisão econômico-financeira mais adequada. Decisão esta que, por base, deve contar com um processo decisório cujas ferramentas de análise risco-retorno tenham sido as mais aptas tecnicamente a classificar e traduzir, em apropriado exame crítico, os riscos da variável socioambiental, para com isso melhor identificar as oportunidades de negócios.

O sistema financeiro é chave nesse processo e tem trabalhado com compromisso para esse objetivo. Evidência dessa afirmação pode ser constatada na ampla mudança de paradigmas das atividades financeiras, em curso neste momento por ocasião da publicação da Resolução nº 4.327/14 e do SARB. As instituições estão cientes de sua responsabilidade e de quão sensível é o impacto da questão socioambiental para o seu negócio caso esta não seja tratada com a diligência que a prática bancária exige. Contudo, há que se compreender que sua responsabilidade não é ilimitada. As autoridades políticas e legislativas precisam estar cientes disso para evitar distorções e desvios no propósito de transição para uma economia sustentável. Somente um trabalho bem orquestrado pelas autoridades governamentais será capaz de conduzir de maneira apropriada essa transição, aculturando a sociedade, estimulando a inovação nos meios de produção e avalizando as práticas de consumo sustentável, bem como induzindo o sistema financeiro, por critérios normativos adequados, a investir e a dar suporte creditício à economia verde, a fim de que, no que tange ao binômio jurídico-econômico, os atores destes possam dar sua contribuição quanto ao legado mais valioso da humanidade, e que temos o dever de deixar para as gerações futuras.

Referências

BRASIL. Banco Central do Brasil. Disponível em: <http://www.bcb.gov.br/pt-br/paginas/default.aspx>. Acesso em: 27 abr. 2015.

BRASIL. *Constituição da República Federativa do Brasil de 1988*. Disponível em: <http://www.planalto.gov.br/ccivil_03/constituicao/constituicaocompilado.htm>. Acesso em: 27 abr. 2015.

BRASIL. *Lei 6.938, de 31 de agosto de 1981*. Disponível em: <http://www.planalto.gov.br/ccivil_03/leis/l6938.htm>. Acesso em: 27 abr. 2015.

BRASIL. *Lei 9.605, de 12 de fevereiro de 1998*. Disponível em: <http://www.planalto.gov.br/ccivil_03/leis/l9605.htm>. Acesso em: 03 maio 2015.

BUNCH, J. Water projects forecast to fall short of needs: study predicts 10% deficit in state. *Denver Post*, 22 jul. 2004.

CERES. Disponível em: <www.ceres.org>. Acesso em: 26 abr. 2015.

COMITÊ Cadbury sobre os aspectos financeiros da governança corporativa, de relatório com o Código de Melhores Práticas. Londres: Gee Publishing, 1992.

ESG definition: World Business Council for Sustainable Development (WBCSD). 1998.

EXXON Valdez Oil Spill Trustee Council. Disponível em: <http://www.evostc.state.ak.us>. Acesso em: 26 jun. 2014.

FEBRABAN. Disponível em :< http://www.febraban.org.br/>. Acesso em: 27 abr. 2015.

LESTE, B. R. *Plano B 4.0:* mobilização para salvar a civilização. [S. l.]: New Content/Ideia Sustentável, 2009. p. 36.

MARTINS, P. C. R.; OTTO, N. *Princípios de Economia*. 5. ed. rev. São Paulo: Thomson Learning, 2006. p. 5.

MILARÉ, Édis. *Direito do Ambiente*. São Paulo: Revista dos Tribunais, 2000. p. 344.

MOOR, E.; CALAMAI, P. *Subsidizing unsustainable development*. San José: Earth Council, 1997.

MORIN, E.; KERN, A. *Terra pátria*. 3. ed. Porto Alegre: Sulina, 2002. p. 94.

ROCHA, L. S. A. Construção do tempo pelo Direito. In: ROCHA, L. S.; LENIO, L. S. (Org.). *Anuário do Programa de Pós-Graduação em Direito*. São Leopoldo: Edições Portão, 2003. p. 313.

SALOMÃO FILHO, C. Direito como instrumento de transformação social e econômica. *Revista de Direito Público da Economia*, Belo Horizonte, ano 1, n. 1, p. 17.

STONIER, A. W.; HAGUE, D. C. *Teoria econômica*. Rio de Janeiro: Zahar, 1971.

Informação bibliográfica deste livro, conforme a NBR 6023:2002 da Associação Brasileira de Normas Técnicas (ABNT):

MENESES, Humberto Tavares de. Responsabilidade socioambiental das instituições financeiras sob a ótica econômica das regras de governança socioambiental. In: YOSHIDA, Consuelo Y. Moromizato et al. (Coord.). *Finanças sustentáveis e a responsabilidade socioambiental das instituições financeiras*. Belo Horizonte: Fórum, 2017. p. 285-296. ISBN 978-85-450-0234-5.

PARTE IV

EXPERIÊNCIA INTERNACIONAL: O COMBATE ÀS MUDANÇAS CLIMÁTICAS

ATUAÇÃO DA DEFENSORIA PÚBLICA NA PROMOÇÃO DO ACESSO DE POPULAÇÕES VULNERÁVEIS AO MECANISMO INDEPENDENTE DE CONSULTA E INVESTIGAÇÃO EM PROJETOS FINANCIADOS PELO BANCO INTERAMERICANO DE DESENVOLVIMENTO[1]

JAIRO SALVADOR DE SOUZA
DAVI QUINTANILHA FAILDE DE AZEVEDO

17.1 Introdução

A Defensoria Pública, por meio de sua unidade situada em São José dos Campos, tem prestado, desde 2010, o assessoramento jurídico das populações vulneráveis, afetadas por políticas públicas financiadas por organismos financeiros internacionais, tais como o Banco Interamericano de Desenvolvimento (BID) e o Banco Mundial, promovendo o acesso direto dessas populações aos órgãos responsáveis por tais empreendimentos, bem como aos mecanismos de consulta e controle existentes nessas instituições, os quais realizam a verificação da observância das normas operacionais de tais órgãos de fomento.[2]

O presente ensaio volta-se a analisar brevemente, de maneira mais específica, a representação junto ao Mecanismo Independente de Consulta e Investigação relativa ao Programa de Estruturação Urbana (BR – L1160), o qual contou com aporte financeiro do Banco Interamericano de Desenvolvimento (BID) e provocou impactos econômicos e sociais extremamente negativos à população local do Jardim Nova Esperança (Comunidade Banhado).

---

[1] Este artigo conta com excertos da dissertação de mestrado intitulada O papel da Defensoria Pública no controle das políticas públicas relacionadas aos Direitos Fundamentais Sociais, à Cidade e à Moradia Digna: o caso BID-HABITAR. Apresentada na Faculdade de Direito da Unisal/Lorena por Jairo Salvador de Souza.
[2] Esta prática foi agraciada com menção honrosa em 2014 na XI Edição do Prêmio Innovare.

17.2 O Banco Interamericano de Desenvolvimento

O Banco Interamericano de Desenvolvimento (BID) é o mais antigo e maior banco regional de desenvolvimento do mundo. Foi fundado em 1959 e é a agência financiadora mais importante para projetos de desenvolvimento econômico, social e institucional na América Latina e Caribe. A criação do banco na década de 1950 teve grande ênfase na necessidade de um banco regional de desenvolvimento que desse suporte ao setor privado na área da agricultura e indústria. Defendia-se a necessidade de balanceamento entre o setor diretamente produtivo e a infraestrutura necessária nos países em desenvolvimento (TUSSIE, 1995, p. 17).

O Convênio Constitutivo do BID (Promulgado pelo Decreto nº 73.131, de 9 de novembro de 1973) previa que o banco deveria cooperar com os países membros para que estes orientassem suas políticas de desenvolvimento voltando-as para uma melhor utilização de seus próprios recursos (artigo I, seção 2.a.iv). Tal aspecto de suas obrigações trouxe ao BID, dentre outras, a responsabilidade de estabelecer e dar suporte a instituições de planejamento, prover assistência na preparação de projetos, criar ou fortalecer instituições capazes de executar projetos, treinar especialistas, avaliar e melhorar a implementação de projetos (TUSSIE, 1995, p. 19).

Dentre os projetos financiados pelo BID, o Programa de Estruturação Urbana harmonizava-se à estratégia de atuação do banco, enquadrando-se, por sua natureza, na categoria de empréstimos classificados como *Poverty Targeted Investment*, destinados a cumprir o objetivo de acelerar a redução da pobreza na América Latina e no Caribe, para atingir as metas do milênio estabelecidas pelas Nações Unidas (*UN Millennium Development Goals*),[3] em especial a de redução pela metade do número de pessoas vivendo em extrema pobreza até 2015, comparado com os dados do ano de 1990.

Sörensen, em análise sobre as estratégias do Banco Interamericano de Desenvolvimento, nas décadas de 1980 e 1990, para redução da pobreza na América Latina, aponta a prevalência, nessas políticas, da lógica do mercado, na qual a redução das desigualdades, e, consequentemente, da pobreza extrema, seria atingida por meio do desenvolvimento econômico:

> Como refletido na abordagem do Banco para a redução da pobreza, sua estratégia é baseada na noção de que o remédio para reduzi-la é ajudar os pobres a encontrar o seu próprio caminho para sair da pobreza. Para tornar isso possível, o Banco sugere que mais postos de trabalho sejam criados para os pobres, resultando em aumento de produtividade e do poder aquisitivo. O papel que o governo desempenha nesta seara é o de formular políticas que estimulem o setor privado a criar empregos mais bem remunerados para os pobres. O Banco também sugere que além de fornecer uma rede assistencial de proteção mínima para os menos afortunados, [o governo] pode fornecer diretamente muitas das prestações materiais que atenderiam às necessidades básicas que definem um padrão mínimo de vida. Assim, o governo até exerce um papel, entretanto, como assinalado na estratégia, tal papel é mínimo (SÖRENSEN, 2008) (livre tradução).

---

[3] De acordo com o último relatório das Nações Unidas, a meta de redução pela metade da extrema pobreza já foi alcançada. *The Millennium Development Goals Report, 2014*. Disponível em: <http://www.un.org/millenniumgoals/2014%20MDG%20report/MDG%202014%20English%20web.pdf>.

Ocorre, todavia, que o simples fomento ao crescimento econômico não produz automaticamente a redução das desigualdades e da pobreza, servindo, no mais das vezes, para agudizar o processo de geração de desigualdades.

É assim que, em revisão a tal estratégia, o Banco Interamericano de Desenvolvimento promoveu, em 2003, uma mudança de foco no enfrentamento da pobreza, adotando uma nova estratégia, assim sintetizada:

> Esta estratégia reconhece a importância de atividades para promover e apoiar políticas e programas que levem ao crescimento econômico sustentável e à estabilidade macroeconômica, como condições necessárias para a redução da pobreza e da desigualdade. No entanto, ela também considera que o crescimento econômico não é suficiente e que são necessárias e decisivas ações complementares específicas. Portanto, o Banco irá promover e apoiar o desenvolvimento de estratégias globais de redução da pobreza nos países-membros, assegurando que os esforços de redução da pobreza nesses países sejam consistentes (IADB, 2003) (livre tradução).

A nova estratégia[4] propunha uma abordagem multidimensional da questão, que, embora não descartasse a primazia do mercado como força motriz para redução das desigualdades, considerava também a necessidade de concentração de esforços em outras áreas, para redução da pobreza extrema, tais como incentivo à competitividade, desenvolvimento social, modernização do Estado, governança democrática e apoio à integração regional:

> A estratégia adota uma visão multidimensional da pobreza, que compreende vários aspectos inter-relacionados de bem-estar e reconhece que o avanço em várias frentes é necessário para superá-la. Para reduzir a pobreza, além de um crescimento econômico sustentável, da estabilidade macroeconômica e da governança democrática, outras atividades também são necessárias, tais como: criação de oportunidades produtivas para as populações pobres e para os excluídos; proporcionar melhor acesso à infraestrutura física e social; enfrentar as desigualdades estruturais na distribuição de ativos (particularmente na área da educação); [...] As prioridades de ação do Banco para reduzir a pobreza e promover a igualdade social são: (i) a promoção de políticas e programas para o crescimento econômico sustentável, tendo a estabilidade macroeconômica como um pré-requisito necessário para a redução da pobreza e da desigualdade (questões abordadas na Estratégia de Desenvolvimento Econômico Sustentável); (ii) apoio às estratégias abrangentes de redução da pobreza que promovam a consistência dos vários esforços. A estratégia também irá apoiar iniciativas destinadas a reduzir a pobreza e aumentar a equidade através de quatro áreas prioritárias do Banco, promovendo: (iii) a inclusão produtiva dos pobres por meio de investimentos em competitividade; (iv) inclusão produtiva, melhorando o acesso aos mercados regionais através da integração regional; (v) iniciativas para promover o desenvolvimento humano e a inclusão social por meio de atividades de Desenvolvimento Social; e (vi) atividades para promover a governança democrática, o desenvolvimento do capital social e inclusão política dos pobres através da modernização do Estado. O Banco também ajudará os países a (vii) fortalecer os sistemas de proteção social multissetoriais para reduzir a vulnerabilidade

---

[4] Nova revisão das estratégias do BID foi produzida em 2010, sintetizada no documento intitulado *Report on the ninth general increase in the resources of the Inter-American Development Bank*. Disponível em: <http://publications.iadb.org/bitstream/handle/11319/2201/REPORT%20ON%20THE%20NINTH%20GENERAL%20INCREASE%20IN%20THE%20RESOURCES%20OF%20THE%20INTERAMERICAN%20DEVELOPMENT%20BANK.pdf?sequence=1>.

dos pobres. A relação de causa e efeito entre a pobreza e o ambiente é levada em conta em todas essas atividades; os fatores ambientais que afetam diretamente a qualidade de vida dos pobres em áreas rurais e urbanas serão considerados (IADB, 2003) (livre tradução).

Além das estratégias de atuação, o Banco Interamericano de Desenvolvimento, assim como as demais instituições de fomento internacionais, possui políticas operacionais que guiam e disciplinam a intervenção do banco no fomento ao modelo de desenvolvimento que propõe financiar.

17.2.1 As políticas operacionais do Banco Interamericano de Desenvolvimento

As políticas operacionais do Banco Interamericano de Desenvolvimento constituem diretrizes que devem ser observadas na utilização dos recursos destinados aos projetos financiados pelo banco.

Ao mesmo tempo, constituem salvaguardas aos potenciais atingidos pelas políticas públicas, programas e projetos fomentados pelo BID. Segundo delimitação conceitual apresentada pela própria instituição financeira, políticas operacionais seriam:

> (...) aquelas disposições gerais destinadas a regular a assistência que o Banco oferece aos seus mutuários, definir estratégias de desenvolvimento e fornecer orientações de alto nível para a tomada de decisões operacionais. Dependendo da sua natureza, estas são agrupadas em:
> POLÍTICAS OPERACIONAIS GERAIS são aquelas que regulam os termos e condições comuns a todas as atividades operacionais do Banco.
> POLÍTICAS OPERACIONAIS FINANCEIRAS são aquelas que estabelecem as fontes de financiamento para os empréstimos, finalidade e aplicação de cada um dos fundos existentes e seus termos correspondentes e condições para as operações.
> POLÍTICAS OPERACIONAIS SETORIAIS são aquelas que contribuem para o desenvolvimento de um setor específico da atividade econômica e oferecem um marco estratégico para a programação de suas operações em nível nacional e regional.
> POLÍTICAS OPERACIONAIS MULTISSETORIAIS são aquelas que contribuem para o desenvolvimento de diversos setores da economia e são aplicáveis a vários campos da atividade econômica.
> DOCUMENTO DE POLÍTICA é o relatório preparado durante a fase de elaboração de uma política que se submete a diferentes órgãos da instituição, para aprovação e autorização (BID, 2014) (livre tradução).

Segue, na tabela 1, um resumo das políticas operacionais setoriais, multissetoriais e dos documentos de política do Banco Interamericano de Desenvolvimento.

Embora a análise do Programa de Estruturação Urbana possa atrair a aplicação de diversas políticas operacionais do BID, serão analisadas as políticas números 703 (Meio Ambiente e Observância de Salvaguardas), 710 (Reassentamento Involuntário) e 761 (Igualdade de Gênero no Desenvolvimento) relacionadas mais diretamente aos casos em que houve atuação da Defensoria Pública.

Tabela 1 – Políticas Operacionais do Banco Interamericano de Desenvolvimento

Política multissetorial	Setores infraestrutura social
701 Pré-investimento	741 População
702 Financiamento exportação inter-regional de bens e serviços	742 Saúde pública
702-1 Exportação e financiamento através do Fundo Fiduciário Venezuela	742-1 Apêndice 1 Saúde Pública
703 Meio ambiente e observância de salvaguardas	744 Ciência e tecnologia
704 Gestão de riscos de desastres naturais	745 Saneamento ambiental
705 Uso de tecnologia intermediária ou de menor intensidade de capital	746 Nutrição
706 Programa de empreendedorismo social	**Políticas para as áreas especiais**
707 Manutenção e conservação de obras físicas e equipamentos	761 Igualdade de gênero no desenvolvimento
708 Serviços de utilidade pública	765 Povos Indígenas
710 Reassentamento involuntário	**Documentos setoriais marcos**
711 Tecnologias na era da informática e o desenvolvimento	1007-3 Educação e desenvolvimento na primeira infância
Setores produtivos	1009-3 Agricultura e a gestão de recursos naturais
721 Setor agrícola	1020-5 Integração e comércio
722 Desenvolvimento industrial	1057-3 Habitação e desenvolvimento urbano
726 Turismo	1081-3 Saúde e nutrição
Setores de infraestrutura econômica	1109-4 Trabalho
732 Telecomunicações	1117-3 Transporte
733 Energia	1180-4 Apoio às pequenas e médias empresas e acesso à supervisão financeira
733-1 Energia elétrica	1201-4 Segurança pública e justiça

17.2.1.1 Política operacional 703 – meio ambiente e observância de salvaguardas

A política operacional 703 volta-se para assegurar a qualidade ambiental das operações do BID e prestar apoio aos projetos de meio ambiente na região, baseando-se nos princípios de desenvolvimento sustentável que levaram à elaboração da Declaração do Rio sobre o Meio Ambiente de 1992. Tal área foi considerada prioritária, tanto que no Oitavo Aumento Geral de Recursos em 1994 foi declarado que o meio ambiente juntamente com a redução da pobreza e o desenvolvimento social seriam áreas prioritárias, ensejando a criação de mandatos específicos com disposições no seguinte sentido:

> (I) fortalecer quadros legais e normativos sobre o meio ambiente; (II) incentivar o fortalecimento das instituições ambientais; (III) melhorar a qualidade das operações ambientais financiadas pelo Banco; (IV) promover a conservação e o uso eficiente de energia em projetos do Banco; (V) melhorar o ambiente urbano; (VI) fomentar a gestão sustentável dos recursos naturais, especialmente no que diz respeito a práticas ambientalmente sustentáveis na gestão dos recursos hídricos, aproveitamento de florestas, biodiversidade, recursos marinhos e agricultura; (VII) abordar temas de transparência e acesso à informação ambiental e de consulta com as partes interessadas; (VIII) assegurar o controle de qualidade e a realização de avaliações de impacto ambiental (EIA); e (IX) promover a educação capacitação ambiental (BID, 2006).

Em 2003, o Diretor Executivo do banco respaldou uma nova estratégia em relação ao meio ambiente, definindo-o como um componente transversal e integral do desenvolvimento econômico e social sustentável. Para tanto, a estratégia de meio ambiente do banco foi desenvolvida para apoiar os dois objetivos fundamentais da instituição: lograr o crescimento econômico sustentável e reduzir a pobreza e a desigualdade (BID, 2006). Entre os objetivos da política destacam-se:

> (I) melhorar a geração de benefícios para o desenvolvimento dos países membros a longo prazo, por meio de resultados e metas de sustentabilidade ambiental em todas as operações e atividades do Banco com o reforço das capacidades de gestão ambiental dos países membros mutuários, (II) assegurar que todas as operações e atividades do Banco sejam ambientalmente sustentáveis, conforme estabelecido pelas diretrizes estabelecidas na Política, e (III) incentivar a responsabilidade ambiental corporativa dentro do próprio Banco. O Banco procurará alcançar estes objetivos específicos, tomando medidas que dizem respeito a questões ambientais transversalmente em relação ao desenvolvimento social e econômico e também por intermédio da aplicação de medidas de salvaguardas ambientais em todas as atividades feitas pelo Banco (BID 2006).

As diretrizes da política são estruturadas em duas categorias principais: a) integração/transversalidade da dimensão ambiental (*mainstreaming*), voltadas às atividades de programação do banco e ao setor público e; b) as salvaguardas ambientais (*safeguarding*), direcionadas tanto a operações do setor público como do privado. Vale ressaltar que ambas as diretrizes são consideradas complementares e que se reforçam mutuamente (BID, 2006).

A transversalidade do meio ambiente, entendida como abordagem dos temas ambientais como elementos integrantes do desenvolvimento econômico e social, implica o fortalecimento do enfoque do país em abordar estrategicamente os desafios ambientais em seus programas por meio de ações que: a) melhorem o desenvolvimento social e a qualidade de vida em geral, reconhecendo que o manejo de recursos naturais é fonte de trabalho e de melhores condições de saúde e vida em geral, especialmente para os mais pobres; b) fortaleçam os marcos de gestão ambiental e garantam transparência, participação da sociedade civil, desenvolvimento de políticas e capacidades das instituições; c) melhorem a competitividade dos países em promover a competição ambiental, incrementando o valor dos bens e serviços ambientais, facilitando a participação da iniciativa privada; d) impulsionem a integração regional pelo apoio à formação de capacidade de caráter regional de proteção e administração de bens e serviços ambientais (BID, 2006).

O banco lista as seguintes diretrizes em matéria de transversalidade: A.1) transversalidade ambiental na programação e estratégias do país; A.2) apoio dirigido ao financiamento de operações de gestão ambiental e de manejo de recursos naturais; A.3) transversalidade ambiental em diferentes setores; A.4) apoio a iniciativas regionais e convênios internacionais; A.5) seguimento de indicadores de sustentabilidade ambiental; A.6) avaliação preventiva de riscos e oportunidades; A.7) responsabilidade ambiental corporativa (BID, 2006).

Em relação às salvaguardas, estas regem todo o ciclo do projeto, com o propósito de assegurar a viabilidade ambiental das operações financiadas pelo banco, adotando-se um enfoque precautelar frente aos impactos ambientais negativos. Quando inevitáveis, há exigência de medidas de mitigação, compensação ou reposição.

Nesse sentido o banco lista as seguintes políticas e diretrizes de salvaguardas: B.1) financiamento apenas mediante cumprimento da própria política ambiental do banco; B.2) respeito à legislação e regulação nacional; B.3) pré-avaliação e classificação das operações financiadas pelo banco em categorias conforme seu impacto ambiental; B.4) identificação de outros fatores de risco e adoção de medidas negociadas com o executor do projeto; B.5) respeito às avaliações e estudos de impactos ambientais; B.6) consultas com as partes afetadas; B.7) supervisão e cumprimento pelo próprio banco; B.8) preocupação com impactos transfronteiriços; B.9) não apoio a projetos que danifiquem *habitats* naturais e locais de importância cultural; B.10) preocupação com o uso de materiais perigosos ao meio ambiente, saúde e segurança humana; B.11) prevenção e redução de contaminação; B.12) financiamento apenas de projetos em desenvolvimento que respeitem a política; B.13, 14 e 15) determinação de condições diferenciadas para empréstimos; B.16) observância das salvaguardas nacionais; B.17) restrição de que nos projetos financiados só seja possível a aquisição de bens ou serviços que respeitem a sustentabilidade ambiental e social (BID, 2006).

17.2.1.2 Política operacional 710 – reassentamento involuntário

A política operacional 710 do Banco Interamericano de Desenvolvimento é aplicável a todas as operações financiadas pelo banco, exceto aos planos de colonização, aos assentamentos de refugiados ou de vítimas de desastres naturais.

O objetivo anunciado desta política operacional é minimizar os impactos negativos na vida das pessoas que vivem na zona de influência do projeto/programa/política financiados pelo BID, "evitando ou diminuindo a necessidade de deslocamento físico, e assegurando que, em caso de ser necessário o deslocamento, as pessoas sejam tratadas de maneira equitativa e, quando seja factível, participem dos benefícios que oferece o projeto que impôs seu reassentamento" (BID, 1999) (livre tradução).

A política operacional preconiza a adoção de "todas as medidas possíveis para evitar ou reduzir ao mínimo a necessidade de reassentamento involuntário" (BID, 1999) (livre tradução), em consonância com o Direito Internacional dos Direitos Humanos, especialmente o conteúdo da 4ª Convenção de Genebra.

A diretriz traçada pelo banco exige do tomador de empréstimo – não importando se ente estatal ou empresa privada – que promova uma análise profunda das alternativas do projeto antes de optar pelo reassentamento, devendo ser ponderados fatores técnicos, econômicos e socioculturais, tais como "o valor cultural ou religioso da terra, a vulnerabilidade da população afetada ou a disponibilidade de reposição em espécie de bens, particularmente quando têm consequências intangíveis importantes" (BID, 1999) (livre tradução).

A política exige ainda a ponderação qualitativa entre os valores vertidos, com exploração de todas as alternativas possíveis ao reassentamento, incluindo a possibilidade de não implantação do projeto, caso a intervenção engendre impactos que afetem bens ou valores de difícil quantificação ou compensação (BID, 1999).

Em caso de necessidade de reassentamento, a política operacional prevê:

> Quando o deslocamento for inevitável, deve-se preparar um plano de reassentamento que garanta que as pessoas afetadas serão indenizadas e reabilitadas de maneira justa e adequada. A indenização e a reabilitação são consideradas justas e adequadas ao assegurar que, no menor tempo possível, as populações reassentadas e as receptoras: i) consigam atingir um padrão mínimo de vida e de acesso à terra, recursos naturais e serviços (como água, saneamento, infraestrutura comunitária, a titulação de terras), que sejam, no mínimo, equivalentes ao que tinham antes; ii) recuperem todas as perdas causadas por dificuldades transitórias; iii) experimentem um mínimo desmantelamento de suas redes sociais, oportunidades de trabalho ou produção e acesso aos recursos naturais e dos serviços públicos; e iv) proporcionem oportunidades para o desenvolvimento social e econômico (livre tradução).

A exigência de plano de reassentamento pela política operacional 710 do BID pode ser mitigada em determinados casos, tais como quando o número de pessoas afetadas é reduzido[5] ou quando o grupo atingido não se encontra em situação de vulnerabilidade.

O plano torna-se obrigatório quando o objeto do projeto for o próprio reassentamento ou quando versar sobre projetos de melhoramento urbano para oferecer infraestrutura básica ou resolver problemas relativos à segurança jurídica da posse. Nestes casos

> O desenho e a execução do plano de reassentamento levarão em conta os pontos de vista da população afetada e, quando possível, serão estabelecidos procedimentos voluntários para determinar quais famílias serão reassentadas. O plano assegurará também que as pessoas deslocadas tenham acesso a oportunidades de emprego e serviços urbanos melhores ou equivalentes (BID 1999) (livre tradução).

---

[5] Considera-se reduzido o número de pessoas afetadas se tal valor não ultrapassar 50 famílias.

Ainda de acordo com os princípios enunciados na política operacional que trata do reassentamento involuntário, a operação deverá promover minuciosa análise dos riscos de empobrecimento da população atingida pelo projeto, especialmente quando o grupo atingido possuir alto grau de vulnerabilidade.

A participação da população afetada é tida por essencial na elaboração do plano de reassentamento e na análise das alternativas do projeto, de acordo com a política operacional (BID, 1999).

Em caso de reassentamento, em processos que envolvam indenização e reabilitação, a política operacional 710 detalha os fatores que deverão ser considerados no estabelecimento de reparações, tais como a integral reposição dos bens perdidos, garantia de renda, proteção contra a perda de emprego, entre outros. Também determina a reparação por perda de bens imateriais, não quantificáveis.

Em caso de insuficiência da ordem jurídica local para garantir integralmente os direitos da população atingida, a política operacional 710 prevê a adoção de medidas complementares, no âmbito do projeto financiado, para integral reparação ou reabilitação dos afetados (BID, 1999).

Nos termos desta política operacional, é obrigatória a apresentação de um plano de reassentamento preliminar, junto com o Estudo de Impacto Ambiental do projeto, garantindo-se a participação da população afetada.

Tal plano deverá conter, no mínimo:

i) Prova de que se têm tomado medidas adequadas para prevenir o surgimento de novos assentamentos na área sujeita ao reassentamento; ii) uma data limite para determinar a elegibilidade em matéria de indenização; iii) uma estimativa do número de pessoas a serem reassentadas, que deve ser baseada em dados suficientemente confiáveis; iv) uma definição das várias opções que serão disponibilizadas como parte do pacote de compensação e de reabilitação; v) uma estimativa do número de pessoas que serão elegíveis para cada uma das opções; vi) o orçamento preliminar e calendário de execução; vii) um diagnóstico de viabilidade do marco regulamentador e institucional, incluindo a identificação de questões a serem resolvidas e; viii) provas de que as populações afetadas foram consultadas. O plano será resumido no Estudo de Impacto Ambiental e Social (BID, 1999) (livre tradução).

O plano final de reassentamento deve conter:

i) a definição do conjunto final de opções para a indenização e reabilitação; ii) os critérios de elegibilidade para cada opção; iii) um número razoavelmente preciso de pessoas sujeitas a cada opção ou uma combinação destes cálculos; iv) os arranjos institucionais e / ou um mecanismo de execução ao abrigo do qual se possa implementar leis e regulamentos locais que sejam aplicáveis, relacionados com a desapropriação, com os direitos de propriedade e a gestão das atividades de reassentamento, de maneira oportuna, atribuindo responsabilidades claras para a execução de todos os componentes do plano de reassentamento e oferecendo uma coordenação adequada com os outros componentes do projeto; v) o orçamento final financiado no âmbito do orçamento geral do projeto; vi) o calendário de atividades a serem realizadas para viabilizar o fornecimento dos bens e serviços incluídos no pacote de compensação e reabilitação, com vinculação aos principais pontos do projeto global, para que os locais de reassentamento (ou outros serviços) estejam disponíveis em tempo hábil; vii) Disposições para consulta e participação das entidades locais (públicas ou privadas) que possam contribuir para a execução e assumir a responsabilidade pela operação e manutenção de programas e da infraestrutura;

viii) disposições sobre o acompanhamento e avaliação, incluindo o financiamento a partir do início do período de execução até a data estabelecida como meta para a plena reabilitação das comunidades reassentadas; ix) disposições sobre acordos para a realização de supervisão participativa, que podem ser utilizados, juntamente com o monitoramento, como um sistema de alerta para identificar e corrigir problemas durante a fase de implementação; e x) um mecanismo para a resolução de litígios relacionados com a terra, a indenização e outros aspectos do plano (BID, 1999) (livre tradução).

Como será mais adiante explicitada, a remoção compulsória dos moradores do Jardim Nova Esperança não considerou o extenso rol de salvaguardas preconizadas pelas políticas operacionais do BID, em especial a política operacional 710. Não foram igualmente observadas ainda as diretrizes traçadas pela Política Operacional 761, que trata da igualdade de gênero no desenvolvimento.

17.2.1.3 Política operacional 761 – igualdade de gênero no desenvolvimento[6]

A política operacional 761 do Banco Interamericano de Desenvolvimento trata da questão de gênero, tendo por objetivo declarado o de promover a igualdade de gênero e empoderamento da mulher (BID, 2010).

O empoderamento da mulher é definido pela política operacional como sendo "a expansão nos direitos, recursos e capacidade das mulheres para tomar decisões e atuar com autonomia nas esferas social, econômica e política" (BID, 2010).

A adoção dessa política operacional conforma-se com o sistema internacional dos direitos humanos, representados por diversos documentos internacionais que formam o leque protetivo dos direitos da mulher, dentre os quais, a Declaração Universal dos Direitos Humanos (1948), a Convenção para Eliminação de todas as Formas de Discriminação contra a Mulher – CEDAW (1979), a Convenção Interamericana para Prevenir, Sancionar e Erradicar a Violência contra a Mulher (1994), o Programa de Ação da Conferência Internacional sobre a População e o Desenvolvimento (1994), a Plataforma de Ação da Quarta Conferência Mundial sobre a Mulher (1995) e Os Objetivos de Desenvolvimento do Milênio (2000).

A política operacional 761, aplicável a todas as operações financiadas pelo banco, integraria

> uma perspectiva de gênero que busca que mulheres e homens tenham as mesmas condições e oportunidades para alcançar suas potencialidades em termos sociais, econômicos, políticos e culturais; e acorda mecanismos concretos para assegurar sua aplicação efetiva e a avaliação de seus resultados (BID, 2010) (livre tradução).

O termo *gênero*, no contexto da política operacional do BID, é entendido como sendo a referência

---

[6] A política operacional 761 do BID foi aprovada em 1987, sofrendo revisão no ano de 2010.

às características de comportamento e dos papéis que são socialmente atribuídos às mulheres e aos homens em determinados contextos históricos, culturais e socioeconômicos, para além de suas diferenças biológicas, e que contribuem para definir suas responsabilidades, oportunidades e barreiras de mulheres e homens (BID, 2010) (livre tradução).

A política operacional de igualdade de gênero, nos termos da declaração pública do banco sobre seu conteúdo, prevê duas linhas de atuação: uma proativa, com foco na garantia da igualdade de gênero e empoderamento da mulher nas intervenções financiadas pelo banco; e outra preventiva, que "integra salvaguardas a fim de prevenir ou mitigar os impactos negativos sobre mulheres e homens por razões de gênero, como resultado da ação do Banco por meio de suas operações financeiras" (BID, 2010).

A ação proativa conglobaria os investimentos diretos no fomento da igualdade de gênero e empoderamento das mulheres, bem como a integração transversal, nas intervenções de desenvolvimento promovidas pelo banco.

A política operacional traça um quadro bastante detalhado dos fatores que devem ser considerados na análise dos projetos financiados pelo banco que envolvam, ainda que de forma transversal, a questão de gênero.

É de se notar que uma das diretrizes traçadas pela política operacional de igualdade de gênero preconiza o reconhecimento da igualdade entre homens e mulheres em qualquer contexto cultural ou étnico:

> O Banco reconhecerá, em qualquer contexto cultural ou étnico, o direito a igualdade entre mulheres e homens, assim como os direitos específicos das mulheres, contemplados na legislação nacional dos países membros na região e os acordos internacionais aplicáveis (BID, 2010) (livre tradução).

A política pública de erradicação da comunidade do Jardim Nova Esperança, financiada pelo Banco Interamericano de Desenvolvimento, produziu seus efeitos mais agudos no grupo de mulheres que integravam a comunidade, restando claro que as salvaguardas previstas nas políticas operacionais não foram observadas no caso.

17.3 O Mecanismo Independente de Consulta e Investigação

O Mecanismo Independente de Consulta e Investigação (MICI) do Banco Interamericano de Desenvolvimento foi criado em 1994 e revisado em 2001 com o objetivo de aumentar a transparência, a prestação de contas e a eficácia do banco. Em 2009, o BID iniciou novas mudanças, propondo a inclusão de uma fase de consulta às comunidades envolvidas durante o processo de resolução alternativa de conflitos (MACKENZIE, 2010, p. 478). Em fevereiro de 2010, a Diretoria aprovou a Política de Constituição do MICI, a qual deu maior reforço ao Mecanismo.

O MICI tem por função receber e investigar reclamações de duas ou mais pessoas que tenham sido prejudicadas por projetos financiados pelo BID, FMI ou CII (Corporação Interamericana de Investimentos), esta última desde 2016 (MICI, 2014). O Mecanismo é funcionalmente independente da administração do banco.

Os objetivos do MICI são os seguintes: a) servir de mecanismo e processo independente para investigar denúncias de solicitantes em que se alegue um dano produzido pelo descumprimento das políticas operacionais pertinentes no âmbito de operações financiadas pelo banco; b) fornecer informações à Diretoria sobre essas investigações; e c) ser um mecanismo de último recurso para atender às inquietações dos solicitantes, após estes terem feito tentativas razoáveis de resolver suas denúncias junto à Administração da Operação Financiada (MICI, 2014).

17.3.1 Procedimento do MICI

Em termos procedimentais, o MICI possui duas fases a serem escolhidas pelos solicitantes: a) Fase de Consulta – esta fase oferece uma oportunidade para que as partes interessadas abordem de forma voluntária, flexível e colaborativa os temas constantes da solicitação. b) Fase de Verificação da Observância – esta fase oferece um processo de investigação a respeito das questões levantadas na solicitação de maneira a estabelecer se o Banco tem descumprido com alguma de suas políticas operacionais pertinentes e se isso tem causado danos aos solicitantes (MICI, 2014). Importante frisar que os solicitantes podem renunciar à fase de consulta a qualquer momento do processo, passando-se à fase de verificação da observância, caso tenha sido escolhida.

Após o registro de uma solicitação, o MICI envia uma cópia de tal reclamação à Administração, solicitando uma resposta por escrito no prazo de 21 úteis. Depois de recebida a resposta, o MICI tem também 21 para determinar a admissibilidade da solicitação (MICI, 2014).

Vale ressaltar que não existe um formato obrigatório para o preenchimento das reclamações, as quais podem ser escritas em qualquer das línguas oficiais do BID. O MICI também aceita denúncias com pedido de confidencialidade, mas não aceita denúncias anônimas. A reclamação deve conter todos os fatos relevantes com evidências da validade das alegações ou indicar onde tal evidência pode ser obtida. Pode-se ainda indicar quais passos já foram dados para que as alegações em questão possam ser levadas ao conhecimento da Administração da Operação Financiada, bem como a resposta a tais alegações (MACKENZIE, 2010, p. 479).

Após a admissibilidade, a Administração da Operação Financiada pode requerer um prazo de suspensão de 45 dias contados da resposta, desde que haja um plano concreto de retificações, uma proposta de cronograma para execução (MICI, 2014).

Na análise da admissibilidade, o MICI pode realizar uma visita *in loco* no país em que se está implementando a operação financiada pelo banco. Após a análise da admissibilidade, o MICI emite um memorando, incluindo cópia da solicitação, a resposta da administração, uma descrição dos passos dados durante o processo de admissibilidade, um resumo dos fatos e posições das partes e uma determinação se a solicitação é admissível para a Fase de Consulta, para a Fase de Verificação da Observância, para ambas ou para nenhuma. Caso seja admissível, o processo iniciará a fase correspondente; caso contrário, o processo será dado por concluído (MICI, 2014).

O objetivo da Fase de Consulta é oferecer uma oportunidade às partes de abordarem os temas levantados pelos solicitantes em relação a um dano perante a falha do banco em cumprir com uma ou várias de suas políticas operacionais pertinentes no âmbito de uma operação financiada pelo banco. A Fase de Consulta facilita um enfoque que garante o tratamento imparcial e equitativo para todas as partes, tendo um prazo de finalização não superior a 12 meses, quando então deverá ser elaborado um relatório sobre os resultados do processo de consulta. O relatório será remetido à Diretoria (ou à Comissão de Doadores) para consideração e à Administração da Operação Financiada a título informativo. Uma vez considerado pela Diretoria (ou pela Comissão de Doadores), o relatório será posto à disposição dos solicitantes e publicado no registro público (MICI, 2014).

Já o propósito da Fase de Verificação da Observância é o de investigar, de forma imparcial e objetiva, denúncias de solicitantes. Essa fase é de caráter indagatório, voltando-se apenas à investigação do descumprimento de políticas operacionais pertinentes em operações financiadas pelo banco. O Coordenador da Fase de Verificação da Observância sob a supervisão do Diretor do MICI elaborará em um prazo máximo de 21 dias úteis a recomendação e os Termos de Referência (TdR) da investigação, após consulta com a Administração da Operação Financiada e os solicitantes. Os TdR compreenderão, entre outros aspectos, os objetivos da investigação, os itens a serem investigados, uma descrição da operação financiada pelo banco, o calendário e orçamento que se propõem para a investigação e a utilização prevista de consultor. Os TdR têm por único fim orientar a Fase de Verificação da Observância e informar as partes interessadas acerca do que podem esperar (MICI, 2014).

Após o envio do TdR às partes, estas terão 15 dias para realizar comentários, sendo que após realizados tais comentários, o MICI apresentará à Diretoria sua recomendação de realizar ou não uma investigação de Verificação de Observância, a qual será considerada pela Diretoria. Aprovado o início do procedimento, o Diretor do MICI, em consulta com o Coordenador da Fase de Verificação de Observância, indicará dois peritos independentes para constituir o painel que será responsável pela verificação, realizando visitas ao país onde está sendo executado o projeto. O MICI tentará concluir a investigação no prazo máximo de seis meses a partir da constituição do painel. Após concluída a investigação, o MICI elabora um relatório preliminar com as principais descobertas, realizando também recomendações, remetendo à Administração e aos solicitantes, os quais terão o prazo de 21 dias para fazerem comentários, os quais serão levados em conta para o relatório final (MICI, 2014).

A Diretoria adotará a decisão final a respeito de quaisquer ações consideradas apropriadas à luz das conclusões e recomendações da Verificação de Observância. Se considerar apropriado, a Diretoria pedirá à Administração da Operação Financiada que formule, em consulta com o MICI, um plano de ação, o que será informado às partes e o MICI poderá acompanhar sua implementação, a qual terá prazo máximo de 5 (cinco) anos (MICI, 2014).

17.4 O caso da "Via Banhado"

O caso da "Via Banhado" refere-se ao projeto de implantação de uma via expressa interligando a Zona Norte à Zona Oeste da cidade de São José dos Campos, denominada por seus idealizadores como "Via Banhado".

Tal empreendimento estava inserido no denominado *Programa de Estruturação Urbana de São José dos Campos* BR-L1160, o qual previa investimento específico de US$ 85,7 milhões, financiado pelo BID diretamente ao Município, com a garantia da União Federal.

A aprovação do financiamento do Programa pela Diretoria Executiva do Banco ocorreu em 12 de maio de 2010. O contrato de empréstimo foi assinado em 18 de agosto de 2011, sendo que o primeiro desembolso foi feito em 10 de janeiro de 2012. Até setembro de 2016, já havia sido desembolsado o valor de US$19,1 milhões.

O Programa previa três componentes básicos: 1. Melhorias urbano-ambientais, com a criação de parques, relocalização de famílias ocupantes de áreas de preservação ambiental, para melhoria de suas condições habitacionais, regularização de urbanizações clandestinas, obras de drenagem e de coleta de resíduos sólidos; 2. Melhorias na mobilidade urbana, por meio do descongestionamento viário, ampliação de ciclovias, melhoria na segurança do trânsito, transporte rápido de massas, etc.; 3. Fortalecimento institucional, pelo aperfeiçoamento de serviços públicos municipais, gestão da tecnologia da administração municipal, gestão cadastral e de serviços eletrônicos.

O projeto da Via Banhado contemplaria, em tese, os eixos dos componentes 1 e 2, anteriormente explicitados.

O traçado preferencial, apontado pela municipalidade para implantação da Via Banhado, implicaria a eliminação física do bairro Jardim Nova Esperança, também conhecido como comunidade do Banhado, adensamento humano consolidado, composto por 461 famílias, com população predominantemente hipossuficiente, localizada na região central da cidade.

De acordo com a Proposta de Empréstimo apresentada pelo município, o reassentamento das famílias removidas do Jardim Nova Esperança, cuja ocupação iniciou-se na década de 1930, proporcionaria melhores condições de vida às pessoas que ali habitam.

Oportunizaria, ainda, a transformação da área em Parque Ambiental, denominado "Parque do Banhado", e a implantação da Via Banhado, componente do projeto de "anel viário" do município.

A área denominada Concha do Banhado – local onde se situa a comunidade do Jardim Nova Esperança – possui cerca de 5 milhões de metros quadrados, tangenciando o centro da cidade de São José dos Campos.

O bairro Jardim Nova Esperança, um dos mais antigos do município, foi considerado pela ordem jurídica local como uma Zona Especial de Interesse Social – ZEIS, sendo longevas as posses ostentadas por seus habitantes, algumas contando com mais de 80 anos.

Em roteiro já bastante conhecido pelas comunidades pobres da cidade de São José dos Campos, os moradores do Jardim Nova Esperança foram compelidos a deixar suas habitações em troca de unidades habitacionais em bairros distantes ou mediante atendimento provisório, "auxílio-aluguel", até que as habitações definitivas fossem finalizadas.

Durante o desenrolar do projeto, vários foram os relatos de ameaças ou tentativas de cooptação de moradores, objetivando a adesão à proposta de remoção apresentada.

Para dar sustentação jurídica ao processo de eliminação física da comunidade, as autoridades municipais foram produzindo, em larga escala, por meio da Defesa Civil Municipal, laudos técnicos condenando todas as residências lá existentes, criando uma artificial situação de risco iminente para justificar a remoção de toda a comunidade.

O intenso assédio do Poder Público aos moradores do adensamento já vinha de longa data, seguindo a prática adotada em outras comunidades já removidas no município.

O único equipamento público existente no bairro, o prédio da Fundação Hélio Augusto de Souza (FUNDHAES), entidade que proporcionava formação aos jovens da comunidade, foi demolido, de forma sub-reptícia, em pleno período de férias. A imprensa local noticiou o fato.[7]

Assim, ante a proclamação da irreversibilidade da saída de todos os moradores do local, a Prefeitura Municipal conseguiu com que uma parte significativa da população aderisse à sua proposta de realocação, aceitando as unidades habitacionais oferecidas pela municipalidade, no jardim Interlagos (Zona Sudeste), no conjunto Boa Vista (Zona Norte) e, ainda, nos empreendimentos Colônia Paraíso I e II (Zona Sul) e Jaguari (Zona Norte).

Dentre as técnicas utilizadas pelo Poder Público local para vencer a resistência dos moradores, destaca-se a prática de demolição das residências cujos moradores aceitaram a realocação, deixando que os entulhos gerados pelo processo demolitório permanecessem no próprio local, sem que as áreas por ele ocupadas fossem sequer cercadas com tapumes, proporcionando, assim, a proliferação de vetores e degradando ainda mais a já precária qualidade de vida dos moradores dos imóveis lindeiros e de toda a comunidade.

Para além dos impactos sociais, a implantação da Via Banhado comprometeria, de forma irreversível, a qualidade ambiental e o patrimônio histórico, paisagístico, cultural e ambiental de São José dos Campos e do próprio Estado de São Paulo.

Isto porque o Banhado constitui marco ambiental do município de São José dos Campos, sendo que, de acordo com o eminente Professor Aziz Nacib Ab'Saber, sua formação inclui a encosta e uma planície aluvial, sendo que a primeira é, em termos técnicos, "uma escarpa de meandro, raríssima de se encontrar no Brasil inteiro" (AB'SABER, Aziz Nacib, 1991).

Trata-se de uma extensa planície aluvial contígua ao centro urbano da cidade, em declive acentuado que surge abrupto, como uma região costeira segue plana até uma das margens do Rio Paraíba do Sul. A área possui importância ambiental ímpar para a cidade e para a região, estando inserida na bacia do Rio Paraíba do Sul, com dezenas de minas d'água e grande diversidade de flora e fauna.

Inicialmente, o projeto não contava com previsão de Estudo de Impacto Ambiental, sendo alegado pelo empreendedor que o local de implantação da Via já se encontrava degradado, uma vez que seguiria o traçado de linha férrea desativada.

A partir da intervenção da Defensoria, com a denúncia formulada ao órgão financiador, houve a exigência do Banco Interamericano de Desenvolvimento para que fosse realizado o Estudo de Impacto Ambiental.

Mesmo antes de ter apresentado o Estudo de Impacto Ambiental da Via Banhado, o Município já considerava a implantação da via um fato consumado, desconsiderando a opinião da população em geral e em especial a dos moradores do Jardim Nova Esperança, que não tiveram qualquer oportunidade de discutir o estudo, traçados alternativos ou, até mesmo, a real necessidade de implantação da via.

Em que pese a exigência de compatibilização do empreendimento com as políticas operacionais do banco, especialmente à relacionada ao reassentamento involuntário

---

[7] Disponível em: <http:/www2.guiasjc.com.br/noticias/fundhas-do-banhado-demolida/>.

(OP-710), e a despeito das insistentes cobranças da comunidade e da Defensoria Pública, não foi apresentado pelo Município qualquer plano de reassentamento, nem de promoção social dos moradores da comunidade do Jardim Nova Esperança.

Após muita insistência e, por força da intervenção do Banco Interamericano de Desenvolvimento, a municipalidade, em meados de 2015, concordou em apresentar propostas de atendimento habitacional diferenciado aos moradores da comunidade que aderissem à proposta de remoção.

As opções oferecidas pelo Município consistiam em: a) fornecimento de unidade habitacional quitada; b) indenizações para moradores com título de propriedade; c) compra assistida de imóveis, com valor máximo correspondente ao valor do subsídio do Programa Minha Casa, Minha Vida, para a faixa I; e d) auxílio-aluguel.

Com efeito, foi editada, em 5 de maio de 2015, a Lei Municipal nº 9.258, que assegurou aos moradores que aderissem voluntariamente à proposta de saída do bairro a compra assistida de imóvel de sua escolha, com a opção também de fornecimento de unidade habitacional, sem pagamento das prestações.

Entretanto, pouco tempo após a edição da mencionada lei, o município desistiu do financiamento do BID para realização da obra, alegando atraso no cronograma, solicitando a retirada do projeto da Via Banhado do pacote do empréstimo destinado ao Programa de Estruturação Urbana.

Pode-se afirmar, a despeito das justificativas oficiais apresentadas pela municipalidade, que a desistência do empréstimo do BID para a implantação da Via Banhado decorreu da incapacidade do município de cumprir as exigências mínimas constantes nas políticas operacionais da instituição financeira.

Isto porque deveriam ser desenvolvidos estudos sobre a compatibilidade do projeto com as políticas operacionais do Banco, em especial com as OPs 703 (salvaguardas ambientais), 710 (reassentamento involuntário), 731 (transporte), 761 (gênero) e 1057-3 (desenvolvimento urbano e moradia).

Decorreu, ainda, da pressão popular da comunidade local, que acionou a instituição financeira para que exigisse o cumprimento das políticas operacionais por ela instituídas.

Não obstante a OP-710 estabelecer que a remoção compulsória deve ser a última alternativa a ser adotada, a leitura do Estudo de Impacto Ambiental do empreendimento[8] revela que a remoção compulsória foi eleita a única solução para os moradores.

Da mesma forma, no EIA, não há qualquer menção às alternativas de opções habitacionais possíveis, requisito obrigatório pelas normas operacionais do BID.

Corroborando o distanciamento das políticas operacionais do órgão financiador, verifica-se constar no EIA que somente a propriedade titulada seria indenizável. Aqueles que ostentassem posses não tituladas receberiam apenas o valor das benfeitorias e, ou, acessões erigidas.

Tal entendimento vai de encontro aos princípios enunciados pelo órgão financiador, constante na OP-710, na medida em que permite que pessoas sejam levadas a uma degradação de suas condições existenciais, comparada com aquela em que se encontravam antes do empreendimento.

---

[8] Disponível em: <http://www.sjc.sp.gov.br/media/536013/eia_volume_i.compressed.pdf>.

Da mesma forma, não foi publicizado ou discutido com a comunidade um plano de reassentamento, sendo que as opções oferecidas foram simplesmente comunicadas aos moradores, sem que tivessem qualquer oportunidade de opinar sobre o seu conteúdo.

As opções de atendimento habitacional deveriam integrar um plano de reassentamento, que envolve não somente o atendimento habitacional, mas também outros aspectos muito relevantes, tais como promoção social dos beneficiários, manutenção dos laços sociais, preservação da identidade e da cultura, proteção contra a perda ou redução de emprego, renda ou fonte de sustento, proteção contra estigmatização posterior, garantia de atendimento nos equipamentos públicos, entre inúmeros outros pontos, não observados no caso.

As opções deveriam ser oferecidas somente após a apresentação do plano de reassentamento que deveria ser discutido previamente com a comunidade, o que não ocorreu no caso da Via Banhado.

A intervenção urbana da dimensão da Via Banhado, com relevante impacto ambiental e social, deveria possibilitar a participação popular, ainda mais quando em jogo o destino de centenas de famílias.

Desrespeitadas ainda, no caso, as diretrizes traçadas pela Relatoria Especial para Moradia Adequada da Organização das Nações Unidas, que estabelecem que: a) todas as informações sobre o projeto deveriam estar disponíveis, com antecedência em linguagem acessível a toda comunidade; b) a partir do conhecimento do projeto, a comunidade deveria poder apresentar propostas alternativas; e c) deveria ser garantido a todos o direito de expressar suas opiniões, previamente, sobre o projeto, sem temer qualquer tipo de pressão, antes de fazer qualquer opção.

No que atine às salvaguardas ambientais, é possível afirmar, também, que o empreendimento da Via Banhado não atendia às diretrizes da política operacional 703.

Transparece da análise do EIA que todos os trabalhos foram desenvolvidos para legitimar uma escolha já feita. Tanto é assim que, das três opções de traçado apresentadas (L1, L2 e L3), somente foram realizados estudos para a alternativa escolhida (L2), quando deveria ser apresentada análise comparativa de todos os impactos diretos e indiretos para todos os traçados.

As informações constantes no EIA do empreendimento revelaram-se deficitárias, não havendo esclarecimentos sobre a destinação da deposição do material florestal retirado, balanço de solo, gestão e resíduos e efluentes, impactos na macrobacia do Rio Paraíba do Sul, microclima urbano, entre outros aspectos, impassíveis de aprofundamento nesta sede, pela limitação de espaço e risco de desvirtuamento dos objetivos aqui delineados.

É possível afirmar ainda que restou vulnerada a política de gênero do banco (OP 761), na medida em que o empreendimento não antevia qualquer ação de garantia ou empoderamento das mulheres da comunidade.

Os impactos negativos nos núcleos familiares liderados por mulheres, que tiram seu sustento das atividades agrícolas desenvolvidas no local ou do trabalho de reciclagem de resíduos sólidos gerados pela intensa atividade comercial desenvolvida no centro da cidade, foram completamente ignorados pelos estudos realizados pelo município.

A remoção desse grupo social para a periferia da cidade, sem possibilidade de geração de renda, constitui fator adicional para ampliação da vulnerabilidade no recorte de gênero.

A despeito de retirar o financiamento da Via Banhado do rol de obras financiadas pelo Programa de Estruturação Urbana, o Banco Interamericano de Desenvolvimento iniciou, em 13 de junho de 2016, a fase de verificação e investigação do caso (Fase de Verificação da Observância), considerando as denúncias de violação de suas políticas operacionais.[9]

A investigação encontra-se ainda em desenvolvimento, havendo previsão de conclusão do relatório preliminar para meados de dezembro de 2016.

17.5 Considerações finais

O assessoramento jurídico de populações vulneráveis, afetadas por políticas públicas financiadas por instituições financeiras nacionais ou internacionais, tem se revelado uma eficiente estratégia para se evitar ou para reparar danos já causados a esses grupos sociais.

Ao proporcionar o acesso direto da população afetada aos órgãos financiadores das políticas, programas, projetos ou ações estatais, a Defensoria Pública cumpre sua missão de assistência jurídica integral, com foco na prevenção de conflitos e na reparação de possíveis danos causados à população hipossuficiente.

A efetividade do acionamento dos mecanismos de controle das instituições financeiras está relacionada ao ponto mais sensível de qualquer política pública: o seu financiamento, permitindo, assim, a desjudicialização dos conflitos sociais de grande dimensão e impacto socioambiental.

No caso em análise, foi possível observar, nesta quadra, que o acionamento do Mecanismo Independente de Consulta e Investigação do Banco Interamericano de Desenvolvimento – MICI/BID demonstrou-se eficaz para evitar que o empreendimento viário fosse implantado, nos moldes idealizados pelo Poder Público local.

Embora ainda não haja solução definitiva para o caso, já é possível constatar que a supressão da fonte de custeio do projeto viário permitiu à comunidade do Banhado repensar seu papel na sociedade e na construção de seu destino, assumindo o papel de protagonista de sua história, deixando de ser mero objeto de uma questionável política pública.

Referências

AB'SABER, Aziz Nacib. *Informação oral*. Palestra proferida na Câmara Municipal de São José dos Campos. Transcrição datilografada. São José dos Campos-SP, 1991.

BID. BANCO INTERAMERICANO DE DESENVOLVIMENTO. *Política de medio ambiente y cumplimiento de salvaguardias*. Washington: BID, 2006. Disponível em: <http://www19.iadb.org/intal/intalcdi/PE/2010/07136.pdf>. Acesso em: 30 set. 2016.

BID. BANCO INTERAMERICANO DE DESENVOLVIMENTO. *Política Operacional nº 710. Reasentamiento involuntario en los proyectos del BID. Principios y lineamientos*, 1999. Disponível em: <http://publications.iadb.org/handle/11319/2584>. Acesso em: 12 out. 2014.

---

[9] Disponível em: <http://www.iadb.org/pt/mici/iniciou-se-a-fase-de-investigacao-do-caso-br-mici-006-2011-programa-de-restruturacao-urbana-de-sao-jose-dos-campos,20322.html>.

BID. BANCO INTERAMERICANO DE DESENVOLVIMENTO. *Política operativa sobre igualdad de género en el desarrollo*. Washington: BID, 2010. Disponível em: <http://www.iadb.org/pt/sobre-o-bid/a-mulher-no-desenvolvimento,6230.html>. Acesso em: 05 out. 2014.

BID. BANCO INTERAMERICANO DE DESENVOLVIMENTO. *Políticas operacionais gerais*. Washington: BID, 2014. Disponível em: <http://www.iadb.org/pt/sobre-o-bid/politicas-operacionais-gerais,6236.html>. Acesso em: 04 out. 2014.

IABD. INTER-AMERICAN DEVELOPMENT BANK. *Poverty reduction and promotion of social equity strategy document*. Washington: IABD, 2003. Disponível em: <http://idbdocs.iadb.org/wsdocs/getdocument.aspx?docnum=351709>. Acesso em: 04 out. 2014.

MACKENZIE, Ruth Romano et al. *Manual on international courts and tribunal*. Oxford: Oxford, 2010. p. 478.

MICI. Mecanismo independente de consulta e investigação. BID – Banco Interamericano de Desenvolvimento. *Política do mecanismo independente de consulta e investigação*. 2014. Disponível em: <http://idbdocs.iadb.org/wsdocs/getdocument.aspx?docnum=40153234>. Acesso em: 26 set. 2016.

SÖRENSEN, Kerstin. *The Inter-American Development Bank and Poverty Reduction*. Annual Conference of the Research Committee on Poverty, Social Welfare and Social Policy (RC19), International Sociological Association, September 6-4, 2008. Abstracts, p. 6.

TUSSIE, Diana. *Multilateral development banks:* the inter-american development bank. Colorado: Lynne Rienner, 1995. v. IV, p. 17-20.

Informação bibliográfica deste livro, conforme a NBR 6023:2002 da Associação Brasileira de Normas Técnicas (ABNT):

SOUZA, Jairo Salvador de; AZEVEDO, Davi Quintanilha Failde de. Atuação da Defensoria Pública na promoção do acesso de populações vulneráveis ao Mecanismo Independente de Consulta e Investigação em projetos financiados pelo Banco Interamericano de Desenvolvimento. In: YOSHIDA, Consuelo Y. Moromizato et al. (Coord.). *Finanças sustentáveis e a responsabilidade socioambiental das instituições financeiras*. Belo Horizonte: Fórum, 2017. p. 299-317. ISBN 978-85-450-0234-5.

MANAGING LENDER LIABILITY: LESSONS FROM THE U.S. PERSPECTIVE

JEFFREY GRACER
VICTORIA SHIAH TREANOR

[T]he already wary banking industry [will be] even more reluctant to lend to many borrowers, not just those who present obvious environmental liability problems, and less willing to help troubled borrowers through difficult financial times. Inhibited financial transactions and modified lending practices will reduce the supply and increase the cost of capital for many borrowers. Old industrial property is likely to remain abandoned and unused for fear of environmental liability. Increased caution on lenders' part will probably result in more bankruptcies, since helping a borrower overcome financial difficulties will seldom be worth the risk of cleanup liability, considering the unpredictable scope of [environmental] damages.

This excerpt from a brief submitted to the U.S. Supreme Court highlights the shock that followed a U.S. federal appeals court decision over 20 years ago that is now famous (or some would say infamous) in the annals of U.S. environmental law, *United States v. Fleet Factors Corp.*[1] In that case, the appeals court upheld a lower court decision that a financial institution could be held liable for cleanup costs based on its inferred capacity to control its borrower's hazardous waste disposal decisions. This was so even

---
[1] 901 F.2d 1550 (11th Cir. 1990).

though the U.S. Superfund law (also known as CERCLA)[2] contained a "safe harbor" for secured creditors that expressly purported to exclude banks from liability if they did not participate in management of a facility and held indicia of ownership primarily to protect their security interest. The steps taken by U.S. banks and their legal advisors to address these risks immediately after *Fleet Factors* provide useful guideposts for addressing similar issues in Brazil, although the ultimate resolution will be crafted by Brazilians.

18.1 Uncertainty and Fears of Liability

The underlying facts in *Fleet Factors* highlight the perils for banks when lending to environmentally sensitive businesses, especially when those businesses get into financial trouble. The relevant activities occurred in the late 1980s, during which, "[i]n an overheated and often speculative economy, banks were often the only 'deep pockets' in sight from which litigious individuals, businesses, or government might seek to recoup losses".[3] Fleet Factors, a financial institution, held a security interest in a textile facility's inventory and equipment. When the company got into financial trouble, Fleet Factors provided extensive financial and business counseling to the company, which ultimately proved to be unsuccessful. After the company filed for bankruptcy, Fleet Factors foreclosed on its security interest, sold much of the inventory and equipment through a liquidator, and retained a salvage company to remove unsold equipment from the site. Significantly, Fleet Factors' agents did not remove over 700 fifty-five gallon drums alleged to contain toxic chemicals or 44 truckloads of asbestos containing materials that were stored on the site. Thereafter, the United States Environmental Protection Agency (EPA) spent nearly $U.S. 400,000 addressing the threat of an environmental release presented by the toxic materials that were left behind, and eventually sued Fleet Factors for cost recovery.

The appeals court could have decided the case on narrower grounds, as the facts suggested that, following foreclosure, Fleet Factors, through its agents, exercised complete control over day-to-day operational decisions at the facility level. Indeed, the court below, consistent with the few other lower court decisions addressing the issue, looked to the lender's degree of actual involvement in site management when assessing the lender's liability.[4] Instead, the appeals court rejected of this narrower standard and embraced a more far-ranging theory of liability:

> A secured creditor may incur liability, without being an operator, by participating in the financial management of a facility to a degree indicating a capacity to influence the corporation's treatment of hazardous wastes. It is not necessary to the secured creditor to actually involve itself in the day-to-day operations of the facility in order to be liable. Nor is it necessary for the secured creditor to participate in management decisions relating

---

[2] The Comprehensive Environmental Response, Compensation and Liability Act, 42 U.S.C. §§9601-9675.
[3] Deborah Addis, *Comment: Tide May Be Turning to Banks in Lender Liability Lawsuits*, American Banker, May 25, 1993.
[4] *United States v. Fleet Factors Corp.*, 724 F. Supp. 955, 960 (S.D. Ga. 1988) (interpreting CERCLA's safe harbor to exclude secured creditors from liability if they did not "participate in the day-to-day management of the [debtor] business or facility"); *United States v. Mirabile*, 1985 U.S. Dist. LEXIS 16273, *17 (E.D. Pa. 1985); *United States v. Nicolet, Inc.*, 712 F. Supp. 1193, 1204-05 (E.D. Pa. 1989).

to hazardous waste. Rather, a secured creditor will be liable if its involvement with the management of the facility is sufficiently broad to support the inference that it could affect hazardous waste disposal decisions if it so chose.[5]

Following *Fleet Factors*, the banking sector experienced what can only be described as commercial panic, as the court's decision seemed to contemplate liability for thoughts rather than deeds. Observers at the time noted the troubling questions raised by the decision:

> Is a lender's power to respond to environmental threats on the borrower's property, even if never exercised, enough to make the lender liable for the government's response costs? What if the loan is going sour and the lender refuses a loan increase needed to address troublesome environmental conditions which are then exacerbated by the lack of funds to address them? What if the lender merely enforces loan provisions which require paydown of the loan, thereby passively diverting funds away from proper disposal of hazardous wastes? Is a lender worse off monitoring a borrower's environmental problems or keeping its distance from them?[6]

No clarification was provided by the U.S. Supreme Court, which denied review of the case. Meanwhile, the banking sector was in dire need of clarity and certainty, and they needed it soon. Many banks announced that they would no longer lend to companies in certain environmentally sensitive businesses and properties, casting a pall over economic development. One scholar noted that "a 1990 poll revealed that 43% of community banks had stopped making loans to certain categories of higher-risk businesses. A survey the next year discovered that 62.5% of banks had declined loan applicants because of the risk of liability" caused by known or potential environmental contamination".[7] Some banks even abandoned collateral properties rather than take on the potential risks of foreclosure.[8] Some observers during this period feared a more ominous domino effect:

> After *Fleet Factors*, and without the aid of administrative regulations, no counsel confidently can assuage the fears of a creditor with contaminated property as collateral. Unwilling to risk CERCLA liability, that creditor must refuse to pursue foreclosure and instead choose to abandon both the property and any chance that it might lend to similarly situated borrowers in the future. The ripple effect, however, does not stop there. Within the bankruptcy itself, estate assets suddenly become estate liabilities, insofar as the costs of clean-up often will dissuade even the most intrepid purchasers at auction. As a consequence, unsecured creditors lose even the little they might have otherwise foraged from the estate. While the debtor receives a "fresh start," the system receives neither the confidence nor sufficient law to function effectively.

***

Moreover, the entire value of a security interest depends on a creditor being capable of looking to the collateral for repayment in the event of default. This fact has been affirmed

---

[5] *Fleet Factors*, 901 F.2d at 1557 – 58.
[6] Johnine J. Brown, *Fleet Factors Case Produces Gibberish*, Merrill's Illinois Legal Times, Aug. 1, 1990.
[7] Walsh, Brian C., *Seeding the Brownfields: A Proposed Statute Limiting Environmental Liability for Prospective Purchasers*, 34 Harv. J. on Legis. 191, 231 (1997).
[8] John M. Ames et al., *Toxins-Are-Us, How Deep in Toxic Waste Are Secured Lenders under CERCLA, A Review of the Last Five Years*, 14-9 Am. Bankr. Inst. J. (1995); Walsh, *supra* note 6 at 202 n. 55.

at common law, in the Uniform Commercial Code, and by the existence of the "secured lender" exemption itself. *Fleet* and its successors, in a very real sense, threaten to extinguish the viability of this principle. In essence, holding a security interest in real property has become an unwise risk – better to be unsecured and break even than to be secured and incur millions of dollars in clean-up costs.[9]

Some scholars found a name for lenders' aversion to financing the acquisition and development of former industrial properties: "greenlining" – a relative of redlining," banks' insidious practice, in previous decades, of denying credit to potential homeowners in black neighborhoods.[10] The social and environmental impacts of this practice became a major policy concern in the 1990s. Urban manufacturers needing to relocate faced a lack of credit to move to existing industrial sites in the cities, and "environmentally risk-averse financing officers... recommend[ed] flight onto virgin land in a distant suburb".[11] The failure to put former industrial facilities back to productive use created sprawl outside of cities, blighted the inner-city landscape, and squandered opportunities to provide employment for inner-city residents, many of whom were racial minorities.[12]

18.2 Pursuit of a Safe Harbor

Local, state and federal authorities in the 1990s faced the prospect of urban cores overrun by brownfields, or "real property, the expansion, redevelopment, or reuse of which may be complicated by the presence or potential presence of a hazardous substance, pollutant, or contaminant".[13] States responded by enacting cleanup statutes similar to CERCLA, as well as voluntary cleanup programs that offered private parties relief from liability under the cleanup statutes in exchange for their remediation of contaminated properties.[14] By 1995, 21 states had established such voluntary cleanup programs.[15] At the national level, in 1995 EPA announced a "Brownfields Action Agenda" that included funding voluntary brownfield cleanup programs at the state or local level, providing guidance on prospective purchaser agreements (under which EPA would covenant not to sue the purchaser of a brownfield), and announcing its interpretation of CERCLA's secured creditor exemption for enforcement purposes.[16]

EPA's 1995 announcement of its interpretation of the secured creditor exemption was a retreat from a broader effort to curtail the impact of the *Fleet Factors* decision. In 1992, with significant input from the banking community, it had adopted regulations commonly known as the Lender Liability Rule, which sought to define activity that a bank could safely engage in without attracting environmental liability. But in 1994, this

---

[9] Ames, *supra* note 7.

[10] James T. O'Reilly, *Environmental Racism, Site Cleanup and Inner-City Jobs: Indiana's Urban in-Fill Incentives*, 11 Yale J. on Reg. 43, 54 (1994).

[11] *Id.* 55.

[12] *Id.*

[13] CERCLA §101(39)(A), 42 U.S.C. §9601(39)(A).

[14] U.S. Congress, Office of Technology Assessment, State of the States on Brownfields: Programs for Cleanup and Reuse of Contaminated Sites 2, at 13 (June 1995).

[15] *Id.*

[16] Walsh, *supra* note 7 at 205; Stephen M. Johnson, *The Brownfields Action Agenda: A Model for Future Federal/State Cooperation in the Quest for Environmental Justice*, 37 Santa Clara L. Rev. 85, 108 (1996).

rule was invalidated by the courts as being beyond EPA's authority.[17] EPA's response, in 1995, was to issue a memorandum jointly with the U.S. Department of Justice, announcing the agencies' shared intent to rely upon the Lender Liability Rule as guidance for enforcement actions. This statement provided some comfort to lenders, but only with respect to government enforcement actions. The guidance had no force of law in private party litigation. In the face of this regulatory void, many banks voluntarily adopted the principles set forth in the Lender Liability Rule while simultaneously seeking curative legislation. Meanwhile, other federal appellate courts declined to adopt the *Fleet Factors* "capacity to influence" language when applying CERCLA's secured creditor exemption.[18]

As the contours of CERCLA's secured creditor exemption were being worked out in the courts, at EPA, and in Congress, and as states and local governments developed programs to reduce the risk of CERCLA liability associated with brownfield redevelopment, the private sector also developed ways to manage the risk of purchasing and financing environmentally-sensitive properties. First, pollution liability insurance, became more widely available, and more widely used, in the 1990s. Indeed, the Fleet Financial Group, (which had been involved in the *Fleet Factors* litigation) became the first bank to require its borrowers to obtain such policies, to protect against government cost recovery actions.[19] Additionally, throughout the 1990s, the real estate industry and real estate finance industry worked to establish clear standards for conducting the environmental investigations necessary to invoke CERCLA's innocent landowner defense, which excludes landowners that exercise "due care" with respect to contamination on the property caused by others.[20] Such investigations are critical to lenders' understanding of the environmental issues at a given property and of the potential legal risks of purchasing – or financing the purchase of – such property.. The 1990s saw the growth of the environmental consulting industry to meet the demands of lenders, but neither lenders nor the government "exercise[d] any control in establishing qualifications or uniformity" for the consultants' work product.[21] In 1993, industry representatives, under the auspices of ASTM (a private organization, formerly the American Society for Testing and Materials) created voluntary standards setting forth best practices for environmental investigation of commercial properties.[22] These standards, updated in 2000, 2005, and 2013, are widely used today.

Back in the nation's capital, in 1996, legislation essentially adopting EPA's Lender Liability rule was finally enacted. The new law, the Asset Conservation and Lender Liability, and Deposit Insurance Protection Act ("Asset Conservation Act"), amended CERCLA to clarify its secured creditor exemption, setting forth specific activities a lender may take without incurring liabilty under CERCLA.[23] As in its previous version, the amended version of CERCLA provides that a person holding indicia of ownership of property primarily to protect a security interest therein is excluded from potential

---

[17] *Kelley v. EPA*, 15 F.3d 1100 (D.C. Cir. 1994).
[18] *See, e.g., Northeast Doran Inc. v. Key Bank of Maine*, 15 F.3d 1, 2-3 (1st Cir. 1994); *In re Bergsoe Metal Corp.*, 910 F.2d 668, 672-73 (9th Cir. 1990).
[19] Stephen Klege, *Fleet's Liability Fight Keeps Breaking New Ground*, American Banker, Aug. 25, 1992.
[20] CERCLA §107(b)(3), 42 U.S.C. §9607(b)(3); Managing Envtl. Risk §18:5 (2014).
[21] Managing Envtl. Risk §18:4 (2014).
[22] Managing Envtl. Risk §18:5 (2014).
[23] Pub. L. 104-208, 110 Stat. 3009-462 (1996).

liability under CERCLA so long as it does not "participate" in the "management" of the property.[24] The secured creditor safe harbor expressly limits the ways in which lenders may be considered to be "participat[ing] in mangement" of the property to actual management of such property.[25] It also permits lenders to foreclose on contaminated property, maintain business activities, wind up operations, and preserve, protect or prepare the property for sale or other disposition.[26]

The latter aspect of the safe harbor carries with it a significant caveat, however. Foreclosure activity is only protected if the lender "seeks to sell, re-lease or otherwise divest itself of the property at the earliest practicable, commercially reasonable time, on commercially reasonable terms, taking into account market conditions and legal and regulatory requirements".[27] The lack of a specific definition of "the earliest practicable, commercially reasonable time" or "commercially reasonable terms" in the Asset Conservation Act represents a departure from the Lender Liability Rule, which had provided bright-line instructions that a secured creditor must list a foreclosed property for sale within 12 months of acquiring marketable title.[28] The consequence for U.S. lenders is that they are best advised, before rejecting an offer on a property in foreclosure, to be prepared to establish that the offer was commercially unreasonable, and be able to justify that decision with appropriate support and analysis if the decision is later called into question.

Finally, in 2002, the Small Business Liability Relief and Brownfields Revitalization Act (the "Brownfields Amendment"),[29] which amended CERCLA in several respects, was signed into law. As so amended, CERCLA authorizes federal grants to suport state and local brownfield programs, creates new exemptions from liability and clarifies the scope of liability, and directs EPA to create regulations specifying standards and practices for the investigation needed to invoke the innocent landowner defense.[30] EPA's resulting regulations provide that the relevant ASTM standards satisfy the requirements for such investigations.[31] The Brownfields Amendment encouraged the continued development of state brownfield cleanup programs, which existed, in some form, in all 50 states and the District of Columbia states by 2014.[32]

Thus, actions by the private sector, federal and state environmental agencies, and federal and state legislatures have served to avert the collapse of the real estate finance system feared in the immediate aftermath of the *Fleet Factors* decision, and to encourage, rather than halt altogether, the redevelopment of brownfields. The Asset Conservation Act provided much-needed clarification of CERCLA's secured creditor exemption, dispelling the fear that ordinary activities associated with foreclosure

---

[24] CERCLA §101(20)(A), 42. U.S.C. §9601(20)(A).
[25] CERCLA §101(20)(F), 42. U.S.C. §9601(20)(F).
[26] CERCLA §101(E)(ii), 42 U.S.C. §9601(E)(ii); CERCLA §107(n)(4), 42 U.S.C. §9607(n)(4).
[27] CERCLA §101(20)(E)(ii); 42 U.S.C. §9601(E)(ii).
[28] *See* EPA, National Oil and Hazardous Substances Pollution Contingency Plan; Lender Liability Under CERCLA, 57 Fed. R 18344, 18384 (Apr. 29, 1992).
[29] Pub. L. 107-118, 115 Stat. 2356 (2002).
[30] CERCLA §§101(35), 104(k), 42 U.S.C. §§9601(35), 9604(k).
[31] 40 C.F.R. §312.11.
[32] EPA, Office of Solid Waste and Emergency Response, State Brownfields and Voluntary Response Programs 2014, *available at* http://www.epa.gov/brownfields/state_tribal/Brownfields_State_Report_2014_508_12-17-14_final_web.pdf.

could transform a lender into an "owner" or "operator" of a site with potential liability for contamination thereon. Moreover, the development of the ASTM standards for environmental investigations, and the subsequent endorsement of those standards by EPA, provided a critical tool for borrowers and lenders to assess potential risks of liability, again reducing the uncertainty associated with a purchase of environmentally-impacted property. Finally, state brownfield programs, supported by federal grants, have further served to reduce the risk of environmental enforcement actions for entities that redevelop contaminated properties.

18.3 Application of the Safe Harbor

Court decisions issued since the enactment of the Asset Conservation Act indicate a lending climate that has stabilized since the initial panic following the *Fleet Factors* decision. The majority of reported cases have upheld lender claims that their activities have fallen fell within CERCLA's secured creditor exemption. For example, in *U.S. v. Pesses*,[33] the federal court held that a lender met the requirements of the CERCLA safe harbor when it did not participate in management of the facility and, following foreclosure, promptly listed the property with several real estate agents, entertained inquiries about the site from interested parties, leased part of the property with rental payments credited toward an outstanding loan balance, engaged an environmental consultant to test for hazardous substances, and, upon concluding it could not sell the property without engaging in a multi-million dollar cleanup, turned the keys of the property over to a bankruptcy trustee. Similarly, in *Organic Chem. Site PRP Group v. Total Petroleum Inc.*,[34] the court held that the mere opportunity to participate in site management under a retained lease interest did not rise to the level of actual participation which could defeat the secured creditor exemption.

However, the clarification of the secured creditor exemption does not mean that the safe harbor has been enlarged indefinitely; lenders acting beyond the limits of the exemption still face liability under CERCLA. One case that ended in settlement illustrates a fact pattern that could have otherwise resulted in a judgment against the lender. In April 2007, the State of New York sued HSBC Bank USA in federal court. According to the complaint, after HSBC's borrower, Westwood Chemical Corporation, defaulted on its loan, the bank seized Westwood's operating funds and requested a plan for the orderly shutdown of its facility.[35] Westwood submitted a plan that included costs to properly dispose of waste at the site.[36] The lender allegedly refused to fund these waste disposal costs, and also refused to fund shipment of finished chemical products, which resulted in them being abandoned.[37] After the facility was shut down, hundreds of containers of hazardous waste and hazardous substances leaked after a winter freeze. The lender also allegedly failed to notify the state Department of Environmental Conservation ("DEC") of the threat posed by the abandonment of hazardous waste and hazardous substances at the site.[38]

---

[33] 1998 WL 937235, *17-20 (W.D. Pa. May 6, 1998).
[34] 58 F. Supp.2d 755 (W.D. Mich. 1999).
[35] *New York v. HSBC Bank U.S.A., Nat'l Assn.*, Case No. 07-CV-3160 (Complaint ¶ 29, Apr. 19, 2007).
[36] *Id.*
[37] *Id.* 30-34.
[38] *Id.* 39, 44.

DEC asserted that "HSBC's actions in taking control of Westwood's finances, in refusing to fund an orderly shutdown plan, in refusing to fund shipment of finished chemical products and the completion of work in progress, in retaining contractors to perform work at the Site, and in otherwise exercising control over the Site, directly and/or indirectly caused the abandonment, disposal, release and threat of release of hazardous waste and hazardous substances to the environment from the Site".[39] DEC further alleged that "HSBC ignored its legal obligation to exercise due care when exerting such authority and control over the Site," and "ignored its legal obligation to report the release or threat of release, or the spill and discharge of hazardous substances and hazardous waste to the environment to DEC and other local, State and federal officials".[40]

HSBC denied DEC's allegations (and may well have had valid defenses to the state's allegations), but resolved the matter in a consent decree that required reimbursement of the state for $115,680 in response and enforcement costs, and also included payment of a civil penalty in the amount of $850,000.[41] The settlement was executed by the parties prior to the commencement of the litigation, and the case was closed upon entry of the consent decree less than two months after the complaint was filed, indicating the intent of the parties to avoid extensive litigation through a settlement formalized in court.

Another recent case illustrates a degree of cooperation between EPA, local government, and the banking industry that would not have been possible in the absence of the post-*Fleet Factors* developments in law, policy, and practice. In 2012, EPA entered into a settlement with the Bank of India that provided for the reimbursement of the government for the costs of the cleanup of hazardous materials from the Buckbee-Mears Superfund Site in Cortland, New York, as well as the sale and reuse of the site.[42] The Bank had provided a mortgage for the purchase of the former Buckbee-Mears Co. facility, which had manufactured components of tube televisions and computer monitors.[43] The purchaser resumed manufacturing operations briefly, but ceased and abandoned the facility in 2005, less than a year after the purchase.[44] Local police discovered large quantities of hazardous materials at the site in 2006, and EPA subsequently ordered the purchaser to clean up the property.[45] Because the purchase did not comply with EPA's order, EPA initiated an Emergency Response Action in 2007.[46]

After commencing a foreclosure action on its mortgage, the Bank executed a settlement agreement with EPA.[47] The Agreement recited the Bank's position that it had not participated in the management of the property and was thus protected from CERCLA liability by the statutory safe harbor.[48] In exchange for EPA's release of liens on

---

[39] *Id.* 46.
[40] *Id.*
[41] *New York v. HSBC Bank U.S.A., Nat'l Assn.*, Case No. 07-CV-3160 (Consent Decree May 25, 2007).
[42] *Matter of Buckbee-Mears Co. Superfund Site*, EPA Docket No. CERCLA-02-2012-2017, Settlement Agreement (Aug. 2012).
[43] *Id.*; EPA, *Return to Use Initiative, Buckbee-Mears Co.* (Nov. 2014) ("EPA Buckbee-Mears Information Sheet"), available at <http://www.epa.gov/superfund/programs/recycle/pdf/rtu14-buckbee-mears.pdf>.
[44] EPA Buckbee-Mears Information sheet, *supra* note 42.
[45] Internal Memorandum of Mack Cook, City of Cortland Office of Administration and Finance, March 27, 2014, available at <http://www.cortland.org/city/council/2014-05-20-packet.pdf>.
[46] *Id.*
[47] Settlement Agreement, *supra* note 41.
[48] *Id.* 9.

the property and its covenant not to sue the Bank, the Bank agreed to sell the property – ideally in a foreclosure sale – and to pay a portion of the sale proceeds to EPA.[49] In connection with the larger vision for the site, EPA funded a study to clarify reuse opportunities for the property, and the City of Cortland secured grant funding from New York State to support revitalization of a larger regional area including a majority of the Buckbee-Mears site.[50] In February 2014, a local developer purchased the Site in a foreclosure auction for $356,000, well below the assessed full-marked value of $2.1 million.[51] The next stage of redevelopment remains to be seen.

18.4 Practical Lessons

What could this short history of the development of lender liability law and brownfield programs in the U.S. mean for the banking industry in Brazil? While recognizing that the U.S. experience may not be directly applicable in every respect, a few key points for consideration based on the lessons many bankers and environmental professionals learned in the U.S. can be suggested:

1. *Banks should not wait to design and implement effective environmental risk strategies.* Following *Fleet Factors*, U.S. banks sought and, six years later, obtained Congressional action that clarified when they would and would not be considered liable under U.S. environmental laws. However, on an immediate basis, virtually every bank in the United States created or strengthened their environmental risk management departments. Well before curative legislation was enacted, it became standard practice in the U.S. for environmental professionals, including when appropriate environmental lawyers, to be intimately involved in assessing the potential environmental risks that could arise from critical banking decisions, and to find commercially viable mechanisms for managing those risks effectively.

2. *Conduct careful environmental diligence before financing a project.* Many environmental problems can be avoided if they are identified and remedied by the company either before a financing is extended or during the life of the financing. When financing infrastructure projects, it is customary commercial practice in the U.S. for banks to require recent environmental reports from their clients from respected third-party consulting firms, and for those reports to be reviewed with an independent eye by the bank's own panel of consultants and/or environmental counsel. That diligence will typically involve the full range of activities undertaken or contemplated by a company.

3. *Require clients to manage their environmental issues.* When the environmental diligence indicates that a company's activities have created or may create significant adverse environmental impacts, it is customary in the U.S. for banks, when granting financing, to require the company to have a management system in place that will address that risk. This may include as appropriate a requirement that the company hire an in-house or third party environmental manager and/or implement an environmental management system. Having someone in place who is qualified to

---

[49] *Id.* 10, 32.
[50] EPA Buckbee-Mears Information sheet, *supra* note 42.
[51] *Id*; Steven Howe, *Buckbee Sale Set to Close Thursday*, Cortland Standard, March 4, 2014.

manage environmental risks provides the bank with appropriate assurances that the issues are being properly handled by the company, without involving the bank directly or indirectly in the actual decisions made by its client's managers.

4. *Include appropriate environmental covenants and other protections in financing documents.* In the U.S., financing documents expressly require clients to demonstrate initially that they are in compliance with applicable environmental law, and to confirm such compliance on a periodic basis thereafter as a condition to additional funding. Financing documents also require clients to report any environmental release and any actual or alleged violation of environmental law, whether or not such release or violation is legally required to be reported the government. Environmental covenants also allow the bank to require the client, at its expense, to remedy environmental violations. These provisions help to demonstrate that the bank is not directly or indirectly causing any pollution, and, to the contrary, is taking steps to prevent and remedy pollution.

5. *Do not exercise decision-making control at the facility level or with respect to environmental compliance.* While a bank may properly assess the environmental compliance of its client, and enforce financing covenants that require the client to resolve any non-compliance items, the bank should carefully avoid direct involvement in day-to-day facility level decisions or decisions about environmental compliance matters. The bank's role should be confined to requiring the client to properly address these issues.

6. *Engage with environmental regulators to clarify when banks will and will not be considered responsible parties.* It is interesting to recall that the *Fleet Factors* case was brought by the U.S. government to recover cleanup costs incurred by EPA. Nonetheless, when the court decision was issued and its potentially devastating implications were understood, EPA took an active role with the banking industry in helping to craft rules of conduct that would enable banks to provide funding while also acting in an environmentally responsible manner. It may be that environmental regulators in Brazil could also play a similar constructive role.

References

Deborah Addis, *Comment: Tide May Be Turning to Banks in Lender Liability Lawsuits*, American Banker, May 25, 1993. The Comprehensive Environmental Response, Compensation and Liability Act, 42 U.S.C. §§9601 – 9675.

EPA, Office of Solid Waste and Emergency Response, State Brownfields and Voluntary Response Programs 2014, *available at* <http://www.epa.gov/brownfields/state_tribal/Brownfields_State_Report_2014_508_12-17-14_final_web.pdf>.

EPA, *Return to Use Initiative, Buckbee-Mears Co.* (Nov. 2014) ("EPA Buckbee-Mears Information Sheet"), *available at* <http://www.epa.gov/superfund/programs/recycle/pdf/rtu14-buckbee-mears.pdf>.

Internal Memorandum of Mack Cook, City of Cortland Office of Administration and Finance, March 27, 2014, available at <http://www.cortland.org/city/council/2014-05-20-packet.pdf>.

James T. O'Reilly, *Environmental Racism, Site Cleanup and Inner-City Jobs: Indiana's Urban in-Fill Incentives*, 11 Yale J. on Reg. 43, 54 (1994).

John M. Ames et al., *Toxins-Are-Us, How Deep in Toxic Waste Are Secured Lenders under CERCLA, A Review of the Last Five Years*, 14-9 Am. Bankr. Inst. J. (1995).

Johnine J. Brown, *Fleet Factors Case Produces Gibberish*, Merrill's Illinois Legal Times, Aug. 1, 1990.

Steven Howe, *Buckbee Sale Set to Close Thursday*, Cortland Standard, March 4, 2014.

Stephen Klege, *Fleet's Liability Fight Keeps Breaking New Ground,* American Banker, Aug. 25, 1992.

Stephen M. Johnson, *The Brownfields Action Agenda: A Model for Future Federal/State Cooperation in the Quest for Environmental Justice,* 37 Santa Clara L. Rev. 85, 108 (1996).

The Comprehensive Environmental Response, Compensation and Liability Act, 42 U.S.C. §§9601 – 9675.

U.S. Congress, Office of Technology Assessment, State of the States on Brownfields: Programs for Cleanup and Reuse of Contaminated Sites 2, at 13 (June 1995).

Walsh, Brian C., *Seeding the Brownfields: A Proposed Statute Limiting Environmental Liability for Prospective Purchasers,* 34 Harv. J. on Legis. 191, 231 (1997).

Informação bibliográfica deste livro, conforme a NBR 6023:2002 da Associação Brasileira de Normas Técnicas (ABNT):

GRACER, Jeffrey; TREANOR, Victoria Shiah. Managing lender liability: lessons from the U.S. perspective. In: YOSHIDA, Consuelo Y. Moromizato et al. (Coord.). *Finanças sustentáveis e a responsabilidade socioambiental das instituições financeiras.* Belo Horizonte: Fórum, 2017. p. 319-329. ISBN 978-85-450-0234-5.

DA ATUAÇÃO DA ONU, DO BANCO MUNDIAL E DO FMI NO DIREITO INTERNACIONAL DO MEIO AMBIENTE

JOSÉ CRETELLA NETO

19.1 Introdução

A intensa atuação das organizações internacionais, em especial após o final da 2ª Guerra Mundial, revela sua vocação como ator cada vez mais importante no cenário global: praticamente nenhum problema existente na sociedade internacional deixa de receber o empenho de alguma organização, visando contribuir para enfrentá-lo, seja para minimizar seu impacto, seja para erradicar de forma completa o problema.

Dada sua extraordinária relevância para a sociedade internacional, escrevemos obra[1] dedicada exclusivamente à análise das organizações internacionais, que foram definidas pela Comissão de Direito Internacional – CDI da ONU como "uma associação de Estados estabelecida por meio de tratado, dotada de uma constituição e de órgãos comuns, possuindo personalidade jurídica distinta da dos Estados membros".[2]

Conquanto Dihn[3] critique essa definição como "*trop 'doctrinal' et trop réductrice des différences constatés dans la pratique internationale pour refléter la réalité concrète*", ele próprio concede que não deva ser descartada, pois a considera como a única satisfatória do ponto de vista teórico.

Certas características das organizações internacionais, conforme as concebemos atualmente, permitem diferenciá-las de outras entidades: a) são criadas por tratado

---
[1] CRETELLA NETO, José. *Teoria geral das organizações internacionais*. 3. ed. São Paulo: Saraiva, 2013.
[2] FITZMAURICE, Gérald. *Annuaire de la Commission du Droit International*, 1956-II, p. 106, 101, art. 3.
[3] DIHN, Nguyen Quoc. *Droit International Public*. 6. ed. Paris: LGDJ, 1999. p. 572.

internacional; b) praticam atos conforme lhes autoriza o respectivo estatuto; c) são dotadas de competência funcional; e d) são disciplinadas, em grande medida, diretamente pelo Direito Internacional.[4]

O meio ambiente, particularmente após a Conferência de Estocolmo, de 1972, passou a receber enorme atenção nas últimas décadas, a partir da constatação de que o planeta corre sérios riscos de degradação ambiental mediante a interferência antrópica sobre a biosfera.

Muitas organizações internacionais, mesmo sem terem sido criadas com essa precípua finalidade, passaram a envidar esforços para estudar e regulamentar aspectos atinentes ao meio ambiente, destacando-se, entre elas, a ONU, o Banco Mundial e o FMI, cuja destacada atuação examinaremos a seguir.

19.2 A Organização das Nações Unidas[5]

19.2.1 Estrutura institucional da ONU

A Organização das Nações Unidas foi criada por iniciativa dos países vencedores da 2ª Guerra Mundial.

Estabelecida por tratado multilateral, firmado em 26.06.1945, denominado *Carta das Nações Unidas*, este foi subscrito, inicialmente, por 51 Estados, que se comprometeram a manter a paz e a segurança internacionais, a desenvolver relações amistosas entre as nações e a promover progresso social, melhores padrões de vida e direitos humanos. A organização tem como órgãos principais a Assembleia Geral, o Conselho de Segurança, a Secretaria, o Conselho Econômico e Social, o Conselho de Tutela e a Corte Internacional de Justiça (artigo 7.1 da Carta).

Atualmente, 192 Estados independentes são membros da organização, sendo que 15 compõem seu órgão restrito, o Conselho de Segurança, dos quais cinco têm assento permanente (bem como direito de veto) e os outros dez ocupam as demais vagas por períodos de dois anos.

Da Assembleia Geral, órgão plenário da organização, participam todos os Estados, com direito a um voto cada.

O Conselho Econômico e Social, ou ECOSOC, como é mais conhecido, por sua sigla em inglês, é incumbido da discussão de um amplo conjunto de tópicos, embora seus poderes sejam limitados e suas recomendações não sejam obrigatórias para os Estados membros da ONU.[6] É composto por 54 membros, eleitos pela Assembleia Geral a cada três anos, em eleições intercaladas, de forma que apenas 18 dos membros são trocados a cada ano.

---

[4] BARBERIS, Julio A. *Nouvelles questions concernant la personnalité juridique internationale*. Recueil des Cours de l'ADI, t. 179-I, 1983, p. 145-304.

[5] Disponível em: < www.un.org>.

[6] Suas atribuições constam do *artigo 62* da Carta, que dispõe: "1. O Conselho Econômico e Social fará ou iniciará estudos e relatórios a respeito de assuntos internacionais de caráter econômico, social, cultural, educacional, sanitário e conexos e poderá fazer recomendações a respeito de tais assuntos à Assembleia Geral, aos Membros das Nações Unidas e às entidades especializadas interessadas. 2. Poderá, igualmente, fazer recomendações destinadas a promover o respeito e a observância dos direitos humanos e das liberdades fundamentais para todos. 3. Poderá preparar projetos de convenções a serem submetidos à Assembleia Geral, sobre assuntos de sua competência. 4. Poderá convocar, de acordo com as regras estipuladas pelas Nações Unidas, conferências internacionais sobre assuntos de sua competência".

O Conselho de Tutela havia sido criado para supervisionar os territórios sob mandato, criados após a 2ª Guerra Mundial. Esses territórios deveriam consistir em áreas separadas dos Estados inimigos como resultado do conflito e também outros territórios, voluntariamente colocados sob o sistema de tutela pela autoridade que os administrava. O único território sob mandato que não foi colocado sob esse sistema ou ao qual não se havia concedido independência era a África do Sudoeste, que mais tarde iria tornar-se a Namíbia, após sua independência da África do Sul, em 21.03.1990.

Com a independência de Palau, pequeno país insular da Micronésia, no Oceano Pacífico, que era o último território ainda sob tutela da ONU, em 01.10.1994, o Conselho suspendeu suas atividades desde 1º de novembro do mesmo ano.[7]

O Secretariado é composto pelo Secretário-Geral e pelo pessoal administrativo e presta uma espécie de serviço público internacional. Nem o Secretário-Geral nem os integrantes do Secretariado, que provêm de todas as regiões do mundo, recebem ordens ou instruções de quaisquer Estados, incluindo seus Estados de origem, apenas da própria ONU.

O Secretário-Geral, conforme estipula o artigo 97 da Carta, é indicado pela Assembleia Geral, com base em recomendação unânime do Conselho de Segurança e é o funcionário mais graduado da organização, representando-a perante a comunidade internacional.

19.2.2 O Conselho de Segurança

O Conselho de Segurança tem como principal responsabilidade a manutenção da paz e da segurança internacionais, responsabilidade esta que lhe foi conferida pelos Estados membros, nos termos do artigo 24 da Carta das Nações Unidas.

Pretendia-se que atuasse como um órgão executivo eficiente, funcionando ininterruptamente e que o número de membros fosse limitado. O Conselho de Segurança atua em prol dos membros da organização como garantidor do cumprimento da Carta da ONU.

O Conselho de Segurança pode atuar também na área ambiental, embora a título excepcional. Basta lembrar, por exemplo, a *Convenção sobre a Proibição do Uso Militar ou Hostil de Técnicas de Modificação Ambiental*, concluída em Genebra, em 10.12.1976, cujo artigo 5.3 dispõe:

> Qualquer Estado Parte nesta convenção, que tenha motivos para acreditar que a ação de outro Estado Parte constitua uma violação das obrigações decorrentes dos dispositivos desta convenção, poderá depositar uma queixa perante o Conselho de Segurança das Nações Unidas. Tal queixa deverá conter todas as informações pertinentes, assim como todos os elementos comprobatórios possíveis que confirmem sua validade.

O Conselho de Segurança, ao receber a queixa, poderá, nos termos do artigo 5.4, iniciar uma investigação, devendo informar o resultado aos Estados Partes na Convenção.

Contudo, a Convenção não prevê as consequências caso o Conselho de Segurança conclua que algum Estado esteja empregando uma técnica de modificação ambiental

---

[7] SHAW, Malcolm. *International law*. 5. ed. Cambridge: Cambridge University Press, 2003. p. 1093.

para fins militares. Muito provavelmente, comprovada uma violação à Convenção, podem-se aplicar as medidas previstas nos artigos 36 e 37 da Carta das Nações Unidas, que autorizam o Conselho a "recomendar procedimentos ou métodos de solução apropriados".

Pode, igualmente, intervir em situações que coloquem em risco o meio ambiente. Isso ocorreu, por exemplo, em relação ao Iraque, quando esse país invadiu e ocupou o Kuwait, a partir de 09.08.1990. Na ocasião, o Conselho de Segurança aprovou, em 03.04.1991, a Resolução nº 687, a qual também instituiu um fundo de compensações aos danos causados pela invasão. Foi igualmente criada uma comissão especial para receber as queixas relativas a danos ao meio ambiente no Kuwait.

19.2.3 A Assembleia Geral

O interesse da ONU nas questões ambientais vem desde a década de 1960.

Em 1968, uma recomendação do ECOSOC, preconizando a convocação de uma conferência mundial, foi referendada pela Assembleia Geral, que, em sua 23ª Sessão, aprovou, em 03.12.1968, a Resolução nº 2.398 (XXIII).

Essa resolução alertava para "a deterioração constante e acelerada da qualidade do meio ambiente humano" e os "consequentes efeitos sobre a condição do homem, seu bem-estar físico, mental e social, sua dignidade e seu desfrute dos direitos humanos básicos, tanto em países desenvolvidos quanto em países em desenvolvimento", relacionando, deste modo, a Carta às emergentes questões ambientais. A resolução também reconheceu que as relações entre o homem e o meio ambiente estavam sofrendo profundas modificações, como consequência dos progressos científicos e tecnológicos modernos.

Várias iniciativas se seguiram, como a adoção, em 28.10.1982, da Carta Mundial da Natureza (*World Charter for Nature*). E, por meio da Resolução nº 38/161, de 19.12.1983, a Assembleia Geral acolheu entusiasticamente a ideia da criação de uma comissão especial para elaborar relatórios "sobre o meio ambiente e a problemática até o ano 2000 e além".

Em 1987, a Comissão Mundial sobre o Meio Ambiente e o Desenvolvimento submeteu seu trabalho, o chamado "Relatório Bruntland", à Assembleia Geral. Esse documento, baseado em um estudo que durou quatro anos, expôs o conceito de desenvolvimento sustentável.

Segundo orientações do Relatório, a Assembleia Geral aprovou, em 20.12.1988, a Resolução nº 44/228, pela qual convocou a Conferência do Rio, a realizar-se em 1992, a qual deveria "elaborar estratégias e medidas para deter ou reverter os efeitos da degradação do meio ambiente". A resolução identificou nove áreas "da maior importância para manter a qualidade do meio ambiente na Terra e, principalmente, atingir um desenvolvimento sustentável e ambientalmente racional em todos os países".

A Assembleia Geral é o órgão no qual se iniciou e no qual continua a se institucionalizar a proteção mundial do meio ambiente, bem como onde se origina grande parte das iniciativas em matéria ambiental, como as Conferências de Estocolmo (1972), Rio (1992), Johanesburgo (2002, ou Rio + 10) Copenhagen (2009), Durban (2011) e a Rio + 20 (2012), bem como diversas convenções internacionais e outros instrumentos jurídicos de validade não obrigatória, mas que contribuem significativamente para a construção e o desenvolvimento do Direito Internacional do Meio Ambiente.

19.2.4 A Corte Internacional de Justiça

A Corte Internacional de Justiça – CIJ é o principal órgão judiciário das Nações Unidas e funciona de acordo com seu Estatuto, que é baseado no Estatuto da anterior Corte Permanente de Justiça Internacional – CPJI (artigo 92 da Carta).

A Corte atua em duas capacidades, *contenciosa* (artigos 39 a 64), na qual profere *sentenças*, e *consultiva* (artigos 65 a 69), na qual emite *pareceres consultivos*.

Durante a Conferência do Rio, em 1992, o então Presidente da Corte, Sir Robert Yewdall Jennings (1913-2004), enfatizou o interesse do principal órgão judiciário da ONU no desenvolvimento do Direito Internacional. Apoiando-se nessa declaração, o Capítulo 39 do parágrafo 10 da Agenda 21 incentiva os Estados a submeterem suas controvérsias ambientais à CIJ.

Observe-se que cerca de 40 convenções internacionais multilaterais sobre o meio ambiente, atualmente em vigor, preveem que os Estados efetivamente resolvam seus diferendos ambientais nesse foro. Para atender à demanda, a CIJ criou, em julho de 1993, consoante o artigo 26.1 do Estatuto, uma Câmara para o Meio Ambiente, composta por sete juízes. Essa Câmara foi periodicamente recomposta, mas, como em seus 13 anos de existência, nenhum Estado jamais requereu que um caso fosse julgado por ela, decidiu-se, em 2006, não mais eleger juízes para compô-la.

De qualquer forma, em quatro casos, a Corte examinou questões ligadas ao meio ambiente, mas sua atuação está muito aquém do que dela se esperava.

No caso *dos Testes Nucleares*, envolvendo explosões de artefatos nucleares pela França, no Oceano Pacífico, duas vezes submetido à Corte, em 1974 e em 1995, esta não se pronunciou sobre os problemas ambientais suscitados pela Austrália e pela Nova Zelândia, decidindo que a controvérsia perdera seu objeto.

No *Caso Relativo a Certas Terras Fosfáticas em Nauru*, examinado entre 1989-1993, e que envolvia importantes questões ambientais, a Corte não chegou a proferir decisão de mérito, aceitando a maioria das exceções preliminares suscitadas pela Austrália.

Por outro lado, no parecer consultivo proferido no *Caso Licitude da Ameaça ou Uso de Armas Nucleares*, emitido em 08.07.1996 e principalmente no *Caso Relativo ao Projeto Gabčíkovo–Nagymaros*, sentenciado em 25.09.1997, a CIJ estabeleceu certos fundamentos do Direito Internacional do Meio Ambiente.[8]

19.2.5 O Conselho Econômico e Social – ECOSOC

19.2.5.1 Estrutura e funções

O ECOSOC é o principal órgão das Nações Unidas para coordenar atividades econômicas, sociais e todo trabalho a elas relacionado, que é executado por 14 agências especializadas, nove comissões funcionais e cinco comissões regionais. Também recebe relatórios enviados por 11 fundos e programas.

O ECOSOC funciona como foro central para a discussão de questões econômicas e sociais e para formular recomendações acerca de políticas dirigidas aos Estados Membros e ao sistema das Nações Unidas.

---

[8] CRETELLA NETO, José. *Curso de Direito Internacional do meio ambiente*. São Paulo: Saraiva, 2012. p. 354.

Suas variadas funções e atribuições são as estabelecidas nos artigos 62 a 72; em especial, dispõe o artigo 62:

> 1. O Conselho Econômico e Social fará ou iniciará estudos e relatórios a respeito de assuntos internacionais de caráter econômico, social, cultural, educacional, sanitário e conexos e poderá fazer recomendações a respeito de tais assuntos à Assembleia Geral, aos Membros das Nações Unidas e às entidades especializadas interessadas.
> 2. Poderá, igualmente, fazer recomendações destinadas a promover o respeito e a observância dos direitos humanos e das liberdades fundamentais para todos.
> 3. Poderá preparar projetos de convenções a serem submetidos à Assembleia Geral, sobre assuntos de sua competência.
> 4. Poderá convocar, de acordo com as regras estipuladas pelas Nações Unidas, conferências internacionais sobre assuntos de sua competência.

Na prática, e fazendo uma síntese de suas múltiplas atividades e atribuições, o ECOSOC procura:

- promover padrões de vida mais elevados, pleno emprego e progresso social e econômico;
- identificar soluções para problemas econômicos, sociais e de saúde;
- facilitar a cooperação internacional nas áreas cultural e educacional;
- incentivar o respeito universal pelos direitos humanos e liberdades fundamentais.

O órgão tem o poder de realizar ou iniciar a elaboração de relatórios sobre essas questões. Também pode apoiar a preparação e a organização das principais conferências internacionais em todos os campos econômicos e sociais e outros a eles relacionados, bem como facilitar o acompanhamento coordenado desses conclaves após seu encerramento. Com sua ampla gama de atribuições, as atividades do ECOSOC demandam cerca de 70% dos recursos humanos e financeiros de todo o sistema da ONU.[9]

19.2.5.2 O ECOSOC e as questões ambientais

Dois comitês do ECOSOC são especialmente ligados a questões ambientais: o Comitê para o Desenvolvimento Sustentável – CDS[10] (*Commission on Sustainable Development* – CSD) e o Fórum das Nações Unidas sobre Florestas – FNUF (*United Nations Forum on Forests* – UNFF).[11]

19.2.5.2.1 O Comitê para o Desenvolvimento Sustentável – CDS

O CDS foi criado como uma comissão funcional pela Decisão nº 1993/207, de 12.02.1993. Suas funções foram estabelecidas pela Resolução nº 47/191, de 22.12.1992, da Assembleia Geral. É composta por 53 membros, eleitos para dois mandatos de três anos cada um, reunindo-se anualmente por duas a três semanas.

---

[9] Disponível em: <www.un.org/en/ecosoc/about>.
[10] Disponível em: <www.un.org/esa/dsd/csd/csd_aboucsd>.
[11] Disponível em: <www.un.org/esa/forests/about>.

Recebe serviços técnicos e materiais do Departamento de Assuntos Econômicos e Sociais/Divisão de Desenvolvimento Sustentável e reporta-se diretamente ao ECOSOC e também, através dele, ao Segundo Comitê da Assembleia Geral.

A atuação da Comissão como um fórum de elevado nível sobre desenvolvimento sustentável inclui:

• rever, nos níveis internacional, regional e nacional, o progresso na implementação das recomendações e obrigações contidas nos documentos finais da Conferência das Nações Unidas sobre o Meio Ambiente e o Desenvolvimento (ECO-92), ou seja, a Agenda 21 e a Declaração do Rio sobre o Meio Ambiente e o Desenvolvimento;

• elaborar orientações acerca das políticas e opções para as atividades futuras com o objetivo de dar seguimento ao Plano de Implementação de Johannesburgo e atingir o desenvolvimento sustentável;

• promover o diálogo e estabelecer parcerias para o desenvolvimento sustentável com governos, com a comunidade internacional e com os principais grupos (*major groups*) identificados na Agenda 21 como "atores-chaves" (*key actors*), externos aos governos centrais, que devem desempenhar papel mais importante na transição em direção ao desenvolvimento sustentável. Esses principais grupos incluem mulheres, povos indígenas, ONGs, autoridades locais, trabalhadores e sindicatos, empresas comerciais e industriais, a comunidade científica e fazendeiros.

19.2.5.2.2 O Fórum das Nações Unidas sobre Florestas – FNUF

O FNUF foi criado pela Resolução nº 2.000/35, adotada em 18.10.2000, pelo ECOSOC.

O Fórum é um órgão subsidiário, cujo principal objetivo é promover "... a administração, a conservação e o desenvolvimento sustentável de todos os tipos de florestas e reforçar os compromissos políticos de longo prazo para essa finalidade...", com base na Declaração do Rio, nos Princípios da Floresta, no Capítulo 11 da Agenda 21 e no resultado dos processos IPF/IFF (*Intergovernmental Panel on Forests / Intergovernmental Forum*) e outros importantes marcos da política internacional sobre as florestas. O FNUF tem caráter universal, sendo integrado por todos os Estados Membros das Nações Unidas e pelas agências especializadas.

O FNUF é dirigido por um Escritório (*Bureau*) e administrado por uma Secretaria, que também funciona como Secretaria para a Parceria Colaborativa sobre as Florestas (*Collaborative Partnership on Forests*).

Instrumentos Juridicamente Não Obrigatórios sobre Todos os Tipos de Florestas

Seguindo-se a intensas negociações, a 7ª sessão do Fórum aprovou, em 28.04.2007, o fundamental documento denominado Instrumento Juridicamente Não Obrigatório sobre Todos os Tipos de Florestas – IJNO (*Non-Legally Binding Instrument on All Types of Forests* – NLBI), posteriormente adotado pela Assembleia Geral da ONU, na forma de um Anexo à Resolução nº 62/98, de 17.12.2007. A razão pela qual esse documento se reveste da maior importância deve-se ao fato de que, pela primeira vez, os Estados Membros da ONU aprovaram um instrumento internacional para o Manejo Sustentável de Florestas – MSF (*Sustainable Forest Management* – SFM).

Espera-se que o documento produza significativo impacto na cooperação internacional e na atuação em nível nacional visando à redução do desmatamento, à prevenção da degradação das florestas, à promoção de modos de vida sustentáveis e à redução da pobreza de todos os povos dependentes de florestas para sua sobrevivência. O NLBI foi adotado pela Assembleia Geral da ONU em 17.12.2007, por meio da Resolução nº 62/98.

Principais Funções do FNUF

Para alcançar seus principais objetivos, o FNUF desempenha as seguintes funções:
- facilitar a implementação de acordos relativos às florestas e promover o entendimento comum sobre o manejo sustentável de florestas;
- promover o contínuo desenvolvimento de políticas e do diálogo entre governos, organizações internacionais, incluindo os principais grupos, conforme identificados na Agenda 21, bem como enfrentar as questões florestais e novas áreas sobre as quais surgem preocupações, de forma holística, integral e integrada;
- aumentar a cooperação, bem como a coordenação de políticas e programas relacionados a questões florestais;
- promover a cooperação internacional;
- monitorar, avaliar e preparar relatórios sobre o progresso das funções já referidas e seus objetivos;
- fortalecer o comprometimento político com o manejo, a conservação e o desenvolvimento sustentável das florestas;
- aumentar a contribuição das florestas para alcançar as metas internacionalmente acordadas sobre o desenvolvimento, incluindo as Metas de Desenvolvimento do Milênio e a implementação da Declaração sobre Desenvolvimento Sustentável de Johannesburgo e o Plano de Implementação da Reunião Mundial sobre Desenvolvimento Sustentável, levando em consideração o Consenso de Monterrey da Conferência Internacional sobre o Financiamento ao Desenvolvimento;
- incentivar e apoiar países, incluindo os que dispõem de reduzida cobertura florestal, a desenvolver e a implementar estratégias de conservação e reabilitação de florestas, a aumentar a área de florestas manejadas de forma sustentável e a reduzir a degradação de florestas e a perda da cobertura florestal, de modo a manter e a melhorar os recursos florestais, para atender às necessidades presentes e futuras, em especial as necessidades dos povos indígenas e das comunidades locais cuja subsistência depende das florestas;
- fortalecer a interação entre o Fórum das Nações Unidas sobre as Florestas e os mecanismos regionais e sub-regionais mais importantes relacionados às florestas, as instituições e os instrumentos, com a participação dos principais grupos, conforme identificados pela Agenda 21 e os principais interessados para facilitar o aumento da cooperação e a implementação eficaz do manejo sustentado das florestas, bem como contribuir para o trabalho do Fórum.

Para alcançar seu principal objetivo, as seguintes funções foram estabelecidas como as principais, contidas nos processos do IPF/IFF, que produziram um conjunto de mais de 270 propostas para ações visando ao desenvolvimento sustentável, conhecidas, em conjunto, como as Propostas IPF/IFF[12] para Ação (*IPF/IFF Proposals for Action*). Essas

---

[12] O Painel Intergovernamental sobre as Florestas (*Intergovernmental Panel on Forests* – IPF) e o Fórum Intergovernamental sobre as Florestas (*Intergovernmental Forum on Forests* – IFF) representam cinco anos de diálogo em torno da política a respeito do diálogo internacional sobre as florestas. O IPF foi criado pela CDC para funcionar

propostas são a base para o Programa de Trabalho e Plano de Ação Plurianuais do Fórum das Nações Unidas sobre as Florestas, cujos diversos temas são discutidos durante as sessões anuais. Iniciativas por parte de países e organizações também contribuem para essas discussões.

Os diálogos entre os diversos interessados (*multi-stakeholder dialogues*) são parte integrante das sessões do Fórum, permitindo que todos contribuam para a formulação das políticas florestais do Fórum.

Objetivos Globais sobre as Florestas
Em 2006, durante a 6ª Sessão, o Fórum estabeleceu quatro Objetivos Globais sobre as Florestas, fornecendo orientação clara sobre os trabalhos futuros a respeito do acordo internacional sobre florestas. Os quatro objetivos a perseguir são:
• reverter a perda e cobertura florestal em todo o mundo por meio do manejo sustentado de florestas, incluindo a proteção, a restauração, a recomposição e o reflorestamento, e aumentar os esforços para evitar a degradação das florestas;
• aumentar os benefícios econômicos, sociais e ambientais baseados nas florestas, incluindo a melhora do nível de vida das populações dependentes das florestas;
• aumentar de maneira significativa a área de manejo de florestas sustentáveis, incluindo florestas protegidas, e aumentar a proporção de produtos florestais derivados de florestas manejadas de forma sustentável; e
• reverter o declínio da assistência oficial para o desenvolvimento do manejo sustentável das florestas e mobilizar os significativos recursos financeiros novos e adicionais provenientes de todos os tipos de fontes para assegurar o manejo sustentável de florestas.

Parceria Colaborativa sobre Florestas
A Parceria Colaborativa sobre Florestas – PCF (*Collaborative Partnership on Forests* – CPF) foi criada em abril de 2001, a seguir a uma recomendação do ECOSOC. Essa parceria

---

por dois anos (1995-1997), com a finalidade de abrir um fórum para deliberações sobre políticas florestais. A seguir, em 1997, o ECOSOC criou o IFF, para funcionar por três anos (1997-2000). As deliberações adotadas pelo IPF foram sobre as seguintes questões: a) implementação das decisões relativas às florestas adotadas durante a Conferência das Nações Unidas sobre o Meio Ambiente e o Desenvolvimento (ECO-92) nos níveis nacionais e internacional; b) cooperação internacional para assistência financeira e transferência de tecnologia; c) promoção da pesquisa científica, avaliação de florestas e desenvolvimento de critérios e indicadores para o manejo sustentado de florestas; d) análise do comércio e meio ambiente em relação a produtos e serviços florestais; e e) atuação de organizações internacionais e instituições e instrumentos multilaterais, incluindo mecanismos jurídicos apropriados. As deliberações do IFF foram destinadas a resolver diversas questões sobre as quais o IPF não havia chegado a um consenso, tais como recursos financeiros, transferência de tecnologias sólidas envolvendo o meio ambiente, e outras questões que haviam ficado pendentes, tais como deliberações sobre acordos internacionais e mecanismos sobre florestas. O programa do IFF incluiu: a) facilitar a implementação das propostas de ação do IPF, bem como revisar, monitorar e preparar relatórios sobre o progresso no manejo, na conservação e no desenvolvimento sustentável em todos os tipos de florestas; b) examinar assuntos deixados pendentes e outras questões dos elementos do programa do processo do IPF; e c) promover acordos internacionais e mecanismos para promover o manejo, a conservação e o desenvolvimento sustentável em todos os tipos de florestas. Em 1995, com a finalidade de apoiar o IPF e o IFF, bem como dar assistência a governos para que implementassem as propostas de ações, foi criada uma Força Tarefa Interagências sobre Florestas – FTIF (*Interagency Task Force on Forests* – ITFF) de alto nível, composta por oito organizações internacionais. Um dos legados mais importantes do trabalho do IPF e do IFF, conhecido como as Propostas de Ação do IPF/IFF, oferece orientação a governos, organizações internacionais, a entidades do setor privado e todos os principais grupos interessados, orientações seguras sobre como desenvolver, implementar e coordenar as políticas sobre o manejo sustentável de florestas em nível nacional e internacional.

inovadora entre as 14 mais importantes organizações e instituições internacionais, bem como Secretarias de Convenções envolvidas em questões florestais,[13] trabalha para apoiar o trabalho do FNUF e seus membros e promover o aumento na cooperação e na coordenação dos projetos relacionados às florestas.

19.3 O Banco Mundial

19.3.1 Criação do Banco Mundial e sua missão[14]

A expressão "Banco Mundial" designa uma instituição financeira internacional, cuja missão é reduzir a pobreza no mundo, e, para tal, fornece empréstimos aos países em desenvolvimento para programas ligados principalmente a aumento de capital e obras de infraestrutura.

O Banco Mundial é composto por duas instituições, o Banco Internacional para Reconstrução e Desenvolvimento – BIRD (*World Bank for Reconstruction and Development*, ou simplesmente *World Bank*) e a Associação Internacional de Desenvolvimento – AID (*International Development Association* – IDA).

A expressão "Grupo Banco Mundial" indica uma entidade que engloba, além do Banco Mundial (= BIRD + AID), mais três instituições, a Corporação Financeira Internacional – CFI (*International Financing Corporation* – IFC), a Agência Multilateral de Garantia dos Investimentos – AMGI (*Multilateral Investment Guarantee Agency* – MIGA) e o Centro Internacional para Solução de Controvérsias sobre Investimentos – CISCI (*International Centre for the Settlement of Investment Disputes* – ICSID).

Portanto, deve-se entender por "Grupo Banco Mundial" a reunião das instituições BIRD + AID + CFI + AMGI + CISCI.

Está sediado em Washington, D.C. e conta com um total de cerca de 10.000 funcionários em todo o mundo.

Sua missão original era a de financiar a reconstrução dos países devastados durante a 2ª Guerra Mundial, mas, completada essa importante tarefa, voltou sua atenção para a luta contra a pobreza, por meio de recursos econômico-financeiros e assessoria, concedidos aos países em médio e baixo desenvolvimento. Atualmente, constitui, dentro do sistema econômico internacional, uma fonte vital para financiamento e assistência técnica a esses países, além de compartilhar conhecimentos, aprimorar a capacidade gerencial dos funcionários governamentais e estabelecer parcerias entre os setores público e privado.

As instituições que formam o Grupo Banco Mundial fornecem linhas de financiamento sem juros e fundos generosos para países em desenvolvimento, destinados

---

[13] As 14 instituições são: i) Centro para a Pesquisa Internacional sobre as Florestas (CIFOR); ii) FAO; iii) Organização Internacional para Madeiras Tropicais (ITTO); iv) União Internacional de Organizações de Pesquisa Florestal (IUFRO); v) Secretariado da Convenção sobre a Diversidade Biológica (CBD); vi) Secretariado do Fundo Global para o Meio Ambiente (GEF); vii) Secretariado da Convenção das Nações Unidas para Combater a Desertificação (UNCCD); viii) Fórum das Nações Unidas sobre o Secretariado de Florestas (UNFF); ix) Secretariado da Convenção-Quadro das Nações Unidas para a Mudança do Clima (UNFCCC); x) Programa das Nações Unidas para o Desenvolvimento (PNUD); xi) Programa das Nações Unidas para o Meio Ambiente (PNUMA); xii) o Centro Mundial Agroflorestal (ICRAF); xiii) o Banco Mundial; e xiv) União Internacional para a Conservação da Natureza (IUCN).

[14] Disponível em: <www.worldbank.org>.

a uma ampla gama de finalidades, tais como investimentos em educação, em saúde, na administração pública, na infraestrutura, no desenvolvimento do setor privado, da agricultura e na administração de recursos naturais e ambientais.

Seu funcionamento e recursos são garantidos por contribuições dos Estados membros, que financiam a instituição por meio do pagamento de cotas, cujos percentuais refletem aproximadamente o poderio econômico relativo dos membros. Essas cotas representam, igualmente, a ponderação dos votos dos Estados membros na organização e são atualmente:

Poder de voto no Banco Mundial/cotas	
Estado-Membro	Porcentagem
Estados Unidos	16,39%
Japão	7,86%
Alemanha	4,49%
França	4,30%
Reino Unido	4,30%
Outros	62,66%

19.3.2 As instituições do Banco Mundial

As cinco instituições que compõem o Grupo Banco Mundial, todas sediadas em Washington, D.C., estão sob a direção de um único Presidente.

Tradicionalmente, a Presidência do Banco Mundial é ocupada por um cidadão dos EUA, enquanto o Presidente do FMI é, também por tradição, um europeu, exceto em uma única ocasião, quando a americana Anne Krueger ocupou o cargo de Presidente do Fundo Monetário Internacional, em caráter transitório, até que um novo Presidente fosse nomeado.[15] A indicação do nome do Presidente incumbe aos EUA e não é passível de contestação, nem se requer aceitação expressa dos demais Estados membros.

---

[15] Anne Osborn Krueger foi a Economista-Chefe do Banco Mundial entre 1982 e 1986. Atuou como a primeira Assistente do Presidente (*Deputy Managing Director*) do Fundo Monetário Internacional, entre 01.09.2001 e 01.09.2007. Foi também Presidente Interina (*Interim Managing Director*) do FMI entre 04.03.2004 (renúncia do Presidente Horst Kohler, então nomeado candidato à Presidência da Alemanha, como sucessor de Joahannes Rau, a partir da data de sua renúncia à Presidência do FMI) e 07.06.2007 (início do mandato de Rodrigo de Rato). Na primavera de 2007, assumiu a posição de Professor de Economia Internacional na John Hopkins School of Advanced International Studies, em Washington, D.C.

19.3.3 O Banco Mundial e o meio ambiente

A atuação do Banco Mundial mostra que a entidade tinha certa preocupação com o meio ambiente já antes mesmo da Conferência de Estocolmo, em 1972, mas, condizente com o pensamento da época, seus esforços nesse aspecto eram bastante limitados.[16]

A partir de 1984, em parte como resposta às críticas de que era uma instituição financeira insensível ao impacto sobre o meio ambiente dos grandes projetos que financiava, o Banco Mundial reformulou algumas de suas políticas.[17]

Assim, nesse ano, estabeleceu princípios de ação no campo ambiental e, especialmente no período entre 1987 e 1991, passou a impor aos tomadores de empréstimos que pretendiam usar os recursos para financiar, sobretudo obras de infraestrutura, que realizassem estudos de impacto ambiental. Também procurou associar-se a ONGs ambientalistas para que colaborassem nas análises de seus projetos. Em suma, o Banco passou a recusar-se a financiar projetos que pudessem provocar a violação de obrigações internacionais ambientais assumidas pelo Estado que pretendia contrair um empréstimo e estabeleceu várias normas que fazem parte de instrumentos obrigatórios para a instituição, destacando-se a Política de Florestas[18] e a Política de Avaliação Ambiental.[19]

O Banco passou a adotar alguns procedimentos importantes em sua nova política, tais como:

• contratação de especialistas como consultores independentes para projetos complexos;

• não concessão de empréstimos cujos destinos sejam projetos contrários a tratados internacionais relativos ao meio ambiente;

• apoio a projetos visando à melhora do meio ambiente, tais como os de reflorestamento e recuperação de áreas degradadas; e

• incentivo ao uso racional de pesticidas e fertilizantes na agricultura.

Em outubro de 1991, adotou um código consolidado de suas diretrizes operacionais, enfatizando, entre outras orientações:

• estabelecer criteriosamente as prioridades, incentivando a participação do público próximo ou afetado pelos projetos;

• adotar políticas que melhor atendam às necessidades de preservação do meio ambiente;

• colaborar com o setor privado para a adoção de estratégias e processos menos danosos ao meio ambiente;

• apoiar programas de formação e conscientização ambiental dos cidadãos;

• orientar governos a adotar políticas (inclusive tributárias) que incentivem a proteção do meio ambiente e desencorajem práticas ambientais nocivas.

As Estratégias de Assistência a Países – EAPs (*Country Assistance Strategies* – CASs) constituem parte central na política do Banco Mundial adotada em relação a países-clientes. Cada EAP deve apresentar um quadro completo do desenvolvimento

---

[16] SHIBATA, Ibrahim F. I. *The world bank in a changing world*. Dordrecht: Nijhoff, 1991. v. 1, p. 135-180.
[17] *Operational Manual Statement* (OMS); 2.36. *Environmental Aspects of Bank Work*, maio 1984.
[18] *Forestry Policy*. O Parágrafo 2º dessa diretriz dispõe: "Governments must also commit to adhere to their obligations as set forth in relevant international instruments to which they are party".
[19] *Policy on Environmental Assessment*.

econômico do país, identificar as principais preocupações do governo e demonstrar a necessidade dos serviços do Banco.[20]

Devido a essa linha de atuação, torna-se necessário assegurar que as avaliações ambientais sejam incluídas nas estratégias e que seu papel na promoção do desenvolvimento seja plenamente explorado.

O Departamento do Meio Ambiente do Banco Mundial (*Environment Department at the World Bank*) encarrega-se da integração das questões ambientais às EAPs da instituição. Para atingir esse objetivo, a Equipe de Política e Economia (*Policy and Economics Team*) realiza revisões sistemáticas das minutas das EAPs, oferecendo comentários e sugestões para melhorar esses relatórios. Além de rever os relatórios, a Equipe de Política e Economia dá apoio aos integrantes dos Departamentos Ambientais Regionais (*Regional Environment Departments*) que devem fornecer dados e informações para as EAPs.

A instituição também publica uma série de relatórios e *papers*, tais como:

• *China 2020: Clear Water, Blue Skies. China's Environment in the New Century* (World Bank, Washington, D.C.), 1997;

• *Five Years after Rio: Innovations in Environmental Policy, Environmentally Sustainable Development*, Studies and Monographs Series no. 18 (World Bank, Washington, DC), 1997;

• *Using Market-based Instruments in the Developing World: The Case of Pollution Charges in Colombia*, New Ideas in Pollution Regulation World, 1999 (disponível em <www.worldbank.org/nipr/lacsem/columpres/index.htm>).

Há quatro áreas que representam os meios mais importantes pelos quais a prática do Banco Mundial contribui para o desenvolvimento do Direito Internacional do Meio Ambiente, a saber:

• as políticas e procedimentos do Banco em relação ao meio ambiente;

• os dispositivos sobre as condições ambientais constantes nos acordos e empréstimos do Banco;[21]

• o papel do Banco como garantidor e agência de implementação dos fundos internacionais destinados ao meio ambiente; e

• o papel do Grupo de Inspeção do Banco como instrumento internacional de proteção ambiental.[22]

---

[20] Por exemplo, o Banco deu assistência à Federação Russa e aos Novos Estados Independentes da antiga União Soviética para que pudessem proceder a uma ampla revisão de suas participações em tratados internacionais sobre o meio ambiente. *Vide* o documento *Participation of the Russian Federation and the Newly Independent States of the former Soviet Union in the International Environmental Agreements*, World Bank, Environment Department, março 1996.

[21] *Vide*, por exemplo, os documentos *IBRD General Conditions Applicable to Loan and Guarantee Agreements* e o *IDA General Conditions Applicable to Development Credit Agreements*, ambos de 01.01.1985.

[22] SHIBATA, Ibrahim F. I. The World Bank's Contribution to the Development of International Environmental Law. In: *Liber Amicorum* Professor Ignaz Seidl-Hohenfeldern in Honour of his 80th Birthday. Haia/Londres/Boston: Kluwer Law International, 1998. p. 631-657.

19.4 O Fundo Monetário Internacional[23]

19.4.1 Criação do FMI e sua missão

Conforme já mencionado, teve lugar, em 1944, a Conferência de Bretton Woods, visando à reconstrução da ordem financeira, econômica e política internacional, profundamente alterada pela 2ª Guerra Mundial. Dessa importante conferência resultou a criação do *Fundo Monetário Internacional* – FMI e do *Banco Internacional para a Reconstrução e o Desenvolvimento* – BIRD, também conhecido como Banco Mundial (*World Bank*).

Esse novo sistema substituía uma estrutura global arcaica, incapaz de fazer frente às necessárias liquidez, estabilidade e adequada movimentação financeira, próprias de um verdadeiro sistema financeiro internacional, inexistente antes de 1944.

É certo que as nações sempre comercializaram bens entre si, mas empregavam padrões econômico-financeiros que se mostraram inadequados. Assim, como a moeda sempre constituíra uma prerrogativa da soberania estatal, adotou-se, a partir do século XIX, o chamado padrão-ouro, por ser internacionalmente aceito e conversível nas moedas nacionais. Foram adotadas, igualmente, regras de conversibilidade das taxas de câmbio das moedas nacionais.

Esse padrão foi adotado por três razões: a) a convertibilidade das moedas da grande maioria dos países em ouro; b) a liberdade para entrada e saída físicas do metal dos territórios dos Estados; e c) a criação de normas relativas à quantidade de moeda em circulação em determinado Estado, em proporção à quantidade de reservas em ouro de que dispunha (ou seja, as moedas eram "lastreadas" em ouro).[24] O padrão-ouro permitiu que as taxas de câmbio permanecessem relativamente fixas por várias décadas, até que, com a 1ª Guerra Mundial (1914-1918), ficasse evidente sua inviabilidade, pelo fato de que, com os parques industriais destruídos, a espiral inflacionária galopante e a instabilidade política que se seguiram ao conflito, os países não mais conseguiriam recompor suas reservas e adequá-las às taxas de conversão anteriores ao conflito, mesmo que corrigissem os índices pelas taxas de inflação.

O Brasil, na maior parte do século 19, viveu sob uma monarquia e, a partir de 1889, a Era Republicana. Passou de uma longa estabilidade (na monarquia) para uma situação de descontrole econômico-financeiro (na jovem república), consolidando-se a Política das Oligarquias Estaduais. Independente de Portugal, o País passou a ser devedor da Inglaterra. A chamada Era Vargas, de 1930 a 1946, marcou a adoção de um modelo político ditatorial, inspirado nas ideias fascistas originadas na Itália, governada por Mussolini. A pauta de exportação brasileira reduzia-se à monocultura de café, e sua participação na economia mundial era inexpressiva. Contudo, a Grande Depressão também atingiu o Brasil, bem como os demais países periféricos, gerando, para o País, desprestígio político e caos econômico.

Faltando ouro (físico) em circulação no mundo, e presentes os fatores de instabilidade mencionados, tentou-se, paliativamente, criar um sistema internacional ancorado no lastreamento indireto das moedas ao ouro, com base nas taxas de conversão

---
[23] Disponível em: <www.imf.org>.
[24] GONÇALVES, Reinaldo et al. *A nova economia internacional:* uma perspectiva brasileira. 3. ed. Rio de Janeiro: Campus, 1998. p. 274-275.

do metal para a libra esterlina e para o dólar norte-americano, moedas que gozavam de prestígio, já que eram emitidas por países economicamente sólidos ao final da 1ª Guerra Mundial.

Essa situação, por si só bastante frágil, viu-se agravada pela Grande Depressão econômica, que se instaurou com o *crash* da Bolsa de Valores de Nova York, em 1929, a qual perdurou durante a década de 1930.

A 2ª Guerra Mundial foi provocada, entre outros fatores, pela instabilidade das economias dos países europeus, marcadas por elevadas taxas de inflação, de valorizações cambiais, desemprego maciço, imposição de barreiras à importação, controles rígidos sobre movimentos cambiais e distúrbios políticos que conturbaram a ordem social vigente, a ponto de facilitarem a tomada de poder por grupos totalitários, o que ocorreu, sobretudo, na Alemanha e na Itália, mas também em Portugal e na Espanha.

O FMI foi idealizado principalmente pelos EUA e pela Grã-Bretanha, embora algumas das avançadas ideias do grande economista britânico John Maynard Keynes (1883-1946) não tenham prevalecido. Propunha ele, por exemplo, a adoção de uma moeda de referência internacional, que denominara *bancor*. Contudo, aprovaram-se determinadas medidas estabilizadoras da economia internacional, como a adoção de um regime de paridade cambial fixo (mas ajustável) entre as moedas, tomando o dólar norte-americano como base, ou seu equivalente em ouro, à razão de US$ 34 por onça-*troy*[25] do metal. O governo dos EUA comprometeu-se a converter, por prazo indefinido, as moedas dos demais membros em ouro a essa taxa fixa. O Brasil, ao implementar o sistema de Bretton Woods, declarou ao FMI a paridade cambial de Cr$ 18 por dólar norte-americano, em vigor desde 1939.[26]

O Fundo desempenhou um papel crucial para moldar a economia mundial desde o final do conflito mundial. Podemos analisar sua atuação em cinco períodos distintos, como segue.

Entre o final do confronto, em 1945, que deixou mais de 50 milhões de mortos e as economias da Europa e de vários países da Ásia extremamente desorganizadas, e 1971, pouco antes do primeiro "choque do petróleo", o foco de sua atuação foi o de reconstruir as economias nacionais. A tarefa envolvia também a supervisão do sistema monetário internacional, de modo a assegurar a estabilidade das taxas de câmbio e o incentivo aos membros para que eliminassem progressivamente as restrições às importações que dificultavam o comércio exterior. Registra-se, no período, a crise da libra esterlina, em 1960-61, que deu origem a "acordos gerais de empréstimos", negociados entre os principais bancos centrais do mundo, provocando a criação de uma associação informal composta por essas entidades, denominada *Grupo dos Dez*.

Em meados da década de 1960, os Estados Unidos solicitaram a seus parceiros que evitassem converter seus superávits em dólares – pois estes começavam a aumentar de forma significativa – para ouro, o que forçaria os EUA a lhes enviar parte substancial de suas reservas. Esse apelo foi atendido pelo Japão e pela Alemanha, cujas economias

---

[25] A *onça-troy* equivale a 31,1034768 g.
[26] Essa taxa foi mantida até 1953, apesar da inflação no período. Nesse ano, a seguir à malsucedida prática de leilões cambiais com ágio, realizados a partir de 1947, o regime de flexibilidade cambial foi introduzido, com taxas de câmbio múltiplas (exportação, importação, turismo).

dependiam grandemente dos EUA, mas desprezado pela França, que, à época do governo do General Charles de Gaulle (1890-1970), procurava contestar a hegemonia americana no Ocidente e utilizava a moeda como marca de sua soberania.

Nessa mesma época, registrou-se falta de liquidez internacional de divisas, o que passou a constituir ameaça ao desenvolvimento do comércio mundial. A resposta do FMI foi a criação dos "Direitos Especiais de Saque – DES", padrão monetário destinado a servir de referência internacional, o que ocorreu na conferência do Rio de Janeiro, de 1967, tendo entrado em vigor na década de 1970.

Encerrada essa fase, o FMI ainda manteve algumas das funções então desempenhadas, por várias décadas a seguir.

É preciso ressaltar que o "Sistema de Bretton Woods" nunca funcionou perfeitamente, exceto durante um curto espaço de tempo, já que ainda persistiam os desequilíbrios econômicos causados pelo conflito mundial. Em agosto de 1971, sem aviso prévio, os EUA adotaram a decisão unilateral de não mais honrar a conversibilidade do dólar em ouro, o que levou o sistema internacional a uma situação de desorganização.

Essa segunda fase, entre 1972 e 1981, teve início quando o sistema de taxas de câmbio fixas, estabelecido em Bretton Woods, deixou de existir, passando as taxas a flutuar livremente. Adicionalmente, os já referidos "choques do petróleo" – provocados pelos países produtores de petróleo, que aumentaram vigorosamente os preços do produto –, ocorridos em 1973-74 e em 1979, levaram grande parte dos países importadores, entre eles o Brasil, a sofrerem graves desequilíbrios em suas contas externas. Nessas ocasiões, socorreram-se do FMI para obter recursos que permitissem equilibrar suas contas externas e internas.

Esses choques do petróleo da década de 1970 provocaram profunda crise internacional, registrando-se significativo aumento da dívida externa de muitos países, principalmente do Terceiro Mundo, e o FMI, no período que se seguiu (1982-1989), desempenhou papel relevante para coordenar a resposta global.

Com a queda do Muro de Berlim, em 09.11.1989, o mundo sofreu profundas transformações sociais, políticas e econômicas. No período entre 1990 e 2004, o FMI desempenhou novamente um importante papel para ajudar os países do antigo bloco socialista, que gravitavam ao redor da ex-URSS, a fazer a dolorosa transição entre seus sistemas econômicos centralmente planejados para sistemas orientados pelo mercado.

O aumento vertiginoso dos fluxos econômicos, a partir de 2005, se, por um lado, promoveu notável crescimento da economia global, também levou ao aprofundamento das assimetrias existentes entre os membros da sociedade internacional e, além disso, no seio de cada sociedade nacional, ao empobrecimento de parcelas significativas da população, incapazes de se adequarem às novas tecnologias e aos dinâmicos mercados de trabalho, modificados de forma a exigir, cada vez mais, conhecimentos técnicos e acadêmicos – e menos na força bruta –, bem como a busca incessante de custos mais reduzidos para produzir mercadorias e oferecer serviços.

As implicações desse aumento nos fluxos de capital para a política econômica e para a estabilidade do sistema financeiro internacional não estão, ainda, absolutamente claras. A atual crise do crédito, que começou no 2º semestre de 2007, e os choques de aumentos de preços dos alimentos e do petróleo, apontam para novas formas de atuação do FMI.

A missão atual do FMI, atualmente integrado por 186 nações, é:

... trabalhar para impulsionar a cooperação monetária global, assegurar estabilidade financeira, facilitar o comércio internacional, promover altas taxas de emprego e de crescimento econômico sustentável e reduzir a pobreza em todo o mundo.[27]

Para cumprir essas missões, fornece consultoria sobre política financeira aos membros que atravessam dificuldades econômicas, bem como procura assessorar países em desenvolvimento, para apoiá-los em iniciativas que visam à estabilidade macroeconômica e à redução da pobreza. O Fundo estimula a cooperação monetária internacional e a estabilidade das taxas de câmbio, bem como facilita o crescimento equilibrado do comércio multilateral e fornece recursos para ajudar os membros que enfrentam dificuldades com seu balanço de pagamentos, além de assessorar países que adotam programas de redução da pobreza.

O FMI é uma agência especializada da Organização das Nações Unidas. Contudo, é dotada de estatuto próprio, bem como estruturas institucional e financeira independentes. Seus membros são representados mediante um sistema de cotas, baseado, principalmente, em seu tamanho relativo na economia global.

Por meio de supervisão constante, o FMI acompanha a saúde econômica de seus membros, alertando-os para riscos à vista, bem como oferecendo consultoria em relação às políticas econômico-financeiras. Também empresta dinheiro a países em dificuldades e fornece assistência técnica e treinamento, de forma a ajudar os membros a melhorarem a administração de seus recursos. Esse trabalho é feito com base nas pesquisas realizadas pelas equipes técnicas do FMI e pelas estatísticas que compila.

O FMI opera frequentemente em conjunto e estreita cooperação com outras organizações internacionais, envolvidas em trabalhos de promoção do crescimento e redução da pobreza. Também mantém estreitas ligações com grupos de pesquisadores (*think tanks*), com a sociedade civil e a mídia em geral.

19.4.2 O Fundo Monetário Internacional e o meio ambiente

Em matéria publicada em seu *site*,[28] o FMI afirmou:

Estabilizar as concentrações atmosféricas globais de gases efeito-estufa irá exigir uma dramática transformação em todo o sistema energético do mundo nas próximas décadas. Instrumentos fiscais são a política mais natural para refletir os custos ambientais das emissões sobre o preço da energia e para criar os incentivos necessários para o desenvolvimento de tecnologias mais limpas. Assistência financeira em larga escala e previsível também é necessária para que países em desenvolvimento possam apoiar as ações destinadas a combater alterações climáticas. Em consonância com seu mandato, o FMI se concentra nos desafios fiscais, financeiros e macroeconômicos das mudanças climáticas e políticas relacionadas.

---

[27] Disponível em: <www.imf.org>.
[28] *Climate Change and the IMF*, Factsheet de 31.01.2011. Disponível em: <www.imf.org/external/np/exr/facts/enviro.htm>.

As atividades do FMI nessa área concentram-se em fornecer consultoria sobre políticas de mitigação de emissões, em especial para Estados membros sobre os quais alterações climáticas possam ter impacto mais significativo quanto à estabilidade econômica e fiscal.

Também procura facilitar o entendimento sobre as difíceis questões relacionadas com as políticas de cooperação fiscal, envolvidas nos esforços para estabelecer um instrumento jurídico apto a suceder o *Protocolo de Quioto*. Marca esse esforço, por exemplo, a Conferência das Nações Unidas sobre as Mudanças Climáticas, realizada em Cancún, México, entre 29.11 e 10.12.2010, oficialmente designada como a 16ª Conferência das Partes (CoP 16) da *Convenção-Quadro sobre Mudanças do Clima*, da ONU. O *staff* do FMI contribuiu, durante essa Conferência, com o debate sobre como financiar ações de combate às mudanças climáticas nos países em desenvolvimento.

Tributos sobre emissões de gases de efeito estufa e de carbono são capazes de aumentar as receitas dos governos, enquanto, simultaneamente, podem reduzir as emissões. Políticas regulatórias são consideradas menos eficazes do que políticas fiscais, pelo tipo de estímulo que adotam. Sistemas que limitam as emissões do tipo *cap-and-trade* mostram-se também promissoras, mas devem ser geralmente projetadas como se fossem instrumentos fiscais, por meio de dispositivos que elevem as receitas e visem à estabilidade.

Dois integrantes da equipe do FMI lançaram a ideia de criar um Fundo Verde (*Green Fund*), que discutiram no artigo *Financing the Response to Climate Change*.[29] Esse Fundo, que não seria criado nem administrado pelo FMI, teria à disposição recursos em volume crescente, até atingirem US$ 100 bilhões anuais a partir de 2020, em linha com o Acordo de Copenhagen, de 2009.

As implicações das mudanças climáticas são discutidas nesse artigo, na publicação do FMI intitulada *2008 World Economic Outlook* e em outros artigos publicados na edição de março de 2008 da revista *Finance & Development*, que abordam a questão dos aspectos macroeconômicos das mudanças climáticas.

Além das mudanças climáticas, o FMI entende que existe campo bastante vasto para reformas tributárias para lidar com problemas ambientais e outros, que podem dificultar o crescimento econômico, tais como o impacto sobre a saúde e a produtividade, causados pela má qualidade do ar nos principais centros urbanos. Equipes do FMI se debruçam sobre essas questões com a finalidade de estabelecer orientações (*Guidelines*) para apresentar alternativas fiscais aos governos que precisam enfrentar esses problemas.

Em outro estudo, equipes do FMI analisam subsídios concedidos a alimentos e a combustíveis, incluindo seus efeitos sobre o clima. No caso de produtos derivados do petróleo, por exemplo, a redução de subsídios pode ajudar a reduzir a emissão de gases de efeito estufa em países emergentes e em países em desenvolvimento e, ao mesmo tempo, reduzir déficits fiscais projetados.

Há equipes envolvidas no monitoramento de políticas de preços de combustíveis em resposta a preços internacionais voláteis.

Finalmente, está em curso um amplo estudo para definir e medir o conceito de "investimento verde" e examinar e explicar as mais recentes tendências.

---

[29] BREDENKAMP, Hugh; PATTILLO, Catherine. *Financing the Response to Climate Change*, publicado como *IMF Staff Position Note* e datado 25.03.2010. Disponível em: <www.imf.org/external/pubs/ft/spn/2010/spn1006.pdf>.

Conclusões

1. Nem a ONU, nem o Banco Mundial, nem o FMI foram criados com a finalidade de dedicar seus esforços à preservação do meio ambiente.

2. Dada a crescente importância das questões ambientais que afetam a própria vida humana no planeta, no entanto, com a degradação da biosfera e a contínua atuação do homem, acentuando os processos de deterioração do meio ambiente, foram as organizações internacionais praticamente forçadas a voltar parte de sua atenção a essas questões.

3. Não apenas a ONU, o Banco Mundial e o FMI têm destacada atuação nas questões que envolvem o meio ambiente. Mais de 30 organizações internacionais e agências, muitas delas criadas por tratados, dedicam-se à luta contra a degradação do meio ambiente. Enfocamos apenas estas três, no presente trabalho, por sua inegável importância no cenário internacional.

4. Justamente pela importância dessas organizações e sua dedicação às questões referentes ao meio ambiente – atividade para a qual não foram criadas de forma específica, em sua origem –, percebe-se claramente que a iniciativa para proteção ambiental desbordou completamente as fronteiras nacionais, e instituições interestatais passaram a desempenhar papel cada vez mais relevante no combate a todas as formas de poluição e contaminação.

Referências

BREDENKAMP, Hugh; PATTILLO, Catherine. *Financing the Response to Climate Change*, publicado como *IMF Staff Position Note* e datado 25.03.2010. Disponível em: <www.imf.org/external/pubs/ft/spn/2010/spn1006.pdf>.

CRETELLA NETO, José. *Teoria geral das organizações internacionais*. 3. ed. Saraiva, 2013.

CRETELLA NETO, José. *Curso de Direito Internacional do meio ambiente*. São Paulo: Saraiva, 2012

DIHN, Nguyen Quoc. *Droit International Public*. 6. ed. Paris: LGDJ, 1999.

FITZMAURICE, Gérald. *Annuaire de la Commission du Droit International*, 1956-II. p. 106, 101, art. 3.

GONÇALVES, Reinaldo et al. *A nova economia internacional:* uma perspectiva brasileira. 3. ed. Rio de Janeiro: Campus, 1998. p. 274-275.

IBRD General Conditions Applicable to Loan and Guarantee Agreements, 01 jan. 1985.

IDA General Conditions Applicable to Development Credit Agreements, 01 jan. 1985.

PARTICIPATION of the Russian Federation and the Newly Independent States of the former Soviet Union in the International Environmental Agreements, World Bank, Environment Department, março 1996.

SHAW, Malcolm. *International law*. 5. ed. Cambridge: Cambridge University Press, 2003. p. 1093.

SHIBATA, Ibrahim F. I. The World Bank's contribution to the development of international environmental law. In: *Liber Amicorum* Professor Ignaz Seidl-Hohenfeldern in Honour of his 80th Birthday. Haia/Londres/Boston: Kluwer Law International, 1998. p. 631-657.

SHIBATA, Ibrahim F. I. *The World Bank in a Changing World*, vol. I, Dordrecht, Nijhoff, 1991, pp. 135-180.

WORLD BANK. Disponível em: <www.worldbank.org>.

UNITED NATIONS. Disponível em: <www.un.org>.

UNITED NATIONS. *About ECOSOC* . Disponível em: <www.un.org/en/ecosoc/about>.

UNITED NATIONS. *Sustainable Development knowledge Platform*. Disponível em: <www.un.org/esa/dsd/csd/csd_aboucsd>.

UNITED NATIONS. *UN forum on forests*. Disponível em: <www.un.org/esa/forests/about>.

INTERNATIONAL MONETARY FUND. Disponível em: <www.imf.org>.

CLIMATE Change and the IMF, Factsheet de 31.01.2011. Disponível em: <www.imf.org/external/np/exr/facts/enviro.htm>.

OPERATIONAL Manual Statement (OMS); 2.36. Environmental Aspects of Bank Work, maio 1984.

Informação bibliográfica deste livro, conforme a NBR 6023:2002 da Associação Brasileira de Normas Técnicas (ABNT):

CRETELLA NETO, José. Da atuação da ONU, do Banco Mundial e do FMI no Direito Internacional do Meio Ambiente. In: YOSHIDA, Consuelo Y. Moromizato et al. (Coord.). *Finanças sustentáveis e a responsabilidade socioambiental das instituições financeiras*. Belo Horizonte: Fórum, 2017. p. 331-350. ISBN 978-85-450-0234-5.

CAPÍTULO 20

NEGÓCIOS E SUSTENTABILIDADE – A ATUAÇÃO DAS INSTITUIÇÕES FINANCEIRAS

MÁRIO SÉRGIO FERNANDES DE VASCONCELOS

Introdução

As instituições financeiras brasileiras, no exercício de suas funções fundamentais de intermediar o fluxo de recursos na economia e prestar serviços de pagamentos, têm incorporado ativamente os desafios ambientais e sociais em suas operações.

O compromisso com a transição para uma economia sustentável começa no cotidiano dessas instituições, onde o uso intensivo de tecnologia, além de possibilitar o atendimento de um número cada vez maior de clientes, tem reduzido o impacto ambiental da atividade bancária. A compensação de cheques por imagem, na qual os documentos fisicamente não mais viajam pelo Brasil, e a possibilidade de pagamento de cerca de 1.773 milhões de boletos de cobrança em 2016 por meio Débito Direto Autorizado (DDA) eletrônico são dois bons exemplos de mudança em favor de uma economia verde. Comodidade, segurança, menor deslocamento, menor consumo de combustível e menor uso de papel são reflexos destes serviços apoiados por tecnologia que reduzem a geração de resíduos e a emissão de gases de efeito estufa, contribuindo para mitigar as mudanças climáticas. E estamos apenas no começo desta revolução tecnológica.

A agenda ambiental do país é extensa e, nela, a Federação Brasileira de Bancos – FEBRABAN desempenha um importante papel, principalmente através de sua Comissão de Responsabilidade Social e Sustentabilidade, integrada por 30 bancos. Esta comissão, criada há mais de 10 anos, tem seu foco de atuação não apenas nos riscos socioambientais que possam afetar as instituições financeiras como também nas oportunidades para o desenvolvimento de novos negócios que acelerem a transição para uma economia de mais baixo carbono, sustentável e inclusiva.

A responsabilidade socioambiental é de todos. Cada instituição financeira, empresas, sociedade civil organizada, academia, todos os níveis dos governos e do setor público, o Congresso Nacional, cidadãos e cidadãs brasileiras, têm parte desta responsabilidade e os deveres a ela inerentes. O meio ambiente e o bem-estar social são bens coletivos e a mudança climática não respeita fronteiras. Não existe a possibilidade de limitar os efeitos do aquecimento global a uma determinada área geográfica, setor econômico ou a uma parte da sociedade. Por isso mesmo, é indispensável a colaboração e participação de todos na busca de novas soluções, tecnologias e modelos de negócios que respeitem os limites ambientais do planeta, permitam a inclusão social e garantam condições de vida dignas para as próximas gerações. Nada mais contraproducente que as tentativas de transferência de responsabilidades.

Muito se fez e muito mais precisa ser feito. O Brasil conta com uma matriz energética dentre as mais limpas do mundo, com 41,2% em fontes renováveis, e possui 61% do seu território ocupado com florestas nativas. É o segundo maior produtor de alimentos e tem, no agronegócio, 22% do PIB nacional. Conta ainda com uma legislação robusta nas questões socioambientais, temas discutidos em clima de liberdade e transparência.

Não obstante estes fatos positivos o país encontra-se entre os 10 maiores emissores de gases de efeito estufa do planeta e ainda não disseminou uma cultura de responsabilidade socioambiental, não sendo incomum a adoção de caminhos que visam resultados de curto prazo em detrimento de um futuro mais sustentável.

As metas do Acordo de Paris

As metas assumidas pelo Brasil na Conferência do Clima das Nações Unidas em dezembro de 2015 (COP 21 Paris) e ratificadas em 21 de setembro de 2016 determinam a redução das emissões em 37% até 2015, tendo como base os níveis de 2005, com indicativo de redução de 43% até 2030. As metas estão ancoradas em dois grupos de atividades: uso da terra e energias.

No uso da terra os compromissos incluem acabar com o desmatamento ilegal, reflorestar 12 milhões de hectares de florestas, integrar agricultura, pecuária e floresta em 5 milhões de hectares e restaurar 15 milhões de hectares em pastos degradados.

Com relação à energia, os objetivos incluem atingir 45% de fontes renováveis na matriz energética, 23% em fontes de eletricidade renováveis alternativas às hidrelétricas; aumentar a participação de biocombustíveis no *mix* energético para 18% e aumentar a eficiência energética em 10%.

As instituições financeiras atuam neste contexto de maneira responsável e consciente. A Resolução nº 4.327 editada em 2014 pelo Banco Central do Brasil dispôs sobre as diretrizes a serem observadas no estabelecimento e implantação da Política de Responsabilidade Socioambiental pelas instituições financeiras e tornou definitiva a incorporação dos temas Ambientais, Sociais e de Governança (ASG) no planejamento estratégico e no dia a dia dos negócios. Ainda em 2014, a FEBRABAN formalizou procedimentos fundamentais para as práticas socioambientais por meio da norma de Autorregulação Bancária nº 14, iniciativa voluntária que vem se somar a várias outras nos últimos 22 anos.

Hoje, o desafio está em desenvolver projetos ou iniciativas com impactos ambientais positivos que sejam economicamente viáveis, isto é, com boa equação de risco e retorno, e encontrar mecanismos de financiamentos adequados. Pode parecer simples, mas não é.

As instituições financeiras têm procurado soluções e não estão isoladas nesta busca. Investidores e financiadores, nacionais e internacionais, são sensíveis a ambientes econômicos e políticos estáveis com um grau adequado de previsibilidade. Os governos não precisam empreender, mas devem dar sinais positivos, por meio de políticas públicas consistentes, sobre as direções e opções a tomar na condução do desenvolvimento do país. Regras claras, firmes e amparadas legalmente proporcionam segurança jurídica e visão de longo prazo que, ao lado de retornos econômicos adequados, atraem os necessários recursos financeiros.

Estas condições são ainda mais importantes quando se referem às novas tecnologias aplicadas a negócios existentes ou inovadores, a novos formatos e modelos de negócios, ao desenvolvimento de atividades até então desconhecidas ou pouco usuais que passaram a integrar a transição para a economia de baixo carbono. Muitas vezes, estes negócios representam movimentos disruptivos em relação às atividades tradicionais existentes na economia e na sociedade. Mudanças provocam resistência e insegurança. Em várias partes do mundo este fenômeno se verifica e se manifesta na política.

A FEBRABAN tem procurado antecipar as tendências, identificar novas oportunidades e apoiar o setor financeiro para que este se mantenha na vanguarda das modernas práticas empresariais de responsabilidade socioambiental. A entidade também busca contribuir para que o setor esteja em conformidade com a regulação e a legislação, além de engajar os bancos associados no financiamento da nova economia de baixo carbono, apoiando o País no cumprimento das metas acordadas em Paris.

Medindo recursos intermediados pelos bancos para a Economia Verde

No início de 2014, o Programa das Nações Unidas para o Meio Ambiente (UNEP, sigla em inglês) lançou uma pesquisa global, com um grupo de países, intitulada "Inquiry: Design of a Sustainable Financial System". Os objetivos eram mapear políticas públicas, fatores e inovações capazes de acelerar e ampliar a destinação de recursos financeiros para iniciativas que propiciassem uma transição mais rápida em direção a uma Economia Verde e sustentável. O fato de o Brasil ter sido selecionado para participar da pesquisa representou um reconhecimento da posição de liderança do país no tema.

A partir de então, foram desenvolvidos alguns estudos sobre esta temática pela FEBRABAN, entre os quais uma metodologia para quantificar os recursos intermediados pelo Sistema Financeiro Nacional (SFN) e alocados em atividades da Economia Verde, segundo definição e critérios da UNEP. Posteriormente, foram incluídos na pesquisa os montantes dos financiamentos alocados em setores com potencial impacto socioambiental, de acordo com o disposto na Resolução nº 237/1997 do Conselho Nacional de Meio Ambiente (CONAMA). Como base para a coleta de informações das instituições financeiras pesquisadas foram utilizados os códigos da Classificação Nacional de Atividades Econômicas (CNAE).

A pesquisa já está em sua terceira edição e tanto a metodologia como os processos adotados para coleta dos dados têm sido constantemente aperfeiçoados. Um exemplo desse aperfeiçoamento é a classificação de produtos de financiamentos com finalidade socioambiental ou destinados à agropecuária de baixa emissão de carbono como atividade da Economia Verde. O levantamento realizado em 2016, ano-base 2015, contou com a participação de 14 instituições, responsáveis por 87% do total de empréstimos às pessoas jurídicas.

Os resultados apontaram, em 31.12.2015, R$ 316.932 milhões em saldos de empréstimos destinados à Economia Verde, representando 16,7% do total dos empréstimos concedidos às pessoas jurídicas pelos 14 bancos participantes (R$ 1.893 bilhões) e 14,5% dos saldos totais do setor bancário (R$ 2.175 bilhões). Este trabalho, pioneiro no mercado, possibilitará aos bancos participantes conhecer e gerenciar o perfil de suas carteiras, considerando a exposição a riscos socioambientais; e permitirá a identificação de novas oportunidades de negócios relativas à transição para a economia de baixo carbono.

Uso da terra e o CAR

Em apoio ao Código Florestal, a FEBRABAN assinou, em abril de 2015, Acordo de Cooperação Técnica e Financeira para Implantação do CAR (Cadastro Ambiental Rural). O CAR é um registro público eletrônico de âmbito nacional, obrigatório para os mais de cinco milhões de imóveis rurais do país, com a finalidade de integrar as informações ambientais das propriedades e posses rurais, compondo uma base de dados para controle, monitoramento, planejamento ambiental e econômico e combate ao desmatamento.

Participam deste Acordo o Ministério do Meio Ambiente, a EMBRAPA, a Fundação Brasileira para o Desenvolvimento Sustentável (FBDS), a Indústria Brasileira de Árvores (IBÁ), a Sociedade Rural Brasileira (SRB), a União da Agroindústria Canavieira do Estado de São Paulo (ÚNICA), a Federação Nacional das Empresas de Seguros Privados, de Capitalização e de Previdência Complementar Aberta (FENASEG), a AGROÍCONE, o Instituto Aço Brasil e a Associação Brasileira do Agronegócio (ABAG). O Acordo assinado possibilita transformar fotos de satélites em mapas georreferenciados de qualidade e precisão técnicas em pouco mais de 4 mil municípios dos biomas Cerrado e Mata Atlântica. Estes mapas não só podem ser utilizados pelos proprietários de imóveis rurais para o cadastramento como, também, pelos órgãos ambientais na verificação e validação dos cadastros.

O CAR é um instrumento fundamental para que o país conheça seus ativos e passivos ambientais e as necessidades de recomposição florestal. Para os bancos é um instrumento bastante importante na análise de risco socioambiental das operações de crédito com propriedades ou empresas rurais. O prazo final para implantação do CAR é dezembro de 2017. A legislação determina que, após este prazo, as propriedades não cadastradas ficarão impedidas de contratar financiamento para suas atividades. Cabe destacar que, de acordo com o Banco Central do Brasil, as operações de crédito rural atingiram a cifra de R$ 195 bilhões no ano safra 2015-2016.

Até janeiro deste ano, no âmbito do Acordo de Cooperação citado, foram concluídos os mapas de 2.790 municípios, avaliados mais de 258 milhões de hectares e encontrados passivos ambientais nas Áreas de Preservação Permanente de, aproximadamente, nove milhões de hectares.

Os proprietários das áreas que, legalmente, serão obrigadas a recompor suas áreas de Reserva Legal e de Preservação Permanente por meio dos Programas de Regularização

Ambiental (PRA), conforme previsto no Código Florestal, certamente precisarão de financiamentos. Por isso mesmo a FEBRABAN desenvolve estudos com o apoio do Centro de Estudos em Sustentabilidade da FGV (GVces) para identificar modelos de financiamento viáveis para os bancos e para as propriedades rurais.

Nestes estudos foram feitas diversas simulações considerando as condições das linhas de crédito existentes no mercado, a rentabilidade das propriedades rurais, seus fluxos de caixa e capacidade de pagamento. Foram objeto dos estudos propriedades localizadas em São Paulo, Mato Grosso e Paraná com culturas de soja, cana-de-açúcar e pecuária. Os resultados preliminares indicaram que operações de curto prazo (1 a 2 anos) são mais atrativas quando se trata de reflorestar áreas de APP que não podem ser exploradas economicamente.

Constatou-se, ainda, que, mesmo nas atividades mais rentáveis, como a soja, serão necessários novos modelos de financiamento que considerem aumentos de produtividade, novos tipos de garantias e atrativos adicionais capazes de gerar novas fontes de receitas para o produtor. Estão sendo consideradas alternativas tais como usar os fundos climáticos de entidades multilaterais como garantidores, ampliar o uso de seguros e desenvolver uma base de informações oficiais e padronizadas que permitam a consulta sobre o nível de endividamento total da propriedade.

Uso da terra e o desmatamento

O Brasil, graças às condições de solo e clima, à disponibilidade de terras e tecnologias de produção desenvolvidas pelas empresas, é um dos poucos países capazes de fornecer ao mundo *commodities* agropecuárias e bioprodutos que tragam sustentabilidade em suas cadeias de valor. O agronegócio representa cerca de 30% das exportações e 33% dos postos de trabalho do país.

Uma vez que a agricultura e a pecuária fazem uso intensivo do capital natural, o desmatamento destaca-se como um risco material a ser gerenciado. Nesse contexto. como financiador do agronegócio brasileiro, as instituições financeiras necessitam aprofundar o diagnóstico dos riscos e oportunidades socioambientais relacionados ao desmatamento.

As instituições financeiras desempenham papel relevante no avanço dos compromissos de redução do desmatamento no país. Por um lado, influenciam as práticas de gestão de seus clientes de modo a minimizar a exposição aos riscos de capital natural, dos quais o desmatamento é central. Por outro lado, começam a identificar oportunidades de atuação em novos negócios relacionados ao uso deste capital.

A FEBRABAN examina como identificar os riscos e oportunidades para o combate ao desmatamento em várias cadeias de produção. As práticas adotadas pelos integrantes das cadeias da soja, pecuária e floresta estão sendo avaliadas, assim como experiências internacionais e as melhores práticas e requerimentos ambientais nos mercados americano, europeu e asiático. Os estudos objetivam definir procedimentos para o controle do risco nas operações de crédito e aumento de seu volume para cadeias produtivas que adotam boas práticas ambientais.

Os primeiros resultados indicam um grau elevado de compromisso dos produtores e demais empresas da cadeia com a redução do desmatamento por meio de acordos voluntários como a Moratória da Soja e o Compromisso Público da Agropecuária e também por meio de certificações como o *Forest Stewardship Council* (FSC) e a *Roundtable on Responsible Soy* (RTRS), esta última em menor escala. Verificou-se também que os compromissos mais restritivos de controle do desmatamento têm como foco o bioma Amazônia.

Energia

O setor da construção civil, fornecedor de infraestrutura e habitações para as populações das cidades, é grande consumidor de recursos naturais e energia. As edificações são responsáveis por entre 30% e 40% do consumo global de energia e das emissões de GEE (Gases de Efeito Estufa). No contexto brasileiro, as edificações representaram 18,7% do consumo total de eletricidade em 2012, segundo relatório publicado em 2016 pela Empresa de Pesquisa Energética do Ministério de Minas e Energia.

Com foco em identificar soluções capazes de aumentar o volume de recursos para o financiamento de projetos de reforma (*retrofit*) nas construções atuais, de projetos de novas edificações e para aquisição e implantação de painéis solares fotovoltaicos, a FEBRABAN examinou o mercado de edificações sustentáveis e eficiência energética e os mecanismos financeiros existentes. Foi analisada a implantação de projetos, tanto por pessoas físicas como jurídicas, relacionados a edificações comerciais, como prédios corporativos, escritórios, centros comerciais, hotéis, escolas e hospitais. Edificações e plantas industriais não fizeram parte dos estudos.

Após a análise, que incluiu consultas a mais de 31 organizações, os estudos revelaram que tanto o mercado de edificações sustentáveis quanto o de eficiência energética são incipientes no Brasil e dependem, para o seu desenvolvimento, de ações promovidas de forma coordenada pelos seus diversos agentes, incluindo entidades multilaterais de fomento e organismos de governos.

O contexto institucional em que os mercados de edificações sustentáveis e eficiência energética operam vem, gradualmente, atraindo a atenção dos agentes públicos em vários níveis de governo. Estes têm ampliado a legislação favoravelmente. São exemplos o Estatuto da Cidade (2001), o Plano Nacional de Eficiência Energética e o Plano Diretor de Energia, ambos do Ministério de Minas e Energia, além da norma ABNT NBR 15.575 (2014), que estabelece critérios ambientais, de conforto e de acessibilidade.

Também há oferta de incentivos fiscais, como é o caso do IPTU Verde de Guarulhos (SP), com até 20% de desconto para construções sustentáveis novas ou reformadas, e o da cidade de São Paulo, com descontos que variam entre 4% e 12%. Para obter os benefícios, exige-se que as edificações sejam certificadas pelos selos LEED ou AQUA. Entre as iniciativas do Estado, há também o selo Procel Edifica, com indicadores de eficiência mensuráveis e comparáveis, a Resolução ANEEL nº 687/2015, que prevê a possibilidade de criação de consórcio para geração de energia e compartilhamento dos ganhos dentro de uma mesma área de concessão, e a etiquetagem INMETRO – IEC 61215 para painéis solares.

Os benefícios de implantação de projetos elaborados com qualidade técnica ainda não são suficientemente difundidos nos mercados. O *Green Building Council Brasil* estima que as edificações sustentáveis possuam taxa de vacância 7% menor na cidade do Rio de Janeiro e 9,5% menor na cidade de São Paulo, quando comparadas com edificações tradicionais. O mercado de reformas (*retrofit*) no segmento comercial aponta ganhos em economia de energia variando entre R$ 500 mil e R$ 2 milhões por ano, 18% a 39% em relação à conta de energia anterior.

Há indícios, no entanto, de que uma edificação sustentável traz um incremento de até 6% nos custos totais da sua construção. A identificação, a divulgação e a análise dos custos e benefícios de um projeto voltado para edificações sustentáveis e eficiência energética são os primeiros desafios a serem vencidos. Não existem dados sistematizados no mercado que possam ser incorporados aos projetos técnicos e demonstrados aos potenciais clientes ou compradores de soluções. A sensibilidade aos custos claramente previsíveis, em contraste com o pouco conhecimento do ganho e de sua capacidade de "pagar" o projeto em determinado período de tempo, gera incerteza e age como inibidora da realização de negócios.

Com relação aos financiamentos foi identificado um descompasso entre os requerimentos para a obtenção do crédito e a capacidade de avaliação do projeto em si. Não cabe às instituições financeiras verificar a qualidade técnica do projeto ou se os benefícios apontados são consistentes. Estas avaliações são viáveis quando se trata de um projeto de grande porte capaz de absorver e diluir os custos de sua estruturação (*Project Finance*).

Nota-se a necessidade de um modelo padronizado de análise dos formatos e do conteúdo dos diferentes projetos, sejam eles relacionados, por exemplo, à reforma (retrofit) de um pequeno ou de um grande edifício, à instalação de uma usina de geração de energia solar por meio de placas fotovoltaicas para uma rede de lojas ou para uma única residência.

O risco de crédito, por sua vez, está bastante concentrado na empresa desenvolvedora e/ou implementadora da solução. Isso limita o crescimento do mercado, uma vez que os balanços das empresas podem não permitir a concessão de crédito para vários projetos.

Os estudos concluíram ser necessário, dentre outros aspectos, reduzir a assimetria de informações entre os participantes do mercado; institucionalizar a padronização de projetos e o uso em larga escala de etiquetas de certificação; credenciar as empresas desenvolvedoras e implementadoras de soluções via INMETRO ou outra instituição oficial; e estabelecer mecanismos de garantia de performance para aumentar a confiança do cliente comprador de soluções.

Em síntese, caberia às instituições financeiras avaliar o risco de crédito e a capacidade de pagamento do ente financiado, examinar a viabilidade financeira do projeto e redesenhar produtos de financiamentos para os novos formatos de projetos.

Às empresas desenvolvedoras e implementadoras de soluções, sugere-se realizar o marketing e as vendas de seus projetos alinhados aos diversos mercados e públicos; garantir a qualidade e a assistência técnica e oferecer mecanismos de garantias de performance ao cliente comprador da solução.

Já o papel dos organismos de governo seria o de desenvolver processos de acreditação das empresas desenvolvedoras e implementadoras, classificar e etiquetar equipamentos quanto à sua eficiência e liderar a criação de banco de dados público para reduzir a assimetria de informações do mercado contendo, dentre outras, listas de equipamentos eficientes, casos de sucesso e especificações básicas para os diversos tipos de projetos.

Títulos Verdes

O Título Verde, conhecido como *Green Bond* no mercado internacional, é um importante instrumento financeiro para mobilizar capitais privados em iniciativas que contribuem para a mitigação e adaptação às mudanças climáticas.

O G20, por meio de seu Grupo de Trabalho voltado para finanças verdes, concluiu que a ausência de diretrizes locais para emissão de Títulos Verdes representa um desafio para o crescimento deste mercado.

Tendo isto em conta, a FEBRABAN e o Conselho Empresarial Brasileiro para o Desenvolvimento Sustentável (CEBDS) lançaram, em outubro de 2016, o "Guia para Emissão de Títulos Verdes no Brasil". O Guia contém recomendações para os agentes do mercado de renda fixa sobre o processo e os modelos de emissão dos títulos, apresenta o potencial deste mercado, cita diversos exemplos de emissões e finaliza apresentando as tendências internacionais.

O documento foi desenvolvido com o suporte técnico da consultoria Sitawi Finanças do Bem e do Centro de Estudos em Sustentabilidade da Fundação Getulio Vargas (GVces), levando em consideração referências da *International Capital Market Association* (ICMA), responsável pelos *Green Bonds Principles*, do Banco Mundial, da Corporação Financeira Internacional (IFC) e do *Climate Bonds Initiative*.

Uma ampla consulta pública foi realizada durante a elaboração do Guia e mais de 30 organizações, especialistas, instituições dos mercados financeiros e de capitais foram ouvidos sobre a sua adequação e aplicabilidade no mercado brasileiro.

O potencial do mercado é expressivo. Oportunidades podem ser encontradas no agronegócio, nos setores de florestas e de energias, e ainda em projetos de infraestrutura referentes a transporte verde, construções sustentáveis e saneamento básico. Títulos Verdes exigem aplicação dos recursos em projetos com adicionalidades ambientais positivas, pareceres de especialistas, objetivos e métricas para acompanhamento e transparência, tanto na aplicação dos recursos como nos resultados obtidos.

De acordo com o *Climate Bonds Initiative*, em julho de 2016 registravam-se USD 2,9 bilhões no mercado brasileiro de títulos aplicados no financiamento de projetos com adicionalidades ambientais positivas, e muitos dos títulos incluídos nesse total não estavam rotulados como Verdes. Considerando que o mercado privado de renda fixa soma USD 770 bilhões, segundo informava a ANBIMA em 2016, fica claro o potencial de crescimento dos Títulos Verdes no Brasil.

Até janeiro de 2017 haviam sido realizadas quatro emissões por empresas brasileiras: EUR 500 milhões em maio de 2015 pela BRF; U$D 500 milhões em julho de 2016 pela Suzano Papel & Celulose; R$ 1 bilhão em novembro de 2016 novamente pela Suzano e USD 700 milhões em janeiro de 2017 pela Fibria. As duas últimas emissões ocorreram após o lançamento do Guia para Emissão de Títulos Verdes no Brasil.

Considerações finais

Este texto procurou demonstrar a atuação da FEBRABAN e das instituições financeiras não só em relação à responsabilidade socioambiental como, também, o comprometimento com o desenvolvimento sustentável.

Neste ano de 2017, a FEBRABAN celebra seus 50 anos e os 10 anos de realização de seus seminários regulares conhecidos como "Café com Sustentabilidade". Nestes 10 anos foram realizados 50 eventos, que apresentaram, discutiram e compartilharam opiniões e estudos sobre temas que conectam responsabilidade socioambiental e negócios. O Café cumpre a missão de divulgar e engajar diversos públicos.

Muitas vezes os temas ambientais, sociais e assuntos relacionados às mudanças climáticas não tem sua importância refletida nas agendas das altas lideranças dos setores públicos e privados. Em parte porque os temas urgentes do dia a dia requerem atenção permanente e em parte porque ainda não há uma consciência clara e disseminada nas sociedades sobre os riscos para as gerações futuras.

A esse respeito o Fórum Econômico Mundial vem publicando, ano após ano, resultados de pesquisas sobre os maiores e mais impactantes riscos para a humanidade. Seu relatório referente a 2016 identifica, como principais, os riscos de natureza social e ambiental: fracasso na mitigação e adaptação às mudanças climáticas, ocorrência de crises hídricas, migração em larga escala e eventos naturais extremos.

O *Financial Stability Board*, organismo internacional constituído por Bancos Centrais de todo o mundo, por sua vez, criou uma Força Tarefa sobre Divulgações Financeiras relacionadas às Mudanças Climáticas, com o objetivo de estabelecer recomendações às instituições financeiras no sentido de solicitar e avaliar de seus clientes como estes identificam e gerenciam os riscos oriundos do clima sobre seus negócios. O relatório final ficará pronto ainda em 2017.

São iniciativas exemplares, mas que ainda não parecem pautar os meios de comunicação na medida de sua importância. O setor bancário, representado pela FEBRABAN, espera, com o impulso conferido pelas iniciativas internacionais e os projetos nacionais relatados, contribuir para a produção de conhecimento, para o desenvolvimento de tecnologias e ampliação de fontes de financiamento capazes de sustentar o esforço de transição para uma economia de baixo carbono, sustentável e inclusiva.

Informação bibliográfica deste livro, conforme a NBR 6023:2002 da Associação Brasileira de Normas Técnicas (ABNT):

VASCONCELOS, Mário Sérgio Fernandes de. Negócios e sustentabilidade – a atuação das instituições financeiras. In: YOSHIDA, Consuelo Y. Moromizato et al. (Coord.). *Finanças sustentáveis e a responsabilidade socioambiental das instituições financeiras*. Belo Horizonte: Fórum, 2017. p. 351-359. ISBN 978-85-450-0234-5.

CAPÍTULO 21

O PAPEL DAS INSTITUIÇÕES FINANCEIRAS NO FOMENTO AOS NEGÓCIOS DE IMPACTO E NO COMBATE ÀS MUDANÇAS CLIMÁTICAS

RENATA SOARES PIAZZON

Introdução

O regime de responsabilidade civil ambiental (objetiva e solidária), juntamente a decisões e casos recentes no Brasil envolvendo instituições financeiras que financiaram projetos que causaram danos ao meio ambiente,[1] fomentou discussões que vão desde os limites de responsabilidade dos bancos até o papel da comunidade financeira para o combate às mudanças climáticas.

O limite da responsabilidade socioambiental das instituições financeiras, assim como da diligência que deve ser feita pelos bancos previamente ao financiamento de determinado projeto ou atividade para evitar a sua responsabilização ambiental, ainda é nebuloso. O presente artigo busca se antecipar diante de tal indefinição, trazendo métodos para mitigação do risco e prevenção de ocorrência de danos ambientais em projetos a serem financiados.

---

[1] Não cumpre ao presente artigo discorrer sobre as ações promovidas em face de instituições financeiras. De todo modo, apenas para citar alguns exemplos: (i) Ações Civis Públicas promovidas em face do Banco do Brasil (Vara Única de Redenção – processo nº 0003828-41.2012.4.01.3905), do Banco da Amazônia – BASA (9ª Vara Federal de Belém – processo nº 0010331-30.2011.4.01.3900), e do INCRA, diante de inconformidades relacionadas à presença de trabalhadores em condição análoga à de escravo, áreas embargadas pelo IBAMA e ausência de licenciamento ambiental; e (ii) Auto de Infração nº 9.067.377, lavrado em 20.10.2016 pelo IBAMA em face do Banco Santander Brasil S.A., impondo-lhe multa de R$ 47.550.000,00 pelo suposto financiamento de 95 mil sacas de milho na safra de 2015 em uma área de 572 hectares nas cidades de Porto dos Gaúchos, Feliz Natal e Gaúcha do Norte (MT) que já estariam embargadas pelo órgão ambiental.

E vai além. Em complemento à indispensável avaliação ambiental prévia, o artigo toca em um ponto crucial da realidade atual: a necessária avaliação de impacto. Isto porque, em um mundo em que 195 países membros da UNFCCC (Convenção-Quadro das Nações Unidas sobre Mudanças Climáticas) chegam a um acordo quanto aos caminhos e soluções para o combate ao aquecimento global, avaliar somente o risco deixa de ser uma opção.[2]

O Acordo de Paris não é perfeito, mas não há como negar que ele trouxe esperança e um caminho realista para que se atinja o objetivo central de limitar o aumento médio da temperatura global em bem menos que 2ºC acima dos níveis pré-industriais, envidando os maiores esforços para que a temperatura não passe de 1,5º.

O artigo traz para reflexão um dos principais efeitos imediatos do acordo, o da sinalização ao mercado de que não há outro caminho senão o da transição para uma economia global de baixo carbono, em que é possível conciliar o crescimento econômico com a preocupação ambiental e o retorno financeiro com o uso eficiente de recursos naturais.

21.1 Do risco – responsabilidade socioambiental das instituições financeiras

21.1.1 Breve contexto

Muito se tem discutido acerca da responsabilidade socioambiental dos bancos em operações financeiras de significativa exposição a risco socioambiental, analisando-se a aplicabilidade da responsabilidade objetiva, o nexo de causalidade e a amplitude do conceito de poluidor.

A discussão decorre de decisões judiciais alarmantes no Brasil que têm gerado preocupação dentro da comunidade financeira, diante da possível responsabilização dos bancos, independentemente de culpa, por danos ambientais causados em projetos por eles financiados.

A principal delas é a decisão de dezembro de 2009 relacionada a um dano ambiental em uma área de manguezal, causado por um fabricante de *hardware*. A decisão do Superior Tribunal de Justiça menciona, dentre o rol de poluidores, a instituição financeira, ainda que esta não seja essencial para o mérito da questão:

> Com a finalidade de evidenciar o nexo de causalidade do dano ambiental, a responsabilidade equivalente atribui a aqueles que fazem, aqueles que não fazem quando deveriam, aqueles que deixam de fazer, aqueles que não se importam que outros façam, aqueles que financiam o que os outros fazem, e aqueles que se beneficiam quando os outros fazem (STJ – Recurso Especial 650.728/SC, 2 de dezembro de 2009.[3]

---

[2] 12 de dezembro de 2015 será para sempre marcado como a data em que, após 13 dias de intensas negociações e entre muitos abraços, aplausos e lágrimas, foi firmado o primeiro acordo dos 195 países membros da UNFCCC.

[3] Destacam-se decisões relevantes sobre o tema: TRF 1ª Região. Des. Fagundes de Deus. AG 2002.01.00.036329-1/MG, 5ª Turma, J. 19.12.2003; TJ/MG – Apelação Cível 1.0775.11.001630-7/002, 2012; TRF-5ª Região, Apelação Cível 200384000046696, 4ª Turma, rel. Des. Federal Lazaro Guimarães, DJ 12.09.2007, p. 628, n. 176; TRF-4ª Região, AgIn 2008.04.00.027923-6/SC, rel. Des. João Pedro Gebran Neto, de 19.11.2009.

Esta declaração, e em particular a sua referência a "aqueles que financiam o que os outros fazem", encabeçou discussões relacionadas à responsabilidade dos bancos pela ocorrência de danos ambientais no país.

Nesse contexto, cumpre informar que a legislação brasileira (Lei Federal nº 6.938/1981 ou Política Nacional do Meio Ambiente) adota a responsabilidade civil objetiva ao dispor que o poluidor, entendido como aquele responsável, direta ou indiretamente, pela atividade causadora de degradação ambiental, é obrigado, independentemente de culpa, a indenizar ou reparar os danos causados ao meio ambiente e a terceiros afetados por sua atividade.[4]

Além de objetiva, a responsabilidade civil ambiental é considerada solidária, o que implica que todas as partes envolvidas na ocorrência de determinado dano ambiental são solidariamente responsáveis pela sua remediação. Àquele que arcar com a remediação, caberá o direito de regresso em face aos demais poluidores.

Dado o regime de responsabilidade civil ambiental no Brasil, a questão frequentemente levantada é se ou quando um banco poderia ser devidamente considerado como "causador" da poluição e, portanto, ser responsabilizado como poluidor indireto.

21.1.2 O papel do Banco Central do Brasil

O Banco Central do Brasil (*BCB*), autarquia federal integrante do Sistema Financeiro Nacional, é uma das principais autoridades monetárias do país, responsável por garantir a estabilidade do sistema financeiro brasileiro.

O processo de regulamentação da responsabilidade socioambiental no Sistema Financeiro Nacional começou em 29 de fevereiro de 2008 com a Resolução do Conselho Monetário Nacional (*CMN*) nº 3545/2008, que exige documentação comprobatória de conformidade ambiental para o financiamento de projetos de agronegócio na Região Amazônica.

Posteriormente, um passo importante foi dado com a publicação da Circular do BCB nº 3547/2011, que incluiu os riscos socioambientais nos procedimentos e parâmetros relativos ao Processo Interno de Avaliação da Adequação de Capital (*ICAAP*).

O ICAAP corresponde à avaliação da suficiência do capital mantido pela instituição financeira, considerando seus objetivos estratégicos e os riscos a que está sujeita no horizonte de tempo de um ano. Desta feita, no processo de avaliação e de cálculo da necessidade de capital, a instituição deve demonstrar como considera o risco decorrente da exposição a danos socioambientais gerados por suas atividades.

Por sua vez, em 25 de abril de 2014, seguindo os passos das regulamentações anteriores, o BCB publicou a Resolução nº 4.327/2014, que fornece diretrizes que devem ser observadas para a implementação da Política de Responsabilidade Socioambiental (*PRSA*) pelas instituições financeiras e demais instituições autorizadas a funcionar pelo BCB.

---

[4] A Política Nacional do Meio Ambiente estabelece, ainda, que as instituições financeiras governamentais devem condicionar o seu desembolso de fundos em conformidade com o processo de licenciamento ambiental e as regras e normas estabelecidas pelo Conselho Nacional do Meio Ambiente (*CONAMA*), assegurando que os projetos irão adquirir equipamentos de controle de poluição, quando exigido por lei.

A PRSA passou, assim, a funcionar como um norte para as ações de natureza socioambiental da instituição em seus negócios e na relação com as partes interessadas (clientes e usuários dos produtos e serviços, comunidade interna e demais pessoas impactadas por suas atividades).

Os princípios que devem nortear a PRSA são os da relevância, traduzido no grau de exposição ao risco socioambiental das atividades e operações da instituição e da proporcionalidade, que reflete a compatibilidade da PRSA com a natureza da instituição e a complexidade de suas atividades e de seus serviços e produtos financeiros.

Ainda, a PRSA deve pautar as ações de natureza socioambiental da instituição financeira dispondo, dentre outros aspectos: (i) dos sistemas, rotinas e procedimentos que possibilitem identificar, classificar, avaliar, monitorar, mitigar e controlar o risco socioambiental presente nas atividades e nas operações da instituição; e (ii) da avaliação prévia dos potenciais impactos socioambientais negativos de novas modalidades de produtos e serviços, inclusive em relação ao risco de reputação.

A Resolução nº 4.327/2014 foi um importante passo desde a discussão despertada pela decisão de 2009 do Superior Tribunal de Justiça. Tendo como objetivo agregar as variáveis socioambientais à tradicional abordagem econômico-financeira, a PRSA contribuiu para o processo de gerenciamento do risco socioambiental das atividades, serviços e produtos financeiros.

21.1.3 A Autorregulação da FEBRABAN

Com o objetivo de dar escala às políticas que melhor alinhem o sistema financeiro ao desenvolvimento sustentável, a Federação Brasileira de Bancos (*FEBRABAN*) publicou o Normativo SARB nº 14/2014 (*Autorregulação*), que formaliza diretrizes e procedimentos fundamentais para a incorporação das práticas socioambientais pelas instituições financeiras em seus negócios.

A Autorregulação trouxe critérios para assegurar o gerenciamento do risco socioambiental das atividades das instituições financeiras, na tentativa de dar um norte para a elaboração das PRSAs e determinar a diligência socioambiental mínima a ser feita pelos bancos.

Como resultado da Autorregulação, foram criados critérios para atividades internas, tal como a eficiência no consumo de energia e de recursos naturais e a gestão adequada de resíduos, bem como condições mínimas de análise dos aspectos socioambientais de novos produtos e serviços.[5]

Tais critérios devem ser consistentes e passíveis de verificação, seja por meio da análise das licenças ambientais emitidas pelos órgãos públicos, seja pela comprovação do cumprimento da legislação socioambiental vigente do projeto que receberá novos investimentos e da análise de eventuais passivos ambientais a ele relacionados.

---

[5] Como exemplo, na tentativa de antever hipóteses em que um imóvel rural é oferecido em garantia ao financiamento de determinado projeto, a Autorregulação prevê que a instituição financeira deve verificar a averbação de reserva legal na matrícula ou obtenção de registro no Cadastro Ambiental Rural (*CAR*) para o imóvel em que será implantado determinado projeto, além de fazer constar no instrumento contratual uma série de declarações de que o imóvel não possui qualquer restrição ao uso de natureza socioambiental.

Desta feita, a Autorregulação passou a ser importante instrumento para disciplinar, em conjunto com a Resolução nº 4.327/2014, o dever de diligência socioambiental dos bancos.

Certamente, a disseminação das PRSA das instituições financeiras e o aprimoramento do dever de diligência impulsionaram a sustentabilidade da economia nos seus diferentes setores, haja vista a importância crescente do sistema financeiro e da concessão do crédito nos tempos atuais.

Ao incluir, no processo de análise e concessão de crédito, quesitos socioambientais estabelecidos previamente em PRSA, as instituições financeiras, além de contribuir com a proteção ao meio ambiente, diminuem o risco da ocorrência de danos ambientais em projetos por elas financiados e/ou do financiamento a projetos em áreas irregulares.

21.1.4 Avaliação ambiental prévia para mitigação de risco

Uma instituição financeira que demonstra diligência e prudência na concessão de financiamentos, por meio da incorporação da variável socioambiental nas suas práticas diárias de concessão de crédito, executa devidamente seu papel na sociedade, promovendo o desenvolvimento de práticas sustentáveis pelos seus clientes.

O setor financeiro brasileiro, organizando-se por meio da FEBRABAN e mais especialmente após a publicação dos Princípios do Equador, vem adotando medidas para alcançar tal meta.[6]

Preocupados com a responsabilidade do setor financeiro, em 2011, um grupo de trabalho foi criado na FEBRABAN com o compromisso de (i) estudar a responsabilidade ambiental dos credores; (ii) identificar os riscos decorrentes de tal responsabilidade; (iii) propor métodos para mitigação desses riscos; e (iv) discutir questões a eles relacionadas.

Diversas questões estratégicas relacionadas à responsabilidade dos credores foram discutidas neste fórum, tais como o alinhamento do nível de diligência ambiental a ser adotado pelas instituições financeiras em seu processo de decisão de crédito, dando ênfase à importância da criação de uma PRSA para cada instituição financeira.

Grande parte das instituições financeiras brasileiras já incorporou a variável ambiental e possui as suas respectivas PRSA, as quais estabelecem as diretrizes internas para a identificação de riscos ambientais de projetos a serem financiados. Algumas dessas instituições financeiras também têm uma equipe multidisciplinar especializada, que avalia a conformidade ambiental do projeto e o potencial cliente e, conforme o caso, monitora o empreendimento a ser desenvolvido.

A adoção de tais práticas tem contribuído para mudanças na cultura e no comportamento de clientes de todos os segmentos de mercado (empresas de grande, médio e pequeno porte), levando a mudanças de comportamento na sociedade como um todo.

---

[6] Os Princípios do Equador, baseados nos Padrões de Desempenho (*standards*) do International Finance Corporation (*IFC*) e nas Diretrizes Ambientais, de Saúde e Segurança do Banco Mundial, tiveram a sua terceira edição lançada em 4 de junho de 2013 e constituem princípios adotados por instituições financeiras para a determinação, avaliação e gerenciamento de riscos socioambientais no financiamento de projetos, destinando-se especialmente a fornecer um padrão mínimo para a devida diligência socioambiental por tais instituições. Tais princípios aumentaram consideravelmente a atenção e o foco nos padrões socioambientais de projetos, incluindo critérios robustos para os povos indígenas, normas trabalhistas e consultas com as comunidades localmente afetadas previamente ao financiamento de determinado projeto.

O objetivo da comunidade financeira é que tais práticas possam ser seguidas por todas as instituições financeiras brasileiras para que o setor esteja preparado, como uma unidade, para lidar com os riscos ambientais, contribuindo para o desenvolvimento sustentável do país.

A diligência socioambiental mínima a ser feita quando da análise de projetos inclui a avaliação (i) de licenças e estudos ambientais, outorgas de direito de uso de recursos hídricos, cadastros junto ao Instituto Brasileiro do Meio Ambiente e dos Recursos Naturais Renováveis (*IBAMA*); (ii) da existência de áreas de reserva legal, áreas de preservação permanente, unidades de conservação, terras indígenas, dentre outras áreas protegidas; (iii) de passivo ambiental (contaminação de solo, subsolo, água superficial e água subterrânea); (iv) da cadeia de valor (regularidade ambiental de fornecedores e terceiros contratados para a disposição de resíduos sólidos); e (v) de processos administrativos e judiciais.

Não obstante a solicitação de documentos, há ainda a possibilidade de condução de pesquisas independentes em diversos órgãos reguladores. A tabela seguinte sumariza os temas para pesquisa independente e as informações que podem ser obtidas:

Tema	Informações obtidas on-line
Áreas Contaminadas	Lista de áreas contaminadas disponibilizada nos sites das agências ambientais (São Paulo, Rio de Janeiro e Minas Gerais)
Embargos do IBAMA	Pesquisa Google Earth (descrição e localização)
Registros no IBAMA	Site do IBAMA fornece Cadastro Técnico Federal, Ato Declaratório Ambiental, Certidão Negativa de Débitos, Consulta Autos de Infração
Licenças Ambientais	Alguns órgãos ambientais estaduais disponibilizam os processos de licenciamento ambiental on-line, tal como a Companhia Ambiental do Estado de São Paulo (*CETESB*)
Localização do Imóvel	Via site do Instituto Nacional de Colonização e Reforma Agrária (*INCRA*), pesquisa Google Earth, Certificados do Sistema de Gestão Fundiária (SISGEF), Mapas do Ministério do Meio Ambiente
Terras Indígenas	Mapas FUNAI
Unidades de Conservação	Mapas do Ministério do Meio Ambiente
Processos administrativos e judiciais	Certidões emitidas pelos Ministérios Públicos Federal e Estadual, Certidão do Distribuidor Cível da Justiça Federal, Certidão do Distribuidor Cível da Justiça Estadual

Por fim, além da avaliação ambiental prévia para mitigação de risco, as instituições financeiras devem prever critérios impeditivos e restritivos à concessão de crédito ou ao financiamento a determinado projeto, incluindo (A) critérios restritivos: (i) áreas embargadas pelo IBAMA; (ii) existência de ações cíveis, administrativas e criminais em matéria ambiental; e (iii) fiscalizações do trabalho e ações trabalhistas, tais como descumprimento de normas trabalhistas relativas à saúde e segurança do trabalhador, condições análogas à escravidão, trabalho infantil; e (B) critérios impeditivos: (i) ausência de licença ambiental para a operação de atividades potencialmente poluidoras; (ii) não averbação de reserva legal ou registro no CAR da matrícula do imóvel; e (iii) condenações judiciais já transitadas em julgado em matéria trabalhista com o reconhecimento de utilização de mão de obra análoga à escravidão ou mão de obra infantil.

21.1.5 Case de sucesso: como ir além?

Fruto de um grupo de trabalho com discussões que se estenderam ao longo de 2015,[7] o Protocolo de Boas Práticas Socioambientais para o Setor Financeiro atuante no Estado de São Paulo (*Protocolo*) foi assinado durante a 21ª Conferência do Clima (*COP-21*), em Paris, pela Secretaria do Meio Ambiente do Estado de São Paulo (*SMA*) e a FEBRABAN e se destina às instituições financeiras associadas à FEBRABAN que desejem, voluntariamente, (i) relatar as suas emissões diretas (*Escopo 1*) e indiretas (*Escopo 2*) de gases de efeito estufa (*GEE*) sob uma base organizacional (corporação, entidade ou sob outra intitulação), situada no Estado de São Paulo, em um determinado período de referência (ano calendário ou no fiscal); e (ii) gerenciar o risco socioambiental no financiamento de projetos.

Tem-se como Escopo 1 as emissões diretas de GEE, provenientes de fontes que pertencem ou são controladas pela instituição financeira, como, por exemplo, as emissões de combustão em caldeiras, fornos, veículos da empresa ou por ela controlados, emissões decorrentes da produção de químicos em equipamentos de processos que pertencem ou são controlados pela instituição financeira, emissões de sistemas de ar condicionado e refrigeração, dentre outros.

Por sua vez, integram o Escopo 2 as emissões indiretas de GEE, que compreendem aquelas provenientes da aquisição de energia elétrica e térmica que é consumida pela instituição financeira (comprada ou trazida para os seus limites organizacionais).

De acordo com o Protocolo, a instituição financeira a ele signatária deverá encaminhar anualmente à SMA relatório que contemple as suas emissões de GEE, calculadas de acordo com o método GHG Protocol, incluindo:

(i) Emissões diretas (Escopo 1) expressas em toneladas de dióxido de carbono equivalente (tCO$_2$eq);

(ii) Emissões indiretas decorrentes do consumo de energia (Escopo 2) expressas em toneladas de dióxido de carbono equivalente (tCO$_2$eq);

---

[7] O Grupo de Trabalho incluiu representantes da Secretaria do Meio Ambiente do Estado de São Paulo (a então Secretária Patrícia Iglecias e sua assessora Aline Pacheco), do Ministério Público Federal (Dra. Sandra Kishi), da FEBRABAN (Mário Sérgio Vasconcelos), da advocacia privada (a autora Renata Soares Piazzon), de consultorias (Marcelo Drügg Barreto Vianna), dentre outros que colaboraram com a versão final aprovada. O Protocolo foi assinado em 15.12.2015 e é válido por 2 anos, podendo ser prorrogado a critério das partes.

(iii) Indicador de eficiência calculado a partir da relação entre as emissões de Escopo 1 e de Escopo 2 e o número de empregados da instituição financeira, no último dia do exercício correspondente ao período relatado;

(iv) Práticas inovadoras de eficiência energética e de eficiência hídrica relativas às emissões de GEE das atividades desempenhadas no Estado de São Paulo, se houver; e

(v) Práticas inovadoras de responsabilidade socioambiental adotadas pela instituição financeira, relativas às emissões de GEE das atividades desempenhadas no Estado de São Paulo.

Foram ainda estabelecidos critérios de análise do projeto pela instituição financeira, previamente ao financiamento de projetos no Estado de São Paulo, conforme segue:

(A) Fase de análise do projeto[8]

(i) Solicitar ao cliente a apresentação das licenças ambientais pertinentes, conforme a fase de desenvolvimento do projeto e o estudo prévio de impacto ambiental (*EIA/RIMA*);

(ii) Realizar pesquisa de mídia a respeito da empresa e do projeto;

(iii) Solicitar ao cliente a outorga de direito de uso de recursos hídricos e/ou contrato de fornecimento com a concessionária de serviços de água;

(iv) Solicitar ao cliente a apresentação do Certificado de Qualidade em Biossegurança emitido pela Comissão Técnica Nacional de Biossegurança (*CTNBio*), nos casos em que desenvolver atividade de pesquisa ou projeto que se relacione aos organismos geneticamente modificados (*OGMs*); e

(v) Verificar a existência de área embargada pelo IBAMA.

(B) Fase de desembolso do financiamento

(i) Obrigação do tomador observar a legislação socioambiental aplicável, bem como a relacionada a povos e comunidades tradicionais;

(ii) Obrigação do tomador observar a legislação trabalhista, especialmente as normas relativas à saúde e segurança ocupacional e à inexistência de trabalho análogo ao escravo ou infantil;

(iii) Faculdade da instituição financeira antecipar o vencimento da operação nos casos de cassação de licença ambiental, quando aplicável, e de sentença condenatória transitada em julgado, em razão de prática, pelo tomador, de atos que importem trabalho infantil, trabalho análogo ao escravo, proveito criminoso da prostituição ou danos ao meio ambiente;

(iv) Obrigação do tomador monitorar suas atividades de forma a identificar e mitigar impactos socioambientais não antevistos no momento da contratação do crédito; e

(v) Obrigação do tomador monitorar seus fornecedores diretos e relevantes no que diz respeito a impactos socioambientais, respeito às legislações social e trabalhista, normas de saúde e segurança ocupacional, bem como a inexistência de trabalho análogo ao escravo ou infantil.

---

[8] Sugere-se, como complemento aos pontos destacados no Protocolo, que a instituição financeira verifique, além dos aspectos técnicos, a regularidade do projeto quanto aos seguintes pontos: (i) Cadastro junto ao IBAMA; (ii) Reserva legal e Cadastro Ambiental Rural; (iii) Avaliação de passivo ambiental (contaminação de solo, água subterrânea e água superficial); (iv) Avaliação da cadeia de valor (fornecedores, disposição resíduos); e, (v) Existência de processos administrativos e judiciais.

(C) Gerenciamento do risco socioambiental

(i) Implementar práticas de gestão e avaliação do risco socioambiental do projeto; e

(ii) Considerar o risco socioambiental no processo de análise de crédito para financiamento do projeto.

Contrariamente à lógica tradicional de comando e controle da legislação ambiental do país, pretende-se, com referido documento, prevenir a ocorrência de danos ambientais, especialmente em novos projetos a serem implantados que utilizem recursos hídricos.

O Protocolo constitui exemplo de construção coletiva e voluntária do papel do sistema financeiro nacional na redução de emissões de GEE e contribui para uma interpretação comum do papel do sistema financeiro para a promoção de uma economia de baixo carbono, eficiente no uso de recursos e socialmente inclusiva.

O documento escancara, ainda, a mudança do modelo mental da comunidade financeira de um padrão reativo, em que se analisava tão somente o retorno e o risco financeiro, para um padrão proativo, em que se analisa o retorno financeiro, o risco e o impacto ambiental de determinado projeto.

A figura do relatório "Allocating for Impact, G8 Task Force on Social Impact Investment", de setembro de 2014, ilustra a mudança do modelo mental do retorno financeiro ao impacto:

Investment profile	Financial-only	Responsible	Sustainable	Impact			Impact-only
	Delivering competitive financial returns						
		Mitigating Environmental, Social and Governance risks					
			Pursuing Environmental, Social and Governance opportunities[10]				
				Focusing on measurable high-impact solutions			
				Competitive financial returns			
					Below market financial returns		
	Limited or no regard for environmental, social or governance practices	Mitigate risky environmental, social and governance practices in order to protect value	Adopt progressive environmental, social and governance practices that may enhance value	Address societal challenges that generate competitive financial returns for investors	Address societal challenge(s) which may generate a below market financial return for investors	Address societal challenges that require a below market financial return for investors	Address societal challenge(s) that cannot generate a financial return for investors

21.2 Do impacto – O papel das instituições financeiras no fomento aos negócios de impacto

Making money doesn't have to come at the expense of making change.

(Mark & Craig Kielburger, Free the Children)

Avaliar o impacto de determinado projeto pressupõe uma mudança de mentalidade em que não se avalia somente o risco o e retorno financeiro, mas sim o que o projeto pretende transformar (a chamada teoria de mudança), tais como índices de educação, mudança de hábitos e padrões de consumo, avanço na área de energias limpas e renováveis, padrões elevados de sustentabilidade, indicadores de qualidade de vida, renda de comunidades-alvo, etc.

No campo ambiental, o impacto deve ser visto como uma oportunidade de negócio. Para citar alguns exemplos, a medição de impacto pode se dar na (i) eficiência no uso de recursos naturais (água e energia); (ii) redução de emissões diretas e indiretas; (iii) avaliação do processo produtivo e da cadeia de valor (matéria-prima, fornecedores); (iv) investimentos na promoção da economia verde com produtos e serviços sustentáveis; (v) redução de geração e descarte de resíduos sólidos;[9] e (vi) fomento às energias renováveis.[10]

Como exemplo, ações da comunidade financeira podem fazer a ponte com o efervescente ecossistema empreendedor brasileiro, com vistas ao direcionamento dos esforços para a estruturação e implementação de sistemas de logística reversa de resíduos sólidos, de projetos inovadores de compostagem, biodigestão e reciclagem, em atendimento às diretrizes da Política Nacional de Resíduos Sólidos (*PNRS*).

21.2.1 Finanças sociais e a era dos negócios de impacto

It is urgent that governments throughout the world commit themselves to developing an international framework capable of promoting a market of high impact investments and thus to combating an economy which excludes and discards.

(Pope Francis, June 2014)

Com o objetivo de fomentar um mercado global de investimento de impacto social e atrair mais capital para financiar soluções inovadoras que respondam aos problemas

---

[9] Segundo Relatório do Instituto de Pesquisa Econômica Aplicada (*IPEA*), de 2010, o mercado de resíduos sólidos perde R$ 8 bilhões anualmente pelo déficit na reciclagem.

[10] Em dezembro de 2016 foi publicado pelo Task Force on Climate Related Financial Disclosures (*TCFD*) o "Reccomendations of the Task Force on Climate-Related Financial Disclosures" que, dentre outros objetivos, mapeia as oportunidades para o mercado financeiro relacionadas às mudanças climáticas.

sociais, foi criada no Brasil a Força Tarefa de Finanças Sociais (*FTFS*),[11] um braço do Grupo de Controle de Investimento de Impacto Social Global (Global Social Impact Investment Steering Group, ou *GSG*).[12]

A FTFS tem produzido, analisado e debatido informações sobre o campo das finanças sociais e dos negócios de impacto no Brasil, composto essencialmente por investimentos que geram, ao mesmo tempo, retorno social e rentabilidade financeira, e pelos chamados negócios de impacto – que se diferenciam dos negócios tradicionais por atenderem a quatro princípios-chave: uma missão social e/ou ambiental, o monitoramento de seu impacto social e ambiental, a lógica econômica e uma governança efetiva e inclusiva.

São considerados negócios de impacto aqueles com explícita missão de gerar impacto socioambiental ao mesmo tempo em que geram resultado financeiro positivo e de forma sustentável. De acordo com o mapeamento feito pela FTFS em maio de 2015, o ecossistema das finanças sociais está em forte crescimento e espera movimentar nos próximos anos cerca de US$ 1 trilhão no mundo e R$ 50 bilhões no Brasil:

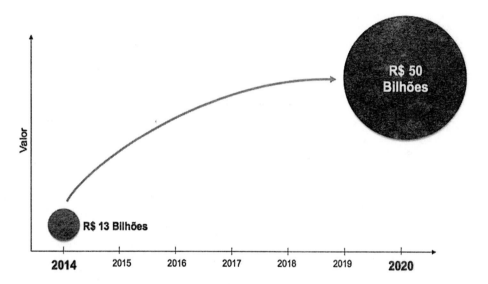

Fonte: Mapeamento dos recursos financeiros disponíveis no campo social do Brasil com o objetivo de identificar recursos potenciais para Finanças Sociais, Força Tarefa de Finanças Sociais, maio de 2015.

---

[11] Para o fomento e consolidação do mercado de investimento de impacto, a Força Tarefa de Finanças Sociais definiu 15 recomendações prioritárias: (1) Investimento de indivíduos de alta renda em produtos de impacto; (2) Protagonismo de Fundações e Institutos; (3) Expansão e capitalização de fundos sociais; (4) Uso do subcrédito social do BNDES para negócios de impacto; (5) Inclusão de negócios de impacto na cadeia de valor das empresas; (6) Criação de modelos para inclusão de negócios de impacto nas compras governamentais; (7) Chamadas para fundos de investimento de impacto; (8) Fortalecimento de incubadoras e aceleradoras para qualificar mais negócios de impacto; (9) Apoio SEBRAE aos empreendedores de negócios de impacto; (10) Conhecimento e formação; (11) Formatos inovadores para apoio e investimento a negócios de impacto; (12) Promoção da cultura de avaliação; (13) Integração do Governo Federal na agenda de Finanças Sociais; (14) Título de Impacto Social; e (15) Princípios para negócios de impacto no Brasil.

[12] O GSC foi estabelecido em agosto de 2015 como o sucessor do Grupo de Trabalho de Investimento de Impacto Social, criado pelo G8. O conceito de impacto social abrange o impacto social e o impacto ambiental.

A movimentação de recursos para o campo das finanças sociais deve ser incentivada por instituições financeiras, agências de fomento federais, órgãos reguladores do mercado financeiro e, ainda, fundos de investimento. O quadro a seguir apresenta algumas formas de incentivo em que o impacto socioambiental pode ser visto como uma oportunidade de negócio:

Ente	Área	Incentivo
Instituições Financeiras	Crédito	Flexibilização das regras de financiamento (ex. Lei Municipal de São Paulo nº 16.174/2015, que estabelece mecanismos de incentivo financeiro relacionados à eficiência no uso de recursos naturais)
Agências de fomento federais (BNDES, FINEP), estaduais (Desenvolve SP) e órgãos multilaterais (BID, IFC)	Crédito	Uso do subcrédito social do BNDES para negócios de impacto * Para empréstimos acima de R$ 100 milhões, 0,5% deve ser utilizado na agenda social
	Investimento	Incorporação do tema de investimento de impacto na definição de critérios para chamadas para aportes em fundos de *private equity* e *venture capital*
Órgãos Reguladores do Mercado Financeiro (Banco Central e CVM)	Financiamento	Plataformas digitais inovadoras para captação de recursos para empresas, em especial as de estágio inicial
Fundos	Investimento	Criação de fundos de investimento setoriais para temas estratégicos (ex.: resíduos sólidos e logística reversa)

Não cumpre ao presente artigo tratar especificamente sobre cada forma de incentivo, mas sim mapear o sistema e conceder instrumentos às instituições financeiras para o combate às mudanças climáticas. Dessa forma, como complemento às formas de incentivo sumarizadas, o Anexo I traz uma tabela com um mapeamento de leis e regulamentos federais que podem direcionar os próximos passos e fomentar o ecossistema de finanças sociais e negócios de impacto no país.[13]

21.2.2 *Rankings* e certificações

Os *rankings* e certificações constituem mais uma forma de avaliar a sustentabilidade e o impacto socioambiental de determinado projeto. Apresentamos a seguir a evolução das certificações que podem e devem ser consultadas pelo mercado financeiro previamente à concessão de crédito e/ou financiamento.

---

[13] O Anexo I é fruto de um trabalho *pro bono* da autora à FTFS para a consulta aberta feita em 2016 com o objetivo de mapear os avanços em cada uma das 15 temáticas estratégicas da FTFS, bem como discutir os desafios e legislações que possam direcionar os próximos passos. Mais informações em: <http://consulta.forcatarefafinancassociais.org.br/>.

21.2.2.1 Índices de Sustentabilidade Dow Jones (DJSI)

O DJSI, lançado em 1999, avalia o desempenho de sustentabilidade das 2.500 maiores empresas listadas no Índice de Mercado de Valores Global da Dow Jones. Baseado na análise do desempenho econômico, ambiental e social corporativo, o índice avalia também questões de governança corporativa, gerenciamento de risco, *branding*, mitigação de mudanças climáticas, padrões de cadeia de suprimentos e práticas de trabalho e tornou-se referência para o investimento em empresas sustentáveis.

Para serem incorporadas ao DJSI, as empresas são avaliadas e selecionadas com base em seus planos de gestão econômicos, sociais e ambientais de longo prazo. Os critérios de seleção evoluem a cada ano e as empresas devem continuar a aperfeiçoar seus planos de sustentabilidade para permanecer no índice.

21.2.2.2 Carbon Disclosure Project (CDP)

O CDP é uma organização sem fins lucrativos cujo objetivo é criar uma relação entre acionistas e empresas focada em oportunidades de negócio decorrentes do aquecimento global.

Trata-se de um questionário, formulado por investidores e endereçado às empresas listadas nas principais bolsas de valores do mundo, que visa obter informações sobre as suas políticas de mudanças climáticas.

Em 2014, mais de 5.000 empresas responderam aos pedidos de informações do CDP sobre mudanças climáticas, água e florestas, por meio do seu sistema de resposta online. Os dados coletados permitem que investidores e governos avaliem os processos de mitigação dos riscos do uso de energia e recursos naturais e identifiquem oportunidades para o investimento responsável.

21.2.2.3 Global Reporting Initiative (GRI)

O GRI é uma organização internacional independente que auxilia empresas, governos e demais organizações a compreender e comunicar seus impactos em questões como mudanças climáticas, direitos humanos e corrupção. Em 2015, 7.500 organizações utilizaram as diretrizes do GRI para a produção de seus relatórios de sustentabilidade.

As diretrizes se aplicam a organizações multinacionais, agências públicas, pequenas e médias empresas, ONGs, grupos industriais, dentre outros.

21.2.2.4 Índice de Sustentabilidade Empresarial (ISE)

O ISE da Bolsa de Valores de São Paulo (*BOVESPA*), criado em 2005, tem como objetivo fomentar um ambiente de investimento compatível com as demandas de desenvolvimento sustentável da sociedade e estimular a responsabilidade ética das corporações por meio de boas práticas empresariais.

O ISE visa, ainda, oferecer aos investidores uma opção de carteira composta por ações de empresas que apresentam reconhecido comprometimento com a responsabilidade social e a sustentabilidade empresarial. O índice adota o conceito internacional

Triple Botton Line (*TBL*), que avalia, de forma integrada, dimensões econômico-financeiras, sociais e ambientais das empresas, acrescido de critérios e indicadores de governança corporativa.

21.2.2.5 Princípios para o Investimento Responsável (PRI)

O PRI, apoiado pelas Nações Unidas, possui como objetivo nortear as implicações da sustentabilidade para os investidores e apoiar os signatários para a incorporação de tais questões em suas decisões de investimento. Por meio da implementação dos seis princípios, os signatários do PRI contribuem para o desenvolvimento de um sistema financeiro global mais sustentável.

Os princípios são voluntários e compreendem ações possíveis para a incorporação das questões ambientais, sociais e de governança corporativa (*ESG*) em investimentos de ativos (*investimento responsável*). O investimento responsável deve ser adaptado para se adequar à estratégia de investimento, abordagem e aos recursos de cada organização. Em novembro de 2016, 1.600 signatários que representam US$ 62 trilhões em ativos sob gestão se tornaram signatários do PRI.

Os seis critérios são: (1) incorporação das questões de ESG aos processos de análise de investimento e tomada de decisão; (2) incorporação das questões de ESG às políticas e práticas dos ativos investidos; (3) divulgação apropriada sobre as questões de ESG pelas entidades objeto de investimento; (4) implementação dos princípios no setor de investimentos; (5) trabalho em conjunto para a melhoria e eficácia na implementação dos princípios; (6) relato das atividades e avanços na implementação dos princípios.

21.2.2.6 Impact Reporting & Investment Standards (IRIS)

O IRIS, estabelecido em 2009, é uma iniciativa do Global Impact Investing Network (*GIIN*), uma organização sem fins lucrativos dedicada a aumentar a escala e a eficácia do investimento de impacto global.

O GIIN reconhece a medição de impacto como uma característica central do investimento de impacto e oferece ao IRIS apoio para a transparência, credibilidade e responsabilidade nas práticas de medição de impacto em toda a indústria de investimentos de impacto.

Por meio das métricas IRIS, que podem ser usadas como um complemento ao PRI, os investidores avaliam mais facilmente os investimentos potenciais que possam gerar impacto socioambiental além do retorno financeiro.

21.2.2.7 Global Impact Investing Rating System (GIIRS)

O GIIRS é mais uma métrica para investimentos de impacto, constituída por avaliações rigorosas, abrangentes e comparáveis de uma empresa ou do impacto socioambiental de um fundo. As avaliações de impacto de empresas e fundos derivam da Avaliação de Impacto B (critério para seleção e avaliação de uma empresa B, que visa como modelo de negócio o desenvolvimento social e ambiental).

A Avaliação de Impacto B do Sistema B[14] abrange 5 grandes grupos: (i) governança; (ii) comunidade; (iii) funcionários; (iv) meio ambiente; e (v) modelos de negócios de impacto. O processo de avaliação compreende, ainda, a solicitação de documentação de apoio, a assinatura pela empresa de um *term sheet* e a alteração de seu Estatuto Social para contemplar, em seu objeto social, os efeitos econômicos, sociais, ambientais e jurídicos de curto e longo prazo das operações da sociedade em relação aos empregados ativos, fornecedores, consumidores e demais credores, bem como a relação da comunidade em que ela atua local e globalmente.

A tabela a seguir apresenta algumas práticas adotadas por empresas B no Brasil (cite-se, como exemplo, a Natura Cosméticos):

Área	Práticas
Sustentabilidade	Apoio às diferentes áreas da empresa para adotar práticas que privilegiem a compra de produtos de negócios de impacto
Compras	Avaliação dos fornecedores e metas para aquisição de produtos de negócios de impacto
Comercial	Condições comerciais diferenciadas para negócios de impacto ao adquirir produtos e serviços
Pesquisa e Desenvolvimento	Parcerias com negócios de impacto para inovação dos produtos e serviços da empresa

21.3 O papel das instituições financeiras no combate às mudanças climáticas

O Brasil apresentou, por ocasião da 21ª Convenção-Quadro das Nações Unidas sobre Mudança do Clima (*UNFCCC*), sua pretendida Contribuição Nacionalmente Determinada (intended Nationally Determined Contribution – *iNDC*), que acabou sendo recepcionada diante da assinatura e posterior ratificação do Acordo de Paris. As chamadas iNDCs não só foram reconhecidas, como também foi criado um sistema para o seu aperfeiçoamento e a sua revisão a cada 5 anos, sendo vedado o retrocesso.[15]

Todas as políticas, medidas e ações para implementação da iNDC no Brasil foram estabelecidas pelo Governo Federal no âmbito da Política Nacional sobre Mudança do Clima (Lei nº 12.187/2009), da Lei de Proteção das Florestas Nativas (Lei nº 12.651/2012, o chamado Código Florestal), da Lei do Sistema Nacional de Unidades de Conservação (Lei nº 9.985/2000) e dos instrumentos e processos de planejamento a elas relacionados.

---

[14] O Sistema B possui como missão construir ecossistemas favoráveis para um mercado que resolva problemas sociais e ambientais e fortaleça as empresas B.

[15] Em 2018 deve ser feito um primeiro balanço das iNDCs e em 2023 a primeira verificação quanto ao seu cumprimento. O IPCC, o painel de cientistas climáticos da ONU, estima que as emissões teriam de cair entre 70% e 90% em 2050, em relação a 2005, para que a elevação fique abaixo de 2ºC, devendo zerar a partir de 2075. Até 2018, deverá o IPCC fornecer estudo que contemple o corte de emissões necessário para limitar o aumento da temperatura da Terra em 1,5ºC.

A iNDC brasileira possui escopo amplo, que inclui mitigação, adaptação e meios de implementação, quais sejam:

Mitigação	Adaptação	Implementação
Redução das emissões de gases de efeito estufa em 37% abaixo dos níveis de 2005, em 2025, e em 43% abaixo dos níveis de 2005, em 2030.	Implementação de políticas e medidas de adaptação à mudança do clima para a construção de resiliência de populações, ecossistemas, infraestrutura e sistemas de produção. A dimensão social está no cerne da estratégia de adaptação do Brasil, tendo presente a necessidade de proteger as populações vulneráveis dos efeitos negativos da mudança do clima e fortalecer sua capacidade de resiliência. Nesse contexto, o Brasil está trabalhando no desenvolvimento de novas políticas públicas, tendo como referência o Plano Nacional de Adaptação (*PNA*)	Políticas, medidas e ações para alcançar a iNDC serão implementadas sem prejuízo de utilização do mecanismo financeiro da Convenção, assim como de quaisquer outras modalidades de cooperação e apoio internacional, com vistas a fortalecer a eficácia e/ou antecipar a implementação.

As metas colocadas no papel são, sim, promissoras, e o país teve uma atuação decisiva para o sucesso do Acordo de Paris. Mas será preciso criar as condições para que as iNDCs se tornem um instrumento efetivo ao desenvolvimento sustentável. Para tanto, o acordo estabelece um sistema inovador de revisão e transparência, em que será preciso medir, relatar e atestar o cumprimento das metas.

O Acordo de Paris possui 31 páginas e foi dividido em "Decisões da COP-21", com 140 parágrafos de menor força no acordo internacional e "Acordo de Paris", com 29 artigos de maior força vinculante. A tabela apresenta os principais resultados do acordo:

(continua)

	Acordo de Paris	Decisões da COP-21
Objetivo de longo prazo	Manter o aquecimento global bem abaixo de 2ºC e esforçar-se para limitar o aumento em 1,5ºC	Referência à necessidade de promover acesso universal à energia renovável em países em desenvolvimento e registro de que as iNDCs não são suficientes para limitar o aquecimento global a 2ºC e que maiores esforços de redução de emissão serão necessários
iNDCs (metas nacionais)	A primeira avaliação global das INDCs acontece em 2023 e se repete a cada 5 anos	Em 2018, IPCC deve apresentar relatório especial sobre os impactos do aquecimento global de 1,5ºC acima dos níveis pré-industriais. Em 2018 também haverá um "diálogo facilitador" para avaliação das iNDCs, oportunidade em que as partes devem fazer um balanço dos esforços coletivos em direção à meta de longo prazo estabelecida no Acordo de Paris

(conclusão)

	Acordo de Paris	Decisões da COP-21
Descarbonização	Atingir o pico global de emissões o mais rápido possível, reconhecendo que o pico levará mais tempo para os países em desenvolvimento. Reduzir as emissões o mais rápido possível, de modo a alcançar um equilíbrio entre as fontes de emissão antropogênicas e a remoção de gases de efeito estufa na segunda metade do século	Encoraja os países com planos e metas com prazo para 2025 a comunicarem uma nova iNDC em 2020 e a atualizarem suas metas a cada 5 anos. Solicita aos países com planos e metas com prazo para 2030 a comunicarem ou atualizarem até 2020 as suas iNDCs e a atualizarem as suas metas a cada 5 anos
Financiamento	Países desenvolvidos devem prover recursos financeiros para apoiar os países em desenvolvimento. Outros países são encorajados a prover recursos, de forma voluntária	Países desenvolvidos devem conceder US$ 100 bilhões por ano a projetos e empreendimentos de baixo carbono a partir de 2020. Antes de 2025, as partes devem fixar nova meta financeira a partir do piso de US$ 100 bilhões ao ano, levando em consideração as necessidades e prioridades dos países em desenvolvimento
Perdas e Danos	Previsão de mecanismo de perdas e danos para lidar com os prejuízos financeiros que os países vulneráveis sofrem com os fenômenos extremos, como cheias, tempestades e temperaturas recordes	Mecanismo de perdas e danos não dão bases para qualquer ação de compensação ou indenização
Florestas	As partes são convidadas a tomar medidas para implementar e apoiar o desenvolvimento de políticas que incentivem atividades relacionadas à redução das emissões por desmatamento, degradação e o manejo sustentável de florestas. Foi previsto mecanismo voluntário substituto ao crédito de carbono para mitigação das emissões de gases de efeito estufa e apoio ao desenvolvimento sustentável (o chamado SDM, ou Sustainable Development Mechanism)	Reconhecida a importância de recursos financeiros adequados e previsíveis e de incentivos para a redução das emissões por desmatamento e degradação, encorajando o suporte financeiro público e privado, de fontes bilaterais e multilaterais, como o Green Climate Fund

Um dos pontos mais debatidos durante a COP-21 foi a necessidade de se encontrarem caminhos para financiar os projetos de mitigação (corte de emissões) e de adaptação (proteção em face da mudança climática) dos efeitos do aquecimento global. Houve um comprometimento dos países desenvolvidos de conceder US$ 100 bilhões por ano a projetos e empreendimentos de baixo carbono a partir de 2020, devendo o valor ser revisto em 2025. Os países em desenvolvimento farão investimentos de forma voluntária, não havendo menção sobre financiamentos da iniciativa privada.

Ademais, por meio do novo mecanismo voluntário destacado nos artigos 5º e 6º do Acordo de Paris, os países são convidados a tomar medidas para o desenvolvimento de políticas e mecanismos compensatórios que incentivem a redução das emissões por desmatamento, degradação e o manejo sustentável de florestas.

Neste sentido, o Brasil se comprometeu a alcançar o desmatamento ilegal zero até 2030 na Amazônia brasileira e a compensar as emissões de gases de efeito estufa provenientes da supressão legal da vegetação, também até 2030.

Além disso, faz parte dos compromissos brasileiros a restauração e o reflorestamento de 12 milhões de hectares de florestas e, no setor agrícola, o fortalecimento do Plano ABC (Agricultura de Baixo Carbono), com a previsão de uma restauração adicional de 15 milhões de hectares de pastagens degradadas, ambos até 2030.

Para que os objetivos sejam atingidos, serão ainda necessárias políticas públicas adequadas, com foco na implementação do Código Florestal, no financiamento à agricultura de baixo carbono e na produção de alimentos de forma sustentável.

Como se pode observar, o Acordo de Paris representa um reconhecimento da justiça climática, da integridade dos ecossistemas e do papel do setor privado em fornecer incentivos à redução de emissões. Mas serão precisos recursos, treinamento, capacitação nacional, qualidade científica, transparência e novas tecnologias para que o Brasil atinja e supere as suas metas.[16]

Para fazer valer a iNDC brasileira, o Brasil se comprometeu, dentre outras medidas, a aumentar a participação de bioenergia sustentável na matriz energética brasileira, expandindo o consumo de biocombustíveis, a promover novos padrões de tecnologias limpas, a ampliar medidas de eficiência energética e a promover melhorias na infraestrutura de transportes e no transporte público em áreas urbanas.

Para tanto, será necessária a regulamentação da atual Política Nacional sobre Mudança do Clima, instituída pela Lei Federal nº 12.187/2009. A Lei Federal nº 12.187/2009, regulamentada pelo Decreto Federal nº 7.390/2010, estabelece, como uma de suas diretrizes, a utilização de instrumentos financeiros e econômicos para promover ações de mitigação e adaptação à mudança do clima.

Dentre os instrumentos, têm-se: (i) as linhas de crédito e financiamento específicas de agentes financeiros públicos e privados; (ii) os mecanismos financeiros e econômicos referentes à mitigação da mudança do clima e à adaptação aos efeitos da mudança do clima que existam no âmbito da Convenção-Quadro das Nações Unidas sobre Mudança do Clima e do Protocolo de Quioto; e (iii) os mecanismos financeiros e econômicos, no âmbito nacional, referentes à mitigação e à adaptação à mudança do clima.

---

[16] De acordo com o IPCC, os países devem promover medidas em grande escala para a mudança do uso da terra e florestas, bem como aumentar significativamente a participação de fontes de energia sem emissão ou com baixa emissão de carbono na matriz energética mundial, até 2050.

Nessa mesma linha, a PNMC prevê que as instituições financeiras oficiais disponibilizarão linhas de crédito e financiamento específicas para desenvolver ações e atividades que atendam aos objetivos da política e que estejam voltadas para induzir a conduta dos agentes privados à observância e execução da PNMC, no âmbito de suas ações e responsabilidades sociais.

Desta feita, é indispensável que se estabeleça um sistema que permita exigir o cumprimento das metas, bem como a criação e o fortalecimento de mecanismos de mercado e de políticas públicas de financiamento que incluam a precificação da produção baseada em combustíveis fósseis.

Será necessário, ainda, que os diversos setores da sociedade criem as condições para que as políticas públicas sejam colocadas em prática, o que compreende, como exemplo, uma melhor avaliação pelo setor privado e pela comunidade financeira do que constitui produzir de maneira sustentável e do que torna um projeto de baixo carbono.[17]

21.3.1 Iniciativas da UNEP

O braço de meio ambiente das Nações Unidas (*United Nations Environmental Program*, ou *UNEP*) tem liderado iniciativas de financiamento sustentável pelo mundo (o denominado *green finance*), em especial por meio do *"Inquiry into the Design of a Sustainable Financial System"*.

Uma delas, lançada no Fórum Econômico Mundial em 2017,[18] é a chamada *"Green Digital Finance Alliance"*, uma iniciativa em parceria com o Ant Financial Services Group, líder da China em prestação de serviços financeiros on-line, para incentivar o avanço da tecnologia para o financiamento sustentável.

A iniciativa espera influenciar, por meio do alinhamento do sistema financeiro aos objetivos do desenvolvimento sustentável, a tomada de decisões em toda a cadeia de valor do financiamento.

O aplicativo denominado "Alipay", já em 2017 com 72 milhões de clientes, é uma plataforma digital que fornece aos usuários, além de uma conta de crédito, uma conta de carbono, por meio da qual estes podem reduzir a sua pegada de carbono e adquirir créditos verdes que serão futuramente convertidos.[19]

Em 30 de janeiro de 2017, a *UNEP Finance Initiative* (*UNEP-FI*) lançou o denominado *"The Principles for Positive Impact Finance – A commom framework to finance the sustainable development goals"*.[20]

---

[17] Inquestionável, ainda, a necessária consciência do consumidor sobre o impacto de seus hábitos e padrões de consumo e sobre o papel fundamental de suas escolhas para o redirecionamento da economia, da indústria e dos novos modelos de negócio. Mas isso já é tema para outro artigo.

[18] O evento foi organizado UNEP, pela Singapore Management University (SMU) e pelo Instituto de Assuntos Internacionais de Singapura (SIIA) e reuniu representantes do setor financeiro e de órgãos reguladores nacionais e internacionais. Os especialistas destacaram o papel do financiamento sustentável no desenvolvimento de estratégias de redução de carbono e na persecução dos Objetivos de Desenvolvimento Sustentável (*Sustainable Development Goals*, ou *SDGs*).

[19] Em agosto de 2016, o Alipay lançou uma calculadora de emissões de CO_2, que notifica os usuários da quantidade de emissões de carbono que impediram por meio de pagamentos on-line ou de outras atividades, tais como utilizar o transporte público ao invés de dirigir. Os créditos verdes acumulados são convertidos em plantio de árvores na Mongólia. Até 2017, 520.000 árvores já haviam sido plantadas.

[20] Os princípios para o financiamento de impacto positivo – a construção de uma estrutura comum para financiar os objetivos do desenvolvimento sustentável.

Os princípios demonstram a vontade das instituições financeiras de ir além das práticas correntes e de contribuir para promover um desenvolvimento mais sustentável e preconizam uma análise holística dos impactos positivos e negativos ao desenvolvimento econômico, à humanidade e ao meio ambiente. Os princípios constituem, ainda, a ferramenta necessária para permitir que a comunidade empresarial e financeira trabalhe e inove em conjunto e para enfrentar o desafio dos Objetivos do Desenvolvimento Sustentável (*ODSs*) da ONU.[21]

Os quatro princípios se dividem em: (i) *Princípio Um – Definição:* traz a definição de um investimento de impacto positivo como sendo aquele que promove financiamento a projetos de impacto que favoreçam ao menos um dos pilares da sustentabilidade (econômico, social e ambiental), sendo necessária uma avaliação global dos impactos positivos e negativos de atividades, projetos, programas e entidades a serem financiadas (*Projetos*); (ii) *Princípio Dois – Estrutura:* traz a necessidade de processos, metodologias e ferramentas para identificar e monitorar o impacto positivo dos Projetos; (iii) *Princípio Três – Transparência:* apresenta a necessidade de transparência e de comunicação dos projetos considerados como de impacto positivo e dos processos que determinam a verificação de impacto, a elegibilidade do projeto e o seu monitoramento; e (iv) *Princípio Quatro – Relatório:* que deve ser baseado nos impactos gerados pelos projetos e pode tanto ser feito internamente como por auditores independentes. O relatório de impacto deve considerar a variedade, magnitude, escalabilidade e nível dos impactos positivos gerados.

O processo de adesão aos princípios ainda será definido pela UNEP-FI e faz parte de um *road map* que inclui a construção de soluções e desenvolvimento de modelos de negócio.

21.4 Considerações finais

Alguns pontos para análise com base nas lições constantes do presente artigo devem ser destacados:

1. *Os bancos não devem esperar para elaborar e implementar estratégias de análise de risco socioambiental eficazes. A conformidade socioambiental configura ponto de partida para qualquer processo de gestão socioambiental.* Ações para mitigação do risco socioambiental incluem a avaliação pela comunidade financeira do que constitui produzir de maneira sustentável e do que torna um projeto de baixo carbono, a implementação da PRSA e a adesão aos compromissos voluntários e a prevenção e controle de risco no dia a dia das instituições financeiras;

2. *Disponibilização de ampla gama de instrumentos econômicos – linhas de crédito e financiamento diferenciados, modalidades de garantias e seguros – para implementação das políticas públicas.* Ações podem incluir flexibilização nas regras de financiamento para negócios de impacto que garantam o cumprimento da legislação socioambiental,

---

[21] São considerados como um complemento aos instrumentos já existentes para o mercado financeiro, tais como os *Green Bond Principles*, os *Principles for Responsible Investment* e os *Equator Principles*. Os 17 ODSs são: 1. Erradicação da pobreza; 2. Fome zero; 3. Boa saúde e bem-estar; 4. Educação de qualidade; 5. Igualdade de gênero; 6. Água limpa e saneamento; 7. Energia acessível e limpa; 8. Emprego digno e crescimento econômico; 9. Indústria, inovação e infraestrutura; 10. Redução das desigualdades; 11. Cidades e comunidades sustentáveis; 12. Consumo e produção responsáveis; 13. Combate às alterações climáticas; 14. Vida debaixo d'água; 15. Vida sobre a terra; 16. Paz, justiça e instituições fortes; e 17. Parcerias em prol das metas.

incluindo projetos voltados à implementação da PNRS e da PNMC, projetos de mitigação de adaptação;

3. *Avaliação dos resultados com investimentos na promoção da economia verde e com o fomento a produtos e serviços sustentáveis.* Ações incluem adoção pela instituição financeira de Sistema de Gestão Ambiental para otimização do uso de recursos naturais (energia e água) e combate ao desperdício, inserção de critérios socioambientais na aquisição de produtos e contratação de serviços, gestão e gerenciamento ambientalmente adequados dos resíduos sólidos gerados;

4. *O impacto deve ser visto como uma oportunidade de negócio.* Há uma ampla gama de negócios de impacto que podem e devem ser priorizados, tais como aqueles que envolvem (i) eficiência no uso de recursos naturais (água e energia); (ii) redução de emissões diretas e indiretas; (iii) avaliação do processo produtivo (matéria-prima, fornecedores); (iv) investimentos na promoção da economia verde com produtos e serviços sustentáveis; (v) redução de geração e descarte de resíduos sólidos; e (vi) fomento às energias renováveis;

5. *Papel da comunidade financeira para o fomento aos negócios de impacto e combate às mudanças climáticas.* Ações da comunidade financeira devem fazer a ponte com o efervescente ecossistema empreendedor brasileiro, com vistas ao direcionamento dos esforços para, como exemplo, a estruturação e implementação de sistemas de logística reversa de resíduos sólidos, de projetos inovadores de compostagem, biodigestão e reciclagem, em atendimento às diretrizes da PNRS;

6. *Interlocução entre os diferentes stakeholders.* O financiamento voltado ao desenvolvimento sustentável somente poderá ser acelerado caso (i) os financiadores identifiquem, promovam e comuniquem o financiamento voltado a atividades, projetos, programas e entidades (*projetos*) de impacto socioambiental positivo (infraestrutura, energia renovável, inovação dos meios de produção e consumo, água, resíduos, saneamento básico, agricultura sustentável); (ii) corporações estruturem os seus projetos e modelos de negócio de impacto socioambiental positivo a fim de promover uma economia de baixo carbono e o atendimento aos ODSs; (iii) entidades governamentais promovam políticas públicas que incentivem projetos de impacto e fiscalizem o impacto socioambiental das corporações de forma efetiva; e (iv) sociedade civil identifique e desenvolva capacidade técnica para colaborar com os demais *stakeholders* na busca por novos modelos de negócio de impacto.

Desta feita, é indispensável que os diversos setores da sociedade criem as condições para o fortalecimento de mecanismos de mercado e de políticas públicas que promovam o financiamento sustentável, em linha com o ODS 17, que visa parcerias em prol do desenvolvimento sustentável. Somente um trabalho bem orquestrado entre instituições financeiras, entidades governamentais e empreendedores será capaz de conduzir de maneira apropriada a transição para uma economia de baixo carbono.

Referências

BENJAMIN, Antonio Herman de Vasconcellos. Responsabilidade civil pelo dano ambiental. *Revista de Direito Ambiental*, n. 9, p. 5-52, 1998.

BENJAMIN, Antonio Herman V. Direito constitucional ambiental brasileiro. In: CANOTILHO, José Joaquim G.; LEITE, José Rubens M. *Direito Constitucional Ambiental Brasileiro*. São Paulo: Saraiva, 2007.

BOLSA DE VALORES DE SÃO PAULO. Índices *de sustentabilidade*. Disponível em: <http://www.bmfbovespa.com.br/pt_br/produtos/indices/indices-de-sustentabilidade/>. Acesso em: 19 jan. 2016.

BRASIL. Ministério do Meio Ambiente. Conama. *Livro de Resoluções*. Disponível em: <http://www.mma.gov.br/port/conama/processos/61AA3835/LivroConama.pdf>. Acesso em: 19 jan. 2016.

CUSTÓDIO, Helita Barreira. *Responsabilidade civil por danos ao meio ambiente*. Campinas: Millennium, 2006.

DOW JONES SUSTAINABILITY INDECES: Disponível em: <https://www.djindexes.com/sustainability/>. Acesso em: 19 jan. 2016.

ENEI, José Virgílio Lopes. *Project Finance:* financiamento com foco em empreendimentos (parcerias público-privadas, *leveraged, buy-outs* e outras figuras afins). São Paulo: Saraiva, 2007.

FORTUNA, Eduardo. *Mercado financeiro*: produtos e serviços. 17. ed. Rio de Janeiro: Qualitymark, 2008.

GRIZZI, A. L. et al. *Responsabilidade civil ambiental dos financiadores*. Rio de Janeiro: Lumen Juris, 2003.

GUIMARÃES, Luiz Ricardo. Tendências contemporâneas da responsabilidade civil em face do dano ambiental. In: HIRONAKA, Giselda Maria Fernandes Novaes (Coord.). *Direito e responsabilidade*. Belo Horizonte: Del Rey, 2002.

INTERNATIONAL FINANCE CORPORATION: Disponível em: <http://www.ifc.org/wps/wcm/connect/corp_ext_content/ifc_external_corporate_site/home>. Acesso em: 19 jan. 2016.

LEITE, José Rubens M.; AYALA, Patrick A. *Dano ambiental*: do individual ao coletivo extrapatrimonial: teoria e prática. 6. ed. São Paulo: Revista dos Tribunais, 2014.

LEMOS, Patrícia Iglesias *Meio ambiente e responsabilidade civil do proprietário:* análise do nexo causal. São Paulo: RT, 2008.

MACHADO, Paulo Affonso Leme. Recursos hídricos: direito brasileiro e internacional. São Paulo: Malheiros, 2002.

MEDAUAR, Odette. *Coletânea de legislação de Direito Ambiental*. São Paulo: Revista dos Tribunais, 2006.

MILARÉ, Édis. *Direito do ambiente*. 6. ed. São Paulo: Revista dos Tribunais, 2009.

NERY JUNIOR, Nelson; ANDRADE, Rosa Maria. Responsabilidade civil, meio ambiente e ação coletiva ambiental. In: BENJAMIN, Antonio Herman. *Dano ambiental, prevenção, reparação e repressão*. São Paulo: Revista dos Tribunais, 1993.

RASLAN, Alexandre Lima. *Responsabilidade civil ambiental do financiador*. Porto Alegre: Livraria do Advogado, 2012.

SAMPAIO, Francisco José Marques. *Responsabilidade civil e reparação de danos ao meio ambiente*. Rio de Janeiro: Lumen Juris, 1998.

SAMPAIO, Rômulo Silveira R. *Responsabilidade civil ambiental das instituições financeiras*. Rio de Janeiro: Elsevier, 2013.

SANTILLI, Juliana. A corresponsabilidade das instituições financeiras por danos ambientais e o licenciamento ambiental. *Revista de Direito Ambiental*, jan./mar. 2001.

SCHARF, Regina. *Manual de negócios sustentáveis*. São Paulo: Amigos da Terra – Amazônia Brasileira/ Fundação Getulio Vargas/ Centro de Estudos em Sustentabilidade. 2004. p. 109-127.

SILVA, J. Afonso da. *Direito Ambiental Constitucional*. 6. ed. São Paulo: Malheiros, 2007.

STEIGLEDER Annelise. Responsabilidade civil das instituições financeiras por danos ambientais. *Revista Jurídica do Ministério* Público do Estado do Mato Grosso, n. 2, jan./jul. 2007.

THE EQUATOR PRINCIPLES. Disponível em: <http://www.equator-principles.com/index.php/members-and-reporting>. Acesso em: 19 jan. 2016.

TOSINI, Maria de Fátima Cavalcante. *Risco ambiental para as instituições financeiras*. São Paulo: Annablume, 2006.

UNEP FINANCE INICIATIVY. Disponível em: <http://www.unepfi.org/>. Acesso em: 19 jan. 2016.

ZAMBÃO, Bianca. Brazil's launch of lender environmental liability as a tool to manage environmental impacts. *University of Miami International and Comparative Law Review*, v. 18, n. I, Fall 2010.

Informação bibliográfica deste livro, conforme a NBR 6023:2002 da Associação Brasileira de Normas Técnicas (ABNT):

PIAZZON, Renata Soares. O papel das instituições financeiras no fomento aos negócios de impacto e no combate às mudanças climáticas. In: YOSHIDA, Consuelo Y. Moromizato et al. (Coord.). *Finanças sustentáveis e a responsabilidade socioambiental das instituições financeiras*. Belo Horizonte: Fórum, 2017. p. 361-383. ISBN 978-85-450-0234-5.

CAPÍTULO 22

GOVERNANÇA E GESTÃO DE SUSTENTABILIDADE E DE RESPONSABILIDADE SOCIAL NO SETOR EMPRESARIAL E NAS INSTITUIÇÕES FINANCEIRAS: BUSCA DO ATENDIMENTO DOS COMPROMISSOS DAS RECENTES CONFERÊNCIAS DAS NAÇÕES UNIDAS[1][2]

MARCELO DRÜGG BARRETO VIANNA

De acordo com o autor, com base nas resoluções e compromissos aprovados na *Conferência Rio +20* (Rio de Janeiro em 2012), na *Cúpula Pós-2015* (New York em 2015) e na *COP 21* (Paris em 2015), bem como na reunião do WEF (Davos em 2017) os novos conceitos de governança e gestão de sustentabilidade e responsabilidade social empresarial exigem que as questões de inovação, tecnologia, gerenciamento de riscos, gerenciamento ambiental, saúde e de segurança do trabalho, qualidade e cuidados com os assuntos sociais e de sustentabilidade devem ser parte integrante de todos os esforços e ações da direção da empresa e de todos os seus funcionários, não apenas como cumprimento às exigências legais, mas principalmente como uma questão de consciência

---

[1] Este artigo consiste na atualização do capítulo intitulado "Gestão de Sustentabilidade e de Responsabilidade Social no Setor Empresarial" preparado pelo autor e parte do Livro *Brasil Competitivo – Desafios e estratégias para a indústria da transformação*, publicado pela Deloitte em 2012.
Encontram-se abaixo os *sites* do livro:
Português: <http://www.deloitte.com/assets/Dcom-Brazil/Local%20Assets/Documents/Ind%C3%BAstrias/Manufatura/livro_final.pdf>.
Inglês: <http://www.deloitte.com/assets/Dcom-Brazil/Local%20Assets/Documents/Ind%C3%BAstrias/Manufatura/livro_ingles.pdf>.

[2] Este artigo contou com a relevante colaboração e comentários dos seguintes profissionais e especialistas (ordem alfabética): Beatriz de Oliveira Marcondes, advogada; Sandra Akemi Shimada Kishi, Procuradora Regional da República (Gerente do Projeto Qualidade da Água do MPF e Coordenadora Adjunta do Fórum Nacional de Recursos Hídricos do Conselho Nacional do Ministério Público); Aparecida Teixeira de Morais, Diretora de Recursos Humanos & Sustentabilidade do Banco Triângulo – Tribanco-Grupo Martins; Ricardo Manuel Castro, Promotor de Justiça/GAEMA/MPSP.

e responsabilidade perante toda a sociedade na busca do desenvolvimento sustentável e responsabilidade social (incluindo controle e programas de anticorrupção), melhoria de eficiência e competitividade dos negócios no curto, médio e longo prazo.

Em todas as atividades empresariais incluindo as instituições financeiras, hoje e na próxima década, torna-se necessária e primordial a incorporação dos modelos de governança e gestão de sustentabilidade e responsabilidade social (incluindo controle e programas de anticorrupção), de gestão de riscos e estudos das questões socioambientais, de acordo com os novos conceitos exigidos pela sociedade e estabelecidos nacional e internacionalmente.

Hoje e no futuro, empresas e entidades financeiras do setor empresarial, com o objetivo de tornarem-se mais competitivas na arena global, necessitam adequar suas políticas, procedimentos e normas para as questões de sustentabilidade e responsabilidade social, na busca e adequação às resoluções e compromissos firmados recentemente nas conferências e tratados das Nações Unidas e discutidos nas recentes reuniões do WEF em Davos, bem como no cumprimento dos regulamentos vigentes estabelecidos nacional e internacionalmente.

22.1 Introdução

No âmbito da *ONU – Organização das Nações Unidas* três conferências ocorreram desde 2012 até o final de 2015 (entre outros importantes eventos e tratados), as quais marcaram expressivamente as questões internacionais relacionadas com o desenvolvimento sustentável e social, mudanças climáticas, erradicação da pobreza, combate ao desemprego e o enfrentamento da desigualdade de gênero.

Essas três específicas conferências da ONU estabeleceram compromissos e conjuntos de programas, ações e diretrizes para orientar as ações dos países-membros das Nações Unidas em direção e busca do desenvolvimento sustentável e social do planeta.

As referidas conferências das Nações Unidas foram:
- Conferência das Nações Unidas sobre o Desenvolvimento Sustentável – Rio+20 realizada no Rio de Janeiro, no período de 13 a 22 de junho de 2012;
- Cúpula Pós-2015 realizada em New York, no período de 25 a 27 de setembro de 2015;
- Conferência do Clima – Convenção-Quadro das Nações Unidas sobre Mudanças do Clima – COP 21 realizada em Paris, no período de 30 de novembro a 11 de dezembro de 2015. No dia 22 de abril de 2016, na sede das Nações Unidas em Nova York, 175 países assinaram o *Acordo de Paris* aprovado na COP 21 em Paris.

Conferência das Nações Unidas sobre o Desenvolvimento Sustentável – Rio + 20

Em junho de 2012, na *Conferência das Nações Unidas sobre o Desenvolvimento Sustentável – Rio + 20*, reuniram-se no Rio de Janeiro representantes de 193 Estados membros da ONU e milhares de participantes dos mais variados setores da sociedade civil, governamental, empresarial e academia.

O objetivo da *Conferência das Nações Unidas sobre o Desenvolvimento Sustentável – Rio +20* foi a renovação dos compromissos internacionais com o desenvolvimento sustentável, por meio da avaliação do progresso, compromissos e lacunas na implementação das decisões adotadas internacionalmente pelas principais Cúpulas das Nações Unidas sobre o tema, desde a realização da *Conferência do Rio sobre Meio Ambiente e Desenvolvimento*, que ocorreu em 1992.

Como resultado desta Conferência, estabelece-se uma nova agenda internacional para o desenvolvimento sustentável para as próximas décadas.

Dentre vários assuntos e questões da pauta de discussão da *Conferência Rio +20*, dois temas principais foram objeto desta Conferência: (1) *a "economia verde" no contexto do desenvolvimento sustentável e da erradicação da pobreza, e (2) a estrutura institucional mundial para o desenvolvimento sustentável*.

Na ampla discussão dos temas sobre desenvolvimento sustentável e da responsabilidade socioambiental, um dos aspectos importantes é a *definição do papel do setor empresarial e das instituições financeiras no estabelecimento e implementação de ações concretas e pragmáticas dos negócios e processos*, levando-se em conta as mudanças necessárias para a adequação ao modelo de "economia verde", alinhados com os novos conceitos propostos pela Organização das Nações Unidas nas referidas conferências.

No dia 22 de abril de 2016, na sede das Nações Unidas em Nova York, 175 países assinaram o *Acordo de Paris* aprovado na COP 21 em Paris.

Cúpula Pós-2015

Em setembro de 2015, na *Cúpula Pós-2015*, os Chefes de Estado e de Governo e altos representantes reunidos na sede das Nações Unidas, em Nova York comemoraram o septuagésimo aniversário das Nações Unidas e aprovaram os novos *Objetivos de Desenvolvimento Sustentáveis Globais* (total de 17) no documento denominado: *"Transformando Nosso Mundo: A Agenda 2030 para o Desenvolvimento Sustentável"*.

Encontram-se a seguir alguns dos principais textos retirados do preâmbulo do documento *"Transformando Nosso Mundo: A Agenda 2030 para o Desenvolvimento Sustentável"*:

> Esta Agenda 2030 para o Desenvolvimento Sustentável é um plano de ação para as pessoas, o planeta e a prosperidade. Também busca fortalecer a paz universal com mais liberdade.
>
> Reconhecemos que a erradicação da pobreza em todas as suas formas e dimensões, incluindo a pobreza extrema, é o maior desafio global e um requisito indispensável para o desenvolvimento sustentável. Todos os países e todos os grupos interessados, atuando em parceria colaborativa, implementarão este plano. Estamos decididos a libertar a raça humana da tirania da pobreza e da privação e a sanar e proteger o nosso planeta.
>
> Estamos determinados a tomar medidas ousadas e transformadoras que se necessitam urgentemente para pôr o mundo em um caminho sustentável e resiliente. Ao embarcarmos nessa jornada coletiva, comprometemo-nos a não deixar ninguém para trás.
>
> Os 17 Objetivos de Desenvolvimento Sustentável e as 169 metas que estamos anunciando hoje demonstram a escala e a ambição desta nova Agenda universal.
>
> Levam em conta o legado dos Objetivos de Desenvolvimento do Milênio e procuram obter avanços nas metas não alcançadas. Buscam assegurar os direitos humanos de todos e alcançar a igualdade de gênero e o empoderamento de mulheres e meninas.

São integrados e indivisíveis, e mesclam, de forma equilibrada, as três dimensões do desenvolvimento sustentável: a econômica, a social e a ambiental.

Os Objetivos e metas estimularão a ação em áreas de importância crucial para a humanidade e para o planejamento dos próximos 15 anos:

• Pessoas: Estamos determinados a acabar com a pobreza e a fome, em todas as suas formas e dimensões, e garantir que todos os seres humanos possam realizar o seu potencial em matéria de dignidade e igualdade, em um ambiente saudável.

• Planeta: Estamos determinados a proteger o planeta da degradação, incluindo por meio do consumo e da produção sustentáveis, da gestão sustentável dos seus recursos naturais e de medidas urgentes para combatera mudança do clima, para que possa atenderas necessidades das gerações presentes e futuras.

• Prosperidade: Estamos determinados a assegurar que todos os seres humanos possam desfrutar de uma vida próspera e de plena realização pessoal, e que o progresso econômico, social e tecnológico ocorra em harmonia com a natureza.

• Paz: Estamos determinados a promover sociedades pacíficas, justas e inclusivas, livres do medo e da violência. Não pode haver desenvolvimento sustentável sem paz e não há paz sem desenvolvimento sustentável.

• Parceria: Estamos determinados a mobilizar os meios necessários para implementar esta Agenda por meio de uma Parceria Global para o Desenvolvimento Sustentável revitalizada, com base no espírito de solidariedade global fortalecida, com ênfase especial nas necessidades dos mais pobres e mais vulneráveis e com a participação de todos os países, todas os grupos interessados e todas as pessoas.

Os *ODS – Objetivos de Desenvolvimento Sustentável* ("ODS", também conhecidos como *Objetivos Globais*) são 17 objetivos específicos para trazer mudanças positivas sociais, econômicas e ambientais na vida das pessoas.

Os *ODS* foram construídos tendo como base o sucesso dos *Objetivos de Desenvolvimento do Milênio (ODM) das Nações Unidas*, os quais foram instituídos em 2000 e focaram na melhoria de vida dos cidadãos mais pobres e mais necessitados do mundo. Os *ODS* fornecem uma base para lidar com os antigos desafios que se intensificaram, bem como as novas complexidades que surgiram nos tempos modernos, incluindo a erradicação da pobreza, o fim da mudança global do clima, o combate ao desemprego e o enfrentamento da desigualdade de gênero.

Os *ODS* são a primeira agenda universal do mundo para o desenvolvimento sustentável e isso significa que todas as nações – desenvolvidas e em desenvolvimento – serão convidadas a agir em seus próprios países.

Os *ODS – Objetivos de Desenvolvimento Sustentável* propostos na *Cúpula Pós-2015* são os seguintes:

1. Acabar com a pobreza em todas as suas formas, em todos os lugares.
2. Acabar com a fome, alcançar a segurança alimentar e melhoria da nutrição e promover a agricultura sustentável.
3. Assegurar uma vida saudável e promover o bem-estar para todos, em todas as idades.
4. Assegurar a educação inclusiva e equitativa de qualidade e promover oportunidades de aprendizagem ao longo da vida para todos.
5. Alcançar a igualdade de gênero e empoderar todas as mulheres e meninas.
6. Assegurar a disponibilidade e gestão sustentável da água e saneamento para todos.

7. Assegurar o acesso confiável, sustentável, moderno e a preço acessível à energia, para todos.
8. Promover o crescimento econômico sustentado, inclusivo e sustentável, emprego pleno e produtivo, e trabalho decente para todos.
9. Construir infraestruturas resilientes, promover a industrialização inclusiva e sustentável e fomentar a inovação.
10. Reduzir a desigualdade entre os países e dentro deles.
11. Tornar as cidades e os assentamentos humanos inclusivos, seguros, resilientes e sustentáveis.
12. Assegurar padrões de produção e consumo sustentáveis.
13. Tomar medidas urgentes para combater a mudança do clima e seus impactos.
14. Conservação e uso sustentável dos oceanos, mares e dos recursos marinhos, para o desenvolvimento sustentável.
15. Proteger, recuperar e promover o uso sustentável dos ecossistemas terrestres, gerir de forma sustentável as florestas, combater a desertificação, deter e reverter a degradação da terra e estancar a perda de biodiversidade.
16. Promover sociedades pacíficas e inclusivas para o desenvolvimento sustentável, proporcionar o acesso à justiça para todos e construir instituições eficazes, responsáveis e inclusivas em todos os níveis.
17. Fortalecer os meios de implementação e revitalizar a parceria global para o desenvolvimento sustentável.

Conferência do Clima – COP 21

Finalmente, em dezembro de 2015, na *Conferência do Clima – Convenção-Quadro das Nações Unidas sobre Mudança do Clima – COP 21* realizada em Paris, 195 países membros das Nações Unidas aprovaram um documento intitulado *"Acordo de Paris"*.

O *"Acordo de Paris"* aprovado na reunião plenária da COP 21 estabeleceu um instrumento legal internacional de todos os 195 países membros das Nações Unidas para o controle das mudanças do clima e redução das emissões globais de gases de efeito estufa, comprometendo os países a tomarem medidas para limitar o aquecimento global a 1,5 grau Celsius ("bem abaixo de 2,0 graus Celsius").

Cada país que assinou o *"Acordo de Paris"* submeteu um documento denominado *CND – Contribuição Nacionalmente Determinada* (NDC na sigla em inglês), embora os acordos e ações internacionais para o enfrentamento da crise climática global tenham demonstrado fragilidades que ameaçam a superação média planetária de temperatura em valores acima de 2°C até o final do século.

Foi aprovado também o compromisso de serem disponibilizados US$ 100 bilhões anuais a partir de 2020 para financiar ações de mitigação e adaptação nos países em desenvolvimento.

Durante a COP 21, líderes do setor empresarial comprometeram-se com diversos compromissos ambientais, metas de redução de CO_2 e maior utilização de energias limpas e renováveis além da discussão de questões de precificação de carbono, desenvolvimento tecnológico e inovação, e ainda financiamentos para permitir o controle e redução das emissões de gases nocivos às condições climáticas.

No artigo intitulado *"Os avanços da COP 21"*, escrito por *Klink, Miguez e Oliveira* e publicado na Edição 146 de 08.03.2016, no periódico "Teoria e Debate", os autores comentam que "o Acordo de Paris cria três modalidades de mecanismos de mercado: métodos cooperativos – cooperação voluntária na implementação de suas NDCs pela transferência de resultados de mitigação internacionalmente, que amplia o esforço de cooperação nos moldes do Comércio de Emissões da União Europeia; Mecanismo de Desenvolvimento Sustentável (MDS), que generaliza a ideia do Mecanismo de Desenvolvimento Limpo do Protocolo de Quioto para todos os países e permite o envolvimento de entidades públicas e privadas autorizadas pelas Partes, correspondendo a um esforço adicional além da NDCs; e, finalmente, Método de não Mercado, basicamente para apaziguar os oponentes dos mecanismos de mercado".

As políticas e programas nacionais e internacionais de conservação dos recursos hídricos e das florestas estão diretamente relacionados também com a melhoria das condições climáticas

No dia 22 de abril de 2016, na sede das Nações Unidas em Nova York, 175 países assinaram o *"Acordo de Paris"* aprovado na COP 21 em Paris.

Reuniões do WEF – Word Economic Forum

Os Relatórios do *WEF – Word Economic Forum* intitulados *"Global Risk Report"* discutidos nas reuniões do *WEF* em Davos, na semana de 20 a 23 de janeiro de 2016 e também na reunião de 17 a 20 de janeiro de 2017 (pesquisa realizada com cerca de 750 especialistas mundiais em risco), apresentaram que os principais riscos mundiais (em porcentagens %) nos próximos 10 anos são:
1. Crise dos recursos hídricos (39,8%);
2. Insucesso nos processos de mitigação e adaptação das mudanças climáticas (36,7%);
3. Eventos climáticos extremos, catástrofes (26,5%);
4. Crise de alimentos (25,2%);
5. Instabilidades sociais profundas (23,3%).

Analisando as questões internacionais, *Klaus Schwab*, Fundador e CEO do *WEF*, considera que a *4ª Revolução Industrial* (*Fourth Industrial Revolution*) está relacionada aos sistemas cibernéticos. Nos documentos que foram preparados com a contribuição de especialistas internacionais de vários países, observam-se também as mesmas preocupações com relação às questões *de sustentabilidade e de consumo sustentável*, saúde das populações, aspectos de tecnologia e a insegurança dos governos, conflitos internacionais e migratórios.

Com base na última reunião do WEF que ocorreu em Davos de 17 a 20 de janeiro de 2017, um dos grandes desafios dos próximos anos será a implementação de ações por líderes mundiais (governo, empresa, ONGs, academia) que busquem a *Liderança Responsiva e Responsável* ("*Compact for Responsive and Responsible Leadership*") ao redor do mundo, na busca dos melhores modelos de Governança Empresarial e Governamental.

Destacam-se algumas das principais conclusões do *"Global Risk Report 2017"* do *WEF apresentado em Davos em janeiro de 2017*:

> Desigualdade econômica, polarização social e intensificação dos perigos ambientais são as três principais tendências que irão moldar o desenvolvimento global nos próximos 10 anos, revelou o Relatório de Riscos Globais 2017 do Fórum Econômico Mundial. Ações

colaborativas pelos líderes mundiais serão urgentemente necessárias para evitar mais dificuldades e volatilidade na próxima década.

Na pesquisa desse ano, cerca de 750 especialistas avaliaram 30 riscos globais, assim como 13 tendências subjacentes que poderiam amplificá-los ou alterar as interconexões entre eles. Em um contexto de crescente descontentamento político e perturbação em todo o mundo, três descobertas principais emergiram na pesquisa:

- Padrões persistem. Disparidade de renda e riqueza cada vez maior e aumento da polarização de sociedades estão em primeiro e terceiro lugares, respectivamente, entre as tendências subjacentes que determinarão os desenvolvimentos globais nos próximos 10 anos. Semelhantemente, o par de riscos mais interconectado na pesquisa desse ano é alto desemprego ou subemprego estrutural e instabilidade social profunda.
- O meio ambiente domina o cenário dos riscos globais. A mudança climática foi a tendência subjacente número dois neste ano. E, pela primeira vez, todos os cinco riscos ambientais na pesquisa foram colocados ambos como de alto risco e alta probabilidade, com eventos climáticos extremos emergindo como o risco global mais proeminente.
- A sociedade não está acompanhando as mudanças tecnológicas. Das 12 tecnologias emergentes examinadas no relatório, os especialistas descobrem que inteligência artificial e robótica têm o maior potencial de benefícios, mas também o maior potencial para efeitos negativos e a maior necessidade para melhor governança.

Enquanto o mundo pode despontar para significantes progressos na área de mudanças climáticas em 2016, com um número de países, incluindo EUA e China, ratificando o Acordo de Paris, mudanças políticas na Europa e na América do Norte colocam o progresso em risco. Isso também destaca a dificuldade que os líderes encontrarão para concordar com um plano de ação em nível internacional para enfrentar os riscos econômicos e sociais mais prementes. Uma ação urgente é necessária entre os líderes para identificar formas de superar diferenças políticas ou ideológicas e trabalhar juntos para resolver desafios críticos.

A dinâmica de 2016 para enfrentar as mudanças climáticas mostra que é possível, e oferece esperança de que uma ação coletiva em nível internacional, direcionada em redefinir outros riscos, também pode ser conquistada, disse a Chefe de Competitividade e Riscos Globais do Fórum Econômico Mundial, Margareta Drzeniek-Hanouz.

A complexa transição que o mundo está passando atualmente, desde estar se preparando para um futuro com pouco carbono e mudanças tecnológicas sem precedentes até ajustar-se a uma nova economia global e realidades geopolíticas, coloca ainda mais ênfase nos líderes para que pratiquem pensamento, investimentos e cooperação internacional em longo prazo.

Como lidar com os riscos mundiais mais prementes foi o assunto de discussões na Reunião Anual de 2017 do Fórum Econômico Mundial, que ocorreu de 17 a 20 de janeiro, sob o tema Liderança Responsiva e Responsável.

Neste sentido, desafios e oportunidades se apresentam para todos os *stakeholders* (governos, academia, ONGs, sociedade e setores empresariais e financeiros) ao redor do mundo: buscar soluções para o desenvolvimento tecnológico e reduzir e eliminar os impactos associados aos aspectos apontados nos processos relacionados com a Governança Empresarial e Governamental.

22.2 Busca do atendimento dos compromissos das recentes conferências das Nações Unidas pelo setor empresarial

Neste artigo, revê-se inicialmente o conceito do modelo de *"Economia Verde"* do ponto de vista do setor empresarial, seus enfoques e desdobramentos, para a promoção do desenvolvimento sustentável, e as ações futuras a serem implementadas no âmbito nacional e internacional, com base no documento *"Economia Verde"*, originalmente preparado pelas Nações Unidas, que serviu de base para as discussões da *Conferência Rio + 20, Cúpula Pós-2015, COP 21* e a recente reunião do *WEF – World Economic Forum em Davos* (janeiro de 2017).

Complementando, com base na experiência de casos de empresas e instituições financeiras que têm desenvolvido com sucesso a gestão de sustentabilidade, propõe-se delinear o que deve ser um *modelo de Governança e Gestão de Sustentabilidade e Responsabilidade Social do Setor Empresarial e nas Instituições Financeiras*, para se adequar aos novos compromissos e anseios da sociedade.

• Quais ações, programas e processos devem ser implementados pelas empresas do setor empresarial e de instituições financeiras para adequar seus modelos de gestão de sustentabilidade e responsabilidade social aos novos conceitos recentemente aprovados nas conferências internacionais das Nações Unidas?

• De que modo o setor empresarial e as instituições financeiras deverão atender aos compromissos acertados na Conferência Rio +20, na Cúpula Pós-2015 e na COP 21?

• O que caracteriza a governança e gestão de sustentabilidade e de responsabilidade social do setor empresarial e das instituições financeiras?

• Como devem ser estabelecidas as principais políticas, procedimentos, processos de gestão e programas para atender aos novos conceitos e compromissos internacionais?

• Quais são os parâmetros, indicadores, programas e processos que devem fazer parte do modelo de governança e de gestão de sustentabilidade e responsabilidade do setor empresarial e das instituições financeiras, alinhados com os novos conceitos de "economia verde" relativos ao desenvolvimento sustentável?

A discussão dos complexos temas relacionados com o desenvolvimento sustentável tem mobilizado todos os setores da sociedade na busca de modelos de desenvolvimento econômico, social, ambiental e político, aplicáveis e viáveis de serem adotados pelos governos, sociedade civil e especialmente pelo setor empresarial. No entanto, quando se discute as questões de sustentabilidade, o quadro geral ainda é preocupante e muito ainda há por ser implementado e acordado no âmbito internacional e regional.

Dentro deste contexto a *CCI – Câmara de Comércio Internacional*, representando a comunidade empresarial mundial, preparou um documento para a discussão na *Conferência Rio +20*, resultante das consultas com os executivos das empresas associadas, que se intitula: *"Dez condições para uma transição rumo a uma Economia Verde"*.

22.3 Conceito de "Economia Verde"

No contexto político global o conceito de *"Economia Verde"* surgiu nos últimos anos, com destaque em diversos fóruns intergovernamentais, como do Programa das Nações Unidas para o Meio Ambiente (PNUMA) e da Organização para a Cooperação e Desenvolvimento Econômico (OCDE), e também nas reuniões e discussões entre os líderes do G20. Nesse sentido, o modelo de "economia verde no contexto do desenvolvimento sustentável e da erradicação da pobreza" foi considerado um dos temas prioritários para a *Conferência das Nações Unidas sobre Desenvolvimento Sustentável em 2012 (Rio +20)*, evidenciando a preocupação dos governos e da sociedade civil ao redor do globo na busca de maneiras de definir e de implementar ações concretas e objetivas para o novo modelo de gestão, enfatizando-se os aspectos econômicos, sociais e ambientais nas próximas décadas.

A expressão *"Economia Verde"* em geral é um termo utilizado pelos especialistas, gestores governamentais e academia. Não existe ainda uma definição única acordada, um conjunto de indicadores financeiros, econômicos e técnicos para as definições mais amplas sobre o conceito que defina *"Economia Verde"* e nem um modelo geral acordado internacionalmente. No setor empresarial este conceito é entendido e reconhecido pelos desafios e oportunidades presentes em todos os setores de negócios e suas cadeias de valor.

Em outras palavras, a expressão *"Economia Verde"* eclode no cenário global, não para substituir o significado de *"desenvolvimento sustentável"*, mas, definitivamente, para traduzir que, para o setor industrial, uma essencial e intrínseca mudança de paradigma, voltada autenticamente à sustentabilidade, é exigida em todos os setores e etapas de produção. Expressa o desafiante convite à prevenção do risco socioambiental em todas as etapas de produção.

A *CCI – Câmara de Comércio Internacional* representando a comunidade empresarial, no referido documento apresentado para a discussão no âmbito das Nações Unidas, entende que o conceito de *"Economia Verde"* é um termo que possui um enfoque mais amplo no contexto político internacional e que incorpora um conceito amplo e geral de desenvolvimento sustentável. O crescimento econômico e a responsabilidade socioambiental devem atuar juntos de forma que se reforçam mutuamente, apoiando o progresso no desenvolvimento sustentável. Neste sentido, o setor empresarial (incorporando os segmentos industrial, comércio, serviços, agronegócios e financeiro) tem um papel crucial no fornecimento dos produtos economicamente viáveis, processos, serviços e soluções necessárias para a transição para uma "economia verde".

A comunidade empresarial compartilha os pensamentos definidos no Relatório *"Nosso Futuro Comum"* (apresentado em 1987 e também conhecido como Relatório Brundtland), que define desenvolvimento sustentável como: "Desenvolvimento que satisfaz as necessidades do presente sem comprometer a capacidade das gerações futuras satisfazerem suas próprias necessidades", numa relação de uso razoável e com equidade.

A *"Economia Verde"* requer três pilares: *econômico, social e ambiental, para uma efetiva transição que permita o desenvolvimento sustentável.*

Crescimento econômico e social é imprescindível e necessário para a transição para uma "economia verde", levando-se em conta recursos humanos, financeiros e planejamento de curto, médio e longo prazo, envolvendo todas as partes interessadas (*stakeholders*) da sociedade em qualquer país e globalmente.

22.4 Dez condições para uma transição rumo a uma economia verde estabelecidas pela CCI – Câmara de Comércio Internacional

O setor empresarial, incluindo as instituições financeiras, deve fazer parte da solução das questões ambientais, de desenvolvimento sustentável e de responsabilidade social e tem que atuar de forma proativa e pragmática em ações concretas que incluem: redução e eliminação de impactos sociais e ambientais de suas operações e processos, melhoria contínua de eficiência energética, redução de emissões de carbono, utilização de energia renovável nos processos e operações, utilização eficiente de água e redução de resíduos, entre outras importantes ações (ver detalhamento adiante).

Encontram-se a seguir as *"Dez condições para uma transição rumo a uma economia verde"* estabelecidas pela CCI – Câmara de Comércio Internacional que buscam o desenvolvimento sustentável e que devem fazer parte também da estratégia dos negócios das empresas do setor de manufatura em todos os seus segmentos.

1. Conscientização: A mudança para uma "economia verde" requer a conscientização dos empresários sobre a nova abordagem e desafios referentes aos aspectos gerais da economia global, impactos ambientais, econômicos e sociais, bem como análise de novas oportunidades de mercado, que devem fazer parte da agenda de todos os negócios sustentáveis do setor empresarial. O entendimento dos negócios e as suas inter-relações com as questões de sustentabilidade e responsabilidade social, incluindo processos de produção industrial, produtos e serviços, passaram a ser uma necessidade e pré-requisito para a gestão das empresas de manufatura comprometidas com o desenvolvimento sustentável de suas atividades no contexto global.

As empresas têm o desafio de desenvolver seus negócios, produtos e serviços, considerando as suas interligações com a sociedade, governo, consumidores, fornecedores e demais partes interessadas (*stakeholders*), de acordo com os conceitos de desenvolvimento sustentável e responsabilidade social. O sucesso dos negócios está também diretamente relacionado com a adoção de princípios éticos, legais, de sustentabilidade, valores e a manutenção de uma imagem íntegra e transparente da empresa com relação a esses assuntos no mercado e na sociedade.

No tocante à questão hídrica em tempos de crise de escassez e de qualidade da água, por exemplo, os setores empresariais, em particular o industrial e financeiro, devem voltar os olhos aos projetos de transposição de águas de interbacias hidrográficas. Custos com a importação-transporte de água de outras regiões tornam o recurso hídrico economicamente caro, além de não considerar adequadamente os riscos socioambientais próprios de uma transposição de água entre bacias com seus impactos nos diferentes ecossistemas ambientais e nas comunidades vizinhas, em especial, à jusante, afetando os usos múltiplos da água por essas comunidades.

2. Educação e competências: Educação é fundamental para a "operacionalização" da economia verde. A educação em todos os níveis da sociedade deve ser constantemente aprimorada, tanto no âmbito governamental como no setor empresarial, a fim de se desenvolver as habilidades e o empreendedorismo necessários para a implementação de práticas de desenvolvimento sustentável e social.

O aprimoramento e a busca do desenvolvimento sustentável com base no modelo de "economia verde" necessitam da constante melhoria dos processos de desenvolvimento de competência, educação e capacitação.

Na questão hídrica, o tema remete a uma preocupação voltada à necessária capacitação e investimentos para alavancar melhores e inovadoras tecnologias em planos de drenagem de águas pluviais, reúso, políticas de economia de água e redução do consumo de energia, com investimentos em eficiência energética.

3. Emprego: O emprego é um elemento crítico para a economia e o desenvolvimento sustentável. O modelo de "economia verde" exige a oferta de empregos dignos com a promoção de formas de empregabilidade dentro dos princípios estabelecidos pela Organização Mundial do Trabalho e os regulamentos legais mais desenvolvidos, que objetivam reduzir a pobreza nos países desenvolvidos e em desenvolvimento, independentemente dos seus modelos econômicos. O setor empresarial em conjunto com o governo e a sociedade civil devem definir ações para promover a geração de oportunidades de trabalho, criação e manutenção de empregos dignos e que obedeçam aos regulamentos e princípios estabelecidos internacional e regionalmente.

Neste sentido, cabe aos governos e ao setor empresarial o estabelecimento de políticas para o combate ao desemprego e a inclusão produtiva, que objetive superar as crises econômicas e sociais que vivemos engajados nos conceitos de desenvolvimento sustentável. O modelo de "economia verde" só será possível ser alcançado se a erradicação da pobreza, distribuição de renda, promoção da inclusão social, preservação dos recursos naturais e biodiversidade ocorrerem de acordo com o crescimento sustentável e de forma ordenada, tanto nos países em desenvolvimento como nos desenvolvidos. Para isto torna-se necessário o setor empresarial atuar como forte parceiro do governo na promoção de educação profissionalizante e no desenvolvimento de políticas de proteção social e melhoria do mercado de trabalho.

Uma real política de "emprego" integrada à sustentabilidade exigirá políticas de educação profissionalizantes voltada à prevenção de riscos na medida de suas responsabilidades. Na questão hídrica, não se olvida a responsabilidade por atos de improbidade por gestores e seus funcionários por liberação de vazão hídrica acima do montante outorgado.[3]

4. *Eficiência dos recursos*: Nos conceitos de "economia verde" estabelecidos pelas Nações Unidas reconhece-se que os recursos naturais são finitos e devem ser geridos com a preocupação de preservá-los e evitar sua escassez global ou regional. A eficiência dos recursos naturais deve estar sempre inter-relacionada com a "economia verde", levando-se em conta também o valor econômico do capital natural e dos serviços ecossistêmicos. Em longo prazo, no modelo de "economia verde" proposto deverá se observar o *aumento dos benefícios* econômicos, sociais e ambientais e, por conseguinte a *redução dos impactos* ambientais, sociais e econômicos negativos. O setor empresarial deve buscar o desenvolvimento, em conjunto com o governo, sociedade civil e academia, de ações concretas de preservação, recuperação e conservação e melhoria dos recursos naturais, biodiversidade, ecossistemas, bem como ações para reduzir e eliminar os desflorestamentos e desequilíbrios ambientais resultantes do mau uso dos recursos e/ou catástrofes naturais.

No tratamento de seus efluentes, por exemplo, o setor industrial e financeiro pode colaborar com *advocacy* e aporte de capacitação para melhores tecnologias de tratamento dos efluentes, segundo os parâmetros legais exigidos, em parcerias que estimulem o Poder Público a aprimorar suas tecnologias de tratamento de esgotos e efluentes domésticos, de modo a que não prejudique nem anule os esforços do setor da indústria na observância de sua responsabilidade no tratamento de efluentes para a preservação da qualidade das águas fluviais.

5. *Abordagem de ciclo de vida*: No modelo das Nações Unidas de "economia verde" deve-se adotar uma abordagem de ciclo de vida para minimizar o impacto ambiental de toda a atividade econômica através da aplicação de ciência, tecnologia e conhecimento

---

[3] Disponível em: <http://sao-paulo.estadao.com.br/noticias/geral,mpe-move-acao-judicial-contra-9-funcionarios-do-daee-e-da-sabesp,1811316>.

emergente. O ciclo de vida de um produto começa na extração de matéria-prima, na pesquisa sobre a concepção e o desenvolvimento de produtos, serviços, fabricação, distribuição, comercialização. O setor empresarial deve ser responsável por buscar soluções e processos que permitam melhor eficiência, reutilização, reciclagem e redução de uso de matérias-primas. Em cada etapa do ciclo de vida de um produto, processo, tecnologia ou serviço, perguntas críticas sobre custos, benefícios, responsabilidade ambiental e impacto social deverão ser consideradas. A abordagem do ciclo de vida é ferramenta importante para o desenvolvimento sustentável, além de permitir a identificação de novas oportunidades de negócios, serviços, produtos, bem como redução de custos e riscos.

Essa mesma abordagem, proporcionalmente, em todos os níveis, reclama-se do setor financeiro, que igualmente deve voltar-se a investimentos sustentáveis de projetos que atendam ao primado da preservação ambiental e do uso adequado e equitativo dos recursos naturais.

Para além da avaliação dos impactos ambientais em estudos (EIA/RIMA), projetos e empreendimentos deveriam preocupar-se também com Planos de Bacias Hidrográficas, outorgas possíveis de serem concedidas para a bacia escolhida para abrigar o projeto e o custo-benefício de atender às condicionantes e metas de enquadramento de corpos d'água previstas nesses Planos.

6. *Inovação econômica / Mercados abertos e competitivos*: O modelo de "economia verde" enfatiza a importância do crescimento sustentável e o acesso a novos mercados e busca da eficiência. Este modelo reconhece que mercados abertos e competitivos são indispensáveis para a evolução e sobrevivência dos negócios das empresas e, por conseguinte, o desenvolvimento da atividade econômica e a prosperidade da sociedade.

Os novos conceitos de "economia verde" necessitam ser integrados aos negócios em todos os mercados, tanto nacionais como globais. Neste sentido, a sociedade em geral deve estar receptiva para o mecanismo de entrega de valor aos negócios, produtos e serviços comercialmente viáveis ao longo da cadeia de valor. O setor empresarial deve orientar esforços no desenvolvimento de padrões de produção e consumo que permitam o crescimento econômico com desenvolvimento sustentável. Neste sentido, ações objetivas devem ser conduzidas pelo setor empresarial em parceria com as partes interessadas para o estabelecimento de novos paradigmas entre produtores e consumidores e consequente redefinição de novos padrões de produção e consumo no âmbito regional e global.

7. *Métricas e reportagem*: Para o modelo de "economia verde" se tornar operacional, é necessário que indicadores de sustentabilidade e outras métricas e divulgação de informações e relatórios sejam desenvolvidos, realizados e difundidos, com relação a todos os negócios e processos empresariais. Isso implica o desenvolvimento de indicadores operacionais de todos os processos empresariais, estabelecimento de planejamento e estratégias padrões que considerem as questões de desenvolvimento sustentável e responsabilidade social, macropolíticas contábeis e indicadores econômicos, técnicos e sociais.

Padrões de desempenho, à luz dos reportados pelo IFC, ajudam na gestão dos desempenhos social e ambiental, a partir da análise de resultados. Os resultados almejados desejados para cada padrão de desempenho ajudam inclusive operacionalmente no alcance desses resultados, através de gestão sustentável, conforme a escala do projeto ou atividade, proporcionalmente ao nível de riscos socioambientais. Essa preocupação evita impactos negativos, a par de servir de indicador importante para a medição de riscos de toda ordem, aos trabalhadores, às comunidades no entorno e ao meio ambiente. Ademais, ajudam na prevenção ou na adoção de medidas compensatórias ou mitigadoras desses impactos.

Nesse sentido, investimentos em planos de contingência ou emergência de segurança hídrica, independentemente da atividade ou obra desenvolvidas, são instrumentos inovadores em padrões de desempenho numa perspectiva operacional de "economia verde".

Relatórios anuais de sustentabilidade e responsabilidade socioambiental das instituições financeiras devem estimular a gestão sustentável e a responsabilidade socioambiental do setor industrial.

8. Finanças e Investimento: De acordo com as Nações Unidas, o modelo de "economia verde" impulsiona a inovação e a eficiência dos setores público e privado, levando a sociedade na direção do desenvolvimento sustentável. A "economia verde", para ter sucesso, deve estar apoiada em políticas e normas que promovam decisões transparentes de investimentos públicos e privados. A transparência é componente importante, necessário e essencial para o sucesso do modelo de "economia verde". Normas e procedimentos de sustentabilidade financeira devem continuamente ser implementados pelas instituições financeiras e também regulamentados pelos governos para promover de forma adequada o desenvolvimento sustentável. Considerando que significante parte das instituições financeiras faz parte do setor privado e empresarial, torna-se imprescindível que adotem políticas e controles rígidos e sustentáveis para todos os financiamentos, produtos e serviços financeiros.

No artigo *"Responsabilidade socioambiental das instituições financeiras e governança corporativa"*, apresentado em capítulo deste livro e escrito pelo autor em parceria com os coautores especialistas em governança, finanças e Direito Empresarial e Ambiental (*Aparecida Teixeira de Morais, Beatriz de Oliveira Marcondes, Gilberto Souza, Marta Viegas e Roberta Danelon Leonhardt*) destacamos o texto:

> As atividades da Iniciativa Financeira do Programa das Nações Unidas para o Meio Ambiente ("UNEP FI" nas siglas em inglês), desde 1992 têm auxiliado um grande número de instituições financeiras a melhor equacionar as preocupações das partes interessadas na sociedade e ecoar melhores práticas para serem mais sustentáveis. A UNEP FI é uma parceria global entre a UNEP e o setor financeiro. Mais de duzentas instituições, incluindo bancos, seguradoras e fundos, trabalham juntos para alcançarem mudança sistêmica no setor financeiro para dar suporte a um mundo sustentável.
>
> No âmbito internacional, além de avaliar os riscos macroeconômicos e regulatórios, as instituições financeiras passaram a analisar também os aspectos socioambientais, claramente refletindo maior conscientização das instituições financeiras no que se refere à responsabilidade social corporativa e ao desenvolvimento sustentável. É válido observar que a ampla variedade de riscos pode comprometer o sucesso de uma operação financeira.
>
> Nesse cenário, vem sendo conferida extrema importância aos Princípios do Equador ("PE"), estabelecidos pelo International Finance Corporation ("IFC"), braço financeiro do Banco Mundial, que constituem-se em conjunto de políticas e normas para se administrar os riscos socioambientais em relação à concessão de crédito para um determinado projeto, para que este seja desenvolvido de forma social e ambientalmente adequada.

Os Princípios do Equador foram formulados em 2002, revistos em 2006 e desde 2014 são aplicados de acordo com sua última versão, conhecida como EPIII, a qual tem como base as diretrizes adotadas pelo IFC, Banco Mundial e outros bancos multilaterais, bem como as instituições signatárias dos referidos Princípios do Equador.

Atualmente, 83 instituições financeiras, atuantes em 36 países, são signatárias dos Princípios do Equador Dentre essas, encontram-se diversas instituições brasileiras. Na prática, as instituições financeiras signatárias dos Princípios do Equador buscam projetos que atendam aos requisitos exigidos pelo IFC. Em geral, para a concessão de empréstimos, avalia-se se os projetos cumprem requisitos tais como: gestão de risco socioambiental, proteção à biodiversidade, adoção de mecanismos de prevenção e controle de poluição e outros.

Após tal análise, os projetos são enquadrados em uma matriz de risco socioambiental, que identifica impactos e riscos relevantes, bem como respectivas medidas de mitigação. A depender dos riscos identificados, os bancos poderão apresentar exigências ou solicitar a apresentação de documentos adicionais para a concessão do financiamento. Diante do exposto, pode-se observar o crescente esforço mundial no sentido de delimitar a responsabilidade de instituições financeiras diante de questões ambientais.

No Brasil, o setor bancário é regulado por órgãos como o Conselho Monetário Nacional ("CMN"), o BACEN e a Comissão de Valores Mobiliários ("CVM"). Seguindo as diretrizes adotadas mundialmente, o país, por meio de seus órgãos regulatórios, vem tentando estabelecer normas bancárias sobre responsabilidade das instituições financeiras relacionadas a questões socioambientais.

O Conselho Monetário Nacional ("CMN") editou a Resolução nº 4.327, de 25 de abril de 2014 do BACEN, que dispõe sobre a obrigatoriedade de adoção de Políticas de Responsabilidade Socioambiental ("PRSAs") pelas instituições financeiras vinculadas ao Banco Central do Brasil ("BACEN"). A referida resolução discriminou os princípios e as diretrizes que deveriam ser observados pelas instituições financeiras na elaboração das PRSAs, bem como em suas práticas de governança corporativa.

Pela primeira vez, o sistema normativo brasileiro, por meio da referida resolução, atribuiu às instituições financeiras a responsabilidade de delinear uma governança corporativa com o objetivo de gerenciar riscos socioambientais atrelados aos seus negócios, serviços e produtos. Como resultado dessas tratativas e na tentativa de construir uma interpretação comum sobre ações diligentes do ponto de vista socioambiental, o Sistema de Autorregulação Bancária ("SARB") da FEBRABAN posteriormente editou o Normativo SARB nº 14, de 28 de agosto de 2014. Além das regras gerais instituídas pela Resolução nº 4.327/2014 do BACEN, o Normativo SARB nº 14/2014 da FEBRABAN especificou com mais clareza os critérios e mecanismos a serem observados pelas instituições financeiras quando da avaliação e gestão dos riscos socioambientais dos projetos a serem financiados.

No Brasil, as instituições financeiras em geral devem seguir leis, normas e regulamentos de governança e socioambientais estabelecidos pelos órgãos regulamentadores, bem como aquelas instituições financeiras que são signatárias dos Princípios do Equador necessitam também implementar a análise das propostas de clientes que solicitam financiamento de projetos de acordo com os princípios, políticas, critérios e procedimentos socioambientais adotados estabelecidos pelo IFC.

No tocante à questão hídrica, os financiamentos e investimentos devem estar voltados à eficiência da integração da gestão dos recursos hídricos com a gestão hídrica, hidrológica e hidráulica, evitando-se financiamentos de projetos, obras ou atividades em bacias hidrográficas saturadas ou em áreas de preservação permanente ou nascentes. Ou, ainda, o setor financeiro poderia criar condições facilitadas a financiamentos e investimentos de projetos de tecnologias de reúso, de reaproveitamento hídrico, em inovações tecnológicas de tratamentos e saneamento, em metodologias limpas de remediação e despoluição, melhoria da eficiência energética ou hidráulica e hidrológica de serviços, etc. Poderia ainda o setor investir em programas e parcerias do setor público-privado para planificação hidrológica, de drenagem de águas pluviais, de economia de água e energia, etc.

No referido artigo "Responsabilidade socioambiental das instituições financeiras e governança corporativa", apresentado em capítulo deste livro, os autores destacam que "as instituições financeiras devem ter uma estrutura para o gerenciamento do risco socioambiental e a identificação de deficiências na implementação das ações exigidas na Resolução nº 4.327, de 25 de abril de 2014 do BACEN".

Neste contexto, a governança e gestão de sustentabilidade e responsabilidade social das instituições financeiras "trata não apenas da obrigatoriedade da criação de uma PRSA – Política de Responsabilidade Socioambiental (como definida na Resolução nº 4.327), mas também de governança corporativa, ao determinar que as instituições financeiras tenham estrutura de governança corporativa compatível com o seu porte, a natureza do seu negócio, a complexidade de serviços e produtos oferecidos, bem como com as atividades, processos e sistemas adotados, para assegurar o cumprimento das diretrizes e dos objetivos da política. Tal estrutura de governança deve dar às instituições financeiras as condições para a implementação, o monitoramento e a avaliação da efetividade das ações determinadas pela PRSA".

9. *Integração política ambiental, social e econômica e de tomada de decisão*: Um modelo de "economia verde" exige uma abordagem holística para a tomada de decisão. Ele integra e equilibra as políticas em relação a prioridades ambientais, sociais e econômicas, considerando as consequências intencionais e não intencionais das políticas interligadas que podem resultar em sinergias ou barreiras; e promover ou prejudicar toda a economia do crescimento sustentável. Consequentemente, na tomada de decisão e na integração ambiental, social e econômica é importante e essencial o desenvolvimento e o incentivo da contribuição científica, da inovação, de conhecimento, de tecnologias específicas integradas com sustentabilidade, que suportem os novos modelos de gestão de desenvolvimento sustentável em todas as áreas de atuação.

Em se tratando de recursos hídricos, tal integração das políticas de gestão tem acento de obrigação legal (artigos 3º, III, 29, IV, 30, IV, e 32, da Lei de Política Nacional de Recursos Hídricos, Lei nº 9.433/1997). A repetição dessa integração das gestões hídrica e do meio ambiente evidencia a relevância dessa gestão holística para a efetividade de uma boa governança hídrica. Isso já estava previsto há tempos na Convenção Internacional das Águas, também conhecida como Convenção de Helsinque (nas duas edições, de 1966 e 1992).

10. *Governança e parcerias*: O modelo de "economia verde" é baseado em estruturas de governança que permitam a todas as partes interessadas (*stakeholders*) atuar de forma integrada e buscar suas responsabilidades compartilhadas. As estruturas de governança a nível local, regional, nacional e mundial precisam atuar alinhadas e promover esforços mútuos na integração de recursos e na busca contínua do desenvolvimento sustentável.

Nas parcerias dos setores governamental, empresarial e sociedade civil, que objetivam o desenvolvimento sustentável e a promoção das relações sociais, devem-se promover trabalhos e projetos comuns, comércio multilateral baseado em regras e de investimento, de um ambiente econômico estável, regido pelo estado de direito, incluindo efetiva proteção dos direitos de propriedade intelectual, fortes disposições contratuais e as comunidades seguras e estáveis.

Um *modus operandi* fundamental de uma "economia verde" consiste em novas abordagens que facilitam colaborações inovadoras entre empresas, governo e sociedade civil. Tais colaborações podem assumir muitas formas, incluindo parcerias público-privadas, compromissos de negócios da cadeia de valor e alianças com a academia e os consumidores. No novo modelo de "economia verde" o lugar comum passa a ser o envolvimento de todas as partes interessadas (*stakeholders*) no desenvolvimento de projetos conjuntos em benefício da sociedade. Neste novo modelo é essencial a promoção e cooperação das partes interessadas em projetos conjuntos e específicos que visam o desenvolvimento sustentável.

Em nível da gestão hídrica no Brasil, o setor empresarial, portanto, como potencial usuário de recursos hídricos, deve zelar para que seja paritária a composição dos órgãos colegiados de deliberação e decisão sobre águas – no âmbito dos Conselhos e Comitês de Bacias, garantindo uma gestão legitimada pela efetividade da representatividade equilibrada e justa de todos os *stakeholders*.

22.5 Modelo de governança e gestão de sustentabilidade e responsabilidade social para o setor empresarial e instituições financeiras

Com base nas resoluções e compromissos aprovados na *Conferência Rio +20* (Rio de Janeiro), na *Cúpula Pós-2015* (New York) e na *COP 21* (Paris), os novos conceitos de gestão de sustentabilidade e responsabilidade social empresarial exigem que as questões de inovação, tecnologia, gerenciamento de riscos, gerenciamento ambiental, saúde e de segurança do trabalho, qualidade e cuidados com os assuntos sociais e de sustentabilidade devem ser parte integrante de todos os esforços e ações da direção da empresa e de todos os seus funcionários, não apenas como cumprimento às exigências legais, mas principalmente como uma questão de consciência e responsabilidade perante toda a sociedade na busca do desenvolvimento sustentável, aumento de eficiência e competitividade dos negócios no curto, médio e longo prazo.

No momento que se está repensando os conceitos de desenvolvimento sustentável e responsabilidade social, o modelo de *"Economia Verde"*, torna-se necessário também se refletir como deve ser o *modelo de governança e gestão sustentabilidade e responsabilidade social para o setor empresarial* nas próximas décadas.

O estabelecimento de estratégias de sustentabilidade e de responsabilidades socioambientais integradas aos negócios das empresas passou a ser condição imprescindível na gestão eficiente, no sucesso empresarial e na busca de competitividade empresarial.

Governança e gestão de sustentabilidade e responsabilidade social no setor empresarial tem que ser parte integrante do gerenciamento dos negócios de todas as empresas.

De modo geral, pode-se conceituar *governança e gestão de sustentabilidade e responsabilidade social* como a integração de sistemas organizacionais e programas a fim de permitir:

- Atendimento aos compromissos internacionais da ONU estabelecidos nas conferências e tratados relacionados com as questões e assuntos de sustentabilidade e socioambientais;
- Cumprimento das leis e normas vigentes nacionais e internacionais relacionadas às questões ambientais, segurança do trabalho, saúde e sociais; implementação eficiente de todos os processos de gestão com enfoque na melhoria da qualidade, inovação e sustentabilidade;
- Controle e redução dos impactos no meio ambiente, e à saúde dos funcionários devido a operações ou produtos;
- Desenvolvimento e o uso de tecnologias apropriadas para minimizar ou eliminar resíduos;
- Monitoramento e avaliação dos processos e parâmetros ambientais, de higiene industrial, segurança do trabalho e saúde, e sociais;
- Eliminação ou redução dos riscos ao meio ambiente e ao homem;
- Utilização de tecnologias limpas (*clean technologies*) e inovação com o objetivo de minimizar os gastos de energia, recursos hídricos, resíduos e materiais;
- Melhoria do relacionamento entre a comunidade e o governo;
- Gestão antecipada de riscos na análise de questões sociais, ambientais, segurança do trabalho e saúde que possam causar problemas ao meio ambiente e, particularmente, à saúde humana;
- Estabelecimento de indicadores de sustentabilidade, relatórios de monitoramento, e análise de ciclo de vida de produtos e serviços;
- Estabelecimento de novos padrões de produção e consumo; implementação eficiente de todos os processos de gestão com enfoque na melhoria da qualidade, inovação e sustentabilidade;
- Estabelecimento pelas empresas de programas de redução de emissão de gases, resíduos sólidos e recursos hídricos;
- Estímulo aos processos de inovação tecnológica e de melhoria da eficiência de energia, recursos hídricos e resíduos;
- Melhoria nos processos de análise e gerenciamento dos riscos socioambientais e de sustentabilidade dos projetos e atividades das empresas, bem como das instituições financeiras responsáveis pelos empréstimos e investimentos nos setores privados e governamentais.

Os conceitos modernos de *governança e gestão de sustentabilidade e responsabilidade social* no setor empresarial devem iniciar-se no planejamento das tecnologias a serem utilizadas pelas empresas e setor industrial e seus desdobramentos, bem como na criteriosa localização de suas atividades empresariais, assim como nos produtos e serviços a serem comercializados. Em especial, deve-se vislumbrar a adoção das melhores tecnologias disponíveis para garantir o tratamento adequado dos efluentes, tendo em vista a busca pela poluição mínima e tratamento adequado de acordo com os mais rígidos padrões internacionais para a garantia da segurança hídrica, bem como implantar sistemas de reúso da água para a sua utilização eficiente.

Os novos conceitos de *governança e gestão de sustentabilidade e responsabilidade social empresarial* exigem que as questões de inovação, tecnologia, gerenciamento de riscos, gerenciamento ambiental, saúde e segurança do trabalho e das populações ao redor das empresas, melhoria e cuidado com produtos e serviços do ponto de vista da saúde e segurança dos consumidores, qualidade e cuidados com os assuntos sociais sejam parte integrante de todos os esforços e ações da direção da empresa e de todos os seus funcionários, não apenas como cumprimento às exigências legais, mas principalmente como uma questão de consciência e responsabilidade perante toda a sociedade na busca do desenvolvimento sustentável, melhoria de eficiência e competitividade dos negócios no curto, médio e longo prazo.

Deve-se procurar a universalidade do saneamento, e a água deve ser fornecida ao consumidor sem a possibilidade de causar quaisquer males à saúde. As empresas devem desenvolver suas atividades com planos de contingência e ação em casos de riscos e buscar precaver-se de qualquer desastre ambiental. Para tanto, deve-se buscar referências internacionais e nacionais dos processos mais avançados de tratamento e gestão de riscos.

O enfoque dos efeitos negativos que advêm do processo de adaptação do novo ecossistema deve ser planejado por grupos interdisciplinares de engenheiros, biólogos, sanitaristas, ecólogos, sociólogos, médicos e especialistas diversos, no sentido de buscar as alternativas condizentes para a adequação do empreendimento aos fatores mencionados.

A carência de um planejamento das possíveis modificações socioambientais e suas repercussões e o desconhecimento das questões e aspectos de saúde, segurança e sustentabilidade na implementação e operação de empreendimentos do setor de manufatura (inclusive seus produtos e serviços) podem ser responsáveis pelas consequências adversas que, posteriormente, requerem recursos humanos, financeiros e materiais para serem eliminadas.

Um dos fatores importantes no sucesso da *gestão de sustentabilidade e responsabilidade social* envolvendo as questões econômicas, inovação, socioambientais, segurança do trabalho, saúde e sociais é o *comprometimento da alta gestão*, por conseguinte de todos os níveis da empresa.

Este comprometimento deve ser expresso por meio de uma *política de sustentabilidade (envolvendo as questões hídrica, ambiental, de segurança do trabalho, saúde e social)* escrita de forma clara, para ser seguida, implementada e obedecida por toda a empresa. O gerenciamento de linha é responsável por assegurar conformidade com esta política, a começar pelos níveis mais altos da empresa e descendo a todos os níveis da organização.

Durante as fases de planejamento e implementação de projetos relacionados à implementação de indústrias de manufatura, serviços e seus produtos, torna-se necessário o estabelecimento da análise dos seus impactos ambientais e sociais, bem como o conhecimento específico dos ciclos de vida dos produtos e serviços nos recursos hídricos.

O relacionamento dos empreendedores com as partes interessadas (*stakeholders*) dos setores governamentais, comunidade/sociedade civil e academia é uma necessidade que deve fazer parte da estratégia dos negócios da empresa, na busca do desenvolvimento sustentável.

Neste contexto, os empreendedores devem buscar conhecer a realidade da bacia hidrográfica onde suas empresas estão localizadas e/ou atuem, bem como os desafios para a garantia da qualidade e quantidade das águas. Dentre as possibilidades, a empresa pode participar dos comitês de bacia e atuar de forma favorável ao cumprimento de pactos que visem a melhoria da qualidade das águas, assumindo responsabilidades estratégicas.

Da análise de diversos modelos de *governança e gestão de sustentabilidade e responsabilidade social* (bem como de políticas socioambientais, saúde segurança do trabalho, de qualidade, tecnologia e inovação) de empresas modelo e de sucesso (orientadas para o desenvolvimento sustentável e responsabilidade social), observa-se que os seus principais objetivos e diretrizes devem estar orientados para:

• Antecipar questões de sustentabilidade, socioambientais, segurança do trabalho, saúde e sociais, em respeito ao meio ambiente, à saúde dos funcionários e aos clientes e consumidores;

• Prevenir e controlar a poluição e os impactos socioambientais e de sustentabilidade resultantes das operações industriais, seus produtos e serviços;

• Atuar de forma sustentável no controle ambiental, na saúde dos funcionários e cidadãos nas comunidades onde a empresa opera;

• Obedecer e cumprir todas as leis vigentes, regulamentos ambientais, segurança do trabalho, saúde e sociais sempre que se fizer necessário, e adotar padrões internos mais restritivos;

• Trabalhar em conjunto com o governo, organizações não governamentais, sociedade civil e entidades independentes (academia, associações e sociedade em geral), em todos os níveis, na busca da transparência e desenvolvimento sustentável compartilhado;

• Reconhecer a importância do envolvimento contínuo e permanente dos funcionários e do comprometimento da supervisão, assegurando que eles tenham o necessário suporte e treinamento nas questões ambientais, segurança do trabalho, saúde e sociais;

• Elaborar inventários de emissões de gases de efeito estufa e adotar mecanismos de redução de emissões;

• Elaborar programas de eficiência energética, de preservação de recursos naturais e redução de uso de água e resíduos buscando meios eficientes de utilização de matérias-primas, reciclagem de materiais em toda a cadeia de produção e distribuição de produtos, e combatendo o desperdício e estabelecendo formas mais racionais e sustentáveis de consumo;

• Estabelecer critérios e normas de não utilização de trabalho infantil ou forçado, combate à discriminação e à corrupção do setor empresarial e das instituições financeiras (pesquisa, fabricação, distribuição e comercialização), bem como de fornecedores e clientes;

• Manter processos de monitoramento, auditoria, fiscalização e controle da qualidade e cumprimento dos procedimentos e regulamentos específicos e legais dos colaboradores, funcionários, terceiros e também de fornecedores de bens, serviços e produtos;

• Elaborar planos de emergência e de contingência a serem implementados em situações que possam comprometer as operações industriais, distribuição e comercialização de produtos e serviços com relação aos funcionários, sociedade, meio ambiente, consumidores e clientes;

• Identificação de situações que possam expor a empresa a perdas materiais, passivos ambientais, trabalhistas, riscos e contingências futuras;

• Implementar análise do ciclo de vida, como também de estudos de análise de impactos socioambientais e de análise de riscos inerentes aos processos industriais e de produtos/serviços;

- Adotar tecnologias limpas (*clean technologies*), que permitem a redução dos resíduos através do uso mais eficiente de energia e matérias-primas e, consequente, a minimização, reciclagem e reaproveitamento de rejeitos;
- Assegurar a implementação de práticas sociais, redução da pobreza nas comunidades onde a empresa atua;
- Implementar mecanismos de auditoria, monitoramento de processos e verificação de conformidade legal, normas e padrões internos da empresa, e aderência e cumprimento de metas, objetivos e métricas/indicadores de sustentabilidade estabelecidos no planejamento e implementação de ações e atividades empresariais;
- Adotar mecanismos de transparência para o combate à corrupção, respeito aos direitos humanos, inclusão social; e a promoção dessas estratégias para os clientes, fornecedores e sociedade onde a empresa e a instituição financeira atuam.

22.6 Conclusões

Com base nas resoluções e compromissos aprovados na *Conferência Rio + 20* (Rio de Janeiro), na *Cúpula Pós-2015* (New York) e na *COP 21* (Paris), bem como nos documentos e discussões que ocorreram nas recentes reuniões do *WEF – Word Economic Forum* em Davos, os novos conceitos de governança e gestão de sustentabilidade e responsabilidade social empresarial exigem que as questões de inovação, tecnologia, gerenciamento de riscos, gerenciamento ambiental, saúde e de segurança do trabalho, qualidade e cuidados com os assuntos sociais e de sustentabilidade devem ser parte integrante de todos os esforços e ações da direção da empresa e de todos os seus funcionários, não apenas como cumprimento às exigências legais, mas principalmente como uma questão de consciência e responsabilidade perante toda a sociedade na busca do desenvolvimento sustentável e responsabilidade social (incluindo controle e programas anticorrupção), melhoria de eficiência e competitividade dos negócios no curto, médio e longo prazo.

Finalmente, na governança e gestão dos processos o setor empresarial (empresas e instituições financeiras), nas próximas décadas, deve-se considerar como premissa a necessidade de incorporar aos negócios das empresas e instituições financeiras as questões de sustentabilidade e responsabilidade social (anticorrupção), bem como as premissas e desafios anteriormente descritos não só nas companhias, como também em toda a comunidade onde atua e participa, envolvendo o maior número de partes interessadas (*stakeholders*) nesses processos de conscientização em prol do desenvolvimento sustentável.

Em todas as atividades empresariais, hoje e na próxima década, torna-se necessária e primordial a incorporação dos modelos de governança e gestão de sustentabilidade e responsabilidade (incluindo controle e programas anticorrupção), de gestão de riscos socioambientais, de acordo com os novos conceitos exigidos pela sociedade e estabelecidos nacional e internacionalmente.

Hoje e no futuro, empresas e entidades financeiras do setor empresarial, com o objetivo de tornarem-se mais competitivas na arena global, necessitam adequar suas políticas, procedimentos e normas para as questões de sustentabilidade e responsabilidade social, na busca e adequação às resoluções e compromissos firmados recentemente nas conferências das Nações Unidas: Conferência Rio + 20 (Rio de Janeiro), Cúpula pós-2015 (New York) e COP 21 (Paris) e outros tratados nacionais e internacionais vigentes.

Referências

BARRETO-VIANNA, Marcelo Drügg. A experiência da Alcoa em gerenciamento ambiental. *Brasil Mineral- Especial: Meio Ambiente*, out. 1989.

BARRETO-VIANNA, Marcelo Drügg. A indústria do alumínio e o controle ambiental. *Revista de Engenharia Sanitária*, ABES, XII Congresso Brasileiro de Engenharia Sanitária, Camboriú, nov. 1983.

BARRETO-VIANNA, Marcelo Drügg. A indústria do alumínio e o controle ambiental. *Revista Saúde Ocupacional e Segurança – ABPA*, ano XX, n. 1, p. 29-32, 1985.

BARRETO-VIANNA, Marcelo Drügg. Aspectos do controle ambiental em fábricas de alumínio. *Revista de Engenharia Sanitária*, Rio de Janeiro, jan. 1983.

BARRETO-VIANNA, Marcelo Drügg. Environmental management tools. In: *II World Industry Conference on Environmental Management*. Rotterdan: april 1991.

BARRETO-VIANNA, Marcelo Drügg. Gestão de sustentabilidade e de responsabilidade social no Setor Empresarial, In: *Brasil competitivo*: desafios e estratégias para a indústria da transformação. [S. l.]: Deloitte em 2012.

BARRETO-VIANNA, Marcelo Drügg. Otimização dos processos de tratamento de água – filtração direta. *XII Congresso Brasileiro de Engenharia Sanitária*, Camboriú, nov. 1983.

BARRETO-VIANNA, Marcelo Drügg. Otimização dos processos de tratamento de água: clarificação de contato. *XII Congresso Brasileiro de Engenharia Sanitária*, Camboriú, nov. 1983.

BARRETO-VIANNA, Marcelo Drügg. Políticas ambientais empresariais. *Revista de Administração Pública*, Rio de Janeiro, jan. 1992.

BARRETO-VIANNA, Marcelo Drügg; SHEFFIELD, Suzana. Community relations: experience of alcoa in Brazil. *Conference on International Philanthropy in the 1990s*. New York: University of New York, May, 1991.

BARRETO-VIANNA, Marcelo Drügg; WAISBERG, Ivo. *Sustentabilidade e responsabilidade social nas instituições financeiras*: princípios do Equador, RDB-41-177 a 196, DTR 2008-397, 2008.

CANN, Oliver. *What are the top global risks for 2016?* Davos, jan. 2016. Disponível em: <https://www.weforum.org/agenda/2016/01/what-are-the-top-global-risks-for-2016>.

CARBON PRICING PRINCIPLES, ICC, November, 2015. Disponível em: <https://iccwbo.org/publication/carbon-pricing-principles/>.

GREEN Economy Roadmap, 2012. Disponível em: <http://www.iccwbo.org/Products-and-Services/Trade-facilitation/Green-Economy-Roadmap/>.

ICC. International Chamber of Commerce. *Green Economy Roadmap*: best practices and calls for collaborations, 2012. Disponível em: <https://iccwbo.org/publication/icc-green-economy-roadmap-a-guide-for-business-policymakers-and-society-2012/>.

ICC. International Chamber of Commerce. *A business perspective on climate change negotiations*: competitiveness – opportunity – partnership, document No. 213/115ABH – June 2015. Disponível em: <http://cop21.iccwbo.org/pdf/ICC-position_02.pdf>.

ICC. International Chamber of Commerce. *Business views on the role of market mechanisms in the Paris Agreement*, September 2015. Disponível em: <http://cop21.iccwbo.org/pdf/ICC-position-2015-COP21-Paper-MARKET-MECHANISMS.pdf>.

ICC. International Chamber of Commerce. *COP 21 Business guide*, november, 2015. Disponível em: <http://www.iccwbo.org/uploadedFiles/Data/Policies/2015/ICC%20Guide%202015_COP21(1).pdf>.

ICC. International Chamber of Commerce. *ICC Business Charter for Sustainable Development:* business contributions to the UN Sustainable Development Goals, Document No. 213/18-13, ABH – September 2015. Disponível em: <https://iccwbo.org/publication/icc-business-charter-for-sustainable-development-business-contributions-to-the-un-sustainable-development-goals/>.

ICC. International Chamber of Commerce. *ICC Business charter for sustainable development*: business contributions to the un sustainable development goals, document n. 213/18-13, ABH – September 2015. Disponível em:

<https://cdn.iccwbo.org/content/uploads/sites/3/2015/09/ICC-Business-Charter-for-Sustainable-Development-Business-contributions-to-the-UN-Sustainable-Development-Goals.pdf>.

ICC. International Chamber of Commerce. *ICC Climate Business Actions*: best practice case studies, 2013. Disponível em: <https://iccwbo.org/publication/icc-climate-business-actions-best-practice-case-studies-2013>.

ICC. International Chamber of Commerce. *ICC Climate business actions:* best practice case studies, 2013. Disponível em: <https://iccwbo.org/publication/icc-climate-business-actions-best-practice-case-studies-2013/>.

ICC. International Chamber of Commerce. *ICC Ten conditions for a transition towards a Green Economy,* 2012. Disponível em: <https://iccwbo.org/publication/icc-ten-conditions-for-a-transition-towards-a-green-economy-2012/>.

ICC. International Chamber of Commerce. *Perspective on the 2015 UN climate agreement and international climate change policy, november, 2015.* Disponível em: <http://www.iccwbo.org/Advocacy-Codes-and-Rules/Document-centre/2015/ICC-Perspective-on-the-2015-UN-Climate-Agreement-and-International-Climate-Change-Policy/>.

KLINK, Carlos Augusto; MIGUEZ, José Domingos Gonzalez; OLIVEIRA, Adriano Santhiago de. Os avanços da COP 21. *Teoria e Debate*, edição 146, 08 mar. 2016 Disponível em: <http://www.teoriaedebate.org.br/index.php?q=materias/internacional/os-avancos-da-cop-21>.

RIO +20. *O futuro que queremos*: documento final da a conferência das Nações Unidas sobre desenvolvimento sustentável, a Rio+20, Junho 2012. Disponível em: <http://www.rio20.gov.br/documentos/documentos-da-conferencia/o-futuro-que-queremos/at_download/the-future-we-want.pdf>.

SCHWAB, Klaus. *The fourth industrial revolution*: what it means, how to respond, Davos, jan. 2016. Disponível em: <https://www.weforum.org/agenda/2016/01/the-fourth-industrial-revolution-what-it-means-and-how-to-respond>.

TRANSFORMANDO nosso mundo: a agenda 2030 para o desenvolvimento sustentável, setembro, 2015. Disponível em: <http://www.pnud.org.br/Docs/TransformandoNossoMundo.pdf>.

UN. *UN 2030*: sustainable development agenda, september, 2015. Disponível em: <http://www.un.org/sustainabledevelopment/development-agenda/>.

UNITED NATIONS. *Acordo de Paris*: COP 21, dezembro, 2015. Disponível em: <http://unfccc.int/resource/docs/2015/cop21/eng/l09r01.pdf>.

WATER for Energy, ICC, 2012. Disponível em: <https://iccwbo.org/publication/icc-water-for-energy-briefing-note-2012/>.

WORLD ECONOMIC FORUM. *WEF-global risks 2016 report*, Davos 20-23, jan. 2016. Disponível em: <https://www.weforum.org/reports/the-global-risks-report-2016>.

WORLD ECONOMIC FORUM. *WEF-global risks 2016 report*, Davos 20-23, jan. 2017. Disponível em: <http://reports.weforum.org/global-risks-2017/global-risks-landscape-2017/#landscape>.

Informação bibliográfica deste livro, conforme a NBR 6023:2002 da Associação Brasileira de Normas Técnicas (ABNT):

BARRETO-VIANNA, Marcelo Drügg. Governança e gestão de sustentabilidade e de responsabilidade social no setor empresarial e nas instituições financeiras: busca do atendimento dos compromissos das recentes Conferências das Nações Unidas. In: YOSHIDA, Consuelo Y. Moromizato et al. (Coord.). *Finanças sustentáveis e a responsabilidade socioambiental das instituições financeiras*. Belo Horizonte: Fórum, 2017. p. 385-406. ISBN 978-85-450-0234-5.

EPÍLOGO

Ao receber o convite da Professora Consuelo Yoshida para redigir o epílogo da obra coletiva "Finanças sustentáveis e a responsabilidade socioambiental das instituições financeiras", dei-me conta de que me encontrava, eu próprio, perante desafios e dilemas que o assunto, de alcance planetário, coloca para a família humana nestes primeiros tempos do século XXI. Essa constatação é, de si mesma, impactante, uma vez que nos situa, a todos, perante uma antevisão quase aterradora de insustentabilidade. Desde algum tempo me convenci de que o eixo – ou a essência – da moderna questão ambiental reside na insustentabilidade, ameaça já concreta que escurece os horizontes da vida planetária.

Vai e torna a voltar à questão principal: epílogo... de quê? Do livro ou da questão ambiental? Esta última não tem epílogo à vista, ainda que ameaças escuras toldem os horizontes da vida na Terra com projeções apocalípticas, das quais o fantasma real das mudanças climáticas (a despeito do coro dos céticos) é um pesadelo inescapável; diante da evidência científica do caso não há por que insistirmos no tema.

Parte das respostas já veio no tratamento dos temas magistralmente desenvolvidos pelos colaboradores desta obra, cuja abrangência nos insinua que toda humildade perante assunto tão relevante e denso é a atitude mais sensata. Mas essa mesma atitude não nos exime de adentrar os temas e assuntos com a persistência do pesquisador e a possível clareza dos expositores. Méritos, pois, aos coautores deste livro.

Por outro lado, é necessário retomar e enfatizar princípios e aspectos já perpassados, como, por exemplo, noções e assertivas da nossa Carta Máxima – a Constituição Federal de 1988 – e a profunda e singela Lei nº 6.938, de 31 de agosto de 1981. Por esses textos basilares aprendemos que o meio ambiente (ou, se se preferir, o mundo natural ou o ecossistema planetário) traz em bojo a tríplice dimensão: ecológica, econômica e social, aspectos esses constitutivos da Terra em que vivemos e que não podem, em absoluto, ser escamoteados.

Na gestão de biomas e biotas, além de outros instrumentos já tornados clássicos, o desenvolvimento nacional não pode ser encarado sem que, antes, se faça uma "Avaliação Ambiental Estratégica" – AAE, sem a qual não há base sólida para empreender iniciativa alguma de desenvolvimento nacional, ou mesmo regional, sob pena de sacrificar inutilmente recursos e esperanças de progresso verdadeiro.

Cada vez mais se evidencia o liame que une os componentes abióticos e bióticos do universo de recursos colocados à disposição da família humana, recursos que são inerentes à Casa Comum, a nossa *Oikos*, recursos cuja perpetuação dependerá sempre da observância das leis naturais e do bom senso das criaturas humanas e das organizações, como foi bem explicitado nos temas deste encontro. É supérfluo, todavia oportuno, realçar a tutela do Poder Público e da ação governamental na formulação – e ainda mais na implementação – de políticas ambientais. Nesse elenco vale destacar os componentes financeiros e a educação ambiental apropriada.

Nesta altura das nossas reflexões, tentemos ver o nexo entre os recursos naturais disponíveis e os sistemas econômicos (se assim os pudermos chamar) que apareceram ou foram desenvolvidos no longo decurso dos milênios, desde as muitas formas primitivas de escambo até os requintes desta civilização do consumo em que, mesmo perigosamente, vivemos. É imperioso termos sempre em vista os riscos globais; entre eles podemos lembrar o incremento desmesurado da população e o esgotamento de recursos da natureza por razões naturais ou por exploração humana, *verbi gratia*: mudanças climáticas, desertificação, entropia e outras mais.

Perante outros planetas do sistema solar conhecidos, de massa muito maior que o planeta Terra, somos uma exceção lindíssima e única, que nos leva a pensar na transcendência da nossa história e do nosso destino último.

Essas considerações básicas fundamentam e encarecem a temática e a oportunidade do presente encontro que associa o "conhecimento da casa" (oikos+logia) à "administração da casa" (oikos+nomia). Não me cabe a tarefa de avaliar o incrível potencial de mudanças que as organizações financeiras podem acarretar (ou mesmo impingir) aos recursos planetários: mentes abertas e ilustres acabaram de fazê-lo. Coube-me tão somente a incumbência de algumas reflexões finais – o que modestamente acabo de fazer.

Por conseguinte, felicito com entusiasmo todos os participantes envolvidos neste evento – presentes agora ou ausentes – pela empreitada cumprida. Devo enfatizar que não há melhor epílogo do que o trabalho cumprido com conhecimento e eficiência. Resultados positivos e duradouros serão o verdadeiro epílogo deste encontro que ora se encerra com a esperança e as bênçãos do planeta Terra.

Édis Milaré
Procurador de Justiça aposentado. Foi o primeiro coordenador das Promotorias de Justiça do Meio Ambiente e Secretário do Meio Ambiente do Estado de São Paulo. Doutor e mestre em Direitos Difusos e Coletivos pela PUC-SP. Professor de Direito Ambiental. Advogado. Consultor jurídico.

SOBRE OS AUTORES

Alexandre Lima Raslan
Mestre em Direito das Relações Sociais: Direitos Difusos, na Pontifícia Universidade Católica de São Paulo (PUC-SP). Doutorando em Direito Constitucional na Faculdade Autônoma de Direito de São Paulo (FADISP). Pós-graduado (*lato sensu*) em Direito Processual Penal na Universidade Católica Dom Bosco (UCDB). Pós-graduado (*lato sensu*) em Direito Civil: Direitos Difusos na Universidade Federal do Mato Grosso do Sul. Membro do Ministério Público do Estado de Mato Grosso do Sul. Membro da Rede Latino-Americana de Ministério Público Ambiental. Vice-Presidente para o Centro-Oeste do Instituto O Direito por um Planeta Verde. Diretor Administrativo da Fundação Escola Superior do Ministério Público de Mato Grosso do Sul. Membro auxiliar da Presidência do Conselho Nacional do Ministério Público (CNMP), 2013-2016.

Aline Pacheco Pelucio
Advogada empresarial. Monitora de Direito Civil na Faculdade de Direito da USP. Doutoranda em *Law and Economics* pela Universidade de Saint Gallen, Suíça, sob orientação do Prof. Dr. iur. Dr. rer. pol. Peter Sester, com o tema "Análise Econômica da Responsabilidade Ambiental dos Agentes Financiadores no Direito Brasileiro". Ex-bolsista de doutorado do governo federal suíço (*Eskas- Swiss Federal Government Scholarship for Excellence Students*) e do CAPES/PROEX do governo federal brasileiro. Pesquisadora da *Lemann Chair for International Business Law and Law & Economics*, orientada pelo Prof. Dr. Peter Sester. Pesquisadora do Grupo de Estudos Aplicados ao Meio Ambiente (GEAMA/USP), sob orientação da professora associada da Faculdade de Direito da USP, Patrícia Faga Iglecias Lemos.

Ana Cecília Viegas Madasi
Bacharel em Direito pela Pontifícia Universidade Católica de São Paulo (PUC-SP), 2016. Advogada.

Ana Maria de Oliveira Nusdeo
Professora de Direito Ambiental na Faculdade de Direito da Universidade de São Paulo. Presidente da Comissão de Cultura e Extensão. Coordenadora do Grupo de Pesquisa em Direito Ambiental, Economia e Sustentabilidade (GPDAES), voltado ao estudo das relações entre Direito, meio ambiente e economia, no âmbito do qual publicou diversos trabalhos, com destaque para o livro "Pagamento por Serviços Ambientais. Sustentabilidade e Disciplina Jurídica", o qual obteve o primeiro lugar no Prêmio Jabuti, na categoria Direito, em 2013. Diretora do Instituto O Direito por um Planeta Verde.

Annette M. Pereira
Advogada na área jurídico-socioambiental do Itaú Unibanco S.A., especialista em Direito Processual Civil pela PUC-SP.

Aparecida Teixeira de Morais
MBA em Gestão de Pessoas pela FGV Ribeirão Preto/SP. MBA em Gestão Empresarial pela Fundação Dom Cabral.

Beatriz de Oliveira Marcondes
Graduada em História e em Direito pela Universidade de São Paulo. Advogada em São Paulo. Atua como consultora nas áreas de *Compliance* e Governança Corporativa.

Bruce Rich
American writer and lawyer who has published extensively on the environment in developing countries and development in general. Author of a critique and history of the World Bank, Mortgaging the Earth: The World Bank, Environmental Impoverishment, and the Crisis of Development (Beacon Press, 1994, Island Press, 2013). Awarded the United Nations Global 500 Award for environmental achievement for his research and advocacy concerning multilateral development banks.

Carlos Bocuhy
Presidente do Instituto Brasileiro de Proteção Ambiental (PROAM). Conselheiro do Conselho Nacional do Meio Ambiente (CONAMA).

Consuelo Yatsuda Moromizato Yoshida
Desembargadora Federal (TRF 3ª Região). Mestre e Doutora em Direito das Relações Sociais (PUC-SP). Professora de Direito Ambiental. Coordenadora da Especialização em Direito Ambiental e Gestão Estratégica da Sustentabilidade na PUC-SP. Coordenadora do Mestrado/Doutorado em Direito Minerário Ambiental na PUC-SP. Professora e pesquisadora na área dos direitos fundamentais e jurisdição constitucional no Programa de Mestrado "Concretização dos Direitos Sociais, Difusos e Coletivos" (UNISAL/Lorena). Integrante da Diretoria Colegiada da EMAG 3ª Região (2016-atual). Vice-Presidente do Conselho de Administração da Oficina Municipal, originária da Fundação Konrad Adenauer (2011-atual). Docente nas Escolas Superiores da Magistratura do Ministério Público e nas especializações em universidades públicas e privadas. Associada fundadora da Associação dos Professores de Direito Ambiental (APRODAB). Conselheira da Rede de Mulheres Brasileiras Líderes pela Sustentabilidade. Embaixadora do Instituto Trata Brasil. Integrante do Conselho de Gestão da Secretaria do Verde e Meio Ambiente do Município de São Paulo (2017-atual). Palestrante, autora e/ou coordenadora das obras: "Tutela dos Direitos Difusos e Coletivos"; "Temas Fundamentais de Direitos Difusos e Coletivos – Desafios e Perspectivas", "Política Nacional, Gestão e Gerenciamento de Resíduos Sólidos"; "Direito Minerário e Direito Ambiental: Fundamentos e Tendências".

Daniela Baccas
Advogada formada na USP. Especialista em Direito Ambiental pela PUC-Rio. Advogada do BNDES.

Davi Quintanilha Failde de Azevedo
Defensor Público do Estado de São Paulo. Coordenador auxiliar do Núcleo Especializado de Cidadania e Direitos Humanos.

Eduardo Avila de Castro
Graduado em Direito pela Universidade de São Paulo. Pós-graduado em Direito Securitário pela Fundação Getulio Vargas (GVLaw). *Master of Laws* pela *London School of Economics and Political Science*. Sócio do Departamento de Direito Securitário do Machado, Meyer, Sendacz e Opice Advogados.

Eduardo de Campos Ferreira
Bacharel em Direito pela Pontifícia Universidade Católica de São Paulo (PUC-SP), 2005. Especialista em Direito Ambiental e Gestão Estratégica da Sustentabilidade pela PUC-COGEAE/SP (2009). Mestrando em Direitos Difusos e Coletivos na PUC-SP. Advogado.

Ethel Martinez de Azevedo Camargo
Graduada em Direito pela Universidade Presbiteriana Mackenzie (2004). Especialista em Direito Público (2009). Servidora do quadro efetivo do Ministério Público da União desde 2000, exercendo diversas funções de confiança na instituição. Desde 2013 exerce cargo de assessoria jurídica no Ministério Público Federal.

Fábio Meneguelo Sakamoto
Ex-Procurador do Município de São José do Rio Preto. Promotor de Justiça no Estado de São Paulo. Especialista em Direitos Difusos e Coletivos pelo ESMP. Mestrando em Direito Constitucional pela PUC-SP.

Gilberto Souza
Graduado em Ciências Contábeis pela Universidade Federal do Rio de Janeiro. MBA pela Fundação Getulio Vargas (FGV RJ). MBA pelo IBMEC-RJ. Mestre pela PUC-SP.

Guilherme D'Almeida Mota
Graduado em Direito pela Universidade Católica do Salvador, com especialização em Direito Ambiental pela Pontifícia Universidade Católica de São Paulo. *Master of Environmental and Energy Laws* pela *The George Washington University*. Associado do Departamento de Direito Ambiental do Machado, Meyer, Sendacz e Opice Advogados.

Guilherme Gorga Mello
Graduado pela Universidade Metodista de Piracicaba (Unimep), 2007. Pós-graduando em Direito Corporativo e *Compliance*. Atou como assistente jurídico do Ministério Público do Estado de São Paulo, tendo exercido suas funções no Grupo de Atuação Especial de Combate ao Crime Organizado (GAECO), Núcleo Piracicaba. Advogado.

Humberto Tavares de Meneses
Bacharel em Direito pela Faculdade de Direito de Osasco (FIEO). Pós-graduado em Direito dos Mercados Financeiro e de Capitais pelo Instituto de Ensino e Pesquisa (Insper). Advogado atuante na área de *Project Finance*. Responsável pela área de Mercado Financeiro do Banco Bradesco.

Ivan Carneiro Castanheiro
Mestre em Direitos Difusos e Coletivos pela Pontifícia Universidade Católica de São Paulo. Promotor de Justiça do Estado de São Paulo. Professor de Direito Constitucional, Ambiental e Urbanístico.

Jairo Salvador de Souza
Defensor Público do Estado de São Paulo. Mestre em Direito.

Jeffrey Gracer
Principal at the New York City based environmental boutique Sive, Paget & Riesel P.C. Founder of the Environmental Program at the Vance Center for International Justice at the New York City Bar. Victoria Shiah Treanor. Graduated of Harvard Law School. Associate of Sive, Paget & Riesel P.C.

José Cretella Neto
Mestre, Doutor e Livre-Docente em Direito Internacional pela Faculdade de Direito da USP. Professor de Direito Internacional e Comparado na Escola Paulista de Direito (EPD). Advogado internacional baseado em São Paulo.

Juliana Raus Maioral
Advogada especialista em Risco Socioambiental. Especialista em Direito do Mercado Financeiro e de Capitais pelo Insper, São Paulo.

Laurine D. Martins
Advogada especialista em Direito Ambiental. Sócia do Hasegawa & Neto Advogados. Coordenou o Jurídico Socioambiental no Itaú Unibanco e atuou como consultora na área de Risco Socioambiental do Itaú BBA. Coordenou o Grupo de Trabalho da FEBRABAN, que criou a Autorregulação Socioambiental do Setor Financeiro. Criou e implementou políticas de risco socioambiental de

importantes instituições financeiras e de empresas do setor de agronegócio e petroquímico. Coautora do *working paper* "Lenders and Investors Environmental Liability – How Much is Too Much?", desenvolvido a pedido da UNEP Inquiry, entidade vinculada à ONU.

Marcelo Drügg Barreto Vianna
Engenheiro civil. Mestre em Hidráulica e Saneamento pela Universidade de São Paulo –Escola de Engenharia de São Carlos – EESC (1974), com especialização em Engenharia Econômica (1975). Doutor em Engenharia pela Universidade de São Paulo. Ph.D. em Engenharia pela Universidade de Birmingham na Inglaterra (1979). Atualmente é membro do Conselho da Xingu Capital (associada ao *First Capital*). Membro do Conselho Superior de Gestão em Saúde do Estado de São Paulo. Membro do Conselho Consultivo do Instituto do Câncer do Estado de São Paulo (ICESP). Membro do Conselho da PROPM. Membro do Conselho Consultivo da Boston *Scientific* e de outras instituições e organizações. *Advisor* e consultor das Nações Unidas, do Banco Interamericano de Desenvolvimento (BID) e Banco Mundial em *Washington*. Professor do curso de MBA de Gerenciamento de Facilidades da Escola Politécnica da Universidade de São Paulo (Poli-USP). Na Deloitte foi sócio líder na área de Gestão de Riscos/Sustentabilidade e Responsabilidade Social. Membro do Conselho Mundial de Sustentabilidade e Mudanças Climáticas da Deloitte Global (aposentou-se em 2011), atuando nas áreas de governança corporativa, sustentabilidade, EHS *due diligence* de fusões e aquisições. Vice-Presidente da Câmara de Comércio Internacional (CCI). Presidente do Comitê de Energia e Desenvolvimento Sustentável da CCI. Membro do Conselho de Administração da CCI (1998-2012). Na Alcoa, iniciou suas atividades como executivo em 1980. Foi Presidente do Instituto Alcoa (1990-1997). Membro do Conselho de Administração do Instituto Alcoa (1997-2014). Também foi Membro do Conselho Consultivo Mundial da *Aluminium Company of America* para Saúde, Segurança e Ambiental em Pittsburgh nos EUA. Foi membro do Conselho Consultivo Ambiental da Comissão Econômica para América Latina e Caribe (CEPAL) das Nações Unidas em Santiago do Chile. Membro do Conselho do CIAM. Membro do Conselho Consultivo da FTI.

Mário Sérgio Vasconcelos
Diretor de Relações Institucionais da FEBRABAN.

Marta Viegas
Graduada pela Faculdade de Direito da Pontifícia Universidade Católica de São Paulo. Especializada em Gestão Empresarial pela *Business School* São Paulo. LL.M. pela *Northwestern University School of Law*. Certificate in Business Administration (CBA) pela *Kellogg School of Management*.

Renata Soares Piazzon
Graduada em Direito pela Pontifícia Universidade Católica de São Paulo (2008). Mestre em Direito Ambiental (2012). Professora de Direito Ambiental dos cursos de especialização em Direito Ambiental e Gestão Estratégica da Sustentabilidade (PUC/COGEAE/SP). Formada pela Schumacher College e pelo Amani Institute. Coordena o Departamento Ambiental e o Comitê de Responsabilidade Socioambiental do Lobo & de Rizzo Advogados. Integra o Grupo Jurídico do Sistema B Brasil. É cofundadora da plataforma Atitude Consciente. Conselheira do Instituto Akatu. Principais áreas de atuação: responsabilidade socioambiental das instituições financeiras, resíduos sólidos, licenciamento ambiental e mudanças climáticas. Palestrante, autora e/ou coordenadora das obras: "Tutela dos Direitos Difusos e Coletivos" e "Finanças Sustentáveis e Responsabilidade Socioambiental das Instituições Financeiras".

Roberta Danelon Leonhardt
Graduada em Direito pela Universidade de São Paulo. Pós-graduada em Direito Ambiental pela Faculdade de Saúde Pública da Universidade de São Paulo. *Master of Laws* pela *London School of Economics and Political Science*. Sócia do Departamento de Direito Ambiental do Machado, Meyer, Sendacz e Opice Advogados.

Sandra Akemi Shimada Kishi
Procuradora Regional da República. Mestre em Direito Ambiental pela Universidade Metodista de Piracicaba (UNIMEP), 2002. Professora convidada e orientadora pedagógica nos cursos de pós-graduação *"lato sensu"* da Universidade Metodista de Piracicaba (UNIMEP), 2005-2014. Docente orientadora no Intercâmbio Acadêmico Ecoprogram – Green Mountain College/Vermont (USA) – UNIMEP (2009). Pesquisadora do grupo DFG/ Brasil-Alemanha na Universidade de Bremen sobre acesso ao patrimônio genético e ao conhecimento tradicional no Brasil (2007-2009). Docente e orientadora pedagógica em cursos a distância na Escola Superior do Ministério Público da União de Direito Ambiental, Direito do Patrimônio Cultural e Direitos Humanos. Presidente do Instituto de Estudos de Direito e Cidadania (IEDC), 2009-2013. Relatora da Federación Iberoamericana del Ombudsman sobre acesso à água potável e ao saneamento no Brasil pela Procuradoria Federal dos Direitos dos Cidadãos do MPF (2014). Representante do Ministério Público Federal no Conselho de Gestão do Patrimônio Genético (CGEN). Coordenadora do GT – Águas do MPF (2010-2014). Membro do GT – Comunidades Tradicionais do Ministério Público Federal. Gerente do Projeto Qualidade da Água do MPF (2015-2017). Integrante do Programa Internacional de Intercâmbio de Lideranças sobre Gestão de Águas a convite do Departamento de Estado dos Estados Unidos da América (EUA), 2016. Coordenadora suplente do GT – Biomas e Unidades de Conservação. Membro do GT – Recursos Hídricos da Comissão Nacional de Meio Ambiente do Conselho Nacional do Ministério Público (CNMP), 2016.

ANEXO I

MAPEAMENTO DE LEIS E REGULAMENTOS QUE POSSAM DIRECIONAR OS PRÓXIMOS PASSOS E FOMENTAR O ECOSSISTEMA DE FINANÇAS SOCIAIS E NEGÓCIOS DE IMPACTO NO PAÍS

(continua)

Legislação ambiental	Tema	Diretriz para fomento ao ecossistema
Lei Federal nº 12.187/2009	Redução de emissões diretas e indiretas de GEE	As instituições financeiras oficiais disponibilizarão linhas de crédito e financiamento específicas para desenvolver ações e atividades que atendam aos objetivos da lei e voltadas à indução da conduta dos agentes privados à observância e execução da Política Nacional de Mudanças Climáticas
Lei Federal nº 12.305/2010	Resíduos sólidos	A elaboração de plano estadual/municipal de resíduos sólidos é condição para os Estados/Municípios terem acesso a recursos da União destinados a empreendimentos e serviços relacionados à gestão de resíduos sólidos, ou para serem beneficiados por incentivos ou financiamentos de entidades federais de crédito ou fomento para tal finalidade
Decreto Federal nº 4.339/2002	Biodiversidade	A conservação e a utilização sustentável da biodiversidade são uma preocupação comum à humanidade, mas com responsabilidades diferenciadas, cabendo aos países desenvolvidos o aporte de recursos financeiros novos e adicionais e a facilitação do acesso adequado às tecnologias pertinentes para atender às necessidades dos países em desenvolvimento
Resolução BCB nº 4.267/2013	Redução de emissões diretas e indiretas de GEE	Fundo Nacional sobre Mudança do Clima
Resolução BCB nº 3.896/2010	Código Florestal	Crédito Rural Agricultura de Baixo Carbono
Resolução BCB nº 3.545/2008	Código Florestal	Crédito Rural Amazônia

(continua)

Legislação ambiental	Tema	Diretriz para fomento ao ecossistema
Resolução BCB nº 4.327/2014	Dever de avaliação de impacto socioambiental	Avaliação prévia dos potenciais impactos socioambientais de novas modalidades de produtos e serviços pelas instituições financeiras e demais instituições autorizadas a funcionar pelo Banco Central do Brasil
Normativo SARB nº 14/2014	Dever de avaliação de impacto socioambiental	Avaliação prévia dos potenciais impactos socioambientais de novas modalidades de produtos e serviços
Protocolo de Boas Práticas Socioambientais para o Setor Financeiro atuante no Estado de São Paulo	Redução de emissões diretas e indiretas de GEE	Relato voluntário das emissões diretas e indiretas de GEE pelas instituições financeiras. Construção coletiva do papel do sistema financeiro nacional na redução de emissões, incentivo a uma economia de baixo carbono, eficiente no uso de recursos e socialmente inclusiva
Decreto Federal nº 5.940/2006	Resíduos sólidos	Separação dos resíduos recicláveis descartados pelos órgãos e entidades da Administração Pública federal direta e indireta, na fonte geradora, e a sua destinação às associações e cooperativas dos catadores de materiais recicláveis
Lei Federal nº 6.938/1981	Dever de avaliação de impacto socioambiental	Entidades e órgãos de financiamento e incentivos governamentais condicionarão a aprovação de projetos habilitados a esses benefícios ao licenciamento, na forma desta lei, e ao cumprimento das normas, dos critérios e dos padrões expedidos pelo CONAMA
Lei Federal nº 11.105/2005	Organismos geneticamente modificados	As organizações públicas e privadas, nacionais, estrangeiras ou internacionais, financiadoras ou patrocinadoras de atividades ou de projetos referidos no *caput* deste artigo devem exigir a apresentação de Certificado de Qualidade em Biossegurança, emitido pela CTNBio
Lei Federal nº 12.651/2012	Código Florestal	Após 31 de dezembro de 2017, as instituições financeiras só concederão crédito agrícola para proprietários de imóveis rurais que estejam inscritos no Cadastro Ambiental Rural
Lei Federal nº 10.295/2001	Eficiência no uso de recursos naturais	Política Nacional de Conservação e Uso Racional de Energia que visa à alocação eficiente de recursos energéticos e à preservação do meio ambiente
Lei Federal nº 10.831/2003	Alimentação	Dispõe sobre a agricultura orgânica
Decreto Federal nº 7.794/2012	Alimentação	Instituiu a Política Nacional de Agroecologia e Produção Orgânica

(conclusão)

Legislação ambiental	Tema	Diretriz para fomento ao ecossistema
Lei Federal nº 12.349/2010	Cadeia de valor	Estabelece margem de preferência de até 25% para produtos manufaturados e serviços nacionais que atendam a normas técnicas brasileiras e incorporem inovação
Lei Federal nº 9.433/1997	Eficiência no uso de recursos naturais	Prevê a racionalização do uso da água
Lei Federal nº 12.305/2010	Resíduos sólidos	Prioridade, nas aquisições e contratações governamentais, para produtos reciclados e recicláveis e para bens, serviços e obras que considerem critérios compatíveis com padrões de consumo social e ambientalmente sustentáveis
Instrução Normativa Federal nº 01/2010	Compras e licitações sustentáveis	Critérios de sustentabilidade ambiental na aquisição de bens, contratação de serviços ou obras na Administração Pública Federal
Decreto Federal nº 7.746/2012	Compras e licitações sustentáveis	Critérios, práticas e diretrizes gerais para a promoção do desenvolvimento nacional sustentável por meio das contratações realizadas pela Administração Pública federal direta, autárquica e fundacional e pelas empresas estatais dependentes
Lei Federal nº 12.187/2009	Eficiência no uso de recursos naturais	Critérios de preferência nas licitações públicas para propostas que propiciem maior economia de energia, água e outros recursos naturais
Decreto Federal nº 2.783/1998	Redução de emissões diretas e indiretas de GEE	Proíbe as entidades do governo federal de comprar produtos ou equipamentos contendo substâncias degradadoras da camada de ozônio
Lei Federal nº 11.947/2009	Alimentação	Dispõe sobre a alimentação escolar e prevê que 30% dos recursos repassados pela União para os Estados e Municípios devem ser aplicados na compra de produtos provenientes da agricultura familiar

Esta obra foi composta em fonte Palatino Linotype, corpo 10
e impressa em papel Offset 75g (miolo) e Supremo 250g (capa)
pela Gráfica e Editora O Lutador, em Belo Horizonte/MG.